전·면·개·정·판

젊은이의 정신건강

홍숙기

博 英 社

전면개정판 머리글

개정 2판을 내고 8년 반 만에 전면개정판을 낸다. 1장과 1부('몸과 마음의 건강')는 절반 이상을 남겨두었지만, 2부('어른으로서의 삶')와 3부('삶의 행로')는 2, 30%만 남기고 거의 새로 쓰다시피 하였다. 지난 10년 사이 젊은이들의 삶은 얼마나 팍팍해졌는지! 그것을 읽을 수 있는 한 가지 사실이 계속 떨어지는 출산율이다. 한마디로 아이를 낳아 키울 수 없고 그러고 싶지 않은 현실인 것이다. '88만원 세대'(지금의 10대는 '44만원 세대'라 한다), 돈 없고 집 없고 결혼 못하는 '3무 세대'가 어떻게 정신건강을 지킬 것인가. 2부로 넘어가면서 점점 더 바닥 모를 수렁에 빠져들었다. 살벌한 '무한경쟁' 시대를 몸과 마음의 건강, 우정과 사랑 없이는 살아낼 수 없는데, 오랜 입시전쟁을 빠져나온 우리 젊은이들은 진짜공부의 즐거움도, 관계 맺기의 행복도 모르는 채 대학에 오고 세상에 나간다. 그들에게 용기를 주고 싶었지만, 얼마나 성공했는지 모르겠다.

사실 용기란 누가 주는 것이 아니다. 자기 존재와 현실에 대한 깨달음, 삶의 자세에서 나오는 것이다. 몸과 마음의 건강을 지키기 위해서도, 하고 싶은 일을 찾기 위해서도, 우정과 사랑을 가꾸기 위해서도, 좋은 배우자와 부모가 되고 잘 늙고 잘 죽기 위해서도, 용기를 얻기 위해서도 책 보고 공부해야 하는 이상한 시대이다. 삶에 필요한 것들을 공부할 때, 그것을 혼자서가 아니라 같은 처지의 친구들과 같이 할 때, 그 공부는 진짜공부, 즐거운 공부가 되고, 같이 상황을 직시하고 뚫고나갈 용기도 생길 것이다. 누가 뭐래도 소중한 우리 인생이다. 자신에게, 곁에 있는 소중한 사람들에게, 모르는 타인들에게 인간에 대한 예의를 지키고 행복추구권을 주장할 때 용기도 희망도 마르지 않는 것이다.

"모든 국민은 인간으로서 존엄과 가치를 가지며, 행복을 추구할 권리를 가진다. 국가는 개인이 가지는 불가침의 기본적 인권을 확인하고 이를 보장할 의무를 진다." 대한민국 헌법에 있다는 이 조항 내용을 우석훈(2009)에서 읽고 무척 놀랐다. 행복추구권은 먼 '선진국'들에만 있는 줄 알았다. 인간으로서 존엄과 가치, 행복추구권이 있는 나라에서 입시전쟁, 취업전쟁은 해가 갈수록 가혹해지고 있다. 돈 없으면 사랑하는 사람과 집(창문 없는 '방'이 아니라)을 얻고 보금자리를 꾸밀 꿈도 못 꾼다.

우석훈의 책들은 20대의 삶의 상황을 이해하는 데 큰 도움이 되었다. 김찬호의 책들도 우리가 만들어놓은 세상이 어떤 곳인지를 깨닫게 해주었다. 젊은이들이 관계 맺을 줄 모르며 대화와 소통을 할 줄 모른다고 말하지만(6장 등), 각자 살기 바빠서 타인의 삶, 감정과 욕구에 관심이 없고 대화와 소통을 못하는 것은 20대나 부모·교수세대나 마찬가지이다. 동세대 안의 소통단절도 슬프지만 세대간 단절도 슬프다. 젊은이들이 각자 방에서 나와 옆방 젊은이들과 소통을 시작하고, 책도 많이 읽고 또 쓰고, 연애게임이 아니라 진짜 사랑을 하며, '기성세대' 중에도 '우리 편'이 많으니 믿고 찾아보기 바란다.

쓸데없는 말 지우고 말을 짧게 하려고 애썼지만 '할 말'이 워낙 많은 탓에 책의 판이 커졌는데도 책이 많이 얇아지지는 않았다. 작업이 커지는 바람에 또(또!) 촉박하게 몰아쳐서 마찬옥 편집부장님이 고생이 많으셨다. 감사드린다. 전면 개정을 하면서 표지도 바꾸었다. 춘천에서 동화를 쓰고 그림 그리는 작가 박경진 선생에게 '산 넘어 산'이라는 제목으로 그림을 부탁했더니 표지 디자인까지 맡아주셨다. 이것 말고도 고마운 일 많은 경진·태련 씨에게 "친구해주어서 고맙습니다"고 말하고 싶다.

춘천의 겨울은 안개가 짙게 그리고 오래 끼는 날이 많다. 안개가 걷히거나 아예 없는 날은 파란 하늘에서 해가 세상을 환하게 비춰준다. 시름 깊을 때 차갑고 맑고 환한 겨울날은 이상하게 위로가 된다. 지금은 믿어지지 않지만 봄이 올 것이다. 춥고 긴 겨울을 독자들이 밝고 따뜻하게 잘 나시기를 바란다.

2009년 12월 춘천에서

홍 숙 기

개정 2 판 머리글

단독저자로 개정판을 낸 지 3년 반 만에 개정 2 판을 낸다. 작업은 거의 우발적으로 시작되었다. 출판사에서 여름에 중판을 찍을 텐데 고칠 데가 있느냐고 물어왔을 때, 책을 오랫동안 펴보지 않았었기 때문에 몇 군데 문장을 다듬는 정도만 생각하고 쉽게 대답을 했다. 그것이 눈물, 아니 진땀의 시작이었다. 제출기한 한 달 전에 일에 들어가니 문장 고칠 데도 생각보다 훨씬 많았을뿐더러 내용(글상자 포함)도 마음에 안 드는 데가 많았다. 문장표현에 군살을 많이 빼고 아주 지워버린 부분도 꽤 있지만, 새로 넣은 내용이 많기 때문에 결과적으로 책 부피가 좀 늘어났다. 특히 8장과 9장이 크게 달라졌다. 표지 분위기도 확 바꾸었다.

지난번에 이어 이번에도 편집부 김희경 씨와 같이 일을 했다. 작업은 늦게 시작해 놓고 일거리는 많이 안겨 드렸는데, 침착하고 빠르고 꼼꼼한 일손으로 잘 끝내 주셨다. 감사드린다.

2001년 6월
홍 숙 기

개정판 머리글

초판이 나온 지 6년 만에, 그 동안 여러 선생님과 학생들이 보내 주신 성원과 격려에 힘입어 개정판을 내게 되었다. 아쉽게도 초판의 공동저자들이었던 이인혜, 최윤미 선생님이 개정작업에서 빠지셨으나, 두 분이 쓰셨던 장들(초판 머리글 참조)의 내용은 개정판에도 상당부분 남아 있고, 4장만 거의 완전히 고쳐 썼다.

책이 많이 두꺼워졌고, 초판을 잘 아는 독자는 '차례'만 훑어보아도 아시겠듯이, 장(章)들의 제목과 순서는 변하지 않았지만 내용이 많이 달라졌다. 초판 머리글에서 밝힌바 책을 쓰게 된 동기와 목표는 변함이 없고, 그 목표에 충실하지 못했던 점들을 보충하다 보니 생각보다 많은 개정이 되었다. 특히 우리 현실 상황의 조명이 부족하였고, '주어진 환경에 순응만 할 것이 아니라 그 환경의 기대와 요구들을 비판하는 태도'(초판 머리글)를 충분히 강조하지 못하였다. 개정판에서는 우리 현실을 좀더 조명하려고 한바, 글상자를 만든 것도 그러한 노력의 일부이다. 또한 입시교육을 비롯하여 고용차별, 불건전한 직장문화 등 우리 —개인, 가정, 사회 모두— 를 병들게 만드는 현실들을 힘을 합해 고쳐 나가야 하지 않겠느냐는 제안도 곳곳에 집어넣었다.

내용만 달라진 것이 아니라, 글도 많이 손질하였다. 목표는 '아름다운 글'이 아니라 '쉬운 글'이었다. 저자는 중요한 단어들을 한자로 넣어야 글이 더 잘 읽히는 구세대이지만, 한자단어에 오히려 방해를 받는 젊은 독자들을 위해 쓰는 책이라 초판에서도 한자를 거의 넣지 않았다. 그러나 한자단어를 그냥 한글로 적는다고 해서 쉬운 글이 되는 것은 아니므로, 대부분 한자로 된 전문용어들을 우리 말로 바꾸어 표현하고, 다른 말들도 젊은이들이 읽기 쉽도록 고쳐 썼다. 초판에서도 그런 방향으로 노력을 했지만 어려운 표현들이 여전히 많이 남아 있었다. 다른 한편, 우리글을 오염시키는 것은 이제 사실 한자보다는 영어번역

투이다. 일례로 수동태가 남용되다 못 해 '되어지다', '보여지다' 같이 겹 수동태까지 널리 쓰이고, '이러한 경험이 나로 하여금 정신건강에 관심을 갖게 하였다' 같은 문장도 사실 우리말이 아니다. 번역투를 빼느라고 뺐지만, 워낙 몸에 밴 버릇이라 다 없애지는 못했을 것이다.

이 책을 가지고 강의하기가 어렵다는 말씀을 많이 듣는데, 내용이 쉬워서 달리 설명이 필요 없는 것같이 보인다는 것이 그 이유 중의 하나일 것이다. 토론할 주제들이 많지만 대부분 인원이 많은 교양강의이기 때문에 토론도 쉽지가 않다. 책이 더 읽기 쉬워졌으니 더 '비난'을 듣게 생겼는데, 혹시 참고가 될까 하여 저자가 몇 년째 쓰는 방식을 공개해 본다.

저자는 매주 한 장(章)씩을 다루는 것을 원칙으로 하여, 20분 정도 시간을 남긴 채 강의를 끝내고 다음 번에 다룰 장의 주제와 관련 있는 제목을 주고 글을 써내게 한다. 예를 들어 보면, 2장 들어갈 때 '나의 건강상태', 3장 들어갈 때 '나의 스트레스', 10장 들어갈 때 '결혼을 할 것인가' 같은 제목들이다. 16절지를 나누어 주면 대다수가 앞면을 가득 채우며, 이름을 써서 제출하므로 출석을 따로 부를 필요도 없고, 다음 번에 다룰 주제에 '민감화'시키는 효과도 있다.

수업을 시작할 때 지난 시간에 쓴 글의 내용을 요약, 정리하여 이야기해 주고 나서 좋은 글을 몇 개 읽어 준다. 강의내용도 — 어차피 한 장을 다 다룰 수도 없고 또 그럴 필요도 없으므로 — 그들의 상황이나 문제들에 초점을 맞춘다. 학생들은 글을 열심히 쓰며 남의 글도 진지하게 듣는다. 학기말의 수업평가서에도 글쓰기, 남의 글 듣기가 둘 다 아주 좋았다고 적는 사람이 많다. 이 책에서 '대학생들에게 물어 보면' 어떻다고 쓴 부분들은 그렇게 모은 글들에서 인용한 것이다. 글상자들의 출처가 되는 책들을 읽고 독후감을 쓰거나 토론을 하게 할 수도, 소규모 조사연구(예컨대, '결혼에 대한 대학생들의 태도', '스트레스 해소법')를 해서 발표하게 할 수도 있을 것이다.

수업을 마치고 나가면서 학생들이 그 시간에 다룬 내용에 대해 토론을 하는 것을 간혹 듣는다. 이 책에서 다루는 주제들은 모두 젊은이들이 지금 그리고 앞으로 사회에 나가서 건강하고 행복하게 살아가는 데 도움이 될 수 있는 내용들이다. 저자의 목표는 설득하거나 가르치는 것이라기보다는 —학생들은 얼마든지 저자와 의견이 다를 수 있다— 당연한 것으로 여겼던 것들에 대해 의문을 던지고 자신의 삶에 대해서 진지하게 생각을 해 보도록 자극하는 것이다. 자신의 삶과 직접 연관지으면서 책을 읽고 강의를 듣고 또 친구들과 토론을 한다면 그 효과는 더욱 클 것이다.

초판 표지를 만들어 주었던 김아영 선생이 개정판 표지도 자신의 새 작품('이른 봄', 1997)을 넣어 제작해 주었다. 이상한, 건강하지 못한 사람이 훨씬 더 많은 이 어두운 세상에서 이 친구는 건강한 한 사람이 얼마나 많은 빛을 밝혀줄 수 있는지를 보여 주어 저자에게도 희망과 용기를 주는 사람이다. 이인혜, 최윤미 선생님은 자신들이 쓴 초판의 장들을 쓰게 해 주시고 개정작업에 값진 조언까지 주셨다. 두 분께도 고마운 뜻을 전한다. 박영사의 김희경 씨는 원고가 늦어져 시간에 쫓기면서도 차분하고 꼼꼼하게 책을 만들어 주셨다.

이 책(초판, 개정판 모두)이 나오는 데 결정적 공헌을 한 사람들은 그 동안 학과에서 강의실에서 만난 무수한 학생들이다. 그들은 그 진지한 눈빛으로 저자가 사람과 세상에 대해 안이한 비관과 절망에 빠지지 않도록 격려하였고 지칠 때 힘을 주었다. 초판 머리글의 마지막 단락의 말과 함께 그들에게 이 책을 바친다.

1997년 12월
춘천에서
홍 숙 기

머 리 글

고된 작업을 끝내는 단계에 왔다는 것은 다행스럽지만, 책을 이 상태로 완결지어 내놓게 된다고 생각하면 머리글을 쓰는 마음이 가볍지만은 않다. 학문과 인생의 경륜이 보잘것 없는 저자들이 젊은이들을 위한 정신건강 지침서를 써 보자고 나선 것이 지금 생각하면 — 쓰면서 생각할 때도— 무리였던 것 같지만, 그 동기는 간단하고 절실한 것이었다. 우리는 '정신위생'이라는 교양과목의 교재가 필요하였다.

우리는 정신위생 강의에서만큼은 여늬 때처럼 전문지식이나 개념들을 전달하기보다는, 이 현실에서 어떻게 살아나가야 만족하고 행복할 수 있겠느냐 하는데 실제적인 도움을 주고 싶었다. 그 동안 여러 종류의 책을 사용해 보았지만, 우선 많은 책들이 스트레스나 대인관계같이 주제가 어느 한쪽에 치우쳐 있고, 또 대부분이 미국책의 번역이라서 내용이 우리 현실에 꼭 맞지 않는다는 문제점이 있었다.

스트레스 대처법과 대인관계 기술은 물론 중요하며 이 책에서도 상당한 비중을 차지한다. 그러나 미국사회에서 효과적인 방법이나 기술이 우리 현실에도 효과적인가를 따지지 않는다 하더라도, 그러한 주제에만 집중하면 지나치게 현재지향적 —달리 말하면 비역사적(ahistorical) — 이 될 위험이 있다. 젊은이들은 장차 직업을 얻고 결혼을 하고 부모가 되고 중년이 되고 늙고 한다. 이러한 삶의 과제들을 성공적으로 극복해 나가는 것이 그들 자신의 행복뿐 아니라 우리 사회의 안녕에도 중요한 것일진대, 그 길에서 부딪칠 문제들에 대해 그들을 준비시켜야 하지 않겠는가.

기술문명, 도시화와 산업화의 발전으로 생활양식과 가치들이 하루가 다르게 변화하고 있지만, 젊은이들은 그러한 격류에 그냥 내던져지고 있는 현실이다. 강한 자는 헤엄쳐 나오고 약한 자는 의식 없이 떠내려 가거나 가라앉으면 되는 것인가. 대학입시를 위한 자기와의 그리고 남들과의 싸움에서 그런 각박한 현실을 알게 되는 것은 거기에 준비하는 데 큰 도움이 되지 않는다. 소수의 '승리자'뿐 아니라 누구나 건강하고 행복하게 살 수 있다는 것을 믿고 그 방법을 배우지 못한다면 이 직접체험은 불안만 줄 뿐이다. 누구나 알다시피, 불안이 너무 커지면 우리는 합리적으로 행동하기보다는 맹목적이 되며, 여기에 만족과 행복은 있을 수 없다.

우선 대학, 대학 하면서 어른들이 젊은이들을 대학에서의 공부와 생활에 어느 정도 준비를 시키는가? 가정과 학교에서 대학에만 가면 자유와 낭만이 넘칠 것이라는 기대를 불어넣고, TV는 데모대열에서 돌과 화염병을 던지는 대학생을 보여 줄 때, 대체 대학의 실상은 어디에 있는가? 물론 취업시즌이면 보도되는 대졸자 취업난이 대학의 실상을 부분적으로나마 보여주기는 한다. 저자들은 대학생들을 가르치는 시험을 치르게 하면서, 또 교정과 연구실, 상담실에서 그들을 대하면서 늘 양심의 가책 같은 것을 느껴 왔다. 대학생활에 대한 오리엔테이션을 제대로 하지 않고 이들에게 공부하라 하고 학점 주고 논문 쓰게 하고, '대학생답게' 자율적으로 책임 있게 생활하라고 기대하고 요구하는 것이 정당한 일인가? 비유컨대, 식사예절을 가르쳐 놓지도 않고 밥 먹는 태도를 점수매기고 밥을 흘린다고 나무랄 수 있는가?

저자들은 급기야 '전혀 새로운 책'을 써야겠다고 마음 먹게 되었다. 토론중에 우리는 사회가 병들었을 때 개인의 만족과 행복이 가능한가 하는 질문에 부딪쳤다. 예컨대, 다수의 학생들이 좌절, 불만하고 그 중 소수는 '비행청소년'이 되는데, 소수의 모범생들이 안전하고 행복할 수 있는가? 개인의 행복을 추구하기 위해서라도 최대 다수가 만족하고 행복할 수 있는 건강하고 건전한 사회를 만들어 가야 할 것이다. 오늘은 그들이 우리의 학생이고 누군가의 자녀이지만, 내일은 그들이 다음 세대를 가르치는 부모, 교사이고 우리 사회와 경제를 이끌어 가는 사회인인 것이다.

이러한 기본적인 생각들에서 출발하여 저자들은 다음과 같은 삶의 자세를 전달하는 것을 이 책의 목표를 삼았다.

- 우리의 삶은 탄생에서 죽음으로 이어지는 장거리 달리기이지 초반에 승부를 내리는 단거리 경주가 아니며, 우리는 혼자가 아니라 주위의 많은

사람들과 더불어 달린다.

- 남이 대학에 가니까 나도 가고, 나이가 차면 결혼을 하고, 남이 차 사면 나도 하는 것처럼 남 하는 대로 따라 가기보다는, 스스로 선택하고 결정 내리며, '나는 나'로 살려는 용기를 가질 필요가 있다.
- 적응은 중요하지만, 적어도 대학을 나온 사람들은 주어진 환경에 순응만 할 것이 아니라 그 환경의 기대와 요구들을 비판하는 태도를 가져야 할 것이다. 온당하지 않은 요구들에는 저항하며 개혁을 위해 공동노력을 하지 않는다면, '좋은 세상'이 올 수가 없다.

이러한 인생태도는 1장 '적응과 성장'에서 좀더 자세히 부연될 것이다. 나머지 11개의 장들은 '몸과 마음의 건강', '어른으로서의 삶', '삶의 행로'의 3부로 구성되어 있다. 이 책의 일차적 대상은 대학생 독자들이지만, 책의 내용과 문체는 대학에 다니느냐와 상관없이 10대 후반부터 20대 중반에 이르는 젊은이들이면 관심을 느끼고 쉽게 이해할 수 있도록 쓰여졌다. 6장('대학생활')을 제외한다면, 나머지 장들의 주제들은 학생이 아닌 일반인들에게도 관련이 되는 것들이다. 책의 내용을 간단히 소개한다.

- 1부에서는 스트레스의 종류, 스트레스에 대한 반응과 대처를 주로 다루게 된다. 이 책의 전체를 통해서 몸과 마음이 하나로 움직인다는 것을 강조하겠지만, 우선 2장 '정신과 신체'에서 그 구조와 작용을 서술한다. 이어 3장에서는 스트레스와 싸우는 다양한 방식들과 우리의 (심리적·사회적) 자원들을 논의한다. 우리가 살아가면서 겪는 어려움들의 큰 부분은 우리 자신의 성격이나 행동 때문인 경우가 많다. 스스로 행동과 습관을 고치는 방법들을 5장에서 소개하게 된다.
- 2부는 대학생의 문제들과 성인생활에 대한 준비사항들을 다룬다. 6장에서는 우선 대학에서의 공부와 시험, 전반적인 대학생활에 대해서 조언을 하게 된다. 이어 대인관계의 주제를 다루는 7장에서는 인간관계의 구조와 과정, 대화기술은 물론 친밀관계와 이성교제의 문제들도 논의될 것이다.

  늦어도 20대에 들어서면, 여자 혹은 남자라는 사실이 그전까지보다 훨씬 더 크고 실질적인 의미를 갖게 되며, 따라서 '남자란', '여자란' 하는 고정관념들, 양성의 차이들을 인식하는 것이 중요해진다. 직업을 갖고 일에 만족하며 또한 일과 휴식의 리듬을 잘 탈 줄 아는 것도 상당한 준비가 필요한 적응과제이다. 이 두 주제가 8장('남자와 여자')과 9장('일과 여가')의 주제이다.

- 3부에서는 결혼하여 가정을 이루고 늙고 죽는 '산 넘어 산'의 인생길을 내다보게 된다. 배우자 선택, 부부 적응의 과제들과 방법(10장), 부모의 책임과 역할(11장), 중·노년의 변화와 그에 대한 적응(12장) 등을 이해한다면, '인생은 더불어 장거리 달리기'라는 사실이 실감이 나고, 부모를 비롯한 나이 많은 세대의 사람들을 더 잘 이해하게 될 것이다.

이 12개의 장들 중에서 1장, 6장, 8장과 3부의 세 장은 홍숙기가, 1부 네 장은 이인혜가, 2부 7장과 9장은 최윤미가 맡아서 저술하였다. 전체적으로 심리학적인 전문이론이나 전문용어를 피하도록 하였고, 꼭 나와야 할 때는 충분한 설명을 하려고 하였다. 전체 내용과 문체, 용어를 통일하는 책임편집은 홍숙기가 맡았다. 초고작성에서부터 여러 차례에 걸친 개정작업에 이루기까기 힘든 타이핑 작업은 강원대학교 심리학과에 다니는 윤광영 군이 맡아 주었다. 반년 동안 처음부터 끝까지 불평 없이 성실하게 일해 준 그의 노고에 정말 감사한다. 작품 '날개짓'을 표지그림으로 사용하도록 허락해 준 화가 김아영 선생에게도 깊은 감사의 마음을 전하고, 출판을 맡아 준 박영사에도 감사를 표한다.

열심히 했지만 미흡한 점이 많으리라 생각한다. 이 책을 교재로 쓰시는 교수들과 학생들, 그리고 일반독자로부터 가차없는 비판과 의견을 감히 기대해 본다. 우리 자신도 계속 정진하여 —개정판을 낼 기회가 있으면— 여러 가지 의견이 쌓이고 무르익는 대로 내용을 개선할 것을 약속드린다.

아무쪼록 우리의 젊은이들이 낙천성과 희망을 잃지 않으면서, 미래를 계획하고 준비하지만 현재의 젊음을 즐기면서, 성숙하고 책임 있는 시민, 자유롭고 행복한 인간이 되기를, 그 길에 필요한 희망과 자신감을 이 책이 그들에게 줄 수 있기를 바랄 뿐이다.

1991년 8월

춘천에서

홍숙기, 이인혜, 최윤미

차　　　례

제1장　정신건강의 의미

제 1 부 몸과 마음의 건강

제 2 장 몸과 마음

제 3 장 스트레스

제 4 장 스트레스 대처

제 5 장 행동과 습관의 변화

제 2 부 어른으로서의 삶

제 6 장 대학생활

제 7 장　대인관계

제 8 장 남자와 여자

제 9 장 일의 세계

제 3 부 삶의 행로

제 10 장 결혼과 부부생활

제 11 장 가정과 자녀

제 12 장 중년과 노년

글 상 자

제 1 장

정신건강의 의미

사람 살기 힘들어졌다고 하고, 정말 세상 편해졌다고도 한다. 살기 편해진 측면은 자동차, 컴퓨터와 같이 대체로 물질적인 발전이고, 힘들어진 측면은 경쟁, 스트레스, 범죄같이 서로 어울려 사는 삶이다. 너무 많은 것이 너무 빨리 변하고 있다. 십여 년 사이에 인터넷과 핸드폰 없는 세상을 상상할 수도 없게 되었다. 우리말을 제대로 배우기도 전에 '영어몰입', 나아가 '입시전쟁' 준비에 들어가야 하는 시대에 동네에서 친구들과 뛰어노는 아이들을 보기 힘들게 되었다.

살아가면서 부딪치는 내적·외적 변화들에 몸과 마음이 어떤 영향을 받는지, 여러 가지 요구와 변화들에 어떻게 대처해야 하는지를 배우고 삶의 현장으로 나간다는 것은 격변하는 시대일수록 중요한 일이다. 십대 후반까지 대학 들어가기 위한 훈련만 받으며 '삶은 곧 경쟁'이라는 사실 외에는 세상살이에 준비가 안 된 이 시대 젊은이들에게 바로 이러한 기초지식을 전달하려는 것이 이 책의 목적이다. 그 서론으로서 1 장에서는 정신건강의 의미에 대해서 생각해 보기로 한다.

변하는 세상에 허겁지겁 우리 자신을 맞추어 나가는 것이, 남 하는 대로 좇아가는 것이 전부일 수는 없다. 세상이 혼란스럽고 복잡해질수록 변하면 안 되는 것이, 붙잡고 지켜야 할 것이 있다. 우리는 잘 적응해야 하지만 또한 우리 자신을 지키고 키워 나가야 한다. 이는 '공부'가 필요한 일이다. 학교공부를 잘하는 데도, 연애를 잘하는 데도, 직장생활, 결혼생활을 잘하고 좋은 부모가 되는 데도, 잘 늙는 데도 공부가 필요한 세상이 되었다.

호랑이에게 물려가도 정신만 차리면 된다고 하고, 눈 감으면 코 베어간다고 한다. 정말 정신 차리지 않으면, 눈 뜨고 살지 않으면 모든 것을 잃어버리기 쉬운 세상이다. 늙어 죽을 때까지 사는 것은 내내 만만치 않지만, 크고 작은 실패와 좌절들을 어떻게 받아들이고 어떻게 대처하느냐에 따라 우리는 점점 강하고 성숙해질 수도 있고 반대로 허약하고 불행해질 수도 있다.

1. 생활과 환경의 변화

이리저리 치이며 시달리는 인생을 살고 싶은 사람은 없다. 어떻게 해야 중심을 잡고 변화에 휩쓸리지 않으며 인생의 주인으로 살 것인가.

1-1 변화의 급격함

현대의 문제는 세상이 변하는 것 자체가 아니라 그 속도와 정도이다. 전문학자들의 말을 인용할 필요도 없이, 지난 10여년 동안에 일어난 우리 생활환경의 변화는 그 이전 수십 년 동안 일어난 변화의 양과 맞먹을 것이다. 전화와 텔레비전, 인터넷과 이동전화가 없던 시대의 생활이 상상되는가. 어쩌다가 초등학생들도 학원을 대여섯 군데씩 다니는 세상이 되었는가. 명절이면 '내려'가는 '고향'도 얼마나 더 오래 존재할까.

세상이 하루가 다르게 변한다는 어지러운 느낌은 변화의 속도뿐 아니라 그 확산 정도의 탓이기도 하다. 인구의 절반 이상이 농사를 짓던 때에는 삶의 무대가 '우리 마을'이었고 나날이 부딪치는 사람들은 거의 모두 오래 알고 지내는 사람들이었다. 통신기술과 대중매체가 발달하고 여행이 자유로워지면서 삶의 터전은 '우리 동네', '우리나라'를 벗어나게 되었다. 다른 사회계층들이, 또 다른 나라들에서 무엇을 먹고 입고 쓰며 어떻게 사는지를, 먼 나라들에서 무슨 일이 일어나며 그것이 우리의 삶에 어떠한 영향을 미치는지를 대중들도 알게 된다. '세계화', '지구촌'이란 바로 정보와 지식의 국경이 무너지고 우리가 싫건 좋건 세계의 시민이 된다는 것을 뜻한다.

1-2 변화의 영향

이러한 변화들은 불가피하게 우리의 사고방식, 감정 등에 영향을 끼쳐서, 변하지 않는 것이란 없고 모든 것이 일시적이라고 느끼기 쉽다. 그럴수록 물질과 돈에 대한 집착만 커진다. 시장경제의 상품사회에서 돈 있어야 '신상품'들을 그때그때 살 수 있고, 돈 있어야 좋은 학교도 가고 좋은 직장도 얻으며, 돈 있어야 사람대접을 받는다. 인간관계도 예외가 아니다. 정 많은 민족이라고 자부하던 우리가 언젠가부터 이용가치를 따져 사람을 사귀게 되었다('인맥형성'). 연애와 결혼에서도 상대방의 사람됨보다는 외모, 학벌, 부모 경제력을 따지는 세상이다.

큰 사건이 터지면서 오래 알던 사람이나 나 자신의 '바닥'을 보게 되는 것처럼, 사회·경제의 변화들을 겪으면서 우리 사회의 '바닥'이 드러나는 것 같다. 교육개혁이라는 이름으로 이것저것이 바뀌어도 입시경쟁은 심해지기만 하고, 경제성장, 자본주의 발전과 더불어 한편으로 빈부격차가 심해지고 다른 한편으로 명품선망 내지 중독, 자기상품화('외모도 실력이다')가 극한으로 치닫고 있다. '내 인생은 나의 것'을 주장하기가 점점 어려워지는 가운데 어린 아이부터 노인에 이르기까지 몸과 마음의 건강을 지키기가 점점 어려워지고 있다. 부모세대와 단절이 심해지는 한편 부모에 대한 의존은 더욱 심해지는 것도 건강과 행복에 도움이 되지 않는다.

대학생들이 사는 모습도 과거와 매우 다르다. 신입생 시절 '방황'은 옛말이고, 이제는 입학하자마자 전공 선택과 취업, '인맥'형성과 관리에 신경 쓰고, 이력서에 쓸 내용(소위 '스펙')을 만들어야 하는 시대가 되었다. 또 90년대까지만 해도 '재테크'와 '부자학'은 대학생들의 관심사가 아니었다. '승자독식 사회'에서 살아남아야 하므로 자신의 일에만 신경 쓰고 남에게 관심 없는 개인주의가 점점 심해질 수밖에 없다. 개인주의가 심해지면서 점점 더 많은 사람들이 외로움, 적응장애나 정신장애로 고통 받는다면, 살아남기 위해서라도 점점 빠르게 변하는 세상에서 어떻게 대처하는 것이 좋으냐 하는 생각을 해 보지 않을 수 없다.

1-3 변화에 대한 반응

변화 자체를 싫어하는 사람은 별로 없다. 나날이 변함없다면 삶이 얼마나 지루할 것인가? 자기 자신이 10년 전이나 지금이나 변함없이 똑같은 사람이라는 것을 문득 느낄 때 안심도 되지만 끔찍하다고 느껴지지 않는가? 사람에 따라 정도가 다르지만, 우리는 적극적으로 변화와 자극을 추구하기도 한다. 단지 새롭다는 이유로 새 옷, 새 차, 새 음식을 찾는가 하면, 술, 마약, 도박, 性 등에 탐닉하면서 일상을 벗어나기도 한다. 자기 자신이 달라지고 성장하지 못하므로 그 대신 바깥에서 변화와 자극을 추구하는 것인지 모른다.

그러나 너무 많은 것이 너무 빠르게 변하면 어지럼증이 생긴다. 우리는 뒤처질까봐 불안해서 남 하는 대로 따라간다. 남의 집 아이들이 영어, 태권도학원 등등에 다니면 우리 아이들도 보내야 하고, 다른 학생들이 해외어학연수를 가면 나도 가야 할 것 같다. 개성과 스타일을 강조하는 젊은이들이 너나없이 그때그때 유행하는 — 주로 텔레비전 프로나 광고에서 나온 — 말들을 쓰고 유행하는 옷들을 입고 다니는 것이 그러한 태도를 보여준다.

변화가 너무 빠르거나 심하다고 느낄 때 우리는 변화를 부인하거나 완고하게 저항하기도 한다. "변한 것은 아무것도 없다"거나 "옛날이 좋았어" 하는 태도가 나오는 것이다. 예를 들면, 남녀의 역할이 달라지는 속도나 정도가 지나치다고 느낄 때, 전통적인 남성다움과 여성다움을 자기 자신에게 그리고 다른 사람들에게 고집 또는 강요한다. 세계화 시대에 애국주의 또는 국가주의가 오히려 심해져서, 연예인이나 외국인이 한국비하 발언을 했다고 언론이 들끓고 외국인 차별을 내놓고 하기도 한다.

변화를 무분별하게 수용하거나 추구하는 것도, 변화에 무조건 저항하는 것도 바람직하지 않다. 변화를 피할 수는 없고 그 속도와 정도는 점점 커지면 커졌지 줄어들지는 않을 것이다. 어차피 변화와 더불어 살아야 하는데, 의식을 가지고, 즉 분별력을 잃지 말고 적응하려면 어떻게 해야 할까? 우선 적응의 다양한 측면을 알아보자.

2. 적 응

정신적으로 건강한 사람의 한 가지 지표는 적응이 잘되어 있고 또 잘해 나간다는 것이다. 사실은 몸의 건강도 좋은 적응을 의미한다. 배고프면 먹을 것을 찾아야 할 뿐 아니라 어떤 비타민이 부족하면 그것을 섭취해야 건강을 유지할 수 있다. 심심하면 텔레비전을 틀거나 친구에게 전화한다. 이러한 나날의 그리고 순간순간의 적응과정은 몸과 마음의 건강에 매우 중요하지만, 이 장에서는 생활과 환경의 중요한 변화에 대한 적응을 주로 문제 삼기로 한다. 우선 적응이란 무엇일까?

2-1 적응의 의미

적응은 원래 생물학에서 종(種)의 생존을 설명하기 위해 사용한 개념이다. 적자생존이니 자연도태니 하는 말들은 해당 환경에서 가장 잘 적응하는 종이 거기서 살아남는다는 것을 의미한다. 심리학에서 적응을 말할 때는 본질적으로 (종이 아니라) 개인들이 "사회적, 물리적 환경들에서 잘 지내거나 살아남기 위한 투쟁"(Lazarus, 1976, p. 3)을 말한다. '적응을 잘하는' 사람이란 주어진 환경과 요구들에 자신을 잘 맞추고 마찰 없이 잘 지내는 사람을 말한다. 가령 차가 많이 다니는 길가에 살면서 소음과 매연에 익숙해진 나머지 잠도 잘 자고 아무 문제 없이 지낸다면 환경에 잘 적응한 것이다. 이런 점에서 개인들이 적응을 잘하면 그 환경이나 사회의 입장에서 볼 때 아주 바람직하다. 학생들이 선생님, 부모님 말씀 잘 듣고 공부만 열심히 하면, 학교, 가정이 모두 편안하다.

환경, 주위사람들과 마찰('트러블')이 없으면 본인들도 살기 편하지만, 편한 게 무조건 좋은 것인가? 사회의 압력이나 규범을 순순히 따라가면 개인의 관점에서 볼 때 두 가지 문제가 있을 수 있다. 우선 그 규범 자체가 병적이고 그 압력이 부당할 때도 동조할 것인가? '네 시간 자면 붙고 다섯 시간 자면 떨어진다'고 해서 젊은 독자들 대다수는 잠도 제대로 못 자고 공휴일도, 방학도 모르고 고3 시절을 보냈을 것이다. '몸짱 시대'에 너도나도 '몸 만들기', 성형수술을 할 것인가? 교수, 선배, 아르바이트 가게 사장이 이런저런 부당한 요구들을 할 때 다 순순히 들어줄 것인가? 마음속에 이런 물음들이 떠오를 때 습관적으로 억눌러버리면 결국은 몸과 마음이 망가지게 되어 있다.

규범의 정당함, 건강함과 더불어 문제되는 것은 성향과 능력의 다양함이다. 사회에서 규정하는 틀에 내가 요행히 들어맞으면 좋지만 그렇지 않다면 어떻게 되는가? 이를테면, 이 시대, 이 사회가 자기주장과 사교성, 공격성을 요구할 때, 나 자신이 내향적인 사람이고, 공격적이기보다는 남들의 감정을 배려하는 사람이라면 내 모습을 싫어하거나 부끄러워하고 뜯어 고쳐야 할 것인가? 어느 한 학과가 '인기학과'라 해서 대한민국 학생들이 전부 거기 들어가려고 노력하고, 그것에 실패하면 불행해져야 하는가?

잘 적응하는 것을 정신건강의 한 지표로 삼는다 할 때, 우리는 적응이 자신을 환경에 갖다 맞추는 것으로 그칠 수가 없음을 알 수 있다. 건강하다는 의미에서 잘 적응한 사람은 환경에 대해 좀더 적극적인 자세를 가진 사람일 것이다.

2-2 적응의 또다른 의미

자신을 외부환경에 맞추는 것 외에 적응의 다른 측면은 자신에 맞게 주어진 조건들을 고친다는 것이다(Lazarus, 1976, p. 3). 우리는 쾌적하게 지낼 수 있도록 주거환경을 바꾸며, 하는 공부나 일이 마음에 들지 않을 때 학과나 직장을 바꾸기도 한다. 자신의 욕구, 성격, 능력 등을 굽히지 않고 발현하려 한다는 점에서 이것은 적극적·능동적 적응이라 할 수 있겠다. 40대 남자사망률이 세계 최고라는 이 사회에서 운동이나 온갖 보약과 정력식품으로 자신의 건강을 지키려 하는 것을 소극적·수동적 적응이라 한다면, 적극적·능동적 적응은 사회와 기업의 부조리를 고쳐 사람답게 사는 사회를 건설하려고 노력하는 일이 될 것이다.

그러나 정신건강은 환경에 대한 적응 — 소극적·적극적 적응 둘 다 — 으로만 끝나는 것이 아니다. 우리는 바깥환경과 타인들에게만, 외부의 요구들에만 적응할 뿐 아니라 몸과 마음의 환경과 한계들에도 적응해야 한다(Atwater, 1979, p. 7). 이를테면, 하루에 서너 시간씩 자면서 오랜 기간을 정상적으로 기능할 수 있는 사람은 거의 없다. 여러 가지 약으로 최고의 컨디션을 무한정 오래 유지할 수 있을 것 같은 착각에 빠지기도 하지만, 약으로 생물학적 한계를 극복할 수는 없다. 오히려 심각한 부작용을 떠안는다. 온갖 방법을 다 써도 살빼기에 실패하는 사람이 그렇게 많은 것을 보라.

심리적인 한계도 있다. 실패에 좌절하고 낙심한다든지, 때때로 분노, 공포, 불안, 슬픔에 빠지는 것은 대부분 그때그때의 내적·외적 사건들에 대한 자연스러운 심리적 반응들이다. 이러한 고통을 술이나 허세 따위로 부정해 버린다면 문제해결에도 방해가 되거니와 장기적으로 몸과 마음의 건강도 망가진다. 우리는, 그리고 물론 타인들도 어떤 목적 — 아무리 신성한 목적이라 해도 — 을 위한 수단이나 도구가 아니다. 5년, 10년 굴리다가 고장 나면 버릴 자동차나 기계도 아니다. 스스로의 한계를 인식하고 그것에 생활과 환경을 맞추기를 배울 필요가 있다.

몸과 마음은 물론 같이 간다. 어린 시절 학교와 학원에서 주입식·암기식 공부를 강요당하며 살아왔고 잠도 늘 부족했다면, 대학에 들어와서 몸과 마음이 지치고 '상태가 나쁜' 것은 당연하다. 입시전쟁보다 더 독한 취업전쟁에 즉시 뛰어들 것이 아니라, 자기를 닦달하다 안 되면 자기비하에 빠질 것이 아니라, 몸이 요구하는 대로 자고 놀고 게으름 부리는 것이 몸과 마음의 한계에 적응하는 길이다. 그러다보면 회복되는 때가 온다.

이렇게 볼 때 건강한 적응이란 ① 환경의 요구들을 제대로 인식하여 거기에 자신을 맞추고, ② 그것이 바람직하지 않거나 가능하지 않을 때 자신의 환경을 바꾸고, ③ 자신의 몸과 마음의 조건이나 요구들에도 민감해져서 거기에 활동을 맞추어 나가는 일이라고 할 수 있다. 이렇게 적응은 내적·외적 요구들을 인지하고 환경을 혹은 자기 자신을 맞추어 나가는 일을 말한다. 이는 몸과 마음의 건강에 대단히 중요한 과정이며, 우리는 그렇게 적응해 가는 가운데 성장해 왔다.

3. 성장과 자기실현

심리학자들은 정신건강을 논의할 때 적응이라는 말보다는 성장, 성숙, 자기실현 같은 용어들을 더 많이 쓴다. 건강한 사람은 어떤 사람인가? 우선 병이 없으면 건강하다고 말한다. 아픈 데가 없으면 건강한 것인가? '정신건강'으로 말하면, '정신병', '정신질환'이 없으면 되는 것인가? 자신에 대한 판단이 어렵다면 남에 대해서는 어떤 사람을 보고 건강하다고 하는가? 의욕과 활기가 넘치고, 긍정적으로 생각하며, 웬만한 스트레스나 역경에 무너지지 않는 사람이 아닌가? 자기 이익만 따지고 챙기는 이기주의자보다는 남을 배려할 줄 알며 남을 위해 자기 이익을 포기할 줄도 아는 사람이 아닌가? 유행에 휩쓸리기보다는 중심 잡힌 주체성 있는 사람이 아닌가? 이러한 사람은 적응만 잘하기보다는 '성숙'한 사람이라고 할 수 있다.

적응과 성장은 둘 다 자신의 환경에 대처하며 개인적인 욕구들을 충족시키는 과정을 포함한다. 그러나 **적응**은 환경에 대한 관계, 현상유지를, **성장**은 개인 자신을, 그리고 변화, 특히 긍정적이고 의미 깊은 변화를 강조한다. 적응은 질병 없는 상태를, 성장은 건강을 말한다 하겠다. 질병 없음은 건강의 조건이 되기는 하나, 그 자체는 소극적 의미의 건강이라 할 수 있다. 적극적 의미의 건강이란 병이나 아픈 데가 없는 현상유지 이상의 것으로서, 삶의 활력과 기운이 넘치는 상태를 포괄한다.

우리의 삶이 살아남는 것으로 그치지 않고 의미와 방향과 '살 맛'이 있어야 한다면, 목표는 질병 없는 상태보다는 건강, 적응보다는 성장이 된다. 그런데 우리 주변에는 성숙하고 건강한 사람들이 드물다. 성숙은 왜 그렇게 어려운 것일까?

3-1 성장의 계기

삶이 변화 없이 밋밋하게 이어진다면 사람도 변하기가 힘들다. 몸과 마음과 환경의 변화는 사람이 달라지는 계기가 된다.

(1) 신체적 변화

살아가면서 우리는 몇 번 급격한 신체변화를 겪는다. 사춘기 무렵 몸이 갑자기 자라고 여자·남자의 특징들이 나타났을 때 이제 '애'가 아니라 '어른'이 된다는 것이 좋기만 했는가. 발달과정에서 또 한 번의 커다란 변화는 중년기에 온다. 사춘기의 신체변화가 '어른'됨을 알리는 예비종이라면, 중년기의 변화는 '노인'이 되는 준비를 시작하라는 신호이다. 이런 의미에서 이때를 사추기(思秋期)라 부르기도 한다. 더 이상 젊지 않으며 늙고 죽는 길에 들어선다는 깨달음은 쓰라리기도 하지만, 자신의 삶을 돌아보고 삶의 의미를 질문하며 내적으로 성숙하는 계기가 되기도 한다. 그러나 젊음을 유지하고 몸매관리(성형수술까지도)를 하고 화장과 옷차림으로 젊어 보이려고 애쓰는 아줌마·아저씨들을 더 많이 보게 된다.

세월이 가면서 저절로 오는 변화에도 적응하기 힘들다는 것을 생각하면, 병이나 사고로 인한 신체적 변화를 성장의 계기로 삼기가 쉽지 않음을 알 수 있다. 그러나 졸지에 불구가 되었으면서도 그 변화에 체념적으로 적응하는 데 그치지 않고 오히려 그 전보다 더 충만한 삶을 살게 되는 사람들이 있다. 역경과 고난을 당할 때마다 "나를 죽이지 못하는 것이 나를 강하게 한다"는 말을 되새겨 보자.

(2) 환경의 변화

독자들 중에는 이사나 전학 등으로 환경이 달라졌을 때 적응의 어려움을 겪어 본 사람이 많을 것이다. 학교졸업, 대학입학, 결혼, 이혼, 가까운 사람의 죽음 등도 생활환경에 많은 변화를 가져오는 사건들이다. 신입생 시절을 돌이켜보면 많이 혼란스럽기도 했지만, 새로운 환경에서 새로운 생활과제들과 씨름해 나가는 가운데 성장과 자기실현의 바탕이 다져지기도 했을 것이다.

(3) 내면의 변화

성장의 계기는 심리적 변화에 의해 마련되기도 한다. 이를테면 갑자기 엄마 아빠의 '착한 아들/딸' 노릇하기가 싫고 사사건건 불평하고 실제로 부모를 미워하는 '못된 아들/딸'이 되어 있는 자신을 볼 수 있다. 오랜 동안 — 몇 달일 수도 몇 년일 수도 있다 — 자신에 대한 막연한 불안감, 권태와 무기력의 수렁에 빠질 수가 있다. 이러한 불만이나 우울 상태의 밑에는 변화의 갈망이 숨어 있는 수가 많다. 부정적 심리상태가 성장의 계기로 작용하려면, 재미없는 학과공부, 보수적인 부모 등 외부 환경에서만 그 이유를 찾기보다는, 그 불만과 불행이 변화와 성장을 바라는 내면 욕구의 표현이라는 것을 인식할 필요가 있다.

성장의 계기로 작용할 수 있는 몸, 환경, 마음의 변화를 고찰하면서 우리는 성장에는 아픔과 고통이 따른다는 상식적인 진리를 확인하게 된다. 그렇다면 괴로움을 당할 때 그것이 성장의 괴로움인지 아닌지를 어떻게 아는가? 다시 말해 성장은 어떤 길을 밟는가?

3-2 성장의 과정과 단계

Sidney Jourard(1975)에 의하면, 성장의 길에 있을 때 우리는 ① 우선 자신에게 또는 주변 환경에 변화가 있음을 인정하고, ② 그 결과로 내면에 '괴리'(dissonance)나 불만이 생기고, ③ 그에 따라 경험을 재조직(reorganize)하는 세 단계를 밟는다.

(1) 변화의 인정

사실 우리는 항상 변하고 있지만 보통 때는 그것을 의식하지 못한다. 그러다 어느 순간에 자신이 또는 환경이 달라졌음을 느끼고 놀라며 '내가 (더 이상) 애가 아니구나', '무섭기만 했던 아버지가 늙고 약해지셨네', '세상은 이런 곳이었어' 같은 말을 내뱉게 된다. 거기에는 물론 어떤 계기가 있다. 중요한 사람에게 칭찬이나 비난을 듣는가 하면 어린아이에게 '아줌마' 소리를 듣고, 직장에서 예고 없이 해고를 당하기도 한다. 오랜 친구나 연인이 결별을 선언하기도 한다. 어쩌다 학생회장이 되어 리더십을 발휘하고 남들에게서 '카리스마'가 있다는 평을 듣기도 한다. 이런 변화들이 성장의 계기로 작용하려면 우선 자기 자신이 또는 주위 환경이 변했음을 분명히 인정해야 한다.

(2) 불만과 불안

변화의 인식이 언제나 성장을 유도하는 것은 아니다. 많은 경우에 우리는 변한 것은 아무것도 없다고 믿고 싶다. 가령 여전히 또는 더욱 어린아이같이 행동한다든가, 술독에 빠져 고통을 잊으려 하고, 사랑하는 사람이 돌아올 것이라고 믿기도 한다. 뮤지컬 배우를 꿈꾸는 사람이 중요한 오디션에 계속 떨어지고는 심사위원들을 비난하기도 한다. 자신이 또는 환경이 달라졌다고 느낄 때 우리는 우선 놀라고 실망이나 좌절을 느낀다. 그 때 아무 일도 없었던 것처럼 살아간다면 성장 대신에 안정을 선택하는 것이다.

이렇다 할 사건이 없이 스스로의 욕구가 불만감을 만들어 낼 수도 있다. 아이들을 다 키운 여자가 주부와 어머니로 살아가며 막연한 불만을 느낄 때 마음을 다잡기도 하지만, 늘 하고 싶던 그림이나 공부를 새로 시작하면서 새로운 삶을 시작하기도 한다.

성장의 이 단계에서는 불가피하게 큰 불안을 겪는다. 앞으로 어떻게 살아갈 것인가. 나한테 정말 리더십 역량이 있을까. 재능이 없는데 뮤지컬 배우가 되려고 애쓴 것일까. 다시 도전해보아야 할까 아니면 다른 길을 찾아야 할까. 단지 도전한다는 의미에서가 아니라 자기 자신에 대한 깊은 실망에서 변화를 추구한다면 고통은 더 클 것이다. 그러나 독자들이 지난날을 돌이켜보면, 당시에는 그렇게 괴로웠던 실패나 불운이 자신의 성숙에 얼마나 도움이 되었는가를 인정할 수 있는 일이 적어도 한 가지는 생각날 것이다.

(3) 경험의 재조직

경험을 재조직한다는 것은 새로운 경험이나 생각 때문에 태도, 가치 등이 변하는 것을 말한다. 이를테면, 동료학생들 대부분이 시험이나 발표에 대해 큰 불안을 느낀다는 것을 알면 나 자신이나 남들의 시험공포를, 나아가 나 자신을 다른 눈으로 바라볼 수 있게 된다. 또는 내가 남자다움을 그토록 내세우고 다녔던 것은 남자로서 자신이 없었기 때문이라는 진실을 깨닫고 자신과 남들을 새롭게 이해할 수가 있게 된다. 리더십, 카리스마 있다는 말을 듣고 나서 지금까지 리더십을 발휘했던 일들이 기억나고 자신에게 남 앞에 나서고 싶은 욕구가 있음을 인정할 수 있다.

전 단계의 불안이나 불만에 이어 성장의 이 마지막 단계에서는 만족이나 자신감이 충만해지는 경향이 있다. 이 단계에 와서야 또는 이 단계도 한참 지나서야 우리는 자신이 겪은 고통의 의미를 깨달을 수가 있다. 예를 들면, 몇 년이 지난 후에야 그 때 대입낙방이 또는 쓰라린 실연이 없었다면 내가 훨씬 유치한 모습으로 남아 있을 것이라는 확신이 드는 것이다.

결국 성장은 변화에 대한 내적 반응으로 시작하여 행동과 성격이 긍정적으로 변하는 것이다. 그러나 때로는 행동 변화가 내적 성장을 가져온다. 예를 들면, 오랫동안 담배를 피우던 골초가 어떤 기회에 담배를 완전히 끊게 되면서 자신에 대한 신뢰와 자부심이 커질 수 있다. 학기 초에 선생이나 선배에게 지목되어 학과대표를 맡게 된 소극적인 학생이 시간이 지나면서 자신감이 생기고 적극적인 사람이 되기도 한다. 그야말로 '물을 만난 고기'가 되는 것이다. 이 책의 5장에서 행동과 습관을 고치는 문제를 다루게 될 것이다.

Rogers나 Maslow 같은 심리학자들은 인간은 누구나 성장의 잠재력을 가지고 있다고 본다. 그들은 또한 성장은 근본적으로 기쁨과 즐거움을 주는 것이라고 지적한다(Rogers의 '유기체적 평가과정'; Maslow의 '기쁨을 통한 성장'). 그러나 성장은 그 당시에는 기쁘기보다는 고통스러운 것 같고, 대다수의 사람들이 자신의 잠재력을 실현하지 못하고 마는 것이 또한 현실이다. 입시에서 전공을 선택할 때 대체 나는 뭘 잘하고 뭘 하고 싶고 뭐가 되고 싶은지 몰라서 혼란을 겪다가 부모나 교사가 권하거나 강요하는 전공을 선택해버리는 학생이 많지 않은가.

3-3 잠재력의 실현

우리 모두는 생김새가 다른 것처럼 적성과 흥미도 다르다. 자신이 어디에 능력이 뛰어난가를 알아볼 수 있는 한 가지 단서는 자신이 무엇을 잘하고 즐거워하나 하는 것이다. 물론 지능검사나 적성검사 등을 이용할 수도 있다.

대부분의 사람들은 자신이 대체 무얼 좋아하며 무얼 하고 싶은지를 잘 모른다. 어릴 때부터 학교공부 잘하고 이것저것 학원 다니며 배우도록 강요당하는 현실에서, 자기가 정말 원하는 것이 무엇인지를 모르게 되어 버리는 것이다. 앞아서 옷 만들기를 좋아하고 잘하는 아이에게 부모가 "성적이 떨어진다" 하여 그 일을 못하게 하고 "(또 하기만 하면) 너는 내 자식이 아니다"라고까지 하면, 그 아이가 스스로 옷 만드는 일을 증오하게 될 수 있다. 어떤 아이들은 공부도 예능도 특출하지 않지만 사람의 감정을 헤아리고 배려하는 능력이 뛰어나다. 이 세상을 살아가는 데 또 행복한 세상으로 만드는 데 꼭 필요한 능력이 아닐 수 없다. 그런 아이에게 (못하고 싫어하는) 공부만 강요하면 아이는 열등감이 커지고 자기를 그리고/또는 사람을 싫어하게 될 수 있다. 얼마나 많은 재능들을 우리가 싹부터 밟아버리는지를 생각하면 정말 가슴 아프다.

Maslow(1970)는 (음식, 물, 애정, 인정 등) 무엇이 부족하여 그것을 원하게 되는 것을 **결핍동기**(혹은 욕구)라 하고, 이러한 욕구들이 계속 채워지지 않으면 몸이나 마음에 병이 생긴다고 하였다. 결핍동기가 채워지지 않으면, 가령 사랑과 존중을 받지 못하면 그 결핍을 채우는 것이 그 무엇보다도 중요해진다. [독자들은 사랑이나 존중 받고 싶어 안달인 사람을 사랑하거나 존중하게 되는가?]

결핍동기들이 다 채워지면 병이 없다는 의미에서 건강할 수 있지만, 삶의 기쁨과 활력이라는 적극적 의미에서 건강하려면 '생긴 대로' 살 수 있어야 한다. Maslow가 **성장욕구**라고 부르는 것들은 결핍에서 나오는 것이 아니라 존재 자체에서 나오기 때문에 존재욕구 또는 메타욕구라고도 부른다. (진, 선, 미, 통일, 정의, 질서 등의) 성장욕구 또는 가치들이 왜곡되면 불신, 냉소, 미움, 야비함, 분열, 흑백사고 등 '메타 병리', 즉 '실존의 병'이 나타난다. 성장욕구와 달리 결핍욕구는 타인 또는 밖에 있는 것에 의해 충족되어야 한다. 누군가가 나를 받아주고 사랑하고 존중해주어야 하는 것인데, 결핍에 시달리는 또는 불신과 냉소에 가득찬 사람들을 부모·교사로 만나면 내 욕구충족이 힘들 수밖에 없다.

내가 남보다 쉽게 잘하고 또 기쁨과 재미도 느끼는 일을 찾아도, 잠재력이 저절로 실현되어 내가 성장하는 것은 아니다. 잠재력실현에는 환경과 학습, 의지와 노력 등이 매우 크게 작용한다. Maslow(1971)는 자기실현을 이루기 위한 제안을 몇 가지 하였다.

- 삶을 충실히 체험하라. 살아 움직이고 이 순간 하고 있는 일에 몰두하라.
- 결혼과 직업 같은 선택들을 할 때 자기 자신의 판단과 감정을 신뢰하기를 배우라.

- 절정체험[1]들이 일시적이라 할지라도, 일상의 생각과 행동들에서 이 자기실현의 순간순간들의 영감을 유지하라.
- 자신에게 정직하고, 하는 일에 책임을 지라.
- 가능하면 언제나 안전보다는 성장을 선택하라.
- 자신의 방어와 환상들을 깨닫고 나서 그것을 포기하는 작업을 하라.
- 자기실현은 연속적 과정이며, 결코 완전히 성취될 수는 없다는 것을 잊지 말라.
- 자신 밖의 관심사와 주의(主義)들에 참여하라. 자기실현은 성장 자체의 자아중심적 추구보다는 전체역량들을 개발시키는 부산물로서 오기 때문이다.

요즘에 자기실현 혹은 자아실현이라는 말이 유행하면서 그 자체를 목표로 삼고 가족·친구나 사회적 의무들을 무시해버리는 사람들이 많이 있다. 그러나 성장이나 자아실현은 그 자체가 목표라기보다는 일상에서 구체적인 목표를 성취하려고 애쓰는 가운데 얻어지는 부산물이다.

3-4 선택과 책임

위에서 Maslow는 '가능하면 언제나' 안전보다는 성장을 선택하라고 충고하였다. 성장한다는 것이 저마다의 독특한 천성과 잠재능력을 실현하는 것이라면, 성장은 남들이 다 가는 길을 생각 없이 따라가는 것이 아니라 거듭거듭 의식적 결단을 내리는 삶을 의미한다. Maslow는 "결혼과 직업 같은 선택들을 할 때 자기 자신의 판단과 감정을 신뢰하기를 배우라"고 조언하였다. 사랑하지만 부모가 반대하는 사람과 결혼하는 가시밭길을 몇십 회에 걸쳐 그려내는 TV드라마들을 보면 우리 사회에서 이 조언을 따르기가 얼마나 힘든지 알 수 있다.

1) '절정체험'(peak experience)이란 어느 순간에 무아지경에 빠지면서 절대적인 행복이나 환희에 빠지는 체험을 말한다. 예를 들면, 음악을 들으며 어느 순간 완전히 몰입하면 주위의 모든 것, 평소의 모든 근심걱정을 잊는다. Maslow는 절정체험의 강렬함, 지속성, 빈도 등을 자기실현 정도를 말해주는 지표로 볼 만큼 이를 중시했다. 절정체험은 아주 일상적일 수가 있다. 이를테면, 아침에 학교를 가려고 집을 나올 때, 차가운 아침공기를 피부에 느끼고 새소리를 들으며 갑자기 온 감각이 열리고 날아갈 것 같고 모든 일이 잘될 것 같다. 그럴 때 우리는 '살아 있다는 것은 고맙고 행복한 일'이라고 느끼며, 이 느낌은 몇 시간 또는 며칠 동안 지속된다.

부모와 주위 사람들은 말한다: 사람은 때가 되면 결혼을 해야 하고, 결혼하면 애를 낳는 것이다. 여자의 인생이란 남편과 시부모를 섬기고 아이를 키우며 살림을 잘하는 것이다. 예전에는 선택의 여지가 없이 '사람/남자/여자/아들/딸의 길'이었던 일들이 이제는 모두 선택할 일들이 되었다. 즉, *내가* 그 길을 가고자 하는가? 그 길에서 행복을 느낄 것인가? 이혼은 절대 안 되는가 아니면 불행한 결혼생활을 끝낼 것인가?

이러한 선택들은 '안정이냐 성장이냐' 하는 문제가 걸려 있을수록 아주 어려운 일이다. 그래서 우리는 선택하거나 결정 내리기를 피하고, 일이 우연에 의해 변하기를 또는 곪을 대로 곪아서 터지기를 기다릴 때가 많다. 선택에는 책임이 따르기 때문일 것이다. 내가 배우자를 선택했다면 불행할 경우 내 책임이지만, 부모가 좋다고 한 사람과 결혼했을 때는 부모를 원망할 수가 있다. 작곡과에 가고 싶은데 부모의 강요로 경영학과에 왔을 때 공부가 재미없고 나중에 취직도 안 된다면 부모가 책임질 일이다. 성장을 선택하면 미지의 상황으로 들어가게 된다. 다니던 직장을 그만두고 오래 전부터 하고 싶던 일을 시작하는 사람은 (너무) 잘 알던 상황을 떠나 낯설고 불확실한 상황에 들어가게 되는 것이다. 이때 위험을 감수할 용기가 없으면 선택과 결단을 피하거나 자꾸 미루려고 들게 된다.

선택에 따르는 위험과 책임만 겁내며 주저앉지 않으려면, 중요한 선택과 관련된 정보를 수집하여야 한다. 많은 경우 우리는 지금의 불만스러운 삶에 대한 대안이 있다는 것을 모르기 때문에 싫은 직장을 계속 다니거나 불행한 결혼생활을 이어간다. 대안이 있다는 것을 알고, 거기에 따르는 가능성과 위험들이 무엇인지에 관해 정확하게 알수록 선택이 쉬워진다. 책을 찾아보고, 그런 길을 간 주위 사람들의 말을 들어보고, 자기 자신이 가진 자원들을 점검해보는 것 등이 이러한 정보수집 활동의 일부가 된다.

선택의 갈림길에 설 때 우리는 가치선택을 해야 할 때가 많다. 이를테면, 백년가약, 자식/부모의 도리라는 전통적인 가치가 중요한가 아니면 개인의 행복이 더 중요한가? 경제적 안정, 가장의 책임이 중요한가, 하는 일에 대한 만족이 중요한가? Maslow의 말대로 "가능하면 언제나 안전보다는 성장을 선택하라"고 조언할 수밖에 없다. '가능하면 언제나'라는 말은 성장을 선택하는 것이 — 적어도 그 당장에는— 가능하지 않을 때가 있다는 뜻을 내포한다.

성장은 생긴 대로 사는, 자기 인생의 주인으로 사는 자유를 의미하며, 이는 자신의 삶에 대한 책임을 다른 누구에게 또는 사회에 미루지 않는다는 것이다. 자기 삶에 스스로 책임진다는 것은 또한 주위 사람들에 대한 책임도 의미한다. 성장이나 자기실현이 자기 좋은 대로만 사는 자아중심성, 이기주의, 쾌락주의는 아니다. 오히려 성숙한 사람은 남들의 감정과 삶도 배려하고 존중한다. 또 건강하고 성숙하다고 늘 즐겁거나 행복한 것도 아니다. 불의를 미워하고, 자신의 그리고 인간의 한계를 느낄 때 괴로워하며, 남들이 당하는 고통에 무심하지 않고 같이 아파하는 것이 오히려 건강과 성숙의 지표이다.

성숙한 사람은 자신의 성장만 추구하지 않고 다른 사람들의 성장도 추구한다. 이 '다른 사람들'은 가족일 수도, 이웃일 수도, 세계의 인류일 수도 있다. 성장과 자기실현을 추구하는 사람이 이 사회의 가치들을 초월할지언정 사회의 병리와 문제들에 무심할 수가 없고, 나아가 좋은 환경과 사회를 만들기 위해 노력하는 것은 이 때문이다.

4. 사회의 건강과 개인의 건강

공기와 물이 오염된 환경에서 사람이 건강할 수는 없다. 편의상 몸과 마음의 건강을 떼어서 본다면, 몸의 건강을 위해 충분한 영양, 깨끗한 환경, 적절한 운동이 필요하듯이, 마음의 건강을 위해서도 기본적인 조건들이 충족되어야 한다. 애정이나 존중이 결핍된 환경에서 자라면 건강하거나 행복해지기가 어렵다. Maslow는 충족되지 않으면 우리를 병들게 하는 기본적 심리적 욕구(결핍욕구 또는 동기)들로 안전, 소속과 사랑, 존중욕구들을 들었다. 안전하고 안정되고, 남들에게 사랑받고 존중받는 사람은 병이 없다는 의미에서 건강하다고 할 수 있다. 그런데 기본적 욕구들을 만족시키려면 선행조건이 있다(Maslow, 1970, p. 58의 각주).

① 기본적으로 좌절된 사람이 병들었다고 할 수 있으므로, ② 기본적 좌절은 그

개인 외부의 힘들에 의해서만 궁극적으로 가능하게 되므로, ③ 개인 속의 병은 궁극적으로 사회 속의 병으로부터 나올 수밖에 없다. 그렇다면 좋은 또는 건강한 사회는 사람의 모든 기본적 욕구들을 충족시킴으로써 최고의 목적들이 나타나도록 허용하는 사회라고 할 수 있다.

구성원들의 "모든 기본적 욕구들을 충족시킬" 수 있다는 의미에서 건강한 사회는 어떤 사회인가? 앞에서 선택과 책임을 이야기했거니와, 선택은 자유를 전제한다. "남들에게 피해를 끼치지 않는 한 하고 싶은 것을 할 자유, 탐구하고 정보를 추구할 자유, 자신을 지킬 자유"(p. 47) 등이 없으면 선택에 제한이 생긴다. 또 우리가 속하는 집단들 속에 "정의, 공정함, 정직, 질서" 등이 있어야 안전, 사랑, 존중 욕구들의 충족이 보장된다. "호기심, 지식 탐구, 진실, 지혜 등을 막으면 안 된다. 비밀, 검열, 거짓, 의사소통 차단은 모든 기본욕구들을 위협한다"(p. 47).

우리 사회는 이러한 자유와 정의와 질서가 있는 좋은 사회인가? 불행하게도 그렇지 못하다. 이제 우리는 주변에 왜 그렇게 성숙하고 건강한 사람이 드문지를 알 수 있다. 사회가 건강하지 못하기 때문이다. 실제로 대학생들에게 물어보면, 우리 사회 '젊은이의 정신건강'이 나쁘며, 그것은 입시교육과 소비문화, 부정부패 등 사회적 분위기 때문이라고 대답한다. 지금의 이십대는 중고등학교 시절 내내 학교와 학원에서 공부하고 시험 보는 기계로 살다가 대학에 와서는 입시전쟁 못지않은 취업전쟁터에 내던져진다. '88만원 세대'의 저자들이 말하듯 '상위' 10% 정도만 제외하고 나머지는 평균 88만원 임금을 받는 비정규직을 전전하며 인생의 황금기를 보내야 한다면, 집을 얻기도 결혼하기도 꿈꾸기 어려울 수밖에 없다(우석훈·박권일, 2007). 어린 시절을 주입식공부만 강요당하다가 이십대에 들어와서 인생계획을 세울 수 없는 사람들이 정신적으로 건강하다면 이상할 것이다.

폭력이 폭력을 부르듯 병리는 병리를 확대 재생산한다. 대학생들은 젊은이들이 이기적, 자기중심적이고, 유행과 향락을 좇아다니며, 정신적으로 나태하고 가볍고 단순하고, 쉽게 좌절한다고 서술하였다. 개인들의 나쁜 건강은 사회의 병리에서 비롯되지만, 개인의 나쁜 건강이 다시 사회를 더욱 병들게 만드는 것도 사실이다. 이기주의적이고 향락을 쫓아다니고 정신적으로 나태한 사람이 좋은 부모·교사가 될 수 있으며, 부정부패의 유혹에 저항할 수 있는가? 세계가 놀라는 경제성장을 이루던 우리가 계속 어려움을 겪는 것이 사회의 병과 개인의 병이 서로 심화·상승시킨 결과가 아니겠는가?

'입시교육과 사회분위기 때문'으로 우리의 나쁜 건강을 변명, 합리화하며 어떻게 해서든 내 이익만 챙기려 든다면, 가정 붕괴, 경제파탄, 환경파괴, 부정부패 등으로 결국 전체 사회가 무너진다. 그러한 파탄을 막으려면, 병든 가정과 학교와 사회를 다시 건강하게 만들어야 한다. 그러나, 물을 오염시키기는 쉬워도 오염된 물을 다시 정화하기는 어렵다. 독자는 된장국 한 사발을 정화하기 위해 몇백 리터의 물이 소모되는가 하는 계산을 신문에서 본 적이 있을 것이다. 병드는 데는 노력이 필요하지 않지만, 건강해지려면 피나는 노력을 해야 한다. 물론 이런 노력이 없었던 것은 아니다. 불신풍조를 없애자, 부정부패를 추방하자, 심지어 남의 말을 좋게 하자, 희망을 갖자는 캠페인도 있었다. 희망을 가질 만한 여건이 마련되지 않는데 희망이 생기는가. 이런 여건을 만들어야 하는 사람들은 구호를 만들어 내걸고 책임을 다했다고 보고한다.

세상이 우리를 불행하고 병들게 한다면 그 세상을 고쳐야 우리 자신뿐 아니라 다음 세대들도 잘살 수 있다. 개혁의 현실적 가능성은 몇몇 시민운동 단체들의 활동에서 찾을 수 있다. 환경, 노동문제 등 관심영역에서 활동하는 시민단체나 대학 동아리에 가입할 수도 있고, 뜻맞는 사람들끼리 '운동'을 벌여갈 수도 있다. 이 운동은 거창할 필요가 없다. 예를 들면, 대학 학과행사나 동아리 모임들이 음주를 강요하기 때문에 술을 싫어하거나 못하는 사람들은 참여를 꺼리는데, 그런 사람들끼리 뜻을 모아 '술 없는 행사', 또는 '음주 강요 안 하기'를 추진해 보면 어떤가?

그게 어디 쉬운 일이냐, 전통으로 굳어 왔는데 하루 아침에 바꿀 수 있느냐고 반문하는 학생이 많을 것이다. 그렇다고 술 좋아하는 소수의 즐거움을 위해 다수가 고통을 당하고 공금을 낭비하는가? 우리는 '참을성이 미덕', '튀면 안 된다'고 배우며 살아왔기 때문에, 이런저런 불편함, 부당함들을 참고 넘기는 선수가 되었다. 아무도 항의하지 않으므로 작고 큰 무질서와 불의가 계속 이어져 나가 어느새 '전통'이 되고 '문화'가 된다. 교수가 부당하게 학점을 매기고 학생에게 말도 안 되는 일을 시켜도, 피해자가 한둘이 아닌데도 모두 침묵한다.

우리의 성격형성에 결정적 영향을 준, 그리고 우리의 태도와 행동에 계속 영향을 주는 (사회·문화)환경을 우리 힘으로 고치려 드는 것은 어쩌면 물에 빠진 사람이 자기 머리털을 잡아끌어서 빠져 나오려고 하는 것과 같다. 명령과 강제에만 익숙해지면 일시적으로 반항하기는 오히려 쉬워도 자유와 선택과 책임은 더 어렵다. 해결은 '그러니 어쩔 수 없다'가 아니라 '그럴수록 힘을 합해야 한다'이다. 물에 빠진 사람은 수영을 할 줄 알거나 물 밖에 뿌리 내리고 있는 것을 잡아야 물 밖으로 나올 수 있다. 나의 문제(나의 취업, 나의 연애 등)에만 관심두고 '우리'의 상황에는 관심 없을 때 나 혼자 뜨기는커녕 같이 가라앉게 되는 것이다.

선택과 자유는 주어지기보다는 '쟁취'해야 하는 것이다. 남들이 옳다, 좋다고 한다고 그냥 좇아갈 것이 아니라 '왜'라는 물음을 던지는 비판적 태도가 자유인의 태도이다. 무관심과 무기력이 널리 퍼진 현실에서도 젊은이들의 생명력과 건강(성장)잠재력이 죽은 것은 아니다. 그 힘들이 합해지기만 하면 개인과 사회의 건강이 크게 좋아질 수가 있다. 무모하고 군대적인 '하면 된다'가 우리 사회를 병들게 했다면, 건강하고 비판적인 '하면 된다'가 우리 사회를 다시 살려낼 것이다.

요약 및 결론

이 장에서 우리는 적응과 성장의 두 개념을 가지고 정신건강의 의미를 생각해보았다. **적응**이란 변하는 환경에 자기를 맞추는 것을 말하지만, 이것은 소극적 의미의 적응이라 할 수 있다. 적극적·능동적 적응은 적절치 못한 환경을 개선하려고 노력하는 과정이다. 외부환경만 생각할 것이 아니라 자신의 몸과 마음의 상태와 한계에도 적응하여 자기 자신의 페이스로 인생이라는 장거리 경주를 하는 것이 지혜로운 일이다. 적응이 외적·내적 환경과의 관계에서 현상유지를 의미하는 데 비해, **성장**이란 개인 자신의 변화, 특히 의미 깊은 변화를 뜻한다. 우리는 외적·내적 환경의 다양한 요구들에 적응해야 하지만, 동시에 우리 자신을 발견하고 자신의 잠재력을 찾아 내고 실현시켜야 한다.

몸의 성장도 그렇지만 마음과 머리의 성장도 일생을 통해 계속 고르게 진행되기보다는 어떤 계기에 성장이 오고 한동안 멈추고 하는 것같이 보인다. 사춘기나 갱년기의 자연스러운 심리·생리적 변화, 질병이나 사고로 인한 불운한 신체적 변화, 입학, 전학, 실직, 결혼, 이혼 같은 환경변화를 겪으면 그 이전까지 살아오던 대로 살아갈 수 없음을 인정하게 된다. 때로는 큰 사건 없이 생활이 '어쩐지' '그냥' 불만스러운 상태가 오래가다가 그것이 성장의 계기를 이루기도 한다. 몸과 환경과 마음의 이러한 변화에 따르는 당혹, 고통, 저항, 불만, 혼란 등이 성장을 가져오면 우리는 자기 자신과 세상을 다른 눈으로 보게 된다.

성장이란 남이 다 가는 길을 가기보다는 자신의 길을 찾는 것이며 선택에는 책임이 따른다. 또한 성장과 정신건강이란 그 자체를 목표로 추구하는 것이 아니라, 나날의 크고 작은 과제와 책임을 성실히 수행해 나가는 가운데 얻어지는 부산물이다. 성장은 흔히 **자기실현**이라고도 불린다. 자기실현은 자신의 잠재력들을 인지하고 키워 나가는 것인데, 우리는 자신이 잘하고 재미있어 하는 일이 무엇이며, 진정으로 원하는 것이 무엇인지를 모를 때가 많다. 어릴 때부터 스스로 좋아하는 일보다는 부모나 선생이 시키는 대로 순종하면서 살게 되면, 자기 자신이 원하는 것은 무엇인지를 의식하지도 못하게 된다. 스스로가 건강하고 성숙한 사람(부모, 교사)이라야 남들의 독립과 자율을 인정하여 성장을 도울 수가 있는 것이다.

대다수가 자기실현을 하지 못하고 남들의 뒤만 쫓아갈 때 그 사회는 건강할 수가 없고, 건강하지 못한 사회에서는 젊은이들의 몸과 마음이 건강하게 성장, 성숙하기가 힘들다. 우리 자신이 그리고 다음 세대의 젊은이들이 건강하고 행복하게 살 수 있으려면 건전한 사회를 이루기 위해 힘을 모을 일이다.

제1부

몸과 마음의 건강

마음과 몸의 건강은 서로 별개의 것이 아니며, 적응과 성장은 생명과정의 본질적 속성이다. 몸과 마음의 건강에 대한 기본적 사실들을 공부한 후, 스트레스에 반응하고 대처할 때 몸과 마음이 어떻게 같이 작용하는지를 살펴보자(2 장).

스트레스는 삶의 활력소가 되기도 하지만, 긴장·흥분시키고 병까지 생기게 하는 나쁜 부작용이 더 많다. 스트레스의 정체나 작용을 모르는 한 우리는 삶의 활력을 얻기보다는 부작용에 더 시달릴 것이다. 압력, 좌절, 갈등 등 일상적 스트레스에 대해 몸과 마음은 어떻게 반응하며 우리는 어떻게 대처해야 하는가? 3 장과 4 장에서 이 주제들을 다룬다. 대처방식들이 미흡하다면 고쳐 나가야 한다. 5 장에서는 문제 있는 행동과 습관을 고치는 방법들을 배우게 된다.

제 2 장

몸과 마음

평균수명이 계속 높아지더니 80세를 넘어섰다. 영양이 좋아져서 평균 체위(신장과 체중)도 향상되고, 공중위생의 개선으로 감염성 전염병들이 사라지고 있다. 인플루엔자, 홍역, 폐렴, 결핵 같은 전염병이 아니라 고혈압, 심장병, 암 같은 소위 '성인병'들이 국민건강을 위협하고 있다. 산업화와 경제성장이 평균수명을 연장시키고 감염성 질병을 없앤 대신 '성인병', '현대병'을 선물로 준 것이다. 우리는 남보다 좋은 성적을 따고 좋은 학교 가기 위해, 남보다 좋은 직업을 얻고 출세하기 위해 끊임없이 자신을 남들과 비교하며 경쟁하고 있다. 아이들도 '성인병'('한국병'?)에 걸리는 시대에 마음이라고 성할 수 없으므로, 불안, 우울, 무기력, 분노 등이 이제는 특정인들의 문제가 아니라 남녀노소 모두의 문제가 되어 버렸다.

생활수준 향상을 가져온 과학기술의 놀라운 발전은 우리가 우리 자신에 대해, 몸과 마음에 대해 생각하는 방식에도 큰 영향을 미쳤다. 몸과 마음의 구조와 기능에 대해 공부하기 전에 우선 우리가 건강에 대해 생각하는 방식부터 돌아보기로 하자.

1. 현대인과 건강

기계문명 속에 사는 '현대인'에 대비되는 '자연인'을 생각해 보자. 그는 배고프면 먹되, 가능한 대로 입맛 당기는 것들을 찾아 먹고, 배를 채우면 감사한다. 모든 것을 육체노동으로 해결해야 하므로 비록 생활은 고단하지만 밤이 되면 자고 해뜨면 일어난다. 풍요 속에 사는 '현대인'은 무엇 하나를 먹어도 건강을 생각하고, 다양한 '식품첨가물', 농약 등에 신경을 쓴다. 자동차, 승강기, 다양한 가전제품 덕으로 몸이 편한 대신 운동이 부족하다. 피로하면 커피 마시고 담배 피우며, 아프면 약을 먹고, TV 심야프로 보느라 또는 컴퓨터 앞에 앉아서 졸음을 잊고 결과적으로 만성적 수면부족에 시달린다. 그는 늘 시간에 쫓긴다. 이러한 생활 속에서 몸과 마음에 대한 생각도 자연인과 달라진다.

1-1 몸과 마음의 도구화

생명과학의 발전은 인간복제가 가능해진 정도까지 왔고, 의학의 발전으로 '불치병'이라는 암과 에이즈(후천성 면역결핍증)에 대한 치료법이 나올 날도 멀지 않았다. 이제 인간은 자연에 맞서 자연을 정복하는 영웅이라기보다는 과학기술에 의해 지배·관리되는 자연이 되었다.

'현대인'은 자신의 건강과 병도 '과학자'('전문가')에게 맡겨버린다. 아프면 병원, 약국에 가면 된다. '전문가'가 몸에 좋다고 추천하는 것이면 무엇이나 따라 하는데, 운동이나 생활태도에 대한 조언보다는 먹는 것에 대한 조언을 더 고맙게 맹신한다. 생활태도 고치는 것보다 '소비'가 더 쉽기 때문이다. 프랑스의 전문가가 붉은 포도주의 효능을 홍보하자 대한민국에서 공급(수입)이 달릴 정도로 붉은 포도주 수요가 늘어난다. 자신이나 자녀에게 문제가 있으면 전문가에게 가고, 부부생활에 문제가 있으면 비뇨기과나 산부인과나 신경정신과를 찾아간다.

우리의 몸과 마음은 자동차나 컴퓨터처럼 쓰다가 고장 나면 전문가나 기술자에게 들고 가는 물건이 되었다. 고칠 수 없게 고장 나면 복제된 동물이나 인간의 장기로 '부품 교체'를 하는 시대가 올 것이다. 자신의 몸과 마음을 도구로 생각하기 때문에 그 자체의 특성과 신호는 무시된다. '몸에 좋다'는 것을 먹(이)지만, 내 몸이 그것(들)을 좋아하는지 싫어하는지는 신경 쓰지 않는다.

몸과 마음은 도구이면서 상품이기도 하다. 취업시장과 결혼시장에서 '외모도 실력'이므로 성형수술을 포함한 온갖 방법을 동원해 얼굴과 몸매를 만들어야 한다. 얼굴의 크기와 모양, 피부와 눈·코·입, 가슴과 엉덩이와 다리 등이 어때야 한다는 분명한 기준들에 따라 상품가치가 매겨진다. 화장품 회사들은 "13세에는 기초화장을, 18세에는 색조화장을"이라는 전략으로 십대 공략에 성공하였다. 고슴도치도 제 새끼는 예쁘다는데 우리 부모들은 자식을 '객관적'으로 평가하여 이미 아기들의 '견적'을 낸다. 매력적인 상품이 되려면 학벌, 부모경제력도 좋아야 하고 매너와 스타일, 성격도 완벽해야 한다. 이 많은 조건들 중에는 키나 부모경제력같이 '운명'요인들도 있지만, 대부분 노력으로 만들어낼 수 있(다고 광고되)는 것들이다.

현대에 사는 우리는 몸과 마음은 우리 자신이며, 자기를 사랑한다는 것은 자기 몸과 마음을 사랑한다는 것이라는 사실을 점점 잊고 있다. Erich Fromm은 사랑이란 알고 존중하고 책임지고 보살피는 것이라고 하였다. 우리 자신을, 즉 몸과 마음을 사랑하는 것도 마찬가지이다. 나의 몸과 마음을 알고 존중하고 책임지고 보살피면 건강은 저절로 유지된다.

1-2 몸을 지배하는 마음

젊음은 곧 건강이라고 하지만, 우리나라 젊은이들은 건강이 좋지 않다. 앞장에서 입시교육 후유증을 이야기했지만, 입시공부에 시달리면서 위장장애, 비염, 허리 디스크 등이 생긴 사람이 많고, 대학에 들어와 끼니 거르기, 지나친 음주·흡연으로 건강이 더 상하는 수가 많다. 그런데도 건강을 위해서 적극적으로 노력한다는 사람은 얼마 되지 않고, 기껏해야 약을 먹는다거나, '이까짓 위장병쯤이야' 하며 포기·초월한다는 사람이 훨씬 더 많다. 이까짓 위장병보다는 '정신'의 문제가 더 중요하다는 것이다.

성적이 떨어질 때 부모나 선생님들은, 또 학생들 자신도 '정신 무장', '문제는 정신력'이라는 말로 채찍질한다. 마음과 의지가 주인이고 몸은 그 뜻을 이루는 순한 노예가 되어야 하기 때문에 병이 나면 짜증이 난다. 그래서 어디가 아프면 내 생활방식(먹고 자고 운동하는 등)이 잘못되었다는 신호로 받아들이기보다는 금방 진통제, 소화제를 사먹고, 피로하면 커피 마시고 피로회복제를 사 먹거나 심지어 잠 안 오는 약을 먹는다. 마음과 정신이 우위에 있기 때문에 정신질환은 맹장염 같은 신체질환보다 훨씬 더 두려운 것으로 받아들여진다.

의학에서도 전통적으로 마음의 병과 몸의 병을 구분한다. 박테리아 감염이나 심장질환 같은 장애들은 신체적인 문제이므로 약을 쓰거나 수술을 하면 되고, 불안이나 우울 그리고 '신경성' 통증 등은 마음의 병으로 분류된다. 그러나 최근에는 현대생활의 압력과 좌절들이 몸과 마음 양편에 작용하여 병을 일으킨다는 것이 널리 인정되면서, 몸과 마음의 분리가 과거처럼 절대적으로 받아들여지지 않는다.

몸과 마음은 하나로 작용한다. 생각하거나 느끼거나 행동할 때 몸의 생화학적 및 신경과정이 동시에 일어나므로 몸 상태에서 마음 상태를, 마음에서 몸의 상태를 미루어 짐작할 수 있다. 즉, 강한 불안을 느낄 때는 몸 전체가 긴장·흥분하고 있는 것이며, 두통이나 소화불량 같은 증상들을 겪을 때는 마음도 괴로운 것이다. '건강한 생활태도', '긍정적 사고', '정신력' 등은 몸과 마음이 모두 건강할 때 나온다. 건강한 사람도 병이 들거나 실연, 가까운 사람의 죽음 등 큰 일을 겪으면 긍정적 사고도 정신력도, 그리고 결국 건강도 무너지고 마는 예를 독자들도 주위에서 보았을 것이다. 몸과 마음을 책임지고 보살피는 첫걸음은 앎이다. 우선 우리 몸에서 일어나는 일부터 알아보자.

2. 신경계의 구조와 기능

건강이 그렇게 강조되고 있지만 대학을 졸업한 '지성인'들조차 인체의 구조와 기능에 대해 의외로 무지하다. '너 자신을 알라'고 하는데, 몸의 구조와 기능, 몸의 언어를 이해하지 못하면서 어떻게 자신의 존재를 파악할 수 있겠는가?

단순해 보이는 행동에서도 몸의 반응은 매우 복잡하다. 어떤 사람이 차를 타고 가다가 교통사고를 당했다고 가정해 보자. 왼쪽 팔이 무엇에 짓눌려 피가 흐르고 고통도 심하다. 그의 대뇌는 팔을 빨리 빼내라는 명령을 보내면서 동시에 온몸에 비상경보를 울린다. 그 결과 호흡이 빨라지고 심장이 무섭게 뛰며, 피부의 말초혈관은 수축하여 출혈을 막고, 근육에 혈액이 다량 공급된다. 또 '스트레스 호르몬'이 혈액 속에 방출되어 자원동원을 촉진시킨다. 서로 손발을 맞춰야 하는 이 복잡한 일들이 모두 1 초도 안 되는 극히 짧은 시간에 일어난다고 생각해 보라. 이 책은 생물학 책이 아니므로 우리 몸의 구조와 기능을 자세히 소개할 수는 없다. 1 부의 중심주제가 '스트레스'이므로 스트레스에 대한 반응 및 대처와 관련이 큰 기능들을 중심으로 이야기를 전개하기로 한다.

2-1 신경계통

신경계통은 중추신경계와 말초신경계로 구성되어 있다. 중추신경계는 뇌와 척수를 포함하고, 말초신경계는 뇌와 척수를 신체의 감각기관과 근육 등 모든 부위와 연결한다. 신경계통에 대한 개략적 분류가 그림 2-1에 나와 있다.

〈그림 2-1〉 신경계의 조직

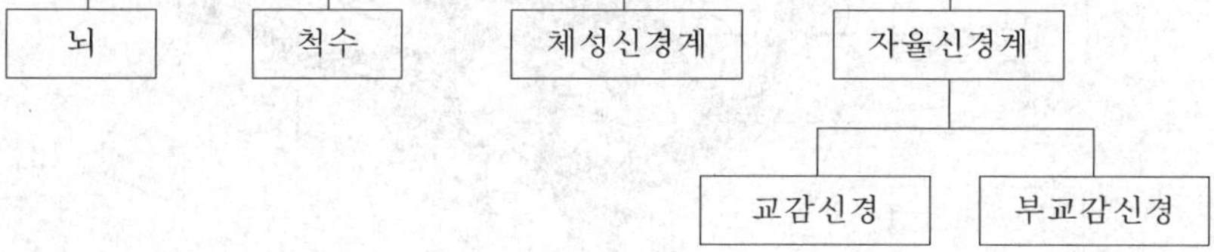

(1) 중추신경계

인간이 만물의 영장인 것은 대뇌 덕분이다. 우리 몸에 있는 신경세포(뉴런)

의 90% 이상을 차지하고 있는 뇌는 의식과 이성, 학습, 기억, 정서를 통제하는 중추이다. 그림 2-2에 뇌의 중요한 구조들이 나타나 있다. 전뇌에서 후뇌로 내려갈수록 다른 포유동물과 구조와 기능이 같다. 가장 나중에 진화된 부분이 대뇌반구의 껍질로서 **신피질**(새 껍질이라는 뜻)이라고도 부른다. 앞쪽(이마)으로 올수록 '고등 정신기능'을, 아래(목)로 갈수록 생명유지(체온유지, 먹고 마시기, 수면 등), 즉 '동물적' 기능을 담당하며, 그 중간 부위인 **시상하부**는 생명유지 기능과 더불어 동기 및 정서와 밀접한 관련을 맺는다. 우리가 스트레스 상황에 처할 때 신경계통의 활동을 조절하고 통합하는 것이 바로 이 시상하부이다.

'생명유지' 기능이 잘 작동해도 그때그때의 상황을 잘 파악하고, 판단내리고, 적합하게 행동하지 않으면 우리는 살아나갈 수가 없다. 지각과 판단, 기억과 정서체험, 미래에 대한 예상 등을 맡는 구조가 바로 대뇌피질이다. 나아가 우리 각자의 개성과 성격, 지능, 대인관계 등도 대뇌기능에 크게 좌우된다. 대뇌피질은 '주뇌'(master brain)라고 할 정도로 신경계통 전체와 내분비선 계통을 '주인'으로서 지배하지만, 뇌 연구가 발전할수록 뇌가 전체로서 기능한다는 것이 점점 밝혀지고 있다. 즉, 위·아래의 기능이 밀접하게 서로 연결되어 있고, 어느 부위

〈그림 2-2〉 뇌의 단면도

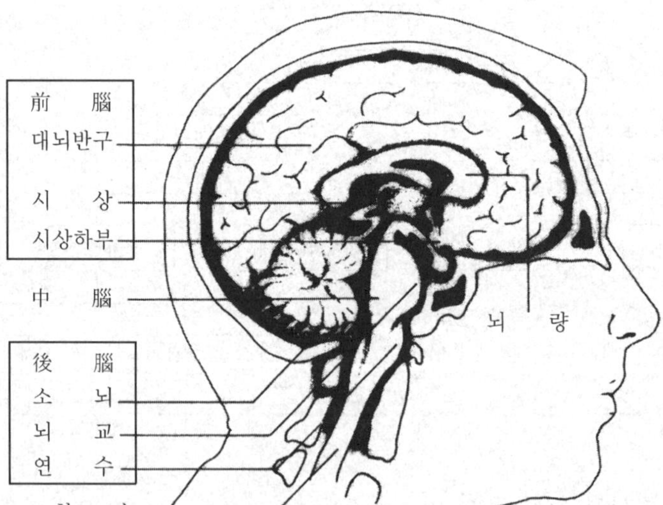

가 손상되어도 다른 부위에서 상당 부분 그 기능을 대신 맡는다.

(2) 말초신경계

말초신경계는 감각기(눈, 코, 귀, 피부 등)나 운동기(근육)에서 중추신경계로 드나드는 메시지를 전달한다. 말초신경계를 통하여 척수나 뇌가 감각기관으로부터 오는 정보를 전달받고 또 근육이나 내분비선으로 메시지를 보내는 것이다. 말초신경계는 체성계와 자율계로 구성되어 있다.

(ㄱ) **체성신경계** 감각기관에서 중추신경계로 신경 메시지를 전달하는 감각신경원과 중추신경계에서 근육으로 메시지를 전달하는 운동신경원으로 구성되어 있다. 사물을 보고 냄새를 맡고 또 압박을 느낄 때 손을 빼는 등은 모두 체성신경계의 작용에 의한 것이다.

(ㄴ) **자율신경계** 체성계가 감각기관과 운동기관(근육)을 뇌와 연결하는 데 비해, 자율신경계는 내장기관과 뇌를 연결하며, 따라서 호흡이나 심장박동 같은 생명기능은 물론 정서체험과도 밀접한 관련이 있다. 자율신경계통은 교감신경계와 부교감신경계로 구성되어 있다. 이들은 서로 상반된 기능을 가지고 있으면서 동시에 상호보완적으로 작용한다. 심한 운동을 할 때 땀이 나고 심장박동이 빨라지고 혈압이 높아지는 것은 **교감신경계**가 신체적 자원을 결집, 소모하기 때문이다. 피로할 때 쉬거나 자면 생리적 균형이 다시 회복되고 소모된 자원이 보충되는데, **부교감신경계**가 활동하기 때문이다.

자원 동원·소모와 회복·보충의 교차는 공포, 분노 등 강한 정서상태들에서도 나타난다. 따라서 자율신경계는 심리적 스트레스를 다루는 다음 장에서도 자세히 논의될 것이다.

2-2 내분비선 계통

우리의 몸기능을 조절·통제하는 것은 신경계통만이 아니다. 내분비선 계통에서 방출하는 호르몬들도 몸의 여러 기관에 많은 영향을 미친다. 주요 내분비선의 위치가 그림 2-3에 나와 있다. 중추신경계의 대뇌피질에 해당하는 것이 내분비선계에서는 뇌하수체이다. 뇌하수체(특히 전엽) 호르몬은 다른 내분비선

〈그림 2-3〉 주요 내분비선

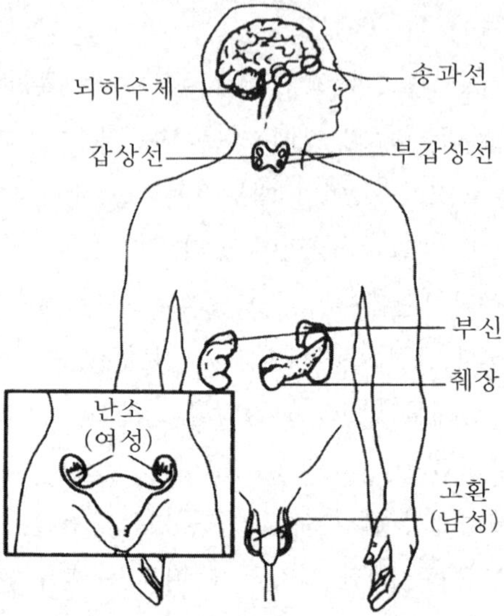

의 활동을 자극하는 많은 호르몬을 분비하기 때문에 '주선'(master gland)이라고도 부른다.

호르몬이 몸과 마음의 기능에 얼마나 중요한가 하는 것은 장애가 나타날 때 알게 된다. 예컨대 갑상선 호르몬은 체내의 신진대사 속도를 조절하는데, 그 호르몬이 너무 많이 분비되면('갑상선 기능항진') 먹어도 먹어도 살이 빠질 뿐만 아니라 다양한 정서적 변화들이 뒤따른다(공격적이 되고 우울해지는 등). 이때 본인이나 주위 사람들은 '사람이 변했다'며 고통받는데, 제대로 진단하여 치료하면 증상들이 없어진다.

스트레스에서 특히 중요한 내분비선은 **부신**이다. 흥분·긴장할 때 자율신경계와 더불어 내분비선도 활동하여 호르몬, 특히 부신 호르몬을 분비한다. 부신 피질(껍질)에서 분비하는 호르몬은 화학적으로 스테로이드계라 하며 신진대사 활동을 조절한다. 운동선수들이 '도핑' 때 먹거나 주사하는 약물에는 탄수화물 대사에 영향을 주어 식욕이나 근육활동에 큰 효과를 내는 스테로이드계 호르몬 종류가 많다. 피질 호르몬들이 오래 가는 투쟁에서 자원동원에 관여하는

데 비해, 안쪽('수질')에서 분비되는 호르몬들(아민계), 특히 에피네프린(일명 아드레날린)은 교감신경계를 더 활성화시키는 역할을 한다. 부신 호르몬들은 교감신경계 반응들을 지속시키기 때문에, 공포와 분노 등을 유발한 위기가 지나간 뒤에도 흥분이 가라앉기까지 시간이 걸린다.

몸과 마음과 머리에서 일어나는 일들은 서로 밀접하게 연관되어 있다. 가령 가까운 사람이 나를 모욕하는 불쾌한 말이나 행동을 할 때, 그것을 어떻게 평가하느냐에 따라 나의 반응이 달라진다. 그가 피곤해서 그런가 보다고 생각하느냐, 나를 무시하는 것이라고 보느냐에 따라 동정하게 되기도, 화가 나기도 한다. 이러한 판단과 정서체험은 대뇌의 기능이며, 동정하느냐 화나느냐에 따라 몸의 반응들도 달라진다. 화가 치밀면 교감신경계가 활성화되어 얼굴이 붉어지고 심장이 빨리 뛰고 먹은 것이 얹히기도 한다. 몸의 반응들은 다시 판단에 영향을 미쳐 나는 그가 더 미워지고, 상처 줄 만한 말을 찾게 된다. 이럴 때 생리적 흥분을 어떤 방법으로든 가라앉힐 수 있다면 '감정적 반응'을 하지 않을 수 있다.

다양한 상황들에 대한 반응에는 사람마다 차이가 있다. 위의 예를 계속하자면, 똑같은 행동에 어떤 사람은 거의 언제나 동정심으로, 어떤 사람은 분노로 반응한다. 또 같이 화가 나도 어떤 사람은 화를 참고, 어떤 사람은 '길길이 뛴다'. 반응과 행동의 이러한 개인차에는 일관성이 있어서, 온화한 사람과 사나운 사람이 구별된다. 이렇게 안정성 있고 일관성 있는, 즉 시간이 지나고 상황이 달라져도 비교적 변하지 않는 행동경향들을 우리는 **성격**이라 한다. 몸과 마음의 건강은 결국 우리의 행동에서 비롯되므로, 성격은 건강과 밀접한 관련이 있다.

3. 성격과 건강

남에게 호감을 준다는 의미에서가 아니라 건강하다는 의미에서 '좋은 성격'이란 무엇일까? 우리는 어떤 사람을 건강하다고 판단하는가? 물론 아프다고 찡그리고 다니지도 않지만, 의욕과 활기에 넘치고, 긍정적으로 사고하고, 웬만한 역경에 무너지지 않을 뿐만 아니라 오히려 더 강해지는 사람을 우리는 건강하다고 생각한다. 또 조급하고 화 잘내는 사람보다는 급한 일이 있어도 여유를 잃지 않는 사람이 더 건강하다고 할 수 있다. 대부분의 경우 이렇게 건강한 사람은 남에게도 호감을 주며 '성격 좋다'는 평을 듣는다. 이 절에서는 이 두 특성, 즉 강함과 느긋함을 주로 살펴보기로 한다.

3-1 강함과 약함

전통적으로 심리학자들은 힘(강함), 행복, 건강보다는 불안, 고통, 병(신경증 등)에 초점을 맞추는 경향이 있고, 그에 따라 부정적 생활사건들이 사람에게 미치는 나쁜 영향을 주로 탐구해 왔다. 그러나 사실 많은 사람들이 크고 작은 불운들을 당하면서도 꿋꿋하게 살아갈 뿐 아니라, 불행을 당할수록 더 강해지고 남 생각도 할 줄 알게 되기도 한다. 그런가 하면 어떤 사람들은 조그만 일에도 예민하게 반응하며 힘들어 한다.

(1) 강　　함

Kobasa 같은 실존주의 성격이론가들은 불운과 역경 속에서도 건강을 유지하거나 심지어 더 건강해지는 사람들을 설명하기 위해서 강함(hardiness, '내구성'이라 번역하기도 함)이라는 개념을 내놓았다(1979; 1982). 강한 또는 꿋꿋한 사람은 자기의 능력을 확신하며, 건설적·적극적으로 생각하고 행동하는 경향이 있다. 이들은 모든 일이 자기 하기 나름이라고 생각하며, 역경을 기회나 도전으로 받아들인다(이현수, 1997). 또한 자기 일에만 관심 있는 것이 아니라 남의 일, 공동체의 문제에도 관심을 가진다. 이런 사람은 그렇지 않은 사람들보다 스트레스 질병을 경험하는 일이 적다고 한다.

연구에 따르면, 강함에는 참여, 통제, 도전이라는 세 가지 요소가 포함된다. '**참여**'(commitment)란 자신의 일의 중요성과 가치를 믿는 것이다. 강한 사람들은 자신이 하는 일(학생의 공부), 맺는 관계들(가족, 동료, 친구 등)에서 의미를 찾고 열심히 그리고/또는 진심으로 임한다. 반면, '참여'를 못 하는 사람은 자신의 일이, 자신이 맺는 관계들이, 자신의 삶이 의미가 없다고 느끼는 경향이 있다. 이들은 "내가 왜 이 일을 해야 하는지 모르겠다"든가, "별 의미 없는 일 때문에 내 인생이 낭비되고 있다"는 말을 자주 한다. 참여 없는 태도는 본인이나 주위사람들에게 '쿨'한 것으로 보일 수 있다.

'**통제**'(control)란 자신의 일과 관계들에 자신이 영향을 미칠 수 있다고 믿는 것을 말한다. '통제'를 믿으면 자신이 어떻게 하느냐에 따라 일이나 관계가 잘되기도 안 되기도 한다고 믿으므로, 결과를 놓고 남의 탓을 하기보다 자신의 책임을 강조하게 된다. 통제감이 낮은 사람은 남이 하라니까 또는 사회가 기대, 요구하니까 하는 일이 많다. '**도전**'(challenge)의 감각을 지닌 사람은 삶의 변화들을 개인적 성장을 위한 자극이자 기회로 받아들인다. 이들은 사고가 개방적이고 융통성 있으며 애매한 상황을 잘 참아낸다. 그러나 도전을 못하는 사람은 삶의 작은 위기도 매우 위협적인 것으로 받아들이므로 긍정적으로 변화시키려는 시도를 하지 못하며 미리 포기하는 경향이 있다.

강하거나 꿋꿋한 사람은 그렇지 못한 사람에 비해 몸과 마음이 더 건강하다. 온실에서 살지 않는 다음에야 여러 가지 역경을 피할 수 없으므로, 역경을 이겨낼 뿐만 아니라 그것을 통해서 성장, 성숙할 수 있다면 좋을 것이다. 강함, 꿋꿋함을 전체로 보지 않고 위와 같이 분석적으로 보면, 그 바람직한 성격을 이루기 위해서 노력할 방향을 정할 수 있다. 우리가 지금 감탄하는 강하고 꿋꿋한 사람도 처음부터 그렇지는 않았을 것이다.

우리가 하는 크고 작은 일들, 우리가 맺는 관계들을 소중히 여기고 최선을 다하며, 또한 자신의 이익만 따지고 챙기는 것이 아니라 남도 배려하려고 노력할 때 우리는 '참여'하게 된다. 또 우리가 하는 모든 일, 우리가 맺는 모든 인간관계에는 우리 스스로 영향 미치는, 따라서 책임지는 부분도 있고, 또 어쩔 수 없이 당하는 부분도 있는데, '통제'의 중요성을 생각하면 앞의 부분을 강조하도록 노력해야 한다.

친구의 '배신'으로 괴로울 때 '내가 어떻게 했기에'라는 데 생각이 미치면 친구를 저주하기보다 이해하게 되고 내 마음도 가라앉는다. 어쩌면 내가 잘못한 부분에 대해 사과하고 관계가 복구될 수도 있다. 다음에는 또는 다른 친구들에게는 어떻게 해야 그런 일을 다시 안 겪을지도 깨닫게 된다. 또, 누구나 암에 걸릴 확률은 있는 것이지만, 어떻게 생활하느냐에 따라 그 확률을 크게 줄일 수 있다. 일단 '말기암'에 걸렸어도, 금방 죽는 사람이 있는가 하면 오래 버티는 사람이 있고 아주 낫는 사람도 있다. 운이 나빠 암에 걸렸다기보다 자신의 좋지 않은 생활태도의 결과라고 받아들이면 치유를 위해 더 적극적으로 노력할 것이다.

마지막으로, 어차피 일어날 또는 일어난 일은 '도전'으로 받아들이는 적극적이고 긍정적인 생활자세를 가질 필요가 있다. 통계처리를 배운 적이 없는 사람이 직장에서 어떤 자료를 처리하여 보고서를 제출하라는 지시를 받았다 하자. 한 사람은 겁을 내고 대신 해줄 사람 또는 기관을 알아보는데, 다른 사람은 '남이 하는 것을 나라고 못하랴' 하면서 책 보고 공부하여 스스로 해낸다. 앞의 사람은 또 그런 일을 맡게 될까봐 겁을 내지만 뒤의 사람은 이제 자료처리라면 하나도 겁이 나지 않는다. 뿐만 아니라 어떤 새로운 과제도 해낼 것 같은 자신감이 더 커져 있다. 그는 성장한 것이다.

성격이란 타고 나는 부분도 있지만 —특히 '기질'(temperament) 성향— 고칠 수 없는 것이 아니다. 우리가 다르게 행동하도록 노력하여 그 행동에 안정성, 일관성이 생기면 그때 우리의 성격도 변한 것이다. 이 문제는 5 장에서 더 자세히 다루기로 한다.

(2) 신경증성향

신경증성향(neuroticism)은 정서적으로 예민하고 기분변화가 심하며 쉽게 불안해하거나 우울하고 지나치게 근심걱정을 하는 성향을 말한다(Eysenck, 1967). 신경증적인 사람은 스트레스 주는 환경을 잘 견디어 내지 못한다. 따라서 자기도 모르게 만성적 긴장상태에 있으므로 이를 해소하기 위해 알코올이나 진정제 등의 약물에 의존하기 쉽다. 알코올은 보통 생각과는 달리 흥분시키는 물질이 아니라 신경을 진정시키는 물질이다.

이 성향이 크면 정신신체장애나 신경증에 걸리기 쉽다. **정신신체적 장애**는 심리적인 원인으로 인해 몸에 병이 생기는 경우(예컨대, 근심·걱정으로 인한 위궤양)를 말한다. **신경증**(강박신경증, 공포증 등)에서는 정서와 사고 등 심리적 문제들이 더 두드러지게 나타난다. 신경증성향이 높은, 즉 '신경이 예민'한 사람들은 내적·외적 자극환경에 매우 정서적으로 반응하면서 동시에 이런 상태를 의식하기 때문에 더욱 흥분하는 악순환에 빠지게 된다. 따라서 지나치게 자극이 크거나 힘든 상황에 준비 없이 들어가지 않도록 노력해야 하며, 특히 알코올이나 기타 신경안정물질에 의존할 위험이 있다는 것을 스스로 인식하고 조심해야 할 것이다.

3-2 조급함과 느긋함

현대생활의 특징 하나는 늘 시간에 쫓긴다는 것이다. 특히 대도시 생활이 그렇다. 출퇴근 자체가 많은 시간을 잡아먹는 전쟁이며, 어렵게 취직했다 해도 인정받고 승진하기 위해 또는 단순히 '잘리지' 않기 위해 계속 학원에 다니는 등 공부를 해야 한다. 이차, 삼차까지 가는 회식문화도 좀처럼 변하지 않는다. 이 장을 시작할 때 썼듯이 이러한 현대생활은 많은 건강문제를 낳고 있지만, 성격상 느긋하고 태평하기보다 조급한 사람이 더 큰 위험에 노출된다는 것은 자명한 일이다. 이러한 행동양식들은 심리학에서 A형(혈액형과는 무관) 행동양식 또는 성격이라는 이름으로 심장병 발생과 연관지어 연구되어 왔다.

(1) A형 성격

저명한 심장학자들인 Friedman과 Rosenman은 1950년대부터 행동특성과 관상동맥성 심장질환간의 흥미로운 관계에 주목하게 되었다. 관상동맥이란 심장의 근육에 산소 등 영양을 공급하는, (머리에 쓰는) 관 모양으로 심장을 둘러싸는 혈관이다. 그 안에 지방, 콜레스테롤 등이 쌓이면 심장을 움직이는 근육에 영양이 제대로 공급되지 못하여 협심증, 심근경색, 부정맥 등이 나타나 돌연사가 올 수도 있다. 관상동맥성 심장병은 심장병의 가장 흔한 유형이다.

이 의사들은 우연한 일로 심장병 환자들의 행동특성을 발견하게 되었다. 어느 날 가구수리공이 그들의 병원 대기실의 고장난 의자들을 수선하려고 살펴보다가 이 병원에는 어떤 환자들이 오느냐고 물었다. 의자들이 앞 모서리만 닳았기 때문이다. 많은 심장병 환자들이 의자 앞부분에 살짝 걸쳐 앉음을 알게 된 계기로 Friedman과 Rosenman은 관상성 심장병에 걸리는 사람들에게 공통된 행동특성들을 탐구하기 시작했다.

관상성 심장병에 취약한 성격을 A형 성격 또는 A형 행동양식이라고 부르는데, 이 성격의 특징은 다음과 같다.

(ㄱ) **시간에 쫓김** 제 시간에 일을 마치려 들고, 짧은 시간에 많은 일을 하려고 한다.

(ㄴ) **공격성과 적개심** 경쟁과 승부에 집착하며 쉽게 화를 낸다.

(ㄷ) **적절한 목표·계획 결여** 성취의욕은 강하나 목표를 제대로 정의하지 않는다. 즉, 충분한 계획 없이 무작정 일에 뛰어든다.

(ㄹ) 동시에 여러 일을 벌이고 관여한다.

표 2-1에 A형 행동특성들이 요약되어 있다. A형에 반대되는 사람들을 B형이라고 부른다. B형에 속하는 사람들은 느긋하고 태평하며 시간에 쫓기지 않고, 업적성취보다는 자기 자신을 더 생각하는 사람들이다. A형의 사람들은 B형보다 심장경색증으로 고생하는 사람들이 5배나 더 많다는 등 A형 행동양식과 심장병 간의 관계를 입증하는 연구들이 많이 있지만, 그 관계를 입증하는 데 실패한 연구들도 많다. 그러나, 심장병에 식생활, 고혈압 등뿐만 아니라 스트레스와 성격 등 심리적 요인도 중요하다는 것은 확실하며, A형 행동이 스트레스를 계속 야

〈표 2-1〉 A형 행동 특성들

- 두 가지 일을 한꺼번에 생각한다.
- 적은 시간에 많은 일을 성취하려고 계획한다.
- 아름다운 것을 잘 알아내지 못하거나 관심 없어 한다.
- 다른 사람에게 말을 빨리 하라고 재촉한다.
- 줄서서 기다리거나 천천히 가는 차 뒤에서 운전하는 경우 지나치게 화를 낸다.
- 무슨 일이든 자신이 직접 해야 속이 시원하다.
- 말할 때 제스처를 많이 쓴다.
- 가만히 있지 못하고 무릎을 흔들거나 손가락을 두드리는 등의 행동을 한다.
- 격정적인 언어패턴을 갖고 있다('너무너무', '미치겠다' 등).
- 정해진 시각을 꼭 준수하려 애쓴다.
- 가만히 앉아 있는 것을 거북해 하며 항상 무엇인가를 해야만 한다.
- 게임을 하면 항상 이겨야 하고, 어린이와 할 때도 이겨야만 직성이 풀린다.
- 다른 사람들이 하는 일을 보면서 자신이 더 빨리, 더 잘할 수 있다고 생각되면 조급해진다.

[Friedman & Rosenman(1974)]

기시키는 것도 분명하다.

(2) 건전한 경쟁심과 파괴적 경쟁심

연구가 쌓이면서 A형 성격이 애초의 생각처럼 단일 유형이 아니라 최소한 두 가지 서로 다른 유형이라는 증거가 나오고 있다(Liebert & Liebert, 1998의 개관). 순수하게 성취욕이 높아서 급하고 경쟁적인 사람이 있는가 하면, 파괴적·반사회적 경쟁심에 불타는 사람이 있다. 건강한 성취욕은 심장병을 가져오지 않는 반면, 파괴적인 '냉소적 적개심'(cynical hostility)은 심장병 발생과 관계가 크다고 한다. 냉소적 적개심이 높은 사람들은 아래와 같은 문항들에 '예'로 대답하는 경향이 있다(Cook-Medley 적개심 척도 문항들을 Liebert & Liebert, 1998, p. 279에서 재인용).

- 나에게 무슨 일이 일어나도 아무도 별 신경을 써주지 않는다.
- 정직한 사람이 많은 이유는 (나쁜 짓을 하면) 들킬까봐 두렵기 때문이다.
- 많은 이들이 친구를 사귀는 이유는 친구가 쓸모 있기 때문이다.

냉소적 적개심의 특징은 분노, 증오, 의심 등이며, 따라서 이런 사람은 인간관계에서 문제가 생기기 쉽다. 관계들이 악화되면 의심과 분노는 더 커지고 그 때문에 관계들이 더 악화되며, 이 악순환 속에서 긴장과 흥분이 점점 커지면서 만성화되어 관상동맥성 심장병을 가져오는 것으로 추측된다(위의 책).

(3) A형 행동들 고치기

표 2-1의 내용을 살펴보면 이 중 많은 행동특성들이 '현대인의 스트레스'라고 하는 것과 일치한다. 즉, 현대의 도시생활은 시간에 쫓기는 A형의 행동들을 많이 하도록 만든다. 도시 어린이들은 초등학교 때부터 공부에 시달리며 방과후 이 학원 저 학원에 가고 밤늦게까지 숙제를 하는 일과를 보낸다. 다음 학년에 배울 것을 미리 학습하는 일이 초등학교 때부터 흔해졌다. 고혈압, 당뇨병, 탈모 등 '성인병'이 어린이들에게서도 나타나는 것이 이상한 일인가. 성취와 경쟁을 요구·보상하는 무한경쟁 사회는 A형 성격 또는 행동패턴을 키우기 때문에 그런 행동패턴이 문제라는 생각조차 갖기 어렵다.

'5분 먼저 가려다 50년 먼저 간다'는 끔찍한 표어도 있다. 생명과 건강을 위협당하면서 경쟁, 출세에 집착하는 것이 무슨 의미가 있는가. 이런 의문을 가질 여유조차 없기 때문에 어른들은 사교육비 부담에 허리가 휘면서도 아이들을 ("다 너 잘되라고") 무한경쟁에 밀어 넣는다. 걱정 없는 천진난만한 어린시절은 이제 옛말이고, 어른 아이 할 것 없이 스트레스에 시달린다. 위에 언급한 A형 특성 중 시간에 쫓김과 공격성 적개심을 고치는 방법에 대해 생각해 보자.

(ㄱ) 할 일에 비해 시간이 부족한 것이 현실이므로, 시간관리에 대한 책들을 참고하면 도움이 될 것이다. 대학생들도 전공 및 영어공부에, 취업준비에, 아르바이트에 바쁜데, 그 많은 일들을 제대로 시간 맞추어 해내지 못하면 추가로 스트레스를 받게 된다. 연습삼아, 한정된 시간 내에, 이를테면 한 주일 또는 한 달 안에 해야 할 일들을 모두 적고 각각의 일을 마치는 데 얼마나 시간이 필요한지를 적어 보라. [실제로는 언제나 예상보다 시간이 많이 걸린다는 것도 고려한다.] 그리고 언제 무슨 일을 할지를 정해보는데, 시간이 부족하기 일쑤이므로 과제들의 우선순위를 정해 둔다. 노는 시간도 꼭 계산에 넣어야 한다. 매일 조금씩 놀고 쉬어야 하는 사람도 있고 몰아서 주말을 완전히 비워놓고 놀아야 하는 사람도 있으며, 또 나가서 농구라도 해야 하는 사람이 있고 방에서 컴퓨터 게임 하는 것이 충분한 휴식이 되는 사람도 있다. 자신의 생활방식에 맞는 계획이 필요하다. 화장실 가고 밥 먹는 시간까지 아까워하는 조급함은 장기적으로 건강을 해칠 뿐 아니라 공부나 일의 능률도 떨어뜨린다. 책상에 앉아 있다고 공부가 되는 게 아니라는 것을 모르는 사람이 있는가.

시간은 누구에게나 똑같이(하루 24시간) 주어지는 것 같지만 아르바이트하며 학교 다니는 학생들은 부유한 처지의 동료들보다 일과 휴식에 쓸 수 있는 시간이 많이 부족하다. 돈 지출을 줄이고 돈 없이 노는 법을 개발하여 아르바이트 시간을 조금이라도 줄여서 자기가 쓸 수 있는 시간을 확보하지 않으면 '시간관리'는 생각도 못하고 늘 시간에 쫓기게 된다(4장 글상자 4-2를 보라).

(ㄴ) A형의 사람들이 공격적, 적대적이 되는 것은 자신이 하는 모든 일에 자존심을 걸기 때문이다. '나 아니면 안 된다', '일이, 이기는 것이 전부이다'라는 생각이 들 때마다, 내가 없어져도 그 일을 누군가 할 것이며, 일은 내가 할 많은 것들 중의 하나라는 것, 모든 것을 다 잘할 수는 없다는 생각을 하도록 노력할

필요가 있다. '냉소적 적개심'이 특히 치명적이라고 하므로, 그러한 징표가 나타날 때, 즉 분노와 의심이 쌓여가거나 모든 인간관계가 나빠진다는 느낌을 받을 때, 자기를 돌아보거나 심리치료를 받으면 좋을 것이다.

4. 기분과 건강

기분(mood)은 일종의 배경감정(background feeling)으로서 대부분 '좋다', '나쁘다'만 구별되고, 감정이나 정서(emotion)보다 좀더 오래 이어진다. 정서에서와는 달리 특별한 유발원인을 찾을 수 없이 '그냥', '괜히' 기분이 또는 '컨디션'이 좋거나 나쁜 경우가 많다. 기분은 비교적 규칙적으로 달라지는 경향이 있는데, 바깥의 자극이나 사건에 영향 받기도 하지만 몸 안에서 생기는(endogenous) 변화를 상당부분 반영하기 때문이다.

4-1 기분의 주기

몸에서 일어나는 일들은 해가 뜨고 지거나 계절이 바뀌는 것처럼 시간에 따라 주기적으로 변한다. 예를 들면, 체온은 하루중 시간에 따라 조금씩 다르고 신진대사와 호르몬 분비도 일정한 시간 간격으로 바뀐다. 활동성, 주의력, 동기 수준도 높고 낮음의 주기가 있다. 공부할 때 집중이 잘되는 시간대와 전혀 안 되는 시간대가 있는 것은 누구나 경험한다. 그러나 우리는 일과 휴식에서 생물학적 시간보다는 사회적 시간(예컨대, 정해진 출퇴근 시간, 점심시간) 또는 경제적 효율성에 맞추어야 한다. 고3 학생들은 새벽부터 늦은 밤까지 공부하라고 강요받고, 일상생활에 낮과 밤의 구분이 없어져서 한밤중에도 음식을 시켜 먹거나 쇼핑을 한다. '생체리듬'이라고 하는 것을 계속 무시하고 살다 보면 일의 능률도 떨어지거니와 건강도 상할 수 있다.

Kleitman(1963)은 생물학적 시간이나 리듬을 세 종류로 구분하는데, 기준이 되는 주기는 약 24시간이다. 즉, 24시간의 주기로 바뀌는 상태들이 있는 반면에 그보다 짧거나 긴 주기에 따라 바뀌는 상태들도 있다.

㈀ 활력과 피로감, 수면과 각성, 그리고 체온이나 혈압, 혈당 수준 등은 **24시간 주기**(서카디안 리듬)로 변한다. 예를 들면 체온은 가장 활동이 왕성한 시간인 이른 오후에 가장 높고, 새벽에 제일 낮다. 위장활동에도 24시간 주기가 있어서 소화기관이 활동을 하는 시간대가 있고 쉬는 시간대(주로 저녁과 밤)가 있다. 교대 근무자들을 대상으로 한 연구들에 따르면, 오전 2시에서 4시 사이에 사고율이 가장 높고 작업실적도 감소한다고 한다.

㈁ 24시간보다 짧은 주기(울트라디안 리듬)중 대표적인 것은 80분~120분의 **기본적 휴식-활동 주기**(basic rest activity cycle, BRAC)이다. 80분에서 120분 정도 일을 하고 나면 집중력이 떨어지는 것이다. 휴식 없이 계속해서 공부나 작업을 하면 능률이 떨어지고 실수나 사고 위험이 높아진다. 배고픔, 수면도 이 리듬을 따른다. 집에 있다 보면 밥 먹은 지 얼마 안 되었는데도 '출출'해져서 먹을 것을 찾는다. 거의 90분 주기로 위의 수축을 경험하기 때문이다. 잠잘 때도 잠이 깊어졌다 얕아졌다를 반복하면서 약 90분마다 약 20~30분 정도 지속되는 꿈을 하루밤에 약 네 번 꾼다.

㈂ 24시간보다 긴 주기(인프라디안 리듬)의 대표는 약 30일인 여성의 월경주기로서, 정서반응과 기분의 흐름을 포괄한다. '바이오 리듬'이라고 대중에게 알려진 신체 주기(23일), 정서 주기(28일), 지성 주기(33일)도 이에 속한다. 더 긴 주기는 계절에 따른 기분변화일 것이다. 1년 단위보다 더 긴 인생주기도 있을 수 있다. 사춘기, 사추기(갱년기) 같은 말들은 인생 전체에도 계절의 변화가 있음을 암시한다.

앞서 말한 것처럼 기분은 일종의 배경감정이기 때문에 의식하지 못하고 지내는 경우가 많다. 누가 옆에서 말해주기(가령 "오늘 따라 왜 그렇게 신경질이 많아?" "기분이 좋아 보이는데") 전에는 자신의 기분이 어떤지 잘 모르는 것이다. 우리에게 가장 친숙한 주기는 24시간 주기이다. 아침에 일어나기가 힘들고 오전 내내 정신이 없다가 오후가 되어야 살아나는 사람이 있는가 하면, 반대로 아침에는 활기차지만 오후부터는 점차 기운이 떨어지는 사람들이 있다. 물론 전자에는 늦게 자고 늦게 일어나는 사람(저녁형 또는 '올빼미')이, 후자에는 일찍 자고 일찍 일어나는 사람(아침형 또는 '종달새')이 많다.

24시간 주기만큼 분명하지는 않지만, 80분~120분의 휴식-활동 주기도 기분의 변화로 체험된다. 책 읽을 때 집중이 잘되다가 어느 새 내용이 머릿속에 안 들어오는 일은 누구나 겪어 보았을 것이다. 또 여성의 기분이 약 한 달의 생리주기에 따라 쾌활하고 활기 있는 상태로부터 우울하고 초조한 상태에 이르기까지의 주기적인 변화를 보인다는 것도 널리 알려져 있다. 남자들의 기분에도 이러한 인프라디안 주기가 있다고 하는데, 여성들의 생리주기만큼 많이 연구되지는 않았다. 위에 열거한 세 가지의 생체주기는 과학적으로 비교적 연구가 많이 된 주기들이고, 그 외에 다른 주기들도 얼마든지 있을 수 있다. '봄/가을 탄다'는 말들을 하듯이 계절과 기후변화 등 자연의 변화들이 큰 영향을 미치는 것 같은데 구체적인 기제는 아직 밝혀져 있지 않다.

한때 '아침형 인간'이 성공한다는 책도 나왔고, 또 성공한 아침형 인간이 대통령이 되어 회의시간을 앞당기기도 하면서, 종달새 나라에서 올빼미들은 더 살기 힘들어졌다. 일찍 자지는 않으면서(못하면서) 일찍 일어나야 하므로 수면부족에 시달리고, 여러 면에서 저조한 아침 시간에 일하기를 강요받기 때문이다. 아침형 인간이 정말 성공한다면, 우리나라 생활패턴이 아침형에 맞춰져 있기 때문일 것이다. 저녁시간에야 능률이 오르는 사람들은 저녁때 일에 집중하기보다는 회식, 음주에 '동원'되거나 집에서도 TV앞에 붙어 있기가 쉽다. 물론 일찍 자야 하는 아침형 인간도 밤늦게까지 일이나 회식에 붙들려 있으면 (늦게 자도 일찍 눈이 떠지므로) 수면부족에 시달린다.

학교에서나 직장에서나 우리나라에서는 성공하려면 아침저녁형, 즉 종일형 인간이어야 하는 것 같다. 새벽부터 한밤중까지 가동하도록 요구받기 때문이다. 생물학적, 자연적 리듬과 상관없이 버티고 집중력을 유지하기 위해 우리는 여러 가지 방법을 쓴다.

4-2 기분 변화를 가져오는 방법들

기분은 외적 자극이나 사건, 날씨, 먹는 음식 등에 영향을 받는다. 일이 술술 풀리면 또는 날이 화창하면 기분도 명랑하고, 일이 안 풀리거나 날씨가 나쁘면 자기도 모르게 기분도 저조하거나 우울해지기 쉽다. 기후나 날씨 때문이건 생물학적 주기 때문이건 컨디션이 저조해질 때 쉴 수 있으면 제일 좋지만, 그렇지 못할 때 우리는 커피를 마시거나, 담배를 피우거나, 단 것을 먹는다. 이러한 것들은 모두 몸과 마음 양편에 영향을 미친다.

(1) 설탕과 비타민 B 복합

배고플 때 조그만 일에도 신경질과 짜증을 부려 본 경험은 누구에게나 있을 것이다. 혈액 속에 당분이 적은 저혈당상태가 되면 짜증이 나고 머리가 아프거나 어지러워진다. 일 때문에 끼니를 놓칠 때 이런 일이 많은데, 그럴 경우 과자나 초콜릿, 설탕 많이 넣은 커피같이 단 것을 먹으면 기분이 다시 좋아진다. 그러나 이렇게 해서 혈당이 너무 높아지면(과혈당증) 뒤이어 혈당수준이 처음보다 더 떨어져서 다시 안절부절 못 하고 불안해지는 상태가 된다. 이때 다시 단 것을 먹으면 악순환에 빠지게 된다.

설탕은 살찌게 하는 '부작용'도 있으므로 단 것이 '땡길' 때 조심할 필요가 있다. 그러나 조심하기가 쉽지 않다. 모르는 가운데 설탕을 많이 섭취하기 때문이다. 과일쥬스가 아닌 대부분의 음료수는 사실 설탕물이며, 케찹 등에도 설탕이 많이 들어 있다. 인스턴트 식품들에는 방부제, 색소, 조미료 등 화학첨가물도 많이 들어 있다. 고기양념, 음식점 반찬들에도 설탕이(인공조미료와 소금도) 많이 들어간다.

군것질거리는 정제 표백된 흰 설탕, 흰 밀가루로 만들어진 것이 대부분이다. 이런 식품들은 몸 안에서 에너지로 만들어질 때 비타민 B 복합(B-1, B-2, B-5, B-6 등; 현미, 보리, 콩, 달걀, 고기, 유제품 등에 많이 들어 있다)을 고갈시킨다. 비타민 B 복합은 심한 스트레스가 오래 지속될 때도 고갈된다. 이 비타민들이 부족하면 불안, 흥분, 신경질이 늘어나고, 그래서 비타민 B 복합을 '스트레스 비타민'이라고도 한다. 정제된 설탕과 밀가루가 살찌게 한다는 것은 널리 알려져 있지만, 이렇게 기분과 건강에 큰 영향을 미친다는 사실은 잘 알려져 있지 않다.

(2) 커피와 담배

커피는 아마도 기분변화를 유도하는 가장 대표적인 기호식품일 것이다. 커피의 '반짝'효과는 물론 카페인 성분 때문인데, 커피뿐 아니라 콜라, 코코아, 초콜릿 등에도 카페인이 많이 들어 있다. 이들은 물론 모두 달다는 공통점이(커피는 블랙으로 마실 수도 있지만) 있고 설탕과 카페인이 합해져서 효과가 더 강해진다. 카페인은 피로를 풀어 주는 각성효과가 있지만, 불안해지거나, 심장박동이 불규칙하거나 빨라지고, 주의력이 나빠지는 등 좋지 않은 부작용들도 있다. 따라서 또 커피가 '땡기'게 되며, 당분의 경우와 유사한 악순환에 빠지게 된다. 하루에 커피 두 잔 이상은 삼가는 것이 좋고, 콜라, 코코아, 초콜릿 등도 마찬가지 효과를 낸다는 것을 알아두어야 한다.

카페인은 매우 빠르게 작용하면서도 몸 속에서 빠져나가는 데 오래 걸린다. 카페인 효과가 없어지는 데는 성인의 경우 세 시간에서 여섯 시간 정도 걸리며, 나이 든 사람은 24시간까지 걸릴 수 있다. 따라서 낮에 마신 커피 때문에 밤에 잠드는 데 시간이 더 걸리고, 또 잠의 질도 나빠진다.

담배도 커피처럼 '반짝'효과가 있다. 커피를 마실 때 꼭 담배도 피우는 흡연자들은 이중의 효과를 보는 것이라 할 수 있다. 니코틴은 부신을 자극하여 심장박동, 혈압, 호흡수를 증가시키고 포도당 분비를 자극하므로 피로회복과 기분상승의 효과가 있다. 그러나 니코틴 중독이 되면 정상상태를 유지하기(상승이 아니라) 위해 담배가 필요해지며, 니코틴 자극이 없으면 가벼운 우울, 불안 등을 느끼게 된다. 담배를 오래 많이 피우던 사람이 담배를 끊을 때 겪는 신체적·심리적 증상('금단 증상')들을 보면 담배가 ―폐, 후두, 구강 및 식도 등에 암을 유발하기도 하지만― 일차적으로 무서운 마약이라는 것을 알 수 있다. 따라서 담배는 일찍 끊을수록 좋다.

(3) 운 동

앞에서 대학생들의 건강상태가 별로 좋지 않다고 쓴 바 있다. 어린시절 공부하고 시험 보는 기계로 살았고, 놀 때도 컴퓨터나 TV 앞에 앉아서 놀았기 때문이다. 운동과 건강의 관계를 모르는 사람은 없지만, 나빠진 건강을 되찾기 위해 운동을 시작하는 학생은 많지 않다. 수영, 조깅, 걷기 등을 시작한 사람들은 운동이 몸만 건강하게 해줄 뿐 아니라 마음의 안정, 긍정적 사고 등을 가져와 마음도 건강하게 해준다고 한결같이 보고한다. 어떤 여학생은 위장이 나빠져서 고생하다가 매일 30분은 꼭 시간을 내서 걷는데, 지금은 그 시간 자체가 너무 소중해졌다고 한다. 즉, 필요해서 운동을 시작했다가 그 자체가 즐겁고 유익하기 때문에 계속하는 것이다. 살 빼기를 위해서도 운동만큼 부작용 없고 그 자체로 즐거운 방법은 없다.

운동은 스트레스의 부산물(노폐물)을 소모시키기 때문에 몸과 마음이 '개운'하고 가벼워지게 하며, 화가 풀리고 두통도 없어지는 등 기분이 좋아진다. 운동하는 것이 시간 낭비가 아니라 값진 재충전 기회인 것이다. 운동이 이렇게 좋은 효과를 가져오려면 경쟁과 승부를 떠나야 한다. 요즘에는 운동하려면 어디 등록해서 다녀야 하는 것으로 인식된다. 목표도 기분전환 따위 한가한 게 아니라 몇 킬로그램 체중감량, 어디어디를 빼거나 나오게 하여 어떤 몸매 만들기 등 매우 구체적이다. 돈이 많을수록 더 고급전문가에게 체중/몸매 관리를 받는다. 앞에서 '강함'을 이야기할 때 쓴 용어를 쓰자면, 내 몸에 대한 '통제'를 포기하고 남에게 맡기는 것이다. 이렇게 되면 '운동'이 노동, 심지어 고문이 된다.

표 2-2에 젊은이들이 손쉽게 할 수 있는 운동의 종류와 장단점을 실었다. 살 빼기에 관심 있는 사람들은 에너지 사용량을 참고하기 바란다. 요즘 걷기가 유행이다. 표 2-2에는 '걷기'의 '가능한 손실'로 시간이 든다고 나오지만, 통학이나 출퇴근을 걸어서 하면 (버스나 택시 기다리는 시간이 절약되므로) 그리 시간

〈표 2-2〉 하기 쉬운 운동들
(Girdano & Everly, 1979/85, p. 288의 표 15-1을 줄이고 개작함)

활 동	에너지사용	이 득	가능한 손실
걷기	++	경비, 장치, 특별한 장소가 불필요. 누구나 할 수 있다. 사철 가능.	시간이 소요됨. 효과를 얻기 위해 빨리 걸어야 한다.
조깅 (시간당 8km 이하)	+++	몸무게 감소, 다리 건강, 심장순환에 좋음. 특별한 장소 불필요.	무릎과 관절에 부담. 신체검사 필요.
달리기 (시간당 8km 이상)	++++	몸무게 감소, 심장순환계 조절, 행복감.	신체검사 필요, 관절에 부담.
춤추기 (디스코, 기타 빠른 춤)	+++	몸무게 조절, 전신조절 증진, 사철 가능.	몸에 익히기 위해서 열심히 해야 한다. 관절에 부담.
자전거 타기	+++	훌륭한 심장조절 기능, 몸무게 조절, 걷기/조깅/달리기보다 관절에 좋다.	교통사고의 위험, 자전거 타는 기술이 필요.

* 에너지 사용에서 '+'가 많을수록 에너지가 많이 사용되고 힘이 드는 활동이다.

이 드는 것도 아니고 버스요금이나 택시비를 절약할 수 있다. 만원 버스/지하철에 시달리는 스트레스도 면할 수 있다. 대학생들은 보통 강의를 듣기 위해 캠퍼스에서 건물을 옮겨 다니는데, 승용차로 이동하거나 하이힐 신고 뒤뚱거리며 걷지 말고 운동화 신고 씩씩하게 걸어 다녀 보자. 하루에 30분씩 또는 일주일에 세 번 60분씩만 걸어도 건강에 도움이 된다.

운동을 하면 근육과 관절이 강해지는 것은 물론, 주로 근육으로 구성되어 있는 심장의 펌프도 힘이 더 좋아지고, 지방과 땀의 분비를 자극하기 때문에 피부도 더 촉촉하고 부드러워진다. 피부노화만 예방할 뿐 아니라 뇌의 노화도 예방한다(Hall, 2007). 소화도 잘되고 밤에 잠도 잘 온다. 나무들도 보고, 하늘과 구름도 보고, 햇볕과 바람도 피부에 느끼고, 이런저런 친구들과 마주치거나 같이 걸으면서 이야기를 나눌 수도 있다. 이렇게 다양한 효과를 보는데도 안 걷겠는가.

4-3 몸이 하는 말을 듣기

몸 컨디션, 기분상태에 길고 짧은 주기가 있다는 것은 좋을 때가 있으면 나쁠 때가 있고 나쁠 때가 있으면 좋을 때가 있다는 뜻이 된다. 이것을 알면, 좋을 때 최선을 다하고, 나빠질 때 무리하거나 비관하지 않고 다시 좋아질 것을 믿고 기다릴 수 있다. 긴 주기에서 나타나는 슬럼프는 물론 오래 가므로 이러한 자기 신뢰가 더 필요하다. 주기성을 알면 짧은 주기로 나타나는 저조함에도 다르게 대처할 수 있다. 커피, 담배 등 인위적인 방법에 의지하면 일시적으로 반짝할 뿐 장기적으로는 건강을 상하고 중독만 된다는 것을 우리는 위에서 보았다.

몸의 주기에 맞서기보다는 *적응*을 해야 건강을 유지할 수 있다. 즉, 싱싱할 때는 즐겁게 일하고, 피곤할 때는 쉬고 밖에 나가 산보라도 하고, 우울할 때는 자기 자신을 돌아보는 것이 건강한 삶이다. 이는 결국 자기 몸이 하는 말을 듣고 따르기가 된다. 배 고플 때 먹고 배가 부르면 그만 먹고, 배가 안 고프면 안 먹는 것이다. 대중매체에서 아침을 꼭 먹으라고 하고, 뭘 먹으라고까지 하는데, 그 또한 자기 몸이 하는 말을 들을 일이다. 몸이 아프면 무리를 했으니 쉬라는 말이구나 하고 (약의 힘으로 '버티'기보다는) 많이 자고 쉬는 것이 몸을 위하

글상자 2-1 배고픔과 식욕 길들이기

비만을 병으로 보는 사회적 분위기에서 특히 여성에게 날씬함이 건강의 조건이 되어버린다. 이런 의미에서 건강해지려면 "스스로 몸을 '알아서 챙기는' 부지런함과 노력 그리고 무엇보다도 자신의 욕망을 적절하게 통제할 줄 아는 '자제력'"(한서설아, 2000, p. 70)이 있어야 한다. '뚱뚱함'은 건강하지 못함, 추함과 함께 게으름의 상징이 되어버린다.

여성들에게 외모와 몸매의 문제는 '건강관리'의 차원을 넘어섰다. 운동이 '건강한 다이어트' 방법으로 최고임을 알지만 근육, (다리에) 알통이 생기는 것은 '예쁘지' 않아서 꺼려진다. 의학적 의미에서 저체중 여성들도 살빼기를 포기하지 못한다. 다음은 전문대 재학생과의 면접기록이다(pp. 75-76).

(그럼 이상적으로 생각하는 몸무게는 얼마예요?)

사십팔 킬로. 키는 거의 상관없이 사십팔 킬로만 되면 이쁜 거 같아요.

(자기 키에 정상체중이 얼마인지 알아요?)

한 오십오 킬론가.

(그 몸무게는 어때요?)

쪘다고 생각하죠. 체중계에 올라가면 좀 신경질 나는 몸무게라고 생각해요.

(의학적으로 정상적인 몸무게라잖아요.)

그런데 저는 모르겠어요. TV에 만약 제가 나왔다고 생각을 해 보세요. [꽉찬 화면을 그려 보이며] 이렇게 나올 거 아니에요. 그런 거 생각하면 좀 한심하기도 하고, 뭐 TV에 나올 일도 없지만, 지나다 어쩌다 딱 잡혔는데 이렇게 뚱뚱하게 나왔다, 그럼 너무 화가 날 거 같아요.…

다이어트에 성공하려면 '안전하고 좋은 음식'과 '절대 먹어서는 안 되는 음식'을 정하여 '배고픔/살과의 전쟁'을 한다. "지금의 몸을 절대로 용서하지도 말고, 이렇게 '혐오스러운' 몸을 만들어낸 욕망을 철저하게 검열하고 통제해야 한다"(p. 105). 그런데 음식 생각은 잊으려 할수록 더욱 강해지고, 배고픔은 참으려 할수록 오히려 더 커진다. 이런 몸의 반란에 직면하면서 '먹고 토하면 되지'라는 유혹이 든다. 폭식과 구토를 반복할 때 내장의 기능이 망가지고 위산의 역류로 치아를 비롯해 입안도 많이 상하지만, 이러한 해악보다 더 견디기 어려운 것은 식욕을 통제하지 못하는 자신에 대한 혐오이다. 결과적으로 날씬해졌다고 하자. 그게 승리인가?

는 길이다. 몸이 하는 말을 안 들으면 언젠가 '몸이 말을 안 듣게' 된다.

우리 몸은 정교하면서도 좀처럼 고장이 안 나는 신비로운 기계로서, 고장 나고 무너지기 한참 전부터 신호를 보낸다. 가령 소화가 안 되고 머리가 무겁고 잠이 안 오거나 집중력이 떨어지고, 우울하고 짜증나는 기분상태가 지속된다. 몸이 싫다, 힘들다는 말을 하는데 우리는 커피를 열 잔, 스무 잔씩 마시고 밤을 샌다. 몸을 사랑하면 몸은 우리에게 많은 즐거움을 선물한다. 위장을 상한 사람이 맛있는 것을 보고도 못 먹을 때 얼마나 삶의 즐거움을 빼앗기는지 생각해 보라. 몸이 하는 말을 안 듣는 정도가 아니라 몸에게 폭력까지 쓰는 대표적인 예가 젊은 여성들의 필사적인 살빼기 노력이다(글상자 2-1을 보라). 몸이 어떤 형태로라도 반란하기 때문에 '살과의 전쟁'에서 이기는 사람은 없다.

우리는 몸 상태를 대체로 '기분', '컨디션'으로 안다. 이는 곧 기분이 몸의 준비상태의 지표가 될 수 있다는 것이 된다. 기분의 주기에서 저조한 상태에 내려가 있을 때는 중요한 사람과의 만남이나 집중력이 필요한 일들은 상승리듬으로 올라갈 때까지 미루는 것이 현명하다. 가장 기본이 되는 것은 *기본적 휴식-활동 주기*를 지켜서 한두 시간 일했으면 10분이라도 쉬는 일이다. 그러면 건강을 상하지 않으면서도 더 능률적으로 더 많은 일을 더 잘 할 수 있다. 출출해질 때마다 냉장고 문을 열지 않고 물(커피 말고) 한 잔 마시거나 음악을 듣는 등을 하면 허기가 지나가고 다시 머리가 맑아질 수 있다. 그러면 살찔 위험도 없고 일의 능률도 좋아진다. 또, 중요한 일들은 미리미리 준비하고, 한꺼번에 일을 많이 맡지 않으면 휴식-활동 주기를 따르기가 더 쉬워진다.

물론 살다 보면 어쩔 수 없이 리듬을 벗어나게 되는 일이 많다. 대학생들의 경우 몇 과목씩 시험과 과제가 겹치면 어쩌겠는가. 일이 너무 많아 휴식-활동 주기를 지킬 수 없을 때, 큰 위기에 휘말려 정신없이 지낼 때, 며칠 계속 과음할 때 우리는 리듬을 벗어나고 그때 흔히 병에 걸린다. 병이 나아도 리듬을 회복하기까지 시간이 걸린다. 좀더 일상적인 상황에서 리듬을 벗어나게 되는 것은 **잠**을 제대로 안 자는 경우이다. 잠 자는 시간을 아껴 값지게 쓴다고 하지만, 만성적으로 수면이 부족하면 일의 능률이 떨어지고 우울해지거나 공격적이 되며, 건강도 상한다. 글상자 2-2에 잠을 줄일 때 나타나는 일을 서술하는 글을 실었다.

기분은 이랬다저랬다 변덕스럽게 변하는 마음상태가 아니라, 생체리듬과

글상자 2-2 '잠 다이어트'의 결과 (1)

일 중독자인 저자는 잠을 5시간으로 줄여도 문제가 없다는 수면전문가의 책을 읽고, 8시간을 5시간으로 줄일 때 버는 시간을 계산하고(10년이면 4년!) 열광하였다. 당시 혼자 살던 그는 일요일마다 시작하여 매주 잠을 30분씩 줄여나가 6주 만에 5시간으로 줄이기로 하면서 메모의 형식으로 경험을 기록해 나갔다. 여기서는 처음 3주의 결과만 소개한다. ['속편'은 4장의 글상자 4-4에 이어진다.]

제 1 주(7.5시간)의 끝: 첫 주는 쉬웠다. 잠을 잃어버렸다는 느낌이 전혀 없으며 일은 정상적으로 진행되는 것 같다. 불행하게도 새로 얻는 시간들을 낭비했다고 생각한다. 새로 얻은 30분 동안 TV의 밤 뉴스를 보는 것 외에 더 나은 일을 하지 못했다. 생각해보면 하루 30분이란 무슨 일을 하기에는 충분하지 못하다. 시간 단위가 약간 커지면 좀더 의미 있는 일을 할 수 있을 거라고 확신한다.

제 2 주(7시간)의 끝: 이번 주는 그런대로 잘 지나간 것 같다. 평소의 에너지를 유지한 것 같지는 않지만 몇 주는 힘들 거라고 생각한다. 아직도 더 생긴 시간을 어떻게 쓸지 요령을 모르겠다. 원래의 계획은 저녁시간을 늘려서 무슨 일을 하고 더 늦게 잠자리에 들려고 했다. 현재 상태에서 내가 하루의 마지막에 하는 일은 TV 보는 시간을 늘렸다는 것이다. 어쩌면 더 일찍 일어나서 조금 더 일찍 일하러 가는 게 나을 것 같다. 그래서 내일은 시계를 반 시간 더 앞당겨 놓았다.

제 3 주(6.5시간)의 끝: 이번 주는 그다지 훌륭하지 못했다. 30분 일찍 일어나는 이득을 제대로 누리지 못하고 있다. 사무실에 보통보다 몇 분 일찍 도착하곤 한다. 겨우 10분 정도 일찍. 오후에는 정말 피곤하다. 일이 쌓이고 있는 듯하다. 보통 때는 재빨리 처리해서 치워 버리곤 하던 메모들이 지금은 쌓이곤 하는 경향을 보인다. 그것들을 해치워 버릴 마음이 생기지 않는다. 밤이면 잠자는 시간이 되기까지 TV 만 본다. 어쩌면 수면시간을 너무 빨리 줄이고 있나보다. 다음 주에도 여섯 시간 반으로 머물 생각이다.

[출처: Coren(1996/97, pp. 89-94)]

자연변화에 따라 몸과 마음의 상태를 비추어 주는 거울이다. 나쁘거나 저조한 기분을 인위적인 수단으로 억제만 한다면 그 신호를 제대로 활용하지 못하는 것이 된다. 차를 운전할 때 좋은 길에서는 속도를 내도 커브 길, 빗길, 비포장도로에서는 감속해야 하듯이, 자신의 몸상태에 활동을 맞추는 것이 건강과 능률 둘 다에 도움이 된다. 비포장도로를 포장도로에서 달리던 속도로 달린다면 차만 상하지 않겠는가. 그리고 몸은 쓰다가 고치거나 버리는 차가 아니다. 우리 몸은 우리 자신이다.

몸과 마음이 하나라면, 몸 건강을 챙겨서 정신건강을 지킬 수 있고, 정신건강을 챙겨서 몸이 건강해질 수도 있다. 정신건강은 이런 책 한 권이 필요할 정도로 복잡한 문제이고, 또 마음과 머리의 작용이란 구름 잡기라고도 할 수 있기 때문에, 정신건강 지키기도 몸 챙기기에서 출발하는 것이 현명할지 모른다.

요약 및 결론

현대인들은 몸과 마음을 자동차나 컴퓨터 같은 도구로 생각하며 고장 나면 전문가에게 가서 고쳐 쓰면 된다고 생각한다. 몸과 마음이 곧 자기 자신이라고 보지 않는 것이다. 또 마음(의지, 정신력)이 몸을 명령·지배한다고 믿어서, 몸이 보내는 여러 신호들을 무시하고 약으로 무마하거나 눌러 버리려고 한다. 건강이란 자기 몸과 마음을 사랑하는, 즉 알고 존중하고 책임지고 보살피는 데서 온다. 따라서 일단 몸의 구조를 알 필요가 있다. 이 장에서는 위기나 스트레스에 처할 때 신경계통(중추 및 말초신경계)과 내분비선 계통에서 일어나는 일들을 알아보았다. 스트레스에서 특히 중요한 조직들은 **대뇌피질**과 시상하부, 교감 및 부교감계로 나뉜 **자율신경계**, 스트레스 호르몬들을 분비하는 **부신**이다.

몸의 구조는 누구나 같지만 다양한 상황들에 대한 반응에는 사람마다 차이가 있다. 어떤 사람은 역경을 도전으로 받아들이며 이겨 나가는 가운데 성장하는가 하면(**강함**), 어떤 사람은 조그만 일에도 예민하게 반응하고 정서적으로 불안정하다(**신경증성향**). 또 어떤 사람은 늘 시간에 쫓기며 경쟁과 승부에 집착하여 쉽게 화를 내고(**A형 성격**), 어떤 사람은 느긋하고 태평하다(B형 성격). 신경증적이거나 A형인 사람은 강하거나 B형인 사람보다 몸과 마음의 건강을 더 위협받는다. 흔히 '성격'이라 하면 고칠 수 없는 것으로 생각하지만, 성격은 습관적 행동 및 사고양식이므로 행동과 생각을 고쳐나가면 성격도 변하는 것이다. 강인해지고 느긋해질 수 있는 방법들을 소개하였다.

기분은 일종의 배경감정으로서 좋고 나쁨이 주기적으로 변하는 특징을 가지고 있다. 매우 많은 신체적·심리적 상태들이 다양한 주기로 변하는데, 여기서는 24시간 주기, 80~120분의 휴식-활동 주기, 약 30일의 생리주기를 소개하였다. 기분이 나쁘거나 저조하다고 언제나 쉴 수 있는 것은 아니므로, 우리는 다양한 방법들을 써서 기분변화를 꾀한다. 이를테면, 우울하거나 집중력이 떨어질 때 단 것을 먹고, 커피를 마시고, 담배를 피운다. 이러한 방법들은 '반짝'효과가 있는 대신 시간이 지난 후 기분과 컨디션을 처음보다 오히려 더 떨어뜨려 또 그것을 찾게 만든다. 가장 부작용이 적고 그 자체로 유쾌한 기분변화 방법은 **운동**이나, 좋은 효과는 경쟁과 승부가 없는 경우에만 얻을 수 있다. 쉽게 할 수 있는 운동을 몇 가지 소개하고 특히 걷기를 추천하였다.

자신의 주기에 맞서기보다는 적응해야 좋은 능률과 기분, 건강을 유지할 수 있다. 싱싱할 때는 열심히 일하고, 지칠 때는 쉬고, 우울할 때는 자기 자신을 돌아보는 것이 자기 몸이 하는 말을 듣는 것이다. 몸이 하는 말을 계속 안 들으면 언젠가는 몸이 말을 안 듣는다. 기분이 몸 상태를 비추어주는 거울이라는 것을 안다면 그 리듬을 따라가면서 일하고 활동하고 쉴 수 있게 된다. 그것이 몸의 말을 듣고 건강과 능률 둘 다를 지키는 길이며, 또 몸과 마음이 하나이므로 정신건강을 지키는 길이기도 하다.

제 3 장

스 트 레 스

스트레스는 텔레비전이나 아이스크림처럼 우리말이 되어 버렸다. 남녀노소 할 것 없이 스트레스를 받는다. 교통체증도, 공부도 시험도, 연애도 실연도, 사업이 안 되어도 너무 잘되어도, 바빠도 심심해도 스트레스라고 한다. 과연 스트레스란 무엇인가? 스트레스는 꼭 해로운 것인가? 해롭다면 왜, 그리고 어떻게 해로운가?

1. 스트레스란 무엇인가?

Lazarus와 Lazarus(1994/97)에 의하면, 스트레스가 처음으로 전문용어로 쓰이게 된 것은 17세기의 탁월한 물리학자이자 생물학자인 로버트 후크가 인공구조물 설계연구를 할 때라고 한다. 예를 들어, 교량은 큰 무게를 감당해야 하고 또 지진, 바람 등도 견뎌야 한다. 후크는 금속의 특성들에 특별한 관심을 가졌다. 예를 들면, 연철은 부드럽고 유연하며, 휘기는 하지만 부러지지는 않는 데 비해, 주철은 단단하고 깨지기 쉬우며 쉽게 부서진다. 감당해야 하는 부담의 종류에 맞는 금속을 써야 한다는 생각은 스트레스 이론들에도 영향을 미쳤다. 스트레스는 (교량이 감당해야 하는 부담과 비슷하게) 생물·사회·심리 체계에 가해지는 환경적 요구로 정의되며, 또 (금속이 부담을 견디는 능력과 비슷하게) 사람들의 탄력성(resiliency)이나 취약성(vulnerability)도 이야기하고 있다.

심리학에서 스트레스는 여러 가지로 정의되어 왔으나, 크게 볼 때 반응으로서의 스트레스와 자극이나 사건으로서의 스트레스가 구별된다.

(ㄱ) 우선 스트레스는 도전적인 새로운 환경에 반응할 때의 상태로 볼 수 있다. Selye 같은 의학자들은 우리 몸이 감염이나 손상을 당할 때 해당 부위나 기관만 그에 반응하는 것이 아니라 '몸 전체로' 대응한다는 것을 강조한다. 스트레스의 핵심은 변화이다. 환경이 달라지건 자신이 내적으로 달라지건 지금까지의 적응방식이 통하지 않기 때문에 몸과 마음이 나타내는 일련의 (불특정적) 위기 반응들이 스트레스이다.

(ㄴ) 스트레스를 일으키는 사건들 자체를 스트레스라고도 부른다. 즉, 중요한 시험을 앞두고 경험하는 긴장과 불안도 스트레스지만, 시험 자체도 스트레스인 것이다. 반응으로서의 스트레스와 구별하기 위해 스트레서(stressor)라고 부르기도 한다. 스트레스 반응, 스트레스 사건이라고 구분해서 쓰기도 하지만, 다른 많은 심리학 문헌처럼 이 책도 대체로 두 가지를 구별하지 않고 쓰기로 한다. 반응을 의미하는지 자극이나 상황을 의미하는지는 문맥 속에서 구분될 수 있을 것이다.

살아 있는 한 환경변화, 외부의 요구 등은 있는 것이고 따라서 스트레스 자체를 피할 수는 없다. 이 사실을 알아 두는 것이 스트레스에 긍정적으로 대처하는 첫걸음이다. 만일 변화가 전혀 없다면 삶이 얼마나 밋밋할지 생각해 보라. 이런 의미에서 Bernard(1968) 같은 학자들은 스트레스를 그 효과에 따라 즐거운 스트레스와 괴로운 스트레스로 구별하였다.

괴로운 스트레스(distress)는 에너지를 소모시키고 질병에 취약해지게 하는 '괴로움'인 반면에, 즐거운 스트레스(eustress)는 활기를 주는 유쾌한 변화나 요구이다. 물론 누구나에게 똑같이 괴롭거나 즐거운 스트레스 사건은 없다. 2 장에서 본 것처럼 강한 또는 꿋꿋한 사람은 위에서 말한 '탄력'이 있기 때문에 힘든 과제나 큰 역경도 도전으로 받아들이지만, 스트레스에 취약한 신경증적인 사람은 작은 일도 위기로 받아들여 정서불안정을 겪는다.

1 장에서 우리는 성장이 내적·외적 변화에 따라온다고 말했다. 스트레스의 핵심은 변화이며, 따라서 스트레스의 경험은 개인의 심리적 성장에 꼭 필요한 부분이다. 삶의 변화나 힘든 과제를 도전으로 받아들이고 대처한다면 그 경험을 통해 성장하게 된다. 현대문명의 도시화와 산업화는 우리에게 여러 가지 편리함과 즐거움을 가져다 주었지만, 관료주의, 경쟁, 인구밀집과 소음 등은 성장의 기회로 작용하기보다는 괴로움(distress)인 경우가 더 많다. 피할 수 없고 늘 부딪친다는 것도 스트레스 강도를 높인다.

이 장에서는 스트레스의 이러한 부정적인 측면들에 초점을 맞추게 된다. 스트레스 자체는 삶의 일부이기 때문에 피할 수가 없지만, 그 피해는 줄일 수가 있다. 스트레스에 대한 대처는 다음 장으로 미루고, 이 장에서는 스트레스가 어떤 피해를 줄 수 있는지를 공부하기로 한다.

2. 생활사건들의 영향

앞서 말한 것 같이 스트레스의 핵심은 변화이며, 변화는 적응을 요구한다. 실직, 이혼이 생활에 큰 변화를 가져오는 것처럼, 대학입학, 취직, 승진, 결혼도 그에 못지않은 생활변화를 의미한다. 괴로운 일이나 기쁜 일이 모두 적응을 요구하는 것이다. 꼭 큰 사건을 겪지 않는다 해도 교통체증, 주거지소음 등 일상적 생활환경이 스트레스를 주기도 한다.

2-1 큰 사건들

Holmes와 Rahe(1967)는 기쁜 일, 괴로운 일 모두가 생활변화를 의미하는 한 스트레스가 되며, 생활사건 하나하나의 심각성이 아니라 그 사건들의 전체영향, 즉, 생활변화량이 중요하다는 사실을 발견했다. 이 생활변화량을 측정하기 위해서 그들이 만들어 낸 것이 '사회 재적응 평정척도'(social readjustment rating scale)이다. 표 3-1의 생활사건들을 보고 지난 1 년 혹은 2 년간 일어난 사건들을 체크한 다음, 각 생활사건에 해당하는 값을 찾아서 모두 더하면 그 합계가 생활변화치(life-change unit, LCU)가 된다. 이 값은 바로 재적응을 요하는 스트레스의 총량이 된다. 예를 들어, 어떤 학생이 대학에 입학하여 지방에서 서울로 이사했다고 하자. 서울에 적응해야 하는 문제는 그만두고라도 우선 입학, 주거의 변동, 학교의 변동에 대해서 (26+20+20=)66이라는 생활변화치가 나온다.

이 평정척도를 사용한 연구를 보면 생활변화값과 건강은 깊은 관련이 있다. 생활변화량이 1년에 300을 넘는 사람들의 약 79% 이상이 다음 해에 질병을 앓게 된다. 변화량을 스스로 통제하려면, 피할 수 없는 사건이 이미 일어난 경우 다른 큰일들을 일단 피하는 것이 좋다. 이를테면, 어머니나 아버지가 돌아가셨다면, 직장 옮기는 문제나 이사계획이 있었다 하더라도 좀 미루어 생활변화량이 너무 높아지지 않게 하는 것이다.

Holmes와 Rahe의 평정척도를 사용할 때 염두에 두어야 할 사항이 있다.

(ㄱ) 표 3-1의 사건들과 생활변화치는 미국문화에서 얻어진 결과이므로 우리나라 사람들에게 직접 적용하는 데는 문제가 있다. 미국과 같이 생활패턴이 부부중심으로 돌아가는 문화에서는 배우자의 사망이나 이혼, 별거 같은 사건은 매우 큰 스트레스가 된다. 그러나 우리나라와 같이 자녀중심으로 돌아가는 문화에서는 배우자의 사망보다 자녀사망이, 별거보다 자녀의 대입실패가 더욱 위협적인 사건으로 지각될 수 있다.

(ㄴ) 표의 내용을 살펴보면, 결혼하여 가정을 가진 사람들에게만 해당되는 내용이 많다. 미혼의 젊은이들은 그들대로 중요한 생활사건들과 그에 따르는 스트레스가 있다. 대학생들을 예로 들면, (중간/기말)시험, 낙제(F 학점, 학사경고 등) 등이 일반 사회인들의 별거나 직업전환에 못지않은 스트레스일 수가 있다.

(ㄷ) 같은 문화권에서도 같은 생활사건이 모든 사람에게 똑같은 스트레스를 주는 것이 아니다. 이혼을 예로 들면, 오래 생각하여 이혼을 결정하고 요구한 쪽보다는 졸지에 '선고'를 받은, 즉 이혼을 '당하는' 쪽이 훨씬 더 힘들다. 요구하는 사람은 당하는 사람보다 이혼 후의 삶에 훨씬 더 잘 대비가 되어 있을 것이므로 큰 재적응이 필요가 없기 때문이다.

〈표 3-1〉 사회재적응 평정척도

생활변화사건	생활변화치	생활변화사건	생활변화치
배우자의 죽음	100	직책의 변화	29
이 혼	73	자녀의 출가	29
별 거	65	인척간의 싸움	29
교도소 복역	63	큰 일의 성취	28
가까운 가족의 죽음	63	아내의 취업이나 퇴직	26
부상이나 질병	53	입학이나 졸업	26
결 혼	50	생활조건의 변화	25
해 고	47	습관을 바꿈	24
부부 화해	45	상사와의 불화	23
은 퇴	45	취업시간이나 조건의 변화	20
가족의 건강변화	44	주거의 변동	20
임 신	40	학교의 변동	20
성문제	39	오락의 변동	19
새 가족의 탄생	39	교회활동의 변동	19
사업 재적응	39	사회활동의 변동	18
경제사정의 변화	38	수면습관의 변화	16
가까운 친구의 죽음	37	가족 수의 변동	15
직업전환	36	식사습관의 변화	15
부부싸움횟수의 변화	35	휴 가	13
900만원 이상의 저당	31	크리스마스	12
저당물의 권리상실·대부	30	가벼운 범법행위	11

[Holmes & Rahe(1967)]

2-2 자잘한 문제들

큰 사건들은 그 자체가 부정적인 효과를 가져오는 것이 아니라, 거기에 따라오는 여러 작은 재적응 과제들이 스트레스가 된다고 볼 수도 있다(Lazarus, 1976). 지방학생이 서울에서 학교 다니게 되었다고 하자. 그는 방이나 집을 구해야 하고, 자취를 한다면 세 끼 식사를 스스로 해결해야 하며, 정해진 액수의 돈을 가지고 계획성 있게 살 줄 알아야 한다. 이런 일들이 여태까지 전혀 안 하던 일들이라면 그만큼 많은 재적응이 필요하게 된다. 결혼이나 이혼 같은 큰 사건들이 스트레스가 되는 것은 큰일일수록 이런 '나날의 골칫거리들'(daily hassles)을 많이 끌고 오기 때문일지 모른다. 안경잡이 중에는 아침마다 안경을 찾다가 진을 빼는 사람이 꽤 있다. 사소한 건망증, 교통난, 과도한 업무, 가족이나 동료와의 갈등, 빠듯한 살림 등 매일매일 겪는 자잘한 일은 '재적응'을 요구하지는 않아도 상당한 적응에너지를 소모시킨다.

성인들이 가장 많은 시간을 보내는 곳은 일터와 가정이며, 그들이 겪는 스트레스의 대부분은 그 두 곳에서 일어난다. 주어진 시간에 할 일이 너무 많을 때(업무 과다), 자신의 책임이 모호하고 권한이 부족할 때(역할 불확실), 앞으로 얼마나 이 일을 해야 하는지, 회사가 잘될지 망할지 등을 모를 때(미래에 대한 불확실성) 특별히 큰 사건이 없어도 나날의 삶에서 큰 스트레스를 겪는다. 물론 동료와 갈등이 있다거나, 컴퓨터를 못 만지는 등 기술적 어려움을 겪는다면 스트레스가 더욱 커진다. 가정생활에서 스트레스를 주는 요인은 무엇보다도 배우자와의 갈등이다. 부부의 불화는 자녀에게도 큰 고통을 준다. 또 부모 입장에서 보면 자식 기르기, 자녀 입장에서 보면 부모·형제와의 크고 작은 마찰들도 만성적인 일상적 스트레스가 된다.

'생활변화치' 계산에 들어가지 않는 일상의 시달림들도 누적되면 많은 적응에너지를 소모시키기 때문에 건강을 해친다. 큰 사건들에 휩쓸린다 해도 그에 따르는 작은 일들을 어려움 없이 해결해 나갈 수 있으면 건강상의 문제를 겪지 않아도 된다. 매일 시달리는 작은 일들도 체념만 할 것이 아니라 조금이라도 편해지도록 손을 쓰는 것이 중요하다.

3. 스트레스의 유형

우리는 태어나서 죽을 때까지 수없이 많은 내적·외적 요구에 적응, 대처해야 한다. 극심한 환경변화(추위, 더위 등)는 현대사회에서는 더 이상 심각한 위협이 아니고, 또 신체적인 적응은 상당부분 자동적으로 진행된다(뒤에 나오는 '생리적 반응' 참고). 우리에게 정작 큰 괴로움을 주는 것은 '사회적 동물'로서 다른 사람들과 어울려 살아야 한다는 사실에서 나온다. 사회적 요구는 문화에 따라 다르지만, 어떤 문화권에서나 사회적 요구를 따르지 않으면 처벌, 비난 등이 뒤

따른다. 심리적 스트레스의 대표적인 유형들을 살펴보기로 하자.

3-1 압 력

압력(pressure)은 밖에서도 오고 안에서도 온다. 꼭 일류대학에 들어가라는 부모의 요구, 언제까지 무슨 일을 해내야 한다는 기한 등이 밖에서 오는 압력이 된다. 현대사회에서 가장 일반적인 압력의 근원은 *경쟁*이다. 우리는 대학입학, 취직, 배우자 선택 등 모든 것에서 남과 경쟁한다. 실패하면 다음 번에는 꼭 이겨야 한다는 압박이 커지고, 경쟁에서 이겼을 때도 계속 앞서 나가야 한다는 압력이 있다. '무한경쟁'이라고 하지 않는가.

사회적 요구를 내면화하면 심리적인 *욕구*가 되어 버린다. 예를 들면, 부모의 출세·성공 요구를 내면화하면 스스로 성공해야 한다는 압력을 느끼게 된다. 이때 우리는 그 사람에게 성공 혹은 성취에 대한 (심리적) 욕구가 있다고 말한다. 그러한 욕구들이 개인적인 포부(ambition)나 욕심으로 나타나면 내적 압력이 된다. 꼭 장학생이 되겠다든지, 동창생 중에서 가장 성공한 사람이 되겠다고 마음 먹으면 최선을 다하게 되고 따라서 성공 확률도 높아진다. 그러나 내적 압력이 너무 강력해서 지나친 압박감을 준다면 괴로운 스트레스가 된다. 욕심이 지나치면 성공도 못하고 자포자기까지 하게 된다.

3-2 좌 절

장애물 때문에 목표를 이루지 못하는 것이 좌절(frustration)이다. 목표성취의 지연은 좌절의 가장 일반적인 근원이다. 배고파 죽겠는데 식당에서 줄 서서 차례를 기다려야 하고, 지금 당장 멋진 차를 사고 싶지만 돈 벌 때까지 기다려야 하고, 사랑하는 사람과 자고 싶은데 거절당한다. 어떤 목표(예, 재벌, 대통령)는 평생을 기다려도 실현 못 한다. 이렇듯 충족 지연은 삶의 일부이기 때문에, 좌절을 참아 내는 능력은 성숙의 한 지표이기도 하다. 어릴 때부터 모든 욕구를 지체 없이 충족'당한' 아이들은 커서도 충족지연을 못 참게 된다.

같이 생활하던 사람을 잃는 것도 좌절을 줄 수 있다. 예컨대, 배우자를 상실한 사람은 그가 채워 주던 욕구들을 더 이상 충족받지 못하게 된다. 의존해 있던 정도가 클수록 상실로 인한 좌절이 클 것이다. 이러한 종류의 좌절을 줄이려면 자립, 독립하는 수밖에 없다. 예컨대, 남자가 밥도 빨래도 잘한다면, 또 다른 가족 및 친구들과 친밀하게 지낸다면 배우자를 잃을 때 겪는 어려움이 적을 것이다.

실패나 경제적 어려움도 좌절을 일으킨다. 경쟁사회에서는 성공하는 사람보다 실패하는 사람이 많으므로 좌절이 많다. 돈 없는 설움은 어떤가. TV에서 매일 광고가 쏟아지는데 원하는 것들을 살 돈이 없는 것이다. 물론 좌절은 목표나 욕구가 있을 것을 전제한다. 일등 해야 한다는 욕심, 하고 싶은 것, 갖고 싶은 것이 없으면 좌절도 없다. 광고의 홍수 속에서 자기 분수를 지킨다는 것은 힘든 일이지만, 결국 무모하게 욕심과 목표를 키워 나가지 않는 현명함이 필요하다.

출신지역 때문에 또 여자이기 때문에 목표성취를 차단 또는 지연당하는 것도 커다란 스트레스이다. 좌절이 공격성을 높인다는 것은 심리학에서 잘 확립된 가설인데, 사회불안을 막기 위해서도 차별, 빈곤문제 같은 것들이 해결되어야 한다.

3-3 갈　등

양립할 수 없는 두 가지 목표나 행위경향이 존재하는 상황이 갈등(conflict)이다. 갈등상태에서 우리는 '고민'한다. 짜장면을 먹을까 라면을 먹을까 하는 시시한 고민부터 이 사람과 결혼할까 저 사람과 결혼할까 하는 심각한 고민에 이르기까지 고민과 갈등은 우리 삶의 일부분이다. 한 가지 목표를 이루기 위해서는 불가피하게 다른 하나를 포기해야 하기 때문에 괴로운 것이다.

갈등은 내적 욕구들이, 외적 압력들이, 또는 내적 욕구와 압력이 서로 모순되기 때문에 일어날 수 있다.

(ㄱ) **내적 욕구들 사이의 갈등** 서로 대립되는 것들을 원할 때 우리 마음 속에서는 싸움이 일어난다. 어떤 여자가 자율과 독립도 원하고 인정과 사랑도 받고 싶다면, 당당하게 자기주장을 할 것인지 아니면 눈치보고 순종할 것인지 갈등을 겪는다. 이런 여성은 이랬다저랬다 하는 경향이 있다. 즉, 어느 날은 당당하게 나갔다가 다음 날은 순한 양이 되었다가 하는 것이다. 직장에서는 당당

하고 집에서 남편과 자녀에게는 쩔쩔맬 수도 있다.

(ㄴ) **외적 압력들 사이의 갈등** 아들에게 아버지는 남자답게 운동선수가 되라고 하고 어머니는 예술가나 교수가 되라고 하는 경우를 생각해 보자. 어느 편을 따르건 이 아들은 자동적으로 다른 한 편을 거스르게 된다.

(ㄷ) **내적 욕구와 외적 압력 사이의 갈등** 청소년기에 性的 욕구는 강하지만 부모와 교사는 '탈선'이 나쁘다고만 할 때 내적 욕구와 사회적 요구가 부딪친다. 부모 간섭 안 받고 마음대로 하고 싶은데 경제적 자립 능력이 없는 경우도 마찬가지 갈등상황이다.

욕구와 압력이 아니라, 접근·회피경향에 의해서 갈등을 분류하기도 한다. 좋은 것을 얻고 싶은 *접근*(approach)경향과 싫은 것을 피하려 하는 *회피*(avoidance)경향이 갈등을 일으키는 상황들에는 다음 여러 가지가 있다.

(ㄹ) **접근-접근 갈등** 똑같이 원하는 두 가지 목표 사이에서 선택해야 한다. 예를 들어, 한 남자에게 결혼 후보자가 두 명 있는데, 한 여자는 미인이고 또 한 여자는 돈이 많다면 이 남자는 '행복한 고민'을 하게 된다. 둘 다 원하지만, 한 쪽을 택하면 다른 한 쪽은 버릴 수밖에 없기 때문이다.

(ㅁ) **회피-회피 갈등** 똑같이 싫은 것들 사이에서 선택해야 한다. 불행한 결혼생활을 하고 있는 여자가 이혼녀도 되기 싫고 그렇다고 남편에게 순응해서 살기도 싫을 수 있다. 이러한 예는 얼마든지 있다. 공부도 하기 싫고 그렇다고 낙제도 하기 싫으며, 가난도 싫고 고생해서 돈 벌기도 싫은데, 하나를 피하면 다른 하나는 감수해야 한다.

(ㅂ) **접근-회피 갈등** 어떤 한 목표에 좋고 나쁜 면이 둘 다 있으면, 접근하고 싶으면서 동시에 피하고 싶어진다. 결혼을 하고 싶지만 결혼하면 직장에서 해고당하게 된다든지, 性에 끌리면서도 性이 더럽다고 느껴진다든지, 어떤 교수의 강의가 재미있으나 학점이 짜다면 이러지도 저러지도 못 하게 된다.

(ㅅ) **이중 접근-회피 갈등** 각각 좋고 나쁜 면을 모두 포함하고 있는 두 가지 상반된 목표 중에서 선택을 해야 하는 복잡한 상황이다. 아이를 낳을까 말까 고민하는 젊은 부부를 상상해 보자. 아이를 가지게 되면 키우는 즐거움과 보람 등의 긍정적인 측면이 있다. 동시에 양육비가 많이 들어가고, 부부간의 친밀한 관계가 손상되는 등의 부정적인 측면이 있기도 하다. 한편 아이를 낳지 않는

경우, 자유와 경제적 여유를 누리겠지만(긍정적인 측면), 양가 부모에게 계속 시달린다는 문제(부정적 측면)가 있다. 우리 생활에는 이런 복잡한 갈등상황이 많다. 위에서 미모와 돈 사이에서 접근-접근 갈등을 하는 남자의 예를 들었는데, 현실의 갈등상황은 대부분 이보다 복잡하다. 이를테면, 미모와 돈에 덧붙여서 한 여자는 재치 있지만 책임감이 없고, 다른 여자는 성실하고 모성적이지만 재치는 없는 것이다.

갈등이란 본질상 '이러지도 저러지도 못 하는' 괴로운 상황이고, 따라서 우리는 많은 경우 선택이나 결정 자체를 피해 버리게 된다. 이랬다저랬다 하는 '변덕'을 부리기도 한다. 미인에게 쏠렸다 돈 많은 여자에게 쏠렸다 하며 '양다리를 걸친다'든지, '방탕함'과 '금욕'이 교차되기도 한다. 선택이나 결정을 미룰 수 있는 한 미루다가 결국에는 '될 대로 되라'며 생각 없이 충동적으로 결정 내리거나 남의 말을 따라 버리기도 한다. 임신하(시키)게 되어 어쩔 수 없이 결혼하기도 한다. 그래서 만일 돈 많은 여자를 놓쳤다면 남자는 돈 문제를 겪을 때마다 결혼을 후회할 것이다.

신문 잡지에 나오는 '인생상담'은 거의 언제나 갈등을 겪는 사람들의 이야기이다. 글상자 3-1에 그러한 예를 하나 실었다. 갈등상태 자체를 견디는 힘이 있으면, 이럴 경우와 저럴 경우의 결과를 내다보고 신중하게 선택하게 된다. 아기를 가지는 문제나 결혼상대를 선택하는 문제로 고민할 때, 내 인생의 목표는 무엇인가, 결혼하여 같이 가정을 꾸미려면 어떤 사람이 필요한가 하는 문제에 생각이 미치면 어느 편이 더 나은 결정인지 분명해진다. 그렇게 충분한 고민을 거친 후 결정을 내리면 결과를 스스로 더 책임지게 된다.

4. 스트레스에 대한 반응

압력, 좌절, 갈등 같은 상황들은 즐거움이라기보다는 괴로움이다. 이 '괴로움'은 몸과 마음 양면에서 나타난다. 불안이나 분노를 느끼면서 얼굴이 창백해지거나 붉어지고 소화가 안 되는 등 일련의 생리적 반응들이 동시에 일어나는 것이다. 스트레스에 대한 몸과 마음의 반응들을 알아보자.

글상자 3-1 장남의 도리인가 커리어인가

오랫동안 꿈꾸던 그래픽 디자이너를 하게 된 남자가 있다(김어준, 2008, p. 110f.). 그의 팀이 1, 2년 정도 중국에 가게 되었는데, 어머니가 암에 걸려 수술을 받고 아직 위독하다. 커리어를 위해 중국에 가자니 어머니가 맘에 걸리고, 팀에서 자기만 빠지고 싶지도 않다. 커리어를 선택한다면 어머니를 간호하기는커녕 장남으로 임종도 지키지 못할지 모른다. *이중 접근-회피 갈등*이라고 할 수 있다.

김어준은 "세상에는 돌이킬 수 있는 것과 없는 것이 있다"는 것을 생각해보라고 말한다. 일자리를 잃거나 경쟁에서 뒤처지는 손실은 만회할 기회가 있지만, 어머니 임종을 못하는 것은 돌이킬 수 없다는 것이다. 그의 조언을 들어보자(pp. 115-117).

만약 모친 곁에 남겠다는 선택을 하게 된다면, 그로 인해 당신이 치러야 할 비용이 무엇이 되든, 결코, 모친 탓하지 않을 자신이 있을 때만, 그렇게 하란 거. 중국 간 동료들이 스톡옵션으로 대박을 내건 말건, 당신 연봉이 그들 절반에 불과하건 말건, 그 선택에 후회없을 자신 있을 때만 그렇게 하시라.

…

그러나 만약 당신이 모친 때문에 희생하는 거란 생각이 들거든 그땐 그냥 중국 가는 게 옳다. 중국 가는 길이 성공으로 가는 길이기 때문이 아니다. …희생이란 생각을 떠올린다는 자체가 마땅히 지킬 예의란 관점이 아니라, 할 수 없이 지불하는 비용의 관점으로 그 일을 바라본다는 말이다. …그런 자 틀림없이, 모친 원망한다. 자기 삶이 불행한 건 그 때 중국에 가지 못했기 때문이라며.

선택의 결과를 내다보고, 감당할 수 있는가를 가늠하고, 실제로 닥치는 결과를 감당하는 것은 결코 쉬운 일이 아니다. 생각하기 싫고 될 대로 되라 싶을 때 다음의 말을 되새긴다면 대다수가 (장남이니 효도니 다 잊어버리고) 인간에 대한 예의를 지키는 것이 맞다는 결론을 내릴 것이다(p. 117).

당신은 지금 한 인간으로서의 바닥을 드러내는 선택의 순간을 맞이했다. 그러니까 당신이 어떤 결정을 하든, 그 결정이 곧 당신이다.

4-1 생리적 반응

Cannon(1932)은 분노와 공포 같은 정서를 경험할 때 혈당수준, 맥박률, 호흡률, 혈압 등이 높아지고 근육으로 보내는 혈액량이 증가한다는 현상을 발견하고, 이를 '**투쟁 또는 도피**'(fight-or-flight) 반응이라고 불렀다. 꼭 일치하는 것은 아니지만 투쟁반응은 화날 때, 도피반응은 겁나거나 두려울 때 반응과 유사하다고 할 수 있다.

위험한 상황에 처할 때 모든 동물은 싸우거나 도망가야 살아남을 수 있다. 초원에서 멀리 어떤 물체가 자기 쪽으로 오고 있는 것을 보았다 하자. 그것이 맹수라면 달아나야 하고 먹이가 되는 약한 동물이라면 덤벼들어야 한다. 도피든 투쟁이든 뛰어난 순발력과 격렬한 근육활동이 필요하다. 한가하게 먹을 것을 찾거나 소화시키고 있을 때가 아니라 모든 에너지가 근육으로 가야 하므로, 심장은 펌프질을 마구 해대고 혈압도 높아지며, 사태를 파악하기 위해서 동공도 팽창하고 대뇌 전체가 깨어 있어야 한다. 현대인에게는 그러한 '죽느냐 사느냐' 하는 위급상태가 드물지만, 심각한 스트레스 상황에 처하게 되면 여전히 온몸으로 이러한 '투쟁 또는 도피' 반응을 한다.

투쟁·도피를 위한 준비는 순식간에 진행되지만, 정상상태, 즉 평온한 상태로 돌아가려면 시간이 걸린다. 앞장에서 배운 것처럼, 비상사태에서의 '자원 동원'에는 자율신경계의 교감신경계와 그것의 활동을 보조, 강화하는 부신 호르몬들이 깊이 관여한다. 이렇게 단시간 내에 소모된 자원은 위기가 지나간 후 휴식을 통해 보충되며 이때는 부교감신경계가 활동한다. **자율신경계**란 이런 기능들이 머리와 의지의 작용 없이 몸에서 '자율적'으로 진행되기 때문에 붙여진 이름이다. 즉 Cannon이 말한 '몸의 지혜'(wisdom of the body)인 것이다. 자율신경계의 활동들이 표 3-2에 나와 있다.

교감신경계의 활동에 내분비계통(특히 부신 호르몬들)이 같이 작용하기 때문에 스트레스 반응은 더 격하고 더 오래 지속된다. 그래서 격렬하게 화가 나거나 '간 떨어지게' 놀랄 때 심장이 방망이질하거나 멎는 듯하고, 얼굴에 피가 몰리거나 핏기가 없어지고, 근육이 저절로 긴장되거나 긴장이 풀리는 등 순간적으로 격하게 반응하지만, 막상 진정되기까지는 상당히 시간이 걸린다.

〈표 3-2〉 교감신경계와 부교감신경계의 작용

교감신경계(응급효과)	부교감신경계(회복효과)
심장박동률을 증가시킴	심장박동률을 감소시킴
소화기능 억제	소화기능 자극
폐를 확장시킴	폐를 수축시킴
동공을 팽창시킴	동공을 수축시킴
타액분비를 억제함(입안이 마름)	타액분비를 증가시킴
에너지를 방출시킴	신체 내의 에너지를 회복시킴
카테콜라민(에피네프린과 노에피네프린)을 방출토록 부신을 자극	

압력을 받거나 좌절, 갈등을 느낄 때 우리는 직접적인 원인이 되는 사태나 목표들에만 신경을 쓰지만, 사실은 화내거나 고민할 때 우리 몸도 이처럼 격하게 그리고 복잡하게 반응하는 것이다. '열 받는다'는 표현이 있다. 열이 오를 때는 순간이지만 식으려면, 즉 정상상태로 돌아가려면 한참 걸린다. 그러므로 '열'이 자주 일어나게 되면 우리 몸이 회복할 사이가 없이 항상 비상사태에 있게 되고, 높은 각성과 긴장이 계속되므로 병이 나기 쉽다.

4-2 심리적 반응

몸과 마음은 언제나 함께 작용한다. 압력, 좌절, 갈등 등의 스트레스에 처할 때 몸이 '자율적으로' 위에 서술한 '투쟁 또는 도피' 반응을 하며, 동시에 마음이 공포, 분노에 휩쓸린다. 이러한 스트레스 정서들은 그 자체가 스트레스가 될 만큼 괴로움을 주며 병을 만들기도 한다.

(1) 불안과 공포

불안과 공포는 압력에 대한 전형적인 반응이다. 정신분석적으로 볼 때, **불안**(anxiety)은 우리가 의식하지 못하는 두려운 — 주로 성적, 공격적 — 충동들이 어떤 계기에 의식되려고 할 때 자아가 느끼는 정서상태이다. 정신분석적 관점을 떠나서도 불안은 위험을 경고해 주는 신호(signal)로 정의된다. 우리는 아무 일에

나 불안해지지 않고, 자아가 위협받는다고 느낄 때 불안을 체험한다. 그 위협의 정체를 제대로 파악하고 거기에 대처할 수 있을 때는 불안이 없어지지만, 그렇지 않을 때는 불안이 지속되거나 커진다. 달리 말해 우리에게 중요한 사람, 중요한 일이 우리의 이해력, 통제력을 벗어날 때 불안해진다.

심리학에서는 불안과 공포(fear)를 구별한다. **공포**는 긴박한 위험(예, 달려드는 개, 어두운 골목에서 만난 깡패)이 닥쳤을 때 느끼는 감정으로서, 위험이 지나면 사라진다. 이에 비해, 두려운데 대체 구체적으로 무엇이 두려운지 모르는 상태가 불안이다. 두려움을 느낀다는 것은 그 위험상황에서 도망치고 싶다는 것을 말한다. 도망칠 수 있으면 두려움이 없어지겠으나, 도망칠 수 없다면 공포가 극에 달하여 졸도를 하기도 ― 역시 일종의 도피반응이다 ― 한다.

대부분의 학생들은 중요한 시험을 앞두고 있을 때 긴장하고 걱정한다. 뭐가 걱정이냐고 물으면 그들은 어려운 교과내용, 까다로운 교수, 낙제 가능성 등을 언급한다. 이러한 공포는 시험이 끝나면 없어진다. 그러나 원래 공부도 잘하고 성실한, 도저히 낙제할 것 같지 않은 학생이 시험 때문에 지나치게 초조해하고, 잠도 못 자고 밥도 못 먹는다고 하자. 그 사람은 대체 구체적으로 무엇이 두려운지를 모르는 경우가 많다. 그는 불안한 것이다. 십중팔구 그는 시험을 자신의 자아와 관련시키고 있다. 그가 실상 두려운 것은 남에게 또는 그 특정 교수에게 평가당하고 시험당한다는 것일 수 있다. 시험불안에 대해서는 이 책의 6장에서 자세히 다루게 된다.

객관적으로는 아무런 위험이 없는, 즉 남들은 두려워하지 않는 상황에서도 불안을 많이 느끼거나, (시험처럼) 객관적 위험이 있다 해도 필요 이상 지나치게 걱정하는 사람은 결국 자기가 무엇이 두려운지 모른다는 것이 된다. 대부분 실제로 두려운 것은 내면에 있다. 그러므로 불안에 대한 처방은 '너 자신을 알라' 밖에는 없다. 자기탐구는 물론 평생의 과제인데, 독서와 사색, 친구들과의 진지한 대화가 자신을 정직하게 인식하는 데 도움이 된다. 물론 심할 때는 전문가와의 상담이나 심리치료를 받는 것이 좋다.

(2) 분 노

공포가 도피욕구와 직결되는 것처럼, 분노는 투쟁욕구와 직결된다. 우리는 좌절을 당할 때 화가 난다. 돈 없어서 하고 싶은 것도 못 하고 사고 싶은 것도 못 살 때 화나고, 친구가 약속을 안 지키면 화나고, 바보 같은 짓을 하는 자기 자신에게도 화가 난다. 분노는 공격행위로 나아가는 정서이다. 그러나 '가해자'에게 상처를 주거나 다른 식으로 피해를 입히려는 공격충동이 자연히 일어난다고 해도 그것이 곧바로 행동으로 옮겨지지는 않는다. 많은 경우 우리는 '가해자'가 누구인지도 알 수 없다. 내가 돈 없는 것이 부모 탓인가 '사회' 탓인가. 이러한 분노가 '불특정 다수'를 향한 공격으로 표현되는 사건이 가끔 언론에 보도된다.

우리 사회에는 분노표현에 대한 금기가 유달리 강하다. 부모는 자녀의 대부분의 욕구를 채워 주는 막강한 존재들이기 때문에 그만큼 좌절도 많이 주는데, 어린아이들은 일찍부터 부모에게 분노를 표현하면 강한 처벌을 받게 된다. 습관적으로 아이를 때리고 욕하는 부모도 아이가 자기를 때리거나 욕하면 몹시 흥분하고 그 버르장머리를 고치는 게 부모의 도리(이자 권리)라고 본다. 아이가 분노표출로 부모의 사랑을 잃게 된다고 느끼면, 결국 부모에게는 물론 자기 자신에게도 화났음을 인정하지 못한다. 이러한 억압(repression)이 습관이 되면, 자기가 화났는지 안 났는지도 모르게 되고, 더 발전하면 화나는 일이 아예 없어진다. 독자들은 이런 '부처님' 또는 '목석'을 아는가? 그런 사람이 한번 화나면 얼마나 무서운지도 경험해 보았는가?

우리는 어릴 때부터 '친구들끼리 사이좋게 지내고', 시비를 따지고 가리기보다 먼저 사과하고 양보해야 '착한 사람'이라고 배운다. 따라서 가까운 사람에게 '화나는' 것조차 죄책감을 불러일으키고, '화내는' 것은 더 나쁜 일로 여겨진다. 화내면 (부모)사랑을 잃는다는 경험이 새겨졌기 때문에 한 번 화내면 관계가 깨질까봐 불안한 것이다. 그런데 억제한다고 해서 분노가 없어지지는 않는다. 친구에게 화가 났을 때 화가 안 난 척하면 오히려 분노가 커지며 오래 가고, (적절하게) 표현하고 나면 오히려 화가 풀린 경험을 누구나 가지고 있을 것이다. 학생들에게 물어보면, 화를 참고 표현 안하는 것이 더 성숙하다(남자답다)고 생각하지만, 그런 사람이 더 행복한 것 같지는 않고("말이 없어지고 우울해진다", "속에서 불이 나고 머리가 어지럽다") 화내는 방법을 알고 싶다는 사람이 많다. 분노에 대한 대처는 4 장에서 자세히 다루기로 한다.

(3) 슬픔과 우울

소중한 것(건강과 힘, 일자리 등) 또는 소중한 사람을 잃었을 때 우리는 일단 그 사실을 부정하고 싶어한다. 예전처럼 젊고 건강하다고, 사랑하는 사람이 살아 있다고 상상하는 것이다. 헤어진 연인이 여전히 나를 잊지 못한다고 믿기도 한다. 시간이 지나 그 상실이 돌이킬 수 없다는 것을 인정할 때 우리는 슬퍼진다. 분노, 불안과는 반대로 **슬픔**은 상실을 예방하거나 복구할 수 있다는 생각 자체를 포기하는 수동적인 상태이다. 따라서 감정이라기보다는 분위기에 가깝다(Lazarus & Lazarus, 1994/97).

우울은 역시 상실에 대한 반응이지만, 슬픔과는 다르게 단일한 감정이 아니다. 우울은 자신을 향한 분노, 불안, 죄책감 등이 뒤섞인 복합적인 감정이다(위의 책). 사랑하는 사람을 잃을 때, 실패를 거듭하여 긍지를 잃을 때, 사랑하는 타인 또는 자신을 비난하면서도, 그 분노를 의식하지 못하고 그냥 우울해지는 것이다. 우울감에서 아마도 가장 중요한 것은 "자신이 자신의 상황을 어떻게 해보기에는 너무 무력한 존재라는 생각"(위의 책, p. 126)이다. 따라서 우울한 사람은 만사에 의욕과 흥미를 잃고, 자포자기해버리기가 쉽다.

이 일 저 일이 쌓이고 아무것도 되는 일이 없을 때 누구나 일시적으로 '슬럼프'에 빠지고 무기력해지지만, 대개는 곧 의욕을 얻어 다시 도전한다. 이때 중요한 것은 아주 작더라도 성공경험을 하는 것이다. 조그만 일이라도 해내서 남에게 인정을 받거나 자기 스스로 자부심을 느끼는 등이 성공경험이다. 물론 심한 우울증으로 가면 자기 자신을 포함해서 모든 것이 부정적으로만 보이므로 아무런 노력도 안 하게 되고, 그러니까 자연히 긍정적 경험도 못한다. 이럴 때는 전문가를 찾아야 한다.

지금까지 우리는 스트레스가 몸과 마음에 여러 가지 반응을 일으킨다는 것을 보았다. 이러한 반응들은 스트레스의 피해라고도 할 수 있지만, 일차적으로 스트레스와 더 잘 싸우기 위한 적응책략이다. '투쟁·도피' 반응이 위급상황에 빨리 그리고 효과적으로 대처하기 위한 적응, 즉 '몸의 지혜'인 것처럼, 불안, 공포, 분노 같은 정서들도 일차적으로는 스트레스 상황에 예민해지고 에너지를 집중시키는 마음의 준비 또는 지혜이다. 슬픔, 우울에서는 소용 없는(그렇게 판단되는) 투쟁·도피를 포기함으로써 '자원'을 거두어들인다. 괴로운 정서상태들이 스트레스에 대한 총체적인 적응의 부분이라는 것은 마음이 균형을 잃을 때는 몸도 편안치 않다는 사실에서도 알 수 있다. 불안하거나 화나거나 우울할 때는 밥맛도 없거니와 소화도 안 되고, 심장도 빨리 또는 불규칙하게 뛰며 잠도 잘 못자는 것이다.

처음에 스트레스를 정의할 때 '불특정 반응'이라는 말을 썼듯이 이렇게 몸과 마음은 일련의 불특정한 총체적 반응들로 스트레스 상황과 싸울 대비를 한다. 그런데 많은 경우 싸움은 일어나지 않는다. 투쟁·도피에 필요한 근육활동을 위해 온몸이 비상사태에 들어가지만, 분노해서 실제로 공격하거나 아니면 무서운 나머지 사자를 본 토끼처럼 달리는 일은 거의 없다. 이는 나쁠 것이 없지만, 문제도 있다. 준비한 긴장과 에너지가 실제로 사용되지 않으므로, 긴장의 해소도 느리고 불완전해진다. 그래서, 혈압이 높고 대뇌가 긴장·각성한 채로 남아 있는 등 '열 받는' 상태가 지속된다. 스트레스와 건강의 관계에 대해 좀더 자세히 알아보자.

5. 스트레스와 건강

스트레스 반응은 일차적으로 위기상황에 효과적으로 대처하기 위한 준비이며, 많은 경우 실제로 효과적인 문제해결을 가져온다. 1 장에서 성장에 따르는 고통을 이야기했지만, 그것은 이토록 몸과 마음의 총력전인 것이다. 그러나 우리의 몸과 마음은 오래 지속되는 혹은 너무 강력한 스트레스 상태를 견뎌내지 못한다. 고무줄을 잡아 늘였다 놓으면 곧 원상태로 돌아가지만, 너무 오래 또는 너무 심하게 잡아 늘이면 원상으로 안 돌아가거나 심지어 끊어지는 것과 마찬가지이다.

스트레스는 두 가지 측면에서 효율적 적응을 손상시킨다. 첫째로, 중요한 것과 중요하지 않은 것을 구별하지 못하게 된다. 실패하면 큰일 나는 중요한 시험을 앞두고 하루 전에 공부를 시작하는 학생이 있다고 하자. 그는 책을 펴자마자 겁이 나고 초조해지기 시작하여 책을 읽고 또 읽어도 내용이 머릿속에 들어

가지 않는다. 시험 볼 때도 중요한 것과 중요하지 않은 것을 구별하지 못하여, 문제의 뜻을 잘못 이해하거나, 답을 쓸 때 핵심을 빼놓고 '쓸데없는' 이야기만 열심히 써놓게 된다. 너무 불안해서 중요한 것에 집중하지 못하는 것이다.

둘째로, 문제해결 노력이 부적절해지거나 자포자기를 하기가 쉽다. 그 결과 본래의 문제보다 더 심각한 문제가 생기게 된다. TV 드라마에 많이 나오는 장면 중에 큰 고민이나 갈등에 빠진 사람이 술을 퍼마시고(많은 경우 줄담배도 피우며) 뻗거나 폭력을 쓰는 장면이 있다. 술이 깨고 나면 무엇이 달라졌는가. 머리는 아프고 자신이 더 한심해 보인다. 술과 약물, 폭력 등에 의지하는 것이 버릇이 되면 상황이 오히려 나빠지고 자존감이 떨어지며 건강은 건강대로 나빠진다.

효율적 적응기능이 손상되면 결국 질병이 생긴다. 스트레스와 건강의 관련성을 알아보기 위하여 스트레스에 대한 몸과 마음의 '총력 대응'이 어떻게 시작해서 진행되는지를 알아보자.

5-1 일반적 적응증후군

거의 모든 병은 밥맛이 없어지고 소화가 안 되며 열이 있다든지, 잠이 잘 안 오고 기운이 없어진다든지 하는 비슷한 증상들로 시작된다. 마찬가지로 신경 쓰지 말라, 과로를 피하라, 소화 잘되는 음식을 먹으라는 등 의사들이 조언하는 바도 병명과 상관없이 유사한 내용이다. 이러한 관찰에서 출발하여 의학자 Selye(1974)는 스트레스에 대한 적응은 자극이나 원인의 종류에 불문하고 유사하며 그 적응이 지나치면 병이 된다는 가설을 세웠다. 이것이 바로 '일반적 적응증후군'(general adaptation syndrome) 모델이다. 물리적이든 심리적이든 유해한 자극은 모두 몸의 적응체계를 작동시키며, 따라서 모든 위협이 상당히 유사한(즉, 특수하기보다는 '일반적'인) 반응을 일으킨다. '증후군'이란 증상들의 복합이라는 의미로서, 위기에 직면할 때 몸과 마음이 동시에 다양한 반응들을 나타낸다는 것을 뜻한다.

일반적 적응증후군은 경고, 저항, 소진의 세 단계로 진행된다. 에너지 동원의 단계에서 시작하여 싸움의 단계로 넘어가고, 그래도 위기가 지속되면 탈진이 되는 것이다.

(ㄱ) **경고**(alarm) 위기에 맞서 싸울 에너지를 비상동원하기 위해 몸 안에서 복잡한 생화학적 변화가 일어난다. 이에 따라 발열, 두통, 근육 및 관절통, 식욕상실, 피로감 등이 오는가 하면, 심리적으로도 막연한 불안, 짜증 등을 겪게 된다. 집중력이 떨어지고 잠을 못 자는 일도 흔하다. 이러한 증상들은 흔히 '감기 증후군'에 포함된다(아래 5-2 참고).

(ㄴ) **저항**(resistance) 초기의 전투에도 불구하고 위기가 지속될 때에는 장기전에 들어가게 된다. 비유하자면, 고무줄이 계속 팽팽하게 당겨져 있는 것이다. 경고단계의 증후가 사라지므로 '상황 끝'처럼 보이지만 그렇지 않다. 스트레스에 적응하려는 노력으로 부신 호르몬들의 분비가 증가하고, 감염에 대한 저항력이 낮아지며, 만성적인 불안이나 신경증이 생기기도 한다.

(ㄷ) **소진**(exhaustion) 장기전에도 불구하고 위기의 끝이 안 보이면 결국 방어가 무너지고 적응에너지가 고갈된다. 고무줄이 끊어지는 것이다. 이때 경고단계의 신체적 증상들이 다시 나타나는데, 이제는 단지 '신호'가 아니라 어느 기관에 고장이 생겨났다. 병이 든 것이다. 예를 들면, 일시적으로 속이 불편하고 소화가 안 되는 정도가 아니라 위궤양이 되어 있다. 불안 상태를 넘어 정신분열증 같은 정신병도 나타날 수 있다. 병이 나을 수는 있지만 건강을 완전히 회복하지는 못한다. 일종의 '노화'가 일어나는 것이다. 늙음의 끝이 죽음이듯이 갑작스러운 소진은 죽음까지도 가져온다. 독자들은 전력을 다해 중요한 작업을 끝내 놓고 곧 큰 병이 걸리거나 급사까지 한 사람의 이야기를 들은 일이 있을 것이다.

일반적 적응증후군 모델에서 배울 것은 무엇보다도 첫 단계의 '경고'반응들을 무시하지 않고 위급 상황이 생겼다는 신호로 받아들이는 것이다. 그렇지 않으면 저항의 단계로 넘어가 버리고, 그때는 초기의 증상들도 없어져서 다 괜찮아졌다고 믿어버리기 쉽다. 약품광고의 홍수 속에서 우리가 쉽게 저지르는 실수는 경고반응들을 해열진통제, 소화제, 신경안정제 같은 약들로 무마시키려 하는 것이다. 이는 적응을 위한 에너지 동원을 무력 진압하는 것이나 마찬가지이다. 반대로 열이 날 때 이불 하나 더 덮고 일찍 자리에 든다면 에너지 동원을 돕는 것이다. 열이 나는 것은 감염된 부위의 온도가 올라가서 (일부) 박테리아와 바이러스가 죽게 만드는 것이기 때문에 몸을 따뜻하게 해주는 게 도움이 된다.

위험이 병균의 침입일 때는 그야말로 목욕하고 푹 자고 과로를 피하는 것이 도움이 된다. 이 단계에서 하루 이틀로 회복될 것을 소진단계까지 가게 되면 한두 달로도 완전회복이 안 된다. 심리적 스트레스일 경우에는 짜증, 불안, 초조함이 두드러진다. 이러한 심리적 반응들을 '경고'로 받아들인다면 우리는 무엇이 문제인지를, 즉 무엇이 압박감, 좌절, 갈등을 일으키는지를 돌이켜 생각해 보아야 한다. 경쟁에서 이기는 것이 그토록 중요한가? 대기업에 취직하면 만사형통일까? 내가 좌절당한 욕구나 목표가 그렇게 절대적인가? 그렇다면 목표를 성취하는 더 좋은 방법은 무엇인가? 이러한 물음이 바로 다음 장에서 다룰 주제이다.

5-2 스트레스와 질병

일반적 적응증후군 모델은 정신신체적 장애에 대한 가장 적절한 설명으로 받아들여진다. "사촌이 땅을 사면 배가 아프다", "머리(골치) 아픈 문제/사람" 등의 표현들은 심리적인 스트레스와 신체적인 증상의 밀접한 관계를 암시해준다. 소화불량과 (위, 십이지장)궤양, 설사와 변비, 편두통, 긴장성 두통 등이 고전적인 정신신체적 질병들이다. 고혈압과 천식, 수많은 피부병도 심리적 스트레스와 연관이 크다는 것이 입증되었다.

결국 **정신신체적 장애**란 몸과 마음이 다 아픈 것인데, 이 증상들은 개념적으로 신체적 질병(몸의 병), 심리적 질병(마음의 병)과 구별된다. 몸의 병은 생물학적 원인(병균침입 등) 때문에 몸의 구조와 기능에 명백한 변화가 오는 기관(organic) 손상으로, 이를테면 폐렴 같은 것은 폐에 탈이 난 경우이다. 기관손상이 없는데도 심리적인 원인 때문에 기능장애가 나타나는 경우는 '신경성', 즉 **심인성**(psychogenic) 기능장애이다. 팔다리가 몹시 아픈데 근육이나 신경에 전혀 이상이 없다든지 하는 것이 그 예가 된다. 마음의 병으로 실제로 기관손상이 생겨났을 때는 정신신체적 장애라고 한다.

일반적 적응증후군 모델은 스트레스에 대한 적응이 너무 과격하거나 오래 끌 때 병이 생긴다고 주장한다. 적응이 '일반적'인데, 즉 스트레스의 종류에 상관없이 증상들이 같다는데, 왜 어떤 사람은 위궤양이 걸리고 어떤 사람은 고혈압이 되는가? Selye의 대답은 자율신경계의 반응과 취약한 신체기관이 개인마다 다르기 때문이라는 것이다. 스트레스를 받을 때 습관적으로 위산분비가 과다하면 위궤양으로, 혈압이 특히 상승하면 고혈압으로 각각 다르게 발전되는 것이다. 또 스트레스가 지속될 때 선천적으로 위장이 약한 사람은 위궤양이나 기타 소화장애를, 호흡기가 약한 사람은 호흡기 질환을 앓기 쉽다.

최근에는 정신신체적 질병이라는 용어가 확장되어 거의 모든 신체질환을 포함하게 되었다. 어느 병이든 심리적 원인에서 비롯되거나 악화될 수 있다는 것이다. 이에 따라 감염성 질병, 심장병, 암 등 신체적 질병들의 심리적 요인을 찾으려는 연구들이 활발해졌다. 심장병의 발생이 성격과 관계가 있다는 이야기는 앞장에서 나온 바 있다.

Selye는 동물실험 결과를 토대로 모델을 세웠기 때문에 그의 이론을 인간에 적용하는 데는 제약이 있다. 인간에게는 '**평가**'라는 인지적 과정이 중요하기 때문이다. 분노를 일으키는 좌절을 보자. 목표, 즉 욕심과 기대가 없으면 좌절도 없다. '누구든 나를 1 분도 기다리게 해서는 안 된다'는 생각(자기평가)이 없으면 친구가 약속에 늦게 와도 화가 나지 않는다. 또 어떤 사람의 말이나 행동을 어떻게 평가, 해석하느냐에 따라 그것을 모욕으로 받아들이기도 하고 동정하기도 한다. 글상자 3-2에 스트레스의 효과에서 평가의 중요성을 보여주는 예를 실었다.

이러한 평가과정에 그리고 대처에 영향을 미치는 한 요인이 **성격**이다. 글상자 이야기의 주인공은 앞장에서 논의한 '강한' 성격을 가졌다고 할 수 있다. 앞장(3 절)에서 공부한 '건강한 성격'과 관련지어 성격과 질병의 관계에 대해 생각해 보기로 한다.

글상자 3-2 평가의 중요성 — 감사하는 마음

가난한 학생들을 위해 일류의 무료교육을 제공하는 뉴욕의 한 대학에 다니는 존은 밥값, 책값 등을 벌기 위해 일을 해야 했다. 그가 학교 다니던 1940년대에는 그런 자리가 드물었다. 그는 빈 시간을 이용해 학생들의 머리를 깎아 주면서 돈을 벌었는데, 면허 없이 이발 일을 해서 돈을 벌 수 없다는 경찰의 통고로 이 일을 못하게 되었다. 이 무렵 교수 한 분이 그의 소식을 전해 듣고 뉴욕 시내로 연구보고서 배달하는 일을 맡겨 주었다. 존은 고마웠다.

일주일에 닷새씩 오전 5시에서 10시까지 보고서들을 모아 배달하는 일을 몇 달 하다가 존은 보고서를 위한 자료처리를 하는 일을 맡게 되었다. 같은 시간급으로 일주일에 30시간씩 하는 일이었다. 존은 계산을 좀더 능률적으로 하는 방법을 찾아내 주어진 시간의 절반에 일을 다하게 되었다. 30시간의 일을 15시간에 마치게 된 그는 이를 말하면 보수를 깎이게 될까봐 고민하다가 결국 교수에게 솔직하게 말했다. 교수는 그의 혁신적인 방법에 기뻐하고 그의 솔직함도 높이 평가하면서, 자기는 일을 완성시키기만 하면 되므로 시간이 덜 걸려도 보수는 똑같이 주겠다고 말했다. 덕분에 존은 수입은 그대로 유지하면서 공부할 시간을 더 확보할 수 있었다.

군 복무를 마치고 대학원에 진학하여 박사학위까지 딴 그는 유명한 교수가 되었다. 학교 때 교수의 친절을 잊지 않은 그는 50년 뒤 그 교수가 80세 생신을 맞는다는 말을 듣고 따뜻한 감사편지를 써보냈다. 또 자신이 받은 은혜에 대한 보답으로 그는 학생들에게 도움을 베푸는 교수가 되었다.

이 이야기(Lazarus & Lazarus, 1994/97, pp. 169-172)는 평가의 중요성을 상기시켜 준다. 교수는 크게 관용을 베푼 것도 아니었다. 그는 도와줄 사람이 필요했고 또 존은 일을 잘했지 않은가. 그러나 존은 돈만 벌면 된다고 생각하기보다는, 교수가 일거리를 주고 유리한 쪽으로 일하는 조건들을 바꾸어 준 것을 특별한 친절로, 은혜로 받아들이고 교수에게 무척 고마워하였다.

(1) 성격과 질병

앞장에서 우리는 늘 시간에 쫓기고, 자기 아니면 안 된다고 생각하기 때문에 일이 안 되면 화도 잘내는 A형 성격의 사람은 심장병에 걸리기 쉽다는 것을 배웠다. 또, 신경증적인 사람은 작은 일에도 긴장, 흥분하기 때문에 신경증과 정신신체적('신경성') 질병에 걸리기 쉽다. 물론 성격이 병을 만들어 내는 것은 아니다. 성격이 직접 병을 일으키지 않는다면, 성격과 질병의 연관은 어떻게 설명할 수 있을까?

(ㄱ) **생리적 과잉반응** 강한 감정상태에 처할 때 몸은 자동적으로 '투쟁 또는 도피' 준비를 한다. 그러나, 같은 실패나 상실을 당해도, 그것을 어떻게 받아들이느냐에 따라 불안과 공포, 분노가 생기기도 하고 안 생기기도 한다. 자신이나 타인의 실수나 실패에 분노와 적개심으로 또는 불안과 공포로 반응하면 심장혈관에 콜레스테롤 수준이 높아지고 위산이 분비되는 등 일련의 생리적 과정들이 전개되고, 이것이 저항, 소진까지 갈 때 기관손상(심장병, 위궤양 등)을 가져올 수 있다.

(ㄴ) **잘못된 습관** 많은 질병들은 건강치 못한 행동과 생활습관들에서 비롯된다. 일반적으로 성격의 문제가 있는 사람들은 동시에 건강치 못한 습관들도 가지게 된다. 예컨대, 우울하거나 신경증적인 사람들은 운동도 안 하고 편식이나 알코올 남용에 빠지기 쉽다. 또 A형 성격의 사람은 커피·담배 중독이 잘되고, 운동할 시간도 못 내거니와 운동을 해도 승부욕 때문에 긴장이 해소되기보다는 증가하기 쉽다. 따라서 성격이 어떻든 나쁜 습관을 버리고 건강한 습관을 키우면 건강을 지킬 수 있다.

(ㄷ) **질병으로 인한 성격변화** 개인 성격의 어떤 측면은 질병과정의 결과일 수 있다. 예를 들어, 자신 있고 쾌활하던 사람이 암 같은 병을 앓는 과정에서 위축되고 우울한 사람으로 바뀔 수 있다. 이런 부정적 변화 때문에 병이 더 악화되고, 다시 그 때문에 성격이 더 폐쇄적으로 변하는 악순환에 빠지기 쉽다.

(2) 스트레스와 면역체계

나쁜 균이 침범하여 병을 일으킨다는 견해가 지나치게 순진하고 단순한 견해라는 것을 이제 알게 되었을 것이다. '신종 인플루엔자'가 유행하면서 손 씻기도 강조되었으나 결국 면역력이 중요하다는 것이 강조되었다. 우리 몸은 질병을 일으키는 수많은 세균들 — 박테리아, 바이러스, 곰팡이균 등 — 에 항상 노출되어 있지만, 몸 안에 이 세균들의 침입을 막는 여러 겹의 방어선이 있기 때문에 대부분 병에 걸리지 않고 산다.

우선 미생물의 침입을 막는 외부방어책이 있다. 가령 피부에는 박테리아 성장을 막는 지방이 있고, 눈을 깜박일 때 눈꺼풀이 먼지, 병균 등이 눈에 들어오지 못하게 막으며, 코와 폐의 안쪽 벽은 균을 막아주는 끈끈한 점액에 싸여 있다(Hall, 2007). 침입자가 외부방어막을 돌파하여 혈액과 몸안에 도달하면 백혈구가 활동을 시작하여 병균을 뒤덮어 잡아먹는다(대식세포). 림프구로 알려진 다른 백혈구는 골수와 비장에서 만들어지는데, 병균에 달라붙어 항체를 만든다. 전쟁이 치열해지면 혈액과 림프액에서 백혈구가 이동하고 증식한다. 감기 걸릴 때 목이 붓는 것은 이 때문이다. 면역체계가 병균을 파괴하고 나서 항체가 생기면 그 병균이 다시 침입할 때 그것을 무찌를 수가 있게 된다. 몸에 '면역이 생긴' 것이다.

스트레스를 받으면 부신 호르몬이 분비되어 심장박동수가 늘고 혈압이 오르며 근육이 수축(긴장)하고 위산이 많이 분비되며 땀샘이나 피지선 분비가 심해져 피부문제가 생긴다(Hall, 2007). 스트레스가 쌓이면 자연적인 면역력이 떨어지므로 감염도 쉽게 일어날뿐더러(대표적으로 감기) 심장병이나 암에 걸리기도 쉬워진다. 불면증이 생기거나 잠의 질이 악화되어 피로가 쌓이면 더욱 스트레스에 시달리게 된다.

(3) 감기의 중요성

감기는 흔히 '환절기의 불청객'이라고 하지만, 사실 어느 계절에나 오며 언제나 불청객이다. 환절기에 특히 감기에 잘 걸리는 이유는 기온변화에 몸이 잘 적응하지 못하기 때문이지만, 여행을 했다거나 힘든 과제를 해낸 뒤에도 감기에 잘 걸린다. 일에 계속 매달려야 하는데 감기가 들면, 쉴 수도 없고 그렇다고 일이 되는 것도 아니고 감기는 악화되고 아주 고역스럽다. 젊은 독자들은 입시공부를 할 때 이런 일을 많이 겪어 보았을 것이다. 약을 먹으면 일 주일, 안 먹으면 7 일 고생한다고 하듯이, 약을 먹어도 그때뿐이고 앓을 만큼 앓아야 낫는 것이 감기이다.

감기 또는 독감 바이러스가 떠돈다고 누구나 걸리는 것은 아니다. 스트레스의 양, 감기의 발생률, 면역체계의 변화 사이에는 직접적인 관계가 있다. 건강한 사람들도 지난 한 해 동안 부정적 생활변화를 많이 겪었을 때는 감기 바이러스에 노출될 때 쉽게 감염된다(Lazarus & Lazarus, 1994/97). 대학생들을 대상으로 한 연구에서 생활변화가 많고 부정적인 감정과 신경증적인 정서를 가진 사람, 그리고 과중한 학업 스트레스를 경험하고 있는 의과대학생들 중에 감기와 독감을 호소하는 사람이 월등하게 많다고 한다(이현수, 1997).

우리는 이제 왜 '감기는 만병의 근원'이라고, 감기는 합병증이 무섭다고 말하는지 알 수 있다. 감기는 면역기능이 떨어졌다는 신호이고, 그것은 곧 너무 오랫동안 너무 큰 스트레스를 겪어 왔다는 신호이다. 약국이나 병원에 가서 약 사먹고 주사 맞는 것으로 증상만 없애고 스트레스 상황 자체 또는 대처방식은 바꾸지 않는다면 면역체계가 이미 무너졌으므로 큰 병으로 발전하는 것이다. 요즘 감기는 독해졌다고들 하는데, 증상도 다양하고 심해졌거니와 1 주일 만에 털고 일어나는 감기가 거의 없어졌기 때문이다. 감기를 일으키는 균들이 독해졌기도 하지만, 스트레스 많은 세상에서 우리의 면역력이 많이 떨어지기도 했을 것이다.

'감기쯤이야' 하며 우습게 보았다가 번번이 고생한 사람도 닥치면 또 가볍게 생각하고 약과 주사로 버티며 몸을 끌고 가려고 한다. 이것은 영웅적 행위가 아니라 미련한 짓이다. 감기가 들려고 할 때 — 모든 병이 그렇듯이 감기도 전주곡 없이 오지 않는다(앞장의 4 절 참고) — 자기 전에 소금물로 양치질하고 잠을 '퍼자는' 것이 훨씬 현명하다. 면역기능이 약화되면 실제로 잠이 쏟아지는데, 잠을 자는 동안 면역기능이 회복된다(Coren, 1996/97). 정신력과 의지로 (독한 커피를 들이키면서) 몸을 지배하려고 들면 몸은 점점 말을 안 듣는다. 몸의 지혜를 믿고 따르면, 즉 몸이 하는 말을 들으면, 몸이 더 말을 잘 듣는다 — 자율적으로.

무엇보다도 감기에 대한 태도를 바꿀 필요가 있다. 감기는 귀찮은 불청객이 아니라 고마운 친구이다. 불건강한 생활습관, 과로 등 때문에 면역기능이 떨어졌다는 것을 알려 주면서 지금까지 하던 대로 밀고 나가면 큰일 난다고 경고해주기 때문이다. 멀리 내다보지 않아도, 머리 아프고 콧물 나오고 기침하면서 일은 일대로 안 되고 감기는 감기대로 악화되는 상태로 몇 주일을 가는 것과, 감기가 시작하려 할 때 2, 3일 잠 잘 자고 쉬어서 다시 건강을 찾아 싱싱해지는 것을 비교해 보면, 무엇이 현명한 대처인지 분명해진다. 물론 더 현명한 사람은 그 기회에 자신의 생활습관 자체를 점검해 볼 것이다. 평소의 식생활, 커피·담배 소비, 운동부족, 나아가 스트레스 대처방식 등을 반성하고 고친다면 감기라는 친구를 아예 안 보고 살 수도 있다.

(4) 체력과 면역력 키우기

신종 플루의 유행은 면역력의 중요성을 일깨워주었다. 감기, 독감(플루)부터 심장병, 암에 이르기까지, 전문가들은 병 걸리지 않기 위해서도, 발병 후 치유를 위해서도 스트레스를 피하라고 조언한다. 그러나 결국은 면역력, 저항력이 결정적이다. 몸이 건강하다는 것이 기초체력, 면역력의 문제이듯이 정신건강이라는 것도 스트레스를 견디고 이기는 힘이라고 할 수 있다. 병균에 대한 면역력이 있듯이 역경과 실패, 위기에 대한 면역력도 있다. 앞장에서 말한 강함(hardiness)이 이러한 면역력을 뜻한다. 그러므로 몸과 마음의 건강을 지키려면 기초체력을 키워야 한다. '체력은 국력'이라는데 젊은이들의 체력이 좋지 않다. 무한경쟁 사회에서 '요람부터 무덤까지' 너무 스트레스가 많기 때문이다. 스트레스를 이기기 위해 체력이 필요하지만 스트레스는 면역력을 무너뜨리는 주범이다. 어떻게 스트레스 저항력을 키우고 스트레스를 피할 것인가.

2장에서 우리는 적응이 아니라 성장/성숙과 건강이 목표가 되어야 하며, 성숙이란 남이 다 한다고, '세상'이 요구한다고 생각 없이 따라가는 것이 아니라 의식적 결단으로 '나의 길'을 찾는 것이라고 말했다. 단지 적응하고, 병 걸리지 않고, '살아남는' 것이 아니라 적극적 의미에서 건강과 행복을 누리려면, 생각을 하며 살아야 한다. 감기증상이 나타날 때 감기약 사먹고 강행군하는 대신에, 능률도 안 나는데 일이나 책을 붙들고 앉아 있을 것인가 컨디션이 회복될 때까지 잠을 퍼자는 게 나을 것인가 생각하는 것이다. 어느 편이 일을 더 빨리 더 잘 끝내는 길일까.

이런 생각·판단을 하려면 지식이 필요하다. 가령 허기와 집중력의 주기에 대해 알고 있으면 허기를 느끼거나 단 것이 땡길 때마다 습관처럼 단 것을 먹지 않고 물 한 잔 마시고 음악을 들을 것이다. 운동의 다양한 효과에 대해 알고 있으면 무리한 다이어트나 비싼 헬스클럽에 돈과 시간을 바치는 대신 일상생활에서 걷기나 자전거타기를 하게 될 것이다. 면역력의 중요성, 스트레스와 면역력의 관계에 대해 알고 있으면 경쟁에 생각 없이 휘말리지 않을 수 있다. 면역력은 하루아침에 키워지는 것이 아니라 오랜 기간에 걸친 컨디션 관리에서 온다. 평소에 몸이 하는 말을 듣고, '경쟁력'을 키우기 위해서라도 장기적으로 앞을 내다보는 삶의 자세가 필요하다.

글상자 3-1로 돌아가보자. 조급한 마음에 커리어를 선택하고 나서 어머니가 돌아가시기라도 하면 후회 안 할 자신 있는가? 혹시 성공·출세한다고 해도 평생 죄책감에 시달리면 행복할까? 나의 '바닥'을 생각하고 돌이킬 수 있는 일과 없는 일을 구별하려면 정신을 잃지 않고 앞을 내다보아야 한다. 자신감도, 비전(vision)이나 창의성같이 기업들이 요구하는 인재의 특성들도 기초체력과 면역력이 있어야 생겨나며 따라서 하루아침에 얻어지지 않는다. 다음 장에서 스트레스 대처의 전략과 자원을 공부하게 된다.

요약 및 결론

현대는 스트레스 시대이다. 대도시에서는 어디 가나 사람과 차가 넘치고 소음이 우리를 괴롭히는가 하면, 학교와 직장에서 경쟁이 심해지기만 한다. 스트레스의 핵심은 변화이다. 환경이 변하거나 우리 자신이 변하면 여태까지의 적응방식이 더 이상 통하지 않게 된다. 변화와 스트레스를 나쁜 것, 피해야 할 것으로만 생각하지 않고 삶의 활력소로 받아들인다면 똑같은 일도 괴로운 스트레스(distress)보다는 즐거운 스트레스(eustress)가 된다.

기쁜 일, 괴로운 일 모두가 생활변화를 의미하는 한 **재적응**을 요구하며, 그러한 재적응을 많이 요구받을수록 질병을 앓게 될 위험이 높아진다. 따라서 피치 못 할 변화들이 이미 일어났다면, 다른 변화들은 가급적 뒤로 미루어서 재적응의 필요성이 너무 커지지 않게 하는 것이 지혜이다. 물론 커다란 생활사건들만 스트레스를 주는 것은 아니다. '출근 전쟁', 업무과다, 주거지 소음, 동료, 가족, 이웃과의 갈등 등 일터와 가정에서 매일매일 겪는 시달림, 골칫거리들도 우리의 적응력을 소모시켜 건강을 해칠 수 있다. 큰일만 없으면 되는 게 아니라 이러한 작은 피해들도 쌓이지 않도록 할 필요가 있다.

압력, 좌절, 갈등은 대표적인 스트레스 상황들이다. **압력**이란 외부에서 그리고 자기 스스로 지나친 요구를 하는 것을 말하고, **좌절**은 원하는 목표를 이루지 못하는 것이다. 압력과 좌절은 우리를 분발하게 하여 더 높은 성취와 성장을 이루도록 하는 추진력이 되기도 하지만, 지나칠 때는 괴로운 스트레스가 된다.

무리한 외적·내적 요구들을 거부하는 독립성이 필요하다 하겠다.

어느 한 가지를 가지면 다른 한 가지는 포기해야 한다거나, 두 가지 압력이 양쪽에서 잡아 끌 때 우리는 **갈등** 속에서 고민한다. 또는 여러 가지 목표를 놓고 그 중 하나만 선택해야 한다. 사랑이냐 돈이냐(접근-접근), 공부냐 낙제냐(회피-회피), 학점이 짠 명강의를 신청하느냐(접근-회피)를 고민하는 것이다. 이럴 때 선택을 최후까지 미루다가 충동적으로 결정내리면 미련이 남고 선택한 목표에 최선을 다할 수가 없다.

스트레스 상황에서 우리의 몸과 마음은 한꺼번에 반응하고 적응한다. 어떤 상황을 위험 혹은 위기로 판단하는 순간 분노, 불안, 공포 등을 느끼면서 몸도 이미 '**투쟁 또는 도피**'의 준비에 들어가 있다. 자율신경계의 교감신경계는 에너지를 비상 동원하고, 부교감신경계는 소모된 에너지를 보충하는 작용을 한다. 이러한 생리적·심리적 반응들은 위급상황에 빨리 그리고 효과적으로 대처하기 위한 준비이다. '**일반 적응증후군**' 모델은 스트레스에 대한 적응이 에너지를 비상 동원하는 경고반응으로부터 저항과 소진단계를 밟아 진행된다고 말한다. 소진단계까지 가면 기관손상, 즉 병이 생긴다. 따라서 피로감을 느끼고 머리가 아프고 소화가 안 되며 공연히 짜증스러워지는 초기의 '경고'에 반응하여 저항에서 소진으로 넘어가지 않도록 해야 한다.

스트레스가 너무 극심하거나 너무 오래 지속되면 계속 긴장·흥분 상태에 있게 되어 결국 몸과 마음의 균형이 깨지게 된다. 심리적 스트레스에 의한 신체적 질병을 **정신신체적 장애**라고 하며, 소화장애와 (위, 십이지장)궤양, 설사와 변비, 두통 등이 고전적인 예이다. 일반적 적응증후군은 정신신체적 질병의 발생을 잘 설명해 주지만, 스트레스 사건을 어떻게 해석·평가하느냐에 따라 몸과 마음의 반응도 달라진다. 같은 실패나 상실도 성격에 따라 다르게 받아들이기 때문에 생리적 반응도 달라질 수 있고, 또 성격상의 문제로 음주, 흡연 등 나쁜 생활습관들이 생겨 질병발생에 기여할 수도 있다.

스트레스는 **면역기능**을 약화시킴으로써 질병발생에 영향을 미치는 것으로 보인다. 특히 감기는 면역기능의 약화를 나타내 주는 지표이므로, 평소의 생활습관과 스트레스 대처방식들을 돌아보는 계기로 삼을 필요가 있다. 스트레스를 견디고 이기려면 몸과 마음의 기초체력과 면역력이 필요하고, 이것들은 단기간에 돈을 들여 살 수 있는 것이 아니라 오랜 기간에 걸친 노력을 통해 얻어진다.

환경이나 내면의 변화가 괴로운 스트레스가 되지 않으려면 이렇게 몸과 마음의 적응노력을 억압하거나 무시해 버리기보다는 그것을 의식하고 도우려는 자세가 필요하다. 그러한 경우 우리는 환경의 요구와 자기 내면의 욕구들을 더 정확하게 의식하게 되는데, 이것이 바로 적극적 스트레스 대처의 핵심이다.

제 4 장

스트레스 대처

심리학자들은 과거에 적응(adjustment 혹은 adaptation)이라고 부르던 많은 행동을 대처(coping)라고 부른다. 1 장에서도 말한 것처럼 적응이라는 말에는 외적인 변화와 요구에 자신을 맞춘다는 의미가 크기 때문에, 문제와 맞붙어 씨름한다는 'coping'이 점점 더 많이 사용되게 된 것 같다. 앞장에서 배운 일반적 적응증후군도 현대 심리학자가 쓴다면 '적응'보다는 '대처'라는 말을 쓸 것이다.

스트레스와 질병에 대해서 이야기하다 보면 스트레스의 파괴적인 측면만 생각하게 되지만, 많은 사람들이 큰 실패와 상실을 겪으면서도 병에 걸리지 않는다. 스트레스에 어떤 식으로든 잘 대처해 나가기 때문이다. **대처**란 스트레스 문제를 또는 스트레스와 관련된 감정들을 관리하기 위하여 하는 생각이나 행위를 말한다(Lazarus & Lazarus, 1994/97, p. 217). 대처가 곧 극복은 아니므로 '관리'(manage)인데, 이에는 그 환경을 극복하려는 시도뿐만 아니라, 스트레스 주는 조건을 줄이고 피하고 참고 받아들이려는 노력도 포함된다. 그러나 어쨌든 관리는 노력하는 것이며, 자동적으로 나오는 행동과 생각은 '대처'라기보다는 '반응'이라고 해야 할 것이다. 앞장에서는 스트레스에 대한 반응과 적응에 초점을 맞추었고, 이 장에서는 대처의 전략과 자원에 대해 논의하기로 한다.

문제가 생겼을 때 우리는 그것을 해결·극복하려고 노력하면서 불안, 공포

등의 감정도 다스리려고 한다. 따라서 문제해결과 감정조절의 전략이 있다면 좋을 것이다. 그러나 전략만 아니라 자원도 필요하다. 자신감 있고 건강하고, 좋은 친구나 동료가 있다면 스트레스 자체를 덜 받을 뿐만 아니라 대처자원이 풍부한 것이다. 그러므로 전략을 잘 짜는 것도 중요하지만 (심리적, 신체적, 사회적) 자원 확보도 중요하다.

1. 대처의 전략: 문제해결과 감정조절

앞장에서 우리는 압력, 좌절, 갈등의 세 가지 심리적 스트레스를 논의하였다. 중요한 타인들이 또는 나 자신이 힘든 요구를 하며(압력), 원하는 것을 얻을 수 없고(좌절), 이러지도 저러지도 못 하며 고민하는(갈등) 상태는 모두 몸과 마음에 긴장과 흥분을 가져오는 스트레스 상황들이다. 이 상황들에 잘 대처하려면, 요구들을 따르거나 거절하고, 목표를 실현할 길을 찾아내거나 포기하고, 신중하게 선택하여 결정 내려야 한다. 스트레스의 원인을 없애면 문제해결을 한 것이고, 그것이 불가능할 때 불안과 공포, 분노 등의 감정이라도 조절한다면 어느 정도 대처를 한 것이다.

스트레스 상황에 제대로 대처하면 문제도 해결되고 괴로운 감정도 조절된다. 늙고 병드신 부모를 집에서 돌볼 수가 없기 때문에 양로원에 모시게 되었을 때, 자녀가 계속 죄의식에 시달린다면 그 대처는 그리 효과적이지 않다. 반대로, 감정을 조절하였지만 문제 자체는 제대로 다루지 못할 때도 있다. 술을 퍼마시거나 노래방에 가서 목이 터져라 노래 부르면 '후련'해질 수 있으나, 문제가 해결되는 것은 아니다. 과음이 계속되면 '대처'가 오히려 문제만 더 만든다. 그러나 많은 경우, 문제가 해결되면 또는 해결의 실마리를 찾으면 불안과 공포 등도 가라앉고, 감정이 조절되면 문제를 현실적·객관적으로 보기 시작할 수 있다. 시험이라는 스트레스 상황을 생각해보자. 심하게 불안할 때는 공부도 안 되고 불안이 조절되어야 공부를 시작할 수 있지만, 일단 공부를 시작하면 불안이 가라앉는다. 즉, 문제해결은 감정조절을 그 안에 포함하기도 하고, 그 반대이기도 한 것이다. 이 장에서는 두 전략을 따로 따로 논의하지만, 현실에서는 둘을 떼어서 생각할 수 없다.

살아 있는 한 스트레스를 피할 수 없다면, 스트레스 대처도 늘 하고 살아야 한다. '대처 성공, 스트레스 끝'이라고 외치는 순간 다른 스트레스가 기다린다. 결혼식 준비가 그토록 힘들었는데, 예식이 끝나면 전혀 다른 어려움들에 부딪친다. 또 바라는 취업을 하면 결코 '상황 끝'이 아니라, 업무를 배워야 하고 동료 및 상사들과 관계 맺을 줄 알아야 한다. 술 못 마시는 사람은 회식 때마다 스트레스를 받을지 모른다. 친구가 없으면 외로움에 대처해야 하지만, 친구가 생기면 다른 문제들이 생긴다. 상황의 요구가 계속 바뀌므로, 대처는 필요할 때면 고정 레퍼토리에서 이런 저런 전략을 가져다 적용하는 일이 아니다. 그때그때 벌어지는 일에 대응하는 과정이라서 '관리'라고 하는 것이다.

2. 문제해결

문제를 해결한다는 것은 문제가 무엇인지, 무엇을 원하는지(목표)를 정의하고, 가능한 방법 또는 대안들에 대한 정보를 수집하고, 그 중 하나를 선택하고, 행동에 옮기는 등을 포함하는 과정이다. 예를 들어, 중요한 시험을 앞두고 시험 범위를 미리 알아보고, 예년의 출제경향, 시험에 성공한 사람들의 공부 비결 등을 알아보고, 공부시간을 배정하는 등 계획을 짜서 실천에 옮긴다면 문제해결을 하는 것이다. 또 취업정보를 수집하고 가고 싶은 데를 정하여 필요한 자격증을 따는 등을 대학 들어가자마자 시작하는 사람은 취업스트레스를 겪지 않을 수도 있으므로 '예상 대처'(Lazarus & Lazarus, 1994/97, p. 218)를 하는 것이다.

성인이 겪는 많은 스트레스는 일터(학생들의 경우, 학교)와 가정에서 다른 사람들로 인해 생긴다. 내 사정을 고려하지 않고 무리한 요구를 하는 상사나 부모, 내 마음을 몰라주는 친구 등이 우리를 괴롭히는 것이다. 무리한 요구를 거절하고 내 진심을 표현해야 문제가 해결되는데, '상대방이 어떻게 나올지 모르기' 때문에 이것이 쉽지가 않다. 상사는 나를 건방지다고 생각해서 앞으로 더 음성적으로 괴롭힐지 모르고, 친구는 토라져서 나를 본 체도 안 할지 모르며, 사랑을 고백 받은 친구가 '너 따위가' 하며 모욕을 줄지 모른다. 즉, '혹 떼려다

혹 붙일' 위험이 있는 것이다. 문제해결에 도움이 되는 식으로 감정과 의사를 표현할 수는 없는 것일까?

2-1 감정과 의사의 표현

문제해결의 엄두가 나지 않는 이유는 문제가 너무 커보이기 때문이다. '문제'와 '나'(자아)의 관계는 상대적이다. 문제가 너무 크면 나는 압도(또는 압사)당하고, 내가 강하면 웬만한 문제는 다 작아 보인다. 큰 문제를 몇 개의 작은 문제들로 쪼개면 그것들은 나를 압도할 만큼 크지 않으므로 다루기가 쉽다.

(1) 문제의 분석

매일 한두 번씩 내 자취방에 들러서 시간을 빼앗고 이것저것 만지고 먹고 쓰는 친구가 있어서 괴롭다. 이 문제를 분석해 보자.

(ㄱ) **무엇이 문제인가?** 우선 내 시간을 빼앗기고, 사생활이 침해당하며, 사다 놓은 물건들을 먹거나 써버리므로 경제적 손해까지 있다. 친구가 참을 수 없이 싫어질까봐 겁난다.

(ㄴ) **무엇이 목표인가?** 내 시간을 빼앗기지 않고 사생활 침해를 안 당하고 싶고, 친구를 잃고 싶지도 않다. 재미있고 착한 사람이기도 하고, 학교에서 매일 얼굴을 보기 때문이다. 내가 원하는 것은 그가 미리 전화로 내 사정을 물어보고 찾아오거나, 아니면 아예 밖에서 한 주일에 한두 번 만나 시간을 같이 보내는 것이다.

(ㄷ) **무엇을 할 수 있는가?** ㉮ 계속 참고 웃는 얼굴로 대한다. ㉯ 아예 도서관에서 살면서 방에 가서는 잠만 잔다. ㉰ 싫은 표정을 하고 쌀쌀하게 대한다. ㉱ 화를 낸다("여기가 네 집이냐?").

(ㄹ) **각각의 대안에 어떤 장단점이 있는가?** ㉮ 계속 참고 잘해주면 관계는 유지되겠지만, 내 태도를 모르는 친구는 문제행동을 고치지 않는다. 내가 언제까지 참을 수 있을지도 모르겠다. ㉯ 방에서 잠만 잔다면 방값이 아깝고 내가 화나며, 친구가 밤늦게 찾아와 내가 자는 시간을 빼앗을 수도, 심지어 자고 갈 수도 있다. ㉰ 쌀쌀하게 대하는데도 친구가 계속 찾아오면 그가 더 싫어질 것

같고, 친구가 발은 끊지만(문제해결!) 다른 친구들에게 내 욕을 하고 다닐 수 있다(다른 스트레스!). ㉣ 화를 내면 문제해결은 되지만, 친구가 상처받거나 모욕당했다고 느껴 공격하거나 보복할 수 있다. 하여튼 관계가 영영 끊어지고, 학교에서 마주칠 때마다 불편해서 학교 가기가 싫어질 것 같다.

문제를 이렇게 분석해 보면 관리할 수 있는 크기로 줄어든다. 대안들을 모두 고려한 결과 모두 목표를 이루는 데 적합하지 않으며, 앞의 세 가지는 결국 모두 네 번째(파국)로 가게 되어 있다는 것을 알게 되었다. 아무것도 안 하면 결국 '㉮'를 택하는 것이고 언젠가 '㉣'로 가게 되어 있다.

목표를 바꾸어야 할지 모른다. 그 친구가 아무리 재미있고 착한 사람이라 해도, 나에 대한 배려가 없는 이기주의자 아닌가? 그와 관계를 유지하는 것이 정말 중요한가? 관계 유지가 중요하다면, 해결책은 하나밖에 없다. 내 감정과 의사를 말로 직접 표현하는 것이다.

(2) 문제해결적 대화

가까운 사이에서 우리가 흔히 저지르는 실수는 말 안 해도 상대방이 내 마음을 알아줄 것이라고 기대하는 것이다. 감정과 의사를 말로 직접 표현한다는 것은 표정, 침묵 등으로 간접적 암시만 주지 않고, 문제가 무엇인지를, 내가 무엇을 원하는지를 말하는 것이다. 20년 동안 가족을 위해 매일 저녁 음식을 만들어온 주부가 그 일이 지겹고 싫던 차에 어느 날 이제 밥하기 싫다고 가족에게 선언해버렸다. 두 아들은 그때 "하느님 감사합니다"라고 생각했다 한다(Rosenberg, 2003/4, p. 42). 이제부터 끼니때마다 엄마의 이런저런 불평을 듣지 않게 되었기 때문이다. 매일 밥하는 게 지겨워지기 시작했을 때 마음을 털어놓았다면 주부 자신도, 가족도 몇 년씩 스트레스 받지 않았을 것이다.

위의 예에서 친해지기 시작할 때는 매일 만나도 재미있었을 것이다. 언젠가부터 매일 찾아오는 게 부담이 되기 시작했는데 친구는 그걸 모를 수 있다. 내가 말 안 해서 모르는 것이라는 생각만 해도 '배려라곤 없는 뻔뻔한 친구'라고 생각하지 않고 오히려 미안해질 수 있다. 그러면 문제되는 친구 행동에 대한 나의 감정과 의사를 표현하되, 인신공격을 피할 수 있다. "어쩌면 그렇게 뻔뻔하니?" 같은 비난은 공격과 파국을 부른다. 공부할 시간을 빼앗겨서 마음이 불안하고 화도 나려고 하니까, 미리 전화를 해 주면 좋겠다든지 또는 특별한 일이 아니면 밖에서 만나자고 말해보자. 그러면 나는 그의 어떤 행동 때문에 어떤 어려움을 겪는지를, 즉 문제를 지적한 것이고 내가 무엇을 원하는지를 구체적으로 밝혔다.

공은 이제 친구에게 넘어 갔다. 그가 미안하다고 사과하고 다음부터는 전화를 미리 하겠다고, 또는 집으로 안 오겠다고 약속하면 문제해결에 성공한 것이다. 그러나 그가 상처받을 수도 있다. 그것은 내가 대처할 또 다른 스트레스가 되지만, 이미 대화에 나섰으므로 그 문제도 — 그 날이 아니면 어느 정도 시간이 지난 후에라도 — 다루면 된다. [즉, 또 다시 그의 행동에 대한 나의 생각과 감정을 표현한다.] 친구가 너무 마음이 상해서 만날 때 눈도 안 맞출 수 있지만, 그것 또한 다시 대처하면 된다. 친구가 내가 생각한 것보다 훨씬 더 이기적인 사람이라면, 관계가 멀어지는 것이 그리 큰 피해가 아닐지도 모른다. 나는 그를 인신공격하며 싸운 것이 아니라 대화를 나눈 것이므로, 그를 대할 때 떳떳할 수 있다.

가까운 관계에서 문제해결적 대처가 이렇게 어렵고 복잡하기만 한 것은 아니다. 내 행동 때문에 상대방(배우자, 친구, 동료)이 화가 났을 때, 그 관계 속에서 계속 스트레스를 받느니 즉시 깨끗하게 사과함으로써 문제를 해결하고 관계를 개선시킬 수 있다. 그러나 사람 사이의 문제들을 생각해 보면, 일단 '문제'가 생기면 해결이 힘들다는 것을 인정하지 않을 수 없다. 위의 예에서 내가 처음부터 감정과 의사표현을 분명히 했다면 사태가 악화되지 않았을 것이다. 예컨대, 아침에도 왔는데 저녁때도 온다면, 리포트 써야 하니까 내일 학교에서 만나자고 말하고, 내게 묻지도 않고 내 물건에 손을 대면 나는 그런 것에 예민하다고 말하는 것이다. 즉, 친구가 나에게 소중하지만, 내 공부, 내 사생활, 내 물건도 똑같이 소중하다는 뜻을 분명히 전달하는 것이다.

작은 문제들에 대처하지 않고 놓아두면 감당할 수 없을 만큼 큰 문제가 되어 버린다. 감정반응도 마찬가지이다. 약한 분노를 표현하지 않고 쌓아 두면 언젠가 폭발하고, 그러한 폭발은 모든 것을 파괴한다. 작은 요구를 거절하지 못하면, '사람이 좋다'거나 '만만한' 사람이 되어 누구나 다 이런저런 부탁을 해 오고, 경우에 따라 큰 부탁도 오게 된다. 반면, 좋고 싫은 것이 분명한 사람은 다른 사람들이 함부로 대하지 않는다. 같은 부모도 어떤 자식은 쥐고 흔들지만 다른 자식에게는 '꼼짝 못 하는' 경우를 독자들도 본 적이 있을 것이다. 이러한 '약육강식'은 친밀관계가 아닌 공적인 관계들에서 거의 자연법칙이다.

공적 관계들(대표적으로 직장동료들과의 관계)이 관리할 '문제'가 될수록 친밀관계에서 마음을 터놓을 수 있어야 할 텐데, 늘어나는 이혼율이 말해주듯이 친밀관계를 잘 유지하는 것도 쉬운 일이 아니다. 감정소통이 잘되지 않으면 친밀관계는 유지될 수 없다(글상자 4-1). 공적 관계건 사적 관계건 대화와 소통의

글상자 4-1 화났으면 말을 하란 말이야!

'쪼잔하다', '쫌생이'는 남자들이 (특히 여자에게) 아주 듣기 싫어하는 말이다. 김현진(2009a)은 남자들이 하나만 해도 이 말을 안 들을 거라고 한다. 바로 "화났으면 차분하게 뭐가 서운한지 말해주는" 것이다(p. 223).

화가 났으면 그 즉시 말 안 하고 계속 침묵시위를 하며 '화났어?' 하고 아무리 물어봐도 '아니, 화 안 났어' 하는 말만 고수하다가 정말 화 안 난 줄 알고 신경 안 써주면 버럭버럭 화를 내는 남자는 정말 왕짜증이다. …말 안 하고 계속 뾰로통하게 앉아 있으면서 뭐가 화났는지 알아달라는 건 정말 남의 속을 뒤집어놓는다.

남녀사이에만 그런가. 여자가 이래도 남자가 짜증나고, 동성 사이에도 마찬가지이다. 그런데, 쪼잔한 남자가 짜증난다는 당당한 여성 김현진도 울고 있을 때 울거나말거나 별로 신경쓰지 않는 남자들과 헤어지는 일을 거듭했다고 고백한다.

'내가 잘못했어. 도대체 왜 그러는 건데' 하는 말을 들어도 '아니 사실은 내가 우는데 니가 안 달래줘서 말이지' 하고 말하기는 구차스러웠다.(p. 153)

물론 이런 상황도 여자만 만드는 것이 아니다. 김현진은 왜 "마음속 골방"이 생겼고 거기 한 번 들어갔다 나오면 관계를 돌이킬 수 없게 되는지 (남자친구에게 못하는 말을) 독자에게 이야기해준다. 또 지금까지 모른 척해온 마음속 '성인아이'에게 연민을 느낀다. Rosenberg(2003/4)가 말하듯이, 자기 자신에게나 가까운 사람들에게 '연민'을 느끼는 것이 기본이 된다면, "우리 마음 안에서 폭력이 가라앉고 자연스럽게 본성인 연민으로 돌아간 상태"(p. 18)가 가능해질 것이다.

원칙은 같다. Rosenberg가 제안한 비폭력대화법을 보자.

(3) 비폭력대화

Rosenberg(2003/4)는 비폭력대화(Nonviolent Communication, NVC)가 자신의 감정과 욕구를 표현하고 다른 사람의 말을 듣는, "견디기 어려운 상황에서도 인간성을 유지할 수 있는 능력을 키워주는 대화"(p. 19)라고 말한다. 그는 이를 가정과 직장의 인간관계들에, 학교, 교도소 같은 기관들에서, 이스라엘-아랍 같은 국제협상들에 적용해왔다. 이 방법을 쓰려면 늘 하던 대로 즉각 반응하는 대신 자신이 무엇을 관찰하고 느끼고 원하는가를 의식해야 한다. 가령, "야, 너는 어떻게 된 애가 어지를 줄만 알고 치울 줄은 모르냐? 네 눈엔 엄마가 뭐하는 사람으로 보이냐?"고 소리 지르는 대신 다음과 같이 말하는 것이다.

> 펠릭스야, 더러운 양말 두 짝이 똘똘 말려서 탁자 밑에 있고 또 세 짝이 TV 옆에 있는 걸 보면 엄마는 짜증이 난다. 여럿이 함께 쓰는 방은 좀더 깨끗하고 정돈되어 있는 것이 나는 좋거든. 네 양말뭉치는 네 방에 놓든지 세탁기에 넣어놓을 수 있겠니? (Rosenberg, 2003/4, p. 23)

이 말에는 관찰, 느낌, 욕구, 부탁이라는 비폭력대화의 네 요소가 다 들어 있다. 즉, 상대방의 말과 행동을 있는 그대로 관찰한 것, 그 행동을 보았을 때 느낌, 그 느낌과 연결된 욕구, 상대방이 해주길 바라는 것을 표현하는 것이다.

1. 관 찰 '있는 그대로' 관찰한다는 것은 좋다, 나쁘다 하는 *판단*을 넣지 않는다는 것이다. 이는 말처럼 쉽지 않다. 앞의 예에서 "너는 너무 자주 찾아와"라는 말에는 이미 주관적 판단이 들어가 있고, "너는 1주일에 최소한 세 번은 와"라고 말해야 객관적 관찰을 전달하는 것이다. 마찬가지로 "철수는 나를 무시해"와 "철수는 내가 전화를 세 번 걸고 문자메시지를 보냈는데 답이 없었어"를 비교해보라. 무시한다는 표현을 쓴다면 십중팔구 대화가 다음과 같이 전개될 것이다.

나: 너는 나를 무시해.

철수: 내가 언제 너를 무시했어?

나: 지금 또 그러는 거잖아. 너는 언제나 잘난 척하고 나를 무시해.

철수: 그건 네 자격지심이야. 나는 사람 무시한 적 없어.

이것은 '대화'가 아니다. 두 사람은 서로 "너는 어떤 사람이다"라는 꼬리표를 붙이고 있으며 이는 '연민'보다는 '폭력'을 부른다.

2. 느 낌 상대의 말과 행동을 보거나 듣고 느낀 바를 전달하는 것이다(위에서 "엄마는 짜증이 난다"). "네가 그런 말을 할 때는 겁이 나", "네가 와서 기뻐", "빨리 하라는 소리를 들으면 초조해" 등이 느낌을 표현하는 말들이다. 느낌과 생각을 구별하는 것이 중요하다. 가령 '무시'라는 표현은 상대방의 행동에 대한 나의 해석, 평가이다. 철수의 어떤 행동에 내가 실망, 좌절, 외로움을 느꼈다고 말한다면 대화는 위와 같이 전개되지 않을 것이다.

3. 욕 구 타인의 말이나 행동은 우리의 감정과 느낌을 불러일으키는 자극일지언정 그 원인은 아니다. 위에서 펠릭스 엄마는 자신의 욕구나 기대, 가치 때문에 짜증이 난다고 인정함으로써 아들을 탓하기보다 자신의 느낌에 책임을 진다. "나는 ~을 원하기 때문에 ~을 느낀다"는 표현을 쓴 것이다. 엄마가 깨끗하고 정돈되어 있는 환경을 좋아하지 않는다면 아들이 어질러도 짜증이 나지 않을 것이다. 감정과 연결된 욕구를 의식하지 못하면 상대방의 *행동*이 우리 감정의 원인이라고 믿게 된다. 가령 자식에게 "네가 학교에서 나쁜 성적을 받으면 속상해"라고 말하면서 아이의 행동이 부모의 행복과 불행의 원인이라고 암시하는 것이다. "내 생일에 네가 전화를 안 해서 마음이 아팠어" 같은 말도 상대방에게 죄책감을 준다. 우리는 자신이 원하는 바를 직접 표현하기보다 다른 사람을 비판, 비난, 분석, 해석함으로써 자신이 필요한 것을 돌려서 표현하는 것에 익숙하다. 욕구를 인식·표현하는 것을 좋게 보지 않는 사회분위기 탓이다.

4. 부 탁 펠릭스 엄마는 자신의 느낌과 욕구를 표현한 다음에 아들에게 원하는 행동을 부탁하였다. 부탁은 *강요*와 다르다. 요구를 들어주지 않으면 벌이 따를 것이라는 암시나 위협이 들어가면 강요이다. 자녀에게 "머리 깎아라"고 말하면 부모의 느낌과 욕구를 표현하지 않기 때문에 명령으로 들리고, 머리

를 안 깎으면 벌을 받을 것처럼 느껴진다. "네 머리가 너무 길어서 특히 자전거 탈 때 앞이 안 보일까봐 걱정된다. 머리를 자르는 게 어떨까?"라고 말한다면 자녀는 머리를 자를지 말지 스스로 결정할 수 있다고 느낀다. 내가 부탁한 것인지 강요한 것인지는 거절당했을 때 반응을 보면 알 수 있다. 아들이 "싫어"라고 할 때 내가 화나고 인신공격("부모를 우습게 아는 놈" 등)을 하면 내 부탁은 강요였다.

부모·교사같이 권위의 위치에 있는 사람은 진정한 부탁을 해도 자식·학생에게 강요로 받아들여지기 쉽다. 자식/학생이 부모/선생의 '부탁'(결국 강요)을 안 들었을 때 '찍히'는 경험을 많이 했기 때문이다. ['말을 듣는다'는 표현이 곧 '순종한다'라는 뜻인 게 흥미롭다.] 나만 느낌과 욕구가 있는 것이 아니라 상대방도 그러함을 인정하고 내가 양편의 욕구가 충족되는 길을 찾으려 한다는 것을 상대방이 믿게 되면 나의 부탁이 위장된 강요가 아님을 믿어줄 것이다.

부탁을 할 때는 원하지 않는 것보다 원하는 것을 구체적으로 표현하는 것이 좋다. 무엇을 하지 말라(가령 '술 마시지 말라')는 말보다 무엇을 하라는 말이 효과적이다. "네가 좀더 책임감이 있었으면 좋겠다"는 말은 너무 막연하고 추상적이다. 이 말을 하는 아버지는 자식에게 또 실망하고 화낼 여지를 스스로 만들고 있으므로, 구체적으로 어떤 행동을 원하는지 스스로 물어볼 필요가 있다. 마찬가지로, "어떻게 생각하는지 말해주세요"보다는 "내 계획이 성공할 거라 생각하는지, 만약 그렇지 않다면 무엇이 방해요인이라고 생각하는지 말해주세요"라고 한다면 불필요한 얘기가 길어지지 않을 것이다.

솔직한 자기표현을 하는 원칙들은 다른 사람의 말을 들을 때도 적용된다. 즉, 상대방이 무엇을 관찰하며, 어떤 감정을 느끼고, 무엇을 원하는가(욕구, 부탁)에 귀 기울이는 것이다. 이를 Rosenberg는 **공감**(empathy)한다고 표현한다. 자기가 느끼는 감정에 상대방 탓을 하지 않는다는 원칙은 타인들에게도 통한다. "어떻게 그런 말을 할 수 있어?"라고 하는 친구에게 "내 말에 마음 상했니?"라고 한다면 내가 그의 느낌에 책임지려 하는 것이다. "네 부탁을 내가 따라주었으면 하는데 그렇지 않아서 마음이 상했니?"라고 한다면 그의 느낌을 그 자신의 욕구와 연결시키는 것이다.

비폭력대화는 대인관계(7장), 부부(10장)와 부모-자녀 관계(11장)를 다루는 장들에서도 언급될 것이다. 대화와 소통은 꼭 말로 하는 것은 아니다. 펠릭스는 엄마 표정만 보고 엄마가 무얼 봤고 왜 화가 났는지 알 수 있을 것이다. 잘 아는 사람은 얼굴만 봐도 감정을 읽을 수 있으며 표정만으로 공감을 전달할 수 있다. 그러나 특히 관계가 이미 어긋나기 시작했을 때는 '말하지 않으면 모른다'는 원칙을 따르는 것이 안전하다. 내가 말하지 않으면 친구, 연인/배우자, 부모/교수/상사가 내가 무엇을 보고 어떤 감정을 느끼며, 어떤 욕구, 기대, 부탁이 있는지 모른다는 원칙만 잊지 않아도 중요한 인간관계들에 큰 문제가 생기지는 않는다.

똑같이 중요한 원칙이 '내 인생은 나의 것'이라는 태도이다. 연인/배우자든, 부모든 자식이든, 선생/상사든 상대가 아무리 소중하다 해도 그가 원하는 것을 내가 다 들어줄 필요는 없다. 내가 하고 싶은 일, 결혼에 부모가 반대한다면 경청할 일이지만, 결국 결정할(그리고 책임질) 사람은 나 자신이다. 연인이 같이 자고 싶다고 보채고 협박까지 해도 내가 원하지 않으면 안 하는 것이다. 물론 나도 내 욕구를 남에게 강요할 수 없다. '내 인생은 나의 것'이 안 되는 사람은 남의 인생에도 함부로("폭력적으로") 개입한다.

2-2 공동 대처

학교나 직장에서 대부분의 사람들은 각자 자기 이익에 신경을 쓰고 남의 일에 본질적으로 관심이 없다. 그러나 사회에서 겪는 많은 문제들은 개인의 문제라기보다는 여러 사람의 이익과 연관되는 구조적인 문제인 경우가 많다. 그러한 경우에는 공동 대처가 개인적 대처보다 훨씬 효과적이다. 일상생활에서 겪는 많은 스트레스는 구조적인 문제에서 비롯된다. 교통난, 소음공해, 등록금문제 등은 나 하나만의 문제가 아니다. '폭군'부모나 선생, 직장상사는 그 밑에 있는 가족, 학생, 직원 모두의 삶을 지옥으로 만든다. 입시지옥, 교통지옥이 없는 세상을 상상해보라. 모두 순응만 하기 때문에 등록금은 계속 오르고 폭군은 점점 포악해지고 경쟁은 점점 심해진다.

3 장에서도 보았듯이, 일터와 가정에서의 작은 문제들도 적응에너지 소모를 가져온다. 환경운동, 여성운동, 교육운동 등에 참여하여 같이 문제를 제기하

고 해결을 찾아보면 자신과 가족뿐 아니라 공동체 구성원들의 삶의 질을 개선하는 데 큰 도움이 된다. 물론 단체를 만들 수도 있다. 예를 들면, 55번 시내버스를 타고 출퇴근하는 사람이 '55번 버스를 이용하는 시민들의 모임'을 만들어서 버스회사와 구청, 시청에 압력을 넣는 것이다. 이렇게 거창하지 않아도 된다. 학교나 직장에서의 성희롱도 공동으로 대처해야 해결을 볼 수 있는 문제이다. 물론 이를 위해서는 피해경험을 털어놓기 시작해야 한다. 인터넷 발달로 모임을 만들기도, 의견을 올리기도, 지지·응원을 하기도 말할 수 없이 쉬워졌다. 많은 대학생들이 '알바'(아르바이트)를 하고 임금을 제대로 그리고/또는 제때에 못 받는 등 부당한 일을 겪는데, 같은 대학 학생들끼리 '알바노조'를 만들어보면 어떤가(글상자 4-2).

입시교육제도가 무한경쟁을 부추기는 쪽으로 바뀌어도 교사와 학부모들은 학생들을 보호하기 위해 나서기보다는 어떻게든 새 제도에서 이익을 보려는 쪽으로 대처한다. 그럴수록 물론 경쟁은 심해지고 학생들은 인질의 삶을 살아간다. 무관심하고 무기력하며 지친 사람들처럼 다스리기 쉬운 사람들은 없다. 작은 힘이라도 합치면 커지기 때문에, '위'에 있는 사람들은 그러한 단결을 매우 무서워한다. 두 사람이라도 공동으로 대처하면 한 사람이 싸울 때보다 훨씬 위력적이며, 공동의 어려움에 같이 대처하는 경험처럼 사람을 하나 되게 하는 경험도 없다. 즉, 공동 대처를 통해 여러 사람의 문제를 한꺼번에 해결하고 친구/동료를 얻는 것이다.

3. 감정조절

이 장을 시작할 때 쓴 것처럼 스트레스를 겪을 때 문제해결과 감정조절이 다 잘되어야 효과적 대처를 한 것이고, 또 둘은 서로 분리할 수 없다. 문제가 해결되면 나쁜 감정이 가라앉지만, 감정이 격한 상태에 있으면 '문제분석'도 할 수 없다. 감정표현은 문제해결적 대처이지만, '할 말 못 할 말' 다하게 되면 결국 문제만 커진다. 우리는 앞에서 문제가 작을 때, 시작할 때, 달리 말해 감정이 아직 그리 강하지 않을 때 대처를 해야 성공할 확률이 높다고 말했다. 그러나 이

글상자 4-2 편의점 알바노조, 만들 수 있다!

대학생, 20대에게 노동조합이라는 말은 너무 먼 곳에 있고, 여러 가지 부당한 요구와 취급을 당하면서 힘을 합해 항의, 저항, 투쟁한다는 생각도 낯설기만 할 것이다. 아르바이트를 하지 않고도 대학에 다닐 수 있는 사람은 드문데, "법도 없고, 인정도 없고, 미래도 없는 암흑과 고통의 세상"(우석훈·박권일, 2007, p. 256) '알바시장'에서 법정 최저임금을 못 받아도, 임금체불, 부당해고를 당해도 호소할 데가 없다. 우석훈(2009)은 노조원이 2명만 되어도 노동조합을 결성할 수 있다는 법조항을 일깨워주면서 기존노조가 없는 단위사업장과 지역에서 영등포 편의점 알바 노조, 강남 주유소 알바 노조 등을 얼마든지 만들 수 있다고 가르쳐준다(p. 131). 일본에서는 수만 명의 '프리터'(아르바이트에 free라는 말을 붙인 말)가 지역 일반노조 형식으로 자신을 방어한다. 급기야 비정규직을 양산하는 노동자 파견제도를 없애고 최저임금도 올리겠다고 공약한 민주당이 54년간 이어진 자민당 독재를 끝장냈다.

대학 인근 편의점에서 일하는 알바들은 대부분 그 지역 대학 학생들이다. 그들은 연간 1천만 원에 가까운 등록금을 내는 돈줄이지만, 대학마저 '고객'들의 권리를 찾아주려고 나서지 않는다. 일단 대학생들이 '조직'하고 요구하지 않기 때문이다. 알바로서 자신들의 기본적인 권리를 보장받기 위한 운동은 우선 '당사자운동'(empowerment)이다. 나아가 대학에 들어가지 않은 10대나 또래들, 이미 대학을 졸업한 알바들을 위해 약간이라도 도움을 준다는 점에서 '대리인운동'이다.

지난 몇 년간 몇 개의 대학에서 대학 내의 비정규직 노동자 해고를 문제 삼은 적이 있는데, 이러한 시도를 대학이 속한 지역사회로 넓힌다면 알바들의 지역 일반노조도 만들 수 있다. 대학생들은 '나만 잘하면 된다'고 믿고 싶겠지만, 지금으로서는 20대 대다수가 비정규직으로 일하게 될 것 같다. 즉 비정규직 노동자들이 겪는 문제들은 당장 또는 곧 '남의 일'이 아닌 것이다. 힘을 합해 권리를 찾지 않고 모두 '방살이'를 하며 '스펙 쌓기'에 '각개약진'하면 '각개격파'밖에 당할 것이 없다.

미 큰 문제가 되어 버렸다 해도, 감정을 조절할 수 있으면 문제해결적 대처를 해볼 수 있다.

3-1 회　　피

대학생들에게 스트레스 관리법에 대해 물으면, '잠을 잔다'가 제일 많고, '게임에 열중한다', '술을 마신다', '(노래방에 가서) 노래를 부른다', '음악을 듣는다'는 사람도 많다. 여자들 중에는 '운다'(울다 잔다), '빨래나 청소를 한다'는 사람들도 꽤 있다. 잠을 자고 술 마시고 노래 부르는 등은 모두 괴로운 일을 생각하지 않으려는 '회피'라고 할 수 있다. '혹 떼려다 혹 붙일'까봐 문제가 있어도 '대화'를 피하기도 한다. 괴로운 일을 생각하지 않을 수 있으면 생활에 많은 도움이 된다. 직장에 가서는 집의 일을 잊어버리고, 집에서는 직장의 스트레스를 잊을 수 있는 사람을 생각해 보라.

감정조절에 도움이 되는 한 회피는 스트레스 대처가 어느 정도 된다. 잠을 열 시간 이상 자고 일어나면 긴장과 흥분이 가라앉아서, 하루 전만 해도 압도할 듯 컸던 문제가 그리 커 보이지 않을 수도 있다. 그러나, 생각하지 않는다고 문제가 없어지지는 않으므로, 회피는 약하고 일시적인 대처전략이 될 수밖에 없다. '시간이 약'일 수도 있지만, 문제해결적 대화를 피하면서 시간만 가면 관계는 점점 악화 또는 냉각되고, 취업을 위한 정보수집도 안 하면서 잠만 자거나 술만 마시면 시간이 갈수록 불안해져서 점점 더 엄두를 못 내게 된다.

회피만 하면 원래의 문제가 점점 악화될 뿐만 아니라, 다른 문제까지 생겨날 수 있다. 예컨대, 술에 의지하여 괴로움을 잊으려고 하면, 지나친 음주로 인해 건강상의 문제, 나아가 사회생활과 가정생활에서 어려움을 겪을 수 있다. 따라서 '정면 돌파'밖에는 길이 없다는 것을 인식하고, 감정이 어느 정도 조절되는 대로 문제를 직시하도록 노력해야 한다.

3-2 다시 생각하기

감정은 생각(평가, 판단)에서 비롯된다. 가게에서 돈을 내려고 기다리는데 뒤에 온 사람이 먼저 계산을 하려 한다고 하자. 그가 얌체라거나 나를 무시한다고 생각하면 화가 나지만, 그가 나를 못 보았다고 생각하면 화가 안 난다. "제가 먼저 왔는데요" 또는 "여기 줄섰는데요"라고 순하게 말하면, 상대방은 미안하다고 하고 뒤로 간다. 그러나 화가 나면 "뭐 이런 사람이 다 있어? 줄 서 있는 것도 안 보여요?"하고 소리를 지르기 쉽다. 상대방도 화를 내며("못 봤잖아요", "왜 소리질러?"), 나도 아무것도 아닌 일로 화내고 기분 나쁘다. 평가를 어떻게 했느냐에 따라 일이 이렇게 다르게 진행되는 것이다.

이미 벌어진 상황을 재평가하는 것은 감정을 관리하는 매우 효과적인 방법이다. 다시 생각하는 것이다. '압력'의 스트레스를 생각해 보자. 우리는 어떤 요구가 부당하거나 임의적이라고 느낄 때 더 짜증이 난다. 다시 생각하여 그 요구의 정당성을 인정하면 압력도 덜 느낀다. 예컨대, 대학생의 본분은 공부라고 확실하게 정의하고 나면, 또는 공부는 (선생이나 부모를 위해서가 아니라) 자기 자신을 위해서 하는 것이라는 판단이 들면, 리포트, 시험, 논문, 발표 등의 요구가 덜 스트레스가 되고 더 열심히 하며, 따라서 더 잘하게 된다. 부모의 기대가 짜증스럽다면, 그렇게 기대를 걸 수밖에 없는 부모의 심정을 이해하고, "그러나 내 인생은 내가 산다"고 마음먹는 수밖에 없다. 최선은 다하되 결과를 보장할 수 없는 것이 인생이며, 부모가 기대하는 것도 결국 최선을 다하는 태도가 아니겠는가? 이렇게 다시 생각하면 압력을 덜 느끼고 담담해진다. 물론 한 걸음 더 나아가 부모와 진지한 대화를 나눌 수도 있다.

가까운 관계에서 겪는 좌절들은 우리가 겪는 스트레스의 큰 부분을 이룬다. 친구가 내게 신경써 주지 않을 때 서운한 이유는 그가 나를 좋아하지 않는다고 느끼기 때문이다. 다시 생각해 보자. 친구는 집안 일로 많은 스트레스를 받고 있기 때문에 내 생각을 해 줄 여유가 없는 것이 아닌가? 또, 친구가 나에게 신경을 써 주어야 한다는 법이 있는가? 다시 생각하는 과정에서 상대방의 처지, 나의 비현실적 기대 등을 이해하게 되면 감정 자체가 (예컨대, 동정이나 미안함으로) 바뀔 수 있다.

다시 생각한다는 것은 즉각 습관적 반응을 하지 않고 '우선멈춤'을 한다는 것이다. 이때 도움이 되는 것이 비폭력대화에서 배운 요소들이다. 펠릭스 엄마는 아들이 어질러 놓은 거실을 보았을 때 즉각 화내지 않고, 정돈된 환경을 원하는 자신의 *욕구*가 짜증의 원인이라는 것을 깨달았다. 다른 사람이 글렀다거나 나쁘다(게으르다, 이기적 등)고 판단할 때 화가 나는 것인데, 사실 문제는 내가 본 그의 *행동*이 나의 욕구와 어긋난다는 것이다. 내 욕구가 충족되지 않는 것이 '문제'라면 '해결'은 내 욕구를 충족시키는 길을 찾는 것이다. 아들의 반발, 또는 아들과 관계가 나빠지는 것은 문제해결(정돈된 거실)도 가져오지 않을뿐더러 새 문제를 만들어낸다.

자기 자신에 대해서도 마찬가지이다. 내 행동이 나 자신이 원하는 것과 어긋날 때는 나 자신을 비판, 비난하게 된다. "이 바보", "한심한 인간"이라고 즉각 반응하는 대신 다시 생각하여 "내가 이 행동을 해서 좌절된 욕구가 무엇인가"를 생각해보면 자기비하를 중단하고 욕구를 충족시킬 길을 찾아볼 수 있다. 더 근본적으로 다시 생각해보면, 남이 나를 함부로 해도 서럽고 화나는데 왜 나 스스로 나를 학대한단 말인가. 자신에게 폭력적이면 남들도 내게 폭력적이 되기 쉽고 나도 다른 사람에게 진정한 연민을 느끼기 어렵다.

Rosenberg(2003/4)는 약물중독센터에서 밤 근무를 하던 여성이 위험상황에 대처한 이야기를 해준다(p. 174f.). 밤 11시에 약물(마약)을 복용한 것이 분명해 보이는 남자가 들어와 방을 달라고 했다. 남은 방이 없으니 다른 상담소에 가보라고 주소를 건네주려는데 남자가 덤벼들어 그녀를 쓰러뜨리고 목에 칼을 들이댔다. 이 위급한 순간에 그녀는 숨을 깊이 들이쉬고 "정말 방을 받고 싶기 때문에 아주 화가 나신 것 같군요"라고 말했다. 약 35분 동안 '대화'가 이어졌다. 남자는 부모조차 자기를 사람 취급하지 않는 세상에 화가 난 것이었다. "그의 느낌과 욕구에 귀 기울이는 데 집중하자, 그는 이제 괴물처럼 보이지 않았어요"(p. 176). 필요했던 공감을 받자 남자는 일어나서 칼을 집어넣었고, 다른 상담소를 찾아갔다.

우선멈춤을 하고 다시 생각하면 상대방도 괴물로 보이지 않고 나 자신도 못난이로 보이지 않는다. 인지적 재평가에 대해서는 다음 장에서 좀더 자세히 다루게 될 것이다.

3-3 부　　정

부정(denial)이란 고통스러운 현실을 인정하지 않는 것을 말한다. 회피할 때는 생각하지 않으려 하지만 그래도 현실을 인정하는 데 비해서, 여기서는 현실 자체를 부정한다. 이를테면, 머리끝까지 화가 났는데, 남에게나 자기 자신에게 화가 안 났다고 우긴다. 사랑하는 사람이 불치병으로 하루가 다르게 악화되어 가고 있는데, 나는 그가 곧 건강을 찾을 것이라고 믿는다. 큰 실패나 상실에 대한 일차적 반응은 부정인 수가 많다. 어머니가 돌아가셨다면서 웃고 쾌활한 사람은 그 아픈 상실을 부정하는 것일 수 있다. 현실을 받아들이고 체념할 때 비로소 그는 슬픔에 빠지게 된다.

현실의 적나라한 부정이 아닌, 착각이라고 말할 수 있는 좀 부드러운 형태도 있다. 예를 들면, 불쾌한 현실의 좋은 면만 보려고 생각한다거나, 어처구니없는 일을 당하고 "세상엔 착한 사람이 훨씬 더 많다"고 생각해 버리는 것이다. 남편이 사기꾼이라는 사실을 알게 된 여자가 그 충격적인 사실을 아예 부정할 수도 있지만, 남편이 바탕은 좋은 사람이라며 착각 속에 살 수도 있다.

어떤 일로 받는 감정의 고통이 큰데 제대로 대처할 수는 없을 때 부정이나 착각의 반응이 잘 나타난다. '현실을 직시'하지 않는 것이 꼭 나쁘지는 않다. 이를테면 같이 사는 사람(배우자와 자녀)에 대한 착각이 도움이 되기도 한다. 자신이 예쁘고 매력 있다고 착각하고 살면 좋지 않은가. 아무것도 할 수 없는 상황에서는 부정과 착각으로 별로 큰 대가를 치르지 않고 감정조절을 할 수 있다. 그러나 '하면 되는' 상황에서는 부정이 치명적일 수 있다. 가슴의 심한 통증을 겪으면서 심장병 가능성을 두려워 부정한다면 조기치료를 받을 기회를 놓쳐 버린다. 자신이 건강하다는 것을 입증하기 위해 더 열심히 운동을 하다가 돌연사를 당하기도 한다.

많은 경우 부정은 너무 충격적인 사건(예, 어머니의 갑작스러운 죽음)을 당하여 그 고통을 감당할 수 없기 때문에 일시적으로 나타나고, 어느 정도 시간이 지나 감정이 조절되면 현실을 직시하고 대처할 힘을 얻게 된다.

3-4 긴장 방출하기

앞장에서 우리는 불안과 공포, 분노 등의 감정반응들이 몸의 '투쟁 또는 도피' 반응들과 동시에 일어난다는 것을 배웠다. 스트레스를 받으면 몸과 마음이 동시에 긴장·흥분하는 것이다. 스트레스 감정을 조절하는 한 가지 길은 이 긴장과 흥분 자체를 조절하는 것이다. 잠자기, 노래하기, 대청소, 빨래, 춤추기, 운동, 등산 등은 회피한다는 측면도 있지만, 긴장·흥분을 방출시키는 효과도 있다. 잠을 자고 나서 또는 노래를 한 시간 하고 나서 몸과 마음이 어느 정도 이완되면, 격했던 감정도 가라앉고 스트레스 문제에 이성적으로 대처하기가 더 쉬워진다.

운동의 긍정적 효과는 2 장(4-2)에서 서술한 바 있다. 땀 흘리고 난 후 이완과 편안함은 그 자체로 기분 좋으면서, 분노나 공포의 감정이 가라앉은 상태로 문제를 볼 수 있게 해준다. 운동의 이완 효과는 다음 몇 가지 과정을 포함한다. 첫째로, 운동을 하기 위해 밖으로 나감으로써 사무실이나 가정 등 스트레스 환경을 일시적으로나마 떠난다. 둘째로, 운동할 때의 반복적인 움직임 때문에 호흡이나 내장감각이 이완된다. 셋째로, 이완된 생리적 반응이 행복감과 편안함을 준다. 그러나 과도한 운동은 오히려 스트레스 수준을 상승시켜 긴장이 커지게 한다. 또, 경쟁하여 이기기 위해 운동하는 것도 긴장해소에 도움이 되지 않는다.

긴장 방출을 고려할 때 운동이 물론 가장 부작용이 적고 건강한 방법이지만, 그것이 행복감과 편안함을 주기 때문에 '중독'될 위험도 있다. 즉, 운동이 현실도피 수단이 되는 것이다. 다른 감정조절 전략들에 대해서도 같은 말을 할 수가 있다. 잠을 실컷 자고 나서 아니면 노래를 한 시간 목이 터지게 부르고 나서 편안하고 '후련'해지기 때문에 '다 잊어버리기' 위해서 계속 잠만 자거나 지칠 때까지 노래 부르는 것이다. 그러나 스트레스 장면에서 감정조절이 문제해결적 대처로 이어지지 않으면 문제상황은 끝나지 않으며 따라서 나쁜 감정이 계속해서 또는 점점 더 심하게 우리를 괴롭히게 된다.

4. 대처의 자원들

나라 사이에 전쟁을 할 때 전략도 중요하지만 자원이 튼튼한 편이 결국 이긴다. 가장 중요한 자원은 물론 군대(인적 자원)로서, 건강하고 사기가 높으며 잘 훈련되어 있어야 한다. 무기, 식량, 에너지(석유, 전기 등)도 중요하고, 든든한 우방이 있으면 더 좋다. 개인들이 스트레스를 이겨내는 데도 자원이 필요하다. 물질적, 경제적 자원도 중요하지만, 역시 가장 중요한 자원은 성격(예컨대, 강함), 자신감과 건강, 그리고 '우방'이다.

4-1 심리적 자원

2 장에서 강함(hardiness)의 특징들을 보았듯이 강하고 꿋꿋한 사람은 낙천적이고, 어려운 상황에서도 희망을 잃지 않고, 문제를 회피하기보다는 도전으로 받아들이고 부딪친다(문제해결적 대처). 자기 문제만 생각하지 않고 남을 생각할 수 있기 때문에 시야가 넓고, 자신이 한 일에 책임을 지고, 독립심과 자존심이 강하다. 따라서 스트레스를 겪을수록 오히려 강해지고 성장한다. 그러면 어떻게 이런 사람이 될 수 있는가? 2 장에서 우리는 강해지기 위해서는 참여와 애정, 통제, 도전의 태도를 키워야 한다고 이야기하였다. 이렇게 크게 보지 않더라도 여러 가지 개인 특성과 기술들이 스트레스에 대처하는 데 중요한 자원이 된다. 자립과 독립, 그리고 '사회적 기술'(social skill)을 보자.

앞장에서 우리는 목표성취가 지연·차단되고 욕구충족의 수단이나 대상을 잃는 것이 좌절임을 보았다. 정서적으로 독립하여 남들에게 의존하지 않게 된다면, 중요한 욕구들을 스스로 충족할 수 있는 기술을 익힌다면, 좌절을 피할 수 있다. 남자가 밥도 빨래도 잘하고 '혼자 잘 논다'면 아내가 없어도 그리 큰 좌절이 아니다. 또 시험공부에 늘 어떤 친구의 도움을 받는다면 그가 언제라도 우리를 좌절시킬 수 있지만, 혼자 힘으로 시험준비를 할 수 있다면 그런 일을 안 겪어도 된다.

우리가 일터와 가정에서 겪는 스트레스는 사람 사이의 문제들이며, 문제해결적 대화가 중요하다고 2 절에서 쓴 바 있는데, 대화기술이 훌륭하다면 큰 도움이 될 것이다. 지금 강인하고 꿋꿋해 보이는 사람도 본래 그런 것은 아닌 것처럼, 대화기술도 연습하고 훈련하면 좋아진다. 효과적 대화, 감정 및 의사표현의 기술에 대해서는 뒤의 7 장에서 다루게 되고, 여기서는 비난에 반응하는 방법을 생각해 보기로 한다. 가까운 사람이 내 행동이나 성격에 문제가 있다는 비판·비난을 할 때 우리는 당황하고 화가 나는가 하면 불안해지기도 한다. 이러한 비난에 졸렬하게 반응하면 문제해결은 커녕 악화만 가져온다. 예컨대, 다음과 같은 반응들은 부작용이 더 많다(McKay & Fanning, 1996).

(ㄱ) **공 격** 예컨대, 친구가 "너는 TV에서 스포츠는 빼놓지 않고 보는구나" 하면, "너는 유치한 연속극만 보잖아"라고 반격한다. 이는 "감히 너 따위가" 또는 "너는 뭐 잘났어?"라는 적대적 반응이다. 내 반격에 상대방은 곧 입을 다물 수도 있지만, 더 심하게 반격해 올 수도 있고, 음성적으로 보복(기습공격!)할 수도 있다.

(ㄴ) **수동적 반응** 공격에 승복한다. 친구가 내 몸매를 비난하면 "그래, 나도 돼지 같은 내가 싫어"라고 항복한다. 침묵도 수동적 반응이다. 수동적으로 나오면 싸울 뜻이 없음이 전달되어 상대방이 비난을 멈추기도 하지만, 장기적으로는 공격이 계속되며, 무엇보다 나 자신이 비참해진다.

(ㄷ) **수동-공격** 앞의 두 스타일의 혼합이다. 처음에는 사과하거나 고치겠다고 하지만, 약속을 지키지 않거나, 암암리에 공격적 행동을 함으로써 보복한다.

비난을 당하고 효과적으로 자기표현 또는 자기주장을 하면, 사과하지도 항복하지도 공격하지도 않으면서 비난을 누그러뜨릴 수 있다. 글상자 4-3의 내용을 참고하기 바란다. 대화기술은 연습하고 익힐 수 있는 '기술'이지만, 어떤 자세나 태도를 전제하기도 한다. 앞에서 '말하지 않으면 모른다'거나 '내 인생은 나의 것'이라는 태도로 생각과 감정을 표현하는 게 중요하다고 말한 바 있다. 비폭력대화라는 방법 또는 기술에서도 기본은 (폭력에 반대되는) 연민이고, 나와 상대방의 욕구 둘 다를 충족시키는 길을 찾으려 드는 존중의 자세이다.

글상자 4-3 비난에 효과적으로 대응하기

(ㄱ) **인정하기** 상대방의 비난이 옳은 지적일 때 맞다고 하거나 고맙다고 한다.

비난: 망치를 쓰고 밖에 놓아 두어 가지고 비에 젖었잖아.

반응: 맞아. 쓰고 제 자리에 넣어 두었어야 하는데. 갖고 들어와줘서 고맙다.

인정을 하면 상대방은 입을 다문다. 사실과 어긋난 것을 인정하지는 말아야 한다. 상대방의 비판에 완전히 동의할 수 없을 때에는 다음 기법이 효과적이다.

(ㄴ) **흐리게 하기** 비건설적이고 부정확한 비판에 형식적으로 동의한다.

비난: 너는 도무지 믿을 수가 없어. 장 봐 온다고는 잊어버리고, 고지서 낸다고 하고 잊어버리고, 어디 가 있는지 연락이 통 안 되고.

반응: 지난 주일에 장보기를 잊어버린 것은 맞아. (부분적 동의)

비난: 치과에 안 가면 잇몸질환에 걸려 평생 고생할걸.

반응: 그럴 수 있겠지. (가능성에 동의)

(ㄷ) **더 물어보기** 비난이 애매모호할 때 상대방의 의도를 분명히 알아본다. 예를 들면, "내가 너를 정확하게 어떤 점에서 무시했니?", "내가 구체적으로 무엇을 잘못하는데?"라고 묻는 것이다. 이런 말을 할 때는 자신이 싸움을 원하는 것이 아니라 정보를 원한다는 것을 분명히 의식해야 한다. 이런 질문을 해보면, 비난처럼 들렸던 말이 실제로는 관심의 표현이거나 애원의 소리라는 것을 알게 되기도 하고, 상투적인 대화가 의미 있는 대화로 바뀔 수 있다.

[출처: McKay와 Fanning(1996, pp. 243-252)]

앞장에서 기분은 '배경감정'으로서 본인이 스스로 자기 기분을 모르는 수가 많다고 썼는데, 우리는 어떤 자세와 표정으로 사람을 대하는지도 잘 의식하지 못한다. 어깨를 펴고 등과 허리를 곧게 세운 당당한 자세가 있는가 하면, 그것이 지나쳐 거만한 자세도 있고, 다른 한편 구부정하고 고개 숙인 자세도 있다. 또한 상대를 편안하게 똑바로 바라보는 사람이 있는가 하면, 눈을 못 맞추는 사람도 있다. 자세나 표정은 기분에 따라 달라지기도 하지만 — 가령 기분이 처지면 자세도 구부러지고, 기분이 좋으면 얼굴도 자세도 펴진다 — 사람마다 '분위기'라고 할 수 있는 기본적 자세나 표정이 있다.

삶에 대한, 사람에 대한 당당한 자세는 아마도 넓은 의미에서 자신감, 자존심이라고 할 수 있고, 타인에 대한 배려는 따뜻함, 연민이라고 할 수 있을 것이다. 이러한 자신감이나 따뜻함이 사람을 상대할 때 기본에 깔려 있으면, 앞에서 약물중독센터 근무자가 겪은 일을 보았듯이 아무리 힘든 상황에서도 문제가 잘 풀릴 수 있다. 대화기술에는 이런 자세/태도가 중요한 역할을 하기 때문에 이런 저런 책들에서 시키는 대로만 한다고 단번에 뛰어난 '화술', '설득의 기술'을 부릴 수 있는 것은 아니다. 자신감과 따뜻함은 스트레스 대처에서 큰 심리적 자원이지만, 역시 중요한 자원인 몸 건강처럼 오랜 시간에 걸쳐 가꾸어진다.

4-2 신체적 자원

몸이 아프거나 피로할 때 조그만 일도 심각하게 커 보여서 과잉반응으로 일을 더 망쳤던 경험을 누구나 가지고 있을 것이다. 2 장에서 논의했듯이, 자신의 몸이 하는 말을 들으면, 즉 몸의 리듬에 맞서기보다 적응하면서 살면 건강을 쉽게 지킬 수 있다. 2 장에서는 설탕과 커피, 담배의 위험을 경고하고 비타민 B 복합과 운동이 저조한 기분과 컨디션을 극복하는 데 도움을 준다는 것을 배웠다. 위에서 이야기한 운동도 신체건강을 증진시킨다는 점에서 대처자원을 보태준다. 여기서는 신체적 자원 보충법으로서 잠자기와 이완훈련 두 가지를 생각해 보기로 한다.

(1) 잠 잘 자기

앞에서 잠자기가 많이 사용되는 스트레스 관리법이라고 썼는데, 3 장에서도 언급한 바와 같이 잠은 실제로 스트레스로 인하여 나빠진 면역기능을 회복시켜 준다. Coren(1996/97)은 18~25세의 건강한 대학생 약 2 천명을 적게 자는 집단(평균 7 시간 이하)과 많이 자는 집단(7 시간 이상)으로 나누어 지난 해 병원에 간 횟수를 조사해 보았다. 정상적으로 자는 집단은 이 횟수가 평균 1.6회였는 데 비해, 적게 자는 집단은 평균 3.7회나 병원을 찾았다.

이들의 면역체계가 얼마나 잘 작동하는지를 대강 알아보기 위하여 연구팀은 두 가지 사항을 조사하였다. 우선 보통 걸리는 감염을 알아보았다. 바이러스 감염(감기나 독감), 곰팡이균 감염(무좀, 곰팡이 감염), 박테리아 감염(부스럼) 등은 저절로 낫는 것이어서 꼭 의사의 치료가 필요하지는 않지만, 감염 횟수가 많을수록 면역체계가 약해졌음을 뜻한다고 생각되었다. 아울러 지난해에 몇 번이나 항생제 처방을 받았는지, 즉 면역체계가 도전을 받았는지도 물었다. 그 결과는 병원에 갔던 횟수에 근거한 결과와 비슷하여, 잠을 적게 자는 집단에서 면역사고가 두 배 이상 많았다. Coren은 영국의 작가 올더스 헉슬리의 말을 인용한다(pp. 230-231): "우리가 지금보다 더 많이 병들지 않고 더 많이 미치지 않은 것은 모든 자연의 은총 중에서 가장 축복받았고 축복을 내려주는 은총, 곧 잠 덕분이다."

글상자 4-4에 Coren이 자기 자신을 대상으로 한 '잠 다이어트' 실험의 결과를 소개한다. 그는 교통사고를 낼 뻔한 경험을 하고 7 주 만에 계획을 중단하였다. 많은 이들이 잠을 줄여 그 시간을 유용하게 써보려고 하지만, TV나 더 오래 볼 뿐 아니라, 생활의 리듬이 깨지고 능률만 떨어진다. 물론 스트레스가 너무 많으면 잠을 이루지 못하게 되거나 잠을 이루어도 깊이 못 자게 된다. 이는 일반적 적응증후군으로 말하면 저항에서 소진으로 넘어가는 심각한 상태라고 할 수 있다. 잠을 계속 못 자면 재충전이 안 되므로 에너지 소모가 가속화되어 스트레스 대처를 점점 더 못하게 된다. 수면제에 의존하기보다는 근본적 문제해결을 시도할 필요가 있다. 어쩌면 직장을 그만두어야 할지 모르지만, 소진의 끝은 죽음이라는 것을 생각해보면 결정 내리기가 쉬울 것이다.

(2) 이완 훈련

전반적인 건강상태와는 별도로, 스트레스 상황에서 긴장하거나 흥분하지 않고 편안할 수 있다면 스트레스 대처를 위한 아주 중요한 생물학적 자원이 된다. 위에 말한 것처럼 신체운동도 이완과 긴장해소에 도움이 되지만, 직접 이완기법을 배울 수도 있다. 이완기법은 우리에게 '명상수련'이라는 말로 더 잘 알려져 있고, 선이나 요가, 단전호흡, 초월명상 등도 모두 몸과 마음의 긴장을 푸는 이완 훈련법들이다. 누구나 한번쯤은 긴장상태에서 벗어나기 위해 조용히 앉아 눈을 감고 호흡을 가다듬으려고 시도했던 경험이 있을 것이다.

글상자 4-4 '잠 다이어트'의 결과(2)

2 장의 글상자 2-2에서 Coren이 잠을 5 시간으로 줄여 보려고 1 주일에 반 시간씩 잠을 줄여 가면서 쓴 메모기록의 전반부를 보았다. 아래에 그 후반부 기록의 일부를 소개한다(이후의 기록은 책을 참고).

제 5 주(6 시간)의 끝: 이게 제대로 되어 가는 일인지 모르겠다. 무엇보다도 나는 밤에 아주 잠깐씩 자는 것 같다. 지난 밤에는 시청자 편지 쇼를 보고 있었는데, 사회자는 무슨 설문의 가장 나쁜 무엇인가의 석차를 끝에서부터 제시하고 있었다. 나는 그가 이렇게 말하는 것을 들었다. '제10위는 …', 그리고 나서 '9 위는 …' 그리고 '4 위는 …'. 그래서 나는 깜짝 놀랐다. 8, 7, 6, 5를, 그러니까 대강 1.5 초 가량을 놓친 것이다. 감쪽같이 사라진 이 순간에 나는 아마도 졸았던 듯싶다. 그 밖에 심리적으로 신나고 활기 찬 느낌이 들지 않는다. 내 원고에 관한 편지를 받았는데, 발행인은 대폭으로 수정해서 싣겠다고 알려왔다. 난 정말로 낙담했다. CP 말로는 내가 마치 거절당한 것처럼 울적해 하고 있단다. 발행인이 말한 것은 수정을 하면 원고를 받아 주겠다는 뜻인데도 말이다. 어쩌면 그녀가 옳을 것이다. 그렇게 생각해도 별로 사기가 오르지 않았다. 나는 도대체 어떤 일을 끝마치는 것 같지가 않고, 일을 끝내건 말건 상관이 없다. 다음 주에도 여섯 시간 수면을 유지하는 것이 나을 것 같다. 그렇게 되면 잘 적응을 하는지 알게 되겠지.

제 6 주(6 시간)의 끝: 귀찮긴 하지만 별것 아니다. 내가 해낼 수 있다는 걸 알고 있다. 그냥 내 일을 계속 밀고 나가는 것이다. 다만 원래 계획대로 빨리 적응하지 못하고 있다. 내가 더 젊다면 더 잘될지도 모르겠다. 잠은 아주 잘 잔다. 침대로 들어가기만 하면 깬 채로 누워 있는 법이 없다. 머리가 베개에 닿자마자 곯아 떨어진다. 마치 소처럼 늘어져 버린다. 자명종이 없으면 아침에 일어날 수 없을 것이다. 때로는 일들이 예전과 같다고 느껴지기도 하지만 나는 연속적으로 파도 같은 졸음을 느낀다. 아침의 중간쯤에 첫번째 파도가 밀려오고 두 번째 파도는 점심 먹고 한 시간쯤 지나서 온다. 그런데도 밤이면 TV 보기도 어려울 때가 있다. 시계를 보면서 침대로 들어가기까지 남은 시간만 헤아리기 일쑤다.…

[출처: Coren(1996/97, pp. 95-97)]

명상수련을 하면 교감신경계의 흥분, 즉 '투쟁이나 도피'의 생리적 반응이 감소하므로 편안한 상태가 된다. 그런 점에서 잠든 상태와 비슷한 점이 있지만, 명상은 몸은 이완되어 편안하면서 정신은 명료하게 깨어 있는 상태이다. 여기서는 Benson(1975)이 제시한 명상기법을 소개한다.

① 주위가 산만해지는 것을 막기 위해 조용한 환경을 선택한다. 명상음악 테이프를 틀어 놓을 수도 있다.

② 주의집중을 위해 고정된 어떤 단어나 음절(예, '하나', '옴—')을 반복해서 말하거나, 고정된 어떤 대상을 계속 응시한다. 대상을 응시하지 않을 때에는 눈을 감는다. 호흡에만 주의를 집중한다. 숨을 내쉬면서 정해진 하나의 단어를 조용히 말하고 숨을 들이쉬기를 반복한다.

③ 잘하려고 애를 쓰면("나는 안정해야 해…") 이완하는 데 방해가 된다. 혼란스러운 생각이 머릿속에 떠오를 때마다 무시하도록 한다.

④ 편안한 자세를 취하되, 눕는 자세는 좋지 않다. 요가나 선에서 책상다리의 자세를 취하게 하는 것도 잠에 떨어지는 것을 막기 위해서이다.

스트레스 상황에서 나타나는 '투쟁-도피' 반응은 근육의 긴장·흥분이라고 볼 수 있다. 과도한 근육긴장은 스트레스 대처에 도움이 안 될 뿐만 아니라 그 상태가 지속될 경우엔 두통, 허리아픔, 천식, 관절염 등 정신신체적 질병들이 생기거나 악화된다. 근육긴장을 해소하기 위해 쓸 수 있는 방법이 점진적 근육이완 훈련이다. 긴장과 이완상태의 차이를 배우기 위하여, 머리에서 발끝까지 또는 그 반대로 주요 근육군을 차례로 이완시켜 결국 몸 전체가 완전한 이완 상태가 되도록 한다. 10회 정도 훈련하면 이 기법을 배울 수 있고 그 후에는 혼자서도 이완의 편안함을 경험할 수 있다.

4-3 사회적 자원

사회적 자원이 있다는 것은 스트레스를 겪을 때 도움을 청할 수 있는 사람들이 있다는 것을 말한다. 가족, 친구, 동료 그리고 이웃은 정서적 지원뿐만이 아니라 정보, 실제적 도움 같은 좀더 구체적인 지원도 베풀어 준다. 많은 연구들을 보면 결혼한 사람들은 이혼이나 사별한 사람들보다 더 건강하다. 홀로 된 사람들은 배우자를 상실한 고통도 있지만, 힘들 때 도움을 줄 사람이 부족한 것이다.

사회적 자원이 어떻게 해서 스트레스 극복에 도움을 주는 것일까? 첫째로, 스트레스 사건을 제대로 평가함으로써 문제해결에 도움을 받을 수 있다. 다른 많은 사람들도 지금 자신이 겪는 경험을 거쳤다는 것을 알게 되면, 자신의 문제를 확대하거나 과장하지 않고 현실적으로 평가하게 된다. 이를테면 남들도 발표할 때 떨린다는 것을 알게 되면 자신의 불안이 '정상'이 된다.

둘째로, 사회적 자원은 스트레스의 정서적 결과(분노, 불안 등)를 다루는 데 도움을 주기도 하고 실제적인 자원을 제공해주기도 한다. 실직당한 사람에게 위로해줄 배우자나 친구가 있다면 그는 덜 우울해질 것이며, 실직 동안 재정적인 도움을 받을 수도 있다. 친한 친구에게 고민을 털어놓으면 '다시 생각'하기가 쉬워진다.

마지막으로, 가족이나 친구는 스트레스를 어떻게 다루어야 효과적으로 극복하는지에 대한 정보를 제공해줄 수 있다. 예컨대, 친구나 선배 세 명이 발표 불안을 이렇게 극복한다고 각자 이야기한다면, 일단 해결책이 있다는 사실이 위안을 주고, 여러 가지 해결책 중에서 어느 하나를 써 볼 수 있다.

우리는 자기 일은 자기가 알아서 해야 한다고 배우며 남에게 고민 털어놓기를 꺼린다. 사회적 자원은 우리에게 여러 가지 가치 있는 도움을 주므로, 혼자 고민하기보다는 주위 사람들에게 고민을 이야기하는 자세를 가질 필요가 있다. 물론 그러려면 먼저 사회적 자원, 즉 기꺼이 우리의 이야기를 들어주고 도움을 베풀려는 사람들이 있어야 한다. 어려울 때 진정한 친구를 알아본다는 말이 있듯이, 놀 때는 같이 놀다가 문제가 있으면 귀찮아하고 외면하는 친구들도 많이 있다. 심지어는 가족들과도 대화와 공감이 되어야 우리가 어려울 때 의지할 수 있다.

'비폭력대화'에서 우리는 상대방의 느낌과 욕구에 주의를 기울이는 공감이 중요하다는 것을 배웠다. Rosenberg(2003/4, p. 140)는 자신의 경험을 예로 들었다. 어느 날 딸이 거울을 보며 "난 돼지처럼 못생겼어"라고 하자 그는 아이가 세상에서 제일 예쁜 얼굴이라고 위로해주었다. 그런데 딸이 화난 얼굴로 문을 쾅 닫고 나가버리는 것 아닌가! 비폭력대화 전문가로서 그는 "오늘 네 모습에

글상자 4-5 잘못된 위로와 격려

가까운 사람을 위로, 격려하려고 할 때 우리는 공감해주기보다 상투적인 말로 반응하는 경향이 있다. Rosenberg(2003/4, p. 141)가 열거한 예들을 보자.

- 조언하기: "내 생각에 너는 ~해야 한다", "왜 그렇게 하지 않았니?"
- 한술 더 뜨기: "그건 아무것도 아니야. 나한테는 더한 일이 있었는데…"
- 가르치려 들기: "이건 네게 정말 좋은 경험이 될 거야"
- 위로하기: "그건 네 잘못이 아니야. 너는 최선을 다했어"
- 다른 이야기 꺼내기: "그 말을 들으니 생각나는데…"
- 단정해버리기: "기운내. 너무 나쁘게 생각하지 마"
- 동정하기: "참 안됐다…"
- 심문하기: "언제부터 그랬어?"
- 설명하기: "내가 연락하려고 했는데…"
- 정정하기: "그건 그렇게 일어난 일이 아니다"

아마 대다수가 습관적으로 이런 말들을 할 것이다. 고민을 털어놓을 때 이런 말들을 들어본 기억을 떠올려보라. 더 이야기를 하고 싶었는가.

실망했니?" 같은 말을 했어야 했다. 글상자 4-5에서 고민을 털어놓거나 화내는 사람에게 우리가 흔히 하는 반응들을 보자. 모두 좋은 뜻으로 하는 말들인데, 한 가지 공통점이 있다. 상대방이 느낌과 욕구를 이야기하지 못하게 막는 것이다. 상대방은 위의 소녀처럼 문을 쾅 닫고 나가지 않을지 모르지만, 마음의 문을 소리 없이 닫을 것이다.

친구를 얻으려면 친구가 되어 주는 수밖에 없다. 어려움에 처한 친구들을 모른 척하다가 우리 자신이 괴로운 처지에 빠졌다고 찾아가서 하소연할 수는 없는 일이다. 특히 직장생활에서는 같은 직장 내에서 믿을 만한 동료를 만난다는 것이 아주 귀중한 자원이 된다. 꼭 '이용'이 목적이 아니라 동료애 자체가 생활의 윤활유가 됨은 물론이다. 아무튼 사람을 제대로 볼 줄 알고 우정과 신뢰를 키워 나간다는 것은 나날의 스트레스를 이겨내는 데 극히 중요한 일이다. 대인관계에 대해서는 7 장에서 배우게 된다.

4-4 자원 관리

문제해결적 스트레스 대처의 전략과 자원에 대해 생각해보면, 자원이 없으면 전략도 없다는 점에서 자원이 더 결정적이라는 것을 알 수 있다. 앞장 말미에서 정신건강이란 스트레스를 견디고 이기는 힘(면역력, 저항력)이라고 했는데, 이는 곧 '기초체력'이라는 자원을 말한다. 물질적·경제적 자원도 무시할 수 없다. 돈 없고, 집 없고, 결혼 못하는 '3무 세대'(우석훈, 2009, p. 166) 20대 대다수는 부모가 재벌이 아니다. 서울 강남의 경제 엘리트의 생활패턴을 선망하여 명품구입에, 일류 성형외과에 아르바이트 월급 몇 달치를 갖다 바치겠는가 아니면 '잃을 것이 없는' 사람으로서 건강과 행복을 지킬 길을 찾겠는가.

기초체력, 신뢰할 수 있는 인간관계들, 당당한 자세 등은 노력에 따라 가꾸고 쌓아갈 수 있는 신체적, 심리적, 사회적 자원들이다. 이 자원들도 경제적 자원처럼 부모 잘 만난 사람들(소위 엄친아, 엄친딸)만 타고난 운명적인 것으로 받아들여진다면, 하루아침에 얻어지지 않고 오랜 시간에 걸친 꾸준한 노력(과 공부)이 필요하기 때문이다. 그러나 문제해결과 감정조절을 뗄 수 없는 것처럼 자원과 전략도 뗄 수 없는 관계이다. 즉 자원 관리에도 전략이 있다. 대처전략을 잘못 쓰면 '자원관리'에 실패하고, 자원을 키우려면 그때그때 부딪치는 크고 작은 문제들에서 전략을 잘 써야 한다.

앞서 소개한 비폭력대화의 출발은 내 욕구나 가치와 어긋나는 *행동*을 보게 되는 것이었다. 가령 나는 집안이 정돈되어 있어야 좋은데 아들이 여기저기 양말을 벗어 던져 놓았고, 좋아하는 친구와 같이 시간을 보내고 싶은데 친구는 시험 공부한다고 나를 잘 만나주지 않는다. 행동을 본 대로 진술하며 대화를 시작하려면 나 자신의 욕구를 제대로 인식해야 한다. 펠릭스 엄마가 '상태'가 안 좋은 채 집에 돌아왔다면 아들의 행동(이 엄마 욕구와 어긋나는 것)이 아니라 *아들 자신*이 문제라고 보았을 것이다. 그러면 "너는 맨날…", "너는 도대체…" 하는 욕이 나온다. 아들은 순순히 자기가 어질러 놓은 것을 얼른 치울지 모르지만, 그렇다고 엄마 눈에 아들이 금방 예뻐지지도 않는다. 이미 문제는 어질러진 거실이 아니라 아들 자신이 아닌가. 아들이 화내며 제 방으로 들어가 버리기라도 한다면 엄마는 더 욕을 퍼붓는다. 이제 아들은 앞으로도 다른 문제들로 '속을 썩일' 확률이 크다. 잘못된 전략을 써서 자원이 더 나빠진 것이다.

엄마의 (심리적, 신체적) 상태가 좋았다면, 성격이 느긋하다면, 화가 났다고 해도 '우선멈춤'을 하고 '다시 생각'했을 것이다. 과거 비슷한 장면에서 야단을 쳤더니 되레 싸움을 걸어와 장기전이 되었던 기억을 되살릴 수도 있다. 더 근본적으로 "나는 어떤 엄마가 되고 싶은가", "나는 절대로 어떤 엄마는 되지 않겠다고 마음먹었는가" 하는 물음을 스스로 던져볼 수도 있다. 욕먹은 아들이 문 쾅 닫고 들어가버린 다음에라도 — 5분 뒤에든 5시간 뒤에든 — 따라 들어가 사과할 부분은 사과할 수 있다. 이 모든 것은 감정이 이미 조절되었을 것을 전제한다. 엄마에게 존중받는다고 느끼면 아들은 엄마의 욕구와 가치를 앞으로는 존중할 확률이 크고, 엄마는 긍정적인 '예상대처'를 한 게 된다.

모든 스트레스가 인간관계 문제에서 나오지는 않는다. 대학생의 경우 취업 스트레스가 대표적이다. '문제'가 너무 커 보이면 압도당한 나머지 자기가 원하는 것이 무엇인가, 그것을 이루는 대안들은 무엇인가를 따지지 못하고 남이 하는 대로 따라가기 쉽다. 전형적인 것이 '스펙 쌓기'에 시간과 돈과 에너지를 쓰는 것이다. 여기서도 자원과 전략은 밀접한 관계가 있고 자원이 더 중요하다. 아르바이트로 돈을 벌어야 하는 처지라면 자원들이 더 빠듯해지고, '잠 다이어트'라도 한다면 신체적, 심리적 '상태'는 더 나빠진다. 이것저것을 다 하려고 하면 어느 하나도 제대로 못하게 되고 아주 중요한 자원인 자신감이 점점 더 흔들린다. 그럴수록 늘 하던 대로 즉각 반응하는 습관을 버리고 '전략적 사고'를 해야 한다.

'상태'가 좋아야 무엇을 왜 하는지를 질문하고 계획을 세워 실천에 옮길 수 있다. 소위 '스펙'은 대기업들에서 요구하는 것으로 알려져 있다. 나는 꼭 대기업에 취직하고 싶은가? 왜? '대기업'이라고 전부 똑같은 조건을 요구하는가? '공무원'을 지망한다면 어떤 일을 하는 공무원인가? 그 일을 하는 길이 공무원시험밖에 없는가? 해외어학연수를 하면 영어를 모국어처럼 하게 되는가? 영어가 정말 중요하다면 해외연수 말고 길이 없는가? 이런 정보를 얻으려면 신문도 열심히 읽고 해당 기업들의 홈페이지도 찾아보고 학교에서 열리는 취업특강들도 가서 들어보는 등 적극적으로 나서야 한다. 취업과 관련된 문제들은 9장에서 다루게 된다.

목표가 뚜렷하면 전략적 사고가 그리 어렵지 않다. Rosenberg(2003/4)는 '즐겁지 않은 일은 하지 말라'고 조언한다(p. 197). '엄친아'의 짜증나는 헛소리로 들리는가? 삶을 풍요롭게 하는, 즉 다른 사람들과 우리 자신의 인생이 더 나아지게 하는 것이 — 돈 벌고 인정받는 것이 아니라 — 우리 삶의, 행동의 목적이라는 것을 인식할 때는 힘든 일도 놀이 같아진다. '취업이 된다면 영혼이라도 팔겠다'는 자세라면 하루하루가 지옥이고 취업준비인들 제대로 될 리 없다. 즐겁게 할 수 있는 활동도 두려움, 죄책감, 수치심, 의무감 때문에 한다면 더 이상 즐겁지 않고 나아가 하기 싫어진다. 추구하는 욕구가 무엇인지 분명하게 깨달은 다음에는 일이 힘들고 괴로워도 즐거운 놀이처럼 할 수 있다.

요약 및 결론

스트레스에 대처한다는 것은 괴로움을 주는 문제를 해결하고 공포, 분노 등 부정적 감정들을 조절한다는 것을 뜻한다. 문제해결적 대처가 불가능하거나 당장 힘들 때는 (우선) 감정조절을 하게 된다. 문제해결은 감정조절을 가져오고 또 감정이 조절되면 문제해결이 더 쉬워지기도 한다.

문제해결적 대처는 문제와 목표가 무엇인지 정의하고, 무엇을 할 수 있는지 알아보고, 그 중 가장 좋은 대안을 실천에 옮기는 등을 포함한다. 많은 경우 문제가 커지기 전에 그것이 줄 스트레스를 예상할 수 있기 때문에, 미리미리 대처하는 것이 중요하다. 일터와 가정에서 겪는 스트레스의 대부분은 사람 사이의 문제들에서 나온다. 보통 관계가 손상될까봐 작은 문제들을 참고 넘기지만 나쁜 감정이 쌓이면 결국 폭발하게 된다. 그것을 예상한다면, 아직 감정이 악화되지 않았을 때 감정과 의사를 말로 직접 표현할 수 있다.

문제해결적 대화의 방법으로서 '**비폭력대화**'를 소개하였다. 문제가 되는 행동을 있는 그대로 진술하고, 내가 느끼는 감정, 그 감정과 연결된 욕구나 가치를 인식하고, 상대방이 해주기 바라는 행동을 구체적으로 언급하는 관찰-느낌-욕구-부탁 단계들을 따르면 나와 상대방 양편의 욕구(목표)를 충족시키는 길을 찾게 된다.

학교와 직장, 사회에서 겪는 많은 문제들은 개인의 문제라기보다 여러 사람의 이익과 관련되는 구조적 문제인 경우가 많으므로, 그럴 때는 비슷한 피해를 입는 사람들끼리 **공동 대처**를 하는 것이 효과적이다. 이는 같은 공동체에 속한 사람들끼리 우정과 연대를 키우는, 즉 '사회적 자원'을 쌓는 길이기도 하다.

문제가 커져서 감정이 격해졌을 때는 감정부터 조절해야 해결을 생각할 수 있다. 흔히 사용하는 **감정조절 전략**은 회피와 다시 생각하기이다. 회피란 괴로운 일을 생각하지 않으려 하는 노력을 말하는데, 잠자기, 노래방 가기, 술 마시기 등이 일반적인 회피수단들이다. 문제해결만이 궁극적 감정조절을 가져오므로, 감정이 어느 정도 조절되는 대로 다시 문제를 직시하도록 해야 한다. 또, 감정은 생각(평가)에서 비롯되므로, 이미 벌어진 상황도 다시 생각해서 달리 평가하게 되면 감정을 조절하거나 바꿀 수 있다.

고통스러운 상실을 당할 때 우리는 흔히 그 사실을 부정한다. 아무것도 할 수 없는 상황에서는 부정과 착각으로 감정조절을 할 수 있지만, 문제해결적 대처가 가능한 상황에서는 문제 자체를 부정해 버림으로써 치명적 결과를 부를 수 있다.

스트레스에 대처할 때 전략만큼 중요한 것이 **자원**이다. 긍정적 사고를 하고 자신감 있고 정서적·실제적으로 독립하고, 사회적 기술(대화기술) 등이 있는 사람은 심리적 자원이 남보다 튼튼한 것이다. 신체적 자원이란 건강한 몸인데, 자신의 리듬에 맞서기보다 적응하면서 생활하는 태도가 중요하다. 충분한 수면도 면역기능을 강화시키고 스트레스에 강해지게 한다. 이완기법도 익혀두면 스트레스 상황에서 '투쟁-도피' 반응을 줄이는 데 도움이 된다. 마지막으로, 지지하고 도와주는 가족과 친구들(사회적 자원)도 스트레스 대처에 큰 도움을 준다. 이 자원들은 모두 하루아침에 생기는 것이 아니라, 오랜 세월에 걸쳐 투자하고 노력해야 얻어진다.

제 5 장

행동과 습관의 변화

사람마다 스트레스에 대처하는 특징적인 방식이 있다. 중요한 시험을 앞두고 어떤 사람은 오래 전부터 언제가 시험이냐, 범위가 어떻게 되느냐 하고 묻고 시험 때까지 다른 아무것도 못 하는가 하면, 어떤 사람은 시험 바로 전날에도 친구와 만나서 밤늦도록 놀다 들어와 당일치기를 한다. 시험시간에도 10분이 채 안 되어 답안지를 내고 나가는 학생이 있는가 하면, 결국 답도 못쓰면서 끝까지 버티는 학생이 있다.

앞장에서 스트레스 대처를 위한 심리·사회·신체적 자원들을 논의할 때, 독자들은 아마도 자신의 '자원'들을 점검해 보았을 것이다. 세 가지 자원은 모두 우리 자신의 습관과 행동에서 나온다. 몸이 하는 말을 듣는가, 충분한 운동을 하는가, 다른 사람의 말을 귀기울여 듣는가, 화나거나 두려울 때 술과 잠에 빠져버리는가 하는 등등에 따라 몸과 마음이 건강한가, 가족, 친구, 동료들과 잘 지내는가 하는 등이 결정되는 것이다. 자신의 성격이나 행동에 100% 만족하는 사람은 없다. 좀 적극적이었으면, 친구의 무리한 부탁을 거절할 수 있으면, 담배를 끊을 수 있으면, 화 날 때 참을 수 있으면 또는 화내는 법을 알았으면 하는 등 희망사항도 다양하기 그지없다.

자신에게 불만이 많다면 자기에게 다 만족하는 사람은 없다는 것을, 또한 전문가의 도움을 받지 않고도 자신을 고칠 수 있다는 것을 알아 둘 필요가 있다. 그런데 성격을 어떻게 고치느냐고 반문한다면, 그는 자신이나 남들의 행동에 대해서 어쩔 수 없다고, 원래 그런 사람이라고 변명하거나 체념하고 싶은 것이다. 우리가 취할 입장은 이것이다: 성격은 고칠 수 없을지 모르지만 행동은 고칠 수 있다. 이 장에서는 행동변화에 효과적이라고 알려져 있는 행동수정과 인지-행동치료에 대해서 공부해 보기로 한다.

1. 행동의 자기통제

지금까지 우리는 몸이 건강해야 마음도 건강하고 그 반대이기도 하다는 것을 보았다. 같은 말을 스트레스 대처에서는 '기초체력'이 좋아야 좋은 전략이 나오고 또 좋은 전략을 써야 자원도 쌓인다고 표현하였다. 몸 건강을 챙기는 것이 더 쉬우므로 몸을 잘 돌보아서 '건강한 정신'을 지키는 것이, 먼저 자원을 관리하는 것이 더 현명한 길이라고 조언했는데, 행동과 성격도 마찬가지이다. 결국 성격이란 습관적 반응 및 행동양식들을 말하므로, 작은 것이라도 반응 및 행동 습관들을 하나씩 고쳐간다면 성격을 고치는 것이 된다.

행동과 습관을 스스로 고치는 일은 그리 쉬운 것은 아니며, 상당한 지식과 훈련이 필요하다. 의지력만 있으면 행동이건 성격이건 하루아침에 고치는 것이 아니냐, 무슨 지식과 훈련이 필요하냐고 반문하는 사람이 있을지 모르겠다. 맞는 말이다. '의지'만 있으면 담배도 끊고 게으름도 고칠 수 있다. 그러나 성격을 고친다는 거창한 목표를 세우지 않는 것처럼 우리는 의지력이라는 모호한 수단에 의지하지도 않을 것이다.

1-1 의지력과 동기

자신을 잘 다스려 계획한 목표를 끝내 성취하는 사람을 보고 '의지가 강하다'고 한다. 의지력이 자기 자신을 통제할 수 있는 능력이라고 본다면, 그것은 개개인이 가지고 있는 특질, 즉 성격적 특징이 된다. 그러므로 많은 다른 성격

특징에서처럼 우리는 의지력도 있거나 없고, 강하거나 약하고, 강하든 약하든 바꾸기가 힘들다고 생각한다. 행동이나 습관을 고치는 첫걸음은 의지력을 키워야 한다는 생각을 버리는 것이다. 성격변화라는 목표를 거부하는데 그 수단으로서 성격변화에 의지한다는 것이 이상하지 않은가?

의지력 대신 우리는 행동의 **자기통제**(self-control)에 대해서 이야기하기로 한다. 자기통제는 자기 자신에 대해 그리고 외부세계에 대해 스스로 통제를 행사하는 것을 말한다. 선택하고 결정 내리며, 행동을 하거나 억제하고, 행동계획을 세우고 수행하는 등이 모두 자기통제행위들이다. 학생들이 고치고 싶다는 버릇 중에는 '다혈질', '욱하는 성격', 게으름, 미루는 버릇같이 자기통제와 관계된 것들이 많다.

자기통제는 성격특성이 아니라 배울 수 있는 행동이다. 사회화 과정의 중요한 부분은 사실 자기통제의 학습이다. 어린아이의 행동은 처음에는 부모나 교사 같은 '중요한 타인들'에 의해서 통제된다. 어른들은 아이가 '올바르'게 행동했을 때는 북돋아 주고, '잘못'을 했을 때는 비난이나 처벌을 한다. 커가면서 아이는 점점 외부의 지시가 없어도 자신의 행동을 스스로 통제할 수 있게 된다. 스무 살이 넘어서도 구속과 강제 속에 살아가면서 더 늦기 전에 자기 인생의 주인으로 살고 싶다면, 평소 문제되는 행동을 고쳐보는 연습이 중요한 시발점이 될 것이다. '천리 길도 한 걸음부터'니까.

'뜻이 있는 곳에 길이 있다'고 하듯이 통제하려는 의지가 없이는 물론 통제도 있을 수 없다. 이러한 의지를 앞으로 **동기**(motivation)라고 부르기로 한다. 행동변화의 맥락에서 동기가 있다는 것은 변하고 싶다는 것을 말한다. 우리는 주위에서 입버릇처럼 "끊어야 하는데"라고 말하면서 "그런데 나는 의지가 박약해서" 금연을 못 한다고 변명하는 흡연자들을 흔히 본다. 그들은 사실 동기가 충분히 강하지 않은 것이다. 우리는 자신의 이런 저런 불만스러운 행동과 습관에 대해 "나쁘다는 것을 나도 잘 아는데, 의지력이 약해서"라고 변명하곤 한다. 성격과 의지력은 이렇게 변화를 거부하기 위한 혹은 동기부족에 대한 핑계로 자주 사용된다.

동기는 어디서 나오는가? 가장 직접적으로는, 현재의 행동으로 인해 충분히 고통받을 때 변화를 원하게 된다. 흡연자가 심한 기침으로 고생을 한다든지,

가족이나 동료들에게 매일 불평과 비난을 듣는 것이 괴로울 때 금연 동기가 생긴다. 게으름을 예로 든다면, 게으름으로 피해를 입거나 고통 받지 않는 한 그 사람은 변화를 원치 않을 것이다. 누가 옆에서 — 잔소리를 하면서도 — 일일이 챙겨준다면 그렇게 편한데 누가 변하고 싶겠는가?

변하려는 동기는 지식과 통찰로부터도 나온다. 흡연과 암의 관계에 대한 지식을 얻는 것처럼 바람직하지 않은 행동과 습관들이 얼마나 자신에게 해로운지를 깨닫는다면 변하고 싶어진다. 앞장에서 문제해결적 대처를 논의할 때 문제분석과 예상대처를 강조하였거니와, 자신의 어떤 행동이 결국 어떤 결과를 가져오리라 — 예컨대, 룸메이트에게 화나는 것을 계속 참으면 결국 관계가 깨진다 — 는 것을 내다보면 행동을 고쳐야겠다는 동기가 생길 수 있다.

행동과 습관들이 애초에 어떻게 생겼으며 왜 없어지지 않는가를 이해하는 것도 중요하다. 행동주의자(behaviorist)들은 모든 행동이 학습된다고 말한다. 담배 피우는 행동이 학습된다는 말은 담배를 끊는 행동도 학습된다는 말이 된다. 즉, (학습된) 행동과 습관의 변화는 그 자체가 학습이다. 우리의 행동과 습관이 어떻게 생겨나 없어지지 않는지 그 원리를 알아보기로 하자.

1-2 행동의 학습과 유지

우선 자신의 행동을 S-O-R-C의 틀로 분석하면 도움이 된다. 이 네 요인은 각각 **자극**(Stimulus) 혹은 환경, **유기체**(Organism) 혹은 개인의 사고, 감정, 생리적 상태 등, **반응**(Response) 혹은 행동, 마지막으로 행동에 따라오는 보상이나 처벌 같은 **결과**(Consequences)가 된다. 행동을 고치기 위해서는 이러한 요인들 각각을 그리고 상호 연결을 깨달을 필요가 있다.

(ㄱ) 행동변화를 원한다면 어떤 '문제행동'이 있기 마련이다. 이것이 **R요인**이다. 위에서는 흡연과 게으름을 주로 예로 들었다. 자신의 어떤 행동을 고치려는 계획을 세울 때에는 그것이 왜 문제인지를 깨달아야 한다. 그 행동이 어떤 문제를 가져오며 그것의 포기가 자신에게 어떠한 도움을 주게 될 것인지에 대해 먼저 인식해야 그 행동을 고쳐야겠다는 동기가 생겨나기 때문이다.

(ㄴ) 어떤 행동이든 그것이 일어나는 환경이나 조건이 있기 마련이다. 이것

이 **S요인**이다. 흡연자가 언제나 담배를 입에 달고 있지는 않으며 게으른 사람도 언제나 게으른 것은 아니다. 허기를 느낄 때 담배를 피운다든지, 아내가 있을 때 게으름을 피운다면, 허기나 아내가 문제행동에 대한 자극 내지 단서(cue)가 된다. 음식을 보자마자 또는 시계를 보자마자 갑자기 배가 고파진다면, 음식물이나 시간이 바로 먹기의 촉발단서가 되는 것이다.

(ㄷ) 행동의 결과(전문용어로 '강화'), 즉 **C요인**도 문제행동 발생과 유지에 중요한 역할을 한다. 부모에게 말대꾸하면 혼나고 순종하면 착한 아이라고 칭찬받으며 자라난 사람은 좋다 싫다는 표현을 못하고 남에게 끌려다닐 수 있다. 이렇게 행동하면 주위에서 '착한 아이', '원만한 성격'으로 인정해주기 때문에, 손해보다 이익이 더 많기 때문에, 이런 소심함이 없어지지 않는다. 문제행동이 괴로움을 주는데도 불구하고 없어지지 않는 이유는 그것을 함으로써 오는 이익, 즉 보상이 있기 때문인 것이다.

이 보상이 처벌이나 고통으로 바뀔 때 또는 보상보다 처벌이 커질 때 그 행동이 '문제'가 된다. 자기표현을 못하면서 손해를 많이 볼 때, '착한 아이'가 칭찬이 아니라는 것이 분명해질 때, 소심함을 고치고 싶어지게 된다. 게으름의 예에서, 아내가 계속 잔소리를 하면서도 모든 것을 일일이 챙겨주고 보살펴줄 때, 잔소리는 싫지만 편안함이 좋다면 그의 게으름은 변하지 않는다. 아내가 이혼얘기를 꺼내며 더 이상 챙겨주지 않는다면 그는 게으름을 포기할지 말지 훨씬 더 진지하게 생각한다.

(ㄹ) 마지막으로 **O요인**은 감정, 생각이나 생리적 상태를 말한다. 힘든 상황에 부딪칠 때 우리는 가슴이 뛰거나 입이 마르며, 또한 자신에게 이런저런 말도 한다. '나는 할 수 있어', '별로 힘들지 않을 거야'라고, '나는 안돼', '될 리가 없어'라고 하는 등이다. 심상(image)을 그리기도 한다. (잘 해낼 경우에) 기분 좋은 모습, 부모의 웃는 얼굴이 떠오르는가 하면, (실패할 경우에) 부모의 실망한 얼굴, 비웃는 친구들 등이 그려진다. 소심한 사람이 친구의 무리한 부탁을 거절하려 할 때 긴장하지 않고 평온할 수 있다면, 스스로 용기 주는 말이나 생각을 하고 당당한 자기 모습을 그려볼 수 있다면, 그렇지 않을 경우보다 그 바라는 행동을 더 잘할 수 있을 것이다.

(ㅁ) 어떤 문제행동이 계속 유지되는 상황을 정리해 보자. 우선 어떤 전형적

인 자극, 단서, 혹은 상황(S)이 있고, 그에 대한 우리의 생리적·심리적 반응(O)이 있으며, 문제의 행동(R)을 하게 되고, 그 행동에 따라오는 결과(C)가 있기 마련이다. 우리는 대부분의 경우 이러한 요인들의 연쇄를 거의 의식하지 못하지만, 연습하고 주의를 기울이면 이러한 과정의 상당부분이 분명해진다. 행동(R)을 고치기 위해서는 세 요인 중 어느 것이든 고쳐야 하며, 두 개 혹은 세 개 요인 전부에 변화를 일으킬 수 있다면 물론 더 효과적이다.

문제행동을 이 틀에 맞추어 분석하려면 자기 자신을 관찰하고 연구하는 자세가 필요하다. 행동이 일어나는 상황에도 주의를 기울이고 가까운 사람들의 행동도 관찰해야 한다. 글상자 5-1에 한 정신분열증 청년이 수행한 '연구'를 소개하였다. 위에서는 설명을 위해 각 요인이 한 가지 항목으로 구성된 예들을 들었지만, 글상자에서 보듯이 현실은 다르다. 가령 문제행동인 '폭발'만 해도 부모 때리기부터 어린애 같은 행동까지 다양하다. 또 네 가지 요인이 깨끗하게 분리되지 않으며 서로 얽혀 있다. 가령 문제행동(R)을 함으로써 스스로 "도화선에 불을 붙인"다(S). 또 "폭발의 에너지를 축적하는 중요한 과정"이라는 틀어박히기(R), 죄책감과 스트레스(C)는 다시 S와 O 상태를 만들어낸다.

가와사키는 지나칠 정도로 '자기를 직시'하는 사람이었는데, 연구를 시작하면서 시선을 자신의 내면에서 밖으로 돌려 자신의 행동과 감정, 부모의 행동을 관찰하기 시작하였다. 자기가 어떤 문제행동을 어떤 맥락이나 상태에서 하며 어떤 결과들을 초래하는가를 이해하게 되면 그 행동들을 계속하기 힘들다. 자기를 연구, 분석하는 태도가 구속이 아니라 해방을 의미하는 것이다. 이 장에서 우리는 외현적 행동과 내현적 행동을 통제하고 변화시키는 방도를 공부하게 된다. *외현적 행동*이란 흡연이나 게으름같이 밖에서 관찰할 수 있는 행동을 말한다. *내현적 행동*이란 O요인의 일부로서, 밖에서 관찰할 수 없는 사고과정이나 생리적 상태를 나타낸다. 우선 외현적 문제행동을 수정하기 위한 자기개선 프로그램을 소개하고 나서, 생각을 바꾸기 위한 인지-행동치료를 살펴보기로 하자.

글상자 5-1 '폭발'에 대한 연구

"있는 그대로를 긍정하는 정신장애인들의 희망공동체"라고 스스로 부르는 일본 '베델의 집'에 사는 가와사키 히로시는 환청, 피해망상에 시달리는 정신분열병자로, 이 공동체에서 부모와 같이 살고 있다(*베델의 집 사람들*, 2002/8, pp. 150-159). 그에게 '연구'를 권한 사회복지사 말에 따르면, 그는 자기 자신을 믿을 수 없어서 "자신이 무섭다"는 사람이었다(p. 171). 가와사키는 자신의 문제를 '폭발'로 규정하고 연구를 시작하였다. "폭발의 메커니즘을 연구하여 나와 가족을 행복하게 하자"는 것이 연구목적이었다. 그의 연구내용을 S-O-R-C 틀에 맞추면 다음과 같다.

S 부모에게 트집 잡기로 "도화선에 불을 붙이"는데, "초밥 먹고 싶다"고 하면 부모가 싫은 얼굴을 하기 때문에 일부러 조른다. 부모는 불만이 쌓이지만 폭발이 무서워 무척 조심한다. 그는 "여러 가지 장치를 준비해두고 적절한 시간을 기다리"다가 "폭발장소를 확보하고 쾅!하고 폭발"한다.

O 폭발은 "다양한 인간관계에서 오는 스트레스로 인해 초조함이 심해져" 일어난다. 평소에 강물을 막아놓으면 태풍에 넘치는 것과 같다. "괴로운 것은 부모 탓"이라는 생각에 분노가 치밀어 집에 불을 지르기도 하였다. "아아, 왜 세상일이 생각대로 되지 않는 걸까?"라는 생각도 한다. 그는 어릴 때부터 천식발작을 자주 겪었는데, 호흡곤란도 궁지에 몰릴 때 나타나는 폭발의 일종이라고 본다.

R 부모를 때리고, 밥 먹다가 밥그릇을 던지고, 밥상을 엎고, 부모가 가장 소중하게 여기는 것을 부셔버리는 등이 그가 하는 구체적 행동들이다. 틀어박히고("폭발의 에너지를 축적하는 중요한 과정") 어린애 같은 행동을 하기도 한다.

C 행동의 직접적 결과는 "쾌감"이다. 밥상에 맛있는 반찬이 늘어나고 부모가 아들 눈치를 본다. 그러나 부정적 결과들도 있다. 부모를 때리고 나면 죄책감이 들고 스트레스가 쌓이며, 부모도 스트레스로 담배를 많이 피워 심근경색이 되었다.

그는 이제 변하고 싶다. 부정적 결과들 때문이기도 하고, 이제 부모를 떠나지 않을 수 없는 나이라고 생각하기 때문이다. 자신을 잘 알고 있어야 인간관계를 잘 할 텐데, "자신을 알고 있다는 것은 자신을 알려고 하는 의사가 있다는 뜻"이다.

[이 연구수행이 자신을 알고 싶은 동기의 표출이었다.]

연구를 바탕으로 그가 세운 목표("폭력의 처방전")는 '폭발하지 않는 것'이 아니라 '천천히 폭발하는 것'이다. 구체적으로

- 폭발신호를 알아채고 다른 사람에게 '폭발 자체'를 인정받는다.
- 그래도 '순간폭발'을 할 것 같으면 이야기상대를 찾아낸다. 부모와 이야기할 때는 제삼자를 포함시킨다. 부모는 너무 가까운 존재여서 마음의 거리를 두기가 힘들기 때문이다.
- '베델의 집'에서 정신분열증 경험자들의 자조(self-help)집단을 이용하여 의사소통 연습을 하고 자신의 병을 재검토한다.

폭발을 억제하다가 오히려 폭발해버리고, 후회와 공포로 자포자기하던 그는 폭발 자체를 긍정하며 '파괴적이고 도피적인 순간폭발'을 그만두고 폭발의 에너지를 잘 활용하고 싶다.

꽤 잘난 척하며 썼습니다만, 저는 '폭발의 유용한 활용'에 대한 연구를 이제 막 시작했을 뿐입니다. 지금도 순간폭발의 유혹에 시달리고 있고 실수도 합니다. 그래도 지금까지와 다른 것은, 폭발의 속셈을 밝혀버렸기 때문에 예전처럼 폭발하기 어렵다는 것입니다. 속임수가 드러난 마술을 하는 것과 같은 셈입니다(pp. 158-159).

가와사키는 '베델의 집'에서 열리는 '환각과 망상 대회'에서 2001년에 '최우수신인상'을 받았다. 공식적인 수상근거는 다음과 같다(p. 155).

당신은 정신분열병과 사귀는 데 고생하면서도 연구에 몰두했고, 우라카와에서의 생활 체험을 통해 자기 고생의 핵심이 '폭발'이라는 것, 폭발의 징조로서 '부모에게 초밥을 사달라고 한다는 것'이라는 중요한 발견을 했습니다.

앞으로 폭발형 정신분열병의 연구 성과가 세계 평화와 인류의 미래에 지대한 공헌을 하리라 생각합니다.

2. 행동 고치기

행동과 습관이 어떻게 형성(학습)되는지를 알았으니까, 그 원리를 적용하여 자신의 바람직하지 않은 행동과 습관들을 고쳐보자. 여기에 소개하는 프로그램은 행동단서(S요인)와 행동결과(C요인)를 변화시킴으로써 외현적 문제행동(R)을 고치는 절차이다. 프로그램을 시작하려면 먼저 목표를 세워야 한다.

2-1 목표 세우기

목표를 정할 때 무엇보다도 주의할 점은 모호한 성격특성이나 태도가 아니라 구체적인 행동을 목표로 정한다는 것이다.

(ㄱ) **달성 가능한 목표** 가와사키에게 '천천히 폭발하기'는 '폭발 안 하기'보다 현실적인 목표이다. 행동 고치기 프로그램에서 사람들이 자주 범하는 잘못 중의 하나는 비현실적인 목표를 세우는 것이다. 지난 학기에 학사경고를 받은 학생이 다음 학기엔 전 과목에서 A 학점을 받겠다는 목표를 세운다면 그 계획은 실패하기 쉬울 것이다. 다음 학기에는 5 과목 중에서 3 과목의 학점을 한두 등급씩 높이겠다는 목표가 훨씬 더 현실적이다. 한 번 목표를 이루고 나면, 더 높은 목표를 세워야겠다는 동기와 자신감을 갖게 된다.

(ㄴ) **긍정적인 목표** 많은 경우 우리는 폭발 같은 나쁜 습관을 벗어나고 싶다. 그러나 무엇을 하지 *않겠다*는 소극적 목표보다 무엇을 *하겠다*는 긍정적, 적극적 목표('천천히 폭발')를 세우는 것이 더 좋을 때가 많다. 고치려는 나쁜 습관과 양립할 수 없는 행동을 목표로 설정하는 것이다. 예를 들면, TV 보는 시간을 줄인다는 목표보다는 하루에 몇 시간씩 테니스를 친다든지 책을 읽는다든지 하는 목표를 세우는 것이 좋다. 테니스를 치거나 독서를 한다면 자연히 TV는 덜 보게 된다. 다른 예로, 한 학생이 동아리회원들에게서 너무 설치고 말이 많다는 비판을 여러 번 받고 말을 줄이기로 결정하였다. 그런데 하고 싶은 말을 참기가 너무 힘들었다. 그는 목표를 바꾸어 남의 말에 귀기울기로 하였다. 그 결과 말을 덜하게 되었을 뿐 아니라, 말을 해도 남의 생각을 잘 알고 반응하게

되었다.

(ㄷ) **구체적 목표** 가와사키는 폭발신호를 알아챌 때 이야기상대를 찾아낸다든지, 자조집단에 참여한다든지 하는 구체적 목표들을 세웠다. 학생들에게 고치고 싶은 버릇이 무엇이냐고 물어보면, '게으름', '미루기', '다혈질'('욱하는 성격') 등같이 막연한데, 목표를 행동의 용어로 정의하는 것이 중요하다. 예를 들어서, 문제가 남 앞에서 자기주장을 잘 못하는 것일 때, 목표를 '독립성을 기르자'가 아니라 '싫은 일을 부탁받을 때 거절하기'나 '수업시간에 발표를 자원하기' 같은 구체적인 행동들로 정한다. 게으름이 문제라면 구체적으로 어떤 영역, 어떤 과제에서 어떤 행동들이 문제인가. '욱하는 성격'이라면 누구에게 어떤 행동으로 나타나는가.

다음으로, 측정할 수 있는 방식으로 목표를 정의해야 한다. 프로그램 절차의 '진도'와 성공 여부를 확인해야 하기 때문이다. 예를 들어, '공부를 열심히 하겠다'는 막연한 목표보다는 '매일 공부하는 시간을 다섯 시간씩으로 늘인다'는 목표가 더 바람직하다. '공부시간'은 책상에 앉아 있는 시간인데, 책상에 앉아서 소설책을 읽거나 공상을 할 수 있으므로 책 읽는 양(페이지 수)을 정한다면 더 구체적이다. 그러나 100페이지를 읽어도 건성으로 읽을 수 있으므로, 읽고 이해한 혹은 내용을 요약한 페이지 수로 목표를 정하면 더 구체적이 된다.

2-2 행동기록

목표를 정했으면 현재의 문제행동을 얼마나 많이, 자주 또는 심하게 하는지를 관찰한다. 프로그램을 실행하기 전과 후의 행동변화를 비교하기 위해 기초자료를 얻는 것이다. 문제행동이 언제 그리고 얼마나 많이 발생하는지를 기록한 것을 **기저선 자료**(baseline data)라고 부른다.

행동기록은 실용적인 방법으로 그때그때 해야 한다. 기억해 두었다가 나중에 기록하려면 상당부분을 놓치게 되기 때문이다. 담배를 끊고자 한다면, 밤에 앉아서 그 날 언제 어디서 담배를 피웠는지를 어떻게 다 기억해 낼 수 있겠는가? 담배갑만한 크기(약 5×7cm)의 카드를 담배갑 셀로판 종이 속에 넣어 가지고 다니면서 담배를 꺼낼 때마다 기록을 하면 좋다(그림 5-1 참고). 다른 행동의

〈그림 5-1〉 기록카드를 이용한 행동기록의 예
(흡연한 담배개피 수를 요일별·시간대별로 기록한 것임)

	월	화	수	목
기상시	/	/		/
아침식사	/		/	/
오 전	///	//	//	///
점심때	//	/		//
오 후	///	////	///	////
초저녁	/	//	///	/
저 녁	/	//	///	//
늦은 밤	//// /	//// ///	//// //	//// /

경우도 늘 휴대하는 물건(지갑이나 주머니)에 조그만 카드를 넣어 가지고 다니면 실용적이다. 손톱 물어뜯기, 다리 떨기 같은 행동을 고치고 싶을 때는 그런 행동을 하는 상황을 기록한다(가령 강의실, 친구 기다릴 때).

기저선 자료를 얻기 위해서는 적어도 1 주일 이상 문제행동을 관찰해야 한다. 문제행동이 그리 자주 발생하는 것이 아닐 때에는 더 오랫동안 관찰해야 한다. 행동관찰과 기록의 목적은 실제의 행동양식을 발견하려는 데 있으므로, 이 기간 동안에는 행동을 바꾸려고 노력하지 않는다.

기록하는 내용은 목표행동의 속성에 따라서 발생빈도, 지속시간 또는 행동의 산물(결과)이 된다. 가장 쉽고 널리 쓰이는 발생빈도는 목표행동이 분리된 단위로 발생할 때 주로 쓴다. 수업시간에 발언한 횟수나 음주횟수 그리고 피운 담배개피 수 등은 발생빈도로 평가하기가 좋다. 빈도를 셀 수 없지만 수면시간, 공부시간, 운동시간처럼 행동의 시작과 끝을 측정할 수 있을 때는 그 행동이 지속된 시간을 기록한다. 발생빈도나 지속기간을 평가하기 어려울 때는 행동의 산물을 기록하는 방법이 있다. 예를 들어 청소와 방 정리 잘하는 것이 목표라면, 방바닥에 어질러져 있는 옷이나 물건 등이 있는가를 평가하는 것이다.

기저선 자료와 나중의 개선된 행동에 관한 자료를 쉽게 비교하려면 그래프를 그려 본다. 수평선(횡축)에 시간이나 날짜, 주일 등의 관찰날짜나 기간을 표시하고, 수직선(종축)에 빈도, 기간, 발생 등의 목표행동을 표시한다. 한 예가 그림 5-2에 나와 있다.

〈그림 5-2〉 행동자료(週當 음주량, 단위 : 잔)의 그래프 표시 예

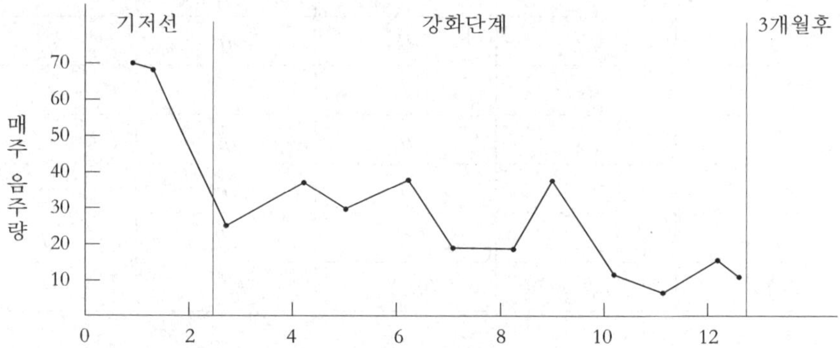

자신의 행동을 관찰하고 기록하는 행위 자체는 실제로 행동변화를 일으키는 데 도움이 된다. 예를 들어 자신의 음주량, 음주습관을 확인하면서 고쳐야겠다는 동기가 새로워진다. 이러한 객관적인 자료는 자신에 대한 합리화를 막는 데도 도움을 준다. 건강치 못한 습관을 가지고 있는 사람들은 자신의 문제의 원인을 엉뚱한 데서 찾으려는 경향이 있다. 예를 들어 비만증이 있는 사람들은 흔히 자신은 '냄새만 맡아도' 살이 찌며 결코 많이 먹는 것이 아니라고 주장한다. 이런 사람들이 어느 기간 동안 자신이 언제 무엇을 얼마만큼 먹는지 관찰하고 기록해 보면, 살찌는 것은 많이 먹기 때문이고 살을 빼려면 식습관을 바꾸는 수밖에 없다는 것을 인정하게 된다.

목표를 잘 정했고 현재의 행동과 습관을 정확하게 기록, 평가해 놓았다면 이제 본론으로 들어갈 수 있다. 여기에는 세 가지 전략이 있다. 행동이 일어나는 상황(S요인)을 바꾸거나, 행동의 결과(C요인)를 통제하거나, 생각(O요인)을 바꾸는 것이다.

2-3 상황 바꾸기

나쁜 습관을 어떻게 고쳤느냐고 대학생들에게 물어 보면, 대학에 들어와서, 기숙사생활을 하면서, 또는 (복학생들의 경우) 군대에 가서 '저절로' 고쳐졌다고 이야기하는 사람이 많다. 욕설/비속어를 입에 달고 다니던 사람이 대학생이 되어 스스로 말버릇을 고치기도 한다. 이러한 사실은 환경변화가 얼마나 중요한지를 말해준다. 맹자 어머니가 자식교육을 위해 집을 세 번 옮겼다고 하지 않는가.

행동은 진공상태에서 발생하는 것이 아니라 어떤 구체적인 상황에서 일어난다. 예를 들어 흡연은 술을 마시거나 다른 사람의 흡연을 볼 때 하게 되는 경향이 있다. 문제행동과 연합된 단서들을 변경시키거나 없애버리면 문제행동 발생 자체를 막을 수 있다.

(1) 부정적 행동을 안 하기

바람직하지 않은 행동을 안 하는 것이 목적이라면 그 행동과 연결된 단서나 상황을 피하거나 바꾸어 보면 좋다. 과식하는 사람이 가진 나쁜 버릇의 하나는 먹을 것을 많이 사는 것이다. "사다 놓고 안 먹으면 되지 않느냐", "손님이 올 때 대접하려고"라고 하지만, 먹을 것이 있는데 안 먹기는 힘든 일이다. 라면, 군것질거리를 안 사다 두는 것이 상책이다. 또 과음은 주로 사람들과 어울릴 때 일어나므로, 술을 끊거나 줄이려고 한다면 술친구들과 저녁 때 어울리지 않는 것이 과음을 촉발하는 단서를 피하는 것이 된다. 마찬가지로 과소비 또는 충동구매의 문제를 가지고 있는 사람은 카드를 없애고 지갑에 돈을 많이 넣고 다니지 말아야 할 것이다.

(2) 새로운 행동을 익히기

바람직한 행동을 많이 하는 것이 목적일 때는 그 행동이 쉽게 나오는 상황을 만드는 것이 좋은 전략이 된다. 학습의 문제를 가진 한 대학생은 집에서 의자 하나를 공부할 때만 사용하였다. 신문보기나 편지쓰기 또는 대화나 공상 등은 다른 곳, 다른 의자에서 했고, 공부할 때만 책상 앞 그 의자에 앉았다. 이렇게 하니까 그 의자에만 앉으면 주의가 집중되고 공부도 잘되었다.

비만이 있는 사람은 흔히 오며가며, 또 TV를 보며 이것저것을 먹는 습관이 있다. 무엇을 먹든 깨끗한 그릇에 담아 식탁에 앉아서 먹고, TV나 신문 보는 따위의 다른 일을 안 하고 먹는 일에만 집중하기로 해보자. 그러면 자기가 무엇을 얼마만큼 먹는지도 알게 되고, 아마 귀찮아서도 군것질을 안 하게 될 것이다. 이렇듯 부정적 습관을 없애고자 할 때에는 그 행동이 (자동적으로) 일어나는 상황이나 단서를 피하고, 긍정적 습관을 만들고자 할 때에는 그것을 하게 되는 상황을 만들어 내면 좋은 효과가 나타날 수 있다.

2-4 효과적인 결과를 붙이기

자신의 문제행동을 일으키는 조건들을 다스리기 시작했다면, 이제는 그 행동의 결과에 주의를 기울여보자. 선행사건들이 문제행동을 *촉발*한다면, 결과는 행동을 *유지*시킨다. 뚱뚱한 사람이 다이어트를 시작했다고 하자. 작아서 못 입던 옷을 입을 수 있게 되고 남들에게 날씬해졌다는 말을 듣는다면, 그러한 긍정적 결과들 때문에 고생을 더 잘 견딜 수 있다. 기침 때문에 담배를 끊기로 한 사람이 담배를 피울 때마다 구역질이 난다면 금연이 쉬워질 것이다. 이같이 행동 뒤에 따라와서 그 행동의 발생에 영향을 주는 것을 강화제(reinforcer)라고 부른다.

문제되는 습관을 고치고 싶은데 우연히 주어지는 외적인 강화제에 의존할 수는 없는 일이다. 적절한 강화제를 선택하여 실시할 필요가 있다.

(1) 강화제의 선택

강화제에는 정적 강화제와 부적 강화제가 있다. **정적 강화제**(positive reinforcer)는 칭찬, 돈, 좋은 성적 등 유쾌한 결과들이다. 반면 **부적 강화제**(negative reinforcer)는 낙제, 비난, 처벌과 같은 불쾌한 결과들이다. 강화는 보통 밖에서 오지만, 우리는 자기 자신에게도 상이나 벌을 준다. 살을 빼려고 하는 사람이 체중이 계획대로 줄면 좋아하는 영화구경을 하러 가고, 체중이 그대로 있거나 늘면 찬물 샤워, 식구들의 구두닦기 등 아주 싫어하는 일을 한다면, 스스로에게 보상이나 처벌을 주는 것이 된다.

자신의 행동을 고치려 할 때에는 — 남의 행동을 고칠 때에도(10장 5절 참고) — 부적 강화제보다는 정적 강화제를 사용하는 것이 좋다. 바라는 목표행동을 했을 때에는 정적 강화제를 주고, 그러지 않았을 때에는 그것을 안 주는 것이다. 영화구경을 매우 좋아하는 사람이 자기주장행동을 익히려고 한다고 하자. 한 주일에 다섯 번 이상 자기주장을 성공적으로 했을 때는 주말에 영화구경을 가고, 그 목표를 이루지 못했을 때는 영화를 보러 가지 않는 것은 물론이고 TV조차 보지 않기로 할 수 있다.

강화제는 프로그램을 짤 때부터 선택해야 한다. 개인에 따라 효과적인 강화제가 다를 수 있기 때문에 신중하게 고른다. 우선, 과거의 경험에 비추어 볼 때 자신을 즐겁게 해주었던 물건이나 일을 선택하면 좋다. 어떤 사람은 사교적인 모임에 가기를 좋아하지만 다른 사람은 혼자서 음악을 듣거나 미술작품 감상하기를 더 좋아할 수 있다. 자신이 좋아하는 것이라야 행동의 강화에 효력을 발휘한다. 미식가라면, 최고의 재료를 사다가 맛있는 음식을 요리해 먹는 것이 최고의 강화제일 수 있다.

강화가 행동에 즉각적으로 뒤따라야 효과가 있기 때문에, 접근하기 쉽고 즉각적으로 사용할 수 있는 강화제를 선택해야 한다. 어떤 사람이 미술감상을 좋아한다고 하자. 그러나 미술전람회는 매일 열리는 것도 아니며 그 장소도 가보기 편한 곳이 아닐 수 있다. 따라서 미술감상보다는 덜 좋아하지만 더 간편하게 쓸 수 있는 강화제를 찾아야 한다. 마찬가지로, 영화감상보다는 좋아하는 TV 연속극 보기가 더 좋은 강화제이다. 좋은 영화가 오지 않을 수도 있기 때문이다. 이 외에, 좋아하는 음식을 먹는다든지, 패션잡지나 재미있는 만화책을 사 본다든지 하는 것이 일상적인 강화제의 예가 된다.

(2) 강화제의 실시

바라는 행동을 하는 즉시 강화하면 시간이 지난 후 강화하는 것보다 훨씬 효과적이다. '착한' 행동을 즉시 칭찬하는 것과 며칠 후 칭찬하는 것의 효과를 비교해 보면 알 것이다. 그러나 스스로 행동을 고치는 프로그램에서 즉시 강화는 언제나 가능하지도 또 필요하지도 않다. 많이 사용하는 방법은 미리 정해진

강화제를 1 주일 단위로 실시하는 것이다. 즉, 주일목표 — 예컨대, 몸무게 1kg 감소, 자기주장 5 회 등 — 를 세워놓고 그것을 이루었을 때 강화를 주는 것이다.

체중감소의 경우 궁극적인 목표는 '날씬한 몸매'이고, 자기주장 행동의 경우 '당당한 사람'이 되는 것이며, 공부를 열심히 한다면 궁극적 목표는 A 학점이지만, 이러한 목표들을 이루려면 시간이 많이 걸린다. 도중에 동기가 약해져 프로그램을 중단할 수 있으므로, 동기를 높은 수준으로 유지하기 위해서는 궁극적 목표를 항상 눈앞에 둘 필요가 있다. 한 가지 방법이 시각적인 보조물을 사용하는 것이다. 예를 들어, 살 빼기를 할 때 식탁에 날씬하고 매력적인 모습의 자신의 사진을 놓아 둘 수 있다. 살찌기 전의 사진이 없다면 매력적인 몸매를 가진 사람의 사진에 자신의 얼굴 사진만 붙여서 조작하면 된다. 자기주장을 잘하려고 하는 사람은 자신이 존경하는 '당당한 인물'의 사진을 붙여 놓을 수 있다.

강화가 행동에 즉시 뒤따르는 것이 물론 좋지만, 강화제의 실시가 생활과 행동의 흐름을 끊을 수도 있거니와, 우리가 원하는 것(보상)은 그때그때 다르다. 예를 들면, 영화를 보고 싶을 때가 있고 뜨거운 물에 목욕한 뒤 맥주 마시고 싶을 때가 있다. 행동에 즉시 뒤따르면서도 행동의 흐름을 끊지 않고 또 그때그때 원하는 보상을 선택할 수 있는 방법이 '**토큰**' 사용이다. 똑같은 모양의 구슬이나 카드 같은 것을 토큰으로 정하여 목표행동을 할 때마다 하나씩 꺼내 정해진 장소(예, 지갑의 특별한 칸)에 집어넣는다. 이렇게 토큰을 '벌어서' 원하는 강화를 누리는 데 '지출'한다. 강화제, 즉 자기가 좋아하는 일의 '값'을 매겨 놓고 — 예컨대 영화 DVD 보기 5개, 극장관람 10개, 친한 친구 만나기 15개 등 — 그때그때 원하는 것을 선택하면 된다.

(3) 계속적 근접

강화제를 쓸 때의 문제는 일단 바라는 행동을 해야 한다는 것이다. 이를테면, 자기주장이나 발표를 일단 해야 강화를 할 수 있는 것이며, 그 행동을 안 하면 강화도 있을 수가 없다. 이럴 때는 계속적 근접법(method of successive approximation)을 써서, 목표에 근접하는 모든 행동들에 단계적으로 강화를 해 나가면 된다.

공부를 전혀 안 하던 학생이 매일 저녁 3 시간씩 공부를 하겠다는 목표를 정했다고 하자. 행동고치기 프로그램의 첫날부터 3 시간의 학습시간이 다 채워질 때까지 기다렸다가 강화를 한다면 아마 그는 곧 낙담하고 이 프로그램을 포기하게 될 것이다. 한번에 최종 목표에 도달하려고 할 것이 아니라, 첫날은 30 분만 공부했으면 보상 — 예컨대, 만화책 보기 — 을 받고, 둘째 날은 1 시간, 셋째 날은 1 시간 반 등으로 목표에 조금씩 접근해 갈 때마다 정해진 보상을 받도록 계획을 짜면 더 효과적이다. 자기주장의 경우에는, 처음 한두 주일에는 선생님 질문에 대답하기 정도를 보상하기 시작했다가, 손 들고 질문하기, 발표하기 등으로 목표를 높여 갈 수 있다.

2-5 계약 맺기

행동고치기 프로그램을 완수하기 위해서는 자신이 지금 무엇을 위해 노력하고 있는지를 자기 자신에게 확인시켜야 한다. 그것을 하는 효과적인 방법의 하나는 자기 자신과 계약을 맺는 것이다. 자신에게 하는 계약이라고 해서 머릿속에서 해서는 안 되고, 계약사항을 명확하고 구체적으로 기술하는 문서를 만들어야 한다. 일반적으로 계약서에는 다음의 사항들이 들어간다.

- 도달해야 할 목표
- 프로그램 실시스케줄
- 계약을 잘 이행하였을 때의 보너스 조항
- 계약을 어겼을 때의 벌칙 조항
- 행동기록 방법
- 증인

글상자 5-2에 약속시간을 지키지 못하는 문제 때문에 고통을 당하고 있는 한 남학생이 '시간엄수'라는 목표를 세우고 맺은 계약서를 실었다.

계약이라는 개념이 서구사회처럼 보편화되어 있지 않아서 계약서라는 말이 어색하다면, 자기와 하는 약속이라고 해도 좋다. 누구나 자신과 약속했다가 '작심삼일'로 끝낸 경험이 있는데, 이를 막기 위해 '증인'이 필요한 것이다. 친구, 배우자, 직장동료 등이 증인이 될 수 있다. 글상자의 예에는 증인이 할 일이 특

글상자 5-2 자기와 맺은 계약

① 목표: 수업시간, 아르바이트 시간, 친구와의 약속시간 등을 지키기.

② 합의 사항: 모임이나 약속시간보다 15분 전에 도착하면 나 자신에게 보상을 줄 것에 동의함.

③ 강화제: 극장표나 CD 같은 특별한 물건을 구입할 때만 사용할 수 있는 500원짜리가 들어 있는 특별한 지갑을 가지고 다니다가 목표행동을 수행할 때마다 그 지갑에서 500원짜리 동전을 하나씩 꺼낼 것임. 이렇게 벌어들인 동전은 책상서랍 안의 상자에 보관하였다가 6주 후 극장표나 CD를 사는 데만 쓸 것임.

④ 보너스 조항: 수업시간, 아르바이트 시간 그리고 약속시간을 모두 지킨 주일에는 보너스로 지갑에서 1000원을 더 꺼내서 상자에 넣어 둘 것임. 계속해서 2주 동안 모든 모임과 약속시간을 지키면 전 주의 2배인 2000원의 보너스를 상자에 넣어 둘 것임.

⑤ 벌칙 조항: 6주가 지난 뒤에도 시간을 안 지키는 습관이 바뀌지 않았거나, 이 프로그램을 중도에서 중단했을 때에는 그 동안 벌어들인 돈을 모두 심장재단에 기증할 것임.

⑥ 기록: 내 가방 속에 넣어 가지고 다니는 카드에 내가 모임과 약속시간을 지켰는지 또는 늦었는지를 기록할 것임. '시간엄수'라는 목표를 달성했는지는 기저선 자료를 근거로 하여 내가 시간을 지킨 모든 모임이나 약속의 비율로 결정할 것임. 그 비율이 90% 이상일 때만 목표달성으로 간주함.

1997. 4. 15.
성명: 김 철 수
증인: 이 영 수

별히 써 있지 않지만, 증인도 보너스와 벌칙 프로그램에 얼마든지 참여할 수 있다. 이를테면, 최종 목표를 달성했을 때 증인도 상당액수의 보너스를 내기로 한다든가, 실패했을 때 계약자가 싫어하는 일 — 예컨대, 증인의 방 청소해 주기 — 을 요구할 권리를 가진다든지 하는 조항을 계약서에 집어 넣는 것이다. 가족 전부를 증인으로 하여 '계약서'를 냉장고 문같이 가족 전부가 보는 곳에 붙여 놓을 수도 있다.

증인까지 동원하여 자기와 계약을 맺는 의미는 간단하다. 자신이 세운 목표와 행동고치기 프로그램에 대한 동기를 유지하는 것이다. 한 번 실행해 볼 것을 권한다.

2-6 프로그램 끝내기

성공적으로 나쁜 습관을 고치거나 좋은 습관을 익히고 나면 프로그램을 끝내도 될 만한 시점에 도달하게 된다. 끝내기에 어떤 공식적인 절차는 없으나 단계적으로 하는 것이 좋다. 행동기록이나 강화를 갑자기 중단하기보다는 점차적으로 감소시켜 나가다가 자연스럽게 끝내는 것이다.

(1) 수행 평가

성공적으로 프로그램을 끝내지 못하고 중간에서 포기하는 경우도 많다. 실패도 중요한 경험이다. 한두 번 실패로 체념하지 않고, 무엇이 잘못되었는지를 분석하고 프로그램을 개선할 수 있을 때는 더욱 그렇다. 목표설정과 행동기록으로부터 상황바꾸기와 강화제 실시에 이르기까지 어느 단계에서든 일이 잘못되었을 수 있다. 앞에서 각 단계를 서술할 때마다 주의할 사항들을 언급하였으므로 다시 내용을 훑어보면서 프로그램 진행을 평가해 보면 도움이 될 것이다.

보편적으로 나타나는 실수는 부적절한 목표설정과 부적절한 혹은 일관성 없는 강화이다. 목표가 무리하게 높지 않았나? 목표가 충분히 구체적이었나? 학기 중에 또는 직장에서 공동프로젝트를 하고 있는데 1주일에 1kg씩 뺀다는 목표가 현실적이었나? 회식과 관계된 행동을 체계적으로 고치는 것이 더 필요하지 않을까? 간식과 야식 안 먹기를 추진해볼까? '영화구경'이 적절한 강화제였을까? 때마침 좋은 영화가 없었다면 영화구경은 적절한 강화제가 아니었을 것이다. 또는 너무 좋은 영화가 왔기 때문에 자기와의 약속을 어기고 그 주일의 목표성취가 안 되었는데도 영화구경을 갔을 수 있다. 남들과의 약속도 그렇지만 자기와의 약속도 하나를 어기면 전부가 깨지고 만다. 그렇기 때문에 증인이 필요한 것이다.

행동을 성공적으로 고친 후에도 우리는 그 행동을 계속하고 싶다. 많은 행동들은 실제로 잘 유지된다. 자기주장을 잘하게 되었다면, 이제는 남들이 나를 더 이상 함부로 대하지 않고 의사를 존중해 주는 등 주위환경으로부터 자연스럽게 강화가 온다. 체중조절에 성공했다면, 나 스스로 내 마음에 들고 남들이 매력 있게 봐 주는 것도 새로운 식습관에 대한 강화가 된다. 살 뺀다는 목표를 이루기 위해 새롭게 시작한 운동이 그 자체로 즐겁기 때문에 계속하기도 한다. 더 이상 폭발을 안 하면 죄책감이나 스트레스도 안 쌓이고 그래서 '순간폭발'이 계속 줄어들 수 있다.

물론 담배를 끊은 사람이 술자리에서 다시 담배를 피운다든지, 날씬해졌다가 옛날 체격으로 돌아간다든지 하는 예가 얼마든지 있다. 습관의 힘은 무서운 것이다. 오랜 세월에 걸쳐 형성된 복잡한 S-O-R-C 연쇄는 그리 쉽게 무너지지 않는다. 담배를 완전히 끊은 사람도 상당기간 동안 옛날의 단서(예, 음주, 남들의 흡연 등)에 접하면 다시 흡연의 유혹을 느낀다. 새로운 습관을 확립하는 것은 시간과 노력이 필요한 일이므로, 옛날로 되돌아가도 그리 좌절할 것은 없다. 그 행동이 정말 문제라면 다시 한번 — 이번에는 좀더 성공적으로 — 프로그램을 수행하면 된다. 자기를 관찰, 연구하는 습관이 남아 있는 한 긍정적 변화의 여지가 남아 있다.

(2) 자신을 수용하기

행동고치기에 실패한 후 수행평가를 하는 과정에서, 문제라고 생각했던 행동이나 습관이 진정한 문제가 아니라는 판단이 설 수도 있다. 우리 사회에서는 날씬한 몸매, 외향적 성격 등을 이상적이라고 여기는데, 우리 자신이 상품이 아닌 다음에야 '이상형'에 자신을 뜯어 맞추려고 애쓸 필요는 없다. 날씬함보다 중요한 것은 나 자신의 활기와 체력이며, 남들에게 인정받는 것보다 중요한 것은 나 자신의 만족과 성장이다. 따라서 고치기를 포기하고 '나는 나'로 만족하고 사는 쪽을 택할 수도 있다.

이것은 결국 자기가 진정으로 추구하는 목표나 욕구를 돌아보는 문제가 된다. 어떤 행동(R)의 목적이 되는 결과(C)가 내가 건강하고 행복해지는 데 도움이 되는가를 스스로 물어보는 것이다. 날씬한 몸매, A학점과 높은 토익점수 등을 원하는 이유가 '연애·취업을 위해서'라면, 그것들이 연애·취업에 정말 필수적인가, 나아가 연애·취업은 무엇을 위해서 꼭 해야 하는가 등을 물어보는 것이다. A가 아니면 정말 취업이 안 되는가? 대기업에 들어가야 꼭 행복해지는가? 사랑과 존중이 궁극적 목표라면, 꼭 연애게임을 해야 목표를 이룰 수 있는가? 글상자 5-1에서 가와사키는 자신의 인생을 긍정하고 부모와 자기가 더 행복해지기를, 부모에게서 독립하기를 바라기 때문에 파괴적, 도피적 폭발을 그만두고 싶었다. 그러자 폭발 자체를 부정적으로 보지 않고 폭발의 에너지를 잘 활용하겠다는 목표가 생겼다.

'나는 나'를 받아들이는 편이 더 현명한 행동과 습관들 중에는 생활주기(리듬)와 관계된 습관들이 있다. 2 장에서 서술했듯이 24시간 주기에는 사람마다 차이가 있어서, 일찍 자고 일찍 일어나는 '종달새'가 있는가 하면, 늦게 자고 늦게 일어나는 '올빼미'가 있다. 우리 종달새 문화에서는 올빼미들이 일찍 일어나는 습관을 들이려고 애쓰는 경우가 많다. 그러나 새벽에 일어나 학원이나 도서관에 간다 해도 오전에는 집중력이 떨어져서 능률도 오르지 않고, 밤에 일찍 자지 못하기 때문에 결과적으로 수면부족에 시달릴 수 있다(수면부족의 결과는 앞 장에서 논의한 바 있다). 몸의 리듬에 맞서기보다 적응하는 것이 맞다면, '올빼미'들의 경우 집중력이 필요한 활동을 저녁시간에 배정하고, 즉 저녁시간을 노는데 쓰지 말고, 아침에는 학교강의나 출근시간에 안 늦을 정도로만 일어난다는 목표가 적절하다. 너무 높은 목표(예, 새벽 5 시 기상)를 세우면 몸과 마음의 리듬만 깨지게 된다.

1 장에서 우리는 성장, 즉 의미 있는 변화란 즐거운 경험이지만 괴로움이 따른다는 것을 배웠다. 성장을 향하려면 변화의 괴로움보다는 즐거움을 부각시킬 수 있어야 한다. 여태까지 못하던 행동을 하게 되거나 내가 나를 통제할 수 있다는 것은 큰 기쁨이다. 20년 동안 피우던 담배를 끊고 나서 자신에게 자부심을 느끼고 다른 사람이 된 것같이 느끼는 — 일종의 성장경험이다 — 것은 이 때문이다. 물론 늘 부딪치는 상황에서 지금까지처럼 행동하면 안 된다는 자기통제를 제약과 구속으로 느끼면 그것은 괴로움이다. 변화의 시도를 즐거운 해방으로 보느냐 괴로운 구속으로 보느냐에 따라서 행동변화가 우리를 성장으로 이끌기도 하고 일시적인 실험으로 그치기도 한다. 그러나 즐겁든 괴롭든 행동변화,

자기통제는 연습해볼 만한 일이다.

3. 생각 바꾸기

지금까지 소개한 행동고치기 프로그램에서는 S-O-R-C연쇄 중 O(유기체) 요인을 제외한 나머지 세 요인들에 초점을 맞추었다. O요인이란 어떤 상황에서 개인이 가지는 생각과 심상, 생리적 상태 등이다. 앞장에서 다룬 신체적, 정신적 자원은 O요인의 영역이었다. 정신건강이든 신체건강이든 O요인이 중요한 것이다.

우리에게 문제가 되는 많은 행동들은 '행동'이라기보다는 '반응'에 가깝다. 가령 '먹기'는 수의적(의지를 따르는) *행동*이지만, 맛있는 것을 보고 침이 나오거나 식욕이 동하는 것은 불수의적 *반응*이다. 손톱 물어뜯기, 다리 떨기도 후자에 가깝다. 가까운 사람에게 부탁해서 그런 짓 할 때마다 한 대 때려달라고 해도('부적 강화제') 효과가 있겠지만, S와 O요인에 집중하는 편이 더 낫다. 언제 어디서 그런 행동을 하는지를, 또 그런 행동을 할 때 어떤 심리적, 생리적 상태가 되는지를 스스로 관찰해보면, 가령 회의할 때나 강의시간에(또는 더 구체적으로 특정한 회의나 특정한 과목에서), 또는 친구를 기다릴 때 그런다는 것을 알 수 있다. 주의를 기울이면 그 때 땀이 난다든지 불안하다든지 어떤 생각을 한다든지 하는 것도 관찰할 수 있다. 회의나 강의에 안 들어갈 수 없으므로, 그런 행동들을 더 이상 안하고 싶다면 심호흡으로 긴장을 푼다든지 생각을 바꾸는 것이, 즉 O요인을 직접 공략하는 것이 더 효과적이다.

우리는 앞장에서 생각(평가)이 감정 체험과 조절에 얼마나 중요한지를 보았다. 같은 일을 당해도 그것을 어떻게 해석·평가하느냐에 따라서 스트레스를 많이 받을 수도, 전혀 안 받을 수도 있다. 어떤 때는 문제가 외현적 행동이라기보다는 자신에 대한 부정적 평가(열등감 같은 '성격문제')이기도 하다. 생각을 바꾸어 행동을 고치는 방법을 전문용어로 **인지치료** 또는 인지-행동치료라고 한다. 생각을 고치기 위해 사용하는 방법은 외현적 행동을 변화시키기 위해 사용하는 방법과 매우 유사하다. 다만 인지치료는 부정적인 사고나 신념을 직접 고치

〈그림 5-3〉 인지·정서·행동치료의 모형(Ellis, 1995, p. 16)

A(선행사건)
연속 입학시험에 떨어졌다.

→

B(비합리적 신념체제)
"연속적으로 시험에 떨어지다니 나는 얼마나 무가치한 인간인가! 나는 견딜 수 없다."

→

C(결과)
극심한 우울증과 자살경향성

↓

D(반박)
"내가 연속적으로 시험에 떨어졌다고 해서 반드시 무가치한 인간인가?"
"계속 시험에 떨어진 사실이 반드시 참을 수 없는 일인가?"
"계속하여 시험에 떨어진 것이 실망스럽고 몹시 섭섭한 것은 사실이지만, 그렇다고 해서 무가치한 인간이고 죽어야만 한다는 것은 아니다. 나는 이 상황을 그런 대로 견디고 극복해 낼 수 있다."

↓

E(효과)
의기소침, 섭섭함의 수준에 머무름, 그리고 보다 적극적으로 이 상황을 타개하는 방향으로 생각을 돌릴 수 있다.

려고 한다. 여기서는 Ellis의 '인지·정서·행동 치료'(Rational Emotive Behavior Therapy, REBT; '지정행의 치료'라고도 부른다) 방법을 소개하기로 한다.

3-1 인지-정서-행동

치료의 원리는 A-B-C-D-E 모형으로 제시된다(그림 5-3). 여기서 A는 선행사건(Antecedent)을, B는 생각과 신념(Belief)을, C는 결과(Consequence)를, D는 논박(Dispute)을, E는 효과 또는 결과(Effect)를 나타낸다.

선행사건은 시험 낙방, 실직 등 정서를 유발하는 사건이나 행위를 말한다. **생각**은 어떤 사건이나 행위 등에 대해 개인이 갖는 태도를 말한다. 비합리적 생각들, 즉 비논리적, 비현실적이며, 경직된(예, '꼭…', '언제나/맨날…', '절대로…',

'누구나/아무도…') 생각들은 부정적 결과를 가져온다. 사건 자체가 아니라 비합리적 사고가 불안과 죄책감 등의 결과를 가져온다. **논박**과 **효과**는 정서적 문제를 극복하는 과정을 나타낸다. 자신이 가지고 있는 비합리적인 신념이나 생각이 이치에 맞고 합리적인지 논박해서, 이치에 맞게 생각하게 되고 자기를 수용하고 긍정적 감정을 느끼는 효과를 보는 것이다. 그림 5-3에 이 모형을 제시하였다.

3-2 사례: 대인관계 문제의 진단과 치료

글상자 5-3에 대인관계 문제가 있는 한 학생이 쓴 글을 실었다. 열등감이 무척 강해서 자기비하를 하던 이 학생은 치료를 받은 후 자기 자신, 가까운 사람들, 그리고 자신의 삶을 긍정적으로 평가하게 되었다. 어떤 과정을 거쳐서 이런 변화가 왔는지를 살펴보도록 하자(박경애, 1997, pp. 453-462).

이 남학생은 사람을 만나면 불안하고 괴로웠으며, 눈치를 많이 보고 자학하고 손발이 떨리고 땀이 났다. 따라서 부정적 정서를 덜 느끼고, 주위사람들과 함께 있어도 편안하게 행동하고, 여러 사람들 앞에서 자신의 생각을 자유롭게 표현할 수 있게 되는 것이 치료목표가 되었다.

상담과정에서 드러난 **비합리적 사고**는 '나는 항상 다른 사람의 마음에 들어야 하고 인정을 받아야 한다', '나는 똑같은 실수를 반복해서는 안 된다', '나는 너무도 못생기고 한심한 놈이다' 등이었다. 그는 또 아버지, 화목하지 않은 부모관계, 가난한 가정환경을 원망하고 있었다. 위와 같은 생각들은 **논박**을 통해서 다음과 같은 합리적 사고로 바뀌었다. '내가 중요하다고 생각하는 일을 열심히 해서 주변사람들의 인정을 받으면 참 좋지만, 나는 다른 사람의 마음에 들고 인정받기 위해서 이 세상을 살아가는 것은 아니다', '나는 실수를 하지 않기 위해서 노력한다. 그러나 혹 실수를 한다고 해도 그것을 가지고 인간으로서의 존재가치를 평가해서는 안 된다. 인간은 운명적으로 실수를 할 수밖에 없는 존재이기 때문이다.'

예컨대, 치료자는 내담자에게 왜 실수를 하면 안 되며 왜 다른 사람들에게 인정을 받아야만 가치 있다고 하는 것인지를 묻고, 그런 생각들이 비논리적임을 증명하기 위해 다음의 3단 논법을 사용하였다. 똑같은 실수를 반복적으로 하면

글상자 5-3 한 남학생의 대인관계 문제

나는 성격이 내성적이라 타인과 상대하기 어려워서 피해 다닌다. 사람을 만날 것을 생각하면 두려워지고 만나더라도 할 얘기가 없다. 그래서 내가 들어가면 분위기가 삭막해지고 나는 바보처럼 느껴진다. 사람을 만나면 불안하고 불편하며 나도 모르게 손과 발이 떨린다.… 사람들이 말을 걸어 올 때 무슨 얘기를 해야 할지 아무런 생각이 나지 않는다. 주위를 너무 많이 의식하기 때문에 생각은 있어도 표현하려면 머뭇거려진다.…

나는 항상 부족하다고 느낀다. 나보다 나이가 어린 사람을 봐도 내가 부족하다고 느낀다. 나는 너무나 가진 것이 없기 때문에 그 사람들에게 내가 무엇인가를 가지고 있다는 것을 보여주고 싶다. 나는 너무나 못생기고 못난 놈이다. 말재주도 없고 글재주도 없다. 무슨 일을 하나 해도 센스 있게 하지를 못 한다.… 나는 주위사람과 항상 비교하고 그 사람보다 못한 것이 있으면 자학한다. 주위사람들이 조용히 있다가 화를 내면 나 때문에 화를 낸다고 스스로 괴로워하기도 한다. 똑같은 실수를 몇 번이고 반복한다. 그래서 나는 정말로 모자란 사람이라고 생각한다. 나는 생각이 짧다.…

부모가, 특히 아버지가 나를 이렇게 만들었다. 나는 어릴 때부터 아버지의 행동을 똑같이 따라서 한 것 같다. 아버지가 나를 이렇게 만든 것 같아서 싫었다. 서울에서 3년 사는 동안에도 추석명절 때 고향에 내려가면 부모님이 싸우는 것이 보기 싫어서 집에 가지 않았다.… 어렸을 때부터 이런 분위기에서 성장했기 때문에 집에 가면 거의 대화가 없었다. 그때도 아주 가끔씩 원인 모를 불안과 초조가 엄습해 오곤 했다. 초등학교 때에도 친구와 같이 있는 것보다 혼자 조용히 있는 것이 더 좋았다. 그때에 이미 위장병이 생겼는데 다 귀찮을 때가 많았고 이것이 성격형성에 악영향을 끼친 것 같다.…

치료 효과:

내 자신이 소중하다는 것을 깨달았고 나 자신을 이해할 수 있었다. 가족, 친구, 이웃을 생각하는 기회를 갖게 되었다. 이제는 많은 희망을 찾았다. 나에게 가족도 있고, 가장 좋아하는 친구도 있으며 내 삶을 보람 있게 살기 위해서 공부가 중요한 역할을 할 것 같은 확신도 있다.…

[출처: 박경애(1997, pp. 453-454, 461-462)]

쓸모없고 한심한 인간이다; 상당히 많은 사람들이 똑같은 실수를 반복한다; 똑같은 실수를 반복하기 때문에 그들은 형편없고 쓸모없고 한심한 사람들인가? 물론, 대답은 '아니다'이다. 또, 주변의 중요한 열 사람에게 자기가 정말로 못생겼는지를 물어봐 오도록 시켰을 때, 잘생긴 것은 아니지만 개성이 강하게 생긴 편이라는 대답이 대부분이었다.

그가 또 배운 것은 인간은 아버지나 가난한 가정환경 같은 외부환경 때문이 아니라 그것의 평가·해석 때문에 고통을 겪는 것이라는 사실이었다. 이를 위해서 치료자는 외부환경이 정말 치명적이었는지를 알아보게 하였다. 예를 들면 '어린 시절부터 지금까지 아버지가 잘 해준 점에 대해 살펴보라'는 과제를 하고 나서 내담자는 "아버지가 자신에게 그렇게 나쁘게만 대한 것이 아니고 보살펴 주고 교육시키려고 노력했다"는 것을 깨닫게 되었다.

바꾼 생각을 자기 것으로 만들기 위해서는 많은 노력이 필요하다. 치료자는 내담자에게 달라진 생각들을 반복적으로 되뇌게 하거나, 그 생각들이 어째서 비현실적, 비논리적인지에 대해 하나씩 탐색해 보는 과제를 준다. 또한 낯선 사람들 앞에서 자기 의견을 얘기하는 과제를 주기도 한다. 이런 치료과정을 겪으면서 이 학생은 글상자에 인용한 것처럼 자기 자신이 소중하다는 것을 깨닫고 자신을 이해할 수 있게 되었을 뿐만 아니라, 가족, 친구, 이웃을 생각하는 기회를 갖게 되었다.

3-3 부정적 생각들을 논박하기

위의 사례에서 보았듯이, 인지·정서·행동 치료는 이런저런 선행사건이 아니라 잘못된 생각이 괴로움과 부적응 행동을 만들어 낸다는 것을, 그 생각을 고치면 정서와 행동의 문제도 사라진다는 것을 보여준다. 우리는 보통 인지(생각)가 정서와 행동에 영향을 미치는 과정을 의식하지 못한다. 실수, 실패, 상실 등의 사건이 일어나면 그 때문에 괴롭다고(불안, 공포, 분노 등) 생각하고, 그 사건에 대한 평가나 해석이 괴로움의 직접적 원인이라는 것을 알지 못하는 것이다. 자신이 어떤 비합리적인 생각을 하고 있는지 알아내야 반박을 통하여 합리적 생각으로 바꿀 수 있는데, 그것이 혼자 힘으로는 힘들다. 그러나 불가능한 것은 아니다.

낯선 사람과 만날 때, 매력 있는 이성과 만날 때, 잘못이나 실수를 저지를 때, 비난과 공격을 받을 때, 윗사람과 만날 때 자신이 스스로에게 어떤 말을 하고 있는지 자각해 보라(McKay & Fanning, 1996, p. 60). 그러면 '나는 아무 짝에도 쓸데없는 한심한 인간이야', '그 여자는 분명히 나를 우습게 볼 거야', '나를 좋아하는 사람은 아무도 없어' 하는 (소리 없는) 독백이 들릴지 모른다. 우울해진다는 것은 우리 내면에서 비난의 목소리가 커진다는 것이므로, 우울할 때 조용한 장소에서 몸의 긴장을 풀고 머릿속에 떠오르는 생각들에 주의를 기울여 보아도 이런 독백을 들을 수 있다. 회의나 강의시간에, 도서관 등에서 손톱을 물어뜯거나 다리를 떨거나 '멍 때리는' 자신을 발견할 때 자신이 스스로 하고 있는 말을 들어볼 수도 있다.

자기 자신에 대한 부정적 생각들에 대응하는 가장 간단한 방법은 그런 생각이 드는 순간 '아니야!' '거짓말!' 하고 소리치는 것이지만, 앞에 나온 방식대로 논박을 하는 것도 효과적이다. 나는 정말 쓸모없는 인간인가? 내게는 내세울 만한 점이라고는 없는가? 나를 좋아하는 사람이 정말 하나도 없는가? 이렇게 논박해 보고 증거를 찾아보면 자신이 가진 부정적 생각들이 지나친 일반화나 단순화, 과장이라는 것을 느끼게 될 것이다. 효과적으로 논박하고 나면 자신에 대한 합리적이고 현실적인 생각들을 위의 예에서처럼 되뇌는 것이 도움이 된다. '자습서'로서 McKay와 Fanning의 책 '나를 사랑하기', 권정혜·이정윤·조선미의 '수줍음도 지나치면 병'(1998)을 권한다.

인지-행동치료는 자기를 고통스럽게 만드는 것은 자기 자신이라는 사실을 강조한다. 세상 모든 일이 다 자기가 마음먹기에 달려 있다는 것이다. 마음먹기에 따라서 이 세상이 천국도 지옥도 될 수 있다. 설령 자신에게 부족한 점이 있다 하더라도 '이것이 바로 나다', '내가 남하고 똑같아야만 하는가?' '나에게도 남보다 나은 점이 있다'라고 생각해 보라. 이는 과대망상에 빠지라는 말이 아니다. 과대망상은 비현실적으로 자기 자신을 높이 평가하는 것이고, 그 밑에는 열등감이 깔려 있다. 여기서 강조하는 것은 자기 자신을 비하하지 말고 자신의 좋은 점에 더 주의하라는 것이다.

3-4 남과 비교하지 않기

젊은이들을 보면 자신에 대해 만족하지 못하고 주눅 들어 있다. 자신을 객체(타인)로 보도록 훈련되어 자신을 끊임없이 남들과 비교하기 때문이다. 세상은 잘나고 예쁜 사람 천지이며, '너는 부모가 부자냐? 나는 대신에 공부 잘한다(키가 크다)'는 식의 전략도 일시적 만족만 가져온다. '너는 키가 크냐? 나는 다리가 길다/늘씬하다'는 말이 들리거나 들리는 것 같기 때문이다. '나는 나'이기 때문에 특별하고 존귀한 존재라고 보지 못하고 능력, 외모, 가정형편 등등에서 늘 남들과 자기를 비교하는 것이다. 어릴 때부터 계속 비교를 당해왔고('엄친아', '엄친딸'!) 그것을 폭력으로 느끼고 불행했는데도 우리는 계속 스스로 자신을 남들과 비교하고, 또 자기 부모를 다른 부모들과 비교한다. 폭력이 폭력을, 불행이 불행을 부르는 것이다.

하지 않았더라면 좋았을 잘못이나 실수를 저지른 후 우리는 흔히 자신에게 "이 바보!", "네가 그렇지 뭐", "너무 이기적이다"라고 말한다(Rosenberg, 2003/4, p. 189). 이런 평가하는 순간이 자신에 대한 폭력을 연민으로 바꿀 수 있는 순간이다. 잘못이나 실수, 즉 "나 자신의 진정한 욕구와 조화되지 않는 행동"(p. 190)을 했을 때 우리는 화나거나 두렵거나 슬프다. 그러나 "내가 지금 후회하는 그 행동을 했을 때 나는 어떤 욕구를 충족하려고 했는가"(p. 194)를 자문하면 자신이 나름대로 잘 해보려고 했음을 이해하게 된다. 우리 모두는 공기, 물, 음식이, 휴식과 수면이 필요하듯이 꿈, 목표, 가치를, 또 그것들을 실현할 방법을 스스로 선택할 수 있는 자율(autonomy)을 원하며, 사랑과 신뢰와 존중을 하고 또 받고 싶다. 우리는 스스로 더 나은 사람이 되고 싶고 행복해지고 싶으며, 사랑하는 사람이 행복해지기를 바란다. 우리가 하는 모든 행동 뒤에 그런 욕구가 있다는 것을 깨달으면 실수를 해도 자신과 타인들에게 너그러워지고 인생을 '즐거운 놀이'로 살 수 있다.

요약 및 결론

살아가면서 겪는 많은 어려움들을 우리는 자신의 판단, 행동으로 자초한다. 행동과 습관을 고치기 위한 전략들을 논의하기 전에 우리는 우선 성격을 고친다는 목표와 의지력이라는 수단 둘 다를 버린다는 것을 분명히 하였다. 대신 행동에 대해 그리고 동기에 대해 이야기하기로 하였다.

행동과 습관을 고치려면 우선 행동이 학습되는 원리를 알아야 한다. 우리는 'S(자극, 단서)-O(유기체, 개인)-R(반응, 행동)-C(결과)' 연쇄로 행동을 분석하였다. 자기가 어떤 문제행동(R)을 어떤 맥락(S), 상태(O)에서 하며 어떤 결과들(C)을 초래하는가를 분석하는 것은 변화를 위한 첫걸음이다. 그러한 시도를 한 한 청년의 "'폭발'에 대한 연구"를 소개하였다.

행동고치기는 **목표** 세우기로 시작한다. 목표는 너무 높지 않고 달성 가능해야 하며, 긍정적으로 그리고 측정 가능한 방식으로 구체적으로 정의해야 한다. 다음 단계는 문제행동의 빈도나 지속시간의 기록이다. 이렇게 준비가 끝나면 **자극상황** 바꾸기와 **강화제** 실시에 들어간다. 강화제는 주변에서 구하기 쉽고 즉시즉시 실시할 수 있는 것으로 선택해야 효과적이다. 자기와 계약을 맺어 목표, 보상, 처벌조항들을 적고 증인까지 동원하면 동기유지에 도움이 된다.

목표를 이루면 프로그램을 끝내게 된다. 실패했을 때는 목표설정부터 강화제 실시에 이르기까지 무엇이 잘못되었는가를 점검해 보고 다시 계획을 세우면 된다. 성공했어도 '재발'하는 경우 실망하지 말고 다시 시작하면 된다. 자기를 관찰·연구하고 자신의 행동을 스스로 통제할 수 있다는 것은 자신감을 높여 주는 성장체험이다.

인지·정서·행동 치료는 비합리적 생각을 논박하여 부적응적인 행동이나 정서를 고치려고 한다. 인지-정서-행동의 연쇄는 A(선행사건)-B(사고)-C(결과) 모형으로 설명된다. 즉, 어떤 사건(A) 자체가 아니라 비합리적인 사고(B)가 부적응적인 정서나 행동(C)을 일으킨다는 것이다. 이 부정적 생각들을 논박(D)하여 바꾸면, 비합리적 사고가 합리적인 것으로, 지나친 괴로움이 적절한 괴로움으로 변하는 효과(E)가 나타난다. 대인관계 문제로 고생하는 한 남학생의 사례가 이 치료법의 원리를 보여준다.

낯선 사람이나 중요한 사람을 만날 때, 실수할 때, 우울할 때 등의 상황들에서 주의를 기울이면 스스로에게 하는 말을 들을 수 있다. 이 생각들을 효과적으로 논박하면 많은 정서·행동적 문제들을 해결할 수 있다. 우리가 자기 자신에게 만족하지 못하는 중요한 이유는 자신을 남들과 비교하기 때문이다. 잘못이나 실수를 저질렀을 때 화나고 슬픈 이유는 자신의 중요한 욕구가 충족되지 못했기 때문이다. 자기를 비난하는 대신 무엇을 원했기 때문에 그런 행동을 했는가를 묻는다면 그 욕구를 더 잘 충족시킬(문제해결) 길을 찾게 된다.

자신의 행동과 습관을 고치는 계획에서 성격이나 의지력 같은 말을 쓰지 않기로 한 것은 체념이나 변명을 유도하지 않기 위해서였다. 우리는 환경의 영향을 받지만 환경의 노예는 아니다. 성격이나 여러 가지 행동, 습관, 반응들도 어쩔 수 없는 운명이 아니다. 인생을 능동적 주체로서 산다는 것은 스트레스 많은 세상에서 진정한 욕구들을 충족시키고 몸과 마음의 건강을 지키기 위한 근본적인 전제가 된다.

제 2 부
어른으로서의 삶

'어른'은 이 사회와 가정을 이끌어 가는 주인들이다. 어른으로, 주인으로 살아가려면 기본적으로 '나는 누구인가', '이 세상에서 나의 자리는 어디인가' 하는 자아정체(ego identity)가 서 있어야 한다. 성인 자아정체의 가장 중요한 두 측면은 남자/여자라는 성별정체와 직업정체라고 할 수 있다. 즉, 어른은 일차적으로 성별과 직업으로 이 사회에서 자신의 자리를 정한다.

대학생들의 중요한 과제는 중고등학교 시절에 몸에 밴 수동성을 극복하고 어른으로 살아가는 준비를 하는 것이다. 부모의 관리와 통제에서 벗어나 자신을 스스로 관리·통제하고, '학생', '청소년'이 아니라 '남자/여자'가 되고, 무엇으로 돈을 벌고 생활할지 계획하기 위해서는 '나는 나'라는 주체성도 찾아야 하지만, 다양한 상황에서 다양한 사람들과 관계 맺기도 할 줄 알아야 한다. 2 부에서 우리는 6 장과 7 장에서 각각 대학생활과 인간관계의 문제들을 다룬 후, 8 장과 9 장에서 '남자와 여자', '일의 세계'의 주제들을 다루게 된다.

제 6 장

대학생활

배우고 때로 익히니 또한 즐겁지 아니한가.

친구가 있어 먼 곳에서 찾아오니 또한 즐겁지 아니한가.

논어의 이 첫 구절은 대학생활의 진수를 간결하게 표현해 준다. 대학에는 배움이 있고 배움을 같이 하는 친구가 있으며, 배움과 우정은 즐겁고 기쁜 것이다. 우리의 불행한 교육현실에서는 청소년기까지 배움이 즐거움이 아니라 고통·강제였고, 같이 배우는 동료들이 정다운 친구가 아니라 경쟁자인 경우가 훨씬 더 많았다. 대학시절을 잘 보내려면 우선 배움과 친구에 대한 태도부터 정비해야 한다.

우리나라의 초·중등교육은 대학입시, 그것도 '일류대' 합격을 목표로 하는 주입식 교육, 끝없는 경쟁이다. 방학도 휴일도 거의 없이 새벽부터 밤늦게까지 공부에 매달리고 시험에 시달리다가 대학에 들어온 학생들은 몸과 마음이 지칠 대로 지쳐 있다. 고등학교 3 년을 "머릿속에, 몸속에 미리 짜여진 프로그램"으로 생활해왔는데, 그들은 이제 일자리도 찾고 짝도 찾아 독립할 수 있어야 한다. 이를 위해서는 배우고 익혀야 할 것이 너무 많고, 이는 강제로는 되지 않는 진정한 '자율학습'이다.

고교진학률이 거의 100%이고 대학진학률도 80%가 넘는 시대에 대학생들은 더 이상 '엘리트'가 아니다. 선행학습, 사교육 세대로서 주입식·암기식 공부에 길들여져 있기 때문에 '지성인'이라고 말하기도 힘들다. 그럴수록 그들은 '진짜공부'에 굶주려 있다. 주입식, 암기식이 아닌, 점수 따기 경주가 아닌, 강제가 아닌 공부, 이해하고 '나 스스로 완성하는' 즐거운 공부, 토론과 현장체험을 하고 싶은 것이다. 취업과 인생에 도움이 되는 '재테크'('부자학'), 사람 사귀는 법('인맥 쌓기'), 말 잘하는 법("말싸움에 이기고 싶다")도 배우고 싶다. 책도 많이 읽고 싶고("도서관에 있는 책을 다 읽고 싶다"), 많은 사람을 사귀고 많은 경험을 하고 싶기도 하다.

"앞으로 배울 수업이 너무 기대되고 열심히 하고 싶어요"라고 하는 신입생들은 사랑스럽다. 그러나 애처롭기도 하다. 그들의 선배들도 그런 마음으로 출발했지만 '학점 따기에 연연'하고 경력과 스펙 관리라는 틀에 갇혀 있기 때문이다. 몸과 마음은 지쳐 있는데 갈 길은 멀고 험하다. 수도권 어느 대학 학생생활상담소에는 최근 진로상담이 매우 많아졌다고 한다. 상담연구원 말을 들으면 "요즘 학생들은 자신이 하고 싶은 일이 뚜렷하지 않다. 목표의식이 없다보니 학업에 소홀하게 되고, 일이 조금만 어긋나면 포기해버린다"(*교수신문*, 2009. 2. 23., '09학번, 그들은 누구인가'•"달라진 대학생들, 왜?"). 2008년에 그 대학 학사경고자가 무려 1,200명이었다고 한다.

한편으로는 전공공부, 인생공부, 사람공부, 책읽기(교양 쌓기)를 '진짜'로 하고 싶지만, 다른 한편으로는 무엇을 하며 살아갈지 목표와 진로를 정해야 하는 학생들은 일단 무한경쟁에 시달린 몸과 마음부터 회복시켜야 한다. 그래야 즐거운 공부도 하고 사람과 세상이 눈에 들어오기 시작할뿐더러, 인턴, 비정규직 자리밖에 마련해 놓고 있지 않은 세상에서 살아남을 수 있기 때문이다. '하면 된다', '노력 안 해서 취직 못하는 것', '눈높이를 낮춰라' 같은 이야기에 쫄지 말고, '성공한 20대 이야기', '20대 재테크로 희망 찾기' 같은 책들 보지 말고(우석훈·박권일, 2007, p. 309ff.) 일단 대학생활을 어떻게 할지 생각해보자. 생각해보자. 대학은 왜 다니는가.

1. 대학 다니는 이유

'취업만 된다면 영혼이라도 팔고 싶다'는 사람들에게는 '학문과 진리탐구'가, '해방, 자유, 낭만'도 공허하게 들릴 수밖에 없다. 대학 및 학과들도 졸업생 취업률에 따라 평가받으므로 취업률 올리기에 전력을 다한다. 대학 도서관에서 열심히 공부하는 학생들은 시험기간을 제외하면 취업을 위한 공부에 열중하고 있다. 우리에게 공부란 그 자체가 목적이라기보다는 어떤 목적(대학입시, 취업 등)을 위한, 즉 시험을 위한 수단이다. 이것의 원형이자 뿌리는 '과거공부'일지도 모른다(이몽룡이 '장원급제'를 못했다면 춘향이와 결혼했을까). 대학에서 하는 공부에는 물론 목적이 있다. 바로 인생과 취업을 위한 공부, 2부의 제목인 '어른으로서의 삶'을 준비하는 공부이다. 그러나 공부가 무엇을 위한 *수단*이고 대학시절이 *내일*을 위해 준비하는 기간만은 아니다. 정말 필요해서 하는 진짜공부는 즐거운 것이며, 대학시절은 그 자체가 어른으로서 사는 삶이다.

취업전문가들은 가장 중요한 것이 기본 스펙(학교성적과 토익점수)과 '자신감'이며, '자기만의 색깔'을 가져야 한다고 말한다(남지현, 2008, p. 7). 입시교육은 청소년들의 자신감과 자기 색깔을 죽인다는 점에서 '교육'이 아니다 — '자율학습'이 '자율'이 아닌 것처럼. 이제는 꼭 취업하기 위해서가 아니라도 자신감과 자기 색깔(자아정체)을 찾아야 하며 그러려면 우선 입시교육의 후유증을 극복해야 한다.

1-1 입시교육 후유증의 극복

입시공부는 몇 년을(최근에는 초등학생 때부터 십여 년을) *끄*는 스트레스이자 끝(입시)으로 갈수록 더 심해지는 엄청난 시달림이다. 이러한 상황에서 대다수 학생들이 '짜증난다'는 말을 입에 달고 다니다 몸과 마음의 건강이 극히 나쁜 상태로 대학생활을 시작한다. 입학하기 무섭게 취업전쟁에 뛰어들어야 한다는 외적·내적 압력(가정, 학교, 그리고 스스로)이 입시후유증 극복에 도움이 되지 않는다는 것은 말할 필요도 없다.

오랜 동안 대학생을 가르쳐온 사람의 입장에서 볼 때 입시교육 후유증은 **공부**와 **관계 맺기**라는 두 가지 영역에서 나타난다. 학생들이 공부할 자세가 되어 있지 않고, 동료학생들과도 교수와도 관계 맺기를 할 줄 모르는 것이다. 사교육세대인 요즘 대학생들은 주로 학원에서 입시공부를 해왔다. 시험에 나오는 문제와 정답을 가르쳐주고 '외워야 할 것'을 요약해주는 학원과 달리 대학공부에서는 정답이나 결론이 없다. 답 없는 세상에서 스스로 답을 찾으려면 질문부터 스스로(자기 머리로) 생각해야 한다. 책 읽기, 글쓰기, 말하기의 형태로 이것을 하게 되는데, 학생들은 이 모든 것을 제대로 배우지 못한 채 대학공부를 시작한다.

고등학교 때까지 교과서는 읽고 이해해야 하는 텍스트라기보다는 그냥 (요점을) 외워야 하는 단편지식들의 모음이었다. 대학에서는 몇십, 몇백 쪽에 이르는 책 내용을 읽고 이해해야 하며, 주관식(논술) 시험을 보고 리포트나 논문을 쓰고 발표를 하게 된다. 토론이란 주제를 놓고 같이 답을 찾아가는 과정인데, 자기 생각을 형성하고 표현하는 훈련이 되어 있지 않으므로 이 또한 제대로 될 수 없다. 강의실뿐만 아니라 캠퍼스, 술집에서 토론이 없어진지 오래이다.

토론 부재는 '관계 결핍'과도 상관이 있다. 관계와 소통의 문제는 학생들 상호간에도, 선생과의 관계에서도 나타난다. 학생들('88만원 세대')이 부딪친 취업문제는 '공동대처'를 요구하지만(가령 질 좋은 정규직 자리가 많이 생겨야 한다), 경쟁에 익숙한 학생들은 각자 스펙 쌓기에 전념하면서 개별적으로 대처하고 있다('각개약진'). 반값 등록금을 공약한 후보가 대통령이 되었는데도, 힘을 합쳐 공약이행을 요구하지 못하고 있다. 도서관에서 서로에게 등 돌린 채 시험공부에 몰두하는 학생들의 모습은 소통(의지) 부재를 잘 보여준다. 입시전쟁에서나 취업전쟁에서나 동료는 경쟁상대일 뿐 동지가 아니고, 동료들과 만나도 연예인 이야기를 주로 하고 진정한 소통과 대화는 잘 되지 않는다.

같은 학과, 같은 세대 안에서도 소통과 대화가 없으니 윗세대와 소통이 안 되는 것은 당연하다. 대학생들이 주로 상대했던 어른은 부모와 교사였고, 이들은 대화 및 의논상대라기보다는 시험·성적 갖고 압력을 넣는 억압자이자, 일상을 감시·통제하는 보호자/관리자들이었다. 어른, '선생'이 이런 존재로 깊이 각인되어 있기 때문에 교수는 처음부터 피하고 싶은 불편한 존재인데다 선생으로서도 그들이 경험해온 선생들과 아주 다르다. '정답', '외워야 할 것'도 가르쳐주지 않고, 이름도 외우지 못하며, 결석·지각에 신경도 안 쓰는 등 억압도 관리도 보호도 하지 않는다. 어떻게 관계를 맺어야 할지 알 수가 없다.

대학생활을 잘해 나가려면 우선 '기초체력'과 '기초실력'이 있어야 한다. 기초체력처럼 **기초실력**도 오랜 시간과 에너지를 투자해서 천천히 키워진다. 이를 위해서는 이 책의 1부에서 배운 것을 토대로 자신의 스트레스 대처 자원을 점검하고 키워가며, 읽고 쓰고 말하기 훈련을 하고, 동료학생들과도 윗세대와도 소통하기를 시작해야 한다. 이 모두는 '어른으로서의 삶' 전체를 위해서도, 또 취업을 위해서도 필요한 기초, '진짜공부'가 된다. 대학생들은 스펙 쌓기에 목숨을 걸지만, 기업들은 사람을 쓸 때 읽고 쓰고 말하기, 관계 맺기(조직 적응) 능력을 더 비중 있게 고려하며, 이런 기초실력은 자기소개서와 취업면접에서 드러나기 마련이다(9장 참조).

'기초' 없이는 기업에서 요구하는 자신감, 책임감, 패기, 도전정신, 창의력, 열정 같은 특성들이 나오지 않는다. 그러나 몸과 마음이 지친데다 취업압력에 짓눌려 불안하기만 한 대학생들은 '기초'를 위한 장기투자를 하기보다 원래 잘하는 것, 즉 학원 다니며 주입식 공부하기에 몰두한다. 수동성과 '고립의 감옥'으로 도망치는 것이다. 어느 학생은 "시키는 대로 하는 삶— 아무 생각 없이 누군가의 조종대로 지내는 삶이 편하다는 생각이 아직도 든다"고 고백한다. 진짜공부를 하는 즐거움, 연대와 우정의 기쁨은 노예의 삶의 편안함과 비길 수 없다. 그러나 일단 선택·결단이 필요하다. 왜 힘들어도 진짜공부를 선택해야 하느냐 하면 내 인생이 소중하고 사람답게 살고 싶기 때문이다. 이런 선택을 하기 전에는 진짜공부의 즐거움을 알 수 없다.

스트레스 대처에 대해 이야기하면서 우리는 '(다시) 생각하기', 자기를 관찰하고 연구하는 자세를, 나아가 '나는 나', '내 인생은 나의 것'이라는 당당한 삶의 자세를 강조하였다. 이러한 삶의 태도를 다른 말로 **자기성찰**의 자세라고 할 수 있을 것이다. 답 없는 세상을 인생의 주인으로 살기 위해서는 자기성찰이 필요하다. 무거운 압력들에 짓눌리지 않으려면 내가 진정 원하는 것이 무엇인지를 분명히 해야 한다. 내 인생 내가 산다면 궁극적인 목적은 더 성숙해지고 행복해지는 것이다.

1장에서 보았듯이 환경의 변화는 성장의 계기로 작용할 수 있다. 대학은 고등학교 때와 아주 다른 환경이지만, 외부환경 변화에 내면자세의 변화가 따르지 않으면 성장은 일어나지 않는다. 입시교육 후유증을 극복한다는 것은 자신을 고등학생도 청소년도 아닌, 부모님의 착한 아들/딸도 아닌 대학생으로, 성인 남자/여자로 정의한다는 것을 뜻한다.

1-2 대학생으로서 정체 확립

대학이란 학문 하는 장소이고 대학생은 공부하는 사람이다. 대학생이 대학을 일차적으로 공부와 연결하려면 "나는 ○○학을 전공하는 대학생이다"라는 것이 자아정체 속으로 들어가야 한다. 자아정체는 저절로 생겨나는 것이 아니라, 개인의 선택과 결정에서 나오는 존재 규정이다. '진짜공부'가 무엇*인지* 알 수 없지만 무엇이 *아닌지*는 분명한 것처럼, 어떤 것을 벗어나야 할지를 생각하면 무엇을 지향해야 하는지가 더 분명해진다. 뭐가 좋은지는 잘 몰라도 뭐가 싫은지, 안 되는지는 알 수 있다.

우선 무엇보다도 대학생은 더 이상 '부모님의 착한 아들/딸'이 아니다. 부모의 관리·통제를 벗어나 스스로 관리·통제하는 어른이다. [이 독립선언으로 부모도 '누구의 부/모'가 아니라 누구의 남편/아내, 중년 남자/여자로서 인생을 살기 시작할 수 있다.] 대다수 학생들이 대학 다니는 내내 그리고 어쩌면 그 이후에도 오래 부모에게 경제적으로 의존하겠지만, 그럴수록 '내가 내 인생의 주인'이며 '내가 내 선택에 책임진다'는 태도를 지녀야 한다. 그렇지 않으면 힘든 독립을 포기하고 계속 보호받고 강제·조종당하며 살고 싶은 유혹에 빠지기가 쉽기 때문이다. 노예로 사는 사람에게는 자신감도 자기 색깔도 없다.

'정상적'인 사회에서 정체탐색을 하는 시기는 더 이상 애가 아니지만 아직 어른은 아닌, 에너지 넘치는 *청소년기*이다. '이유 없는 반항'이라는 영화제목도 있었지만, 정체탐색, 자아 찾기에는 많은 방황과 실험이 따르기 때문에 그 과정에서 본인도 가족도 많은 혼란을 겪는다. 이 투쟁은 오랜 기간, 때로는 몇 년, 몇십 년을 끌며 많은 에너지가 든다. '나'를 찾는 사람은 옷 살 때 이것저것 입어보듯이 여러 다양한 역할들을 시험해보고 평생 또는 오래 입고 다닐 옷을 선택한다. 불행한 우리나라 청소년들에게는 이러한 방황과 실험을 위한 자유가 주어지지 않는다. 어른들 중에 동일시할 모델도 없다. 부모·학교·학원에 의해 관리·통제당하는 청소년들에게 주어지는 선택의 자유는 소비할 자유뿐이다. 그들은 기획사들이 만들어낸 '아이돌' 그룹을 소비하고, 이런저런 '신상품'들을 구매한다. 대학에서 공부할 전공을 선택하는 것은 상당 부분 직업을, 따라서 자기 정체를 선택하는 것이지만, 그것은 그들의 몫이 아닌 경우가 많다.

대학시절에 뒤늦게 방황과 실험의 자유가 주어지지만, 기운과 에너지는 부족하고, 입시전쟁보다 가혹한 취업전쟁이 기다리고 있다. 학원에 익숙한 그들은 '스펙 쌓기'를 위해 다시 이 학원 저 학원에 다니기 시작한다. 개성과 스타일을 중시하면서도 그 또한 '명품'구입 같은 소비에 의해 해결된다. 무엇을 사서 몸에 걸치는가에 따라 나의 정체가 결정되는 것이다. 내 것보다 더 좋은(비싼) 것을 걸친 사람을 보면 위축되는 사람에게 '나'는 없다. 자신감과 자기 색깔도 나올 리 없다. 자기성찰을 할 여유가 없기 때문에 개성을 추구한다면서 획일주의에 휩쓸리고, 자신이나 남의 '다름'을 인정하지 못하고, 남이 한다고 맹목적으로 따라가는 것이다.

사실은 대학에 들어온 것부터가 자유롭고 자율적인 결정이었어야 한다. 여러 가지 가능성을 놓고 고민하고 방황한 끝에 내린 선택과 결정이라야 그것이 자아정체의 일부가 되는 것이다. 결혼도 남이 하니까 그냥 한다면 내가 결혼한 사람이라는 것이, 즉 누구의 아내나 남편이라는 사실이 나의 정체의 일부가 되기가 힘들다. 많은 대학생들은 본인의 뜻으로 대학생이 되기를 선택한 것이 아니고, 태어나기 전부터 부모가 "우리 아이는 대학을 나와야 한다"고 정했기 때문에 대학이라는 데를 오게 되었을 것이다. 전공학과도 "부모/선생님이 권하셔서", "점수가 그것밖에 안 되어서" 정해진 경우가 많다. 이것은 "나는 ○○학을 전공하는 대학생이다"라는 말로 정체규정을 하는 좋은 전제조건이 아니다.

만약 결정 당시에 선택의 기회가 전혀 주어지지 않았다면 지금 그 선택을 해야 한다. 선배들과 전공에 대해 그리고 대학생활에 대해 진지한 대화를 나누어 보고, 전공학문에 대해 배우면서 "역시 대학에 오기를 잘했다", "이 학문이 흥미 있네"라는 결론이 나오면 다행스러운 일이다. 그렇게 되면 이 학문을 전공한 사람으로서 선택할 진로를, 이 옷을 입고 사는 삶을 그려보며 더 탐색할 수 있다.

아무리 생각해도 "대학은 내가 있을 곳이 아니다", "이 학과는 나와 맞지 않는다"라는 생각이 들고, 무엇인가 더욱 강렬히 하고 싶은 것이 있다면 더 늦기 전에 다시 선택을 해야 할지 모른다. 어차피 내가 대학을 다니는 것이며, 내가 내 인생을 사는 것이다. 1 장에서 이야기한 것처럼, 자신의 불만을 인정하고 새로운 결단을 내린다는 것은 쉬운 일이 아니다. 그러나 결심을 해야 할 때 억지 이유를 만들어서 미루고 또 미루면, 시간이 가면서 지금의 상태 — 대학, 전공 등 — 가 오히려 점점 싫어지게 된다. 인생이라는 장거리 경주에서 남보다 몇 년 출발이 늦는 것은 대단한 일이 아니다.

전공공부에는 뜻이 없고 대학졸업장만 중요하며, 고시공부나 취직공부에 전념하리라 하는 것도 정당한 결단이다. 혹은 등산이나 운동 같은 활동이 대학생활의 일차적인 목적일 수도 있다. 다만 스스로 대학에 대해 느끼는 감정을 정직하게 인정해야 무엇을 하든 최선을 다 할 수 있고, 거기에 성장이 있고 만족이 있을 수 있다. 대학시절은 학교나 부모의 지배로부터 어느 정도 벗어나 있고 성인으로서의 책임들은 아직 없다는 의미에서 일종의 유예기간(moratorium)이다. 이 유예기간에서 내가 앞으로 몇 년 이 대학 이 학과 학생으로서 살기로 결정했다고 하면 공부하는 자세는 저절로 갖추어지게 된다.

대학생은 부모/교사가 하라는 대로 하면서 '공부만/나 하'고 '시험만 잘 보'면 되는 '수험생', '취업예비군'이 아니다. 사람답고 행복하게 살 권리가 있는 젊은 어른이다. 대학('일류대') 합격이라는 목표를 이루기 위해 잠도 못 자고 여러 종류의 횡포를 참아내고 친구들을 경쟁자로 보는 데 익숙해진 젊은이들은 '지금 여기'의 삶을, 자기 자신을 하찮게 여기는 경향이 강하고 '나'의 문제에서 '우리'의 문제를 보지 못한다. 사는 목적이 분명해지면 내일을 위해 오늘을 희생하기보다 일상적 삶('지금 여기')을 소중히 여기게 된다. 그러면 자신이 나날을 살아가는 학교와 동네에서 사소한 불의와 문제들(가령 교수나 교직원의 횡포, 학교식당의 위생 문제)이라도 참지 않고, 몇 사람이고 뜻을 모아 문제를 지적하고 해결을 추구해 갈 수 있다.

1 장에서 환경과 사회가 건강해야 개인도 건강한 것이라고 지적했지만, '환경과 사회'는 '대한민국', '세계'이기 이전에 내가 사는 지역, 내가 다니는 학교,

학과인 것이다. 자신감, 패기, 창의력 같은 것들은 취업캠프나 취업아카데미에서 배워지지 않고, 나날의 '삶의 현장'에서 조금씩 키워진다.

1-3 공부하는 자세

아무리 재미있는 책이라도 숙제로 읽어야 하면 재미가 없다. 공부도 마찬가지이다. 점수 따기 위한 공부는 재미도 없고, 결국 주입식 암기식 공부가 되어버리며, 대학에서는 그런 공부로 좋은 점수를 받기 힘들다. 좋은 점수를 받는다 해도 그러한 공부는 '내 것', 써먹을 수 있는 '산 지식'이 되지 못한다. 이 대학 이 학과를 내가 선택하였다는 마음가짐이 되어야 대학인의 본업인 공부가 자기 자신의 본업으로 여겨지게 된다.

> 이런 마음가짐이 되었을 때 우리는 '입시공부여 안녕!'이라는 가벼운 마음가짐을 가질 수 있을 것이다. …과거의 공부가 강요적이고, 주입되어진, 시험을 위한 것이었다면 앞으로의 공부는 자유롭고 자율적이며 비판적인 학문을 위한 공부이리라. 그러므로 이제부터는 참으로 '내 스스로 책임지고 나답게 공부하리라' 하는 자세와 각오가 절실히 필요하다. '내 스스로 나답게' — 이 말이야말로 새로운 출발을 해야 하는 우리의 마음가짐이고 각오이어야 하리라(류병주, 1991, p. 12).

무엇이든 배우는 것은 (어려운 것일수록) 즐거운 일이다. 그러나 또 무엇이든 재미있어야 배우려고 하게 된다. 당구, 테니스, 컴퓨터 게임 등의 '도사'들은 재주도 있었겠으나 열심히 노력한 사람들이다. 어떻게 그런 노력을 했느냐고 물으면 그들은 '재미있으니까'라고 대답한다. 학문도 마찬가지이다. 열심히 하면 재미있고, 재미있으면 열심히 하게 된다. 어떻게 해야 공부가 재미있을까? 위의 인용문에서 '내 스스로 나답게'라는 말이 하나의 열쇠이다. 사회과학이든 자연과학이든, 순수학문이든 응용학문이든, 모든 학문은 더 나은 삶을 위해 인간이 만들어낸 지식체계이자 활동이다. 강의를 듣거나 책을 읽을 때 "이것은 나에게 무엇인가"를 물어보는 습관을 들여 보라. 배우는 지식을 자기 자신의 삶 및 세계와 관련시키는 것이다. 그것이 '내 스스로 나답게'의 자세이며 비판적인 시야를 갖는 대학공부이다.

재미를 너무 강조하면 문제가 있다. '재미'로 하는 놀이에서도 기본적인 규칙과 기술들을 배우고 연마하는 과정은 힘들고 지루하며, '기초'가 되어야 그 게임의 진수를 맛보고 독창성도 발휘할 수 있다. 학문과 공부도 마찬가지이다. 기본적인 개념과 이론, 방법론과 논리를 익히지 않고는 '내 스스로 나답게'가 있을 수 없고 오직 무지와 독단과 편견밖에는 나오지 않는다. 독창적인 사고를 펼치기 위해서는 기초와 방법론이 필요한 것이고, 그것은 아주 무미건조할 수 있다.

오늘날은 대부분의 학문이 고도로 발전해 있기 때문에 학부 4년 동안에는 기초공부가 차지하는 부분이 상당히 크기 마련이다. 실제나 현실과의 관련이 분명히 보이지 않기 때문에 기초나 이론의 공부는 건조하고 재미없을 수 있다. '○○학을 전공하는 대학생'이라는 정체성이 확고하면 이런 기초과목들도 재미를 느끼고 따라가기가 더 쉽다. 대부분의 좋은 전공교과서들 그리고 교수들은 실제와의 관련, 현실세계에 대한 적용가능성을 곳곳에서 암시하거나 직접 언급한다. 그러나 아래에서 논의할 적극적 독서와 적극적 경청을 해야 그러한 암시나 언급을 놓치지 않고 책·강의에서 얻는 지식을 현실과 그리고 자기 자신과 연결시킬 수 있게 된다.

학문의 세계에서는 딱 부러지는 정답이란 없다. 이런 학설, 저런 학설, 이런 견해, 저런 견해가 있을 뿐이다. 이런 불확실성을 견딜뿐더러 즐기게 되어야 답을 찾아가는 과정이, 토론이 '즐거운 공부'가 된다. 어느 한 견해만 옳고 나머지는 모두 틀리다고 해 버리면 '독단과 편견'의 함정에 빠지게 된다(류병주, 1991, p. 28). 편견과 독단에 빠지지 않으려면 '내 스스로 나답게'라는 비판적 자세와 더불어 호기심, 여러 다른 견해들을 수용하는 열린 마음이 있어야 한다. 그리하여 '진리가 우리를 자유케 한다'. 배우는 기쁨이란 바로 자유와 성장의 체험인 것이다.

1-4 책 읽기와 글쓰기

공부한다는 것은 좁은 의미로는 '책을 들고 앉아 있는' 것이다. 실제 많은 학생들이 책을 들고 앉아 있을 뿐이고 긴 글을 집중해서 읽고 이해하는 훈련이 되어 있지 않다. **이해**한다는 게 뭐냐고 묻는 학생까지 있다. 이해가 뭔지도 이해가 안 되니 얼마나 답답할까. 이해하려는 노력을 안 한다면 물론 답답하지도 않으니까 답답하다는 것은 일단 긍정적이다. 위에서 공부하는 재미를 이야기했지만, 이해가 없으면 재미도 없다. 너무 어려워도 재미가 없지만, '뻔한' 내용도 재미가 없다.

어떤 사람이나 사건이 '도저히 이해가 안 될 때' 우리는 '어떻게 그럴 수가', '세상에 이런 일/사람이'라고 말한다. 사람에 대해, 세상에 대해 우리가 알고 있는 바 — '이론'이라고 할 수 있다 — 와 맞지 않는 일이 일어난 것이다. 또는 그 사람/사건을 이해할 틀을 갖고 있지 않다. '설명'과 '이해'가 되면 우리의 (비공식적, 사적) 이론은 그만큼 넓어진다. 공부를 할수록 재미있는 이유는 이해하는 것이 점점 많아지고 이론이 점점 넓고 깊어지기 때문이다. 이해가 '되고', 재미가 '생긴다'고 보통 말하지만, 이해와 재미에는 적극적인 노력이 들어간다. 듣거나 읽는 내용을 자신이 이미 알고 있는 것과 관련시키려는 노력이다. 인생이나 세상에 대해 평소에 관찰, 생각하고 '이론'이 있어야 새로운 것을 접할 때 이해도 재미도 있다. 물론 '잘못 이해'할 수도 있다. 새로운 것을 잘 맞지 않는 이론에 '갖다 붙이'면 그런 일이 생긴다. 그러나 독단과 편견이 크지 않고 내가 틀릴 수 있는 가능성을 열어둔다면 나의 틀이 저절로(때로는 나도 모르는 중에) 고쳐진다.

류병주(1991)는 대학 선배로서 후배들에게 **신문**과 (장편)**소설** 읽기를 권장한다. 입시공부에만 전념하면서 교과서와 참고서만 읽던 대다수 학생들에게 책과 친해지는 좋은 출발점을 가르쳐 주는 조언이다. 신문과 소설을 많이 읽으면 사람과 세상 공부가 되고, 새로운 것들을 이해할 틀이 만들어지므로 학교공부도 재미있어진다. 대학에 와서도 신문을 안 읽는 학생이 많은데, 신문읽기는 취업 전략으로서도 요구된다(남지현, 2008). 신문을 매일 읽어야 세상 돌아가는 것을 알게 되고, 경제동향, 국내 및 해외 취업시장의 흐름을 파악할 수 있기 때문이다. 그러나 신문읽기에서 중요한 것은 각종 정보 자체가 아니라 "이 시대와의 만남"이며 "오늘을 어떻게 살아갈 것인지 자기를 진단하는" 일이다(류병주, 1991, p. 38).

> 즉, 신문을 통하여 그날그날 벌어지는 주변세계의 변화를 감지함으로써, 너와 내가 살고 있는 세계의 관계에 대한 생생한 관심을 가지게 되며, 따라서 자기 아닌 남에게도 관심을 가질 수 있게 되는 것이다. 오직 자기 일밖에 모르는 사람은 신문 같은 것을 잡고 싶지도 않을 것이다(류병주, 1991, p. 38).

훨씬 현장감 있고 또 많은 정보를 전달하는 TV와 인터넷보다 신문이 나은 것은 바로 이렇게 생각하면서 읽을 수가 있기 때문이다. TV와 인터넷에 신문이 밀려나는 것처럼 문학, 특히 장편소설 또한 한편으로는 TV와 영화에, 다른 한편으로는 만화책에 밀려나고 있다. 그러나 이러한 영상매체들에서는 소설을 읽을 때처럼 그 세계에 들어가 대리체험을 하게 되지가 않는다. 경험의 폭이 넓어져야 생각의 폭도 넓어진다. 급하게 정답과 결론을 얻으려는 습관이 배어 있는 사람은 재미있는 장편소설들을 읽어보라. "스스로의 의문을 던지고 그것을 책이 대답해 주고, 책이 던지는 의문을 스스로 풀어가는, 책과 독자 사이의 대화"(류병주, 1991, p. 43)는 큰 즐거움이다. 물론 독단과 편견이 없어야 그러한 대화를 하고 또 즐길 수 있다. 그러한 즐거운 독서를 전공분야에서도 하기 위해서라도 우선 소설을 통해 책과 대화하는 재미를 느껴 볼 필요가 있다.

신문과 장편소설 읽기는 한편으로는 삶과 현실, 다른 한편으로는 책과 독서와 친해지기 위한 방법이다. 그러나 대학에서 학생들이 주로 읽게 되는 책들은 전공서적과 교재들, 그리고 소위 '자기계발 서적'들이다. 요즈음 학생들은 돈이 있어도 책을 잘 안 산다. 학교주위에 책방보다는 먹고 마시는 집과 옷 가게 등이 훨씬 더 많은 것을 보아도 그러한 경향을 짐작할 수 있다. 교재는 물론 사야겠지만 교수나 선배가 추천하는 *전공서적*들도 사두라고 권하고 싶다. 지금 당장 읽지 않더라도, 눈앞에 꽂혀 있으면 언젠가는 뽑아 들고 읽게 된다. 교수는 강의에서 자신이 중요하다고 생각하는 바만 다루기 마련이며, 말로 하는 강의가 글로 쓰인 책만큼 체계적이고 논리적이기는 힘든 일이다. 강의 전과 후에 교재를 읽으면서 강의를 따라가면 책과 강의 둘 다에서 재미를 느끼게 되고 이해도 쉬워진다. 교재뿐만 아니라 그 과목과 연관하여 교수와 선배들이 추천하는 다른 책들도 전공분야를 파악하는 데 커다란 도움을 준다.

소위 *교양서적*이라고 하는 것도 늘 관심을 둘 일이다. 대학생이라면 일간지의 신간소개와 서평, 책 광고를 눈여겨보고 서점과 도서관에 드나들면서 책과 가까이 있는 버릇을 들여야 하겠다. 대학시절은 우리 인생에서 가장 시간이 많고 자유스러운 시기이므로 지금 넓고 깊게 '교양'을 쌓아 두는 것이 중요하다. 만화, 스포츠 신문, 패션잡지, 달짝지근한 수필집 등은 졸업 후 바빠서 다른 생각을 하고 싶지 않을 때에도 얼마든지 읽을 수 있다. 성공, 출세, 부와 명예를 보장한다는 '자기계발 서적'들에도 현혹되지 말라고 권하고 싶다. 학생들에게 필요한 것은 '기초체력'이고 이런저런 전략, 비법들이 아니며, '기초'가 있어야 전략, 비법들도 제대로 평가하고 소화할 줄 알게 된다. 지금은 마음과 정신을 살찌우고 우리 시대의 역사와 현실에 대해 지식과 견문을 넓힐 때다.

'책 속에 길이 있다'고 한다. "내 이 세상 도처에서 쉴 곳을 찾아보았으되, 마침내 찾아낸, 책이 있는 구석방보다 나은 곳은 없더라"는 문장을 움베르토 에코가 '장미의 이름' 서문에 썼다고 한다. '정보사회', '지식사회'라고 하는데, 각종 대중매체, 인터넷에 넘쳐나는 정보는 서로 관계없는 퍼즐조각들이다. 큰 그림을 볼 줄 알아야 '정보'조각들이 '산 지식'이 되고 '이해'되기 시작한다. 가령 우리나라 10대들이 왜 그리고 어떻게 "교육장치에 의해서 완벽하게 통제되어 있고, 마케팅 장치에 의해 극단적으로 착취당하는 집단"인지(우석훈·박권일, 2007, p. 70), 한국 자본주의가 왜 정말 무서운지를 이해하게 된다. 큰 그림을 보아야 이 지옥에 들어와 있는 사람이 나 하나가 아니라는 것을, 우리가 왜 이 지옥에 들어오게 되었는지를 이해하게 되고, 또 상황을 바꿀 용기도 지혜도 생기기 시작한다. 학교에서 하는 표준화된 공부가 사회적 자본이 되는 시대는 지나갔다. 이제는 "개별적으로 찾아가는 독서"가 필요하다(같은 책, p. 141). 책 속에 길이 있을뿐더러 또 정보의 홍수를 피하여 쉴 곳이 있다.

좋아하는 분야, 흥미 있는 주제들을 따라가며 책을 많이 찾아 읽으면 좋은 책, 좋은 글을 가려내는 안목이 생긴다. 그러면 **글쓰기** 훈련도 저절로 되지만, 역시 글을 많이 써보아야 자신이 붙고 표현력이 는다. 핸드폰과 인터넷 보급으로 학생들은 짧은 메시지를 보내는 데 익숙하고 자기 생각과 감정을 완전한 문장들로 쓸 기회가 별로 없다. 리포트 과제와 논문 쓰기가 큰 스트레스일 수밖에 없다. 직장에서도 석사 박사학위까지 하고도(즉 학위논문까지 쓰고도) 보고서 작성을 힘들어하는 사람이 많다고 한다. 글만 잘 써도 인정받는 셈이다. 정보의 바다(인터넷)에서 이것저것 건져서 리포트 만드는 버릇을 들이면 점수도 잘 못 받거니와 보고서 작성이 평생 스트레스로 남는다.

글쓰기 훈련은 일기쓰기와 편지쓰기로 시작하면 좋다. 한 주일에 한두 번이라도 시간을 내어 새로운 환경에서 만나는 사람들, 겪는 일들, 읽은 신문기사와 책들, 최근 본 영화 등등에 대한 생각을 적는 버릇을 들여 보라. 일기장에 손으로 써도 되고 컴퓨터 파일을 만들어도 된다. 생각을 정리하고, 안 보이던 길이 보이며, 일기 쓰는 시간이 소중해질 것이다. 종이편지가 거의 없어진 시대에 친구, 가족이나 교수에게 특별한 계기에 편지를 써 보내는 것도 효과가 좋다. 편지 보내기가 어색하다면 이메일을 써도 좋다. 어버이날이나 부모님 생신에 편지로 감사한 마음을 표현해본다든지 앞서 말한 '독립선언'을 해보라. 친하거나 가까운 사람이 큰 병에 걸렸다든지 안 좋은 일을 겪었을 때, 전화로나 대면해서 하기 힘든 말을 써서 보내보라. 힘든 일을 겪으면서 혼자라고 생각될 때 가까운 사람의 따뜻한 마음을 느끼면 큰 위로가 된다.

가까운 사람과 갈등을 겪을 때 감정과 의사표현을 하는 것이 중요하다고 스트레스 대처에서 배웠는데, 우선 일기에서 마음을 정리해보고 편지를 써서 마음을 전해보라. 글쓰기 훈련은 부산물이고 관계유지에 큰 도움이 될 것이다. 일기와 편지를 통해 글쓰기가 습관이 되면 나중에 책을 쓰게 될 수도 있다. 우석훈은 20대들에게 인터넷에만 글 쓰지 말고 "A4용지 100쪽짜리 글을 써서 책을 내라"고 요구한다(우석훈·지승호, 2008, p. 79). 일기·편지 쓰기는 아주 좋은 습작경험이다.

1-5 교수·학생 관계와 친구 관계

책을 많이 읽고 글을 많이 써보면 중요한 문제들에 대해서 의견이 분명해지고 말도 자신 있고 조리 있게 할 수 있게 되지만, 들어줄 귀가 없으면 말하기 훈련도 잘 되지 않는다. 책과 대화하는 것보다 중요한 것은 사람과 **대화**하는 것이다. 스승과의 대화, 동료와의 대화는 전공에 대해, 자기 자신에 대해, 인간에 대해 살아 있는 지식을 쌓는 데 꼭 필요하다. 우리나라의 대학이 안고 있는 많은 문제 중 하나가 바로 이러한 대화의 부재이다. 수업시간에도 질문이 없고,

특히 교양수업에서는 졸거나 핸드폰 문자를 읽고 보내거나 떠드는 등 수업 자체에 대한 관심이 없는 경우가 많다.

강의실 안에서나 밖에서나 질문과 토론이 절대적으로 부족하다는 것은 물론 대학의 대형화와 그에 따른 교수인원 및 시설부족에 기인하기도 하지만, 토론과 대화의 기술을 훈련할 기회가 없(었)다는 데서도 원인을 찾을 수 있다. 국회의원들의 회의를 보아도, 대학생들의 (학생회 같은) 회의를 보아도, 남의 말을 경청하고 자신의 의견을 분명히 제시하는 대화와 토론기술이 일반적으로 얼마나 부족한가를 알 수 있다. 대화, 토론의 자세가 되어 있지 않으면 대학공부에서도 뒤처질 뿐 아니라 우정을 가꿀 때도, 취업면접에서도, 나중에 직장과 가정생활에서도 많은 어려움을 겪는다.

교수가 학생에게 관심이 없다고 불평하는 학생들이 많이 있다. 교수의 입장에서 보면, 강의와 연구 때문에 시간이 늘 부족하여 학생들 개개인에게 관심을 가지기가 힘든 실정이다. [교수도 평가를 받고 점수가 나쁘면 '잘린'다.] 공부는 안 하면서 적당히 학점만 따려 드는 학생이 많기 때문에 교수들이 사무적인 자세를 갖게 되기도 한다. 학생들은 교수가 접근하고 관심을 표현해 주기를 기대하지만, 교수가 많은 학생들을 하나하나 알아보고 관심 가지기는 힘들다. 학생 편에서 먼저 인사하고 자기의 존재를 알리는 것이 관계를 트는 좋은 방법이다. 앞에서 *이해*에 대해 한 이야기는 사람에 대한 이해에도 통한다. 교수는 이런 사람이라고 정해버리면(독단과 편견) 교수 한 사람 한 사람이 어떤 사람인지 이해하려고 하지 않는다. 교수도 자신의 경험을 토대로 대학생은 어떠하며 어때야 한다는 틀이 고정되어 있으면 지금 만나는 학생들을 이해하려 들지 않는다. 서로 이해하려는 노력이 없으면 진정한 '만남'도 없다.

교수는 대체로 학생들의 부모세대(또는 그 위)에 속하며, 앞에서 말한 것처럼 부모/교사는, 나아가 '기성세대'는 감시·통제·억압하는 불편한 존재로 각인되어 있는 것 같다. 다른 한편 학생들은 '기성세대'들이 자신들을 계산적, 자가중심적, 이기적이고, 스펙 쌓기에 미쳐 있고, 소비하는 것밖에 모르는 존재라고 본다는 것을 알고 있다. 그런 편견이 상당부분 진실이라고 해도 주눅들 필요는 없다. 사교육 없는, 한때 교복도 없었던 80년대에 중고등학교를 다녔던 4, 50대의 소위 386세대 교수가 '우리가 대학생 때는' 하면서 '한심한 요즘 20대'를 야단친다면, 당신들이 영재교육과 조기교육, 초등학교 사교육붐을 시작하지 않았느냐고, 그 때는 대학만 졸업하면 골라가며 취업하지 않았느냐고(우석훈·박권일, 2007, p. 91) 따져라.[1] [큰 그림 보기가 중요하다는 예이다.]

교수와 관계 맺기가 중요한 것은 꼭 이득(장학금, 취업 추천 등) 때문이 아니라, 그 세대 사람들이 주인인 사회에 나가서 인정받고 살아남아야 하기 때문이다. 윗세대 사람들을 상대하는 법을 배운다고 생각하면 교수를 피하기만 하지 않고 적극적으로 다가갈 수 있다. 부모와 교사 말고는 윗사람과 대면하고 관계 맺어본 적이 없기 때문에 높임말도 잘 쓸 줄 모르는 학생들이 많다. 교수는 학생을 가르칠 의무가 있고 학생은 배울 권리가 있는 사람들이니까, 실수를 해도 '모르면 배우겠다'는 겸손하면서도 당당한 자세를 가질 필요가 있다.

대학에서의 공부란 주는 편과 받는 편이 정해진 일방적인 주입이 아니라 서로 주고받는, 그리하여 같이 성장하는 상호작용이다. 이러한 분위기에서는 학생만 배우는 게 아니라 교수도 가르치면서 배우게 된다. 스승이 없어지고 직업인인 교수만 있으며, 제자가 없어지고 학점이 필요한 학생들만 있다고 개탄한다면, 그보다 더 슬픈 현실은 대학에서 학생들 사이에 진실한 **우정**이 점점 드물어진다는 것이다. 사람을 다양하게 사귀어보고 사람공부를 하고 싶다고 하면서도, 같은 고등학교 출신이거나, 입학식이나 신입생 오리엔테이션에서 만난 사람들하고만 같이 다니다가 졸업하기도 한다. 이해관계에 얽히지 않고 같이 배움을 나누며 지적으로 성장한 친구들과 평생 지속되는 신뢰와 존경은 '사회적 자원'을 따지기 전에 매우 소중한 것이다. 관심 끄는 사람이 있으면 다가오기를 기다리지 말고 스스로 다가가보라.

어린시절, 청소년시절 내내 입시전쟁에 동원되었고, 이제 곧 취업하기 위한, 취업해서 살아남기 위한 전쟁에 나갈 텐데, 그 사이 3, 4년을 사람답게 살아야 하지 않겠는가. 친구들, 스승들과 대화하는 가운데 배우고 익히는 즐거움을 알고, 지적으로 그리고 인간적으로 성장하는 곳이 대학이다. 상당한 자유가 허용되고 책임면제를 받으며 이러한 성장의 기회를 부여받았다는 것은 대학인

---

1) 역사공부를 해보자(우석훈·박권일, 2007, p. 189). 1980년 '7. 30. 교육개혁조치'로 대학졸업정원제와 더불어 본고사가 폐지되고 과외가 금지되었다. 1989년에 대학생과외와 방학중 학원수강이 허용되었고, 1991년에 학기중 학원수강이 허용되었으며, 급기야 2000년 4월에는 헌법재판소가 전두환의 교육개혁조치에 위헌 판정을 내렸다.

의 특권이다. 대학 다니는 태도와 의미에 대해서는 이 정도로 이야기를 마치고 이제 실질적 대학생활인 공부와 시험 그리고 학교생활에 대해 생각해 보기로 한다.

2. 공부와 시험

우리나라에서 공부 열심히 해야 하는 이유는 단순명쾌하다. 시험 잘 보기 위해서, 점수 잘 따기 위해서이다. 1, 2점 차이로 내신이나 수능 등급이 갈라지고 그 때문에 합격/불합격이 좌우되는 현실에서 학생들은 그 많은 과목 중 어느 하나도 소홀히 하면 안 되었다. 이렇게 중고등학교 시절을 보냈기 때문에 대학에 와서도 공부와 시험에 대한 태도가 달라지기 힘들다. 한 과목만 F가 나와도 자신이 인생낙오자라는 생각이 들고, 공대 학생이 첫 물리시험을 망치고는 이과 적성이 아니라며 재수를 선언하기도 한다. 시험 잘 보기, '스펙 쌓기'가 공부의 목적이 되면 물론 즐거운 공부를 할 수가 없다. 입시교육 후유증 극복과 자아정체 문제를 장황하게 논의한 이유가 거기에 있다.

교수와 선배학생들은 '공부는 스스로 알아서 하는 것'이며 대학공부는 중·고등학교 때의 공부와 질적으로 다르다고 한다. 그러면 어떻게 공부해야 하는가? 어떻게 강의를 듣고 따라가고, 주관식 시험을 치르고, 앞에 나가 발표를 하고, 리포트와 논문을 쓰는가? 효과적인 학습방법을 시시콜콜히 서술하는 것은 이 책의 목적에 맞지 않는다. 주관식 답안을 작성하고 리포트와 논문을 쓰는 등의 문제는 다른 책들을 참고하기 바란다. 여기서는 대학에서 효과적으로 강의 듣고 시험 보는 데 필요한 몇 가지 일반적인 조언만 하기로 한다.

2-1 강의 듣기

예나 지금이나 그리고 초·중·고등학교에서나 대학에서나 선생님은 앞에서 강의하고 학생들은 앉아서 듣는 수업형태가 보편적이다. 교실의 풍경은 비슷하다 해도 대학공부는 앞에서도 이야기한 것처럼 그 전까지의 공부와 그 목적이나 방법이 크게 다르다. 필수과목들이 있기는 하지만 학생들이 수강과목을 스스로 선택하여 신청한다는 것도 큰 차이이다. 대학에서 강의는 어떤 태도로 들어야 할지 생각해 보자.

(1) 빠짐없이 출석하라

강의에 매 시간 출석할 필요가 없다는 것은 많은 학생들에게 해방감을 준다. 그러한 해방감 때문이건, 강의보다 더 중요하거나 재미있는 일이 있기 때문이건, 출석 자체를 절대적인 것으로 받아들이지 않는 것은 대학생다운 태도이다. 다만 빠지는 것이 습관이 되어 버리면 곤란하다. 우리가 지닌 많은 습관들에는 우연치 않게 시작되어 좀처럼 고쳐지지 않는 것들이 많다. 저녁 먹고 커피 마시기를 친구 따라 한두 번 하다가 버릇으로 굳어지고, 한두 번 장난으로 피워 본 담배가 평생의 고질적 습관이 되어 버리고 하는 것이다. 강의에 안 들어가는 것도 한두 번 하다 습관이 되어 버리면 그때마다 '오늘은 들어갈까 말까'를 생각하게 된다. 강의는 시간 맞추어 들어가는 것이라고 정해놓는 것이 공부를 효과적으로 하는 첫 번째 습관이다.

(2) 주의 깊게 경청하라

강의출석을 습관으로 만들어 둔다면 그 목적은 출석 자체가 아니라 강의를 듣는 것이다. 리포트 쓰기, 다른 과목 시험공부 등 다른 일을 하려면 안 들어가는 것이 더 좋다. 매 시간 출석 부르고 출석점수를 학점에 가산하는 교수가 많지만, 출석점수가 전체 점수에서 차지하는 비율은 20% 이내이다. 저자의 경험으로는, 결석이 잦은 학생의 학점이 나쁜 경우 대부분 출석점수 때문이 아니라, 시험점수가 나쁘거나 리포트를 안 내거나 무성의하게 써내기 때문이다. 물론 강의시간에 들어와서 딴 짓만 하는 사람도 시험을 잘 보는 일이 드물다. 그런 학생들이 출석점수만 믿고 있다가 나중에 학점 때문에 찾아와 항의하는 것을 보면 딱하다는 생각이 든다.

강의실에서는 되도록 앞자리에 앉아 열심히 경청하는 습관을 들일 필요가 있다. 앞줄에 앉으면 혹시 다른 학생들이 떠들어도 방해를 덜 받고 또 교수와 직접 대화한다는 느낌도 든다. 도저히 주의집중이 안 되는 때가 있지만, 그렇다

해도 옆 사람들을 방해하고 수업 분위기를 흐리는 일은 많은 피해를 끼치는 예의 없는 짓이다. 학생들이 열심히 경청하느냐 산만하고 소란스러우냐 하는 것은 교수의 강의의 질에 — 학생들이 생각하는 것 훨씬 이상으로 — 큰 영향을 미친다. 여러 사람들 앞에 나가 이야기해 본 학생들은 알 것이다. 동료학생들이 조용하게 경청해 주면 말이 술술 잘 나오는데, 소란하고 산만하면 생각이 흩어지고 말이 안 나오고 '죽을 쑤는' 것이다. 학생 하나하나의 주의 깊은 경청은 교수의 강의의 질을 높여 주고 따라서 교수와 동료학생들 양편을 돕는 것이 된다.

(3) 적극적으로 경청하라

열심히 들으면 내용이 머릿속에 잘 들어온다는 것은 누구나 경험상 알겠지만, 빨려 들어가듯 열심히 들었는데도 나중에 머리에 남는 것이 없었던 경험도 많이 했을 것이다. 열심히 듣는다는 것만으로는 충분하지 않은 것이다.

야구 규칙을 모르는 사람이 야구경기를 재미있게 볼 수 없는 것처럼 강의도 재미있게 듣고 또 남는 것이 있으려면 그 시간에 다루어지는 내용에 대해 미리 알고 있어야 한다. '대학에서 무슨 예습, 복습이냐' 하며 웃겠지만, 대학공부에서야말로 그것이 필요하다. 대부분의 강의에는 교재가 있으므로 10분이라도 시간을 내어 그 날 다룰 부분을 훑어보고 나서 강의를 들어보라. 새로운 것을 이해하기 위한 틀을 마련해두는 것이다. 아마 강의내용이 '머리에 쏙쏙' 들어올 것이다. 중요하다고 여겨지는 곳에 밑줄을 쳐 둔다거나 의문 나는 곳에 '?' 표시를 해 두면, 구체적으로 알고 싶은 것이 있으므로 집중이 더 잘되고 그 내용이 제대로 다루어지지 않았을 경우 질문하기도 좋다.

학생들은 일반적으로 질문을 잘 안 한다. 의문이 있는 경우에도 그것이 시시한 질문이면 어떻게 하나 하는 불안 때문에 손을 못 들기도 한다. 예습을 통하여 그 의문사항의 중요성을 파악했으면 이런 불안이 별로 없다. 또 학생들이 시시한 질문이라고 생각하는 것은 대부분 시시한 것이 아니고 교수나 동료학생들에게 내용의 요점을 되새길 기회를 준다. 강의실에서 학생은 배울 권리가 있는 사람이고 교수는 가르칠 의무가 있는 사람이다. 의문이 있으면 뭐든지 물어본다는 당당한 자세가 필요하다.

노트필기를 하는 것도 적극적 경청의 한 방법이지만, 열심히 받아쓰는 학생들 중에 시험을 잘 못 보는 학생들이 의외로 많다. 반면 거의 받아쓰지를 않고 초롱초롱한 눈으로 경청하는 학생 중에 시험을 탁월하게 잘 보는 학생이 드물지 않다. 이해하려고 듣지 않고 받아 써 놓기만 하면 나중에 읽어도 무슨 소리인지를 모르게 된다. 필기를 하면 강의에 귀를 기울이게 되지만, 기계적으로 받아쓰는 것은 이해에 도움이 안 되는 것 같다. 이 경우에도 예습으로 전체를 파악하고 있는 사람은 요점만 몇 개 기록하면서도 완벽한 이해를 할 수 있다.

교수가 강의를 할 때 중요한 내용은 어떤 형식으로건 강조하기 마련이다. 강의 시간에 '중요한 내용'이라고 앞뒤로 강조하고 예를 몇 개씩 들어서 설명했는데도, 시험에 그 문제를 낼 때 답을 못 쓰는 학생들이 많으면 교수는 맥이 빠진다. 학생들은 "시험에 뭐가 나오느냐"라고 묻지만, 대부분의 경우 '중요'한 내용은 교수가 억양변화라든지, 스스로 중요하다고 강조하든지, 설명 후 요약해주든지 하여 상당히 직접적으로 암시한다. 그러나 이러한 신호들이 아무리 분명해도, 적극적으로 듣지 않으면 전달이 안 된다.

(4) 배운 내용을 되새기고 응용하라

고등학교 때까지의 '복습'은 주로 그 날 배운 내용을 읽어 보는 것이었다. 대학에서의 복습은 그보다 적극적이어야 한다. 지금까지 이 책에서 다룬 내용을 예로 들어 보자. 첫 시간에 적응과 성장에 대한 강의를 들었다면, 지금까지 자신이 적응이라고 생각하던 것을 강의시간에 배운 내용과 비교해 보라. 나아가 자신 및 주위 사람들의 적응양식에 대해 생각해 볼 수 있다. 아니면 성장이냐 안정이냐 하는 갈림길에 섰던 일을 되살리며 당시 직면했던 선택과 책임에 대해 생각해 볼 수 있다. 이러한 재음미와 응용은 강의와 책에서 배운 지식을 살아 있는 지식이 되게 해준다.

물론 전공공부도 마찬가지이다. 새로운 이론을 배우면 의식적으로라도 거기에 빠져보라. 모든 것을 그 이론의 안경을 쓰고 보고, 그 이론에 맞는 현상들을 찾아내다 보면 그 지식이 자기 것이 된다. 그러다 다른 이론을 접하게 되면 다시 그것만 진리인 것처럼 빠져보라. 그러다 보면 학생 스스로 각 이론의 잠재력과 한계를 발견하게 되고 자기 자신의 견해가 점점 형성된다.

2-2 시 험

시험— 듣기만 하여도 가슴이 조여드는 말이다. "시험이 없는 세상에서 살고 싶어요", "행복은 성적순이 아니잖아요" 하는 글을 남기고 목숨을 끊은 학생들이 있을 정도이다. 시험지옥을 없애려고 노력해야 하겠지만, 지금으로서는 시험이 그리 쉽게 없어질 것 같지 않다. 대학 다니는 내내 시험보고 학점을 따야 하고, 졸업 후에도 고시나 취직시험이 있는가 하면 취업 후에 승진시험도 보게 된다. 사람이 사람에게 시험당하고 다른 사람들과 비교 당한다는 것은 근본적으로 불편하고 불쾌한 것이다. 그러나 어차피 피할 수 없는 시험이라면 (즐기지는 못해도) 거기에 잘 대비하는 수밖에 없다. 우선 대학에서 시험과 학점을 어떻게 받아들여야 할지에 대해서 생각해 보자.

(1) 시험과 학점의 의미

학점은 재학 중에는 장학금지급의 기준이 되며, 졸업 후에도 대학원 진학과 유학, 취직과 결혼에 이르기까지 꼬리표같이 붙어 다닌다. 학점은 '스펙'에 들어가지만, A+나 '올 에이'(all A)에 집착하는 것은 '고등학교 4 학년'이나 할 짓이다. 적지 않은 학생들이 수강신청을 할 때 자신에게 필요하고 도움이 되는가 하는 것보다는 학점 잘 주느냐 하는 것을 기준으로 과목 선택을 하며, 심지어는 '컨닝'이나 대리시험 등 부정한 방법을 동원하여 '학점관리'를 하기도 한다. 성적증명서를 조작한다는 얘기도 들린다.

물론 사회에서는 종이 위의 '올 에이'에 일단 좋은 인상을 받는다. 그러나 직장과 사회에서 중시하는 것은 기초실력과 사람됨이며, 그러한 것들은 인사담당자들에게 곧 드러나게 마련이다. 번듯한 스펙만 필요하다면, 전공공부는 — 많은 경우에 애당초 원해서 그 학과를 선택한 것도 아니므로 — 무시해도 될 것이다. 그러나 전공학과는 '개인기'에 해당한다. 취업면접에서 전공에 대해 할 이야기가 없다면, 그 학문을 전공한 사람으로서 사회와 그 기업을 보는 견해가 없다면, 좋은 인상을 남기겠는가. 또 직장에 들어가서 일 잘하여 인정받고 승진도 해야 한다면, 남보다 특출한 것이 한두 가지는 있어야 한다. 성적표뿐만 아니라 거기 적힌 전공학과 또한 우리가 평생 달고 다니는 꼬리표이다. 이를테면,

독문과를 나왔다면서 회사에서 독일상품 사용설명서를 해독하라고 가져왔을 때 "저는 전공공부는 안 했는데요" 할 것인가? 심리학과 졸업생이라 인사과에 배치되었는데, 다른 학과 출신보다 인간의 동기나 행동법칙에 대해 잘 아는 것이 없다면 어떻겠는가?

결국 종이 위의 성적이 아니라 실력이 문제되며, 실력을 키우려면 무엇에든지 최선을 다 하는 수밖에 없다. 성적 잘 받는 요령에 대한 선배들의 조언은 참고하되 맹신하지 않는 것이 좋다. 또 리포트는 내용이 중요한 것이 아니라 겉표지, 아부하는 문구 등 '포장'이 중요하다고 선배가 조언하면 참고하라. 그러한 요령과 포장이 성공할 수도 있고 아부와 읍소가 통하는 경우도 있지만, 학생이라고 다 같지 않듯이 교수들도 다 다르다. 강의를 진지하게 들을 때 이득의 하나는 교수가 어떤 사람이며 시험 및 학점과 관련하여 어떤 요구를 하는지 파악하게 된다는 것이다.

'공부해서 남 주는' 것이 아닌데, 좋은 성적에 매달리도록 십대 내내 교육받은 학생들에게 성적이 전부가 아니라는 사실을 납득시키기는 어려운 일이다. 올바른 대학생활을 하려면 학생들의 사고방식과 행동양식이 근본적으로 변해야 한다는 것을 다시금 통감한다.

⑵ 시험공부와 답안 쓰기

어떻게 하면 시험을 잘 보겠는가? 공부를 제대로 하면 된다. 대학에서의 시험은 대부분 주관식 시험이므로, 전체를 이해한 상태에서 교수가 중요하다고 강조한 사항들을 되새겨 보면 도움이 될 것이다. 과목에 따라서는 당일치기나 벼락공부가 도움이 되는 경우도 있겠으나, 시험 직전에 노트필기 — 더구나 자기가 한 것도 아니고 남의 것을 복사해 놓은 — 내용을 한두 번 읽거나 외우고 가면 대체로 좋은 성과가 나오기 힘들다.

시험이란 '입력'한 내용을 그냥 '출력'하는 상황이 아니다. 입력한 내용을 시간을 두고 머리와 마음속에서 '되새기고 응용'하는 '가공' 또는 '소화'를 거쳐야 살아 있는 지식이 되고, 어떤 식으로 '검색'하든 자기 말로 자기 생각이 표현된다. 시험 며칠 전에 시험범위에 들어가는 내용(책과 노트필기 등)을 차분히 읽어두고 되새기는 시간을 가진 후 시험 보는 당일 또는 전날에 내용을 다시 한

번 훑어보면 좋다. 하루 전에 당일치기하는 것보다 효과가 좋은 것은 물론 공부 시간도 오히려 절약될 것이다. 시험불안에 대해 배우면 왜 그런지를 알 수 있을 것이다.

시험 볼 때는 일단 문제들을 전부 읽어 보고, 답의 전체 윤곽을 잡으면서 머릿속에 떠오르는 단어들을 적어 본다. 질문하는 사람은 원하는 대답('정답')이 있기 마련이다. 예를 들어, 어제 영화를 한 편 보았다는 친구에게 무슨 영화였느냐고 독자가 묻는다 하자. 독자는 그 영화의 제목과 주제, 주연배우 이름, 연애물인지 폭력물인지, 스토리는 어떤지 등을 듣기를 기대할 것이다. 그런데 친구가 "응, 심심해서 영화나 볼까 하고 ○○한테 전화했더니 없고, 그래서 ○○한테 전화 거니까…" 하며 사설을 늘어놓는다면, 그것이 아무리 재미있어도 질문에 대한 대답은 아니다. 시험에서도 마찬가지이다. 옳은 말을 써 놓았지만 질문에 대한 답이 아니면 점수를 줄 수가 없다. 공부를 제대로 한 학생들은 질문을 제대로 알아듣고 답을 쓴다.

더 구체적으로, 'A와 B를 비교하라'고 하면 A와 B의 특징들을 서술하면서 A와 B가 어떤 면에서 서로 유사하며 어떤 면에서 서로 다른가를 *비교*해야 한다. 'C를 설명하라'면, C라는 사태나 현상, 실험경과를 서술만 해서는 부족하고, 그 원인을 고찰해 보아야 *설명*이 된다. 'D를 정의하라'고 하면, 예를 드는 것만으로 부족하고 그 앞이나 뒤에 공식적인(formal) 정의가 나와야 한다. 물론 문장은 간결한 것이 좋고 — 그것은 체계적 사고의 징표이기도 하다 — 글씨도 단정한 편이 좋은 인상을 준다. 답안지를 제출하기 전에 다시 한 번 내용을 읽어 보며 잘못 쓴 용어나 애매한 표현들을 고치고, 문장을 다듬고 오자와 구두점 등을 고치면 책임 있고 성의 있게 썼다는 인상을 준다.

교수가 기대한 '정답'이 아닌 답안은 무조건 '오답'인가? 그렇지 않다. 학생들의 '기발한' 대답은 — 거기에 독자적인 사고와 비판이 들어가 있을 때에는 더 더욱 — 채점자의 커다란 즐거움이다. 교수들이 자신의 입장을 옮겨 놓은 답안을 좋아한다는 말은 많은 경우 사실이 아니다. 오히려 학생이 자신의 시각에서 자신의 말로 무엇을 설명해 놓았을 때, 내용을 소화하여 자기 것을 만들었다는 것이 되므로 책에 있는 내용이나 교수의 말을 그냥 베껴 놓은 학생보다 더 높은 점수를 주게 된다.

이러한 조언들은 시험 때만 되면 몹시 불안해져서 공부도 못 하고, 시험지를 받으면 눈앞이 캄캄해지는 사람에게는 별 소용이 없다. '고 3 병'이라는 말이 있을 정도로 입시의 압박은 많은 고등학생들에게 극심한 스트레스이다. 대학에 온다고 해서 고등학교 때의 시험불안이 하루 아침에 없어지는 것은 아니다.

(3) 시험불안과 그 극복

군대에 갔다 복학한, 즉 고등학교를 졸업한 지 5 년쯤 된 남학생이 아직도 입시를 치르는 악몽을 가끔씩 꾼다.

> 시험을 잘 보는 꿈이라면야 좋지만 매번 죽을 쑨다. 아니 어떤 때는 시험지가 아주 백지라서 문제가 하나도 보이지 않는다. 주위를 돌아보면 모두 열심히 풀고 있다.

어떤 사람들에게는 이런 일이 꿈이 아니라 현실에서 번번이 일어난다. 시험을 앞두고 전혀 불안하지 않다면 공부가 안 될 것이다. 적당히 불안하면 집중력이 높아져서 공부도 잘될 뿐 아니라 시험 볼 때 생각도 잘 난다. 그러나 불안이 그 수준을 조금만 넘어서면 정신수행을 방해하게 된다. 우선 강한 시험불안(test anxiety)이 어떤 영향을 미치는지를 알아 두면 좋을 것이다.

불안이 크면 닥쳐올 시험이 매우 어렵고 위협적인 것으로 여겨지고, 자신이 도저히 해낼 수 없을 것 같은 생각이 든다. 실패할 경우의 결과들도 부풀려 상상하게 된다. 이를테면 "만일 낙제하면 '스펙'이 나빠지고 취직도 못 할 거야", "한 번 '찍히면' 재수강해도 학점이 안 나올 텐데", "만일 졸업을 못 한다면" 하는 생각이 꼬리를 문다. 이런 생각들은 시험공부를 방해하고, 시험시간 중에 그 정도로 불안하다면 정신을 집중하지 못하므로 문제와 관련 없는 내용을 써놓게 된다. 워낙 불안성향이 높은 학생들은 공부를 열심히 했어도 첫 문제가 모르는 문제면 금방 "이번 시험은 망쳤구나" 하면서 눈앞이 캄캄해지기도 한다. 졸도까지 하는 학생도 보았다.

시험불안을 극복하려면 시험에 미리미리 대비하는 수밖에 없다. 당일치기는 불안과 긴장상태에서 공부하는 것이라 효과적일 수도 있지만, 범위가 예상

밖으로 많거나 내용이 어려우면 불안이 금방 '적당' 수준을 초과해 버리기가 쉽다. (꼭 당일치기가 아니라도) 이미 불안이 높아져 있는 상태에서 시험공부에 들어가면 전체를 파악할 마음의 여유가 없고, 따라서 중요한 것과 중요하지 않은 것을 구별하지 못하므로 범위가 더 많게 느껴지게 된다. 악순환은 이미 시작되어, 이해를 못 하니까 통째로 외워 버리려고 하고, 초조한 상태에서 암기가 잘될 리 없으므로 더 초조해져서 불안이 커지고, 긴장상태에서 시험에 임하게 된다. 그럴 때 앞에 언급한 걱정들이 생기려고 하면 스스로 차단하도록 한다. "일단 최선을 다 해보고, 기말고사를 잘 보자", "재시험 보게 해달라고 사정해 보자. 밑져야 본전이니까" 하는 등으로 마음을 가라앉혀야 공부가 되고, 아는 것이라도 잘 쓸 수가 있다.

시험공부를 효과적으로 하려면 불안해지기까지 미루지 말아야 한다. 일단 전체를 파악하면 세부적인 사항들은 저절로 이해가 되고 "아하 그렇구나" 하는 즐거움까지 느끼게 된다. 이렇게 '즐거운 공부'는 밤새워 해도 별로 지치지 않는다. 시험 전에 혹은 시험시간 중에 (의식을 잃을 정도로) 극심한 불안상태를 거듭 체험하는 학생들은 학생생활연구소나 상담소에 가보기를 권한다. 시험은 대학에서 끝나는 것이 아니라 졸업 후에도 중요한 시험을 많이 보게 될 것이므로, 비정상적으로 강한 시험불안은 그 원인을 탐구하여 고치는 것이 근본적인 해결이 된다.

(4) 실패에 대한 대처

시험이 불안한 것은 — 시험당하고 비교당한다는 사실 말고도 — 항상 실패의 위험이 있기 때문이다. 어떤 사람은 B만 받아도 실패로 간주하고 어떤 사람은 C만 받아도 싱글벙글하지만, 기대만큼 혹은 공부한 만큼 결과가 나오지 않아 실망해 본 경험이 없는 사람은 없을 것이다. '실패는 성공의 어머니'라는 말은 상투적인 문구가 아니다. 시험의 실패든 연애의 실패든 우리가 인생에서 경험하는 패배는 우리가 몰랐던 자신의 특성과 결함을 보게 해주는 귀중한 계기가 될 수 있다. 물론 실패와 패배가 성장의 계기가 되려면 무엇을 잘못했을까, 무엇이 왜 잘못되었을까 분석하고 그것을 고치려는 노력이 따라야 한다.

"나는 머리가 나빠", "재수가 없었어", "선생이 엉터리야", "어차피 공부 안

했으니까" 하는 반응들은 실패에 대한 좋은 대처가 아니다. 물론 나쁜 지능과 운, 엉터리 교수, 노력부족이 모두 사실일 수 있다. 그러나 학생들 사이의 지능 차이는 극히 미미한 것이고, 똑같은 시간을 공부했어도 훨씬 더 나은 성적을 받는 사람이 있는 것이다. 실패가 교훈이 되려면 자신의 능력이나 운, 다른 사람들을 탓하기보다는 자신의 공부습관과 태도를 돌이켜보아야 한다.

공부를 열심히 하는데도 성적이 나쁜 학생들의 공통된 특징은 전체 혹은 구조를 파악하지 못한 채 부분에 집착하고, 그러므로 그 부분들이 서로 어떻게 연결이 되는지 *이해*하지 못한다는 것이다. 이런 학생들은 '논하라', '비교하라' 같은 시험문제에서 곤란을 겪을 수밖에 없고, 서로 연관되지 않는 단편적인 사실들은 잘 기억되지도 않고 회상되지도 않으므로 단답식 질문에 답을 쓰는 일도 쉽지가 않다.

어떻게 하면 될까? 한 가지 방법은 2~5명으로 스터디그룹을 만들어 같이 토론하며 공부하는 것이다. 공부를 잘하는 학생이 끼면 좋지만 꼭 그럴 필요는 없다. 미리 공부해 가지고 만나서 "나는 이 이론을 이렇게 이해했다", "이것이 현실에 이렇게 적용이 되지 않을까 한다"는 이야기를 교환하다 보면 '즐거운 공부'가 된다. 여럿이 모이면 한 사람이 모르는 것을 다른 한 사람은 꼭 설명할 수 있게 마련이고, 아무도 모른다면 교수나 선배를 찾아가면 된다.

실패가 거듭될 때 할 수 있는 또 한 가지는 담당교수를 찾아가는 것이다. 무작정 점수(학점)를 올려달라고 부탁하는 학생은 있어도 공부하는 방법을 의논하러 오는 학생은 거의 없다. 교수를 찾아가서 "이번 시험에 대비해서 공부를 하느라고 했는데 성적이 어떻게 나올지 궁금합니다/성적이 안 나와서 당황했습니다"라고 말하는데 내쫓을 교수가 있을까? "저는 하느라고 했는데 효과가 없는 것을 보니까 무언가 잘못하고 있는 것 같습니다" 또는 "지난 번에 배운 이론이 책을 아무리 읽어도 머릿속에 들어오지 않습니다"라고 한다면 공부방법이나 내용에 대한 토론을 시작할 수 있다.

시험을 잘 보는 '요령'은 따로 있는 것이 아니다. 자신의 실패를 교훈삼아 자기 자신을 돌아보고 스스로 가장 효과적인 공부습관을 만들어 나가는 수밖에 없다. 자꾸 말하지만, 학생들의 인생에 앞으로도 중요한 시험이 여러 차례 있을 것이기 때문에, 공부를 체계적으로 하여 시험에 잘 대비하고, 실패에 좌절하지 않고 오히려 자기개선의 기회로 삼는 자세를 대학시절에서부터 갖출 필요가 있다.

3. 학교생활

대학은 공부만 하는 곳이 아니다. 공부는 강의실과 도서관에서만 하는 것이 아니라고 말하는 것이 더 정확할지 모르겠다. 많은 학생들이 신입생 시절에 바라는 바는 '진짜공부', 즐거운 공부 외에 다양한 경험과 넓은 인간관계가 있다. 대인관계, 특히 교우관계와 이성교제는 다음 장에서 다룰 것이므로, 이 장에서는 학과생활과 동아리활동을 간략하게 언급하기로 한다.

3-1 학과생활

대부분의 학과들에는 **학회**가 조직되어 있다. 학회장과 임원들로 구성된 학회는 신입생 환영회와 졸업생 환송회를 비롯하여 체육대회, M.T. 등을 연다. 같은 학년 학생들 사이에는 과대표가 중심이 되어 매 학기 개강·종강 파티 같은 것을 연다. 행사에 따라 다르지만 참석률은 그리 높지 않고 나오는 사람들만 나오는 경향이 있다. 그 대학 학생 전체를 대표하는 학생회에 관심 없는 것은 말할 필요도 없다. 학생회장, 학회장이나 과대표를 하려는 학생들도 자꾸 줄어든다고 한다. 물론 즐거운 일보다 귀찮은 일이 더 많고 학생들도 잘 안 따라와 주기 때문일 것이다. 그러나 학생회나 학회는 학교, 학과에서 겪는 문제들에 '공동대처'하기 위한 통로이다. 어떤 집단을 앞에서 이끌어 본다는 것은 아주 귀중한 리더십 공부이자 민주주의 훈련이므로 자기 자신을 위해서도 기꺼이 맡는 것이 좋다. 좌절이 많은 만큼 자기 자신에 대해서 그리고 사람에 대해서 많은 새로운 것들을 발견하고 공부할 수 있는 귀중한 기회가 되기 때문이다.

대표나 임원들만 학회활동이나 학과행사에 책임이 있고 다른 학생들은 손님이나 고객인 것은 아니다. 학생들은 보통 바쁘다는 핑계로 또는 재미 없다는 이유로 총회나 행사에 빠지는데, 이는 '주인'의 태도가 아니다. 남들이라고 할 일이 없는 것도 아니고, 재미가 없다면 무엇이 재미 없는지 지적하고 어떻게 해

보면 좋겠다고 제안을 하면 된다. 강의시간에 들어가는 것을 습관으로 삼는 것처럼, 학과행사에 적극적으로 참여하라고 권하고 싶다. 강의시간도 한두 번 빠지면 들어가기가 머뭇거려지듯이, 학과행사도 한두 번 빠지고 나면 계속 안 가게 된다. 계속 참여하다 보면 같은 학년 동료는 물론 강의시간에 잘 못 만나는 선후배들과도 점점 친해지고, 아는 얼굴이 많아지면 학과생활이 자연히 즐거워진다. 공부도 열심히 해야 재미있고, 재미있어야 열심히 하듯이, 학과생활도 그렇다. 재미있어야 참여하고 싶지만, 열심히 참여해야 재미있다. 또 대표와 임원들이 열심히 노력해야 참여도도 높아지지만, 참여가 많아야 '주최측'도 신이 나서 일한다.

기왕에 존재하는 학회나 학회분과에 참여하는 외에도 자신의 관심에 따라 작은 *스터디그룹*이나 토론그룹을 조직해 보는 것도 좋다. 시험공부를 같이 모여서 하면 도움이 된다는 이야기는 앞에서 했으나, 일시적 모임이 아니라 상시 모임이 되게 하면 더 좋다. 이를테면, 영어가 좀 부족할 때 몇 명이 모여 전공원서를 정해 놓고 같이 읽을 수도 있고, 취직시험 준비를 위해 몇 명이 같이 계획과 진도를 짜서 공부할 수도 있으며, 환경문제나 여성문제, 사회문제에 대한 책들을 읽고 정기적으로 만나 토론하는 모임을 이끌어 갈 수도 있다. 이러한 소집단들에 선후배가 혹은 여러 학과의 학생들이 같이 참여할 수 있음은 물론이다.

이러한 그룹모임을 가져 본 학생들은 잘 알겠듯이 이들은 모임 후에도, 모임이 없는 날에도 서로 많이 어울리게 된다. 같이 배움을 나눈 친구들과의 우정은 노는 일만 같이 한 친구들과의 우정보다 훨씬 진하고 오래 간다. 우리는 4장에서 좋은 친구들을 가지고 있는 것이 스트레스 대처와 개인적 성장에 얼마나 중요한지를 보았다. 대학에 들어오기 전에도 그랬거니와, 대학졸업 후에도 지적, 인간적으로 성장하고 친구들과의 순수한 우정을 키울 여유는 별로 많지 않다. 공식적인 학과 행사들은 물론 비공식적인 소집단 모임들에도 적극적으로 참여함으로써 동료 및 선후배들과 친해지면 학과공부에 도움이 되고 학과생활이 즐거워질 뿐만 아니라, 개인적인 문제들에 부딪칠 때에도 든든하고 미더운 사회적 자원(4 장 참조)이 되는 것이다.

나아가 그러한 동창관계들은 사회생활에서도 중요한 사회적 자원이 된다. 학연이니 지연이니 하는 것이 우리 사회에서 많은 부정적 영향을 미치는 것은 사실이지만, 신뢰할 수 있는 가까운 인간관계들이 살아가는 데 아주 중요한 자산이라는 것은 부정할 수 없다. 나이를 먹고 책임이 늘어날수록 문제와 스트레스도 많아지며, 그럴수록 속마음을 털어 놓을 수 있는 친구들이 더 절실히 필요하다. 물론 친구는 언제 어디서나 사귈 수 있지만, 우정을 키우는 데 필요한 시간과 마음의 투자를 하는 데 대학시절처럼 좋은 때가 없는 것이다.

3-2 동아리 및 기타 학내활동

학과 내의 조직이나 행사들뿐 아니라 대학에는 많은 동아리(서클)들도 있고 교양강좌, 특강 등도 심심치 않게 열린다. '진지한'(학술, 사회비판 등) 동아리는 점점 없어지고 토익, 재테크 등 실용적인 동아리들이 인기가 많다. 교양강좌나 취업특강도 '스타'강사가 아니면 청중이 많이 모이지 않는다. 다양한 경험, 폭넓은 인간관계를 원한다면 본인이 적극적으로 생활하는 길밖에 더 있는가. 졸업 후에는 시간이 없어서도 못할 일을 자유롭고 시간이 많을 때에 열린 마음으로 찾아다닐 필요가 있다. 학술, 봉사, 예술(문학, 탈춤, 음악 등), 종교, 운동·취미, 외국어 학습 등을 중심으로 하는 동아리들 중에서 본인의 취향에 따라 선택하여 적극적으로 활동해보라. 여러 사람들과 함께 어울리면서 하나의 조직을 이루며 더불어 살아가는 방법을 수련할 수 있을 것이다.

마지막으로 대학생들에게 학교시설을 잘 활용하라고 조언하고 싶다. 학생들 중에는 학교에 보건진료소가 있다는 것도 모르거나 장학실이 뭐 하는 곳인지 모르는 사람도 있다. 장학실 또는 취업자료실은 그 학교 학생들을 취업시키기 위하여 정보를 제공하고 실제적 도움과 상담을 해주는 기관으로서, 저학년부터 정기적으로 드나들어야 하는 곳이다.

학교시설 중에서 학생들의 생활의 중심이 되어야 하는 곳은 물론 *도서관*이다. 도서관에는 교양·전문서적은 물론이거니와 신문·잡지들도 다양하게 있으며, 음영자료실에 레코드판이나 비디오 테입을 빌려서 듣거나 볼 수가 있다. 낮에 시간이 빌 때는 다방이나 당구장같은 곳에 가지 말고, 놀더라도 도서관에 가서 논다는 습관을 가져 두면 돈 안들이고 여러 가지를 즐길 수 있을 뿐만 아니라 사람도 만나고 사귈 수 있다.

학교시설을 이용하는 다른 길은 (전공공부나 취직시험에) 꼭 필요한 과목들만 수강하고 '쉬운' 과목들만 선택하지 말고, 관심 가는 대로 여러 다양한 과목들을 수강해 보는 것이다. 부담스러운 과목은 신청을 안 하고 청강하면 된다. 대학시절이 아니면 공대학생이 언제 문학, 심리학, 법학, 경영학 강의를 들을 수 있는가? 학교마다 졸업학점이 정해져 있지만, 그것을 초과한다고 해서 등록금을 더 내는 것은 아니다. 필요한 학점만 가급적 — 혹은 수단 방법 안 가리고 — 좋은 성적으로 따서 졸업장 받아 가지고 나가는 곳으로만 대학을 생각한다면 물론 친구도, 동아리도, 교양강좌도, 타학과 과목도 아무것도 필요가 없다. 다만 그렇게 되면 두 번 다시 오기 힘든 知的, 인간적 성장의 기회를 놓쳐 버리게 된다.

시험불안을 이야기할 때 잠깐 언급했지만, 대학마다 학생생활연구소 같은 곳에 전문상담자가 있게 마련인데 잘 활용되지 않고 있다. 공부나 개인생활에서 문제가 있을 때, 개인상담이 부담스럽다면 집단상담 프로그램에 참여해도 된다. 학생이면 누구나 무료로 이용할 수 있으므로 그런 시설을 찾아가는 것을 꺼리지 말라고 말하고 싶다. 대학공부의 목적은 결국 '너 자신을 알라'이므로, 꼭 문제가 있어서가 아니더라도 자기 자신을 인식하고 발견할 수 있는 기회가 있으면 적극적으로 활용하는 것이 현명하다.

3-3 취업준비

대다수의 대학생들에게 대학에 다니는 일차적인 목적은 '진리탐구'라기보다는 취업이다. 부모들이 자녀를 기필코 대학에, 그것도 좋은 대학에 보내려고 애쓰는 것도 좋은 직장에 들어가기를 바라기 때문이다. 직장생활과 취업을 위한 준비는 9장에서 자세히 언급될 것이지만, 이 장을 끝내면서 지금까지 논의한 내용들(공부와 시험, 학교생활)이 그러한 준비와 어떤 관계가 있는지를 생각해 보기로 한다.

취업면접에서 빠지지 않고 나오는 질문이 *자기소개*를 하라는 것이다. 주어지는 시간이라야 1분 정도이다. 물론 누구나 이 예상문제에 준비한 답이 있고, 모두 자신이 기업에서 요구하는 인재로 자기제시(self-presentation)를 한다. 예를 하나 보자(남지현, 2008, p. 242).

> 저는 활발하고 대인관계가 좋은 적극적인 사람입니다. 특히 사람 사귀는 것을 좋아하는 저는 처음 만나는 사람과도 쉽게 친해질 수 있는 능력을 지니고 있습니다. 학교 다닐 때는 동아리 회장을 하면서 리더십도 배양하였습니다. 아직까지 부족한 사람이라는 것을 알기에 누구보다도 열심히 노력하는 모습을 보여드리겠습니다. 감사합니다.

자신감과 '자기 색깔'이 느껴지는가. 자기소개서도 이렇게 천편일률적으로 쓰는 경우가 많다. 대학 다니는 동안 공부와 생활을 주체성 있게 하지 않고 학점 따기, 토익점수 올리기에만 전념한 사람은 면접관들에게 '존재감'이 없다. 기업에 '취직'하지 않는다 해도 어른은 자기제시를 어떤 형태로든 늘 하고 산다. 거듭 강조하지만 결국 중요한 것은 '기초'이다.

정규직 일자리가 점점 줄어들기 때문에 신입생 시절부터 취업걱정을 하기 시작하고, 학과공부는 무시한 채 본격적으로 취업공부, 고시준비에 몰두하는 학생들도 많이 있다. 전공을 무시하는 일은 앞에서도 언급한 이유로 근시안적인 판단이다. 전공지식과 기술이야말로 남들과 '차별화'되는 '개인기'가 될 수 있기 때문이다. 해당 학과가 아닌데 왜 지원했냐는 질문에 "그래서 더 많은 준비를 했습니다"라는 무색무취의 답을 하겠는가. 반면 다음의 답변을 보라(남지현, 2008, p. 267).

> 저는 역사학을 전공했습니다. 영업이란 사람에게 다가가는 것이 우선이라고 생각합니다. 요즘에는 사극이 인기입니다. 저는 우리나라 역사에 대해 남들보다 더 많이 알고 있습니다. 사람들이 궁금해하는 이른바 비하인드 스토리도 이야기할 수 있습니다. 경영학을 전공한 사람에 비해 영업에 대한 지식은 부족할지 몰라도 역사지식을 무기로 사람들에게 더 쉽게 접근할 수 있어서 더 많은 기회를 가질 수 있다고 생각합니다.

전공공부를 소홀히 하면 학과동료 및 선후배들, 교수들과의 관계도 소홀히 하게 되는데, 아직까지 학연이 중요한 우리 사회에서는 이 또한 현명한 선택이 아니다. '연'의 필요, 그리고 정보를 얻기 위한 이유 때문만이 아니라, 학과 내에서 맺는 다양한 인간관계들은 다음 장에서 다루게 될 대인관계 기술들을 익히는 데 매우 중요한 자원이 되기도 한다.

점점 더 많은 기업들이 학벌과 성적, 필기시험보다는 종합적성검사와 면접을 중요시하는 쪽으로 취업전형 방식을 바꾸고 있다. 적극성, 성실성, 조직적응력, 창의성, 발전가능성 등을 평가하기에 후자의 방법들이 더 적합하다고 판단하기 때문이다. 기업들이 중시하는 이러한 품성과 능력들은 공부와 인간관계, 학과생활, 동아리생활, 조직리더 경험 등 대학생활 전체를 통하여 오랜 기간에 걸쳐 키워진다. 위에서 학교시설들(이 맥락에서 중요한 것은 특히 취업자료실)을 활용하라고 조언했거니와, 학교에서 제공하는 모든 가능성을 이용한다는 태도도 당당하고도 적극적인, 기업들이 높이 평가하는 태도인 것이다.

꼭 취업 자체를 떠나서도 대학을 다니는 목적은 2 부의 제목인 '어른으로서의 삶'을 준비한다는 것이다. 그 준비는 강의실과 도서관에만, 성적표와 취업고시에만 있지 않다. 전공공부와 교양 넓히기, 사람공부와 세상공부 등 여러 방면에서 열심히, 성실하게 생활할 때 그 준비도 더 충실해지는 것이다. 대학 4 년을 열심히 씩씩하고 명랑하게 생활하지 않은 사람이 졸업 후 직장에선들 열정과 패기가 있겠는가.

요약 및 결론

대학에 오면 주입식 암기식 공부, 강제가 아닌 '진짜공부', 즐거운 공부를 하고 싶지만, 대다수 학생들이 책 읽기, 글쓰기, 말하기(발표와 토론) 훈련을 받지 못한 채 대학에서 공부하고 시험 보게 된다. 경쟁에 익숙하기 때문에 친구들과 관계 맺고 소통하는 것도 새로 배워야 한다. **입시교육 후유증**을 극복해야 대학공부와 생활도, 또 취업과 사회생활도 성공적으로 할 수 있기 때문에 그것은 대학 다니는 내내 씨름해야 할 성장과제가 된다.

대학에서 얻을 것은 궁극적으로 살아가기 위한 기초체력과 실력이며, 공부와 시험, 폭넓은 독서와 진실한 우정 등은 모두 그를 위한 계기와 자양분이 된다. 대학생활이 이러한 성장의 기회가 되기 위해서는 무엇보다도 먼저 '나는 ○○학을 전공하는 대학생이다'라는 사실이 **자아정체**(ego identity)의 일부가 되어야 한다. 대학에 들어오기 전에 선택의 기회가 주어지지 않았다면 지금이라도 고민과 의식적 결단이 있어야 한다. 그러한 결단이 없으면 생활에 충실하기가 힘들고, 공부와 시험, 독서와 학교생활에 대한 진지한 조언이 공허하게만 들릴 것이다.

대학에서는 지식을 수동적으로 주입받는 것이 아니라 '그것은 나에게 무엇인가'를 끊임없이 물으며 지식을 자기 자신과 그리고 자신이 사는 현실과 연관시키는 적극적인 자세가 필요하다. 그에 도움이 되는 것이 폭넓은 **독서**이다. 고등학교 때까지 교과서와 참고서 이외에는 책을 거의 읽지 못했던 학생들이 책과 친해지고 사람과 세상 공부를 하게 되는 좋은 방법은 신문 읽기와 장편소설 읽기이다. 일기 쓰기와 편지 쓰기를 하면 **글쓰기** 훈련이 되어도 많은 리포트 과제에도 스트레스를 안 받지만, 자기발견과 관계 유지에도 큰 도움이 된다.

공부와 독서만큼 중요한 것이 교수와의 그리고 친구들과의 **대화와 소통**이다. 교수들과 관계 맺기는 우리 사회의 주인인 기성세대 사람들을 상대하는 법을 배우는 길이기도 하므로 관심 있거나 존경하는 교수에게 스스로 다가가는 적극성을 가지는 것이 좋겠다. 또 배움을 같이 하는 친구들과 대화하고 토론하며 평생 지속하는 우정을 키우는 시간과 마음의 여유를 내야 한다.

대학생의 본업은 강의 듣기와 시험 보기이다. **강의**에 빠짐없이 출석하여 주의 깊게 그리고 적극적으로 경청하며, 배운 내용을 되새기고 응용하는 자세를 가져야 공부가 재미있고 성적도 잘 받는다. 졸업 후에도 중요한 시험들이 이어지므로, **시험불안**은 대학시절에 극복해 두는 것이 좋다. 불안이 크면 시험의 어려움과 자신의 무능함, 그리고 실패할 경우의 부정적인 결과들을 지나치게 부풀려서 생각하게 되므로, 이러한 '딴 생각' 때문에 공부와 시험에 집중할 수가 없다. 시험불안의 피해를 안 보려면 불안이 커지기 전에 공부를 미리미리 해 두는 수밖에 없다.

고등학교 때처럼 무엇이든 외워 버리려 하고 전체를 파악하지 못하면, 부분들이 서로 어떻게 연결되는지를 모르니까 공부가 효과도 없거니와 재미도 없다. 재미있게 그리고 효과적으로 공부하는 한 가지 방법은 친구들과 소집단을 만들어서 같이 하는 것이다. 또, 공부한 만큼 결과가 안 나오면 왜 담당교수를 찾아가지 않는가? 배운 내용, 공부방법에 대해 이야기를 들을 수 있을 뿐 아니라, 성실하고 진지한 학생이라는 좋은 인상까지 심을 수 있다.

학회 및 여러 학과 행사들, 동아리활동 등에 참여하면 대학/학과생활과 공부에 활력이 생기고 소중한 친구들을 얻게 된다. 도서관을 적극적으로 활용하고 타 학과 강의들에도 관심을 가지며, 학생생활연구소 같은 부대시설도 활용하는 것이 적극적인 대학생활의 일부이다. 공부든 연애든 동아리활동이든 무엇이든 열심히 하면 그것이 바로 즐거운 공부, 보람찬 대학생활이다. 기업들이 그리고 사회가 원하는 젊은이들은 적극적이고 성실하며, 조직적응력이 있고 발전가능성이 있는 사람들이므로, 취업 자체만 위해 공부하기보다는 대학생활 전체를 다양하게 열심히 하는 것이 '취업전쟁'에서 이기는 길이 되기도 한다.

제7장

대인관계

우리의 행복과 불행은 대부분 사람으로 인한 것이다. '왜 사는가'를 물을 때 제일 먼저 떠오르는 것도 가족, 친구, 연인 등 '중요한 타인들'(significant others)일 것이다. 사람은 혼자 살 수 없는데, 인간관계에서 오는 만족과 행복이 있는 반면 짜증과 괴로움도 크다. 관계 맺기를 잘해야 더 많은 사람들에게 '네가 있어 행복하다'고 말할 수 있는데, 이것이 쉽지가 않다. 신입생들이 대학 와서 배우고 싶은 것 중에는 사람 사귀는 법, 연애공부, 말 잘하기("싸움에서 이기고 싶다")도 있다.

대인관계는 인생의 성공·실패에서도 결정적이다. 직장에서 동료들과, 상사나 부하와 인간관계를 못하면 아무리 실력이 있어도 인정받기 힘들며, 또 부부, 부모-자녀 관계가 나쁘면 가정이 — 껍데기는 남아도 — 깨지게 된다. 성인들이 가정과 사회에서 맺는 인간관계는 매우 다양하지만, 다행히도 관계 맺기의 기본적 규칙들은 어디에서나 같다고 할 수 있다. 따라서 젊은 시절에 가족 및 친구들과, 연인과, 윗사람과 익히는 관계 규칙들은 직장에 가서도, 결혼해서도, 부모가 되어서도 쓸 수가 있다.

대인관계가 우리의 행·불행, 성공·실패에 그토록 중요하기 때문에 우리 모두는 나름의 대인관계이론을 가지고 있다. 사적, 개인적 이론에도 많은 지혜가 들어 있지만, 경험적(과학적) 검증을 거치지 않기 때문에 허점과 결함들이 고쳐질 기회가 부족하다고 할 수 있다. 내용적으로 볼 때 사적 이론의 문제점은 관계란 언제나 오고 가는 *양방향*이라는 기본원리를 무시한다는 것이다. 즉, 상대방이 어떤 특정한(좋거나 불쾌한) 방식으로 나를 대하는 것은 상당부분 나의 태도·행동에 대한 반응이며, 또한 내가 어떤 특정한 방식으로 느끼거나 행동하는 것도 상대방의 태도·행동에 대한 반응이다. 이 단순한 사실만 잊지 않아도 (남들과, 자기 자신과) 관계 맺기에서 '꼬리표 달기'("그는/나는 이기적이다" 따위)를 안 할 수 있다.

우리의 시선과 주의는 우리 자신이 아니라 상대방(들)을 향하므로, 자신이 상대방에게 영향 미치는 방향은 보지 못하고 상대방의 행동·태도에 당황하거나 상처받는 일이 많다. '오는 정이 있어야 가는 정이 있다'는 것은 알지만, 가는 정이 있어야 오는 정도 있다는 것은 잘 모르는 것이다. 관계의 양방향성을 인정한다면, 좋은 친구를 얻는 길은 스스로 좋은 친구가 되는 것이며, 좋은 배우자, 착한 자녀를 두는 길은 스스로 좋은 배우자, 좋은 부모가 되는 것이다. 이 장에서는 친구나 동료관계에 초점을 맞추고, 연인관계는 8장에서, 부부관계와 부모-자식 관계는 각각 10장과 11장에서 다루게 된다. 모든 관계 맺기에 기본이 되는 원리들부터 배워보자.

1. 이론적 관점들

인간관계는 매우 복잡한 것이기 — 인간 개개인이 복잡한 존재가 아닌가 — 때문에 인간관계를 이해하는 관점도 여러 가지가 있다. 그 중 사회교환이론, 역할이론, 그리고 게임이론의 세 가지 이론이 일반인들에게도 유용할 것 같아서 아래에 소개한다.

1-1 사회교환이론

사회교환이론(social exchange theory)에 따르면, 사람은 어떤 관계로부터 얻을 수 있는 보상(reward)과 이를 위해 치르는 부담 또는 대가('비용', cost)를 계산한다. 보상에서 비용을 빼면 결과(outcome) 또는 이득(profit)이 된다.

(1) 보상과 비용

보상은 그 관계에서 나오는 긍정적인 것들이다. 돈과 선물 같은 물질적인 것으로부터 애정, 인정, 지지, 존경, 수용 등이 모두 보상이 된다. 원하는 것들을 얻기 위해서는 **비용**이 든다. 관계를 가꾸기 위해 시간과 노력을 들이는가 하면 여러 가지 갈등과 불안함도 견뎌야 한다. 비용은 시간, 노력, 갈등, 불안, 짜증 등 여러 가지 형태를 취한다. 예를 들어, 좋아하는 친구가 도서관에도, 당구장이며 술집, 쇼핑 등에도 늘 함께 가자고 할 때, 즐거움, 인정, 지지 등은 보상이 되고, 시간낭비, 자기 생활을 못 하는 것 등은 그 비용('민폐')이 된다. 보상보다 비용이 더 크다고 생각되면 이 관계는 '부담'이 된다(글상자 7-1).

무엇을 보상이나 비용이라고 느끼는가 하는 것은 사람마다 다르다. 어떤 사람에게는 큰 보상인 것이 다른 사람에게는 그리 큰 보상이 아니거나, 어떤 사람에게는 매우 큰 희생이라고 생각되는 것이 다른 사람에게는 별로 희생이 아닐 수 있다. 집에 돈이 많으면 '돈'이 비용이 아니고, 조폭 같은 친구에게는 맹목적 충성이 무엇보다 큰 보상일 수 있다. 남이 부러워하는 것이 큰 보상이라서 예쁘고 날씬한 공주님 여자친구의 온갖 횡포를 달게 감수하기도 한다.

우리가 어떤 관계에 머무는 것은 얻는 것이 비용보다 많기 때문이다. 앞에서 사적 관계이론의 일방향성을 이야기했지만, 보상과 비용도 어느 하나만 의식할 때가 많다. 친해질 때는 보상만 눈에 들어오다가 비용이 점점 크게 의식되면서 '싫증'이 나고 관계가 나빠진다. 그러나 가치 있는 것을 얻었기 때문에 그 관계에 머물렀다는 것을 인정하면 좋게 끝을 낼 수 있다. 남들의 부러운 시선을 즐겼기 때문에 여자친구의 횡포를 받아준 것이며, 내가 관계에 머물기로 선택한 것이지 누가 내게 강요한 것이 아니다. 그러면 여자친구에게 '공주병'이라는 비난을 할 필요가 없고, 글상자 7-1의 청년도 친구에게 '마마보이'라는 꼬리표를 달아줄 필요가(권리도) 없다.

결국 어떤 관계에서 기대하거나 얻는 보상이란 우리에게 필요한 것, 즉 **욕구** 충족이다. 인정 욕구가 강한 사람은 인정을 충분히 받으면 보상을 받는 것이

글상자 7-1 친구가 귀찮습니다

Question: 6개월 전 중학교 동창인 친구가 외국유학을 마치고 돌아왔습니다. 그 친구 환영회 때 친했던 친구들과 늦게까지 술을 마셨는데 저와 그는 마지막까지 술잔을 기울이며 지난 얘기를 했습니다. 그 날을 계기로 더욱 친해져 그 후 일주일에 두세 번씩은 꼭 만나게 되었죠. 하지만 옛 친구를 다시 얻게 된 기쁨도 잠시, 계속되는 그의 전화에 노이로제가 걸릴 지경이 되었습니다. 그는 아침이면 어김없이 전화해, 어느 서점에 가는 게 좋을 거 같나, 무슨 서류는 어디서 떼나, 적금은 어느 은행에서 들까 등 그날 할 일이 있으면 온갖 정보를 저한테 다 묻습니다. 처음에는 한국생활에 적응이 안 돼서 그러나 했지만 지금은 정신적인 문제가 있는 게 아닐까 하는 정도예요. 전화번호를 바꾸고 연락을 끊는 것은 차마 못 하겠고, 계속 받아주자니 제가 못 견디겠어요.

Answer: 거절을 두려워 말라.

1. 그 친구는 자신의 불안을 해결하는 방법으로 의존을 택해왔던 건데, 그런 건 하루 이틀에 만들어진 패턴이 아니다. 필경 마마보이일 그 친구가 일으킨 문제에 대한 해결책은 하나다. 그냥 말하시라. 사실대로. 일부러 야박하게 말할 필요는 없다. 그저 담담하게 있는 그대로 말하면 된다.

이제 한국생활도 제법 적응했으니 가능하면 스스로 문제를 해결하는 습관을 기르는 게 좋지 않겠냐고. 적당한 핑곗거리를 하나 만들어서, 요즘 그 일 때문에 무척 바빠서 당분간은 연락도 잘 안 될 거라고. 아마 그 친구는 오래지 않아 자신이 의존할 또 다른 사람을 찾을 게다. 당신은 누구에게나 좋은 사람이 되고 싶단 욕심만 버리면 되는 거고. …

2. 한마디만 더 보태자면, 사람들은 자신이 아니라 남의 기대를 충족시키는 데 스스로 생각하는 것보다 훨씬 엄청난 양의 에너지를 쓴다. …

남을 기쁘게 하는 데 자기 인생을 다 쓰고 만다는 건, 멍청한 걸 넘어 슬픈 일이다. 그러니 거절하는 걸 두려워 마시라. 그 공포에서 벗어나야 비로소 자신이 정말 원하는 게 무엇인지 알 수 있다. 자신이 뭘 원하는지도 모르고 사는 것처럼 삶의 낭비도 없다.

[김어준, 2008, pp. 153-155]

지만, 그 충족을 위한 비용이 너무 커지면 관계를 떠나고 싶다. 또 우리 각자에게는 동시에 여러 가지 욕구가 있다. 가령 사랑과 인정을 받고 싶고 존중도 받고 싶으며 자율과 독립도 원하는 것이다. 한 가지 욕구가 충족되는 보상을 위해 다른 중요한 욕구가 희생된다면 그 관계에 대한 갈등이 점점 커지게 된다. 글상자 7-1의 청년은 친구에게 좋은 친구로 인정받고 싶기도 했겠지만 독립도 원했을 것이다.

(2) 결과의 평가

보상에서 비용을 뺀 결과는 여러 가지 기준에 비추어 평가된다. 대체로 지금의 관계에서 얻는 결과가 **비교수준**(comparison level)의 결과보다 좋으면 그 관계에 만족하는 반면, 지금 수준이 비교수준보다 낮으면 불만족스럽게 느껴진다.

(ㄱ) 우리는 현재의 관계를 과거에 경험한 유사한 관계와 비교한다. 과거가 현재보다 좋았다면 현재의 관계에 불만을 느끼게 되는 반면, 현재가 과거보다 긍정적일 때는 만족을 느낀다.

(ㄴ) 하나의 관계를 다른 관계들과 비교할 때, 대안이 없으면 더 만족이 크다. 현재 사귀고 있는 친구에게 불만이 있더라도 더 좋은 결과를 얻을 수 있는 친구가 달리 없을 때에는 이 친구와의 관계를 이어갈 것이다.

(ㄷ) 비슷한 상황에 있는 다른 사람들의 경험과 현재 자신의 관계를 비교하기도 한다. 유사한 관계로부터 다른 사람들은 더 긍정적인 결과를 얻는다고 느낄 때, 자신의 현재관계에 불만족하게 된다. 예를 들어, 내가 데이트상대와의 관계에서 얻는 만족감보다 내 친구가 자기 상대에게서 얻는 만족감이 더 크다고 여겨질 때, 내 상대가 더욱 불만스럽게 느껴진다.

(ㄹ) 자기가 선택한 관계를 스스로 *통제*할 수 있는지의 여부도 현재의 결과를 평가하는 비교수준으로 작용한다. 현재의 관계를 스스로 선택하였고 관계 맺는 방식을 스스로 조정할 수 있다고 느낄 때 만족도 더 크다. 반면에 상대방에게 끌려다닌다고 느낄 때는 그 관계에 만족을 못 한다. 그러면서도 대안이 없을 때는 그 관계에 안주하는 일이 많다.

결국 어떤 관계로부터 얻는 결과를 긍정적으로 평가할 때는 그 관계가 지속되지만, 그렇지 않으면 더 좋은 결과를 얻을 수 있는 다른 관계를 찾게 된다.

대인관계란 서로 얼마만큼 주고 얼마만큼 받느냐 하는 것 사이에서, 받고 싶은 것(이상)과 실제로 얻는 것(현실) 사이에서 타협이 이루어진 결과이다. 비용이 보상보다 많으냐 적으냐에 따라 관계가 지속되거나 끊어진다. 이러한 '계산' 과정은 대부분 의식되지 않는다. 교환이론은 인간을 타산적인 '경제적 동물'로 보고 인간관계의 '주고받는'(give-and-take) 측면만을 강조했다는 비판을 받기도 한다. 그러나 인간관계에서 만족을 주고 관계를 지속시키는 데 중요한 역할을 하는 조건에 관심을 기울이게 했다는 점은 이 이론의 큰 공헌이다.

(3) 공짜는 없다

교환이론이 맞다면 주기만 하거나 받기만 하는 관계는 오래갈 수 없다. 우리는 (애정이든 물질이든) 지나치게 베푸는 사람을 부담스러워한다. 그가 '바라는' 게 있다는 것을 알기 때문이다. 반대로 주기만 하는 편에 서는 사람은 (의식하든 못하든 반대급부를 기대하기 때문에) 그것이 상대방을 압박하며, 나아가 자기 자신도 (바라는 걸 못 얻는다면) 언젠가는 좌절을 느끼리라는 것을 내다 볼 수 있어야 한다. 부모사랑('내리사랑')도 '공짜'가 아니다. "내가 너를 어떻게 키웠는데" 하며 가슴을 치는 부모 — 주로 어머니 — 는 자신이 베푼 만큼 못 받아서 분한 것이다. 부모는 자녀의 순종과 '효도'를 기대하고, 빚을 갚을 길 없는 자식들은 부모를 피하며 역설적으로 '불효자식'이 되기도 한다. 왜 역설적이냐 하면, 갚아야 한다는 부담감 때문에 오히려 갚지 못하게 되기 때문이다.

성인들은 흔히 만나면 같이 밥을 먹는데, 밥값(이나 술값)을 내는 데서 이런 교환의 법칙이 있다. 가까운 관계에서도 조직에서도 밥값을 내는 적이 없는 '얌체'나 '짠돌이'는 사람들이 별로 좋아하지 않는다. 다른 한편 늘 밥값, 술값을 도맡아 내는 사람은 뭔가 '바라는' 게 있다고 믿어진다. 바라는 보상은 어떤 자리에 선출되는 것일 수도 있고 다른 '어려운' 부탁일 수도 있고 그냥 애정이나 충성심일 수도 있다. 선물 주고받기도 마찬가지이다. 친구 생일에 비싼 선물을 했는데 그가 내 생일에 싸구려를 갖다 주면 마음이 상한다. 또 별 이유 없이 값비싼 선물을 받으면 '원하는 게 뭐지?' 또는 '나 모르는 큰 잘못을 저질렀나?' 같은 의문이 든다.

돈 내는 문제 전에, 밥 먹자는 말을 누가 하느냐 하는 문제도 있다. 사회생활에서는 대체로 친구 A가 한 번 연락하면 B가 한 번 연락하는 식이 되는데, 이 교환의 법칙이 안 지켜질 때가 있다. 늘 A가 만나자고 하고 B는 그러는 적이 없는 것이다. 이럴 때 A가 생각해봐야 할 가능성은 B가 친구관계를 이어가기를 원하지 않을지 모른다는 것이다. 글상자 7-1의 중학교동창은 매일 전화를 했지만 그가 귀찮아진 친구는 먼저 전화하는 법이 없고 "문자를 씹을" 것이다. 한 번 맺은 관계는 하루아침에 끝나지 않고 금이 가다가 서서히 깨진다. 대인관계의 법칙들을 알고 있으면 나중에 "네가 어떻게 나에게", "우린 친구잖아" 같은 민망한 말을 안 한다.

내가 줄 수 있는 것을 베풀고 상대방이 주고 싶은 것을 기꺼이 받는 관계를 꼭 타산적인 거래라 볼 필요는 없다. 사실 서로 존중하는 사이에서만 이러한 공정한(fair) 상호성이 가능하다. 성인의 인간관계에서는 좋다고 무엇이나 줄 수도, 싫다고 함부로 거절할 수도 없기 때문에, 인간관계의 교환성을 잊지 않아야 관계를 지속시킬 수 있다. "10만 원짜리를 선물했는데 (처지가 비슷하면서) 2천 원짜리를 선물하다니"라는 계산을 할 때 자신이 치사하다고 비난하기보다는 "나에게 그는, 그는 나에게 무엇인가"를 따져보는 계기로 삼는 편이 낫다. 계산을 *안* 하려고 하면 더 치사한 계산까지 하므로, 계산을 *잘* 하려고 하는 편이 더 당당하다. 받는 만큼 주어야 한다는, '공짜는 없다'는 법칙을 알면, 받으면서도 상대방이 지금 또는 나중에 받고 싶은 것은 무엇인가를 생각하게 된다. 그것이 내가 줄 수 없거나 주기 싫은 것이라면 어떻게 하겠는가.

1-2 역할이론

주고받기를 한다는 자체는 관계를 맺고 있다는 뜻이다. 관계가 없다면(끊어진다면) 주고받기도 하지 않는다. 어떤 관계에서 우리는 어떤 *자리*를 정한 채 주고받기를 한다. 자식으로서 부모와, 학생으로서 선생과 상호작용을 하는 것이다. 바로 위의 예에서 한 번도 만나자는 연락을 하는 적이 없는 B는 A와 주고받기를 더 이상 안 하고 싶은, 즉 친구관계를 떠나고 싶은, 친구 역할을 안 하고 싶은 것이다.

(1) 역할행동과 역할기대

우리는 남들과 관계 맺을 때 자신의 자리를 정하며 그 자리를 확보하기 위한 행동들을 한다. '~답다'는 말이 이러한 역할체계를 잘 표현해준다. 친구라면 친구답게, 부모는 부모답게, 학생은 학생답게, 선생은 선생답게 행동해야 한다. 역할은 우리가 흔히 말하는 '도리', '본분'과도 같다. 자식은 부모에게 자식답게 행동해야 자식의 도리를 하는 것이고, 부모도 부모답게 행동해야 부모의 본분을 하는 것이다. 그렇지 않으면 "내가 너를 어떻게 키웠는데", "부모-자식 연을 끊자" 또는 "무슨 엄마/아빠가 그래?" 같은 말들이 나온다. 학생이 선생에게 학생답게 행동하지 않으면 "너 나를 뭘로 보냐?"라는 말을 들을 수 있다. 학생의 자리를 거부하면 선생의 자리도 인정하지 않는 것이기 때문이다. [학생 입장에서는 선생이 선생다워야 스스로 학생노릇을 한다 — 관계의 양방향성!]

고등학교 때까지 중요한 역할은 자식과 학생 역할이며, 대학시절에도 크게 다르지 않다. 좋은/착한 아들/딸이 되기 위해서 한국 청소년들은 공부하고 시험보는 기계로 사는 삶을 감수한다. 부모도 부모역할을 하느라 고생한다. 선생은 물론 부모만큼 희생하지 않고 월급도 받는다. 교사의 역할은 공부 가르치는 것이지만, 교사-학생 관계(직장에서 상사-부하 관계도)에 부모-자식 관계가 겹쳐져서('군사부일체') 교사는 학생을 사랑으로 보살피고 학생은 교사에게 자식처럼 순종할 것이 기대·요구된다. 이런 관계에서 자주 오가는 말은 "학생이 주제넘게(즉, 학생답지 않게)"와 "선생이면 다예요?"(보통 입 밖에 내지 않는다)일 것이다. 결과적으로 부모·교사는, 나아가 '기성세대'는 학생들에게 아무 때나 아무 데서나 '이래라저래라 하는' 불편한 존재가 된다. 주고받기, 즉 관계 맺기가 싫을 수밖에 없다.

부모·교사와의 관계만큼은 아니겠지만 학급친구들과의 관계도 편안하지 않다. 고등학교 때까지 공부는 혼자 하는 것이고, 동료학생들과 성적을 놓고 경쟁하는 사이이므로, '사람 사귀는 법'을 배우지 못한 채 대학에 오는 것이다. 관계 맺기는 그들이 사회생활을 위해 배워야 하는 첫 번째 과제가 된다.

(2) 역할갈등

인간관계에서 겪는 갈등은 역할기대들이 실현되지 않기 때문인 경우가 많다. 이에는 다음 여러 가지 경우가 있을 수 있다.

(ㄱ) 한 관계 속에서 서로 역할정의가 다르다. 전형적인 경우가 A는 둘이 친구라고 생각하는데 B는 둘이 애인이라고 생각하는 이성관계이다. A가 다른 이성친구들을 사귄다든지 B가 자꾸 결혼얘기를 하는 경우에는 그 관계에 갈등이 생길 수밖에 없다.

(ㄴ) 같은 역할에 대해 관련된 여러 사람이 다른 기대를 가진다. 학생과 교수의 관계를 예로 들자. 학생이 생각하는 학생역할과 교수역할은 교수가 생각하는 학생 및 교수역할과 다를 수가 있다. 예컨대, 교수는 '학생의 본업은 공부다', '학생은 교수 말을 잘 들어야 한다'고 생각하는데, 학생이 생각하는 자기 역할에는 공부, 순종이 안 들어가 있다면 어떻게 되겠는가? 또, 학생은 '교수라면 자기 학과 학생들의 얼굴과 이름을 기억해야 한다'고 생각하지만, 교수는 강의만 충실하면 된다고 믿는다면, 관계가 만족스러울 수가 없다.

친한 친구 사이에서 '친한 친구'의 역할정의가 서로 달라서 상처입은 경험은 누구에게나 있을 것이다. 부부 갈등의 상당부분도 아내와 남편의 역할정의가 각자 다른 데서 온다.

(ㄷ) 우리는 여러 가지 역할을 동시에 가지고 있다. 대학생이라면 학생이자, 여자/남자이자, 누구의 친구, 선/후배이자, 누구의 딸/아들이자, 누구의 형/동생 등등이다. 사회인이 되면 역할이 더 복잡해져서 직장에서 어떤 지위가 있고, 아내/남편, 어머니/아버지 등의 역할이 생긴다. 각각의 역할에 대해 기대되는 행동들이 서로 불일치하면 갈등이 생기게 된다. 이를테면, 무리한 부탁이지만 친구나 동창으로서 들어줄 것인가 아니면 규율상 안 되니까 거절할 것인가?

(ㄹ) 역할은 우리가 사람들을 대할 때 쓰는 일종의 탈(mask)이고, 어떤 탈을 쓰든지 그 뒤에는 자기 자신이라는 *주체*가 있다. 어느 한 역할과 지나치게 동일시를 해도, 모든 것과 너무 거리를 두어도 문제가 된다. 예컨대, 교수는 학교에서만 교수인데, 친구들 사이에서도, 가족에게도 교수 '행세'를 한다면 여러 가지 인간관계들이 삐걱거린다. 또 우리의 어머니 세대에는 어머니 역할에만 충실하고 자기 자신은 아예 없었던 삶들이 많았다. 이렇게 어느 하나의 역할이 자기 자신의 본체라고 믿어도 삶이 빈곤해지지만, 반대로 자기가 맡은 어느 역할과도 동일시를 안 하는 것도 문제이다. '대학이 혹은 학과가 나하고 무슨 상관이냐',

'우리 부모가 나와 무슨 상관이냐', '너는 너, 나는 나다'라고 하는 학생/아들/친구가 바로 그런 예가 된다.

우리가 맡은 역할 중에는 남자/여자, 아들/딸처럼 운명으로 주어지는 것도 있고, 어느 학과 학생, 누구의 친구나 배우자라는 것처럼 스스로 선택한 역할들도 있다. 어느 역할에든 상당한 애착을 가지는 것이 본인 및 상대방들에게 편안하나, 그 역할 중 어느 것도 자기 자신 전체일 수는 없다는 것도 잊지 말아야 한다. 부모의 사랑과 은혜가 아무리 엄청나도 아들/딸로서만 인생을 살 수는 없는 일이고 '나는 나'다. 반면 부모가 아무리 불만스러워도 역시 내 부모이며, 내가 그들의 자식이라는 사실을 나의 정체에서 지워낼 수는 없다.

(ㅁ) '나는 나'일 때 '나'는 개성을 가진 주체, 내 인생의 주인이면서 기본적 인권(존엄과 가치)을 지닌 *인간*이다. 학생, 아들/딸, 편의점 (아르바이트)직원 등등으로서 선생, 부모, 손님/사장에게 역할행동을 하면서도 '나는 나'이자 '인간'이므로 '인간 대접'을 요구해야 한다. 나는 그리고 타인도 학생, 직원에 '지나지 않는'(nothing but~) 것이 아니다. [엄마도 엄마이기 전에 여자이고 인간이다.] 즉, 역할관계 이전에 '인간에 대한 예의'가 있다.

교환이론에서 우리는 인간관계가 본질상 주고받기의 계산에 기초한다는 것을 배웠다. 역할이론에서는 인간관계란 각자가 정해진 탈을 쓰고 하는 (정해진 규칙이 있는) 게임이라는 것을 깨닫게 된다. 그렇다고 인간에 대해서 환멸을 느낄 필요는 없다. 이러한 측면들이 실제로 존재한다는 것을 인정하고 들어가면 오히려 인간관계가 훨씬 더 원만해진다. 우리가 사람들과의 관계에서 겪는 많은 갈등이 '성격차이'라기보다는 역할기대에서의 불협화음, 서로 주고 받는다고 생각한 것에서의 차이 내지 오해인 경우가 많기 때문이다. 불분명한 것은 분명히 하면 된다. 이를테면 역할갈등의 예들에서 각자 기대하는 역할이 무엇이라는 것을 서로 분명히 하면 문제의 많은 부분이 저절로 해결이 된다.

역할기대가 분명해지면 주고받기 '계산'도 분명해질 수 있다. 글상자 7-1의 '마마보이'는 친구라면 엄마같이 자기를 보살펴주어야 한다고 믿는 것 같다. 그래서 친구의 거절에 '상처'받고 '배신감'을 느낄 것이다. 김어준(2008) 말대로 그는 곧 다른 의존대상을 찾겠지만, 거기서도(나중에 연인, 배우자에게도) 결국 거절당할 가능성이 크다. 자신의 역할기대를 인식하고 그것이 모든 어려움의 원인임을 깨닫기 전에는 계속 좌절과 고통을 겪으며 남을 원망할 것이다. 그의 친구도 '좋은 친구'에 대한 역할 개념이 있다. 김어준은 누구에게나 좋은 사람이 되고 싶다는 욕심을 버리라고 조언한다.

우리가 아무리 중요하게 여기는 역할이라도 어차피 여러 개 중 하나에 지나지 않는다는 사실을 인정하는 것도 중요하다. 그렇게 되면 지나친 동일시를 피하고 적당한 거리를 두기가 쉬워진다. 이를테면 직장일이 아무리 중요해도 아버지/어머니로서, 남편/아내로서의 역할을 아주 무시해 버린다면, 가정이 깨지는데 직장에선들 일에 집중할 수가 있는가? 적당한 거리를 둘 줄 안다면 어떤 때는 의도적으로 직장 일을 미루어 두고 다른 역할들에 충실할 수가 있다. '챙겨야' 할 관계가 여럿이라는 것을 의식하면 어느 한 관계에 '올 인'하지 않게 된다.

1-3 게임이론

우리가 맺고 있는 관계들은 좋으면 좋은 대로 나쁘면 나쁜 대로 대부분 어떤 고정된 패턴을 따른다. 가령 대학생 아들/딸이 엄마나 아빠와 번번이 같은 문제로 부딪치고 갈등이 비슷하게 전개된다. 어떤 친구는 오랜만에 만나도 어제 만난 것처럼 친밀하고 유쾌하지만, 어떤 친구는 안 보면 보고 싶지만 보면 꼭 싸우게 되는데 싸움의 시작이나 치고받는 패턴이 지겨울 만큼 똑같다. Berne의 게임이론은 이런 일을 잘 설명해준다(Dusay & Dusay, 1984).

(1) 우리 안의 아이, 부모, 어른

이 이론에서는 인간의 성격구조를 아동(child), 부모(parent), 성인(adult)의 세 가지 자아상태로 파악한다. **아동** 자아상태는 천진난만하고 재미를 추구하는 부분이고, **부모**는 옳고 그름을 판단, 충고, 비판하며, **성인**은 성숙하고 현실적이다. 이 세 자아상태는 우리의 표정, 말과 행동에서 나타난다. '야 신난다', '재미있겠다' 하며 무엇에 흥분하고 관심을 빼앗길 때 우리는 '아이'이다. 뾰로통해지거나 칭얼대거나 떼쓸 때도 그렇다. '부모'가 될 때 우리는 남들을 보살펴 주거나, 근엄한 표정으로 — 남들에게나 자신에게 — 타이르고, 따지고, 훈계하고, 금지한다. '성인'은 분석·판단하고, 정보를 수집하고, 문제를 합리적으로 해결하려 한다. 누구나 이 세 측면을 다 가지고 있으나, 셋 중 어느 한 측면이 더 두드러지는 것이 보통이다. 독자들은 모두 주위에서 어린애 같은 사람(아동자아), 남을 항상 가르치거나 보살피려 하는 사람(부모자아), 과학자나 컴퓨터 같은 사람(성인자아)을 한 명씩은 댈 수 있을 것이다.

늘 어른자아로 살아야 성숙한 어른이 되는 것은 결코 아니다. 또 어른 자아의 유능하고 조직적이고 현실적인 면이 언제나 긍정적인 것도 아니다. Maslow (1970)는 자기실현자 연구에서 자기실현자들이 어린애 같은 특성이 있다는 것을 발견하였다. 그들은 자연스럽고 단순하며 일상의 것들을 마치 처음 보는 것처럼 늘 경외심과 기쁨을 가지고 즐길 수 있었다. 아동자아는 유치한 어리광쟁이일 수도 있지만 사랑스럽고 독창적일 수도 있고, 부모자아도 설교하고 훈계하는 지겨운 존재일 수도 있지만 따뜻하게 보살피기도 한다. 중요한 것은 어느 한 자아 상태가 상황, 과제, 대상에 *적합*하냐 하는 것이다. 직장인들은 거의 언제나 어른자아로서 기능하고 상호작용하겠지만, 기발한 아이디어, 창의성은 아동자아의 표현이고(그러나 아이디어를 실현하는 것은 다시 어른자아의 몫이다), 힘든 동료를 배려하고 위로하는 것은 부모자아이다.

관계 맺기에도 적합성(fit)이 중요하다. 장난치고 싶을 때 친구/연인도 같이 아이가 된다면 즐겁겠지만, 부모 '탈'을 쓰고 핀잔을 준다면 무안할 것이다. 반면 울고 있을 때 친구/연인이 부모처럼 나를 안아주고 달래주면 행복을 느낄 것이다. 우리 안에서 세 자아상태가 서로 관계 맺기를 하기도 한다. 상처받아 울고 있는 자신에게 스스로 엄마가 되어 따뜻하게 달래기도 하고 반대로 야단치고 구박도 하며("너같이 싸가지 없는 건 당해 싸"), 어른으로서 "운다고 뭐가 해결돼?" 하면서 사태를 냉정하게 분석해보자고 나올 수 있다. 불행한 어린 시절을 보낸 김현진(4장 글상자 4-1)은 골방에서 울고 있는 '아이'를 스스로 달랜다 (2009a, pp. 155-156).

> '얘야 미안하다, 누가 와서 너를 달래줄 기대만 하고 정작 내가 너를 돌본 적은 없었구나. 내가 너를 내버려두고 누가 와서 어떻게 해주기만 바란 면에서는 나도 똑같이 무책임했구나. 그 골방, 이제 방 뺄 때가 왔다. 방 빼자. 그 문을 열어서 너를 꺼내줄 수 있는 사람은, 그 일차적 책임은 나에게 있었는데 아가야, 내가 너

를 먼저 모른 척하고 내가 먼저 너를 외면했구나. 이젠 나는 어른이니까 네 손을 내가 먼저 잡았어야 되는데, 너를 모른 척 몰래 시체를 구덩이에 유기하듯 아무것도 모른 척하는 게 강한 여자가 되는 길인 줄 알았어'.

아이를 골방에 처박아두고 모른 척하면 오히려 강하고 독립적인 어른이 되지 못한다는 것을 뼈저리게 체험한 것이다. 자기를 사랑한다는 것은 자기 속의 부모·어른이 자기 속의 아이를 사랑하는 것일지 모른다.

(2) **상호작용 분석**

게임이론에서는 두 사람이 관계를 맺고 있을 때 나타나는 자아상태를 분석함으로써 대인관계를 설명한다. 함께 방을 쓰는 학생 중 한쪽(A)이 청소를 매번 자기가 한다고 불평하는 경우를 보자.

A : "청소 좀 하라고 몇 번이나 말했냐? 너무 한다, 정말." (부모)
B : "에이 참, 하면 되잖아!" (문을 쾅 닫고 나가 버린다) (아동)

A : "토요일은 네가 청소하기로 한 날이야. 잊지 않았지?" (성인)
B : "그래 알았어." (성인)

A : (시무룩한 얼굴로 종일 말을 안 한다) (아동)
B : "너 무슨 화나는 일 있니?" (성인)

A : (늦게 돌아 온 친구에게) "미팅 재미있었어?" (성인)
B : "야, 그렇게 재미난 미팅은 처음이었어." (아동)

위에서 가장 바람직한 상호작용은 물론 두 번째의 대화 예(성인 대 성인)이다. 가장 문제가 있는 상호작용은 네 번째의 대화이다. A는 겉으로는 성인자아로서 질문하지만, 사실은 "네가 어질러 놓은 것을 내가 치우는 동안 너는 신나게 놀러 다니는구나" 하며 비난한다(부모자아). B의 반응에 A는 더 화가 치밀 것이다. 이렇게 말(외현적 메시지)과 속마음(감추어진 메시지)이 다르면 상호작용이 끊어지기가 쉽다. 흔한 예로, 집에 늦게 들어갔을 때 어머니가 문을 열어 주시면서 "지금 몇 시냐?"라고 묻는다면 그것은 성인자아로서의 정보요청이 아니라, "좀 일찍일찍 다녀라"는 훈계(부모자아)이다. 그럴 때 "12시 40분이예요"라고 시간을 가르쳐 드릴 것인가? 고개 숙이고 얼른 방으로 들어가 버리는 것이 상책이다.

이럴 때 가장 바람직한 반응은 숨겨진 메시지에 반응하는 것이다. 바로 위에서 "내일부터는 안 늦도록 할께요"라든지, 위에서 B의 경우 "자꾸 내 순서를 잊어버려서 화났지? 미안해"라고 한다면 이상적이다. 어머니가 "늦게까지 안 들어오면 걱정이 되잖아"라고 하시고, A가 "알면 됐어. 이제 네가 두 번 내리 청소하면 돼" 하고 나오면 상호작용은 계속 흘러갈 수가 있다. 그러나 유감스럽게도 이렇게 솔직한 대화는 흔하지가 않다. 어머니는 "너는 말뿐이야. 그저께도 1시가 넘어 들어왔지 않느냐?"라고 꾸중하고, A는 "너 무슨 말 하니? 누가 화났대?"라고 대꾸하기가 더 쉽다. 이렇게 되면 더 이상 말을 안 하고 물러날 수밖에 없고 대화는 끊어진다.

(3) 게 임

이 이론의 흥미 있는 공헌은 '게임'이라는 상호작용구조의 발견이다. 두 사람 이상의 상호작용이 어떤 고정된 틀을 따라 진행되면서 분노와 적개심 같은 나쁜 감정들을 가져올 때 그들은 게임을 하는 것이다. Berne은 여러 가지 게임 유형을 발견하였다. 자신감 없는 여자가 지배욕 강한 남자와 결혼하고는 '당신만 아니었다면' 뭐든 할 수 있을 것이라고 불평할 때, 두 사람은 게임을 하며 사랑 없는 결혼생활을 유지해간다. 다음의 '…게 하면 어때? 응, 그런데…'(Why don't you…? Yes, but…) 게임은 한 집단 내의 상호작용에서 나온 것이다(Dusay & Dusay, 1984, p. 403).

A : 나는 지붕의 구멍을 막고 싶어요.
B : 남편한테 해 달라지 그래요.
A : 좋은 생각이지만, 그이는 이번 주말에 일해야 해요.
C : 스스로 하지 그래요.
A : 그래도 되지만 연장이 없어요.
D : 연장을 마련하지 그래요.
A : 예, 그러나 이번 달엔 돈을 너무 많이 썼는 걸요.

외현적 수준에서 A는 문제에 대한 도움을 청하고 남들은 조언을 한다(모두 성인자아). 그러나 내현적 심리적 수준에서 A는 "너희들이 나를 돕는다고? 히히…" 하는 반응(아동자아)으로 남들을 좌절시키면서 승리감을 느낀다.

게임을 하는 사람들은 — 스스로 의식하지 못하는 가운데 — 피해자, 가해자, 구원자의 역할을 하면서 진실한 감정을 내놓고 친밀해지는 것을 피한다. 진정한 감정이나 욕구를 숨기고 분노나 적개심을 감추며, 피해자, 가해자, 구원자의 가면을 동시에 혹은 번갈아 쓰면서 관계는 이어가는 것이다. 어느 한쪽에서라도 가면 쓰기를 거부하고 '판을 깨뜨리'면 관계가 파괴될 수도 있지만, 친밀성을 복구하는 계기가 될 수도 있다. 게임만 하는 병적인 관계는 떠나겠다는 결단이 있어야 관계의 복구도 가능하다. 관계를 위해 내가 존재하는 것이 아니라 나를 위해 — 내가 행복하기 위해 — 관계가 있다고 생각하면 이런 결단을 하기도, 병적 관계를 떠나기도 쉬울 것이다. 8 장에서 '연애게임'을 이야기하게 될 것이다.

교환이론과 역할이론에서는 인간관계들을 합리적, 이성적으로 조절할 수 있다는 인상을 받는데, 게임이론은 인간관계에는 이성의 힘으로 이해하거나 다스릴 수 없는 부분이 있다는 것을 알게 해준다. 우리가 사람들과의 관계에서 느끼는 감정, 하는 생각과 행동에는 이해가 안 되고 고치고 싶어도 못 고치는 부분이 많이 있다. 관계 맺기 패턴과 성격특성들은 상당 부분 어릴 때의 관계경험에 의해 결정되지만, 특별히 불행한 어린 시절을 보내지 않았다면 많은 성격 및 관계 특성들을 전문가의 도움 없이도 고칠 수 있다. 이 절에서 논의한 이론들이 그러한 노력들에 지침이 되어 줄 것이다.

2. 친구 만들기

'옷깃만 스쳐도 인연이다'라는 말도 있듯이 사람과 사람의 만남에는 신비한 측면이 없지 않다. 이 절에서는 심리학적인 연구를 토대로 사람과 사람이 만나서 사귀게 되는 과정을 살펴보기로 한다.

2-1 고정관념과 첫인상

고정관념(stereotype)이란 어떤 집단에 속한 사람은 다 어떻다고 속단하는 것을 말한다. 어느 지역 남자들은 남성우월주의에 빠져 여자를 무시한다는 고정관념을 가진 여자는 그 지역 출신 남자를 만날 때 그 사람도 그렇다고 속단하기 쉽다. '교수들은 다 거만하다'라고 믿는 학생은 교수들 앞에 가면 저절로 위축되고, 한 특정 교수가 말이 없어도, 말이 많아도 모두 '거만함'으로 받아들인다. 이렇게 고정관념은 첫인상에 영향을 주므로, 특히 부정적 고정관념이 형성되어 있는 집단에 속하는 사람들은 불리한 처지에 빠지기가 쉽다. 그러나 그런 사람들이 고정관념을 깨뜨리는 경우에는 매우 긍정적인 인상을 남길 수 있다. 예를 들어 위의 남자가 페미니스트라면, 또는 어느 교수가 극히 다정하다면 그 남자 또는 교수는 아주 '좋은' 사람으로 각인된다.

우리는 아주 잠깐 본 사람에 대해서도 성격이 어떻고 태도가 어떻다는 등 판단을 내리는 버릇이 있다. 이것이 첫인상의 후광효과(halo effect), 즉 한두 가지 속성에 근거하여 어떤 개인을 전체적으로 평가하는 경향성이다. 예를 들어 금테안경을 쓰고 귀공자같이 생긴 남성을 보았을 때 그가 집안과 학벌이 좋을 것이고 매우 이지적이라고 추측한다면, 그의 외모가 후광으로 작용한 것이다. 첫 만남이 중요한 것은 상대방에게 좋거나 나쁜 첫인상을 남기는 기회가 되기 때문이다.

고정관념과 마찬가지로 첫인상은 절대적인 것이 아니다. 우리가 속한 어느 집단(예를 들면, 출신대학, 성별 등)에 대한 부정적 고정관념이 우리가 하기 나름으로 오히려 긍정적으로 작용할 수가 있는 것처럼, 부정적인 첫인상도 얼마든지 역전될 수가 있다. 앞의 예에서 그 '귀공자'가 언행을 아주 천하게 했다 해도 후광효과가 지속되었을까? 첫인상을 좋게 남기면 물론 일이 쉬워지지만 높은 기대를 저버리면 역효과가 나고, 앞의 고정관념의 예에서처럼 부정적 기대를 무너뜨려 '뒤집기'를 할 수도 있다. 예컨대, 아주 촌스럽고 무식해 보이는 사람이 말을 나누어 보니까 아주 이지적이었다고 하면, 그의 지성은 더욱 빛을 발하게 된다.

사람을 평가하는 입장에 설 때는 고정관념과 첫인상의 위력을 인식하여야 한다. 바로 위의 예에서 우리는 그 '촌스러운' 사람을 다시 만나고 싶지 않거나,

다시 만나도 무시해 버리기가 쉽다. 그러면 그가 사실은 어떤 사람인지를 알 길이 없고 우리는 그가 무식하다고 계속 믿게 된다. 반대로 첫인상은 좋지만 그것이 기술적으로 꾸며낸 것인 경우도 드물지 않다. 각종 '사기꾼'이 써먹는 수법이 그것이다. 앞서 역할에 대해 적당한 거리를 둘 것을 언급했거니와, 고정관념이나 첫인상도 100% 믿어버리기보다는 틀릴 수 있다는 가능성을 스스로 고려하여야 마음을 열고 사람을 대하게 되고 사기꾼에게도 안 넘어간다.

2-2 어떤 사람을 좋아하는가

학교 들어온 지 한두 달 되는 신입생들에게 대학 와서 사귄 친구가 있느냐고 물으면 '없다'는 사람은 거의 없다. 친구 없는 인생은 생각할 수도 없지만, 누구나 다 마음을 나누는 좋은 친구가 있는 건 아니다. 왜 어떤 사람은 친구를 넓게 잘 사귀고 어떤 사람은 학과 내에서도 대다수 학생들 얼굴도 모르는 채 졸업할까? 우리는 왜 어떤 사람에게는 끌리고 어떤 사람에게는 끌리지 않는 것일까? 몇 가지 요인들을 생각해 보자.

(1) 신체적 매력과 근접성

신체적 매력이란 잘생긴 외모, 좋은 체격 등을 말하며, 근접성은 물리적으로 가깝게 있다는 것을 말한다. 대인관계의 초기단계에서는 **신체적 매력**이 중요한 요인으로 작용한다. 잘생긴 사람은 성격도 좋고 유능할 것이라는 긍정적 후광효과가 작용하는 것이다. '얼짱'이니 '몸짱'이니 하면서 얼굴과 몸매의 중요성이 과대평가되지만 신체적 매력의 효과는 시간이 흐름에 따라 줄어들며, 관계가 오래 지속될수록 성격적인 요인들이 중요해진다. 그러나 취업전쟁이 점점 치열해지면서 '외모도 실력'이 되었고, 연애상대로 인정받는 데도 외모와 '스타일'이 결정적이다("연애공화국", 김찬호, 2009, p. 118). 취업할 때나 잠재적 연애상대에게 '좋은 첫인상'을 남기기 위해 대학생들은 실력 키우기, '내면의 아름다움'보다 몸만들기와 외모 가꾸기(화장, 옷과 구두 등)에 많은 시간과 돈과 노력을 투자하고 있다. 성형수술도 누구나 하는 것이 되었다.

'완벽한' 외모와 스타일을 갖춘 연예인들이 비교기준이기 때문에 아무리 많은 투자를 해도 자기 외모에 만족하기는 어렵다. 게다가 뚱뚱하거나 키가 작거나 '못생긴'(눈이 작은, 얼굴이 큰, 피부가 얽은 등등) 사람은 가족, 친구 등에게 계속 놀림을 당한다. 뚱뚱하지만 키가 크면 작은 사람을 놀리고, 키 작은 사람은 얼굴 큰 사람을 놀리는 등 서로 '불행의 구렁텅이'에 밀어 넣는 재미 없는 게임을 하는데, 화내면 '판을 깨는' 것이고 '쿨'하지 않다. 아예 판을 안 벌이거나 안 들어가면 된다. 남을 외모로 판단하지 않고 그런 게임하는 사람과 안 노는 것이다. 실제로 자기와 남의 외모와 몸매에 별 신경 안 쓰고 '이것이 나다'라는 자세를 가진 젊은이들도 꽤 있다. 그러한 당당함은 외모의 결함을 보상해주고도 남는다. 첫인상에도, 지속적 호감에도 결국 중요한 것은 *매력*이다. 매력은 날씬한 몸매나 '식스 팩' 또는 '초콜릿' 근육만도 아니고 명품으로 치장한 스타일만도 아니다.

연애상대를 선택할 때와 달리 친구 사귈 때는 외모가 별로 중요하지 않다. 친구 사귈 때 결정적인 요인은 **근접성**인 것으로 보인다. 물리적으로 가까이 있으면 자주 만나기가 쉽기 때문이다. 같은 과목을 듣는 학생들끼리, 같은 동아리 구성원들끼리 서로 친해지기 쉽다는 것은 흔히 경험하는 사실이다. 멀리 떨어져 있고 자주 못 만나게 되면 친하던 관계도 멀어지고, 가까이에서 자주 만나는 사람과 친해지기 마련이다. 남자들이 군대 갈 때 여자친구의 '변심'을 겁내지 않는가.

근접성의 다른 형태라고 할 수 있는 요인이 얼마나 쉽게 다가갈 수 있느냐 하는 *접근 용이성*이다. 우리는 유명한 스타와의 사랑을 꿈꾸기도 하지만, 실제에서는 쉽게 접근할 수 있는 사람에게 관심과 호감을 느낀다. 관심 가는 사람이 있으면 주위를 맴돌고 접근 용이성을 암시하면 될까? 꼭 그렇지도 않다. 근접성이 호감을 높이려면 처음의 인상이 최소한 중립적이어야 한다. 싫은 사람은 자주 보면 볼수록 더 싫은 법이다. 그러므로 첫인상이 별로 좋았던 것 같지 않으면 좀 기다렸다가 다시 접근을 시도하는 것이 더 낫다. 접근 용이성도 마찬가지이다. 영어속담에 'Everybody's friend is nobody's friend'(누구나의 친구는 아무의 친구도 아니다)라는 말이 있듯이, 누구나 접근할 수 있는 사람에게는 특별한 관심이 가기가 어렵다. 너무 '콧대'가 높은 것도, 너무 저자세도 문제고, 언제나 '적당한 거리'가 필요한 것이다.

(2) 유사성과 상보성

친하게 지내는 사람들을 한번 살펴보자. 자신과 비슷한가 아니면 정반대인가? 아마 비슷한 사람이 더 많을 것이다. 사람들은 배경과 교육수준, 신념, 가치체계, 목적 등이 서로 비슷할 때 더 끌리며 친해지고, 또한 상대편도 자기를 좋아하게 될 것이라고 기대하는 경향이 있다(Buss, 1985). 독자들도 고등학교 때 친하다가도 대학에 와서 전공이 (공대와 인문대처럼) 다를 경우 점점 멀어지는 경험을 해 보았을 것이다. 유유상종이라는 말도 있지만, 유사한 사람들끼리는 매력도 쉽게 느낄 뿐 아니라 관계가 더 오래 지속되는 경향이 있다.

정반대이기 때문에 느끼는 매력은 없는가? 사교적이고 외향적인 사람들이 부끄러움 타고 얌전한 사람들에게 매력을 느끼는 등 그러한 경우도 많이 볼 수 있다. 소극적이고 자기주장을 못 하는 사람이 적극적이고 활달한 사람과 친해져서 서로 보완하기도 한다. 그러나 여러 연구결과들에 의하면, 사람들은 처음에는 상반된 특성의 사람에게 흥미를 느끼지만 유사한 사람들끼리의 관계가 더 오래 지속되는 경향성이 압도적으로 많다고 한다(Buss, 1985). 서로 너무 다르면 관계를 계속 유지하기가 힘든 것이다.

이러한 요인들은 물론 한꺼번에 작용한다. 우리는 누구의 관심을 끌고 싶을 때 멋있게 보이려고 하고, 그가 속하는 동아리에 들어가거나 다른 식으로도 그와 마주치는 기회를 만들려고 하며, 그와 비슷한 점을 강조한다. 대학에 와서 전공이 다른 친구들끼리 멀어진다면 근접성과 유사성이 모두 줄어들기 때문일 것이다. 그러나 신체적 매력, 근접성과 유사성 같은 요인들은 관계가 맺어지는 초기에는 중요하게 작용하지만, 관계가 지속되고 발전되기 위해서는 '사람됨'이 중요하다.

(3) 잘해주기

가까이 있고 공통점이 많다고 누구에게나 호감을 느끼는 것은 아니다. 우리는 무엇보다도 잘해주는, 우리를 좋아하는 사람이 좋고 이기주의자, 필요할 때만 찾는 얌체는 싫다. 대부분의 사람들은 어떤 사람을 좋아하면 잘해주고 편하게 해주려고 한다. 사회교환, 주고받기에 들어가고 싶다는 신호를 보내는 것이다. 잘해주기로는 단시일 내에 호감을 살 수 있기 때문에, 누구를 — 특히 남자가 여자를— 공략할 때 제일 역점을 두게 된다. 꽃과 선물, 공주님 대접에 넘어가서 상대의 이기주의, 열등감 등을 못 보면 오랜 고생이 따라온다. 어쩌랴. '교환의 법칙'에 따라 받은 만큼 갚는 것을.

가까이 있어 자주 마주치고, 취미나 취향의 비슷함을 강조하고, 잘해주는 것은 많은 사람들이 친구를 사귀는 데 쓰는 효과적 방법들이다. 그러나 이렇게 가까워지려고 노력하지 않아도 그 존재만으로 좋아지는 사람도 있다. 반대로 어떤 친구가 여전히 좋아하고 잘해주는데도 그의 '존재의 바닥'(가령 야비하고 무자비한 모습)을 보게 되면 실망하고 멀어지게 되기도 한다.

(4) 정신건강과 성숙

학생들은 친구에게서 건강하고 성숙한 면을 볼 때 좋아하고 존경하는 것 같다. '본받고 싶은 친구'에 대해 물어보면 누구나 주위에 '닮고 싶은' 친구가 한두 명 정도는 있다. 그런 사람의 특징을 정신건강과 성숙이라고 할 수 있고, 다른 말로 (인간적) 매력이라고 할 수 있다. 이런 사람은 당당하고 긍정적, 적극적이고, 주관과 목표가 뚜렷하고, 책임감과 용기가 있고, 솔직하고 겸손하다. 반면 미성숙하거나 열등감 강한 사람은 소극적이고 게으르고 책임감 없고 잘난 척한다(허세). 건강하고 성숙한 사람은 마음이 넓고 유머감각이 있고, 입이 무거운 등 유쾌하고 편안하며, 미성숙한 사람은 쉽게 삐치거나 상처받고, 의지하고 달라붙고, 입이 가볍고, 항상 아프고 우울한 등 피곤하다.

진정한 의미의 성숙이나 자기실현은 중년 이후에나(그때도 매우 드물게) 볼 수 있지만, 20대에도 자기실현과 성숙을 향해 나아가는 사람들이 있다. 이런 사람은 외모에 신경을 덜 쓰고 다른 사람의 겉모습에도 별로 좌우되지 않는다. 누구에게나 친절하고, 공부도 노는 일도 봉사도 열심히 한다. 어릴 때는 친구가 주로 같이 노는 사이였지만 사춘기 이후에는 친구가 같이 성장하는 사람이다. 서로 상대방에게서 건강하고 성숙한 모습을 찾아내고 존경하고 닮고 싶고 실제로 닮아가는 가운데 같이 성숙하는 것이다.

취업을 생각해도, 연애를 생각해도, 삶의 행복을 생각해도, 결국 우리가 키워야 할 것은 개성과 매력이며, '누구나의 친구'보다는 소수라도 좋은(건강하고 성숙한) 사람들의 친구가 되어야 한다. 몸과 마음이 건강하고 성숙한 사람은 생기 있고 당당하며 언제 어디서나 친구를 만날 수 있다. 또 '괜찮은' 사람끼리 서로 알아본다. 외모에 투자하기보다, 잘해주며 얄팍한 계산하느라 피곤해지기보다, 다양한 것들에 호기심을 가지고 세상에 열려 있으며 인간에 대한 예의를 지키고 좋은 책 많이 읽는 것이 매력이 생기고 좋은 친구를 얻는 비결이다.

3. 친밀과 독립

대학에 와서 친구 사귄 이야기를 들으면 같은 고등학교 출신이라 친하게 지냈다거나 입학식이나 신입생 OT에서 만난 사람과 사귀게 되었다고들 한다. 아는 친구가 없었던 사람은 다가와 말을 걸어준 친구에게 큰 고마움을 느낀다. 교실에서 늘 같은 친구들과 어울리던 고등학교 때와 달리 대학에 와서는 그리고 사회에 나가서는 낯선 사람에게 말을 걸 줄 알아야 하는데, 많은 학생들이 다양한 사람들을 사귀고 싶다고 하면서도 이것을 잘 못한다. 어른으로서의 삶에서 중요한 것은 좋은 사람을 가려내고 친해지는 것이다. 그러기 위해서는 낯선 사람들에게 말을 걸고, 친해지고 싶으면 마음을 열 줄 알아야 한다.

위에서 우리는 몸과 마음이 건강하고 성숙한 사람은 다른 사람에게도 유쾌하고 편안하고 매력이 있다는 것을 알게 되었다. 성숙한 사람은 멋진 겉모습에 현혹되지 않고 성숙한 사람을 알아보며 좋은 관계를 맺지만, 동시에 혼자 잘 있고 혼자 있기를 좋아한다(Maslow, 1970). '혼자'인 게 두려워서 불만스럽고 불행한 관계를 떠나지 못하면 자기 자신에게 존경심을 잃고, 나아가 인간에 대한 신뢰를 잃고, 너그럽고 명랑하지 못하고 '매력이 없어진다'. 결국 이 사람이 아니면 아무도 곁에 없을 것 같기 때문에 더 매달리는 악순환에 빠진다.

불행한 관계란 나의 중요한 욕구들을 충족시켜주지 않는 관계이다. 행복한 관계를 맺으려면 내가 무엇을 원하는지를 우선 내가 알고 상대방에게 표현할 줄 알아야 한다. 각자 자기가 원하는 것을 말하기 시작하면 양편의 욕구를 충족시킬 수 있는, 즉 같이 행복해질 수 있는 방법을 찾게 된다.

3-1 마음을 열기

인간관계를 잘 한다는 말은 남들에게 쉽게 매력과 호감을 사는 비교적 피상적인 교제능력을 말한다. 그러한 대인관계기술은 사회생활에 꼭 필요하지만, 우리는 오래가고 신뢰할 수 있는 우정도 바란다. 인정받고, 소속하고, 사랑하고 사랑받고자 하는 우리의 심리적·사회적 욕구들은 모두 다른 사람들과의 관계에서 충족되기 때문이다. 친해진다는 것은 시간이 지나면서 점점 더 마음을 열어가는 **자기개방**(self-disclosure)의 과정이다. 점점 더 많은 것들에 대해 점점 더 깊이 알게 되면서 결국 서로에 대해 속속들이 아는 사이가 된다. 문제는 얼마나 빨리 그리고 어느 정도 깊게 자신을 드러내느냐 하는 것이다.

관계가 발전함에 따라 상호적 자기개방은 점점 넓고 깊어진다. 일반적으로 처음 사귀는 사람들은 한두 개의 주제들에 대해 피상적인 수준에서 이야기를 나누게 된다. 조금 더 사귀게 되면, 자기 가족이나 어린 시절, 인생관같이 좀더 개인적인 주제들로 대화가 옮아간다. 상대방도 거기에 응해서 자기 얘기를 한다면 범위만 넓어지는 게 아니라 이야기의 깊이도 점점 증가한다. 아주 친해지게 되면 이제 점점 더 많은 '비밀'들이 서로에게서 나오게 된다. 사귄지 얼마 안 되는 혹은 별로 친하다고 생각하지 않는 친구가 자기 자신이나 집안의 내밀한 이야기를 하면 우리는 당황한다. 반면, 한참 사귀었고 상당히 친해졌다고 생각하여 개인적인 이야기를 많이 했는데 상대방이 자기 자신의 이야기를 안 한다면, 그가 우리와 깊은 관계를 맺을 능력이 없거나 뜻이 없다고 생각하게 된다.

자기개방에도 *교환의 법칙*이 적용되는 것 같다. 우리는 우리가 내놓는 만큼 자기를 내놓는 사람을 좋아한다. 상대방이 속을 털어놓은 만큼 우리도 속을 내보여야 한다고 느끼기 때문에, 상대방이 너무 성급하다고 느끼면 부담을 느끼고 그를 피하고 싶어진다. 반대로 자신이 내놓는 만큼 상대방이 속을 내보이지 않으면 주춤하며 마음의 문을 닫게 된다. 너무 빨리 친해지면 빨리 깨지기가 쉽고, 이미 자기 영혼을 열어 보였을 때는 그만큼 상처도 많이 받게 된다. 좋아하는 사람일수록 한꺼번에 모든 것을 요구하거나 터놓지 말고, 조금씩 신뢰를 쌓아가며 한 걸음씩 가까워지는 것이 관계가 튼튼해지고 오래가는 비결이다.

친한 친구가 내 비밀을 남에게 이야기해버릴 때 우리는 배신감을 느끼고,

이런 경험을 몇 번 하면 '사람을 믿는 것은 바보짓이야'라며 마음의 문을 아주 닫아걸기도 한다. '사람 보는 눈'이 있어야 믿을 수 있는 사람과 믿어서는 안 되는 사람을 구별할 수 있다. 사람공부를 하려면 책도 많이 읽어야 하지만 '현장실습'이 더 중요하다. 사귀고 싶은 사람이 있으면 다가가고 마음을 열어야 그가 좋은 사람인지, 나를 좋아하는지, 어디까지 갈 수 있는지 알 수 있고, 그 과정에서 착각과 실수도 하고 거절과 배신도 당한다. 공부에는 수업료가 필요한 법이고 '공짜는 없다'.

끝없는 공부가 사람공부이다. 자기 자신도 다 몰라서 가끔 '내게 이런 면이 있었나' 하고 놀라지 않는가. 같은 사람이 서로 다른 사람에게 다른 면을 보이기도 한다. 가령 돈 꾸어달라는 말은 A에게 하고, 고민은 B를 찾아가 털어놓고, 기쁜 일 있을 때는 C를 만나는 것이다. A가 이런 사정을 알게 되면 불쾌하겠지만, 이 친구뿐 아니라 다른 여러 사람이 주로 궁할 때 자기를 찾아온다는 것을 깨달으면 더욱 속상할 것이다. 내가 속을 내놓아야 상대방도 그러는 것처럼 어떤 사람이 우리에게 어떤 태도나 행동을 보이느냐 하는 것은 상당 부분 우리의 사람됨, 그에게 한 태도와 행동에 따라 달라진다. 이 부분을 인정하면 함부로 남탓을 하지 않게 되고 나 자신을 돌아보게 된다. 이러한 자기성찰 없이는 성장도 없다. 늘 같은 곤경에 처하고 같은 한탄을 하며 살면 재미 없지 않은가.

관계를 시작하는 데도 용기가 필요하지만, '아닌' 관계를 끝낼 때는 더 큰 용기가 필요하다. 친하게 지내며 많은 비밀을 서로 나눈 사람에게 마음이 멀어졌다는 것을 이야기하기는 쉬운 일이 아니다. 그러나 자기를 기만하고 상대를 기만하기보다는 진실을 직면하는 것이 서로의 성장에 도움이 되며, 적지 않은 경우 서로의 감정을 공개함으로써 오히려 관계가 훨씬 더 친밀하고 성숙해지는 결과가 온다.

친구 없는 인생은 생각하기도 싫지만, 혼자라는 게 싫어서 친구를 찾는 것과 친구가 좋아서 찾는 것은 다르다. 혼자 있고(남고) 싶지 않다는 동기가 앞서면 자기가 원하는 것을 표현하지도 못하고 보상은 없고 비용만 큰 관계를 이어가게 된다. 정서적으로 독립한 사람들만이 진정한 의미의 친밀관계를 맺을 수 있다. 이런 관계에서만 같이 성장하는 우정이 가능하다.

3-2 정서적 독립

4장에서 자신의 감정과 욕구를 표현하고 다른 사람의 말을 듣는 '**비폭력대화**'(Rosenberg, 2003/4)를 소개하였다. 그 핵심은 상대방의 말과 행동을 있는 그대로 *관찰*한 것, 그 때 느낀 *감정*을 전달하고, 그 감정의 원인이 된 *욕구*를 표현하고, 상대방이 해주기 바라는 것을 *부탁*하는 것이었다. 상대방 행동 때문이 아니라 자신의 욕구 때문에 자신이 분노 같은 감정을 느끼는 것임을 깨닫고 인정하는 것이 가장 중요하다. "네가 시험을 못 봐서 속상해", "내 생일에 전화를 안 해서 마음이 아팠어" 같은 식으로 말해서 자신의 감정이 상대방의 행동 때문이라고 암시하면, 상대방이 해주기 바라는 행동을 직접 부탁하기보다 죄책감 때문에 하도록 *강요*하는 것이다. 자신의 느낌에 대해 상대방을 탓하기보다 서로 상대방에게 원하는 것을 말하기 시작하면 양편의 욕구를 충족할 수 있는 방법을 찾을 수 있게 된다.

(1) 욕구를 표현하기

Rosenberg(2003/4)는 여성들이 욕구 표현에 얼마나 두려움을 느끼는가에 대해 토론하는 모임에 참가했던 자기 어머니 얘기를 들려준다(p. 91). 어머니는 갑자기 일어나 나갔다가 한참 뒤에 창백한 얼굴로 다시 들어왔다. "받아들이기가 아주 힘든 것을 방금 깨달"은 것이었다. 지난 36년간 자기가 원하는 것을 남편이 들어주지 않아서 화가 났는데, 원하는 것이 무엇인지 단 한 번도 분명하게 말한 적이 없었다는 사실이었다. 이런 불행한 일은 생각보다 훨씬 자주 일어난다. 우리는 자신이 원하는 것을 스스로 깨닫고 표현하는 데 익숙하지 않다. 어릴 때부터 '말 잘 듣고' '착한 아이'라야 사랑받을 수 있었고 부모가 원하는 것을 강요당하며 살아왔기 때문에, 내면의 진실보다 타인의 평가가 더 중요해진 것이다. (부모나 권력자의) 착한 노예나 온순한 부하로 살지 않으려면 자신의 느낌과 욕구를 분명히 인식할 수 있어야 한다.

Rosenberg는 우리 모두가 공유하는 기본적 욕구들로서 자신의 꿈, 목표, 가치관을, 실현할 계획과 방법을 스스로 선택할 수 있는 **자율성**(autonomy), 생명의 탄생이나 꿈의 실현을 축하하는가 하면 사랑하는 사람이나 꿈의 상실을 슬퍼하는 **기리는 의식**(celebration), 감사, 공감, 배려, 신뢰 등등 **상호의존**(interdependence), 의미, 자기신뢰와 존중 같은 **자기긍정**(integrity) 욕구들과 그 외에 **놀이**(웃음, 재미), **영적 교섭**(조화, 질서, 평화 등), **신체적 양육**(공기, 물, 휴식 등)의 욕구들을 나열하였다(2003/4, pp. 89-90). 어린 아들이 "나 공부하기 싫고 나가 놀고 싶어"라고 할 때 부모는 웃는 얼굴로 "실컷 놀아"라고 하는가. 교양 있는 부모는 슬픈 표정만 하고 교양 없는 부모는 욕설을 퍼붓는다. 아이는 자신의 진정한 욕구들을 억누르기를 배우고, 자기가 원하는 것이 무엇인지 모르게 된다. 착한 노예가 되는 것이다.

(2) 노예상태에서 해방으로

관계가 시작될 때 상호적 자기개방은 행복하지만, 관계가 진지해짐에 따라 '정서적 노예상태'에 빠지기 쉽다. 상대방의 감정에 책임을 느끼고 그가 행복해 보이지 않으면 그를 기쁘게 해주기 위해 뭔가 해야 한다고 느끼는 것이다. 결국 관계는 점점 부담이 된다. Rosenberg는 다음과 같은 내용의 이야기를 늘 듣는다고 한다(2003/4, p. 93).

> '저는 누군가와 깊이 사귀는 것이 정말 두려워요. 상대가 괴로워하거나 무언가 원한다고 생각되면 심한 압박감을 느껴요. 감옥에 갇힌 것 같고, 질식할 것 같아요. 그래서 되도록 빨리 그 관계에서 벗어나야만 해요'.

이런 상태가 자기 문제라는 것을 인식하지 못하면 상대방을 탓하기 쉽다. 가령 그가 너무 요구가 많고 기댄다고 비난하는 것이다. 상대방이 모든 게 자기 탓이라고 받아들이면 사태는 더욱 나빠진다. '비폭력대화'를 한다면 "나를 계속 보살펴야 한다고 생각하기 때문에 숨이 막히나봐"라는 식으로 상대의 감정을 그 자신의 욕구와 연결시켜야 한다.

그동안 내면의 욕구를 무시하고 살았다는 것을 깨달으면서 화가 나면, 상대방이 괴로워하는 모습을 보아도 "그건 당신 문제야. 나는 상관없어"라는 식으로 나간다. Rosenberg가 말하는 이 '**얄미운 단계**'(obnoxious stage)에서는 상대방을 배려하지 않고 자신의 욕구를 지나치게 단호하게 공격적으로 표현하게 된다. **정**

서적 해방의 단계에 가면 자신의 의도와 행동에 따르는 책임을 받아들인다. 이제 두려움, 죄의식, 수치심에 이끌리지 않고 "다른 사람의 욕구 충족도 똑같이 중요하게 여긴다는 것을 드러내면서 우리가 원하는 것을 분명하게 표현"하게 되는 것이다(p. 97).

여러 가지 이유로 어느 한 편이 욕구를 표현하지 못할 수도 있고, 양편의 욕구가 너무 다를 수도 있다. 가령 나는 '자율'과 '놀이'를 원하는데 상대방은 '상호의존'과 '영적 교섭'을 원한다. 욕구가 충족되지 않으면 우리는 화가 나며, 그 때 자신이 무엇을 원하는가를 돌아보기보다는 상대방을 탓하기 쉽다. "너는 무책임한 이기주의자야", "지긋지긋한 마마보이!" 같은 (말은 안 하더라도) 비난을 하면 상대방은 자기방어와 공격을 한다. 싸움은 벌어졌고 각자는 자신이 그리고 상대가 무엇을 원하는가는 관심도 없다. 이런 상황에서 '우선멈춤'을 할 수 있다면 심호흡을 하고 나쁜 생각들을 정리한 후 '비폭력대화'를 시작해 볼 수 있다. '우리는 안 맞아'라는 결론이 나면 관계를 끝내는 것이 양편 모두 행복해지는 길일지 모른다.

(3) 우리는 행복한가

Rosenberg(2003/4)는 '즐겁지 않은 일은 하지 마라'고 조언한다(p. 197).

> 우리 행동의 목적이 삶을 풍요롭게 하기 위함이라는 것, 곧 그저 다른 사람들과 우리 자신의 인생을 더 훌륭하게 하는 영적인 힘이 우리의 동기라는 것을 인식할 때는, 힘든 일도 즐거운 놀이 같아진다. 마찬가지로 즐겁게 할 수 있는 활동도 두려움, 죄책감, 수치심, 의무감 등에서 한다면 그 즐거움을 잃게 되고, 결국에는 그 활동 자체에도 저항감을 느끼게 된다.

이 조언에 '즐겁지 않은 관계는 떠나라'고 덧붙일 수 있다. 관계 속에서 자신과 상대방의 중요한 욕구를 채울 길이 없으면 떠나야 한다. 상대방을 비난하지 않으면서 이를 할 수 있다는 것을 알면 떠나기가 더 쉬울 것이다.

글상자 7-1에서 김어준(2008)은 "자신이 뭘 원하는지도 모르고 사는 것처럼 삶의 낭비도 없다"(p. 155)고 말했다. 독자들은 이제 자신이 뭘 원하는지 아는 것이 그리 당연하지 않다는 것을 알게 되었다. '너 자신을 알라'는 큰 용기가 필요한 끝없는 공부이다. 더욱이 나는 — 상대방도 — 계속 변한다. 처음 사귈 때와 지금 내가 원하는 것이 달라졌을 수 있다. 그동안 내가 성숙한 것일 수 있다. 상대방이 여전히 잘해주고 '좋은 사람'이라도 그냥 존경할 수 없어졌을 수 있다. '사랑은 변한다'.

관계 속에서 각자 욕구를 충족시키고 같이 성장할 수 있으면 그보다 큰 행복은 없다. 그러나 건강하고 성숙한 관계만이 우리에게 만족과 행복을 주고, 병적인 관계는 오래가면 갈수록 우리를 병들게 한다. 한편에서만 애쓴다고 관계가 개선되지는 않는다. 때로는 상대방이 관계 맺을 능력이나 뜻이 없을 수도 있다. 병적인 관계에 계속 투자하며 매달리는 일은 자신을 — 그리고 상대방(들)도 — 파멸시키는 어리석은 짓이다. 친구, 동료관계든, 부부, 부모-자녀 관계든 건강하고 성숙한 인간관계는 배타적이지 않으며(즉, 다른 관계들을 허용하며), 서로를 착취하거나 지배하지 않고 서로의 자율권과 인격을 존중하는 평등한 관계이다. 그런 관계는 관련된 모든 이들이 만족과 행복을 느끼고 성장할 수 있게 한다.

요약 및 결론

우리는 가족이나 친구들과의 관계에서도 어려움을 겪지만, 사회생활에서 남들에게 호감을 주고 피상적인 관계들을 맺는 일에도 어려움을 느끼는 때가 많다. 인간관계를 잘하느냐 못 하느냐에 따라 우리의 행복과 성공이 좌우된다고 할 수 있으므로, 인간관계 기술은 중요하다.

우선 인간관계의 기능원리를 사회교환이론, 역할이론, 게임이론을 통해서 알아보았다. 우리는 관계에서 얻는 보상과 그것을 얻기 위해 치르는 대가를 서로 견주어 결과(outcome)를 계산하고(**사회교환**), 정해진 자리에 맞는 **역할**행동을 하고 또 상대방들에게도 역할기대를 한다. 가까운 사람들과의 관계는 고정된 패턴을 따르는 일이 많은데, 상호작용할 때 **아동, 성인, 부모 자아상태**의 어느 하나로 행동하거나 반응하고, 때로 진실한 감정을 숨긴 채 각자 역할을 정해놓고 **게임**을 하기 때문이다. 인간관계의 작용원리를 이해하면 우리가 겪는 많은 갈등과 고통들의 원인과 해결책을 찾을 수가 있다.

첫인상이 중요하다는 것을 알기 때문에 우리는 중요한 사람들과의 첫 만남에서 긴장하기가 쉽다. 부정적 고정관념의 대상이 되거나 나쁜 첫인상을 남긴다고 하더라도 얼마든지 만회할 기회가 있는 것이므로 과도하게 긴장할 필요는 없다. 젊은이들은 외모나 체격(신체적 매력)의 효과를 과대평가하는데, 신체적 매력의 후광효과는 오래 지속되지 않는다. 반면 가까이서 자주 보는 사람, 자기와 유사한 사람, 잘해주는 사람에게 끌리고 호감을 느낀다. 그러나 정신건강과 성숙의 특성들을 가진 사람은 유쾌하고 편안하며 개성과 매력이 있기 때문에 그 존재만으로 사람을 끌게 된다.

친해진다는 것은 마음을 열고 점점 더 많은 것들에 대해 점점 더 깊게 자기개방을 하는 것이다. 우리는 스스로 내놓는 만큼 자기를 드러내는 사람을 좋아한다. '사람 보는 눈'이 있어야 믿을 수 있는 사람을 알아보는데, 이는 많은 독서와 '현장실습'이 필요한 공부이다. 내가 마음을 열어야, 여는 만큼 상대방도 여는 것처럼, 상대방이 내게 어떤 면을 내놓느냐 하는 것은 나의 어떤 면을 보았느냐에 상당 부분 좌우된다. 이것을 인정하면 관계가 나빠질 때 상대방 탓을 하지 않는다.

우리는 친밀한 관계에서도 자신이 진정 원하는 것을 깨닫고 표현하는 데 익숙하지 않고, 상대방의 나쁜 감정에 책임을 느끼고 그를 기쁘게 해주려고 애쓴다. **정서적 노예**상태가 되는 것이다. 각자의 욕구를 표현하고 충족시킬 수 없는 관계는 불행하다. 4장에서 배운 비폭력대화법으로 분노를 표현하고 각자의 욕구를 확인할 수 있지만, 양편의 욕구가 너무 다르다면 관계를 떠나는 것이 양편 다 행복해지는 길이다.

인간관계가 행복과 불행, 인생의 성공과 실패에 중요하다고 하지만, 건강한 인간관계만이 행복과 성공을 가져온다. 병적인 관계가 오래가면 불행해지고 결국 인생에 실패한다. 건강한 관계란 배타적이지 않고(즉, 다른 관계들을 허용하고) 관련된 모든 이가 만족하고 행복하며 같이 성장할 수 있는 평등한 관계이다. 인간은 어차피 사회적 동물이므로 언제 어디서고 사람을 만나고 사귀게 되어 있다. 중요한 것은 나의 정신건강과 성숙, 건강과 매력이다.

제 8 장

남자와 여자

아마도 우리가 지닌 속성들 — 키, 외모, 지능, 성격 등— 중 성별처럼 우리 인생에 큰 영향을 미치는 속성은 없을 것이다. 아기가 태어났을 때 주위에서 첫 번째 질문은 아들이냐 딸이냐 하는 것이다. 성별에 따라 삶의 길이 달라지기 때문이다. 일단 여자가 애를 낳지 않았는가.

딸 아들 가리지 않고 하나만 낳고 마는 부부들이 늘어나면서 요즘은 공주님, 왕자님 아닌 아이를 보기 힘들어졌다. 그 공주·왕자님들은 엄마의 극진한 관리를 받으면서 일류대 입학을 목표로 아동기와 청소년기 내내 공부하고 시험 보는 기계로 살아가고 막상 전공도 제 뜻대로 선택하지 못한다. 대학에 들어와 비로소 자유를 얻은 젊은 그들은 이제 두 가지 절박한 문제에 직면한다. 바로 연애와 취업이다. 대학 가면 모든 것이 해결될 줄 알았는데 대학을 나와도 취직이 안 되는 현실에서, 취업이 (입시전쟁에 바로 이어지는) 전쟁인 만큼이나 연애는 행복을 약속하는 비상구, 도피처가 된다.

고등학교 때까지는 주로 '학생'으로 살아온 젊은이들은 연애라는 과제 앞에서 여자/남자가 된다. 특히 여자들은 취업과 연애라는 두 마리 토끼를 잡는 길이 외모 가꾸기라는 사실을 깨닫게 된다. 그들은 세상의 주인이 (4, 50대) 남자이기 때문에 그렇다는 사실을 막연히 알고 있지만, 남녀 불평등의 현실을 잘 모르고 또 알고 싶지도 않다. 그러나 여자/남자로서 행복해지려면 바깥 현실이 어떤지 어떤 미래가 기다리고 있는지 알아야 한다. 이 장에서는 일과 사랑의 성인 세계에서 남녀의 삶이 어떠한지에 대해 생각해보기로 한다.

1. 남녀의 차이

'남자와 여자는 다르다'라는 말은 여러 가지 의미로 쓰인다. '애와 어른이 어떻게 같으냐', '교수와 학생은 엄연히 다르다'라는 당연한 말씀들처럼 이 말도 '다르다'를 넘어서 '달라야 한다'라는 뜻일 때가 많다. 즉 남자와 여자는, 애와 어른은, 교수와 학생은 마땅히 처신도 대우도 달라야 한다는 것이다. 흥미 있게도 이런 말을 하는 편은 여자, 애, 학생이라기보다는 남자, 어른, 교수인 경우가 더 많다. [전자('약자')는 '사람은 다 같은 사람'이라는 주장을 더 많이 한다.] 우리는 스스로 역할행동(여자/남자답게, 학생답게)을 하면서 동시에 주위사람들에게 역할기대를 한다.

어떤 집단에 속하는 사람은 누구나 행동, 성격, 태도 등이 어떠하다고 믿을 때 우리는 그 집단에 대해 **고정관념**(stereotype)이 있는 것이다. 고정관념이 첫인상에 미치는 영향에 대해서는 앞장에서 논의한 바 있다. 고정관념이 강하면 '틀에 박힌' 사고를 하게 되고, 그 틀을 깨기는 쉽지 않다. 본인들은 그 '틀'이 생생한 진실이라고 믿기 때문이다.

1-1 성별 고정관념과 성별역할

우리는 사회생활을 할 때 자기의 자리를 정하고 그 자리에 맞는 행동들(역할)을 하며 다른 사람들에게도 각자 자리에 맞는 행동들을 기대한다. 그 배경에는 고정관념이 있다. 남자는 강하고 씩씩하고 이성적이며, 여자는 약하고 부드럽고 감정적이라는 등의 생각이 성별 고정관념이다. 모든 고정관념은 스스로 확인·유지되는 경향이 있다('자기완성적 예언'). 이를테면, 여자는 기계만지는 재주가 없으므로(고정관념) 실제로 아무도 여자에게 그것을 기대도 안 하고 가르치지도 않고(차별) 여자 스스로도 배울 생각을 안 한다면, 여자가 실제로 기계를 만지지 못하고 전구조차 못 갈아 끼울 수가 있다. 결과적으로 여자는 기계를 못 다룬다는 고정관념이 확인되고 강화된다. 여자는 감정의 동물이라고 믿으면, 이성적이고 계산 잘하는 여자는 '예외'로 취급하고, 아무렇지도 않은 언행에 '감정적'이라는 딱지를 붙여서 그 여자를 정말 '감정적'이 되게 만든다 — 여자는 감정의 동물 맞지 않은가.

'남자/여자란…'은 이를테면 '남자는 씩씩해야 한다', '여자는 온순해야 한다'로 금방 넘어가 버린다. 고정관념이 역할을 규정하는 것이다. 남녀가 생각하는 남녀 **성별역할**(gender role)은 서로 상당히 일치된다. 즉 남녀 모두 남자는 씩씩하고 여자는 온순해야 한다고 생각하며 기대하는 것이다. '여성적'이 아닌 여자도, '남성적'이 아닌 남자도 '정상'이 아니다. 고정관념과 역할기대는 개개인의 머릿속의 생각과 행동에만 영향을 끼치는 것이 아니다. 어떤 집단의 사람은 다 어떻다고 생각하게 되면 그들에 대한 *행동*이 달라지게 된다. 이것이 편견에 따르는 차별이다. 남자 또는 여자라는 이유로 다르게 취급하면 **성차별**이다. 자식 죽인 아버지는 5년형을 받는데 자식 죽인 어머니는 10년형을 받는다면(고정관념상 '모성본능'은 있어도 '부성본능'은 없으므로) 성차별이다. 이 장에서는 고용차별을 자세히 다루게 될 것이다.

성역할과 성차별은 여자에게는 불리하기만 하고 남자에게는 유리하기만 한 것이 아니다. 여자라는 것이 어려운 일에 나서지 않아도 되는 정당한 변명일 때가 있고, 싫거나 겁나는데도 남자이기 때문에 앞에 나서야 할 때가 있다. 데이트비용은 꼭 남자가 내야 하나? 남자는 부엌에 드나들면 안 되기 때문에 요리를 하고 싶지만 못하고, 여자는 요리가 '여자의 일'이기 때문에 처음부터 거부해 버리면 삶이 빈곤해진다. 부엌일이건 아이 키우는 일이건 대학에서 가르치는 일이건 '여자의 일'도 '남자의 일'도 아니고 사람의 일이라고 생각한다면 능력, 성격, 취향 등에 따라 아무나 할 수 있지 않겠는가.

'남자/여자이기 때문에' 무엇은 해도 되고 무엇은 하면 안 되는 것이 아니라, '내가 하고 싶기 때문에' '내가 잘하니까' 무엇이든 할 수 있는 세상이 된 것 같기도 하다. 요리하는 남자도 많아졌고, 살림하고 애 키우는 남자도 늘어나는 추세인가 하면 각종 고시에 합격하는 여성 숫자가 늘어나고 있다. 그러나 아직까지도 집안일은 여전히 여자 몫이고 남자는 '도와주면' 착한 남편이며(10장 참조), 점점 일찍 시작하는 입시전쟁에서 매니저도 엄마역할이다. 정치, 경제, 사회를 주도하는 사람들은 거의 다 남자들이다. 즉 세상이 돌아가는 '룰'을 남자가 정한다.

성역할과 성차별에 대한 불평은 여전히 여자가 더 많이 하지만, 남녀 모두 성별역할의 기본만 하면서 직장과 사회에서 부딪치는 일들을 해나가던 시대는 지나간 것 같다. 무수히 많은 '○○남', '○○녀'라는 표현들이 말해주듯이 어떤 남자냐, 어떤 여자냐 하는 데 따라 사람들에게(특히 이성에게) 선망, 선호의 대상이 되기도 하고 기피·혐오의 대상이 되기도 한다. 적을 알고 나를 알아야 게임을 할 수가 있고 규칙도 점점 세련되기 때문에 어느 케이블 TV 채널의 '남녀탐구생활', '여자가 화났다' 같은 코너들이 선풍적인 인기를 끌고 있다. 이제 상황에 따라 남녀의 행동, 매너, 스타일이 매우 구체적으로 정해진다. 특히 20대 남녀의 연애게임에서 이러한 규범(역할기대)들이 막강한 힘을 발휘한다. 그런 점에서 성별은 그 어느 때보다도 젊은 사람들의 행동을 구속한다. 우선 여자와 남자는 정말 다른지에 대해서 알아보자.

1-2 남자와 여자는 어떻게 다른가?

남자와 여자가 정말 다른가, 다르다면 어떤 면에서 어떻게 다른가, 그런 차이들이 어디서 오는 것인가 하는 물음은 아마도 인류가 존재하는 한 호기심을 끌어왔다. 관련된 방대한 (미국의) 연구결과 중 몇 가지만 소개한다.

(1) 능력과 행동의 차이

Maccoby와 Jacklin(1974)은 남녀 차이에 대한 많은 경험적 연구 결과들을 통합하여, 남녀의 차이는 사람들이 생각하는 것보다 훨씬 적은 속성들에서만 별로 크지 않은 정도로 나타난다는 결론에 도달하였다. 평균차이가 있다 해도 집단 내의 변산이 크므로 그 차이가 남녀 개개인을 식별하는 데 도움이 되지 않는다. 가령 남자는 평균적으로 여자보다 키가 크지만, 남자들 사이에서도 아주 작은 사람부터 아주 큰 사람에 이르기까지 변산이 크고 여자들 사이에서도 마찬가지이다. 남자보다 큰 여자, 여자보다 작은 남자들이 얼마든지 있는 것이다. 심리적 특성들에서는 이러한 현상이 훨씬 두드러진다.

Maccoby와 Jacklin(1974)의 개관에서 일관되게 남녀 차이가 보고된 특성들은 다음과 같다.

(ㄱ) 언어능력은 여자가, 수리 및 공간지각능력, 분석적 사고는 남자가 약간 앞선다. 이후 15년 동안의 연구들에서도 이 양식은 대체로 변하지 않았으나, 언어능력의 성차는 사라졌다고 한다(Maccoby, 1990).

(ㄴ) 성격과 사회적 행동에 대한 결과는 — 아마도 연구하기가 어렵기 때문에 — 훨씬 더 부족한데, 가장 성차가 분명한 특성은 *공격성*이다. 남자가 더 공격적이다. 흔히 성별과 연관되는 의존성이나 지배성 같은 속성들은 남녀의 표현 방식이 다를 뿐 절대적인 정도에서는 일관된 차이가 없다고 한다.

초·중·고·대학교에서 여학생이 남학생보다 평균성적이 더 우세한 것으로 알려져 있다(조숙자, 1996). 모든 과목에서 여학생이 우세한데 단 하나의 예외가 산수와 수학이라고 한다. 국립평가원의 초·중·고 학업성취도 중 수리영역의 남녀 평균점수들을 비교하면, 전체 점수에서 학년에 따라 여학생 평균이 높기도 하고 남학생 평균이 높기도 하지만, 일반적인 차이는 없다. 그런데도 '여자는 수학을 못 한다'는 고정관념은 끈질기게 유지된다. 한 여학생의 말을 들어 보자.

> 고등학교 때 선생님들이 처음부터 '여자들은 수학을 못 한다. 너희같은 돌은 가르쳐도 소용없다'는 말을 서슴없이 했어요. 여학생들만 가르친 선생님인데 바로 앞에서 그런 얘기를 한다는 건 정말 엄청난 모욕이었어요. 내가 지금 아무리 공부를 잘 해도 남학생에게 수학실력이 떨어질 것이라는 생각을 주입시켰는데, 그런 말을 3년 내내 듣다보니 나중엔 정말 그럴지도 모른다는 생각이 드는 거예요. 또 남학생들은 공업·기술을 배웠고 우리는 가정·가사를 배웠기 때문에 제도 같은 것을 할 경우 확실히 차이가 나요. 그러니까 우리는 처음부터 배울 기회가 없었던 거죠. 배울 권리도요(산업공학과 93학번 여학생의 말; 가지않은 길 편집부, 1997, p. 13).[1]

---

1) 2000년(초등학교), 2001년(중학교), 2002년(고등학교)부터 적용하는 7차 교육과정에서는 '기술·산업'과 '가정'이 '기술·가정'으로 통합되어 고교 1년에 남녀 공통필수가 된다(여성특별위원회, 2000). 이외에 아버지는 사회인·직업인·권위적 가장으로, 어머니는 가사와 육아만 맡는 전업주부로 묘사하는 전통적 성역할 구분도 없앴다고 한다. 그러나 뒤에 나올 글상자 8-5를 보면 교과서들에서 성역할 구분은 여전하다.

Jacklin(1989)이 몇 가지 대규모 연구들을 개관한 바에 의하면, 어머니들이 자기 자녀에게 수학이 얼마나 어려운 과목이라고 생각하느냐에 따라 아이들이 수학과목을 좋아하거나 싫어하고, 이 태도가 성적에 영향을 미친다. 즉 남녀가 '원래'(타고나기를) 다른 것이 아니라, 주위의 기대가 결정적 영향을 미친다는 것이다. 능력과 공격성에서의 성차는 남녀가 생물학적으로 다르다는 증거로 받아들여지는 일이 많지만, 이렇게 인간의 성취나 성격에는 생물학적인 요인들이 환경적·심리적인 요인들과 복잡하게 얽혀 있다.

Jacklin(1989)은 최근의 성차연구 결과 개관에서 남자가 생물학적으로 여자보다 약하다는("male vulnerability") 결과를 언급하였다. 남자의 취약성은 삶의 시작과 끝에서 특히 두드러진다. 남아가 더 많이 수태되나 출생 전에 더 많이 죽고, 남아의 출산이 더 힘들고 따라서 분만시간도 길거니와 분만 때 손상이 더 많다고 한다. 남자의 수명이 여자보다 짧다는 것은 널리 알려진 사실이다. 남자가 생물학적으로 더 약하다는 사실은 다른 성차들과는 달리 잘 확립되어 있으나, 그 원인은 확실치 않다. [Jacklin은 "선택적 남성재난의 면역반응이론"(immunoreactive theory of selective male affliction)을 소개한다.] 또 남자의 약함이 후의 행동 및 성격에 구체적으로 어떤 영향을 미치는지도 아직은 별로 연구된 바가 없다고 한다.[2)]

'생물학 시대'에 남녀 차이를 설명할 때도 생물학적 요인들이 강조되어, '남자의 뇌, 여자의 뇌'에 관심이 많고 능력과 행동 차이들의 진화론적 설명들이 주목을 끈다. 인류역사의 초기에 남자는 멀리 나가서 사냥하고 여자는 집에서 아이 낳아 키우고 집근처에서 알곡이나 열매를 주워 모았다는 수렵-채집사회 시절에서 생겨난 차이들이 오늘날까지 이어진다는 것이다. 가령 여자는 적은 수의 자녀만 낳을 수 있기 때문에 '좋은 유전자'를 지닌, 자기와 자녀들을 지켜줄 수 있는 '능력' 있는 남자를 찾는 데 비해, 남자는 많은 '씨를 퍼뜨리'는 데 일차적 관심이 있고 '예쁜'(생물학적으로 보면 생식력을 약속하는 건강미) 여자를 찾는다는 것이다. 여기서는 그런 이론들을 논의할 자리가 아니다(졸저, 2005 참조). 각 성별집단 내에서 개인차가 엄청나게 크며, 짝짓기 책략이 시대에 따라 달라

2) Adler의 열등감이론을 들여온다면 남자는 강해야 한다는 강박관념이 열등(약함)상태의 보상(compensation)으로 잘 설명이 된다(졸저, 2009 참조).

지는 현상(가령 남자들이 '애 잘 낳을' 외모와 품성의 여자를 좋아하는가)을 볼 때 생물학적 이론을 맹신하는 데는 문제가 있다.

(2) 사회화 과정의 차이

남녀의 많은 차이가 생물학적 차이에서 시발은 된다 해도, 생물학으로 모든 것이 설명되지는 않는다. 예를 들어 보자. 남자아이 중에 잠을 많이 안 자고 많이 우는 '까다로운' 아이가 많고, 여자아이 중에는 잘 자고 잘 노는 '순한' 아이가 많다 하자. 아이의 기질에 따라 어머니의 행동도 달라진다. 아무리 달래도 안 그치면 울게 내버려 두기가 쉽고, 조금만 달래도 울음을 그치면 더 잘 안아주게 된다. 나중에 가서 행동이나 성격차이가 생긴다 해도 그것이 타고난 기질 차이에서 온 것인지 어머니의 보살핌 행동 차이에서 온 것인지 알 수가 없다. 다른 예로, 남자가 태어날 때부터 근육의 힘이 강하다 할지라도, 자라면서 여자는 무거운 것을 안 들게 하고 거친 놀이를 못 하게 하며 남자는 반대로 힘자랑을 장려하기 때문에 힘의 차이가 벌어지게 되는 것이다.

아이의 성별에 따라 주위 사람들의 행동이 달라지는 것은 아주 흔히 보는 일이다. 행동, 태도, 성격 등이 학습된다고 보는 입장에서는 강화와 모방의 역할을 강조한다.

(ㄱ) 칭찬받는 행동은 자꾸 반복되고, 칭찬받지 못하는 행동은 없어지게 된다는 것이 **강화**(reinforcement)의 법칙이다. 여자아이가 거칠게 놀 때마다 야단맞고, 사내아이가 인형놀이를 하면 야단맞는 대신 반대로 거친 놀이는 용인된다면, 여자아이는 거친 놀이를, 남자아이는 인형놀이를 점점 안하게 된다는 것이다. 강화는 행동을 통제하는 강력한 요인이다. '사내새끼가 징징 울다니' 하는 모욕을 몇 번만 받으면 울음을 평생 억압하게 되지 않는가.

(ㄴ) 꼭 강화(칭찬이나 벌 등)가 개입되지 않더라도 아이들은 **모방**을 통해 학습한다. 모방을 모델링(modeling)이라고도 하는데, 쉽게 말하면 어떤 '모델'의 행동을 따라하는 것이다. 아이들은 아무나 모방하는 것이 아니라, 자기와 (예컨대 성별에서) 유사하거나 자기가 좋아하는 사람들의 행동을 따라한다. 남자아이들은 남자의 행동을, 여자아이들은 여자의 행동을 모방하는 가운데 성역할을 학습한다는 것이 이쪽 이론가들의 주장이다. 요즘은 연예인들이 강력한 역할모델들

이다.

성역할 학습뿐 아니라 일반적으로 사회화에서 부모가 물론 중요한 역할을 하지만, 교사, TV스타들도 아동에게 중요한 모델이 된다. 특히 대중매체의 영향은 날로 커지고 있다. 대중매체는 쇼, 드라마, 광고 등을 통해 남자는 어때야 하고 여자는 어때야 한다는 것을 가르친다. 가령 여자는 예뻐야(꾸미고 치장해야) 하고 애교가 있어야 하며, 남자는 '능력'(힘!)이 있어야 한다. 요즘엔 사내아이들도 밖에 나가 거친 놀이를 안 하고 '꽃미남'이 인기있다.3) 그렇다 해도 남자에게는 여전히 근육이 강조되고, 여자는 종아리(알통)수술을 할 정도로 울퉁불퉁하면 안 된다.

부모든 교사든 대중매체든, 또 강화든 모방이든 성인세대만 어린이들에게 영향을 미치는 것은 아니다. 부모가 아들 딸에게 똑같이 행동하는데도 자녀가 행동의 전형적 성차를 나타내고, 집에서 어머니가 강하고 '남성적'이어도 아들은 전형적 '사내', 딸은 '계집애'가 되는 예를 주위에서 얼마든지 볼 수 있다. Maccoby(1990)는 어린이들이 아주 어릴 때부터 동성집단 내에서 남성적 혹은 여성적 상호작용방식들을 실행하고 서로 강화·모방한다는 사실에 주목하였다.

(3) 사회적 상호작용양식 차이

앞에서 공격성을 제외하고는 성격이나 사회적 특성들에서 일관된 성차가 없다고 말하였다. 이러한 결과들은 주로 심리검사를 실시하여 남녀집단의 평균점수를 비교한 연구들에서 나온 것이다. Maccoby(1990)는 사회적 행동을 보려면 사람들이 집단 속에서 상호작용하는 것을 직접 관찰해야 한다고 보았다. 그가 개관한 연구결과들을 몇 가지 소개하고 정리한다.

한 연구에서 평균 33개월 된 어린아이들이 동성끼리 놀 때와 혼성으로 놀 때 하는 행동을 관찰하였다. 관찰된 행동들은 장난감 주기와 빼앗기, 껴안기와 밀치기, 말로 인사, 초대, 항의, 금지하기 등이었다. 전체적인 사회적 행동에는 성별차이가 없었다. 그러나 아이들은 이성친구보다는 동성친구와 훨씬 더 많이 놀았다. 장난감을 갖고 노는 짝을 옆에 서서 보기만 하는(수동성) 시간을 측정했

3) 생물학적 차이를 생각하면, 아이들이 어릴 때부터 학원다니고 실내에서 주로 생활하는 것은 여자보다 남자의 발달(가령 '여성화')에 더 심각한 문제를 가져온다.

을 때도 전체경향에서는 성별차이가 없었으나, 놀이상대가 누구냐에 따른 차이는 있었다. 여아끼리 놀 때는 남아끼리 놀 때보다 그런 수동성이 덜 발생했으나, 여아가 남아와 짝이 되면 남아가 장난감들을 독점해 버리고 여아는 옆에 그냥 서 있는 일이 많았다.

놀이에서의 성별분리는 문화를 초월한 보편적 현상이며, 세 살짜리들에서 이미 나타나고 초등학생 시절 내내 높은 수준으로 유지된다고 한다. 어릴 때부터 동성을 좋아하고 (특히 여아들이) 이성을 피하는 이유는 양성의 놀이스타일이 다르기 때문이다. 거칠고 경쟁·지배에 몰두하는 소년들의 놀이가 소녀들에게는 달갑지 않은 것 같다. 여아들은 같이 노는 아이들에게 순하게 말하는데("…해줄래?" "우리 …할까?"), 남아들은 명령조를 많이 쓰고 여아들의 양순한 요청이나 제안에 반응을 하지 않는다. 따라서 여아들은 자신에게 반응하지 않는 사람과 놀기를 싫어하게 된다.

여자끼리 또는 남자끼리 따로 노는 집단들은 그 자체가 강력한 사회화 환경이다. 남자아이들은 좀더 큰 집단에서 놀고, 놀이가 더 거칠며 더 많은 공간을 점유한다. 남자아이들은 거리나 다른 공공장소에서 많이 놀고 여자아이들은 집이나 마당에서 자주 모인다. 소녀들은 한두 소녀와 친밀한 관계를 쌓고 서로 비밀을 나누지만, 소년들의 우정에는 공통적 흥미와 활동이 더 중심이 된다. 우정이 깨지면 소녀들이 더 상처받는 것은 그 때문이다. 남자의 우정이 여자의 우정보다 오래 간다면 그것은 남자는 친구를 '깊이' 사귀지 않기 때문이다.

놀이방식보다 중요한 것이 언어적 상호작용의 차이이다. 소년들은 대화에서 우월과 지배에 신경을 쓴다. 서로 말을 더 중단시키고, 명령, 위협, 자랑을 더 많이 하며, 다른 아이의 요구에 불응하고, 말한 사람을 야유하거나 더 재미난 얘기로 누른다. 반면 여자들의 대화에서는 의견의 일치와 조화를 이루려는 노력이 많아서, 누가 한 말에 동의하고("맞아", "정말 그래") 서로 번갈아 말하는 기회를 가진다.

아동기를 지나서 청년·성인기에 들어서도 이성보다 동성과 보내는 시간이 많다. 직장에서도 친교의 상당한 성별분리가 있고, 여가도 동성과 같이 보내는 일이 많다. 동성집단에서의 상호작용패턴은 아동기 때와 상당히 비슷하다. 남자들은 서로의 말을 경청하고 이해하려 들기보다는 중단, 반박, 자랑 등으로 대화의 맥을 끊는 일을 많이 한다. 바로 이 지기 싫어하는 특성 때문에 남자들은 집단구조 — 잘 정의된 역할들과 지배서열 등 — 가 필요한 것 같다고 Maccoby는 추측한다. 여하튼 남자는 여자보다 집단과 조직의 서열적 구조 내에서 기능하는 방식을 배울 기회가 더 많다.

서로 의견일치를 보고 번갈아 말하는 데 익숙한 여자와 서로 경쟁·지배하는 데 익숙한 남자가 상호작용하면, 여자는 남자 말에 끄덕여 주고 다소곳이 — 자기 차례를 참을성 있게 기다리며 — 경청하게 된다. 남자는 이것이 흐뭇하겠으나 여자는 재미 없다. 친밀관계에 들어가서도 남자는 자기 뜻을 관철하는 데 직접적 명령, 지시를 많이 하는 데 비해 여자는 애교, 침묵, 쌀쌀함 등 간접적 방식을 더 많이 쓴다. 이는 물론 여자에게나 남자에게나 불만스러운 — 그리고 비효과적인 — 의사소통방식인데, 이 또한 여자가 직접적 대화에서 남자에게 뜻을 전달하고 관철시키기를 힘들어 한다는 것을 반영한다.

(4) '도구적' 남성과 '표현적' 여성

어릴 때의 남녀 차이는 성인기로 가면서 점점 더 커지고, 결국 '도구적, 성취지향적 남성'과 '표현적, 관계지향적' 여성, 또는 '이성적 남성'과 '감성적 여성'이라는 이분법을 정당화한다. 말의 기본적 기능이 남녀에게서 다른 것 같다. 남자가 감정이나 문제에 대해 말할 때는 문제해결이 목적인 경우가 많지만, 여자에게는 이야기하는 그 자체가 중요하다. 공통의 흥미와 활동, 대화와 '수다'가 각각 남성적, 여성적 우정의 중심이 된다. 여자는 친구들과 주로 이야기(심각한 대화, 가벼운 수다)를 하는데, 남자는 어떤 활동(술 마시기, 게임, 운동 등)을 같이 한다. 또 남자들이 못살게 굴기와 놀려먹기로 친밀감을 표현하는 것이 여자들에게는 이해가 안 된다.

남녀의 스타일 차이는 친밀관계에서 문제를 가져올 수 있다. 여자들이 연인이나 남편에 대해 많이 불평하는 사항 중의 하나는 남자가 말이 없고 감정(특히 사랑) 표현을 안 한다는 것이다. 이런 불평을 하는 여자의 남편이 하는 말을 들어보라(Tavris, 1992/99, p. 273).

"도대체 아내는 뭘 원하는 겁니까? 증명이요? 이미 다 했잖습니까? 제가 사랑하지

> 않는다면 아내를 위해, 이 가정을 유지하기 위해 뼈 빠지게 일하겠습니까? 사내가 자기 아내와 아이를 사랑하지 않는다면, 그런 일들을 왜 하겠습니까? 도대체 난 아내가 뭘 원하는지 이해할 수가 없군요".

슬픈 오해 아닌가? 사랑의 표현적, 언어적 면을 강조하면 사랑이 담긴 행동(돌봄, 협동 등)의 중요성을 놓친다. "아내가 뭘 원하는지" (이해는 못해도) 아는데 해주면 되지 않나? 편안하게 느끼는 거리(distance)가 다른 것인지 모른다. 캠퍼스에서 보면, 남자보다 여자끼리 다닐 때 더 붙어 다닌다. 남녀 커플이 붙어 다닐 때도 여자가 붙는 일이 훨씬 많다. 공간적으로뿐 아니라 정서적으로도 편안한 거리(즉 얼마나 가까운가)가 사람마다 조금씩 다른데 남녀 차이도 있는 것으로 보인다. 남자가 가까움을 더 못 참는 것이다.

남녀의 스타일에는 각기 장단점이 있다. 여자들은 감정에 대해 이야기하면서 재미, 지지, 이해받는다는 느낌 등 많은 것을 얻지만, 다른 한편 문제해결을 노력하기보다는 "문제와 감정에 빠져 '허우적대는'"(같은 책, p. 295) 것으로 그치기 쉽다. 감정(특히 애정과 슬픔)을 표현하지 못하는 남자들은 이해와 지지를 받기 힘들다. 한 집안의 가장이자 직장에서 높은 지위에 있는 중년남자가 자기 자신과 주변사람들에게 자기 우울증을 인정하기는 쉽지 않다(글상자 8-1). 진지한 대화와 토론이 필요한 상황에서 여자는 소리 지르고 울며 남자는 침묵하다 나가버리고, 여자는 친구나 언니와 길게 통화하고 남자는 혼자 술 마시는 장면이 드라마에서만 벌어지는 것이 아니다.

여자에게는 감정을 드러낼 것이 기대·허용되는 반면, 남자에게는 감정을 억누를 것이 기대·요구되는 것인데, 표현적 여성, 도구적 남성의 이분법은 '여자-가정, 남자-직장/사회' 이분법과 밀접한 관계가 있다. '표현적, 관계 지향적' 여성이 사람 챙기기, 아이 돌보기, 가정 꾸리기 등을 떠맡으면서, '도구적, 성취 지향적' 남성은 이런 일들에서 면제받는다. 그럴수록 여자는 감정의 배려 표현과 관계 가꾸기를 잘하게 되고, 남자는 '돈벌어오는 기계'(도구!)가 되기 쉽다. 직장에서도 여자는 표현적 관계지향성을 발휘하는 일에 맞는다고 여겨진다(뒤에 나올 글상자 8-3을 보라). 다음에서 다룰 남녀평등, 성차별의 문제들에는 이런 뿌리가 있다.

글상자 8-1 남자의 우울증

남자는 감정을 직접 드러내면 안 된다는 압력은 슬픔, 두려움, 외로움같이 상처받거나 약하다는 것을 드러내는 감정에서는 더욱 강력해진다. 일반인들뿐 아니라 많은 심리학자들이 남자들의 감정표현 방식을 이해하지 못한다. 이러한 오해는 남성의 우울증을 진단할 때 특히 두드러진다. 남자들은 여자만큼 많이 괴로워하지만 괴롭다고 말하지 않는다. 물론 울지도 않는다. 대신 그들은 갈등이나 수치심을 느끼지 않는 '남자다운' 방식으로 슬픔을 표현한다.

예를 들자면, 코가 삐뚤어지도록 술을 마시고, 미친 듯이 차를 몰거나 감상적인 노래를 부르는 것과 같은 '미친 짓'으로 슬픔을 표현한다. 남자들 중 많은 수는 우울증의 표준척도에서 낮은 점수를 받지만 그들의 삶은 위태위태하다. …어떤 남자는 별거하기 시작한 후 4개월 동안 '매일 아침 마구 집어던졌다'고 고백했다 — 하지만 절대로, 절대로 '우울증'에 걸린 것은 아니라고 말했다. 또 다른 남자도 슬픔, 무기력증이나 마음에 입은 상처를 표현하지는 않았지만 이혼 후 6개월 동안 온갖 벌금을 물어야 했다고 말했다(Tavris, 1992/99, p. 284).

남자는 원래, 타고나기를 그런가? 아니다. 교육이다. 남자는 '강하고 대범해야' 하므로 계집애같이 울거나 삐지면 안 된다. 다음은 우리나라의 학생들이 하는 이야기들이다(교육부, 1999, p. 61).

"남자애가 잘못해서 맞으면 울지도 못해요. 울면 왜 우느냐고 하면서 다시 때려요. 아파서 울고 싶어도 꾹 참아야 해요. 그런데 여자가 울면 화장실에 가서 씻고 오라고 해요. 남자를 강하게 만들려고 한다지만 그 이유를 모르겠어요".

"여자와 장난이 심해져서 싸우면 여자는 삐지면 되지만, 남자는 삐지지도 못해요. 속 좁다고 하거든요".

"눈물을 보이면 '사내가 그런 것 갖고, 눈물이나 흘리냐?'고 하는데 사실 '자기도 울 텐데' 하는 생각이 들면서 선생님이 싫어져요".

2. 남녀평등

헌법을 비롯하여 우리나라의 법들은 남녀차별을 금지한다. 1999년 2월에는 '남녀차별금지 및 구제에 관한 법률'이 제정되어, 민간 부문뿐 아니라 국가기관과 지방자치단체 등에서 차별이나 분쟁이 생겼을 때 구제 조치를 취하도록 하고 있다. 이러한 법이 필요하다는 것 자체가 좀처럼 남녀차별이 없어지지 않는 현실을 반영한다. 이를테면, 이 법의 제4조는 "공공기관 및 사용자는 교육에 있어서 교육기회·조건·방법 등에서 남녀차별을 하여서는 아니 된다"고 정한다. 교육부 자료(1999)가 보여주는 실태는 이런 조항이 필요한 현실을 조명해준다 (글상자 8-2 참조).

학교의 교육목표로 요구되는 덕목이나 능력은 "독립적인 삶의 태도, 이성적인 사고, 탐구적인 정신"(교육부, 1999, pp. 21-22)이다. 그러나 여학생들에게는 "순종적이고, 감성적이고, 의존적인 여성상"이 또 다른 목표로 요구되기 때문에, "이상적인 남성상에 대하여는 학교의 교육목표와 사회의 일반적 기대간의 괴리가 없지만 여성들에게는 이중성을 띠고"(p. 22) 있다. 영어에서 남자(man)라는 단어가 곧 인간이라는 뜻도 되는데 바로 그런 현실이다. 20대 독자들은 남자의 자리는 사회와 국가이며 여자의 자리는 가정이고, 남자는 여자보다 우월하다고 '가정'하는 세대의 교사(와 부모)들에게 교육받았다. '구세대'의 이런 가정들이 머릿속에 박혀 있어서 젊은 사람들도 '남성적', '여성적' 행동들을 정해놓고 남자같이 행동하는 여자는 "우스꽝스럽고 조롱거리"이며, 여자 같은 남자는 "못난이"라며 깔본다.

지금 대학에 다니는 여성독자들은 대다수가 '커리어 우먼'이 되고 싶다는 꿈을 가지고 있겠지만, 남자가 더 성숙하고 우월하며 "여성의 일차적 역할은 가정을 지키는 것"이라는 생각도 할 것이다. 대학사회에서는 비교적 남녀가 평등하므로 여학생들은 남녀 불평등은 구시대의 유물이며 자기만 똑똑하고 잘하면 얼마든지 성공할 수 있으리라고 생각할지 모른다. 그러나 정치, 경제, 사회가 모두 남성중심으로 돌아가고 있으므로 여학생들은 이미 대학 다닐 때 불평등의 현실을 제대로 파악하고 준비를 할 필요가 있다. 우선 물어보자. 평등을 원하는가.

글상자 8-2 성별 고정관념과 학교교육의 성차별

교육부 자료(1999)는 학교교육에 영향을 미치는 '남녀에 대한 가정'을 다음과 같이 서술한다(pp. 19-21). 이러한 가정들은 교과서내용, 교육과정운영부터 생활지도, 진로지도에 이르기까지 모든 수준에 반영되고 있다.

가정 1: 여성이 있어야 할 곳은 가정이며, 남성은 제반 사회활동에 직접 참여하여 사회와 국가를 이끌어가야 한다.

- 여성도 만일의 경우를 대비하여 직업능력을 가져야 하지만 여성의 일차적인 역할은 가정을 지키는 것이다. 따라서 만일 여성이 일을 해야 한다면, 가정에서 하는 역할과 유사한 간호사나 비서나 자원봉사 정도의 일이 적합하다.
- 남성에게는 일이 가장 '중요한' 세계이다. 남성은 지역사회와 국가를 운영해야 하며, 기업과 경제를 이끌어야 한다. 남성은 직업세계에 진출하면 반드시 보다 더 높은 직위로 승진해야 한다. 교사는 교감으로, 과장은 부장으로, 직원은 과장으로…

가정 2: 남성은 신체적, 감정적, 지적인 면에서 여성보다 우월하다.

- 여성들은 아기를 생산해내는 일 이외에는 역사발전에 공헌한 바가 없다. 여성은 남성에 비하여 신체적으로, 감정적으로, 지적으로 열등하다.
- 남성은 여성에 비하여 힘이 세고 안정된 감정 상태를 유지한다. 남성의 지위는 내조를 잘하고 매력적인 부인을 얻음으로써 더 높이 올라간다.

가정 3: 여성과 남성은 전통적으로 바람직하다고 간주되어 온 여성적인 특성과 남성적인 특성을 각기 함양하여야 한다.

- 독립적이고, 도전적이며, 야심차고, 지적인 여성은 공격적이고 여성답지 못하다. 여성이 자신의 소질을 계발하는 것은 용인할 수 있으나 수용적이고 겸손한 수준에서 제한되어야 한다. 남성적인 행동을 하는 여성은 우스꽝스럽고 조롱거리이다.
- 남성이 여성적인 태도나 행동을 보이는 것은 남아답지 못한 것이며, '못난이'이다.

2-1 평등을 원하는가?

우리는 흔히 여자는, 특히 젊은 여자는 남녀평등을 원하며, 남자는 그것을 원하지 않는다고 생각한다. 젊은 남성들은 '맞벌이'를 원할 때는 평등을 지지하는 것처럼 보이다가 '가사분담'에 가면 아버지세대와 똑같이 면제받으려 한다. 그러나, 대학생들과 이야기해 보면 평등을 원하지 않는 여대생이 많으며, 또 젊은 남성의 태도가 그렇게 보수적이지도 않다는 것을 알게 된다.

남녀 대학생들은 모두 여자가 이 사회에서 차별과 불이익을 당하는 현실을 인정하며 취업, 임금차별 등이 없어져야 한다고 본다. 성별이 아니라 능력에 따라 기회를 부여받아야 한다는 것이다. 그러면서 남녀는 능력이나 역할이 다르니 똑같이 취급하면 안 된다는 의견이 남녀 모두에게서 상당히 많이 나온다. 여학생들은 여자가 힘이 약하므로 힘든 일은 남자가 맡는 것이 당연하며, '여자도 숙직을 하라'거나 '여자도 무거운 것을 들고 다니라'는 요구에 분개한다. 남학생들은 힘이 필요한 일(예, 국방의 의무)을 남자가 해야 한다는 사실을 받아들이면서, 남자의 역할과 여자의 역할이 있다는 것을 강조한다.

남녀평등은 물론 일차적으로 여성해방이다. 그러나 남녀 모두 여자가 약자의 편리함을 포기하지 않으려고 하면서 약자의 불편함만 '남녀평등' '여성해방'을 들먹이며 피해 가려 한다고 비판한다. 예를 들면 대표나 회장은 남자만 한다고 불평하면서 여자들이 남 앞에 나서려 하지 않고, 당당하고 '해방된 여성'이 살 빼기, 성적 매력('섹시함') 가꾸기, 성형수술에 시간과 노력을 아끼지 않는다. 여자가 가정을 맡고 남자는 밖에 나가 돈을 벌어 오는 구도는 현실의 압박 때문에 수정될 수밖에 없다. 여자도 남자와 동등한 교육을 받고 더 이상 가정에 처박히려 하지 않거니와, 이혼율이 늘어나면서 결혼이 더 이상 여자의 '평생직장'이 되어 주지 않는다. 남자는 그렇지 않아도 경쟁이 심한 취업과 승진에서 '공부 잘하는' 여자들에게 밀릴까봐 두려워한다.

이렇게 여자의 '해방'과 독립은 남녀 모두에게 축복이라기보다는 위협으로 받아들여진다. 그래서 평등이 모든 일을 똑같이 하는 것을 의미하지는 않으며, 남녀는 능력과 역할이 엄연히 다르므로 '남자는 남자답게, 여자는 여자답게' 조화를 추구해야 한다고 남녀 모두 주장하는 것이다. 그러나 이 논리는 특히 여자에게 함정이다. 여자는 힘든 일을 못 하므로 남자의 지배·보호를 받아야 한다는 주장으로 가기 때문이다. 여자는 섬세하고 반복적인 작업에 적합하므로 기계적인 일만 하는 하급/비정규직에 머물러야 하고, 같은 일을 해도 돈을 덜 받는 게 당연하고, 승진도 포기해야 한다. 국방도 험한 경쟁도 남자가 맡을 테니 여자는 집에서 밥하고 애 잘 키우면 되고, 기껏해야 '부업'으로 자녀 교육비나 보태면 된다.

글상자 8-2에서 "만일 여성이 일을 해야 한다면, 가정에서 하는 역할과 유사한 간호사나 비서나 자원봉사 정도의 일이 적합하다"고 하듯이, 남들을 즐겁게 하는 '감정노동'(emotional labor)은 여자, 특히 젊고 예쁜 여자 차지이다(글상자 8-3). 여자니까 정규직을 줄 필요도 없고 돈도 많이 안 줘도 된다. 이 '남자 논리'가 마음에 들지 않는다면 여자가 '약함'의 알리바이를 스스로 포기해야 한다. 숙직도 못 하란 법이 없고 물리적 힘도 키우면 된다. 날씬한 몸매 가꾸기에

글상자 8-3 젊은 여성들의 감정노동

감정노동은 다른 사람들에게 즐거움을 주는 노동으로서, 보통 외부 유통업체가 마케팅을 특화하여 만들어낸 새로운 패턴의 노동이다. 키 크고 예쁘고 날씬한, 젊다 못해 어린 여성들이 노출 심한 옷을 입고 홍보도우미로 길거리에서 춤추는 모습을 보았는가. 이들은 추운 겨울 입술이 새파랗게 질려 덜덜 떨면서도 지나가는 사람들을 향해 웃어야 한다. 늘씬하고 예쁜 젊은 여성들이 몸매를 과시하며 춤추면 어떤 사람들이 즐거울까. 혹시 나이든 남성들이 아닐까.

젊은 여성들이 많이 하는 식당종업원, 은행창구직원, KTX 승무원, 텔레마케터 등 서비스 관련 직업들 상당수가 이런 감정노동이다. 이들은 대부분 비정규직이고, 평균임금도 일반 노동자의 절반 이하이며, 그들을 지킬 노조와 최소한의 규약 같은 장치들도 가지고 있지 않다. '싫으면 나가'라는 소리를 들으며 쉬는 시간도 거의 없이 하루 종일 고객을 웃는 얼굴로 친절하게 대하는 노동이 그 여성들의 감정생활, 타인과 자기에 대한 감정에 영향을 미치지 않는다면 이상할 것이다. 우석훈(2008)은 감정노동이 정신건강에 치명적이라고 본다.

정력을 낭비하지 말고 잘 먹고 운동하고 건강하게 살면 체력과 지구력이 생긴다. 힘을 합쳐 차별과 비인간적 노동조건에 항의하지 않는다면 현실이 저절로 좋아지지는 않는다.

직장과 사회는 여전히 남자의 영토인데, 여기서 살아남고 성공하려면 여자가 어떻게 해야 할까? 여자도 같이 밖에서 일할 때 가정은 어떻게 되는 걸까? 가정의 문제는 3 부에서 논의하고, 일단 불평등의 사회현실을 바라보자.

2-2 불평등의 현실

세계경제포럼(WEF)은 2006년부터 '성 격차 지수'를 발표해왔는데, 2009년 한국은 조사대상 134개국 가운데 115위였다(*한겨레*, 2009. 10. 29., "한국 양성평등 세계 115위"). 종교·문화적으로 여성의 권리가 오랫동안 제약된 중동과 아프리카 나라들 덕분에 꼴찌를 면했는데, 해를 거듭할수록 순위가 내려가고 있다. 2006년 92위였다가 2008년부터는 100위 밖으로 밀려났고 2009년에는 115위가 된 것이다(1위는 아이슬란드였고, 미국은 31위, 중국과 일본은 각각 60위, 75위였다). 경제적 참여와 기회, 교육수준, 보건 및 수명, 정치적 권한 등 네 부분에서 지수가 산출되고, 모성보호, 여교사 비율, 여성 실업률, 기본권 등도 지수에 반영된다. 한국 여성은 의회, 각료, 지방자치단체장 진출이 극히 적은 탓에 정치적 권한 부문에서 세계 최하위권을 기록했다. 경제적 참여와 기회에서도 여성은 남성의 절반 수준에 불과했다. 여성의 고위 관리직과 전문직, 기술직 진출이 현저히 적고, 다른 나라들에 비해 임금격차도 컸다.[4]

이 기사 바로 아래에는 "공무원 유리천장 단단해졌다"는 제목의 기사가 실렸다. 여성부에서 국회에 제출한 '중앙행정기관 및 지방자치단체 행정기관의 여성공무원 현황'을 보면 3 년 동안 고위공무원의 여성비율이 계속 줄어들고 있다. 2006년 전체의 6.23%를 차지했던 여성 고위공무원들의 수는 2007년 4.02%로, 2008년에는 3.68%로 줄었다. 행정안전부 자료에서 보면 2007년 승진한 일반직

4) 통계청이 실시한 경제활동인구조사 부가조사를 재분석한 결과, 2009년 정규직 월 평균임금은 255만원, 비정규직 임금은 120만원이었다(*한겨레*, 2009. 11. 12.). 남성정규직 임금을 100이라고 할 때 남성 비정규직은 49.4, 여성 비정규직은 39였다.

여성공무원은 6급 가운데 22.2%였지만, 5급은 8.7%, 4급은 5.3%, 3급 이상은 1.4%에 불과했다. [2008년 기준으로 중앙행정기관 여성공무원은 전체 공무원의 25.9%였다.] 고위직으로 올라갈수록 여자가 적은 것이다.

여성노동자의 고용지위는 조금씩 나아지고 있지만 아직도 남성노동자의 절반 수준에 지나지 않는다(*한겨레*, 2009. 11. 19., "100 대 57— 갈길 먼 '남녀 고용평등'"). 노동부가 조사한 남녀고용평등지표를 보면 남자를 100으로 볼 때 여성의 *노동참여*(임금노동자 비율)는 70.1, *노동보상*(시간당 임금 비율)은 69.8, *직업안정*(상용직 비율)은 66.35였고, *노동위상*(관리직 비율)은 8.3이었다. 바로 위에서 고위공무원 남녀비율을 보았으므로 마지막 수치가 그리 놀랍지 않을 것이다.

여성 고용률은 출산을 전후해 20~40%가 떨어진다(*한겨레*, 2009. 10. 28., "직종 직무차별 없애야 출산 뒤 경력단절 없다"). 한 번 떨어진 고용률은 예전수준으로 돌아가지 않는다. 일자리를 구하는 '입구'부터 차별을 없애야 할 것으로 보이는데, 회사에 들어가더라도 안정적인 경력을 개발할 기회를 얻지 못해서 출산 육아기나 불황 때 퇴직을 더 요구받기 때문이다. 여성부가 밝힌 '2009년 상반기 여성의 고용동향'을 보면 여성취업자는 1년 전에 비해 14만 1000명이 줄었다(2, 30대 여성취업자는 21만 1000명 감소). 여성 경제활동 인구가 약 10만 명 줄 때 같은 기간 동안 남성 경제활동 인구는 그만큼이 늘었다. 세계금융위기로 인한 타격이 여성에게 집중된 것이다.

취업을 원하는 여성 가운데 대졸여성이 80%가 넘는데 주로 돌봄 서비스나 단순판매직 등만 맡으라고 하는 현실이다(같은 기사; 글상자 8-3 참조). 공기업 공채 등을 제외하고는 여성이 여전히 고용차별을 당하고 있다. '일 가정 양립을 위한 기업 컨설팅'을 한 노무사는 "남성은 회사 들어가서 수직적 수평적으로 업무를 배우며 직무를 심화시키면서 관리직으로 올라가는데, 여성들은 독하고 매정하게 하지 않는 이상 어느 순간에 경력이 단절된다"고 말했다 한다. 이게 저출산율을 걱정한다는 사회의 모습이다.

여교사가 많다고 하지만, 이 역시 하급학교로 갈수록 여자가 많고 상급으로 갈수록 없다. 유치원 교사는 100%가 여자이며, 상급학교로 갈수록 남자교사가 많아지고 대학에 오면 말할 필요도 없다. 또 초등학교, 중학교에 여교사가 많다고 하지만, 교장이나 교감 등 관리직에는 여자가 극히 적다. '지성인'이 모여 있으며 비교적 성차별이 없다는 교육계 현실이 이러하다는 것은 여러모로 우울하다. 다른 직종은 더하다는 것을 알고 있고, 또 교사는 학생들에게 '사회화 대행자'이자 '삶의 모델'이기 때문이다(교육부, 1999, pp. 25-27 참조).

2-3 남성 중심의 조직문화

한국의 거의 모든 조직은 가족을 원형으로 하고 여기에 군대식 직제를 결합시킨 직제이다(우석훈, 2008). 서구적 개인주의에 물들었다는 20대들도 형, 언니, 오빠 등 가족에서 쓰는 호칭들을 학교 안에서 쓰고 선후배관계도 예전보다는 약해졌지만 아직도 상하관계이다. 일반적으로 쓰는 아저씨, 아줌마도 워낙 가족끼리 부르던 호칭이었는데, 요즘은 가정에서는 삼촌, 고모/이모 등이라 부르고 모르는 사람들에게 아저씨, 아줌마라는 호칭을 쓴다. 급기야 '어머님', '아버님'도 고객에게 쓰는 호칭이 되었다.

군대와 마찬가지 위계를 가지고 있는 조직들은 당연히 남성 중심적이다. "남성들에게 너무 편한 지독한 '마초 사회'"(p. 170)에서 기업조직은 4, 50대 남성을 위해 만들어졌다. 우석훈은 아직도 우리나라에 좋은 조직모델이 부족하다고 본다(2008, pp. 128-129).

> 50년의 역사를 가지고 있다고 하지만, 한국 조직은 아직 노동자들과 대화하고 노조에서 협조를 끌어내는 방법을 잘 모른다. 세계 어느 나라보다 잘 교육되고 훈련된 한국의 여성들과 일하는 법도 아직은 잘 모른다. 그리고 이십대와 일하는 법도 모르고, 고령 노동자들의 지식을 활용하는 법도 잘 모른다. 술 마시지 않고 조직의 중요한 일을 결정하는 법도, 접대를 하거나 봉투를 건네지 않고도 정부기관과 협의하고 협조를 이끌어내는 법도 잘 모른다. 조직 내부에 다양한 방식으로 생겨난 비공식 조직들을 제어하는 법도, 사회로부터 신뢰를 얻는 방법도 잘 모른다.

군대식 조직에서 살아남아야 하는 직장인들은 '하루하루가 전쟁'이지만, 자신의 회사 내부를 전쟁터로 만들고 싶은 사장은 없을 것이다. "실업자 아닌 게 얼마나 다행인가"라고 자기최면을 걸며 지겨운 고강도 노동을 견디기보다는 즐겁게 일해야 창의성이 나온다는 것을 모르는 사장도 없을 것이다. 그래서 시도되는 것이 '감성경영'이다(우석훈, 2008, p. 244f.). 조직구성원에게 "'일하는 기쁨'과 '존재의 즐거움'을 주겠다"는 것이다(p. 247).

충분한 출산휴가, 탄력근무시간제 등을 도입하여 여성이 일하기 좋은 직장을 만들려는 회사들도 있지만(*한겨레*, 2009. 10. 28.) 조직문화는 잘 바뀌지 않는다. '감성경영'을 한다는 기업들도 젊은 여성들에게 '감정노동'을 (외부 유통업체에 맡겨) 요구한다(글상자 8-3). "남자들의 직장 서바이벌 노하우를 여자인 저도 따라야 할까요?"라고 묻는 젊은 여성에게 김어준(2008)은 조직문화를 잘 살펴보고 남성적 문화가 지배하는 곳이면 털고 나오라고 조언한다(글상자 8-4). 그는 '망가지기 전에'라는 말을 덧붙이고 싶었을 것이다.

'여자-가정, 남자-직장'의 현실에서 여자는 결혼하면 당연히 직장을 소홀히 하고 남자는 가장이 되면 직장에 더 충성하게 된다고 생각된다. 이런 고정관념들이 **승진 성차별**을 정당화시킨다. 유능한 여자선배들이 승진에서 제외되고 상사들과 술자리 만드는 남자 직원들이 승진하는 일이 자주 벌어지면, 여자들이 일할 맛이 나겠는가. 실제로 결혼해서 퇴직이라도 하게 되면 고정관념이 강해진다("그럴 줄 알았다니까"). 만일 (애까지 낳고) 안 그만둔다면 퇴직압력이 들어간다. 결혼도 안하고 애도 안 낳고 술자리에 안 빠지고 남자들 방식으로 싸운다고 '유리천장'이 쉽게 뚫리는 것도 아니다. '미안하다, 여자야'라는 남자들이 점점 많아지기는 하지만 이런 현실이 바뀌는 데는 시간이 걸린다.

이 책에서는 지금까지 정신건강과 성숙, 행복을 강조해왔다. 한편으로는 힘을 모아 헌법에 보장된 인간의 존엄과 가치, 행복추구권을 부르짖고 요구하며 세상을 바꾸어나가야 하겠지만, 그러기 위해서도 건강과 행복을 망가뜨릴 수는 없다. 비통한 현실이다. [미안하다, 젊은이들.]

글상자 8-4　미안하다, 여자야

Question: 얼마 전 승진 발표 때 기대와 달리 제가 아닌 동료 남자직원이 승진을 했습니다. 평소 제가 실적도 더 좋고 일도 훨씬 잘한다고 자부하고 있었는데 의외의 결과에 화가 났습니다. 친구가 말하길, 원래 비슷한 조건일 경우 여자보다는 남자를 끌어주는 것이 관례라고 하더군요. 여직원은 승진시켜봐야 결혼하면 일에 차질이 생기거나 관두기 십상이고 남자는 집안 생계를 책임져야 해서 승진의 필요성이 더 절실하기 때문이라고요. 하지만 전 아직 결혼보다는 일 욕심이 더 앞서는데 정말 그런 이유가 승진에 걸림돌이 된다면 너무 억울합니다. 나중에 알고 보니 동료 남자직원은 상사들과 술자리도 따로 만든다는데, 남자들끼리 룸살롱까지 가는 술자리에 제가 끼지 못하는 것은 어쩔 수 없는 일이잖아요. 정말이지 일할 의욕이 나지 않습니다.

Answer:

1. 당신 말이 옳다. 당신 억울하다. 그런데 대부분의 직장 내 게임 룰은 여전히 남자들이 세팅하고 있는 게 사실이다. 그리고 그 게임의 룰은 간단하다. 너, 내 편이냐 아니냐. 그 피아 구분을 위해, 그 패거리 짓기를 위해, 남자들은 끊임없이 서클을 만든다. 그렇게 우린 한통속이라는 의식을 조직한다. 그리고 그것을 통해 계보가 만들어진다. 위로 갈수록 승진은 계보를 탄다. 집안 생계 운운하는 것은 남자들의 옹색한 핑계요, 자기합리화에 불과하다. 그 말이 진정이라면 소녀가장 승진이 가장 고속이어야 한다. 하지만 그런 일은 결코 일어나지 않는다.

이런 남성 중심의 권력구조 속에서 약자인 여성이 어떻게 살아남느냐. 먼저 생각해볼 수 있는 건 정면대결이다. 룸살롱도 간다. 그저 여자로서 호기심에 한번 따라가보라는 게 아니라 그 어떤 자리에도 빠질 생각 없다는 걸 분명히 하는 거다. 성별로 구분되는 여자가 아니라 다부지고 근성 있는 조직원의 한 명이라는 걸 명백히 보여주는 거다. 남자들 방식으로 남자들과 싸우는 거다. 하지만 이 방식엔 큰 비용이 뒤따른다. 견제와 태클, 아주 심해질 게다. 여성 직장인의 보이지 않는 승진 상한선인 '유리 천장'이란 단어가 괜히 만들어진 게 아니다. 여성성을 무기로 사용하라는 처방을 비롯해 온갖 여성용 처세술 서적이 넘치는 것만 봐도 그 천장 뚫기가 여간 어려운 일이 아닌 것이다.

2. 물론 남자보다 몇 배의 노력으로, 오로지 실력으로 승부해 성공하는 여성들, 존재한다. 대단한 여성들이다. 하지만 소수다. 하여 내 생각은 그렇다. 그런 결전의 다짐 이전에, 먼저 그 조직의 문화부터 찬찬히 살펴보는 게 우선이다. 어느 회사나 고유의 조직문화가 있다. 대표의 품성, 업종의 특성 혹은 기업역사가 만들어낸, 그 조직문화의 남성성 정도부터 가늠해보시라.

극히 남성적인 문화가 지배하는 곳이라면 그렇게 정면승부에 기력을 쏟느니 일찍 털고 나오는 게 현명하다. 그런 조직, 업종이라면 승진하면 할수록 오히려 더 힘들어진다. 대개 그런 조직, 업종의 상층부가 실력을 발휘하는 방식은 업무를 열심히 하는 게 아니다. 남자들끼리의 학연, 지연을 비롯한 각종 연줄과 의리와 인연 등이 실력을 좌우한다. 그리고 그런 건 공범의식 가진 남자들이 목숨 걸고 지키고자 하는 기득권이다. 인터셉트, 매우 힘들다고. 그러니 본격적인 승부를 걸기 전에 먼저 직장문화부터 꼼꼼히 살펴보는 게 우선이다. 그런 후 아니다 싶으면 과감하게 떠나는 게 낫다. 아니면 그냥 묻어서 가거나. 다행히 세상이 바뀌고 있긴 하지만 주류는 여전히 그러하다. 미안하다, 여자야.

[김어준, 2008, pp. 193-195]

2-4 평등은 여자의 문제인가?

"세계 어느 나라보다 잘 교육되고 훈련된 한국의 여성들과 일하는 법"을 아직 잘 모르는 기업들은 노동자들과 대화하고 노조에서 협조를 끌어내는 방법도, 이십대와 일하는 법도 모른다. 세상의 주인은 남자이고, 남자가 게임규칙들을 세팅하며 패거리 짓기를 한다고 하지만, 그 '남자'들은 4, 50대 남자들이다. 물론 '이너 서클'에 들어가지 못하는 남자들은 4, 50대에 '정리'당하는 신세가 되기 쉽다.

> 여성들이 일하기 어려운 조직은 남성들 중 '다른 방식으로 똑똑한' 사람들도 일하기 어려운 조직이다. 결국 다양성과 창조성에서 극히 제한을 받는 경직된 조직이 될 수밖에 없고, 이런 조직은 살아남을 수 없다(우석훈 · 지승호, 2008, p. 125).

모든 차별은 나쁘다. 특정 지역출신이라고 해서 실력이 있는데도 공직사회에서 승진을 차단당한다든지, 부모가 한국인이라는 이유로 미국에서 빛을 못 보는 인재들을 생각해보라. 자신이 선택하지 않은 운명적 특성들(외모 및 신체적 특성들을 포함하여) 때문에 인생에서 여러 기회를 빼앗긴다는 것은 부당한 일이다. 차별은 차별당하는 사람만 좌절시킬 뿐 아니라, (좌절은 공격을 가져오므로) 사회 전체를 불안하게 만든다. 남자냐 여자냐, 집안이 가난하냐 부자냐에 상관없이 인간으로서 존중받고 능력과 적성에 따라 진로를 선택할 수 있으면 결과가 어떻게 되든 승복하기가 쉬워진다. 글상자 8-2에 실은 교육부 자료(1999)는 옛날 얘기 아니냐고 생각하는 사람들은 10년이 지난 후의 교과서 내용을 들여다보기 바란다(글상자 8-5). 성차별이 있는 사회는 인종차별을 비롯해 다른 차별도 많이 한다.

성차별은 다른 차별과 다른 점이 있다. 부자는 가난한 사람과 떨어져서 살 수 있지만, 또 혼인도 사업도 특정 지역출신끼리만 하며 타 지역 출신과 떨어져 살 수 있지만, 남자와 여자는 서로 얽혀 살 수밖에 없다. 그러므로 어느 한편이 불행한데 다른 한편이 행복할 수 없다. 같이 대학을 나와 남자는 취직하여 열심히 일하고 능력과 노력을 인정받는데, 여자는 취직을 해도 단순반복, 보조업무만 맡는 가정을 생각해보라. '감정노동자'가 되어 저임금으로 종일 고객들에게 환한 웃음을 보내다가 집에 와서 웃고 싶을까. 그나마 출산을 빌미로 퇴직(당)하여 집에서 살림하고 애 키우며 살게 되면 행복할까. 자기 인생에 불만인 사람은 좋은 아내도 좋은 어머니도 될 수 없고 남편/자녀도 행복할 수 없다.

남녀평등은 여자만 해방시키는 것이 아니다. 실직한 남자들이 하루아침에 인생낙오자가 되어 버리고 자살까지 하는 것은 밖에 나가 돈을 벌어 온다는 남성역할이 그토록 중요하게 받아들여지기 때문이다. 그래서 실직을 당하자 남편의 자리도, 아버지의 자리도, 나아가 인간으로서의 자격도 흔들리는 것이다. 사람을 실력과 업적에 의해서가 아니라 성별, 출신지역(국가), 출신학교 등에 따라 구분하면 다양성과 창조성이 없어지고, 구성원들도 불행하지만 장기적으로 볼 때 조직도 살아남을 수 없다.

남자와 여자는 싫든 좋든 어울려 살게 되어 있다. 서로 어떤 '역할'을 강요하는 것이 아니라 인간으로서 존중해야 결국 자신도 인간으로서 존중받는다. 남

글상자 8-5 교과서는 무얼 가르치나

주간지 *한겨레 21*(2009. 10. 19., "'함께하는 한가위' 여자만 앞치마")은 중고등 학생 50명과 현장교사 34명이 교과서 모니터링을 한 결과를 보도하였다. 국가인권위원회에서 모니터단을 구성한 것이었다. 아래에 그 일부를 소개한다(p. 36).

고등학교 〈국어 1(하)〉 교과서에 한 전문가 칼럼이 실려 있다.

"청소년이 말하는 태도에서 무엇보다 큰 특징의 하나는 버릇이 없고, 거리낌이 없다는 것이다. …그리하여 반말을 예사로 쓰고 욕설을 거침없이 내뱉는다. …어른이 부르면 '왜요' 하고 볼멘 표정이고, 말을 하면 '그게 아니고요'라고 이유를 말한다. …길들여지지 않은 망아지같이 천방지축 날뛰는 것이 요즘 젊은이들이 말버릇이다".

'청소년의 언어생활'을 '전문적'으로 설명하는 대목이다.

고등학생 대상의 한 사회 교과서에는 이런 삽화가 있다.

한 남자, 머리를 긁적이며 "내년에 월급이 5% 인상되니 생활이 좀 나아질 거요."

앞치마를 두른 한 여성, 바가지를 긁는 표정으로 "무슨 소리예요. 물가는 8%나 오른다고 한단 말이에요".

'실업과 물가불안' 소단원이다.

중학교 2학년 도덕책에는 이런 내용도 있다.

"직업생활에서의 게으름은 단순히 나쁜 습관일 뿐만 아니라, 죄를 짓는다는 생각으로 열심히 일에 임해야 할 것이다".

'근로자와 기업인의 화합과 협력' 단원이다.

…

현행 교과서는 특히 성역할에 대한 오랜 고정관념에서 한치도 벗어나지 못하고 있다. 초등학교 1학년이 배우는 〈바른 생활〉 삽화에선 여성들만 앞치마를 두른 채 밝게 웃으며 음식을 준비한다. '함께하는 한가위'가 단원 제목이다. 영어교과서마저 남녀의 직업을 1970년대 잣대로 경계짓고, 주방에서 요리하고 상을 차리는 이는 다들 여성이다.

녀의 사랑과 성은 세상이 각박하고 살벌할수록 유일한 안식과 행복의 출처가 되어가고 있는데, 여기서도 이 법칙이 적용된다.

3. 사랑과 성

Freud는 일과 사랑의 능력을 정신건강의 지표로 보았다. 건강하고 성숙한 사람만이 일에 몰두하고 타인을 사랑할 수 있으며 진정한 성적 만족도 누릴 수 있다는 것이다. 우리 사회의 불건강은 일과 사랑 양면에서 나타나, 고급백화점과 한강다리가 하루아침에 무너지고 부정부패가 심한가 하면, 사랑도 성도 다른 사람과 나누는 기쁨이 아니라 상품화, 도구화되어 가고 있다. 결혼이 상품거래와 흡사해지는가 하면 가정에 사랑이 없어진다. 세상이 점점 삭막해짐에 따라 사랑에 거는 기대와 집착은 더욱 커지고 있지만, 이는 사랑과 성의 상품가치만 키워 놓을 뿐이다. 특히 여자들은 '좋은 남자 만나서 행복하게 살기' 위하여 자신의 상품성을 높이는 일에 필사적 투자를 한다.

3-1 연애게임

김찬호(2009)는 주말 대도시 번화가에 남녀 커플이 엄청 많다는 데 놀라며 "연애하는 사람이 그렇게 많은 건지 연애 안 하는 사람은 나다니지 않는 건지"(p. 118) 묻는다. 대중가요와 드라마, 영화 등 대중문화에서도 온통 연애와 사랑(불륜과 외도 포함) 이야기이고, 유명연예인의 연애/결혼/이혼 이야기에 남녀노소가 관심 가진다. 온 국민이 짝짓기 게임 관람에 그토록 사로잡힌 이 '연애공화국'에서 20대는 실전에 열중하고 있다. 입시지옥에서 청소년기를 보내고 뒤늦게 사춘기를 맞은 대학생들에게 연애는 처음으로 무엇인가를 능동적으로 선택해보는 기회일지 모른다.

연애를 하면 "나는 그에게 그리고 그는 나에게 유일한 존재"가 되며 "상대방이 나를 세상의 중심으로 치켜세워줄 때 살아있음을 확신하게 된다"(김찬호, 2009, p. 122). 한 이십대 여성이 말하듯(김현진, 2009a, p. 14) "먹고살기 힘든 이 시대에 우리가 기댈 것은 연애밖에 없다. 사랑밖에 없다. 행복밖에 없다". 그러면서 '착한 남자'로는 만족할 수 없고 '착하고 괜찮은 남자'를 원한다. 남자도 물론 '착하고 예쁜 여자'를 원한다. 연애, 사랑밖에 없다고 하면서 행복에 조건을 다는 것이다. 남녀 모두 외모조건이 중요해졌기 때문에 이제는 여자만 아니라 남자들도 화장하고 성형수술을 하는 '평등시대'가 되었다. 경제력도 중요하다. 멋진 레스토랑이나 카페에 갈 수 없고 장미꽃과 반지를 살 수 없으면, 즉 '먹고 살기 힘들'면 '좋은 연애'를 할 수 없다.

한 여대생이 TV오락프로그램에 나와서 키가 180cm 안 되는 남자는 '루저'(loser)라고 말하여 남자들을 분노에 끓게 한 사건이 있었다. 남성인구의 90%가 키가 180cm가 안 되는 나라에서, 여자들의 외모와 몸매를 부위별로(눈 코 입, 가슴, 허벅지, 종아리 등등) 점수매기는 나라에서, '루저' 아닌 남녀는 극소수이다. '좋은 연애', '예쁜 연애'도 극소수의 '엄친아', '엄친딸'만 하는 게임이 되었다. 가난하고 (알바에 시험공부에) 시간과 마음의 여유가 없는 대다수는 연애게임을 하기 어렵다.

연애하는 젊은이들을 보면 연애는 모름지기 이래야 한다는 매뉴얼이 있는 것으로 보인다. 자신들이 주인공인 드라마나 영화를 찍듯이(그래서 외모와 스타일이 중요하다) 연애가 어떻게 시작해서 어떻게 간다는 '콘티'가 있는 것이다. 그 내용은 여자를 공주처럼, 깨지기 쉬운 고급도자기처럼 모셔야 한다는 것이다. 한 공영방송과 한 케이블TV 채널에서 방영하는 프로그램들에서, 연애하는 여자는 상대방의 극히 사소한 행동들에 대해 '사랑이 식었어', '나를 사랑하지 않는 게 틀림없어'라며 불같이 화를 내고 남자는 '짜증나'라고 외치면서도 어떻게든 여자 비위를 맞추려고 하는가 하면, 남자 세 명이 집회에 나가 시위하듯이 주먹을 쥐고 "남성의 인권을 보장하라"고 외친다(*한겨레*, 2009. 10. 22., "남성인권보장위원회 vs. 여자가 화났다"). 남자들이 항의하는 내용은 데이트비용을 일방적으로 부담하는 현실이다("니 생일엔 명품가방, 내 생일엔 십자수냐!", "커피값은 내가 내고, 쿠폰도장 니가 찍냐!") (같은 기사).

"사랑이란 모든 걸 내 뜻대로 할 수 있어 하는 게 아니라, 어떤 것도 내 뜻대로 되지 않건만 사랑하지 않을 수 없어서, 하는 거다"(김어준, 2008, p. 257). 그러나 무엇 하나 뜻대로 해본 적이 없는, 그리고 앞으로도 없을 것 같은 젊은 여성들은 연애에서 모든 걸 뜻대로 하려고 한다('표현적, 관계지향적 여성' 대 '도구적, 성취지향적 남성'). 나와 남을, 내 연인과 남의 연인들을, 내 연애와 남들의 연애를 끊임없이 비교하며 '예쁜 사랑', '멋진 연애'를 해야 하는 것이다.

아동·청소년기 내내 어른들에게 보호·관리 당해왔고 '관계의 결핍'을 앓고 있어 대화가 없는, 소비와 경쟁에 길들여진 20대들은 자유롭게 표현하고 소통하면서 존재감을 확인하고 싶지만 이렇게 사랑보다는 연애게임을 한다. 정답 없는 시험/세상을 견딜 수 없기 때문에 그들은 연애에서도 정해진 '매뉴얼'을 따른다. 여기에는 (어른들 눈에) 애달픈 데가 있다. 얼마나 뜻대로 살아본 적이 없으면 사랑을 뜻대로 연출하려는가 싶기도 하고, 여성들이 더 젊고 예쁜 여자들에게 권력을 넘겨주어야 할 때가 곧 올 것이기 때문이다. 또 극소수만이 짧은 기간 동안이라도 이 권력을 누릴 수 있다.

모두 불행해지는 이 게임을 그만두는 수밖에 없다. 키 크고 얼굴 예쁘고, 최고급 전문가에게 성형수술과 피부관리와 몸매관리를 받을 수 있고, 명품 쇼핑하고 외제차 굴릴 수 있는 '엄마친구 아들/딸'('엄친아', '엄친딸')이 하는 게임을 온 국민이 따라하면서 불행해진단 말인가. 앞서 남녀 고용평등에 대한 *한겨레* 기사 바로 옆에는 "1가마에 88만원 금쌀"이라는 기사가 있었다(2009. 11. 19.) 순금을 증류수에 녹여 뿌리에 뿌려서 얻은 금쌀은 일반 쌀보다 4, 5배 가량 더 비싸다고 한다. 금쌀이 더 맛있거나 건강에 좋을 수 있다. 그래서 일반 쌀을 먹는 대다수는 불행해지고 너나없이 금쌀을 먹으려고 들어서 금쌀값을 더 금값으로 만들어야 할까. 더 많은 것을 가져야 행복해진다는 이 자본주의 체제에서 돈 없는 젊은이들은 행복해지기 위해 더 절박하게 연애와 사랑이 필요한데, 돈 없으면 사랑도 못한단 말인가.

언론인 김선주는 "사랑 때문에 밤을 새우기보다는 편의점에서 알바를 뛰면서, 취업공부를 하면서 불안하고 고단한 밤을 새우는 이 시대의 젊은이들"이 안타깝다(*한겨레*, 2009. 11. 17., '김선주 칼럼', "그래도 사랑은 할 수 있다").

> 내 한 몸도 가누기 어려운 현실에서 원나이트 스탠드가 편하다고, 내일을 기약할 수 없는데 누구하고 사랑을 할 수 있겠냐고 한다. 내일을 기약하는 사랑만이 사랑은 아니다. 이 겨울에 이 시대의 고단한 젊은이들이 돈이 없어서, 직업이 없어서,

장래가 불투명해서 딛고 있는 자리가 불안하겠지만, 그래도 사랑은 할 수 있다는 것을 믿었으면 좋겠다. 키가 작은 것도 '루저'라고 공공연하게 말하는 세상에서 비정규직으로 돌면서 '루저' 같은 기분이 들 수도 있다. 진짜 '루저'는 조건만을 찾아 사랑을 하는 사람들이라고 무시할 수 있어야 한다.

젊은 세대들이 '사랑밖엔 난 몰라' 하고 사는 것도 곤란하지만, '사랑 따윈 난 몰라' 하면서 사는 것은 쓸쓸한 일이다. 젊은이들이여, 힘들지만 그래도 사랑은 할 수 있다.

연애게임은 못해도 사랑은 할 수 있다. 취업은 물론 하고 싶지만, 질 좋은 일자리 얻기가 이토록 어려운 현실에서 '해방된 여성'도 '88만원 세대'에 속하지 않으려면 '가난한/평범한 여자와 재벌아들'의 결합을 꿈꾸어본다(물론 '평범한 남자와 재벌회장 딸'의 구도도 가끔 있다). 그래서 그 많은 TV드라마들에서 이 구도의 짝짓기 게임을 아무리 봐도 질리지 않는 것이다. 그런데 가난은 좋지만 못생긴 건 안 되므로 많은 여성들이 외모 가꾸기에 투자하게 된다. 연애게임을 그만두고 사랑을 하려면 무엇보다도 자신을 상품화하고 있지 않은지 스스로 물어볼 일이다. 상품은 아무리 매력 있어도 소비의 대상일 뿐이며 언제라도 더 매력 있는 상품에 밀려난다. 진정한 사랑은 사람과 사람의, 인격과 인격의 만남을 전제한다.

3-2 사랑이란…

연애공화국에서 사람들이 생각하는 사랑은 대중문화가 미화, 왜곡시킨 생각에 많이 오염되어 있다. 사랑에 대한 몇 가지 흔한 오해를 보자(Rice, 1979, p. 98ff.).

(1) 운명적 사랑, 기적을 일으키는 사랑

오해: 참사랑은 단 한 번만 오고, 운명적으로 마주치는 것이다. 그러므로 그런 사랑이 올 때 잡아야 한다.

진실: 일생에 단 한 번만 참사랑을 하는 사람도 많으나 몇 번 하는 사람도

많다. 많은 사람이 사랑이라고 믿고 빠져 들었다가 나중에 '단지 반했을 뿐'이라는 것을 깨닫게 된다. 사랑은 갑자기 온다는 오해도 마찬가지이다. 첫눈에 반할 수도 있지만 이것이 진정한 사랑이라고 볼 수는 없다. 오히려 만난 적이 없거나 알지 못하는 사람을 어떻게 사랑할 수 있는가 하는 의문을 품어야 한다.

오해: 서로 완벽하게 맞는 사람들이 사랑에 빠지므로, 사랑하는 사람끼리 결혼하면 행복해진다.

진실: 서로 전혀 안 맞는 사람끼리 사랑에 빠지기도 하며, 이럴 때 결혼은 행복할 수 없다. 서로 잘 맞는지 알 만큼 서로를 충분히 알지 못하기 때문이다.

오해: 사랑은 사람을 변하게 만들 뿐만 아니라, 좋은 방향으로 — 천한 사람은 고상하게, 자만에 찬 사람은 겸허하게 — 변화시킨다.

진실: 사랑하(받으)면 좋은 면이 밖으로 나오기는 하지만 기본 성격이 변하는 것은 아니다. 구애할 때 좋은 행동은 일시적이고, 결혼하면 평소의 모습으로 돌아온다.

오해: 사랑은 모든 것을 정복하며, 모든 문제에 대한 해답이다. 문제가 있다 해도, 사랑이 길을 찾아 줄 것이므로 문제를 무시해도 좋다.

진실: 사랑하는 사람들은 곤경도 이겨내고 어려움도 맞설 수 있다. 그러나 사랑이 언제나 길을 찾아 주지는 않는다. 결혼의 행복은 여건과 상황들에 의해, 커플 자신에 의해, 장애물을 만드는 사람들에 의해 파괴될 수 있다.

(2) 불타는 사랑, 영원한 사랑

오해: 사랑은 부정하거나 거역할 수 없는 힘이다. 사랑은 의지로 통제할 수 없으므로, 항복하고 노예가 되는 수밖에 없다.

진실: 낭만적 사랑은 매우 강한 감정을 포함하며, 때로 비합리적으로 행동하게 한다. 그러나 바로 그렇기 때문에 감정과 상황을 분석하여 그 사랑이 현명한가 아닌가를 판단해야 하는 것이다. 격렬한 감정이 지나가면 그 상황에 대해 생각하기 시작할 수 있다.

오해: 사랑은 영원히 이어진다.

진실: 사랑은 본질상 쉽게 없어지지 않지만, 가꾸어야 이어진다. 가꾸고 키운다는 것은 상대방의 욕구를 충족시키고, 상대방을 기쁘게 하는 일들을 하려고 의식적으로 노력하는 것이다. 결혼은 사랑을 파괴한다('결혼은 연애의 무덤')는 고정관념도, 가꾸고 키우지 않는 사랑은 없어진다는 진실로 수정해야 한다.

오해: 질투는 사랑한다는 표시이다.

진실: 자신 없고 불안한 사람들은 이유 없이 질투하기도 하며, 이는 사랑한다는 표시가 아니라 미성숙하다는 표시이다. 질투가 심해지면 어느 관계도 파괴된다. 진정한 사랑은 신뢰 위에서 자라나며 사랑에 대한 공포나 불안에서 또는 상대방의 충성 위에서 자라나지 않는다. 사랑을 증명해야 한다면 관계의 토대가 아직 확고하지 않은 것이다.

오해: 진정한 사랑은 고통과 슬픔을 수반한다.

진실: 상대가 나를 사랑하지 않으면, 특히 그런데도 나는 그 사람을 계속 사랑하면, 슬픔과 불행이 커진다. 상처받고 학대받을수록 좋아하는 사람도 있다. 그러나 사랑이 슬픔만 가져온다면, 관계를 끝낼 것을 생각해야 한다.

(3) 결핍사랑과 존재사랑

우리가 흔히 사랑이라고 생각(그리고 오해)하는 감정은 뜨겁다못해 활활 타고, 천국과 지옥을 넘나든다. 그러나 영원할 것 같던 열정은 얼마 지나지 않아 식어버리고, 그럴 때 흔히 관계가 끝나거나, '대안'이 없는 나머지 지루하게 이어진다. 위에서 사랑의 '진실'들을 보면 열정도 질투도 없는, 노부부의 뜨뜻미지근한 관계같이 들린다. 자기실현자들을 연구한 Maslow(1970)는 그들의 애정생활이 보통사람들의 애정생활과 아주 다르다는 것을 발견하고, 결핍사랑과 존재사랑을 대비시켰다.

채워지지 않은 결핍(deficiency) 욕구들을 상대방에게서 충족시키려고 하면 (결핍사랑, D-love) 그가 없으면 죽을 것 같아질 수 있다. 그 사랑을 잃지 않기 위해 나는 예쁘게 또는 멋지게 보이려고 온갖 노력을 기울이며, 사랑이 식었는가에 촉각을 곤두세우고 그럴수록 뜨겁게 사랑한다고 믿는다("질투는 사랑한다는 표시이다"). 그러나 나는 상대방이 주는 것(안전, 사랑, 존중)이 필요한 것이며 사실 상대방의 *존재*에 관심이 있는 것은 아니다. 그가 행복하든 불행하든, 내게만 잘해주면 된다. 결핍이 컸을수록 사랑이 치열해지고 사랑받아본 적이 없을수록 사랑에 매달리게 되지만 그럴수록 관계가 오래가기 어렵다.

결핍사랑은 결국 "B급 사랑"(김현진, 2009a)이다. 누가 봐도 괜찮은, 성실하고 똑똑한 여자가 잘 걸린다는 이 병은 누가 봐도 저보다 못난 남자를 만나 연애하고, 끝내 그 못난 점 때문에 남자를 들들 볶다가 제풀에 지쳐 나가떨어지며, 새로 연애를 해도 그런 남자와 엮인다. 이런 (착한) 남자에게는 마음대로 투정부리고 성질부리며 자기 있는 그대로의 모습을 보여도 사랑받을 수 있을 것 같은 것이고, '괜찮은' 남자에게는 진짜 모습을 보여줄 자신이 없는 것이다. 김현진은 "결국 어떤 '결핍'을 극복하지 못해서"(p. 24)라는 걸 안다. 또 사랑받기 위해 아무리 예뻐지고 날씬해져도 "평생 사랑받는 데 익숙한 여자"에게는 못 이긴다는 것을 안다(p. 25).

> 사랑받고 산 여자들은 자기가 사랑받지 못하는 순간 그것을 대단히 빠르게 알아차릴 뿐만 아니라 신속히 그 상황을 타개한다. 그 순간을 대단히 기이하고 비정상적이라고 여기기 때문에 그 상황을 견디지 못하지만, 우리 B급 연애환자들은 참으로 그따위 상황을 잘 견딘다. 우리는 구박에 익숙해서, 지금 이 상황이 이상한 건지 아닌지도 잘 구분하지 못한다.

자기실현자들에게는 결핍욕구가 아니라 존재(being)욕구들이 중요하고 사랑할 때도 그렇다(존재사랑, B-love). 그들은 사랑하고 받은 경험이 많지만 사랑이라는 단어를 잘 안 썼고, 사랑하는 것과 그냥 좋아하는 것을 분명히 구분하는 경향이 있었다. 그들은 사랑하는 관계에서 방어와 역할을 떨쳐버리고, 노력과 추구가 없어지며, 사귈수록 점점 친밀해지고 자신의 약점과 결함들을 스스럼없이 내보인다. 사랑과 존경이 같이 가므로 이용하거나 휘두르려 하지 않고 상대방을 독립된 개체로서 인정한다. 기본적인 욕구들이 이미 충족되었으므로 상대방에게 바라는 것이 없고 '사랑하기 때문에 사랑'하고 '날이 갈수록 더욱 사랑'한다. 대학생들 중에는 자기실현자가 없었지만, 비교적 건강한, 즉 자기실현의 길에 있는 대학생들은 연인의 겉모습, 몸매, 재미보다는 선함, 따뜻함 등을 더 많이 언급하였다.

우석훈(2009)은 대학생들과의 수업과 소통에서 핵심이 되었던 말들이 "애정결핍증, 마조히스트, 광장공포증 같은 것들"(p. 54)이었다고 말한다. 이들이 확인받고 싶은 애정은 사교육선생들이 매일 주입해준 "죽도록 공부하면, 잘될 거야, 넌 잘났으니까…"라는 "마조히스트적 애정"이었다. 어릴 때부터 있는 그대로 수용받기보다는 공부 잘해야 인정받는다고 느낀 이들은 부모의 과잉보호와 관리 속에서 애정결핍증에 걸린 것인지 모른다. 대학생들이 일반적으로 관계 맺기에 서툴다고 평가받는 이유는 중요한 관계 속에서 사랑과 존중을 받아보지 못한 결과일 것이다. 사랑할 때도 그 결핍의 충족에 주의를 쏟게 되고, "답 없는 세상에서 스스로 답을 찾아야 한다는 '오픈 퀘스천' 앞에서 끝없이 외로워진다"(p. 55)는 이들은 답 없는 '열린 질문'인 사랑을 정교한 매뉴얼에 따라 게임으로 한다.

성숙한 존재사랑을 할 수 있으려면 "관계의 결핍"(p. 115)부터 치유해야 할 것으로 보인다. 한 대학생의 말로, 친구와 함께 무엇인가 하는 것은 괴롭고 힘든 일이라고 생각하면서 연애라는 관계에 극도로 집착하는 것인데(우석훈, 2009, p. 239), "우정과 환대의 공간"을 만들어 다양한 관계를 회복하는 것이 건강한 사랑을 하는 길이기도 할 것이다. 각자 갇혀 있는 방에서 나와 친구들을 만나기 시작하고, 거기서 다시 사회 또는 동료들 속으로 돌아와 '광장공포증'을 치유하고 공동체를 복원하는 것이 "B급 사랑"의 병이 아닌, 연애게임이 아닌 진짜사랑을 할 수 있는 길이다. 우정은 직장과 가정에서 관계 맺기의 기본이도 하다.

3-3 몸과 성

여자들이 사랑과 연애에 그렇게 집착하는 것 같아도 감정을 관리하며 이성적으로 판단하여 사랑하고 결혼하는 것처럼, 성 개방이니 성 문란이니 해도 대부분의 젊은 여성들은 결혼 전까지 '몸조심', '몸 간수'를 하려고 한다. 연애게임을 주도하는 여자들은 성에서는 남자가 주도하기를(자신은 승낙이나 거절만 하기를) 바란다. 그러나 남자는 자신이 없다. 입시전쟁을 지나 20대의 문턱에 섰다고 갑자기 성경험이 생겨 여자를 리드할 수 있는 건 아니지 않은가. 성에 대한 태도에는 공식적 이데올로기와 현실 사이에 괴리가 많다. 어른들이 가르치는 말들과 스스로 행동하는 바가 다르고, 섹시하고 개방적이고 '쿨'한 것이 멋있어 보이면서 '쉬운 여자'로 보이지는 않으려고 하며, '자신 없음'을 '터프'함 또는 '쿨'함으로 감추려고 한다.

(1) 이데올로기와 현실

'결혼은 선택, 직장은 필수'라고 하지만 결혼에 무관심한 사람은 별로 없다. 가정과 학교, 대중매체 등에서 '여자-가정, 남자-직장', '여자-소비, 남자-생산'이 거의 자연 질서이기 때문에, '좋은 남자 만나 시집가는' 것이 많은 여성들과 그들 부모에게 여전히 가장 현실적인 삶의 대안이 된다. 더 노골적으로 말하면, "모두들 장사라도 하듯 내 '스펙'으로 건질 수 있는 최상의 남자를 만나서 인생을 재테크하라는 메시지가 대세"(김현진, 2009a, p. 13)이다. 여자에게는 (섹시한) 외모처럼 순결도 '스펙'에 들어가며(물론 다른 조건들을 얼마나 갖추었느냐에 따라 순결이 촌스러운 게 될 수도 있다), 남자는 성 경험이 많은 것이 더 좋은 '스펙'이다.

순결의식이 많이 약해졌다 해도 글상자 8-2에 나오는 것 같은 교육태도를 가진 교사·부모들에게 키워진 20대들 머리에는 여전히 이런 생각이 들어 있다. 고등학교 때 성교육이라고는 대부분 생물시간에 정자, 난자 이야기를 들은 것밖에 없는데, 친구들 중에는 원조교제를 하며 돈 잘 쓰는 사람이 있고 성희롱을 하는 교사들도 있으며, 신문방송에는 각종 성매매 뉴스가 가끔씩 나온다. 포르노는 또 얼마나 접근하기 쉬운가. 공식적으로는 결혼 전의 성생활, 혼외정사(외도, 불륜)가 금기이지만, 실제로는 결혼 전에 성경험을 하고 고정된 파트너와 '성생활'을 하는 사람도, 외도도 상당히 많다. 이데올로기와 실제가 너무 다른 이중성이 난무하는 영역이 바로 성이다.

순결의식에 젖은 여성들은 성폭력을 당했을 때는 물론이고 '자발적'인 성관계를 가진 경우에도 자칫 '더럽혀졌다'고 생각하면서 성적으로 문란해지기도 한다. 성에 대한 이중기준이 여자에게만 피해를 끼치는 것은 아니다. '진짜 남자'는 성경험이 풍부해야 하기 때문에, 이미 십대소년들에서 '경험의 단계'에 따라 위계서열이 형성되고 "자신들이 해낸 '영웅적인' 행위에 몰두하게 되고 여자를 만나면 서로를 알아가기보다 성적 경험의 강도를 높여 갈 생각을 하게 된다"(조혜정, 1996, p. 240). 소녀들이 낭만적인 사랑을 꿈꾸면서 성에 대한 이야기는 별로 하지 않는 반면, 남자아이들은 중학교 3 학년 정도만 되면 공공연하게 포르노와 침대에 관한 이야기를 한다. 그들이 자주 접하는 음란물(만화, 비디오 등)은 남자는 성적으로 공격적이어야 한다고, 여자는 남자의 공격성을 — 강간까지도 — 좋아한다고 가르친다.

대학생들은 청소년 성교육에서 올바른 성생활, 성의 소중함, 순수성 등을 가르쳐야 한다고 말하지만, 가정교육과 학교교육은 '이데올로기'나 전파할 뿐이다. 성에 대한 태도와 행동도 학습되지만, 앞서 말한 강화의 법칙보다는 모델링(모방학습)에 의해 학습된다. 어른들이 세팅한 현실에서 어른들이 만들어 파는 광고와 영상물들을 소비하며 (아동, 청소년, 성인 대상) 성폭력, 성매매 뉴스를 보며 성에 대한 태도를 익히는 것이다. 이러한 태도를 한마디로 성 상품화라고 할 수 있을 것이다.

(2) 몸과 성의 상품화

아동과 청소년, 젊은이들이 현실에서 배우게 되는 것은 몸과 성이 비싸게 거래될 수 있다는 사실이다. 각종 성매매가 성행할 뿐 아니라 '성 상납'도 관행이 되어 있다. 2009년 11월 18일자 *한겨레* 사회면에는 "검찰수사관들 억대 공짜술에 성 접대 의혹"이라는 기사가 실렸다. 큰 제목 아래 작은 제목들은 "사업가와 60여 차례… 술값 안 갚자 업주가 진정서", "대검 '추가비위 확인 뒤 징계'… 직무 관련 없는 듯"이었다. [직무 관련성이 없다는 주장이 무섭다.] 갖가지 '방'이 많은 우리 사회에서 '키스방'이 생겨 성업 중이라 하고, '애인경매'라는 회원제 인터넷사이트(회원이 18만 명이라 한다)에서 여자들이 자기를 물건으로 내놓고 남자들 사이에서 '낙찰'된다고 한다. "최상의 남자를 만나서 인생을 재테크하라"는 것 아닌가.

소비가 곧 행복인 사회에서 돈을 벌기 위해서는 몸과 성을 팔아도 된다는 생각이 널리 퍼져 있다. '싼 티'는 치명적이고 비싸게 팔아야 한다. 성의 상품화는 자기상품화, 인간상품화라는 넓은 맥락 안에 들어 있어서 별로 나쁘게 생각되지 않는다. 명품도시, 명품대학, 심지어 명품학생이라는 말이 버젓이 발전목표로 제시되는 세상이다. 피부 및 몸매 관리, 성형수술, 각종 '스타일링'으로 완성해서 '명품'이 되는 것이 곧 '경쟁력'이다. 구매자는 대부분 남성이며, 이는 성욕의 문제가 아니라 권력의 문제이다. 검찰이 '직무 관련성' 없이도 상납 받는 것을 보라.

돈과 권력이 없으면 폭력을 사용하기도 한다. 2003년 한국형사정책연구원에서 나온 '아동 성폭력 가해자 연구'를 보면, 성폭행범들은 무엇보다 "나는 다른 사람만큼 가치 있다"고 느끼지 못하는 사람들이었다(*한겨레21*, 2009. 10. 19., "아동 성폭행범 처벌 '무겁게'보다 '확실하게'"). 특히 아동 성폭행범들은 다른 성폭행범들에 비해 나이도 많고, 반수 이상이 중졸 이하로 학력이 낮으며 "불우한 성장과정을 거쳐 하루하루 가난하고 외롭게 살고 있는 중년의 초라한 남성"이다(p. 31). 남성 중심적 성문화에서 자신의 성 능력과 매력에 자신이 없고 좌절을 많이 경험했을 남성들인 것이다. 남자도 여자도 다 불행하게 하는 이 남성중심 성문화를 벗어나지 못하면 즐겁고 건강한 성은 없다.

(3) 건강한 성

공식적으로는 '출산으로서의 성', 즉 부부의 성만 인정하면서, 비공식적으로는 '쾌락으로서의 성'을 과장·왜곡하는 현대의 대중문화 속에서 스스로 몸의 주인이 되기는 쉬운 일이 아니다. 사랑하는 사람과 문자 그대로 하나가 되는 체험은 생활에서 누릴 수 있는 가장 순수한 즐거움에 속한다. 서로 베푸는 동시에 받는다는 것 자체가 말할 수 없는 행복을 준다. 이렇게 性이 만족스러우려면 자기 자신과 상대방에 대한 커다란 신뢰가 필요하다. 자신의 욕구를 부끄러워하지 않으며 상대방의 욕구를 두려워하지 않아야 상대방이 어떤 때 얼마나 좋아하는지 느낄 수 있고 또한 상대방이 어떻게 해줄 때 자신이 좋은지를 말로든 행동으로든 표현할 수 있는 것이다.

우리 사회에서 비공식적으로 행해지는 잘못된 성교육은 남녀 모두에게 성을 친밀감의 표현으로, 즉 인간 대 인간의 만남으로 보기보다는 성기 대 성기의 접촉으로 보게 만든다. '진짜 사내'라면 될 수 있는 대로 많은 여자를 정복해야 한다는 압박감이 남자들에게 性의 기쁨을 빼앗아 가는 것처럼, '허락'하거나 '당하는' 여자들에게도 물론 性이 즐거움이 아니다. 자기가 좋으면, 좋을 때, 그리고 책임질 수 있을 때, 남자와 대등한 존재로서 성관계를 맺는 '성적 자기결정'

은 특히 여자에게 매우 높은 정도의 독립심과 자존감을 요구한다. '부부강간'이라는 말까지 떠올리지 않는다 해도, 미안한 일이 있거나 무엇을 얻어내려고 할 때 거절을 못하거나 고의로 성을 이용하는 일이 부부 사이에서도 적지 않다.

성욕은 분명히 생리적 욕구이지만, 식욕이나 갈증처럼 성욕을 채우지 못한다고 죽지는 않는다. 식욕과 갈증에서도 많은 병리현상들(가령 너무 강하거나 약한 식욕, 술독에 빠지기 등)이 나타나듯이, 성에서도 그렇다. 성적 욕구라는 것을 평생 모르고도 잘살 수 있고 '섹스 중독'이 될 수도 있다. 생물학적으로 보면 성적 에너지가 넘치는 이팔청춘을 책상에 묶여 지내는 우리 젊은이들에게도 갖가지 '일탈적' 패턴들이 나올 수 있다. 삶이 너무 고단하면 사랑하는 사이에도 성적 욕구가 없어진다. '행복한 성생활'은 행복한 결혼생활의 전제조건이라고도 하지만, 부부들이 (특히 아이를 낳은 후) 성생활 없이도 잘사는 일이 많다.

'건강한 성생활'을 위한 매뉴얼을 만든다면 거기 들어갈 내용은 성적 접촉의 방식, 순서, 빈도, 형태 같은 것들이 아니라 '**성적 자기결정**'이다. 이를 달리 표현하면 상대방을 '대상화'하지 않는다는 말이 된다. '인간에 대한 예의'라고도 표현할 수 있다. 상대방을 내 욕구를 충족시키기 위한 도구로, 내가 마음대로 할 수 있는 물건으로 취급하지 않고, 그 자신의 욕구와 의지를 가진 *주체*로 보는 것이 그 핵심이다. 내가 원하는 것을, 내가 원하는 때에 상대방은 어떤 이유에서든 원하지 않을 수 있다. 그런 좌절에 '폭력'(어떤 형태든지)으로 반응하지 않는 것이 성적 자기결정을 존중하는 태도이다. 이런 좌절이 한두 번으로 그치지 않고 나의 욕구와 상대의 욕구를 채울 길을 찾지 못한다면 관계를 떠나는 수밖에 없다.

아동·청소년기에 삶의 자기결정을 하지 못한 젊은이들은 자기결정이나 대상화가 무엇인지 잘 모를 수 있다. 실은 연애게임에서도 그들은 자신과 상대방을 대상화하며 '이상형'과 끊임없이 비교한다. 그래서 서로 상대의 각종 '스펙 결함'을 언급하기도 한다. 4장에 이어 6장에서도 다룬 비폭력대화법에서는 자신과 상대방의 느낌을 그 밑에 깔린 욕구와 연결시키는 것을 강조하였다. 좋은 관계는 양편의 욕구를 다 충족시켜주는 관계이고, 그것은 각자 원하는 것을 표현할 것을 전제한다. 내가 원하는 걸 부끄러워할 필요도 없고, 상대방이 원하는 걸 표현해도 비웃거나 비난할('변태!') 필요도 없다. 각자 좋으면 하고 싫으면 안

하면 그만이다("sorry!") 거절은 일차적으로 어떤 구체적 접촉이나 행위(시도)의 거절이며 상대방의 *존재*를 거절하는 것은 아니다. 거절과 좌절이 쌓이고 상대방이 나를 거절하는가 하는 느낌이 든다면 그것을 표현하고, 관계에 대해, 상대방에 대해 가진 자신의 어떤 욕구가 좌절된 것인지를 깨달으면 된다.

내가 무얼 원하는지, 상대방이 무얼 원하는지를 알려면 나와 상대방의 느낌과 반응에 주의를 기울이면 된다. 사람마다 욕구가 다르므로 성반응도 같을 수는 없지만 어떤 공통된 패턴은 있다.

(4) 남녀의 성반응

우리는 性이라 하면 우선 성교를 연상한다. '몸을 섞는다'고도 하거니와 성교는 남자 대 여자의, 그리고 나아가 인간 대 인간의 가장 친밀하고 밀착된 만남이다. 性을 단순히 성기의 접촉이 아니라 사람과 사람의 만남으로 본다면 성교 자체만 아니라 서로 손잡고 껴안는 것도, 심지어는 서로 바라보는 것도 얼마든지 性的일 수 있다. 이를 달리 말한다면, 인간의 性은 단지 생물학적인 '충동'에 그치지 않고 사랑하는 사람과 하나가 되고자 하는 모든 갈망과 시도라고 할 수 있다.

남녀의 성 욕구, 성 반응이 같은가 다른가 하는 것은 많은 논란거리이다. 일반적 통념은 남자가 여자보다 성욕이 강하며, 충동을 참지 못한다는 것이다. 그러나 성은 사람과 사람의 만남이기 때문에 남녀가 살아가는 환경과 세계를 고려하지 않고는 설명할 수 없고, 따라서 남자가 '본래' 더 '성적 동물'인가 하는 것은 결론이 날 수 없는 물음이다. 위에 말한 순결 이데올로기, 성의 상품화 같이 많은 사회적·문화적 규범들이 남녀의 사랑과 성의 경험에 작용하기 때문이다.

킨제이, 마스터즈와 죤슨 같은 미국의 학자들은 여성이 남성과 마찬가지로 성적인 존재이며, 남녀가 성 반응에서도 똑같다고 주장하였다. 마스터즈와 죤슨은 실험실 연구를 통해 밝혀낸 성 반응의 네 단계에 흥분, 고원(plateau, 흥분의 고조), 절정(오르가즘), 휴지(resolution, 흥분이 잦아듦)라는 이름을 붙였다. 성관계에서 남자는 적극적 주체, 여자는 수동적 객체(대상)라는 관념이 서양에서도 오랫동안 지배해 왔기 때문에, 여자도 남자와 마찬가지로 '성적'이라는 주장들은 여성운동가들에게도 환영을 받아 왔다.

마스터즈는 성 흥분의 지표로 여성의 질(vagina) 분비와 남성의 발기를 측정하여 생리적 성 반응을 연구하였다. 그러나, 실험실이 아닌 현실에서 남녀의 성은 생리적 반응만으로 이해할 수 없다. 생리적 반응에서도, 질 분비와 발기는 성적으로 흥분할 때만 일어나는 것이 아닐뿐더러, 특히 여자의 질 분비는 성적으로 흥분한다고 언제나 일어나는 것은 아니다. 남녀의 성 반응에는 너무나 큰 개인차가 있어서, 네 단계를 '모범답안'으로 정해 놓는 것 자체가 문제이다. 이를테면, 여자의 성감대는 온몸에 퍼져 있는 데 비해 남자는 성기에 집중되어 있다고 하지만, 여자도 남자도 어떤 생각이나 자극으로 흥분을 하느냐 하는 데 매우 큰 개인차가 있다.

성 경험이 없는 독자들(뿐만은 아니지만)을 위해 성 반응의 4단계를 음식 먹을 때의 단계와 견주어보자(Tavris, 1992/99, p. 245). 공복감, 음식준비, 먹기, 식사 후 이완의 4단계를 가정할 수 있을 것이다. 그 중 어느 하나라도 빠지면 안 되는 것일까? 원래 배가 안 고팠는데 먹을 것을 보자 배가 고파지고, 살찔까봐 먹지는 않는다면, 단계들이 뒤죽박죽이 된다. 또 여자는 날씬해야 한다는 사회적 압력을 무시하고 남녀의 음식 먹기 경험을 이해할 수 있는가?

"남성의 성은 자연적이고 배우지 않아도 할 수 있고 스스로 통제할 수 없는 것"이라는 신화는 여전히 남녀 모두의 생각을 지배한다(Tavris, 1992/99, p. 246). Tavris는 이 신화가 가져오는 피해를 다음과 같이 서술한다.

> 그것은 여성에게 잔혹하다. 강제적 성행위와 강간을 정당화하고, 여성에게 남성의 성을 '관리하고' 통제하는 법을 배우도록 요구해 남성의 행동에 대한 책임을 남성 자신에게 지우지 않기 때문이다. 그 신화는 남성에게도 잔혹하다. 남성들 대다수는 심리적인 것이 자신의 성 반응에 영향을 미칠 수 있다는 이야기를 몹시 두려워한다. 남자들은 발기가 더디거나 발기되지 않을 때 그 기계가 다시 잘 작동되도록 하기 위해서는 외과 수술이나 이식 수술을 하는 수밖에 없다고 믿는다.

성에 관련되어 10대 여성들에게서 가장 많이 듣는 말은 "오빠가요~"라고 한다(*IF*, 2001, p. 172).

"오빠가 괜찮다고 했거든요", "오빠가 싫대요", "오빠가 데려가서요…". 성교에 관한 한 "나는 이렇게 하는데요", "나는 이렇게 하자고 해요"라고 말하는 경우를 보기 어렵다. 얼마나 수동적이고 무력한 모습인지.

'오빠'가 괜찮다 또는 싫다고 하는 것은 바로 피임이다. 임신은 여자가 하게 되고, 그 결과도 일차적으로 여자의 짐이지만, 성과 임신/피임에서 '수동적이고 무력한 모습'은 10대 소녀들뿐만 아니라 성인 여성들의 모습이기도 하다.

(5) 임신과 피임

합법적(즉 결혼한 부부들의) 성생활이 아닐 때 남녀는 임신을 피하려고 한다. 결혼한 부부들에게조차 임신이 언제나 축복은 아니다. 미혼 여성이 임신하는 경우는 물론 훨씬 더 복잡하고 힘든 문제들을 겪게 된다. TV드라마에서는 미혼모들이 씩씩하게 애도 혼자 잘 키우고 잘도 (젊고 잘생기고 미혼인) 재벌아들의 구애를 받지만, 현실에서는 자기 친부모의 지지만 받아도 다행이다.

10대뿐 아니라 성인 여성들에서도, 원치 않는 임신은 대부분 원치 않는 성교에서 온다. 자신이 계획하지 않은 성교를 하는데 피임을 준비할 수는 없다. 이런 배경 위에서, 피임을 못하는 표면의 이유는 '아는 것이 없어서' 그리고 '알아도 못 한다'이다(*IF*, 2001, p. 170). 성교육 담당자들은 "성에 대한 전반적인 무지"를 개탄하지만, 성교 경험이 있는 사람들, 특히 남자들은 "알건 다 안다"고 생각한다. 문제는 그들이 안다는 것이 무엇이냐 하는 것이다. 대다수 젊은이들이 성에 대한 정보를 얻는 통로는 '포르노'와 '또래'인데, "…포르노엔 피임이 없다… 포르노가 가르쳐 주는 성엔 콘돔도, 피임약도, 임신도 없다"(같은 곳).

원치 않은 임신은 많은 경우에 낙태로 끝난다. 미혼인 경우는 대부분의 경우 그렇다. 낙태 실태는 성에 대한 우리 사회의 태도의 이중성을 다시 분명히 보여준다. 낙태는 기본적으로 불법이다. 특별한 경우들(유전병이나 전염병, 강간에 의한 임신 등)에서만 낙태가 허용된다. 불법낙태의 경우 시술을 받은 사람도, 시술을 한 의사도 벌금형이나 징역형을 받게 되어 있다. 그런데도 많은 불법낙태가 이루어지고 있다. 2005년 보건복지부가 발표한 종합보고서를 보면 2004년 낙태건수는 모두 34만 건이 넘었다(그중 기혼이 약 20만 건)(*시사IN*, 2009. 11.

14., "그들은 왜 불법낙태 근절 십자가를 졌나"). [그 해 태어난 신생아는 약 45만 명이었다.] 그러나 정식재판에 회부된 불법낙태 관련자는 해마다 5명 이하이다(같은 기사, p. 66). 2009년 10월 중순 산부인과 의사 680여 명이 "불법낙태 근절"을 선언하고 나섰다. "의사들이 먼저 낙태수술을 중단해야 피임도 늘고, 혼전임신에 대한 두려움이 커져 부적절한 임신에 따른 낙태가 줄어든다"(p. 66)고 생각하기 때문이다.

임신했다는 것을 알게 되고 낙태를 결정하기까지의 괴로움, 수술과 그 신체적, 심리적 후유증은 — 사람마다 다르기는 하지만 — 엄청나다(글상자 8-6을 보라). 성관계는 보통 남자가 원할 때 일어나는 일이 많고, 돌발 상황에서 여자는 피임을 제대로 못하고, 남자가 '괜찮다'면서 많이 쓰는 방법이 '질외사정'이다. 이것은 사정하기 전에 음경을 질에서 빼내는 방법으로, 흥분상태에서 자기통제를 해야 하므로 성공률이 매우 낮다. 한 마디로 믿을 수 없는 피임법인 것이다. 보건소나 전문서적을 이용하여 피임법의 종류와 사용법, 있을 수 있는 부작용과 안전성 등을 알아볼 것을 권한다.

임신은 여자가 하는 것이므로, 피임도 일차적으로 여자가 신경 쓰는 문제이다. 피임을 생각할 때 여자는 다음 두 가지를 원칙으로 삼아야 한다. 우선 '알아도 못하'면 소용없는 일이다. 피임의 첫 단계는 원치 않는 성교를 피하는 것이다. 다음으로 피임이 여자만의 일인 것은 아니다. 여자가 알아서 할 때 쓰는 방법에는 크게 피임약과 자연피임이 있다. 피임약은 하루도 빼놓지 않고 먹어야 하기 때문에 성관계가 잦지 않은 여성들에게는 적당하지 않고, 또 호르몬제이기 때문에 사람에 따라 부작용이 심하다. 자연피임이란 배란기(난소에서 난자가 배출되는 때) 전후를 피하는 방법인데, 월경이 불규칙하면 계산이 맞지 않고, 성교를 스스로 결정하지 못하면 피해야 할 시기에 성교를 하게 될 수도 있다.

서로 사랑하고 존중하는 남녀라면 성관계를 미리 계획하고 서로에게 가장 부작용이 없고 안전한 피임법을 같이 찾아볼 일이다. 부작용 없이 안전한 피임법은 *콘돔*이다. 여자가 먹는 피임약과 달리 콘돔은 성관계를 할 때만 쓴다는 장점도 있다. 사랑하는 여자를 생각한다면 '콘돔을 쓰면 분위기가 깨진다'에서 '콘돔을 쓰지 않으면 불안해서 느낌이 안 좋다'로 남자들이 생각을 바꿀 필요가 있다.

임신과 피임, 연애와 결혼을 생각할 때 원칙이 되어야 할 것은 '즐겁지 않

글상자 8-6 낙태 후유증

낙태의 일차적 피해자는 물론 여성이지만, 연인이나 아내가 낙태를 했을 때 남자들도 고통을 겪는다. 미혼 시절에 세 번의 낙태를 하고 결혼한 여성의 말을 들어보자(*IF*, 2001, p. 131).

> "대학생 때 처음으로 낙태를 했어요. 지금 생각해 보면 너무 바보 같지만, 남자도 나도 피임에 무지했죠. 그래서 첫경험 이후에도 두 번이나 더 낙태를 하게 되었어요. 수술실에서 혼자 다리 벌리고 누워 있으면 너무 치욕적이고 슬프더군요. 또 얼마나 외롭던지…. 생명을 없앤다는 죄의식 때문에 자학적인 감정이 생기기도 했구요. 마취를 할 때는 이러다 죽을 수도 있겠구나, 싶었죠. 병원 의사와 간호사의 시선을 마주하는 것도 부끄럽고 두려웠어요. 그들이 날 형편없는 여자 취급하는 것 같아서. 하지만 무엇보다도 날 가장 힘들게 한 것은 결혼 후 남편이 된 그 남자에 대한 분노와 증오심이 사라지지 않는다는 거였어요. 특히 부부가 되어 가진 첫아기를 자연유산했을 때는 남편을 많이 괴롭혔죠. 넌 인간도 아니라는 식으로. 그러는 내 마음은 어땠겠어요. 말 그대로 하루하루가 지옥이었죠".

임신과 피임은 자신의 일이 아니라고 안이하게 생각하던 남자들도 같이 고통을 겪을 수 있다. 낙태예방을 위한 홈페이지에 "제발 저를 욕해 주십시오. 아니면 미칠 것만 같습니다" 같은 글을 올리는 남성들이 많다고 한다(p. 139). 어떤 남성은 여자친구가 낙태를 한 후 "살인을 했다는 생각뿐이었고 매일 기도하면서 용서를 빌었다"고 한다(같은 곳). 남자들을 더 힘들게 하는 것은 이러한 경험에 대해 이야기할 곳이 없다는 것이다. 그래도 여자가 수술 전과 뒤에 가까운 친구나 가족에게 실제적, 정신적 도움을 받을 가능성이 더 크다.

은 일은 하지 마라'(4장), '즐겁지 않은 관계를 떠나라'(7장)이다. 결혼생활의 주제는 뒤에 10장에서 다루겠지만, 이 원칙들을 잊지 말아야 현대의 결혼과 핵가족생활에서 남녀가 서로 사랑하고 존중하며 행복해질 수 있다.

요약 및 결론

'남자/여자란…'이라고 생각하는 **성별 고정관념**과 **성별역할**은 남녀가 자기 자신에 대해 그리고 상대성의 사람들에 대해 하는 생각과 행동을 구속한다. 성별에 따라 능력, 성격 등이 다르다는 고정관념 때문에 성별에 따라 사람을 달리 취급하는 **성차별**도 생긴다.

남녀는 정말로 다른가? 여자는 언어능력이, 남자는 수리 및 공간지각능력과 분석적 사고가 평균적으로 더 우수하다고 하는데, 이 차이는 점점 작아지고 있다. 성격과 사회적 행동에서는 남자가 평균적으로 더 공격적이라는 것이 일관되게 발견되어 왔다. 그러나 이 평균차이들은 크지가 않고 각 성별집단 내에서 변산이 크기 때문에 평균차이들을 가지고 개개인의 특성을 말하기는 어렵다. 평균적 능력 및 성격차이들은 유전, 호르몬, 환경 등의 요인들이 복잡하게 상호작용한 결과로 나타난다.

남녀 차이의 큰 부분은 **사회화** 과정의 차이에서 온다. 성역할의 강화 및 모방학습에서 전통적으로 부모, 교사의 역할이 강조되어 왔는데, 놀이친구들도 사회화 기능을 한다. 즉, 어릴 때부터 또래들과의 놀이에서 남성적, 여성적 상호작용양식이 발달하는 것이다. 남자들이 경쟁·지배에 몰두하고 남자끼리 여자끼리 따로 노는 경향은 아주 어릴 때부터 그리고 여러 문화에서 보편적으로 나타나는 것 같다. 어릴 때의 차이들은 시간이 지나면서 더 벌어지고, 결국 **도구적 남성**과 **표현적 여성**(이성적 남성과 감정적 여성)이라는 이분법이 나오기에 이른다.

우리나라는 법으로 남녀차별을 금하고 있지만, 학교교육에서조차 성차별이 보편화되어 있고, 정치·경제·사회에서 여성이 행사하는 권한은 극히 미미하다. 근본적 이유는 한국의 거의 모든 조직이 **남성 중심의 가족주의적 군대식 조직**이기 때문이다. 성차별을 하는 조직은 다른 차별들도 한다. 차별은 불만을 키우므로 사회불안을 가져오고, 다양성과 창의성도 떨어지므로 조직들도 살아남기 힘들다. 남녀 모두 여성해방과 독립을 두려워하지만, 남녀는 서로 얽혀 살게 되어 있으므로 여자가 불만·불행한데 남자가 행복할 수는 없다. 남녀가 같이 노력해서 차별 없는 세상을 이루어야 하며, 특히 여자들은 차별에 공동 대응하며 남자

세상인 조직사회의 생리를 파악해야 한다.

취업시장이 암담한 현실에서 20대들은 **연애게임**에 몰두하고 있다. 오랜 입시전쟁에서 자율성을 거부당해왔던 젊은이들은 자유롭게 표현하고 소통하면서 존재감을 확인하고 싶지만, 외모와 경제력을 따지며 '매뉴얼'이 정해진 게임을 한다. 모든 조건이 갖추어진 극소수만 할 수 있는 이 게임을 그만두고 진짜 사랑을 해야 할 것 같다.

사랑에 대한 생각들에는 많은 오해가 있다(운명적 사랑, 영원한 사랑 등). 채워지지 않은 중요한 욕구들을 상대방에게서 채우려고 하는 '**결핍사랑**'이 참사랑으로 받아들여진다. 어릴 때부터 공부 잘해야 사랑받는다고 느끼면서 애정결핍증에 걸렸기 때문인 것 같다. 욕구충족을 위해서가 아니라 상대방의 존재를 사랑하는 '**존재사랑**'을 할 수 있으려면 '관계의 결핍'부터 치유해야 할 것으로 보인다. 각자 갇혀 있는 방에서 나와 친구들을 만나기 시작해야 하는 것이다.

성에 대한 태도에는 공식적 이데올로기와 현실 사이에 괴리가 많다. 성개방이 이루어진 것 같지만 보수적 '구세대'에게 교육받은 젊은이들의 머릿속에는 남자는 성경험이 많아야 하고 여자는 순결해야 한다는 **이중기준**이 여전히 박혀 있다. 그러나 현실에서 그들은 몸과 성이 비싸게 거래되는 상품이라는 사실을 배운다. 돈과 권력을 가진 남자가 여자의 몸과 성을 사는 것이다. 성이 성기 대 성기의 접촉이 아니라 친밀감의 표현, 즉 인간 대 인간의 만남이 되려면 '**성적 대상화**'를 극복해야 한다. 상대방을 내 욕구를 충족시키기 위한 도구로, 마음대로 할 수 있는 물건으로 취급하지 않고 그 자신의 욕구와 의지를 가진 주체로 보는 것이다. 그래야 서로 원하는 것을 자유롭게 표현하고, 자기와 상대의 느낌과 반응에 예민해지며 큰 즐거움을 누리고 선물할 수 있다.

남자가 원하거나 요구할 때 성관계가 주로 이루어지기 때문에, 원치 않는 **임신**이 많이 되고 그 결과 낙태수술도 매우 많이 행해진다. 여자가 원치 않는 성교를 피해야 하지만, **피임**이 여자 혼자 책임질 일은 아니다. 서로 사랑하고 존중하는 남녀라면 성관계를 미리 계획하고 서로에게 가장 부작용이 없는 편리하고 안전한 피임법을 같이 찾아보아야 한다.

사랑과 존중이 없는 성이란 즐거울 수가 없을 뿐 아니라, 두 사람을 — 가해자, 피해자를 가릴 것도 없이 — 모두 상품, 물건으로 전락시킨다. 남자로서, 여자로서 산다는 것을 생각해보면서 우리는 결국 삶에서 그리고 인간관계에서 어떤 역할만 하기보다는 인간으로서 그리고 자기 자신으로서 살려는 노력을 각자가 해야 한다는 것을 느낀다. 그런 의미에서 남녀평등은 인간해방인 것이다.

제 9 장

일의 세계

대학생 독자들에게 가장 큰 고민은 취업문제일 것이다. 대학생들이 전공공부, 폭넓은 독서, 학회와 동아리 등에 열중하지 못하는 이유가 바로 취업의 압력 때문이다. 입시전쟁에서 벗어나자 곧바로 취업전쟁에 동원되어 시험공부라는 틀에서 놓여나지를 못하는 것이다. 10%가 안 되는 사람만 정규직을 얻을 가능성이 있고 그 나머지는 "높은 실업시대에 비정규직 일자리를 전전하며 인생의 황금기를 허비하게 될 것"(우석훈·박권일, 2007, p. 63)이라는 우울한 전망 속에 대다수 학생들이 대기업과 공기업과 공무원을 목표로 공부를 하고 있다.

청년기를 마감하고 성인기에 들어간다는 것은 곧 일과 사랑을 찾는다는 것을 뜻한다. 직업이 없거나 결혼하지 않은 사람은 아무리 나이가 들어도 사회에서 완전한 어른 취급을 못 받는다. 자아정체가 제대로 확립되어 있어야 자기중심성을 극복하고 다른 일, 다른 사람에게 헌신할 수 있는 것이지만, 반면 자아를 확립하기 위해서 일과 사랑이 필요하기도 하다. 이런 의미에서 직업의 선택은 배우자의 선택과 더불어 청년기와 성인기의 최대의 과제이다. 집 없고 돈 없고 결혼 못하는 '3무 세대'라고 불리는 20대에게는 이 과제가 넘을 수 없는 산처럼 느껴질 때가 많다.

'평생직장'이 없어지고 파견근무, 임시직, 계약직 등이 점점 늘어나면서 통계청 조사 결과 2009년 8월 현재 전체 임금근로자 중 34.94%가 비정규직이 되었다(*한겨레*, 2009. 11. 5.). 일자리 세 개 중 하나가 비정규직인 셈이다. 사회적 약자들에 비정규직이 더 많아서 중노년과 여자가 많고, 특히 시간제 근로는 여성이 남성의 2배 이상인 형편이다(2009. 11. 5.; 노동부 홈페이지에서 71.6% 대 28.4%). 역시 사회적 약자인 20대가 첫 직장에 들어갈 때는 대다수가 비정규직이 될 것이라고 하지만, 그중에서도 고졸, 여성, 지방대 출신에 집중될 것이다(우석훈·박권일, 2007).

긍정적으로 보면, 사회진출의 핵심이 '어떤 직장에 들어갈 것인가'에서 '어떤 일을 할 것인가'로 변하여 자신의 적성과 흥미를 제대로 파악하고 세상을 아는 것이 더 중요해졌다. 잘하고 좋아하는 일을 해야 창의력을 발휘할 수 있고, 세상을 알아야 직업사회의 변화추세도 제대로 파악하기 때문이다. 각자 자기가 잘하고 좋아하는 일에 종사한다면 창의성과 생산성은 저절로 좋아질 테니 개인들에게나 기업들에게나 이익이 될 것이다. 그러나 일자리 안정성이 결핍되면 이런 창의성이 나오기 힘들다. 1년 미만 계약으로 일하는 사람들이 창조와 혁신 아이디어를 내리라고는 본인들도 기업들도 기대하지 않는다.

안정성과 평균 이상 소득을 보장하는 기업들은 최고의 능력과 자질을 요구한다. 기본 스펙(대학성적과 토익)을 가지고 일단 추려낸 뒤에 자신감 있고 독립적이며, 패기와 도전정신이 있고, 창의적이면서도 팀워크 능력도 있는 사람을 뽑기 위해 다양한 절차를 고안하여 실시하고 있다. 6장에서는 이러한 자질들이 입시교육 후유증을 극복하고 대학공부와 생활을 주체성 있게 해나가는 가운데 얻어지는 '기초체력'임을 강조하였다.

몸과 마음의 건강에 초점을 맞추면 사람을 병들게 만드는 세상을 사람답게 살 수 있는 세상으로 고쳐나가야 하고, 그럴수록 기초체력, 스트레스 대처 자원이 절박하게 필요하다. 그러려면 무엇이 행복한 삶, 멋진 삶인가를 질문해볼 필요가 있다. "사원증을 목에 걸고 점심시간이 끝난 후 테이크아웃 커피 종이컵을 손에 든 채 잡담을 나누며 사무실로 복귀하는 모습이 대학생들의 '로망'"이라고 한다(김현진, 2009b). '사무실'이 대기업이나 큰 은행, 공기업이면 더 멋질 것이다. 이 멋진 현장에 낄 수 없다면 20대 후반인 김현진처럼 "무노동·무임금·무소비·무주소자"가 되어야 하는 것일까.

'취업이 된다면 영혼이라도 팔겠다'고 한다. 취직하기 위해 여기저기 지원 서류를 내고, 서류전형을 통과하면 면접시험까지 가게 되는데, 서류전형에서 중요한 것은 스펙 사항들과 자기소개서이다. 대학생들은 학점 잘 따고 토익점수 올리고 각종 자격증을 따기 위한 공부에 온 힘을 쏟고 있다(최소한 그래야 한다고 믿는다). 이 공부가 '하면 된다'가 통하는 익숙한 과제상황인 데 비해, 자기가 그 회사에 꼭 필요한 존재라고 확신시켜야 하는, 즉 효과적으로 자기제시를 해야 하는 자기소개서와 면접은 어떻게 해야 할지 알 수 없는 불안하기 그지없는 스트레스상황이다. 불안할수록 자신들이 잘하는 것(시험공부)에 매달리고, 자기제시 과제에서도 '정답'을 찾으려고 애쓴다.

영혼을 팔고 '좀비'로 산단 말인가. 뒤에 나올 글상자 제목처럼 '다 행복해지자고 하는 짓이다'. 쿨한 척하지 말고 불안함을 인정하고, 전체 상황을 바라보자. 우선 왜 일을 해야 하는지, 일을 선택할 때 무엇을 고려해야 하는지부터 생각해보자. 효과적 자기제시의 문제는 그 다음에 다루기로 한다.

1. 일의 의미

일에는 여러 가지 의미가 있다. 힘들여 하는 일, 고생으로서 '놀다', '쉬다'의 반대가 되는가 하면, 돈 받고 자신이나 타인들에게 의미있고 이익이 되는 것을 하는 활동으로 이해되기도 한다. 후자의 의미에서는 '돈벌이'라고 모두 '일'은 아니다. 조직폭력배가 협박·공갈로 돈을 뜯을 때 '일한다'고 보기는 어렵고, 돈벌이는 안 되어도 글쓰기나 그림그리기 등이 '취미생활'이 아니라 (장차, 잠재적으로 돈이 들어올 수 있는) '업'일 때는 '일'이다.

'하는 일이 없다', '할 일이 없다'는 것은 어린이나 학생 때는 심심하다는 것으로 끝나지만, 어른에게는 '나는 아무것도 아니다'라는 의미까지 띨 수가 있다. 지금 20대에게 가장 필요한 권리 하나를 말하라면 "일하고 싶은 자에게 일자리를 주라"는 노동권일 것이다(우석훈, 2009, p. 155). 먹고살 권리라면 몰라도 노동권이 왜 행복추구권에 들어갈까?[1] 일은 힘들고 괴롭기까지 한 것인데 사람

1) 9차 개정헌법 제10조에는 "모든 국민은 인간으로서의 존엄과 가치를 가지며, 행복을 추구할

은 왜 일을 해야 행복할까? 일이란 무엇이며 인간에게 어떤 의미가 있는 것인가? 간단히 말하자면 일은 무엇인가 유용한 것을 산출하는 행위이다. 그런데 그것이 왜 행복지는 데 중요할까?

1-1 돈벌이와 생계유지

아이들은 일을 안 해도 되지만, 어른은 일을 해야 한다. [우리나라에서는 아이들도 '공부'라는 노동을 뼈 빠지게 한다.] 우리는 물론 일차적으로 '먹고살기' 위해, 돈벌기 위해 일한다. '어른'이란 스스로 생계를 책임질 수 있는 사람인 것이다. 대학생이 나이로는 어른이지만 완전히 어른은 아닌 것은 바로 대다수가 부모에게 경제적으로 의존하기 때문이다. 돈을 벌어 — 자신의 그리고 가족의 — 생계를 책임진다는 것은 성인남성 정체의 중요한 부분이다. (전업)주부들은 가사와 육아 등 중요하고 가치 있는 일을 해도 돈을 벌지 못하기 때문에 '일'이 없다고 느끼며 또 남편('가장')에게 동등한 어른취급을 받기보다는 (보호해야 하지만 무시해도 되는) 아이취급을 받는 것이다.

'나는 소비한다. 그러므로 나는 존재한다'인 사회에서는 돈벌이가 제일 중요한 일 동기이다. 돈벌이만 목적으로 한다면 일은 '죽지 못해' 하는 것이다. 그러나 먹고사는 문제, 돈 걱정이 없는 사람들도 직업이라고 말할 수 있는 일이 없으면 그리 행복하지 않다. 실직자나 퇴직자 중에는 연금보장이 되거나 배우자가 돈을 벌기 때문에 생활걱정이 없어도 자신이 쓸모없는 폐물이라고 느끼는 사람이 많다. 또 돈벌이만 문제라면 대학을 나오고도 공사판 인부가 될 수 있는데, 임시라면 몰라도 직업으로 공사판 일을 하겠다는 사람은 없으며, 이는 일이 힘들어서만은 아니다. 이런 예들을 보면 돈벌고 먹고살기 위해서만 일이 필요한 것은 아니다. 일과 직업은 경제적 욕구 외에도 많은 심리적·사회적 욕구들을 충족시켜 준다.

권리를 가진다. 국가는 개인이 가지는 불가침의 기본적 인권을 확인하고 이를 보장할 의무를 진다"고 써 있다(우석훈, 2009, p. 151에서 재인용).

1-2 일의 심리적·사회적 의미

일과 직업은 우리에게 정체감을 주며, 보람 있는 일을 성취하고 싶고 남들에게 인정받고 싶은 욕구를 충족할 기회를 준다.

(ㄱ) 사람들은 자신을 직업과 동일시하는 경향이 있다. '나는 ○○회사 과장이다' 하는 것이 일종의 존재증명이 되는 것이다. 떳떳하게 댈 직업이 없을 때는 자신이 아무것도 아닌 것처럼 느껴진다. '백수'나 실직자가 사람 만나기를 기피하는 이유가 여기에 있다. 무슨 일을 하느냐는 질문에 '아무 일도 안 하는데요', '집에서 놀아요'라고 대답하는 주부는 실제로 아무 일을 안 하거나 노는 것이 아니다.

(ㄴ) 일을 통하여 사람은 성취욕구를 만족시키게 된다. 무엇을 생산하거나 성취한다는 것은 인간의 기본적인 욕구이다. 아이들이 나무토막으로 집을 지어 놓고 자랑스러워하는 것을 보라. 수입과 재산이 충분한 사람이 계속 일에 시간과 정력을 쏟는 것도 성취욕구의 강력함을 보여준다. 건축하는 사람은 계속 더 좋은 집을 짓고 싶고 글쓰는 사람은 글을 못 쓰게 되면 불행하다.

(ㄷ) 직업은 또한 사회적 지위를 얻고 인정받고 싶은 욕구를 채워준다. 실직이나 퇴직 등으로 직업을 잃으면 경제적 타격도 받지만 사회적 지위의 상실도 그에 못지않은 타격이다. 사람은 — 어린 아이도 — 자신이 '아무것도 아니'라는 느낌을 견디지 못한다. 승진이 그렇게 중요한 것도 사회적 지위가 높아지고 사람들이 '알아준다'는 사실 때문일 것이다. 우리 사회에는 특히 남자들에게 성공, 출세하라는 압력이 매우 강하다. 집에서 부인도 '회장님'이라고 부르는 재벌회장을 생각해보라.

이외에도 사람들은 직업을 통하여 타인에게 봉사하고 사회에 기여하고자 하는 욕구를 충족시킨다. 돈 못 버는 교사가 돈 잘 버는 상인보다 자기 직업에 만족한다면 바로 유용하고 가치 있는 일, 보람 있는 일을 한다는 의식 때문일 것이다. [물론 '돈'이 중요해질수록 일 만족이 수입에 비례한다.] 일의 중요성은 나이에 따라 조금씩 변하기도 한다. 젊어서는 성취욕이나 인정받고 싶은 욕구가 상대적으로 중요하지만, 나이가 들고 인격적으로 성숙해 갈수록 일의 사회적 가치가 중요하게 느껴진다.

위에 말한 욕구들은 모두 중요하지만, 그 비중은 사람마다 다를 수 있다. 우리 사회에서는 이들 중 사회적 지위(출세)와 인정이 지나치게 강조되는 것 같다. 성취욕, 일의 보람보다 사회적 성공과 인정이 중요해지면, 일하는 것이 — 3장에서 나온 용어를 쓰자면 — 즐거운 스트레스(eustress)보다는 괴로운 스트레스(distress)가 되기 쉽다. 즉, 일과 직업이 우리를 성장시키기보다는 우리의 몸과 마음을 병들게 하는 것이다.

1-3 안정이냐 성장이냐

1장에서 소개한 심리학자 Maslow는 욕구서열이론에서 결핍욕구와 성장(또는 존재)욕구를 구분하였다. 우리는 '가능하면 언제나 안전보다는 성장을 선택하라'는 그의 조언을 본 바 있다. '평생직장'이 없어지면서 잘하고 좋아하는 일을 '평생직업'으로 삼으라고 하는데, 그러면 자기실현과 성장을 선택하게 되는 걸까.

1 장에서 **결핍욕구**가 충족되어야 성장욕구가 중요해진다는 것을 보았는데, 결핍욕구들 안에도 서열이 있다. *생리적* 욕구가 충족되어야 비로소 *안전*과 안정, 법과 질서를 바라게 되고, 심리적으로 안전하다고 느껴야 *소속과 사랑*에 대한 욕구가 생기며, 누구에겐가, 어느 집단엔가 속하고 사랑받아야 *존중*(명예와 지위 추구) 받고 싶어진다. 이 결핍욕구들이 충분히 채워졌을 때 비로소 **성장욕구**들이 나오게 된다. 이러한 서열이 절대적인 것은 아니다. 목숨이 위태로워도, 즉 가장 기본적인 욕구가 위협받아도 진리와 정의를 위해 싸우는 사람이 있고, 존중이 사랑보다 중요한 사람이 있다. 또 한 욕구가 완전히 채워져야 다음 욕구가 나타나는 것도 아니다. 아래 욕구가 어느 정도는 충족되어야 위의 욕구가 조금이라도 나타나며, 아래 욕구가 많이 충족될수록 위의 욕구도 강해진다.

우리는 일을 통해 다양한 (결핍 및 성장)욕구들을 충족시키지만, 여기서도 더 절박한 '기본'이 충족되어야 상위의 욕구들이 중요해진다. 1년 미만 계약의 비정규직에서 한 달에 120만원을 벌어[2] 혼자 힘으로 살아야 한다면 심리적 안

2) 통계청 조사결과를 보면 2009년 6-8월 비정규직 월평균 임금은 120만 2천원으로 1년 전보다 7.3%가 줄었다(*한겨레*, 2009. 11. 5.). 정규직과 비정규직 임금격차는 1년 전(831,000원)보다 더 벌어진 99만 9천원이었다.

전도 문제지만 서울에서 월세 내고 먹고살 수 있을까. 생존이 위협 받으면 다른 아무것도 중요하지 않고, 안전이 위협받으면 소속과 사랑도, 존중도 중요하지 않다. '일할 맛', '살 맛', '인간의 존엄과 가치'는 생각도 못하는 것이다. 경제학자 우석훈은 "비경제적 관계 즉 가족애나 우정, 사랑과 같은 가치들이 상당히 약화"되고 "그야말로 문학이 죽고 시가 죽고 예술이 우는 시기"가 되었다고 표현한다(우석훈·박권일 2007, p. 84). 생존이 위협받고 1년 뒤를 내다볼 수 없는데, 사랑과 우정, 문학과 예술이 밥을 주는가 돈을 주는가. 그런데 '결핍'이라고는 모르는 부자들에게도 우정, 사랑과 같은 가치들이 약화되고 문학과 시와 예술이 죽은 것처럼 보인다. [이 또한 욕구서열 이론을 피상적으로 받아들이면 안 되는 이유가 된다.] 우리가 경제성장만 추구하면서 대체 어떤 세상을 만들어 놓았는가.

무한경쟁 사회에서 개인도 기업도 강자만 살아남고 패자에게는 아무런 기회가 주어지지 않는 '승자독식 시대'가 되었다. 동네 슈퍼들이 거의 다 없어진 것을 보라. '가난한 수재' 개념은 없어진지 오래이다. 부모가 경제력, 정보력이 있어야 자식이 일류 학교도 가고, 스펙을 비롯한 취업조건을 더 잘 갖추고, 안정성 있는 고소득 일자리를 건지는 10%에 속할 수 있다('귀공자 자본주의', 우석훈, 2008). 늦잠 좀 자도 회사에 시간 맞춰 편하게 도착할 수 있는 사람과 안산, 용인, 인천에서 지하철로 서울에 출퇴근하는 사람들의 삶의 길은 갈수록 벌어질 것이다(김현진, 2009b).

10%의 '승자', '귀공자'가 독식하는 것이 무엇인지를 90%의 '서민'도 매일 TV드라마에서 보고 있다. 욕을 먹으면서도 이런 드라마가 없어지기는커녕 '독해'지는('막장드라마') 것은 '대중'이 보고 싶어하기 때문일 것이다. 부자와 연예인들의 화려한 삶은 대중의 '로망'이다. 대중의 생활수준도 점점 높아지고 있다. 평균 임금을 낮추면서 일자리 숫자를 늘리는 해법이 실현되지 못하는 이유는 일자리를 갖고 있는 사람들이 동의하지 않기 때문이다. 사람답게 사는 데 필요한 '최저생계비'가 점점 높아져서 '웰빙' 따지며 와인을 공부하며 즐기는 시대가 되었다('캐비아 자본주의', 우석훈, 2008). 이제는 사람답게 살려면 서울 강남 40평 아파트에 살아야 하고, 아이들도 그냥 학원 보내는 게 아니라 조기유학과 영어연수를 보내야 한다.

시급(시간당 최저임금) 4천원을 다 채워 받아도 매일 5시간씩 한 달에 25일 일하면 50만원을 버는데, 그걸로 대학생이 명품가방을 사는 게 이상하지 않은 세상이다. 우리는 이런저런 욕구들을 충족시키기 위해서, 결국 행복해지기 위해서 일한다. 그런데 우리는 행복하지도, 몸과 마음이 건강하지도 않으며, 우정과 사랑, 진실과 아름다움 따위는 신경 쓸 겨를도 없다. "궁극적이고 근본적인 질문"을 해야 할 때이다. 인간의 존엄과 가치를 지키기 위해, 사람답게 살기 위해 필요한 '캐비아'는 무엇인가? 고기 잡는 법을 고민하기 전에 왜 고기를 잡아야 하는지 생각해보자(김찬호, 2009, p. 59).

> 나는 어떤 고기를, 왜 잡는가? 내가 먹기 위해서인가? 기르기 위해서인가? 팔기 위해서인가? 아니면 조상 대대로 해 온 일이고, 아버지가 잡으라고 하니까? 다른 사람들이 모두 잡으러 다니니까? 고기잡이가 왠지 멋있어 보여서? 고기잡이 말고 내가 더 잘할 수 있는 일은 없는가? 만일 내가 먹기 위해서 잡는 것이라면 내게 적절한 양은 얼마만큼인가? 그리고 내가 잡으려는 고기는 내 입맛에 맞는가? 내가 먹지 않고 내다 팔기 위해서 잡는다면, 그렇게 번 돈을 어디에 쓸 것인가?

이런 질문들을 스스로 해보면 대기업에 들어가야 집 마련과 결혼 등 앞날을 계획할 수 있다고 믿으며 — 사실은 믿지도 않으며 — 스펙 쌓기 전쟁에 들어가 있는 대학생들도 잠시 정신이 들지 모른다. [아니면 그냥 짜증만 나는가.] 헌법에 보장된 '인간으로서 존엄과 가치'를, 그 불가침의 기본인권을 요구할 때가 되지 않았을까. 일은 불규칙하더라도, 가령 이틀에 한 번 일하더라도, 임금이 낮더라도, 장기고용체계로 움직이고 어지간한 사회적 비용들(가령 주거와 건강)이 기본적으로 뒷받침되어야(우석훈, 2009, p. 155) 사람답게 사랑과 우정, 진실과 아름다움을 추구하며 살 수 있지 않을까.

2. 무슨 일을 할 것인가

같은 일을 하면서도 어떤 사람은 소속감과 정체감을 얻고 성취욕에 불타지만 어떤 사람은 그렇지 못하다. 예컨대, 같은 학교에서도 어떤 교사는 교직에 긍지를 느끼지만, 어떤 교사는 교사라는 사실을 수치스러워하며 가르치는 일에 보람을 못 느낀다. 전자가 후자보다 더 열심히 가르치며 아이들을 사랑하고, 따라서 더 존경과 인정을 받을 것이다. 이러한 차이가 생기는 데는 가치관, 적성 따위도 중요하지만, 일차적으로는 자신이 스스로 그 직업을 선택했느냐 하는 것이 중요한 것 같다. 적성과 흥미 따위는 생각하지 않고 안정성('철밥통') 때문에 교사가 된 사람이 교직에서 보람을 느낄 수 있을까. 가르치는 일을 뒷전으로 하고 교감 교장 승진에만 목을 맬 때 그가 맡은 학생들은 또 어떻게 되는가.

선택이란 여러 가능성들을 놓고 고민하다가 어느 하나를 결정하는 것이다. 태어날 때부터 농부가 되기로 되어 있어서 농부가 되었다면 거기에 선택은 없다. 어린시절부터 커서 무엇이 될지에 대한 생각을 하지만, 직업에 대해 현실적이고 구체적인 생각을 하게 되는 것은 사춘기가 지나서이다. 그러나 우리나라 청소년들은 선택의 고민을 할 필요가 없다. 대학 가야 하므로 인문계 고등학교에 가서도 기껏해야 문과·이과 선택만 할 뿐이다. 앞으로 무엇을 하고 싶은지에 대해 생각하고 준비하기보다는 "공부만 잘하면 된다". 대학에 들어가느냐 마느냐, 대학에 가서 무엇을 전공하느냐 하는 것은 사실상 직업선택이지만, 본인들 스스로 대학공부와 전공을 선택하는 경우는 드문 실정이다.

직업을 선택한다는 것은 단지 돈벌이나 출세수단을 결정하는 것이 아니라 삶의 길, 존재의 방식을 선택하는 것이다. 정체감, 성취욕, 인정받고 싶은 욕구, 봉사하고 싶은 욕구는 모두 인간의 본질적인 욕구들이며, 이러한 욕구들을 충족시켜 주지 않는 일에 평생 종사하면 불만스럽고 불행할 수밖에 없다. 매일 하는 일이 지겨운데 생활이 즐겁고 행복하거나 몸과 마음이 건강할 수는 없다. 선택을 잘 하려면 어떤 가능성들이 존재하느냐부터 알아보아야 한다.

2-1 어떤 가능성들이 있는가?

인터넷이 무한한 가능성을 열어주고, 정보기술과 과학기술이 날로 발전하는가 하면, 다른 한편 생활수준이 높아지고 평균수명도 증가하지만 가족이 점차 해체되는 등 우리가 사는 세계가 급격히 변하면서 많은 새로운 직업들이 생겨나고 있다. 컴퓨터 관련 첨단산업뿐 아니라 의료·건강·교육·금융시장·사회복지 분야도 고용이 급속히 증가할 것이라고 예측된다. 해외취업과 창업에 대한 관심도 커지고 있다.

평생고용을 기대할 수가 없어진 현실에서, 직장 선택의 기준은 기업의 지명도나 크기가 아니라 자신이 하고 싶은 일을 할 수 있는가, 전문성을 키우는데 도움이 되는가 하는 등이 되어야 맞다. 기업이 성장가능성이 크고 변화를 적극적으로 수용하느냐, 인재를 소중히 여기느냐 하는 사항들도 중요하다. 우리 현실에서는 이런 것을 고민할 필요가 없다. 대다수 대학생들(과 그 부모들)은 이미 선택을 했다. 이들의 꿈은 *대기업*이나 *공기업*에 들어가서 정장 갖춰 입고 매일 아침 출근하는 것이다.

(1) 일반기업의 직무들

이들은 전공과 자기 성격, 취향 등을 고려하여 '회사' 들어가서 하고 싶은 일이 무엇인지만 '고민'하면 된다. 일반기업에서 회사의 직무는 크게 아래와 같이 분류된다(남지현, 2008, p. 89).

경영지원	기획, 인사, 회계, 자금, 교육, 홍보
영 업	영업(국내 및 해외 영업), 영업지원, 마케팅, 구매(원료, 자재)
연구개발	신상품 개발, 기존 공정 개선
제 조	생산관리, 품질관리, 생산기술, 기술개발
전 산	전산관리, SM, SI 등

'가문의 영광'이라고까지 할 수 있는 대기업 취직이 되고도 몇 달 안 되어 그만두는 사람이 꽤 많다. 고기잡이를 왜 하는지, 어떤 고기를 왜 원하는지 등

을 생각해보지 않고 취업 자체를 목표로 추구했기 때문이다. [물론 일단 들어가서 원하는 자리에 배치를 못 받을 수도 있다.] 가령 영업과 마케팅, 기획은 많은 사람들이 하고 싶은 직무들인데, 영업은 본질적으로 물건을 파는 일이고, 따라서 제품에 대한 지식, 대인관계능력이 중요하다. 성격이 외향적이고 사람 상대하는 일을 잘하고 좋아해야 영업을 잘할 수 있을 것이다. 또 급여가 높은 금융회사도 많은 사람이 들어가고 싶지만, 매일매일 결산하고 늦게까지 돈을 맞추고 고객들을 웃는 얼굴로 대하는 것도 아무나 할 수 있는 일이 아니다.

직장은 매일 출근해서 일하고 월급 받는 곳이지만, "도대체 왜 일하는가?"라고 물으면 평직원이 할 수 있는 진실한 답변은 "위에서 시키니까" 아니면 "다른 대안이 없어서"일 것이다(우석훈, 2008, p. 157). 우리나라 기업들은 직원들을 '가족'이라고 하지만 출발이 군대조직이다. "하루하루가 전쟁 같다"는 직장인의 말이 괜히 나오는 게 아니다. 언제 '정리'될지 모르니까 열심히 일하는 것처럼 '보이면' 되고, 회사에서 업적평가를 하지만 점수 따기에 능하면 걱정할 문제가 아니다. '최고의 인재'를 뽑아놓고는 기업들도 사람 키우는 일에 소홀하다. 스스로 책임 있는 일을 할 때 성장하는 것인데, 신입사원들에게 그런 권한과 재량을 주지 않는 것이다. 우석훈은 "일하는 척만 하고 아무도 일하지 않는 황당한 상황"이 한국 대기업의 현실이라고까지 말한다(우석훈·지승호, 2008, p. 113).

대학생들도 현실을 모르지 않는다. 혹시 누가 "도대체 왜 취직하려고 하는가?"라고 묻는다면 진실한 답변은 "능력을 인정받기 위해", "행복해지기 위해서"가 아니라 "돈벌려고", "직장이 있어야 부모님에게 떳떳하고 결혼도 할 수 있으니까", "사람 취급 받기 위해서" 등일 것이다. 질문을 바꾸어 "왜 꼭 대기업/공기업이야?" 또는 "왜 일반직장/공무원이야?"라고 묻는다면, 아마도 대답은 "그거 말고 생각해본 적이 없어서"일 것이다. 승자독식 시대에 중소기업을 기피하는 데는 이유가 있고 "(취직 안 되면) 장사나 하지"라고 말할 수 있는 시절도 지났지만(우석훈·박권일, 2007), 유망한 중소기업, 작게 시작하는 창업에 대해 계속 정보를 수집할 필요가 있다. 취직했다가 '이게 아니다' 싶을 때도 대안을 탐색해야 한다. 신문, 뉴스는 물론 인터넷 블로그 등을 통해 경기동향뿐 아니라 세상(국내와 해외) 돌아가는 모습을 잘 알고 있어야 무엇이 전망 있는지를 읽을 수 있다. 어느 중소기업이나 창업을 스스로 선택하느냐 아니면 대기업/공기업 취업

시험이나 공무원 시험에 무수히 떨어지고 자포자기하는 심정으로 선택하느냐 하는 것은 매우 다르다.

그런데 꼭 '회사에 들어가'야 하는가. 사회가 돌아가려면 일거리가 많다. 가정만 해도 매일 먹고 치워야 하고, 빨래, 청소해야 하고, 쓰레기를 치워야 하고, 애가 있다면 아이를 돌보고 키우는 일도 해야 한다. 자급자족하지 않는다면 수입도 있어야 한다. '캐비아'가 아니라 나와 이웃들의 '밥'을 위해서 일하면 더 행복하지 않을까? 사회적 기업과 농업이라는 대안을 한 번 생각해보자.

글상자 9-1 안심하고 땡땡이칠 수 있는 회사 만들기

19세에 정신분열병이 발병한 시모노 쓰토무는 기타리스트이고 '베델의 집'에 온지 8년이 된다. 그가 여기서 일하며 지내는 이야기를 보자(*베델의 집 사람들*, 2002/8, pp. 66-71).

…

저를 포함하여 '베델의 집' 멤버들 대부분은 예전에 일을 했었지만 인간관계나 미래에 대한 불안, 잡다한 걱정이 쌓여 병이 재발함으로써 직장을 잃은 경험이 있습니다. 그래서 '일한다'는 말을 들으면 늘 '재발'이나 '좌절'이라는 말이 떠오릅니다. 일한다는 것은 가장 고생스러운 생활체험 가운데 하나였기 때문입니다.

…

저는 지금까지 기본적으로 '일은 괴로운 것'이라고 생각해왔습니다. 일을 할 때는 땡땡이치고 싶어서 견딜 수가 없었습니다. 그러나 현실적으로 돈을 벌려면 일을 해야 합니다. 미래에 대한 전망도 불확실했고 나 자신이 무엇을 하고 싶은지도 몰랐습니다. 그런 울적한 심정으로 기타에 몰두하게 되자 깊이 빠져버렸고, 결국 일에 지장을 주는 악순환이 반복되었습니다.

…

"우선 한 사람 한 사람이 여러 가지 일을 전부 익혀서, 자기가 없을 때도 다른 누군가가 금방 대신할 수 있는 회사였으면 좋겠어요".

…

1년 가까운 입원생활을 거쳐 퇴원한 저는 '베델의 집'에서 배달 일에 도전했습니다. 이전에 이 일을 하고 있던 사사키 사장으로부터 "시모노 군이라면 반드시 혼자서도 할 수 있을 거야"라는 기대를 받으며 시작한 일이었습니다. 기대를 받고는 솔직히 무척 기뻤습니다. 처음에는 기대에 부응하려고 긴장한 채 열심히 일했습니다.

그 무렵 무카이야치 씨가 이런 말을 한 것으로 기억합니다.

"시모노 군은 F1 카 같군. 멋지기도 하고 속도도 있고 힘도 좋아. 그런데 지금 당장은 괜찮을지 몰라도 패밀리카처럼 연비가 좋은 차가 아니면 오랫동안 계속하지 못할 거야".

연비가 나쁜 저는 예상대로 조금씩 지치기 시작해 결국 혼자 일을 할 수 없게 되었습니다. "이런 일도 혼자 못해? 바보 같은 놈!"

나가떨어지기 시작한 저를 위해 멤버 중에서 조수를 붙여주었습니다. 그러나 이번에는 그 조수와의 인간관계에 지쳐 다시 나가떨어지고 마는 악순환이 시작되었습니다. 말 그대로 '무거운 짐'을 지게 된 것이었습니다. 결국 엔진이 멈춰버리곤 했습니다.

그래도 "컨디션이 좋지 않으니까 대신 좀 해주실래요?"라는 한 마디가 좀처럼 나오지 않았습니다. 말할 상대도 보이지 않았습니다. 설사 일을 쉰다고 해도 마음이 쉴 수 없는, 늘 반복되어온 패턴이 시작되었습니다. 그리고 마지막에는 예상대로 스트레스가 쌓였고, 자신의 괴로움을 말로 전할 수 없어서 벽을 차기도 하고 정신적으로도 막다른 곳에 몰리게 되었습니다. 입원하고 싶어서 정신과 외래진료를 받았으나, 제 뜻을 전할 수도 없었습니다.

결국에는 자포자기하는 심정으로 11월의 바다에 뛰어드는 무모한 퍼포먼스까지 하고서야 결국 입원이라는 진단을 받을 수 있었습니다. …마침내 입원하게 되어 "힘들다", "혼자서는 할 수 없다"는 정보를 조금씩 주위에 전할 수 있게 되자 응원해 주는 동료들이 하나 둘 생겨났습니다. 그리고 혼자 하던 일을 열 명이서 조를 짜 교대로 하게 되었습니다. 매주 회의가 열리고 커뮤니케이션도 조금씩 할 수 있게 되었습니다. 한 가지 일에 여러 멤버가 팀을 만들어 서로 떠받쳐주는 체제가 만들어지고 있습니다.

지금은 오히려 힘들어하는 사람을 도와줄 수 있는 여유도 생겼습니다. 그래서 좋아하는 기타 연주도 할 수 있습니다. '병'도 드러낼 수 있게 된 것이지요. 뭐니뭐니해도 "안심하고 땡땡이칠 수 있다"는 것이 가장 기쁜 일입니다.

…

(2) 사회적 기업과 농업

5장 글상자 5-1에서 소개한 '베델의 집'은 '사회복지 법인 베델의 집'을 2002년에 설립하였다. 이사장도 물론 정신장애인이다. 다시마가 특산물인 인구 1만 6천 명의 작은 마을에 둥지를 튼 이들은 다시마 가공으로 시작하여 이제는 종이기저귀 배달, 주택개조, 청소, 이사보조, 쓰레기 처리 등 마을 사람들이 필요한 일을 개발하고 수협이나 현지기업과 협력하여 사업으로 만들어왔다(*베델의 집 사람들*, 2002/8, p. 35). 가령 친환경돼지클럽 '얼뜨기 팀'은 마을 소각장에 버려지는 비지나 찌꺼기를 사료로 하여 돼지를 키운다(p. 33). 책을 쓰고 비디오를 만들어 파는 사업도 한다. 글상자 9-1에 거기서 일하는 정신분열병 청년이 쓴 글을 실었다.

이들이 능률이 떨어진다고 사람을 잘라버리지 않으면서 경제적 이익을 추구하는 데 성공한 비결은 '이익이 나지 않는 것을 소중하게'라는 슬로건이다. "안심하고 땡땡이 칠 수 있는 회사 만들기", "약함을 감추지 않고 약함을 유대로" 등의 모토를 추구하면서 남들과 비교하고 경쟁하는 습성을 벗어나자 약함이나 정신장애를 그냥 드러내고 스스로 그리고 서로 인정하게 되었다. 나 자신이나 이웃이나 모두 인간이기 때문에 존엄하고 소중하다는 전제가 성립된 것이다.

'필요가 있는 곳에 사업과 사람이 있다'는 *한겨레* 기사제목(2009. 10. 28.)은 사회적 기업을 잘 정의해준다. 일본은 사회적 기업 운동이 우리보다 훨씬 활발하다. 대표적인 조직으로 취업이 힘든 계층 노동자들이 스스로 출자하고 경영하는 협동조합 방식의 '일본 노동자협동조합 연합회'(노협)가 있다. 2007년 기준으로 회원조합이 64개, 노동자가 1만 900명이라고 하며, 주요사업은 용역사업으로 특별한 기술이 없어도 나이가 많아도 할 수 있는 일이 대부분이다.

일본의 사회적 기업 가운데 가장 혁신적인 것으로 손꼽히는 두 곳이 있다. 하나는 장애인들에게 일자리를 제공하고 그들이 직접 빵을 파는 '스완 베이커리', 다른 하나는 여성의 자아실현과 보육문제를 해결하면서 건강한 마을 만들기를 펼치고 있는 '후랏토 스페이스 공고'이다(같은 기사). 스완 베이커리는 장애인들의 '참자립'을 추구하며 모두 26개 점포에 280명 이상의 장애인을 고용하고 있다. 22명의 스태프가 참여하며 회비로 운영되는 후랏토에서 여성참여자들은 아이를 돌보거나 상담을 하는 등 각자의 상황과 역할에 따라 근무형태가 다양하다.

도시 취향의 20대가 농업후계자가 될 확률은 희박하지만, 청년귀농인들이 늘고 있다. 우석훈도 농업공무원 같은 제도를 신설해보자고 제안한 바 있다(우석훈·박권일 2007, p. 268). 친환경 농산물을 생산하여 일정부분을 군대 급식이나 학교 급식에 공급하면 "누구나 저렴한 가격에 유기농산물을 먹을 수 있고, 20대의 20만 명 정도가 상대적으로 안전한 직업을 가지게 된다"는 것이다(p. 269). 일종의 사회적 기업인 셈이다.

시사주간지 *시사IN*은 "농업 '골드 오션' 개간하는 88만원 세대"라는 제목의 특집(2009. 11. 7.)에서 청년귀농인들의 실태를 보고하였다. 이들은 꽃, 표고버섯, 고구마 재배 등 다양한 사업들을 하며, 귀농한 배경도 다양하였다. 농사짓는 또는 귀농한 부모를 따라 귀농했거나, 친구 세 명이 같이 꽃을 가꾸는 농장을 설립했거나, 대기업 계열사 다니다 그만두고 퇴직금을 투자하기도 하였다. 이들 대다수는 뜻 맞는 여성과 결혼하였고 도시생활을 즐기기도 한다. 귀농청년들은 벤처 농업대학이나 농업기술센터와 같은 전문교육기관은 물론이고 근처 대학에 편입하거나 대학원과정에 등록해 꾸준히 자기계발을 한다는 공통점이 있었다.

꼭 농사를 직접 지어야 '시골' 가서 사는 것은 아니다. 농산물 개방이 계속 확대되고 시장경쟁이 갈수록 치열해지며, 정부지원이 점점 엄격해지는 현실에서 농업생산만으로 소득을 얻고 생계를 유지하기는 쉽지 않다. 도시에서 오래 생활한 사람들은 사무와 정보수집 능력이 뛰어나고 도시민의 성향을 잘 알므로, 농산물의 가공이나 유통, 교육·문화·복지·환경 따위 영역에서 농촌주민과 공생하며 살 수 있다.

사회적 기업이나 농업을 직업으로 선택하려면 몸에 밴 비교 경쟁의 태도, 소비주의를 다시 생각해야 할 것이다. 쉬운 일이 아니지만, 나와 내 가족, 이웃의 사람다운 삶, 건강과 행복이라는 '기본적 인권'을 생각하면 선택이 쉬울지 모른다. "멋지기도 하고 속도도 있고 힘도 좋고 연비도 좋은 차"가 아니라고 자기를 구박할 것인가. 도대체 그런 차가 있는가. 자신의 적성과 흥미에 대해 생각해보자.

2-2 나는 무엇을 잘하고 좋아하는가

잘하고(적성), 좋아하는(흥미) 일을 한다면, 자기가 중요하다고 생각하는(가치) 일을 한다면 사는 게 즐거울 것이다. **적성**은 그 일에 소질이나 능력이 있다는 것을 말한다. 우리가 말하는 지능이란 상당부분이 학업적성이다. 즉, 일반적 지능검사들에서 점수가 높다는 것은 공부에 소질이 있다는 것이 된다. 그러나 학교공부는 못 해도 싸움은 잘할 수 있고, 싸우는 사람을 화해시키는 재주가 있을 수 있다. 기계를 잘 만진다면 기계적성이 있는 것이다. 한편, 어떤 일에 **흥미**가 있다는 것은 그것을 좋아한다는 것을 뜻한다. 이것은 일반적인 성격과 관계가 있다. 예컨대, 내성적인 사람은 사람들과 어울리는 일보다는 혼자 하는 일에 더 흥미가 있을 것이다

기업에서도 능력 있는 사람을 뽑아서 잘하고 좋아하는 일을 맡기면 생산성이 높아지고 이직률도 낮으므로 지원자들의 적성과 흥미 또는 성격을 알아보려고 한다. 이런 요인들은 서류전형과 면접전형에서 알기 어려우므로 인적성검사(인성검사와 직무능력검사)가 실시된다. 검사결과는 기업에 따라 부서배치 활용에만 고려되기도 하지만 합격자를 가려내는 선발도구로 활용되기도 한다.

(1) 성격과 적성

인성검사에서는 자질성향(민감성, 지구성 등), 태도성향(침착성, 자주성, 충동성 등), 사회성향(사교성, 협조성, 책임감, 창조성) 등을 측정한다(남지현, 2008). 성격 또는 인성검사는 그 사람이 평소에 전형적으로 어떻게 반응, 생각, 행동하는가를 알아보는 심리검사이다. 구직자는 당연히 자신에 대해 긍정적인 인상을 주고 싶고, 대부분의 문항들에 어떻게 반응해야 '정답'인지 짐작할 수가 있다. 그러나 시간제한도 있고, 솔직하고 일관성 있게 반응하는 경향을 알아보는 척도가 검사에 들어가 있으므로, 솔직하게 응답하는 것이 안전하다. 인사담당자는 구직자의 인성을 함부로 판단하는 것을 두려워한다고 한다(남지현, 2008, p. 299). 성격검사 결과가 배치용도에 쓰인다면 자기 성격을 잘못 제시해서 결국 손해를 보게 된다.

성격검사 결과는 '적성구분', '업무성격', '직종'을 보여준다(남지현, 2008, p.

282). 가령 "비대인(非對人) 공격형"이므로 "사람을 접하지 않으며 주어진 업무의 계속적인 발전개선을 위해 종사하는 직종", 예를 들면 "연구개발직, 기술직 등"에 맞는다는 식이다. 성격검사 결과가 조직적응력 같은 사회적 적성을 알려준다고 할 수 있지만, 본래적 의미의 적성검사는 **직무능력검사**이다. 성격검사에서는 솔직하게 있는 그대로 반응해야 하지만, 여기서는 시간배분을 잘하여 최선을 다할 필요가 있다. 직무능력검사에서는 일반적으로 다음 내용을 알아본다(남지현, 2008, p. 284)

언어능력 어휘의 뜻을 정확하게 이해하고 판별할 수 있어야 한다. 조직에서 자신의 의견을 상대방에게 명확하게 전달하고 설득할 때 중요하기 때문이다.

수리능력 기업 조직에서는 기본적으로 숫자를 바탕으로 보고를 한다. 따라서 기업의 매출액, 인건비, 종업원 변동추이, 투자비용 등을 숫자로 표현하고 이해할 수 있는 능력이 필요하다(산술과 통계).

지각능력 공식적인 의사소통은 문서로 이루어지므로, 오탈자 찾기, 분류, 정리, 보관 등을 빠르고 정확하게 처리할 수 있어야 한다. 문자, 숫자, 도형의 배열을 빨리 정확하게 지각하는 능력을 검사에서 알아본다.

추리능력 미래에 대한 정확한 추리와 예견, 판단능력을 알아보기 위해 언어 이해 및 추리, 수 추리, 기계 추리 등을 검사한다.

창의력 신규 아이템을 개발하고 기존제도 및 아이템을 개선, 개혁하는 데 필요한 기획력, 창의력, 상상력, 개선력 등을 검사한다(수식 만들기, 등식 메우기, 그림 완성하기 등).

상황판단력 급변하는 환경 속에서 정확하고 예리한 판단력을 알아본다(절차계획력, 분석 종합력, 상황평가력, 상황대처 능력)

학교 취업정보센터나 취업지원실에서 여러 기업의 인적성검사 자료를 보관하고 있으므로 마음만 먹으면 충분히 사전에 경험해보고 실수를 피할 수 있다.

(2) 영어실력은 직무능력인가

최근 영어실력은 거의 모든 기업에서 요구하는 기본이 되어 토익 공부를 안 하는 대학생이 없고 해외영어연수도 필수가 되었다. 비즈니스의 세계에서뿐만 아니라, 대다수 학문이 수입학문인 우리나라에서 영문독해력은 꼭 필요하다. 우리가 접하는 국제뉴스도 대부분 미국발이고 인터넷에서 영어를 모르면 답답한 경우가 많다. 이렇게 필요를 절감해서 영어를 배우면 공부가 어렵지 않고 재미있지만, 우리나라 사람 대부분에게 영어는 필요한 의사소통수단이 아니라 시험 잘 봐야 하는 '중요과목'이다. 따라서 영어에 '주눅'이 들어 있어서 아무리 시간과 노력과 돈을 투자해도 '완전 정복'이 안 되고, 그래서 다시 '주눅'이 심해진다.

입시에서나 취업에서나 듣기와 말하기 능력이 요구되는데, 특히 말하기는 그 언어를 사용하는 곳에서 살아야 익혀진다. 외국에서 몇 년 생활하며 강의 듣고 발표하고 논문까지 쓰고 귀국한 사람들이 몇 년만 지나면 말하기를 못하게 되는 것을 보면 알 수 있다. 대부분의 직무들에서는 해당 분야 영문텍스트를 독해하는 능력으로 충분하고, 말하기가 필요한 업무를 위해서는 회사가 현지에 보내서 또는 국내에서 원어민과 집중훈련을 시키면 된다.

기업들은 특수적성이어야 하는 영어(특히 말하기)를 일반적성으로 취급한다. 직무특성과 상관없이 높은 토익점수를 요구하고, 면접 때 외국인을 앉혀놓고 질문하게 하고 영어로 발표(프레젠테이션)를 시키기도 한다. 직무능력 검사가 아닌 것은 분명한데, 일반적성('머리')이나 언어능력을 검사하는 것인가, 아니면 시키면 뭐든 다 하는 자질능력을 보는 것인가. 영어를 모국어처럼 하려면 어릴 때부터 영어 쓰는 나라에서 살았어야 하는데, 그럴 형편이 되는 계층의 사람들을 뽑는 것이 유리하다고 판단하는가.

영어를 공용어로 하자는 제안까지 있고 '영어몰입'을 공식적으로 요구하는 세상에서 영어유치원부터 토익 학원, 회화 학원까지 엄청난 일자리창출(미국인에게도)이 되었다. 효과도 없는 해외연수 가느라고, 또 조기유학 보내느라고 빠져나가는 달러는 얼마만큼인가. 우리나라에 앉아서도 얼마든지 혼자 힘으로 영어를 배울 수 있다. 중요한 것은 영어에 주눅 드는 태도를 바꾸어 정말 필요해서(필요하면) 배운다는 자세이다. 영어를 잘하면 무엇이 좋은지가 분명해지면 공부가 즐겁고 또 금방 성과가 있다.

(3) 흥　미

적성과 흥미는 물론 상관이 높다. 즉 어떤 일에 소질이 있으면 그것을 좋아할 확률도 높다. 그러나 적성과 흥미가 불일치하는 경우도 있다. 예컨대 교직에 적성이 있는 사람이 교직에 흥미가 없을 수도 있고 반대로 흥미는 있지만 그 일에 적성이 없을 수도 있다. 그러므로 적성과 흥미 둘 다를 알면 어느 하나만 아는 것보다 더 적절한 직업선택을 할 수 있을 것이다.

많은 흥미검사들은 비슷한 일에 종사하는 사람들은 성격, 흥미, 취미 등이 비슷하다는 사실에 근거를 둔다. 여러 가지 일에 대한 흥미를 측정한 다음 그 흥미들이 어떤 직업종사자들의 흥미들과 비슷한지를 살펴봄으로써 직업선택을 돕는다. Holland(1973)는 이러한 흥미유형을 다음 여섯 가지로 나누었다.

(ㄱ) **현실**(realistic, R-theme)　밖에서 일하고, 도구나 특히 커다란 기계를 다루기를 좋아하는 사람들은 실제적이고 억센 경향이 있다. 엔지니어, 건축현장감독 등이 전형적인 유형이 될 것이다.

(ㄴ) **연구**(investigative, I-theme)　사람들과 같이 일하는 것을 별로 좋아하지 않고, 몸을 움직여 일하기보다는 머리 쓰기를 좋아하는 사람들이 있다. 교수, '과학자'가 그 전형이 될 것이다.

(ㄷ) **예술**(artistic, A-theme)　예술가, 디자이너 같은 사람들은 혼자 일하는 것을 좋아한다는 점에서는 과학자와 비슷하나, 개성적 표현의 욕구가 강하고 감수성이 예민하며 감정이 풍부한 경향이 있다.

(ㄹ) **사회**(social, S-theme)　남들과 어울리고 남들을 돕기를 좋아하는 사람들은 변호사, 카운슬러, 교사 같은 직업이 어울릴 것이다.

(ㅁ) **사업**(enterprising, E-theme)　말을 잘하고 남들을 설득하고 이끌기를 좋아하며 모험을 좋아하는 사람들은 세일즈맨, 정치가 등에 어울릴 것이다. 이들은 정력적이고 자신감이 강하고 권력, 사회적 지위, 물질적인 부유함을 좋아하며 대신 정밀하고 오래 집중해야 하는 과제들은 견디지 못한다.

(ㅂ) **인습**(conventional, C-theme)　구조와 질서('명령계통')가 꽉 잡힌 일을 좋아하는 사람들이 있다. 은행원, 공무원이 그 전형이 될 것이다. 이들은 손으로 하는 일이나 남들과 어울리는 일은 흥미가 없는 대신 물질적 소유와 지위에는 가치를 둔다.

어떤 사람이 어느 한 쪽으로만 흥미가 몰리는 경우는 거의 없으며, 반대로 어떤 직업이건 어느 한 쪽의 흥미만 요구하는 직업도 드물다. 이를테면, 사람과 어울리는 일은 대부분의 직업들에서 요구된다. 실제로도 이 흥미들을 측정하는 검사(Strong Vocational Interest Blank, SVIB)에서는 각 흥미주제에 대한 점수들을 토대로 직업들을 선택하게 한다. 예컨대, 어떤 사람이 '현실'(R), '사업'(E), '사회'(S) 흥미의 순서로 점수가 높다면(RES), 그에게는 경찰관 직업이 맞을지 모른다. 또, 훌륭한 건축가는 '예술', '현실', '연구' 흥미가 높다(ARI)고 한다.

(4) 가 치

가치란 무엇이 중요하다고 생각하느냐 하는 것이다. 가치는 시대와 문화에 따라 변한다. 부모, 교사, 상사들과 '요즘 아이들'이 서로 이해 못하겠다고 푸념하는 것은 '가치관' 차이 때문이다. '근검 절약'이냐 아니면 '없어도 간지는 나야 된다'냐, '생산성과 효율'이냐 아니면 '재미와 다양성'이냐, '전체를 위한 희생'이냐 아니면 '당당한 개성 표현'이냐 등에서 '구세대'와 '신세대'가 다른 것이다. '올바른 가치관'은 대체로 기성세대가 정하지만, 가치는 옳거나 그르다기보다는 그냥 다르다. 생산성과 효율도, 재미와 다양성도 다 필요하지 않은가.

가치 하나하나에 대해서 옳고 그름을 따지는 것은 촌스러운 일이지만, 다른 모든 것들은 무시한 채 어느 하나만 극단적으로 중요해지면 '올바른 가치관'이 아니라고 말할 수는 있다. 예컨대, 돈만 중요하고 명예도 사랑도 필요 없다면 어떻게 되겠는가? 우리의 경쟁사회에서 그런 식으로 돌출하는 가치가 돈, 출세(유명해지기)이다. 젊은이들에게는 '간지'(예쁘고 멋진 것을 나타내는 일본어)가 중요하다. 힘들게 아르바이트하여 번 돈으로 '명품 백' 하나를 사고 행복할 수 있지만, 그것이 '당당한 개성 표현' 가치와 맞는 행동인가. 너나없이 그 가방을 들고 다니는데 다양성, 개성은 어디 가는가. 명품이든 뭐든 돈 들인 '간지'보다 '없어도 간지'가 개성일 것 같지 않은가.

원하는 것(욕구)도, 좋아하는 것(흥미)도 한 가지가 아니듯이 중요한 것(가치)도 한 가지가 아니다. 또 욕구서열이 있듯이 가치에도 서열이 있어서, '인간의 존엄', '생명존중' 등은 보편적, 기본적 가치들이다. 흥미와 가치를 너무 강조하면 '기본'을 잊어버리기 쉽다. 매일 5시간씩 서빙 알바를 하며 학교 다니느라 공부 스트레스에 수면부족에, 친구도 잘 못 만나는데, 명품가방 하나를 사며 '없어도 간지는 나야 된다'면 자신의 가치를 제대로 인정하는 것인가. 시간과 돈은 누구에게나 한정된 자원이며 가장 필요하고 중요한 것에 쓰고 나서 우선순위를 챙기게 된다. 보통 먹을 것과 '생필품'을 사기 전에 '간지 나는' 것을 사지는 않는다.

가방을 사면 구두를 못 사고, 책을 사면 옷을 못 사며, 아르바이트를 하면 공부시간이 줄어드는 갈등상황들에서 우리는 무엇이 정말 필요하고 중요한가를 생각하고 가치선택을 한다. 이렇게 소비생활은 우리의 가치관을 보여준다. 가령 우리는 어디서 커피를 마시는가. 스타벅스에서 커피 마시는 게 멋지다면 다음과 같은 계산을 보라(우석훈·박권일, 2007, p. 288).

> 만약 20대 1만 명 정도가 스타벅스에 가기를 거부하고 20대 사장이 직접 내려주는 커피와 차를 마시겠다는 선언을 했다고 생각해보자. 이 정도가 의미 있는 행동일까? 이 정도면 100명의 20대가 자신의 카페를 가지고 경제적 삶을 새로 시작할 수 있는 의미 있는 출발점이 된다. 1만 명이라고 해봐야 시내의 스타벅스 하나 혹은 두 개가 가질 수 있는 충성도 있는 소비자에 불과하지만, 사회적 의미는 결코 작지 않을 것이다.

여러 대학에 생겨났던 생활협동조합(생협)이 철수하고 거대 프랜차이즈 체인들이 캠퍼스에 들어가는 추세이다(우석훈·박권일, 2007). '88만원세대'의 생존기반을 같이 마련하는 일이 중요한가 스타벅스 미국 본사의 영업에 기여하는 것이 중요한가. '나 좋은 대로 사는 자유'는 허구이다. 광고와 마케팅이 내가 무엇을 좋아해야 하는지, 무엇이 중요한지를, 무엇을 소유해야 우리가 괜찮은 사람이 되며 행복한지를 '가르쳐' 주기 때문이다("여자라서 행복해요"). 고품격 아파트, 좋은 차, 각종 명품, S라인, V라인, 초콜릿 복근 등 그것들은 너무 많고, 자고 깨면 '신상품'이 나와 있다.

하고 싶은 것을 다 하고 살 수는 없다. 광고와 마케팅의 손아귀에서 해방되어 자신에게 그리고 가족, 친구, 이웃에게 '진정' — 즉 행복하기 위해, 사람답게 살기 위해 — 무엇이 중요한지를 생각할 때가 되었다. 이런 가치를 일에서 실현할 수 있어야 행복하다. 진실/진리 발견과 비판을 중요하게 생각하는 사람이 언론사 기자로서 진실을 덮고 비판을 억누르는 기사만 쓰고 있다면, 심미적 가치가 중요한 사람이 균형과 조화를 깨뜨리는 건축업무에 종사한다면, 아무리 돈을 많이 벌고 남이 부러워해도 스스로 행복할 수 없다. [이 기자에게 권력이 중요하고, 건축사에게 돈만 중요하다면 얘기는 달라진다.] 이타주의와 박애주의 정신이 강한 사람이 '이윤추구'에만 동원된다면 오래 견디지 못한다. "다 행복해지자고 하는 짓이다"(글상자 9-2).

글상자 9-2 다 행복해지자고 하는 짓이다

Question: 친구가 '있는 집' 자식인 게 부럽습니다.

부자 친구가 한 명 있습니다. 대학 동기이기도 한 그를 보고 있자니 요즘은 삶의 의욕이 다 없어집니다. 저를 포함한 많은 친구들이 취업의 고통을 겪고 있는데, 그 부자 친구는 얼마 전에 부모님의 도움으로 강남에 레스토랑을 개업했습니다. 우리가 "그래도 너는 사장님 소리 듣겠구나"라고 하자 "너희들도 취업하는 데 목매지 말고 하나 차려. 뭐 하러 남 밑에서 일하려고 그렇게 아등바등이냐" 하는 겁니다. 어이가 없어서 그냥 넘어갔는데, 제가 회계사 시험 준비를 했기 때문인지 밤마다 전화해서 이것저것 물어보고는 꼭 끝에는 "너도 취업 관두고 우리 가게 와"라고 하는 거예요. …

Answer

1. 부러운 거, 정상이다. 모든 게 불확실한 당신과 다른 게 중간과정을 프리 패스하는 것으로 보일 테니까. 하지만 부러워할 거 없다. …

이 세상에 쉬운 거 하나도 없다. 일이 되려면 나름의 고유한 과정 반드시 거쳐야 한다. 그 과정을 스스로 거쳐야 비로소 내 것으로 체화되는 법이고. 거저 되는 거, 아무것도 없다. 그런데 그에게는 조건이 거저 주어졌다. 그렇게 부모가 만들어 준 조건을 자신의 능력으로 착각하는 자들 많다. 그런 착각은 사람을 시건방지게 만든다. 그리고 시건방은 실패를 낳기 마련. 출발선이 유리하다고 달리기까지 남이 해주는 건 아니란 말이다. 두고 보시라. 그가 앞으로 겪게 될 고난, 결코 당신의 그것보다 적지 않을 테니.

2. 한 조사를 보면, 세계적으로 성공한 사람들의 재밌는 공통점 중 하나가 30대까지도 이런저런 일을 전전하다 30대가 한참을 지나서야 비로소 해당 분야에 정착했다는 거다. 생각해보면 당연하다. 그 전까지 배운 건 전부 남들 이야기니까. 스스로 겪고 배우고 부대낀 게 아니니까. 스스로 겪고 배우고 부대끼는 가운데 자신에게 맞고 좋아하는 일을 찾아 즐겁게 하다보니 어느 날 성공해 있더란 거다. 그 일을 처음부터 목표로 한 게 아니라. 그러니 남들 그만 부러워하고 당신이 뭘 잘할 수 있는지, 언제 즐거운지를 파악하는 데 집중하는 게 옳다.

그럼 그 친구 레스토랑에서 일하는 건 나쁘냐. 아니다. 다만 그 역시 경험 쌓고 자신을 파악하기 위한 거여야 한다. 거기서 요리를 배울지, 사람 부리는 법을 배울지, 고객 유치하는 법을 배울지, 아무것도 못 배울지, 그건 당신에게 달렸다. 활용하기에 따라 좋은 배움이 될 수 있다. 다만 그에게 빌붙어 어떻게 덕 좀 볼까 하는 생각만 하지 마시라. 그거야말로 당신을 망치는 길이다. 친구가 아니라 그의 종이 되고 말 테니까(김어준, 2008, pp. 198-200).

Question: 이직을 하고 싶은데 경기가 안 좋아서 고민입니다.

2년차 은행원인데 매일 반복되는 업무가 숨 막히기도 하고 적성에 안 맞는 게 아닌가 하는 생각이 듭니다. 사실 입사하고 1년쯤 지나서부터 일어를 배우기 시작했어요. 지금은 남들한테 내세울 수 있을 정도로 많이 유창해졌죠. 우연한 기회에 두 번 정도 관광 통역을 하게 되었는데, 그 일이 너무 매력적이었습니다. 책상에 앉아 돈만 보고 일하는 것이 인생 낭비라는 생각까지 들더군요. …현실에 충실해야 하는지 아니면 꿈을 좇아야 하는지 고민입니다.

Answer

당연히 가이드 해야지. …이 세상에서 제일 바보가 해보고 싶은 게 명백하게 있는데 그걸 시도조차 안 해보고 접는 거야. 몰라서 못하면 할 수 없지. 근데 당신은 알잖아. 그 자체가 행운이야. 자기가 뭘 원하는지도 모르는 사람이 태반이거든. …아직 20대에 불과한데 괴로운 걸 왜 억지로 하고 앉았어. 해보고 싶은 것만 해도 시간이 모자라는 판국에. 왜 사나. 행복하려고 사는 거잖아. 불행하면 관두는 거야. 대신 가이드가 당신한테 무한한 행복만 가져다줄 거라곤 기대하지 마. 그런 건 없으니까. 세상에 좋기만 한 건 없잖아. 그건 당신도 알지? 가이드가 재미없으면 또 다른 거 하는 거지 뭐. 직업 하나만 가지고 평생 사는 거 그거 요즘은 자랑 아냐. 겁내지 마. 질러(pp. 207-208).

(5) 현장체험의 중요성

글상자 9-2의 한 회사원은 우연히 관광통역을 해보고는 그것이 자기 길이라는 것을 깨달았다. 그는 운이 좋다. 김어준(2008)이 말하는 것처럼 우리 대다수는 자신이 뭘 잘하고 뭘 좋아하는지 잘 모르기 때문이다. 청소년들이 아는 삶의 현장은 학교이고, 그들이 거기서 부대끼며 배우는 것은 '삶은 경쟁이다'라는 교훈이다. 주로 또래들과 지내기 때문에 사람을 다양하게 사귈 기회도 없다. 대학에 와서도 학교환경을 벗어나지 않으면 고등학생이나 마찬가지이다. '학점관리'나 하고 도서관에서 취업공부하며 입학식이나 신입생 OT 때 사귄 친구 몇 명과 가깝게 지내다 졸업하는 학생도 있다. 그러나 대학에서도 다양한 경험을 쌓고 적극적으로 생활할 수 있다. 학회장이나 학생회장, 동아리회장 등으로서 리더십 실전경험을 쌓고, 자원봉사를 할 때도 직업목표와 관계된 일을 찾아 하는 것이다. 이를테면, 예술경영을 하고 싶으면 문화예술 축제에서 자원봉사를 해보고, 아르바이트도 (힘들고 보수가 적다 해도) 이벤트 기획사에 가서 하는 등이다.

일반적으로 대학생들이 학교 말고 접하게 되는 삶의 현장은 '아르바이트'(알바)이다. 편의점 알바든 식당 서빙이든 학교 밖에 나가면 알바 사장과 동료들을 비롯하여 다양한 사람들을 상대하면서 세상공부와 사람공부를 하게 되고, 자기 자신에 대해서도 많은 것을 새로 깨닫게 된다. 자기가 무엇을 잘하고 좋아하며 무엇을 싫어하고 못 참는지를 알아가면서 적성과 흥미에 맞는 아르바이트를 찾아서 한다면 일도 즐겁게 열심히 하고 자기발견에 도움이 될 것이다. 학교라는 온실에서 살다가 바로 '직장'이라는 전쟁터로 나갈 텐가.

'학교 우등생이 사회 열등생'이라는 말이 있다. 대학 다니는 동안 다양한 현장체험을 해보지 않은 사람은 인상 깊은 스펙은 내놓을 수 있을지 몰라도 자기소개서와 면접에서 효과적인 자기제시를 하지 못한다. 사실 우리는 늘 **자기제시**(self-presentation)를 하고 산다. 옷을 어떻게 입느냐, 이야기할 때 상대방을 똑바로 쳐다보느냐 시선을 피하느냐 하는 등에 따라 다른 자기제시를 하는 것이다. 우리는 때와 장소, 대상에 따라 다른 자기를 제시한다. 학생들이 집에서 부모에게, 학교에서 교수나 동료들에게 보이는 모습은 다 다르다. 취업하려는 대학생은 자기 인생이 걸려 있는 아주 낯선 상황에서 자기제시를 해야 한다.

3. 자기제시

취업은 보통 서류전형, 인적성검사, 면접전형의 절차를 거친다. 이력서와 자기소개서부터 면접전형에 이르기까지 지원자는 자기를 꼭 필요한 유능한 인재로 제시하게 된다. 취업을 앞둔 사람은 자신이 사장이나 인사담당자(십중팔구 4, 50대 남자)라면 어떤 신입사원을 뽑고 싶을지 한 번 질문해보라. 무엇보다도 젊음과 '기초체력'을, 몸과 마음의 건강과 자신감을 원할 것 같지 않은가. 자기소개서에서 또는 면접에서 어떻게 주장하느냐와 상관없이 건강과 자신감은 그냥 '눈에 보인'다. 글쓰기와 말하기, 대인관계 능력도 자기소개서를 어떻게 썼느냐에, 면접 때 어떻게 행동하느냐에 그냥 드러난다. 면접캠프에 가면 옷차림을 어떻게 하고, 어떻게 (어떤 각도로) 인사하는가 하는 등을 배우고 연습하는데, 우선 기초체력에 대해 생각해볼 필요가 있다.

3-1 기초체력의 정비

직장생활, 사회생활을 위해 필요한 기초체력은 체력과 건강, 대인관계 능력, 읽고 쓰고 말하기 능력이라고 할 수 있다. 이 책에서 지금까지 강조한 것처럼 이들은 모두 하루아침에 얻어지지 않고 젊은 시절부터 키우고 다져 나가야 하는 것들이다.

(1) 몸과 마음의 건강

취업지원자들은 옷차림에 신경 쓰고, 특히 여성들은 외모와 몸매에 신경 쓰지만, 중요한 것은 건강하고 당당하다는 인상이다. 아무리 멋진 옷이라도 남의 옷을 빌려 입은 것 같을 수 있고, 아무리 날씬해도 밤샘 한 번에 쓰러져버릴 것같이 약해보이면 감점이다. 기업들은 화초가 아니라 일할(부려먹을) 사람을 고르는 것이다.

1 부에서 우리는 심한 스트레스가 우리의 몸과 마음의 건강에 커다란 영향을 미친다는 것을 배웠다. 직장생활은 '하루하루가 전쟁'이라고 할 정도로 스트

레스가 많기 때문에 대처를 위한 자원을 키울 필요가 있다. 건강치 못한 생활습관의 효과는 당장 안 나타나고 몇 년 후에 가서야 나타난다. 일단 무절제한 생활은 언제고 꼭 피해가 나타난다는 것을 알아 둘 필요가 있다. 규칙적인 생활(식사, 수면, 운동)이 건강의 비결이라는 것은 누구나 알고 있다. 운동은 그 자체가 즐거운 것이므로, 자기에게 맞는 것을 찾아서 즐기면 건강을 증진시킬 수도 있고 직장생활 스트레스 대처에 큰 도움이 된다.

넓은 의미에서 기초체력에 속하는 것이 **자신감**이다. 자신감이 있으면 '스펙'이 남보다 떨어진다고 해서 낙오자라고 느끼지 않고 자신의 강점을 인식하고 도전할 수 있다. 어떤 지원자는 면접 때 "공부는 못했지만 남보다 잘하는 것이 있다"며 그 자리에서 태권도시범을 보였다고 한다. 태권도 실력은 업무수행 능력과 상관이 없지만, 그는 솔직함과 자신감을 바탕으로 자신의 약점을 강점으로 바꾸어버렸다. 이러한 적극성은 '순발력', '재치'에서만 올 수는 없고, 오랜 기간에 걸쳐 키워지는 삶의 태도, 자기관이다. 성적, 외모, 외국어실력 등 남보다 못한 점을 주로 의식하며 스스로 위축되는 사람과 '나는 남보다 특별히 잘하는 것이 있다'며 긍정적으로 생각하는 사람은 삶의 방식이 다른 것이다.

(2) 대인관계 기술

우리 사회같이 많은 것이 '인간적'으로 돌아가는 곳에서 대인관계를 못한다는 것은 사회생활에 치명적이다. 남들에게 소외당하고 따돌림당한다는 것 자체가 괴로움일 뿐 아니라, 남들과 어울리지 못하면 업무파악과 수행에 필요한 많은 정보를 놓치게 된다. 출세하는 법, 남을 설득하는 법 등에 관한 책들은 당장 써먹을 수 있는 기술은 가르쳐 줄지 모르나, 기초 지식과 쌓인 경험이 없는 기술이란 자기 것이 되기 힘들다. 4장과 7장에서 배운 내용이 도움이 될 것이다.

면접은 지원자들이 4, 50대 남성(들)에게 평가받는 상황인데, 6 장에서도 말했지만 많은 대학생들이 나이 많은 사람들과 소통할 줄을 모른다. 대학생들의 삶에서 취업면접에 가장 가까운 상황은 교실에서 발표하고 교수의 질문과 비판을 받는 상황일 것이다. 자기존중이 낮으면 발표 때문에 받는 비판을 자기 자신에 대한 (인격적) 비판으로 받아들이고 위축된다. 이런 상황에서 잘 대처했다면 취업면접에서도 덜 떨고 직장 및 사회생활에서 상사나 나이 많은(지위 높은) 사람들과 상호작용을 두려워하지 않을 수 있다. 아르바이트 사장과의 충돌도 피할 일만은 아니다. 보수를 올려준다는 약속을 안 지킬 때, 동료와 차별을 할 때 공손하지만 당당하게 권리주장을 해보라. 잘리기밖에 더하겠는가. 이런 학습경험이 있어야 면접상황에서도 당당할 수 있다.

직장에서의 대인관계는 대체로 피상적인 수준에서 마찰 없이 흘러가면 되는 것이지만, 경쟁사회에서 '적과 친구'를 구별하는 판단력은 대단히 중요하다. 신뢰해서는 안 되는 사람에게 동료나 상사와의 갈등을 의논하거나 개인적인 비밀을 털어놓으면 치명적 피해를 입을 수 있다. 그렇다고 아무에게도 개인적인 이야기를 안 하고 지낸다면 직장생활이 즐거울 수가 없다. 자기 마음을 터놓고 이야기할 수 있는 신뢰할 수 있는 동료가 한두 명은 필요하다. 많은 사람을 사귀고 경험해 보고 '사람 보는' 눈을 키우는 것도 우리가 젊은 시절부터 훈련할 과제인 것이다.

여자가 남성 중심 조직문화에서 부딪치는 문제들은 앞장에서도 다룬 바 있다. 학교 다닐 때는 남녀차별이 절실한 문제가 아니므로 많은 여학생들이 결혼이나 사회생활에서 어려움을 겪는 여성들의 이야기에 관심도 없거니와 '자기만 잘하면 왜 그런 대접을 받아'라는 생각을 하기가 쉽다. 문제가 그리 간단하지는 않다는 것을 우리는 앞장에서 배웠다. 대학시절부터 여성문제에 관심을 가지고 독서와 토론을 하여 여자로서 사회생활을 해 나가는 일에 대비할 필요가 있다. 또 여자는 조직생활 경험이 부족하기 쉬우므로 대학 때에 그런 경험을 쌓는 것이 큰 도움이 된다.

(3) 읽고 쓰고 말하기

아무리 대인관계를 잘해도 결국 문제되는 것은 직무능력, 곧 실력이다. 직종마다 요구되는 기술과 능력이 다르겠지만, 말과 글로 자신의 뜻을 표현하고 전달할 수 있는 능력은 일반적으로 필요하다. 자기소개서에 맞춤법을 지키지 않은, 어색한 표현이 많고 오자까지 많다면 일단 '기초'를 의심받는다. 면접상황에서 한 문장도 시작해서 끝을 제대로 맺지 못하거나 외워서 읊어놓고는 질문 하나에 말이 막혀 버릴 때도 마찬가지이다. [반면 말을 더듬는 것은 문제되지 않는다.] 어느 기업에서든지 특히 대졸사원들은 보고서를 작성하거나 말로 업무보고, 의견개진, 항의나 주장 등을 해야 할 때가 많이 있다. 대학에서 많은 책을 읽고 발표나 보고서 및 논문작성을 성의 있게 준비해 본 사람은 그러한 과제에 준비가 더 잘되어 있는 것이 된다.

3-2 장점 찾기

사회생활을 할 때 우리는 자신을 괜찮은 사람으로 제시하고 싶다. 늘 피곤하고, 생각이 부정적이고, 자신감 없고, 남의 말 안 듣고 자기 얘기 똑바로 못하는 사람과 누가 가깝게 지내고 싶은가. 그러나 우리는 때와 상황에 따라, 대상과 목적에 따라 다른 사람이 되기도 한다. 사귀고 싶은 사람에게 보이는 모습은 결혼상대의 부모에게 보이는 모습과 같을 수 없다. 취업하려 할 때 우리는 위에 말한 '기초체력'과 더불어 해당 회사에서 기대·요구하는 긍정적 특성들을 갖추었다고 주장한다. 그러다보니 누구나 다 똑같아지고 설득력을 못 가질 위험이 생긴다. 눈에 띄고 설득력을 가지려면 주장들에 근거가 있어야 하고 또 다른 사람에게 없는 나만의 독특한 장점도 내세워야 한다. 남에게 확신을 주려면 나 스스로 나 자신에 대한 확신이 있어야 한다.

우리 사회에서는 사람들의 장점보다는 단점을 지적하는 경향이 강하다. 부모형제부터 "공부도 못하는 주제에", "못생긴 게", "저 살 좀 봐" 같은 말을 예사로 하고 친구들 사이에도 마찬가지이다. 자기개념 또는 자기상이 부정적일수록 자신의 못난 점들만 의식하고[3] 장점을 찾아내지 못할뿐더러, 애써 장점을 찾아내도 입체감 있게 제시하지 못한다. '증거'를 대지 못하기 때문이다. 자신감도 키울 겸 자기소개서 잘 쓰고 면접에 잘 대응하기 위해 할 수 있는 것들을 생각해보자.

• 가까운 사람, (내가/나를) 좋아하는 사람 — 또래들뿐 아니라 선배, 교수, 부모, 친척 등 — 에게 나의 장점, 내세울 만한 점을 말해달라고 부탁할 수 있

3) 그런 사람일수록 남의 아픈 데를 잘 찌른다. "나는 공부는 잘해", "나는 얼굴은 작아", "나는 뚱뚱하지는 않아"라고 하며 우월감을 느끼는 것이다. 남의 약점을 건드리지 않고 배려하는 것은 열등감을 극복하는 좋은 방법이다.

다. 그러면 어떤 전형적인 상황이나 에피소드에서 어떤 장점이 드러나는지를 이야기해줄 것이다.

• 대다수에게 없는 조건을 내세울 수 있다. 핵가족 시대에 대가족에서 어린 시절을 보낸 사람은 사회성을 키우기 쉬운 성장배경을 가진 것이다. 이혼한 가정에서 어머니와 둘이 어렵게 생활한 사람은 부모가 다 있는 유복한 가정에서 자란 사람이 하지 못한 값진 경험을 했을 것이다. 어릴 때부터 몸이 약했고 지금도 약한 사람은 남보다 책을 많이 읽었거나 상상력이 풍부할 수 있다.

• 흔히 단점으로 여겨지는 것들을 다른 각도에서 제시할 수 있다. 학점이나 토익성적이 형편없거나 해외어학연수를 다녀오지 않았을 때 자기 스스로 '결격사유'라고 생각하며 포기하지 않는 것이다. 재미 없는 과목은 하기가 싫었고 그래서 안 했지만, 재미있는 과목은 열심히 해서 좋은 성적을 받았는데, 그 과목이 왜 재미(의미)가 있었고 열심히 한 결과 자기 자신에 대해 그리고 진로에 대해 무슨 중요한 것들을 배웠는지 생각해보라. 또는 공부는 싫어했지만, 영어에 대한 '주눅'을 극복하지 못했지만, 학생회활동, 운동, 뜻깊은 자원봉사 등은 열심히 했을 수 있다. 패션전문가들도 몸매의 단점을 가리기보다 장점을 내세우라고 조언하지 않는가.

• 특별한 아르바이트 경험이나 여행경험을 내세울 수도 있지만, 대학에서 전공한 학문, 수강한 과목들도 '개인기' 사항이다. 학생들이 학점을 잘 받으려고 온갖 노력을 다하지만 자기소개서 쓸 때 전공학문이나 수강과목(및 배운 교수/강사)이 자신의 지원동기나 진로결정에 어떤 영향을 미쳤는지를 언급하는 경우는 드물다.

기초체력이 어느 정도 되며 몇 가지 장점들을 확신할 수 있으면 이제 이력서쓰기와 면접시험 과제에 도전해보자.

3-3 이력서와 자기소개서

기업체에 따라 약간씩 다르지만, 이력서 앞면은 입사지원서, 뒷면은 자기소개서이다. 자기소개서 양식은 기업마다 다르지만 공통으로 아래 항목들이 들어간다(남지현, 2008, p. 137).

- 본인의 성장과정
- 본인의 성격 소개(장단점, 생활신조 등)
- 지원동기
- 입사 후 포부(10년 후 자신의 모습과 자기개발계획 등)

취업을 위한 자기제시의 목적은 자기가 그 회사에 꼭 필요한 인재임을, 그 회사 그 직무에 꼭 맞는 사람임을 설득하는 것이므로, 회사의 전통과 성격에 따라 자기소개도 달라지는 것이 당연하다. 해당기업의 연혁이나 사업현황까지 모든 내용을 수집하여 그 기업에 관심이 많다는 것을 알려줘야 한다.

공채(공개채용)를 담당하는 사람은 100명 모집에 최소한 2만 통의 이력서를 읽는다. 그중 최소한 19,000통은 아마 10초 안에 쓰레기통에 들어갈 것이다. 그러므로 끝까지 읽게만 만들어도 성공했다고 할 수 있다. 인터넷에서 떠도는 멋진 글을 갖다낸다면 아마 즉시 쓰레기통에 들어갈 것이다. 비슷한 글이 수백 개일 것이고, 그렇지 않더라도 무엇인가 '닮고 닮았'기 때문이다. 면접전형 때는 한 명이라도 더 떨어뜨리려고 하지만 서류전형 때는 한 명이라도 더 붙여주려고 하기 때문에 감동까지 줄 수 있다면 이력서 하나로 서류전형을 통과할 수도 있다.

일단 눈에 띄려면 짧고 분명하게 써야 한다. 자신을 채용해야 할 이유를 처음부터 분명히 밝히고, 온라인 이력서라면 파일제목부터 눈을 끌어야 한다. 대인관계가 원만하다거나 친구가 많다는 식의 막연한 서술은 너도나도 주장하는 말들이므로 아무런 인상도 남기지 않는다. 학회활동이나 아르바이트를 할 때 경험, 힘든 산행 때 배운 교훈 등 구체적 예를 들 필요가 있다. 면접자들은 자기소개서를 갖고 질문을 하기 때문에 남지현(2008)은 "면접시 면접관이 입사서류를 통해 질문이 나올 수 있도록 지원서를 쓰는 것이 가장 중요하다!"고 강조한다(p. 131).

자기소개서와 면접에서 솔직함과 정직함은 아무리 강조해도 지나치지 않다. 윤리적인 이유에서가 아니라 진실이 제일 설득력 있기 때문이다. 자기제시가 진실에 기반을 두어야 지원동기든 성격의 장단점이든 근거도 밝힐 수 있고 어떤 질문을 받아도 당황하지 않는다. 거짓말은 어리석은 책략이지만 포장은 현명하다. "사람과 어울리는 것을 싫어한다"고 쓰지 않고 "여러 사람을 넓게 사귀기보다 몇 사람을 깊게 오래 사귀는 편"이라고 쓴다고 해서 거짓말을 하는 것은 아니다. 기본적 자신감이 있으면 성격이 내향적이냐 외향적이냐 상관없이 자기의 좋은 면을 부각시킬 수 있다.

구체적 증거를 댈 필요성은 자격증들을 언급할 때도 염두에 두어야 한다. 아무리 고생해서 딴 자격증이라 해도, 지원하는 분야와 관계없는 자격증들을 나열하는 것은 도움이 되지 않는다. 아무리 IT(정보통신)교육을 많이 받았다 해도 실력을 검증해볼 만한 웹사이트 하나 없다면 전문성을 입증하기에 무리이며, 경력이 뒷받침해주는 자격증이라야 실력을 인정받는다.

글상자 9-3 면접에 자주 나오는 질문 25가지

1. 1분 이내로 자기소개를 해보시오.
2. 우리 회사에 지원하게 된 동기는 무엇인가요?
3. 우리 회사에 대해 얼마나 알고 있습니까?
4. 우리 회사의 제품이나 서비스를 이용한 경험이 있습니까?
5. 다른 회사에 지원했나요? 어떤 회사에 지원했나요?
6. 첫 월급을 받으면 어떻게 사용하시겠습니까?
7. 합격 후 원하지 않은 부서에 배치되었다면 어떻게 하시겠습니까?
8. 지금 지원한 직무보다 다른 업무가 더 적성에 맞는 것 같은데 바꿔서 지원해보는 것이 어떻습니까?
9. 입사 후 본인이 희망한 지역이 아닌 비연고지나 사업장으로 배치된다면 어떻게 하시겠습니까?
10. 대학을 2년 늦게 졸업했습니다(또는 대학을 졸업한 후 2년의 공백기간이 있습니다). 그 기간 동안 무엇을 했습니까?
11. 재수(또는 삼수)를 한 이유는 무엇입니까?
12. 왜 우리가 당신을 뽑아야 하나요?
13. 당신의 SWOT를 분석해보세요.
14. 채용이 안 되면 어떻게 하겠습니까? (또는 당신은 우리 회사와 맞지 않는 것 같습니다. 왜 지원을 하셨나요?)

15. 퇴근 30분 전에 약속이 있는 상황에서 상사로부터 업무지시가 내려왔다면 어떻게 하시겠습니까?
16. 지금 1억 원이 생겼다면 어디에 쓰겠습니까?
17. 면접관이 요구하는 사항이 무엇인지 새겨들어야 합니다. 면접관은 돈을 어디에 쓰는지에 관심이 있습니다. 아시겠죠? 지금 회사 화장실에서 100만원을 주웠습니다. 어디에 쓰겠습니까?
18. 상사의 부당한 지시에 어떻게 대응하겠습니까?
19. 별명이 있나요? 있다면 말씀해보세요.
20. 입사 후 10년 뒤의 본인 모습을 이야기해보세요.
21. 입사 후 3년 정도 지나 모 회사가 좋은 조건을 제시하며 이직을 제의했습니다. 어떻게 하시겠습니까?
22. 지난 주에 읽었던 신문기사 중에 가장 기억에 남는 것은 무엇인가요?
23. 우리 회사에서 어느 직위까지 오를 수 있다고 생각하나요? 그리고 그 이유는 무엇인가요?
24. 기업 내 노조활동에 대해서 어떻게 생각하나요?
25. 해당 학과가 아닌데 왜 지원했나요?

[남지현, 2008, pp. 241-267]

3-4 면 접

공개채용시험에서 면접은 기업의 경영자나 인사담당자가 지원자를 직접 만나 그가 필요한 인재인지를 총체적으로 판단·평가하는 최종관문이다. 면접시험은 비중이 점점 커지고 있고, 그 형태도 다양하다. 개별면접, 집단면접, 집단토론면접이 있는가 하면, 방법에 따라서는 면접관이 모든 지원자에게 같은 질문들을 던지는 표준면접 외에 자유면접, 진단면접, 무자료면접, 압박면접, 비정형화면접 등 다양한 형태들이 사용된다(남지현, 2008, p. 203f.). 글상자 9-3에 면접에 자주 나오는 질문들을 실었다(pp. 241-267). 남지현은 각 질문에 대한 좋고 나쁜 답변들도 예를 들었다.

집단토론식 면접에서는 사회자가 있을 때도 없을 때도 있고, 주제가 정해지기도 하고 그 자리에서 응시자들이 정하거나 아니면 주제 없이 자유롭게 토론하기도 한다. 토론주제가 될 만한 이슈들을 생각해보고, 사회도 맡을 수 있다는 적극적인 자세가 필요하다. 자신의 의견을 명확히 제시하면서도 상대방의 의견을 경청하는 토론의 기본자세는 취업을 위한 집단토론에서도 중요하다. 지나친 경쟁심이나 자기과시는 좋지 않은 인상을 남긴다. 글상자 9-4에 고등학교를 찾아가서 하는 토론광장 방법을 소개하였다. 평소에 훈련해두면 다른 면접에서도 쓸 수 있고, 먼저 주장을 한 다음 근거를 대라는 조언은 자기소개서를 쓸 때도 나온 바 있다.

글상자 9-4 요지는! 왜냐하면! 예컨대! 그래서!

원탁토론 아카데미 원장 강치원 교수(강원대 사학과)는 고등학교를 찾아가 원탁토론 '연수'를 실시하였다(*한겨레*, 2009. 11. 9.). 생각을 조리 있게 말하는 방법은 "자기 생각 먼저 말하고, 이유를 대고, 구체적 사례를 소개한 다음, 마무리를 하는" 것이다. 그는 찬반토론만 하면 학생들이 건방져지고 마음 상하기도 쉽지만, 원탁토론에서는 "자신의 생각을 조리 있게 말하는 과정에서 창의력이 향상되고, 다른 사람의 의견을 경청하는 과정에서 배려하는 교실문화가 형성"된다고 본다. 다른 사람의 의견을 듣고 자기 생각을 정리하면서 문제를 '함께 풀어가야 할 문제'로 인식하게 된다.

압박면접에서는 일정한 상황을 설정한 후 일부러 충격을 주고 반응과 행동을 관찰하며 스트레스 대처능력을 평가한다. 비정형화 면접에서는 사무실을 나가 식사나 술자리, 노래방, 놀이동산 같은 데로 나간다. 기존 사원들과 팀을 나누어 축구나 농구, 야구, 족구 등의 경기를 하고 회식까지 참석시키기도 한다. 불안한가. 면접전형에서는 한 사람이라도 더 떨어뜨리려고 한다는 것까지 알면 취업준비생들은 더 불안해질 것이다. 일종의 '시험불안'(6장 참고)이다. 질문의 의도를 파악하는 데 주의를 집중하면 덜 당황스러울 것이다. 가령 글상자 9-4

에서 질문 16의 의도가 “구직자의 경제감각과 가치관, 나아가 업무수행능력까지 판단”(p. 259)하려는 것이라고 파악하면 “1억 원을 종자돈 삼아 몇 배의 돈을 만들어 새로운 일을 하겠습니다. 반 정도는 저축하고 나머지는 고마운 분들에게 선물하겠습니다”(p. 258)라고 막연하게 대답하지는 않을 것이다.

면접관들의 질문이나 행동의 의도를 파악하려면 그 기업의 성격을, 직원에게 어떤 자세를 요구하는지를 정확하게 파악하고 있어야 한다. 그러나 의도를 정확하게 짚는다는 것을 ‘정답’을 알아맞히는 것과 혼동하지 말아야 한다. 정해진 ‘정답’은 없기 때문이다. 주입식 교육에 익숙한 학생들은 이런 상황에서 무기력해진다. 입시 심층면접에서도 학생들이 질문에 ‘정답’을 찾아내려고 애쓰는 모습을 볼 수 있다. 면접하는 교수들은 이 학생이 우리 대학/학과에 들어오면 정체감을 가지고 공부를 열심히 할 것인가, 독립적 사고를 할 수 있는가를 알아보려고 하지만, 원하는 하나의 ‘정답’은 없다. 자기 생각을 표현하지 못하고 ‘정답’을 알아맞히려고 하는 경향은 대학 다닐 때도 잘 변하지 않는다. 이런 자세로 취업면접에 들어가면 높은 ‘시험불안’ 상태에서 면접관의 표정이나 질문내용에서 ‘난 틀렸어’, ‘내가 형편없다고 생각하는 것이 분명해’ 같은 생각을 하게 되고, 그럴수록 불안해지며 의도에 빗나가는 답을 하게 된다. 그래서 ‘기초체력’이 중요한 것이다.

기본적인 자신감이 있고 준비(기업에 대한 정보 등)가 잘되어 있어야 면접위원(들)과 대등하다는 마음가짐으로 편안한 태도를 유지하면서 모든 질문에 솔직하고 자연스럽게 대답할 수 있다. 여러 중요한 주제들에 대해 생각해본 바가 있어서 확실한 자기 의견이 형성되어 있다면 어떤 질문에도 당황하지 않고, 황당한 질문에도 “지금까지 한 번도 생각해 본 적이 없지만…” 하며 침착하게 생각을 정리할 수 있다. 평소에 신문의 사설을 주의 깊게 읽고 TV토론들도 보아두면서 친구들과 이런저런 주제들을 놓고 토론해보는 버릇을 들인다면 토론면접에도 자신감이 생긴다.

정신건강이란 삶의 기초의 문제이며, 이 책 전체가 ‘기초체력’을 강조하고 있다. 취업같이 절박한 문제상황에서 ‘하면 된다’고 격려하며 ‘성공취업 전략 특강’(남지현, 2008)을 해주지 않고, 오랜 세월을 두고 키워나가야 하는 ‘기초’만 강조하면 좌절이 될 것이다. ‘시험공부’는 열심히 하면 점수로 결과가 나오지만,

건강, 자신감, 대인관계 능력이 좋아지는 것은 눈에 보이지 않고 늘 '이 모양 요 꼴'에 머물거나 오히려 나빠지는 것 같기도 하다. 아마 그래서도 학생들이 각자 골방이나 도서관에 틀어박혀 스펙 쌓기 공부에 전념할 것이다.

그러나 가는 길이 곧 목표이다. 일자리는 물론 꼭 필요하지만, 젊은 시절이 사회생활을 위한 준비만 하는 기간은 아니다. 절망에 빠지지 않으려면 나와 가족, 이웃이 행복해지고 사람답게 사는 것이 삶의 목적이라는 것을 자꾸 되새기는 수밖에 없다. 각자 골방을 나와 옆방 문을 두드리고 힘을 모아 소리를 모아 행복추구권을 요구하고 즐거울 수 있는 것을 찾아보자. "꼭 돈을 벌지 않더라도 모여서 재밌는 것을 하다보면 그 안에서 창조적인 것이 나온다"(우석훈, 2008a, p. 92).

많은 사람을 만나 사귀고, 어디에 살든 인터넷을 통해 세계와 만나고, 많은 책을 읽고 사색, 토론하는 등은 그 자체가 즐거운 삶이고, 그러다보면 '기초'가 생긴다. 취업준비, 성장과 성숙은 그러한 즐거움의 부산물이라고 할 수 있다. 다른 장들에서도 너무 가까운 밀착과 지나친 초연함 사이의 '적당한 거리'를 자주 강조했지만, 그러한 균형감각은 삶의 어느 단면, 어느 시기에서나 필요하다. 삶에는 심각하고 진지한 측면, 즉 일과 직업만 중요한 것이 아니라, 즐기고 놀고 쉬는 생활도 똑같이 중요한 것이다. 또 잘 즐기고 놀고 쉬어야 일도 잘할 수 있다.

요약 및 결론

일이란 무엇인가 유용한 것을 산출하는 행위이다. 우리는 먹고살기 위해서 일하지만, 일을 통하여 중요한 심리적·사회적 욕구들을 충족시키기도 한다. 일과 직업은 우리에게 어디에 소속한다는 정체감을 주며 성취욕을 충족시키고 남에게 인정받거나 봉사한다는 욕구를 충족시켜 준다. 우리 사회에서는 **사회적 지위와 인정의 욕구**가 가장 강한 것 같다. 출세 자체가 일하는 목적이 되어 버리면 삶은 전쟁이 되고, 그러한 경우 일은 우리를 성장하도록 돕기보다는 몸과 마음의 건강을 해칠 뿐이다. 평생 하는 일이 건강과 행복을 증진시키려면 무엇보다도 우리가 좋아하고 잘하는 일을 찾아야 한다.

평생직장 개념이 없어지고, 세계화·정보화의 물결 속에서 영어와 정보기술이 누구에게나 요구되고 있다. 직장이 아니라 직업을 선택하여 평생에 걸쳐 경력관리를 해야 하는 시대에 젊은이들은 무작정 대기업/공기업/공무원을 목표로 '스펙 쌓기' 공부에 전념할 것이 아니라 어떤 가능성들이 열려 있으며 자신이 무엇을 잘하고 좋아하는지 파악하여 일찍 직업목표를 세우고 준비해야 한다. 적성과 흥미를 발견하려면 많은 현장체험이 필요하고, 중소기업, 창업, 나아가 사회적 기업과 농사도 고려에 넣을 수 있다.

취업을 위한 서류 및 면접전형에서 지원자는 자신을 해당 기업에 꼭 필요한, 유능한 인재로 제시한다. **자기제시**를 효과적으로 하려면 우선 '기초체력' 면에서 상대방을 확신시켜야 하는바, 건강과 자신감, 대인관계 기술, 읽고 쓰고 말하는 능력을 키울 필요가 있다. 이런 기초실력 외에 기업에서 요구하는 긍정적 자질특성들도 설득력 있게 제시해야 하는데, 많은 지원자들이 자신의 장점들을 인식하지 못한다. 몇 가지 방법을 제안하였다. 단점으로 여겨지는 조건들을 다른 각도에서 바라보면 얼마든지 장점으로 제시할 수 있다.

지원자들은 이력서의 자기소개서와 면접전형에서 자기제시를 하게 되는데, 무턱대고 좋은 특성들을 갖추었다고 주장하면 아무런 인상도 남기지 못한다. 구체적 근거를 제시할 필요가 있다. 면접관들은 다양한 면접 형태들을 시도하며 지원자가 기초체력과 자질, 기업에 대한 정보 면에서 해당 회사에 들어와 사명감을 가지고 일을 잘할 인재인지를 가려내려고 한다. 너무 불안해지면 큰 틀을 파악하려 하기보다 (있지도 않은) '정답'을 찾아내려다 초점을 놓치고 만다. 평소에 자신감을 키워두고, 사회·경제·정치 문제들에 대해 관심을 갖고 의견을 형성하며, 토론기술, 자기의견과 주장 제시 등을 훈련해야 한다.

취업난 때문에 엄청난 압박을 받는 젊은이들은 오랜 세월에 걸친 다양한 경험이 필요한 기초체력을 무시하기가 쉽다. 자기제시에 요령이나 정답이 있는 것이 아님을 깨닫고 또 행복한 삶이라는 궁극적 목표를 잊지 말기 바란다. 취업에만 기초체력이 중요한 것이 아니라, '골인'하자마자 곧 다시 뛰어야 하는 직장생활에서도 그렇다. 이어지는 장들에서 결혼과 가정 이루기에 대해 공부하면, 취업·직장에만 매달리면 일도 사랑도 망치게 된다는 것을 알게 될 것이다. 삶은 단거리경주가 아니라 장거리 마라톤이므로 끝까지 뛰기 위해서는 계속 체력관리가 필요하고 또 코스를 잘 파악하고 있어야 한다.

제 3 부
삶의 행로

2 부에서는 '어른으로서의 삶'이라는 큰 제목 아래 대학생활과 인간관계의 문제, 성별정체와 직업정체의 문제를 다루었다. 지금 대학생인 대부분의 독자들에게 가장 절박한 인생목표는 취업과 결혼일 것이다. 만족스러운 직업을 구하고 좋은 배우자를 만나면 인생의 힘든 고비는 다 넘기는 것일까? 그렇지 않다. 높아가는 이혼율이 말해주듯이, 결혼생활에 실패하는 부부들이 점점 많아지고 있다. 또, '가정을 이룬다'는 것은 자녀를 낳아 기름을 포함하는데, 자녀양육은 즐거움이기도 하지만 막중한 책임이기도 하다. 자녀가 커가면서 우리 자신은 늙고 병들며 어느새 죽음을 맞게 된다.

결혼과 가정생활, 자녀양육, 그리고 중년과 노년의 문제들은 아무 준비 없이 부딪치기에는 너무나 중요한 문제들이다. 3 부에서는 결혼과 부부생활(10장), 가정과 자녀(11장), 중년과 노년(12장)의 주제들을 차례로 다루게 된다.

제10장

결혼과 부부생활

21세기에 들어오기 전만 해도 우리나라에서 '결혼을 할 것인가'라는 질문을 스스로에게 던지는 사람은 거의 없었다. 결혼은 누구나 당연히 해야 하는 것이었기 때문이다. 현대에는 점점 더 많은 젊은이들이 결혼할까 말까를 자문하고, 점점 늦게 결혼하거나 아예 안 하며, 이혼도 점점 쉽게 하고 있다.

세상이 험악해지고 물질주의가 판칠수록, 또 우리가 맺는 대부분의 인간관계가 피상적·타산적이 되어 갈수록, 따뜻한 보금자리에 대한 욕구는 그만큼 더 절박해진다. 모두가 잠재적 경쟁자인 각박한 세상에서 절대적인 '우리 편', 인생의 동반자가 있다는 것은 분명 우리의 정신건강에 도움이 된다. 그러나 다른 한편 바로 이러한 각박한 사회분위기가 배우자 선택과 결혼생활에도 부정적 영향을 미쳐서 연애와 결혼에도 '스펙'을 따지고 부부가 지배권 장악('초전박살')을 위해 경쟁하는 세태이기도 하다.

지금 20대는 관계 맺기에 서툴고 소통과 협력을 잘 못한다는 말을 많이 듣는다. "비경제적 관계 즉 가족애나 우정, 사랑과 같은 가치들이 상당히 약화"(우석훈·박권일, 2007, p. 84)된 사회분위기 탓일 것이다. 20대를 돈 없고 집 없고 결혼 못하는 '3무 세대'라고 하는데, 돈 있고 집 있는 극소수만이 연애와 결혼도 하고 아이도 낳는 시대가 된 것일까. 그래도 여전히 상당히 많은 젊은이들이 결혼을 한다. 어떻게 하면 친밀한 관계를 유지하고 행복해질 수 있을까. 결혼을 안 하면 행복한 인생을 살 수 없을까. 인생에서 가정이란 무엇이며 결혼은 왜 해야 하는가에 대해 깊이 생각해 볼 때가 되었다.

1. 결혼을 할 것인가

결혼 안 한 젊은 독자들은 자신들에게 물어보라. 왜 결혼을 해야 할 것 같은가? 무엇 때문에 결혼하고 싶은가? 결혼해야 어른대접을 받기 때문에? 사랑하는 사람과 밤낮으로 같이 있고 싶어서? 밥하고 빨래해줄 사람이 필요해서? 아이를 낳아 기르고 싶기 때문에? 대부분의 사람들은 무엇을 얻으려고 결혼한다. 그러나 무엇을 피하기 위해서, 어쩔 수 없이 결혼하는 사람도 많다. 전자를 결혼에 대한 긍정적 동기로, 후자를 부정적 동기로 볼 수 있을 것이다.

1-1 결혼에 대한 긍정적 욕구

어떤 이유에서든 결혼 자체를 원하는 경우를 보자. 사실 지금까지 우리 사회에서는 결혼을 왜 하느냐는 묻지 않고, 늦도록 결혼 안 하는 사람들에게 왜 안 하느냐는 질문만 하였다. 우리말에는 '결혼을 안 했다'는 사회적 지위는 없고, 이미 했거나(기혼) 아직 안 한(미혼) 범주만 있을 뿐이다. 요즘은 결혼 안 한 사람을 '비혼자'(unmarried)로 부르는 일이 많아지고 있다.

미국의 학자인 Rice(1979, p. 6f.)는 사람들이 결혼 배우자를 통해 충족시키려는 욕구를 아래와 같이 서술하였다. 각각의 비중에는 문화 차이가 있을지언정 항목들 자체는 우리 문화에서도 타당성을 가진다.

- 애정(서로 사랑하니까, 언제나 같이 있고 싶어서)
- 동료애와 친밀관계(언제나 내 편인 사람)
- 성적 만족(같이 자고 싶기 때문에)
- 자녀
- 정서적 안정

- 지위, 존중, 인정, 수용
- 재정적 안정과 돈
- 봉사와 노동(밥하고 빨래해줄 사람)

위의 욕구들이 모두 작용할 수 있겠으나, 대부분의 경우에는 한두 가지가 특별히 중요한 역할을 한다. 욕구·기대가 비슷하면 결혼생활이 편안할 가능성이 크다. 그러나 남편은 애정 혹은 정서적 안정이 필요한데 아내는 자녀에만 몰두하거나, 남편은 일차적으로 좋은 주부이자 요리사를 원하는데 아내는 서로 존중하는 친밀한 동료애를 원하는 경우도 많다. 물론 살아가면서 욕구가 달라지기도 한다. 예컨대, 처음에는 성적 만족이 중요하다가 나중에는 재정적 안정이 더 절박한 욕구가 될 수 있다.

1-2 부정적 반응으로서의 결혼

어떤 욕구가 가장 중요하게 작용하건 남녀가 서로 원해서 결합하는 것이 아니라 다른 무엇을 피하기 위해 혹은 다른 무엇을 이루기 위해 결혼하는 경우도 없지 않다. 대표적인 경우들을 몇 가지 살펴보자.

(ㄱ) **임 신** 피임법과 임신중절수술이 보편화되면서 본인이나 상대방의 임신 때문에 결혼하지 않을 수 없게 되는 일은 점점 줄어들지만 여전히 많이 볼 수 있고, 상대방에게 결혼을 강요하기 위해 혹은 부모의 찬성을 얻어내기 위해 일부러 임신하기도 한다.

(ㄴ) **도 피** 불행한 가정환경이나 불만스러운 현재 상황으로부터 도망가기 위해서 결혼하는 경우이다.

(ㄷ) **복 수** 실연당하고 등 돌린 사람에게 '보란 듯이', 혹은 부모에 대한 적개심에서 아무하고나 결혼해 버리는 사람들이 있다. 무의식적이겠으나 자기 자신을 벌주기 위해 전혀 어울리지 않는 상대와 결혼을 강행하기도 한다.

이 밖에 연민이 가는 사람에게, 은인에게 보답하기 위해, 혹은 자신이 비정상이 아니라는 것을 보여주기 위해 결혼을 결심하는 일도 있다. 우리 사회에서는 본인이 결혼을 포기해도 가족이나 친지들이 끈질기게 결혼을 종용하는 일이 아직도 많으므로, 선보는 일이 지긋지긋해서 아니면 연애게임이 신물 나서 그냥 결혼해 버리는 일도 있다. 이렇게 사회적 압력에 밀려서 하는 결혼도 부정적 반응으로서의 결혼이라 하겠다. 결혼 자체를 원하는 것이 아니기 때문이다.

상대방이 내 욕구들을 채워주리라고 믿어서 결혼했을 때도 생활에서 환멸과 갈등이 따르는데, 다른 목적을 위해 '해버릴' 때는 행복해지기가 훨씬 더 어렵다. 정 없는 사람과 또는 '불쌍한 사람'이나 '은인'과 '살 맞대고' 평생 살 자신 있는가. 아무렇게나 저질러 버리기에는 — 더구나 아이라도 생기고 나면 — 결과가 너무나 막중한 것이 결혼이다. 미혼의 독자들은 지금 혹은 얼마 뒤에 결혼을 마음먹을 때, 자신이 이러한 부정적 반응으로서 결혼을 원하는 것이 아닌가를 생각해볼 필요가 있다.

나는 *지금 이* 사람과 *결혼*하기를 *스스로* 원하는가 — 결혼해야겠다고 생각하는 사람은 이 질문을 자신에게 던져보기 바란다. 어떤 사람과 몇 년을 사귀다 보니 둘 다 서른이 넘었고 주위 사람들이나 상대방이 강요·기대하기 때문에 결혼한다면, 이 사람을 원할지언정 지금 스스로 결혼을 원하는 것은 아니다. 상대방과 내가 각자 결혼을, 이 상대를, 결혼시기를 스스로 선택했느냐 아니면 상대방이나 누구에게든 무엇 때문에든 떠밀리거나 강요당했느냐 하는 것은 결혼생활의 적응과 갈등대처 자세에 결정적 영향을 미친다. 원하는 사람과 원하는 때에 결혼해도 남남끼리 만나서 매일 보고 산다는 것은 크고 작은 어려움이 많은 일이다.

1-3 전통적 결혼과 현대적 결혼

대가족제도가 핵가족으로 대치되고, 젊은이들이 스스로 자기 짝을 찾으며, 고등교육을 받는 여자가 늘어나는 등의 사회변화와 더불어 결혼과 가정생활의 양상이 달라져 가고 있다. 과거에는 대를 잇기 위해, 결혼해야 어른 대접을 받으므로, 재정적 안정(평생직장)을 얻기 위해 결혼했다면, 오늘날은 *행복해지기 위해* 결혼한다는 생각을 점점 더 많이 하고 있다. 따라서 행복해지기 위해 결혼을 안 할 수도 있다.

Rice(1979)는 미국에서 결혼이 전통적 결혼에서 현대적 결혼으로 변하고 있다고 보았는데, 이는 우리나라에도 나타나고 있는 추세이다. 아직까지도 대부분의 결혼은 두 극단의 혼합형태겠지만, 변화의 추세를 분명히 하기 위해 전통적 결혼과 새로운 결혼형태를 몇 가지 점에서 대비시켜 보자(cf. Rice, 1979, p. 10f.).

㈀ 전통적 결혼이 신체적 욕구들, 노동과 봉사, 대 잇기 등 실리적 이유들을 위한 결혼이라면, 현대적 결혼은 사랑, 동료애, 정서적 욕구 등을 충족시키기 위한, 결합 자체가 목적인 결혼이다.

㈁ 전통적 결혼에서는 개인보다는 (가족)집단의 유지와 발전을 강조하고, 현대적 결혼은 부부 각자의 자기실현과 성장의 추구를 허용한다.

㈂ 전통적 결혼에서는 아내가 남편에게 종속되는 권위적 권력구조가 지배하나 — 조선시대에 쓰인 '내훈', '여훈' 같은 책들을 보라 — 현대적 결혼은 남편과 아내가 동등한 민주적 권력구조이고 성역할들도 유동적이 되었다.

㈃ 전통적 결혼에서는 다른 사람들이 짝을 맺어 주는 일이 많고 백년해로가 기대·요구되며 따라서 이혼은 생각할 수 없는 일이다. 현대적 결혼에서는 서로가 서로를 원하므로 선택하였고 따라서 결혼생활에 대한 기대도 높다. 기대가 높으므로 실패와 실망의 가능성도 높고 이때 이혼은 얼마든지 생각할 수 있는 대안이다.

결론적으로, 전통적 결혼은 남성 중심적 결혼이고 현대적 결혼은 남녀가 평등한 결혼이라 할 수 있을 것이다. 아직까지 남성중심적인 우리 현실에서는 전통적 결혼이 훨씬 더 우세한 형태이다. 여성들이 취업이 잘 안 되고, 비정규직이 많고, 승진도 안 되는 등 고용평등이 낮은 현실에서 "인생을 재테크"(김현진, 2009a, p. 13)하는 결혼이라면 전통적 결혼을 선택하는 것이 된다. 실리적 이유들이 앞서면 사랑과 동료애 같은 정서적 욕구들은 뒤처지기 쉽다.

1-4 여자의 결혼, 남자의 결혼

페미니즘 학자인 Bernard는 '결혼'이란 없고, 단지 '남자의 결혼'과 '여자의 결혼'만 있다고 주장한다. 우선 전자는 후자보다 유리하다. '결혼을 할 것인가'를 물어보면, 남학생들은 '당연히', '물론'이라고(심지어 '자연의 섭리이므로') 대답하는 경우가 많은 데 비해, 여학생들은 갈등과 회의가 크다. 또 남자는 결혼생활을 훨씬 더 행복한 것으로 그린다. 남자는 결혼생활로부터 얻는 것(gain)을 생각하고 여자는 희생(cost)을 생각하는 것이다. 남녀의 이러한 태도차이는 현실을 상당히 잘 반영한다. 무엇보다도, 여자는 아직까지 '시집', 즉 남자의 집안으로 들어가고 남자는 여자를 데려온다. 남자도 결혼생활의 구속과 책임에 대해 불평하지만 이런 성차별적 현실은 분명 여자보다 남자에게 유리하다. [그래서 청혼(프러포즈)도 남자가 하는 것이다.]

기혼남자는 독신(이혼, 사별 포함)남자보다 더 행복하고 건강한 반면, 기혼여자는 기혼남자보다 그리고 독신여자보다 더 불행하다(김태련 등, 1996, pp. 325-326 참고). 여자가 남자보다 결혼생활에 만족하지 못하는 이유 중의 하나는, 아내들이 남편과 가정에 집중하는 데 비해 남편들은 일과 직장에 집중한다는 것이다. [중년을 지나면서 남편들이 아내와 가정으로 돌아올 때, 아내들의 생활중심은 가정에서 바깥세계로 옮아간다.] 따라서 특히 전통적 결혼에서는 부부간의 동료애가 크지 않은데, 현대여성들은 이런 불평등 관계로 인해 받는 고통이 크다. 전통적 결혼형태가 우세한 현실에서 '여자의 결혼'은 아직도 매우 힘들며 "오직 강한 여성만이 결혼생활에서 살아남을 수 있다." 여성들은 이 장의 끝으로 갈수록 이 말의 무게를 점점 크게 느낄 것이다.

'강하다'는 것은 정서적·경제적 독립을 의미하는데 남녀 모두 이 독립이 힘들어졌다. 남자들은 여전히 결혼해서 '얻는 것'(정서적 안정, 자녀 등)을 더 많이 생각하지만, 남자가 가정을 부양해야 한다는 고정관념이 아직 지배하는 현실에서 결혼할 처지가 안 되는 청년들이 늘어난다. 더욱이 사람답게 살기 위해 필요한 '최저생계비'('캐비아')는 점점 높아지고 있다(우석훈, 2008). 직업이 있어도, 사랑하는 사람이 있어도, 지금 누리고 있는 생활수준을 포기하느니 계속 부모에게 의지해서 살려고 하는 젊은이들이 점점 늘어난다.

정서적·경제적 독립도 이루었고, '캐비아'도 포기할 수 있고, 사랑하는 사람도 있으니 꼭 결혼하고 싶은가. 배우자 선택에 대해 생각해보자.

2. 배우자 선택

배우자를 선택한다는 것은 하루 저녁을 즐겁게 보내거나 며칠 같이 여행할 사람을 고르는 것이 아니라 평생 같이 살 반려자를 고르는 것이다. 남녀가 만나서 서로 좋아하고, 결혼을 결심하고, 조화롭게 같이 사는 일은 우리가 의식하지 못하는 여러 가지 힘들이 작용하는 과정이다. 여기서는 이러한 심층심리학적 과정은 다룰 수가 없고, 다만 어느 정도 이성적인 판단으로 자기에게 '맞는' 사람을 찾는 기준에 대해 논의하기로 한다.

2-1 배우자 선택의 기준들

"어떤 사람과 결혼해야 행복하게 사느냐"라는 질문에 대한 '정답'은 '사랑하는 사람과'이다. 그러나 사랑의 감정은 평생 같이 살 수 있는 사람인지를 판단하는 데 오히려 방해가 될 수 있다(8 장의 3-2 참조). 성격상 또는 기타 여건상 '같이 살' 수 없으면 뜨겁던 사랑도 식거니와 관계가 깨지고 만다.

(1) 유사성의 원칙

7 장에서 본 것처럼 우리는 자기와 다른 사람보다는 같거나 유사한 사람에게 더 끌리고, 비슷한 사람끼리 더 잘 지내는 경향이 있다. 이 유사성 원칙을 몇 가지 측면으로 나누어 고찰해 보기로 한다(Rice, 1979).

(ㄱ) **욕 구** 사람들은 욕구가 비슷한 사람을 배우자로 선택하는 경향이 있다. 아내와 남편이 둘 다 다정다감하거나, 둘 다 남들에게 인정받고 싶은 욕구가 강한 경우처럼 욕구가 비슷한 부부들이 서로 다른 욕구를 가진 부부들보다 더 잘산다. 지배욕 강한 사람이 의존과 굴종 욕구가 강한 사람과 만나는 것처럼 반대 되는 사람들이 끌리는 경우도 물론 있다. 그러나 전체적으로 욕구들이 유사할 때 부부의 조화에 더 도움이 된다고 한다.

(ㄴ) **성 격** 성격의 유사성도 결혼생활의 만족에 도움을 준다. 일반적 활동성, 진지함, 낙천성, 정서적 안정, 자존심 등 정신건강과 직접 관련된 특징들

글상자 10-1 가정인가 직장인가

대학 졸업 후 곧 행정고시를 통과해 부러움을 샀던 제자는 서른이 되기 전에 적절한 파트너를 만나 근사한 결혼식을 올리면서 주변의 부러움을 샀다. 가장 행복해야 할 신혼 6개월에 이 제자가 고민에 찬 얼굴로 찾아왔다. 거의 매일 밤 열한두 시 넘도록 '회사'(공무원들은 요즘 자기 직장을 이렇게 표현한다)에 남아서 일을 하는 탓에 부부관계가 소원해지고 있다는 것이었다. 남편은 저녁 일곱 시 정시에 퇴근하는 '정상적인' 직장에 다니는데 아내가 집에 없으니까 밖으로 나돌기 시작했고, 급기야 부부관계에 금이 가는 것이 느껴진다는 것이다. 그래서 직장을 그만두어야 할지를 두고 심각하게 고민을 하고 있다고 했다.

나는 남편에게 요리학원에 가게 해보라는 말 외에 달리 조언할 말이 없었다. 이 졸업생이 남자였다면 어땠을까? 직장에서 먼저 돌아온 아내가 집에서 저녁식사 준비를 하면서 기다리는 관계로 큰 문제가 되지 않을 확률이 꽤 높다. 아이라도 낳게 되면 친정이나 가정부 도움을 받아 그런대로 가정을 꾸려갈 것인데, 이 제자는 책임감도 강해 아이를 낳아 부모라는 사람이 별로 만나지 못하고 키워야 한다면 아이를 낳지 말아야 한다고 생각하는 사람이다. 그래서 결국 남은 선택은 어렵게 얻은 공무원 직장을 포기하고 집으로 돌아가는 것, 아니면 이혼을 하는 것이다.

[조한혜정, 2007, pp. 39-40]

에 있어서 비슷한 사람끼리 만나는 경향이 있고 그러한 결혼이 더 조화롭게 오래간다.

(ㄷ) **배 경** 배경이란 사회·경제적 지위, 종교, 교육수준 같은 사회적 특징들을 말한다. 중매를 할 때는 배경이 맞는가가 가장 중요한 기준이 되지만 스스로 배우자를 선택할 때도 유사한 배경의 사람을 선호하는 경향이 있다. 사회적 배경이 결혼생활 만족과 밀접한 관계가 있는 것은 아마도 생활환경이 아래에 언급할 가치관, 생활습관, 역할개념 등의 형성에 큰 영향을 미치기 때문일 것이다.

(ㄹ) **태도와 가치들** 태도와 가치관이 같다는 것은 조화로운 생활에 큰 기여를 한다. 각자의 직장, 돈 문제, 양쪽 부모와 가족, 친구, 종교, 인생관, 性과

애정표현, 자녀수와 교육 등등의 문제들 전부에 대해 의견이 일치할 수는 없으나, 일치도가 클수록 서로 적응하기가 쉽다. 그러나 부부는 닮는다고 하듯이, 같이 살면서 태도와 가치가 점점 비슷해지는 것도 사실이다.

(ㅁ) **역할개념** 남편은 돈 벌어다 주는 사람인가? 남편은 가족과 많은 시간을 같이 보내야 하는가 아니면 일에만 집중해야 하는가? 여자는 살림하는 사람인가? 서로 기대하는 역할이 각자가 실제로 수행하는 역할과 일치한다면 역할개념들이 조화를 이루는 것이다. 글상자 10-1에 역할기대 때문에 위기를 맞은 신혼부부의 이야기를 실었다. 남녀역할의 개념은 최근 십여 년 동안에 많이 달라졌지만 남자보다는 여자가 더 빨리, 그리고 많이 변했기 때문에, 남녀가 생각하는 남녀 역할개념의 차이가 크다. 이를테면, 남자는 남녀역할이 분명히 다르다고 생각하나, 여자는 남녀역할을 나눌 필요가 없다고 생각하는 일이 많다. 자기에게 유리한 쪽의 변화만 받아들이거나 요구하기도 한다. 가령 남자는 경제적 책임은 같이 지면서 집안일을 면제받고 싶고, 여자는 돈버는 일은 면제받고 집안일은 같이 하고 싶다.

지금까지의 내용을 종합하자면, 다음과 같은 사람과 결혼할 때 더 잘살 수 있다는 것이다: ① 비슷한 욕구들을 가진 사람, ② 특히 정신건강 수준과 관련된 성격특성들 — 예를 들면 자존감, 낙천성, 정서적 안정 등 — 이 비슷한 사람, ③ 사회·경제적 수준, 종교, 교육수준 등이 비슷하고 태도, 가치, 역할개념이 비슷한 사람끼리 더 잘산다. 나이도 서로 비슷한 것이 차이가 많은 경우보다 더 바람직하다.

유사성 원칙은 통계적 경향이고, 자기와 다른 사람과 결혼하면 불행할 것이라는 뜻은 아니다. 다만 자신과 아주 다른(배경, 성격 등등의) 사람과 결혼하려 할 때는 좀더 신중해질 필요가 있다. 시간을 좀더 갖고 토론하고 검토한다면 걱정할 게 없겠다는 결론이 나든지, 서로 더 잘 이해하거나 앞으로 닥칠 수 있는 문제들이 분명해질 것이다. 이 책의 주제인 정신건강으로 말하면, 몸과 마음이 건강하고 성숙한 사람을 만나려면, 유사성원칙에 따라, 나 스스로 건강하고 성숙해야 한다. [8 장에서 결핍사랑과 존재사랑을 비교한 바 있다.]

두 사람이 어느 정도 같고 어느 정도 다른가를 알려면 자기 자신과 상대방을 잘 알아야 한다. 독자들은 자신에게 무엇이 중요하고 어떤 욕구들이 있는지를 아는가? 자기를 안다는 것은 오랜 성숙의 과정을 요구한다. 결혼은 우리에게 성숙해질 기회를 주지만, 어느 정도 성숙한 사람이어야 결혼생활에서 더 성장할 수가 있다. 감정에만 이끌리는 것도, 주위 사람들의 판단에만 이끌리는 것도 평생 같이 살 사람을 선택하는 현명한 방식이 아니다. 상대방과 내가 조화를 이룰 수 있느냐 하는 것은 결국 두 사람의 많은 자기성찰과 대화와 행동관찰을 통해서 알게 되는 것이다. '연애게임'만 하면 몇 년을 연애하다 결혼하고도 "이 사람이 이런 사람이었던가", "남자/여자란 이런 동물인가" 하고 놀라고 실망하는 일이 많다.

(2) 남자의 신청, 여자의 결정?

'프러포즈'는 보통 남자가 한다. 환상적 세팅에서 장미꽃 백 송이와 반지를 바치는 화려한 이벤트를 해도 질문은 남자가 하고 여자는 대답만 한다. 결정권은 대답하는 여자에게 있는 것 같지만 사실 남자가 여자를 선택하고 '데려가는' 상황이다. 모든 연애게임이 청혼까지 가지는 않지만, 프러포즈는 통상 연애게임의 절정이라 할 수 있다. 연애게임 '매뉴얼'의 핵심이 서로(주로 남자가 여자를) 기쁘게 해주는 것이었다면, 청혼의 핵심은 남자가 여자를 평생 공주님처럼 모시고 행복하게 해줄 테니 결혼해달라고 요청하는 것이다. 연애게임 전체가 그랬듯이 이 절정에서도 '교환법칙'(7 장 참조)은 고려되지 않는다. 여자가 결혼만 해주면 남자가 베풀기만("눈에서 눈물 안 나게" 등) 할 것이다. 평생 연애하듯 살자는 약속을 받아내는 여자도 그 약속을 하는 남자도 결혼으로 연애게임이 끝이라는 사실을 고려하지 않는(척한)다.

결국 남자는 자신의 진정한 욕구를 억누르고(숨기고) 여자의 욕구만 충족시키는 '착한 노예'로 살겠다고 약속하는 것이다. 7 장에서 우리는 "상대방의 감정에 책임을 느끼고 그가 행복해보이지 않으면 그를 기쁘게 하기 위해 뭔가 해야 한다고 느끼"는 것을 정서적 노예상태라고 말했다. 결혼신청 때 남자가 약속하는 것과 달리 남성 중심적 사회에서 결혼은 남자가 주인이고 여자가 종이 되는 게임이다. 그래서 선택을 하는 남자는 지키지 못할 약속을 하고, 여자는 가장 좋은 '캐비아'를 보장해줄 최상의 남자를 고르려고 한다.

안정성 있고 소득 높은 정규직 일자리가 (여자들에게는 더욱) 하늘의 별 따기인 현실에서 여자들은 "내 '스펙'으로 건질 수 있는 최상의 남자를 만나서 인생을 재테크하라는 메시지"(김현진, 2009a, p. 13)를 따르기 쉽다. 그렇게 전통적 결혼을 원하면서도, '현대적 결혼'의 사랑과 동료애, 민주적 평등관계도 원하므로 결정 내리기가 쉽지 않다. '스펙' 높이기(특히 외모 가꾸기)에만 전념하면 '같이 살고 싶은가', '같이 살 수 있는가' 같은 물음들을 무시해버리기 쉽다. 결혼은 행복해지기 위해서 하는 것이며, 사랑만으로 행복할 수는 없지만 사랑 없이는 행복할 수 없다.

결혼을 언제 하건 결혼 전까지는 누구나 독신자(single)이다. '적령기'라는 것을 무시하고 자기에게 맞는 사람을 발견해야 결혼한다는 사람들이 늘어나므로, '노처녀', '노총각'들은 점점 더 많아진다. 요즘에는 가족이 한 도시에 살아도 결혼 안 한 '처녀', '총각'이 집을 나와 혼자 사는 일이 흔해졌다. 결혼 후의 적응과 갈등의 문제들을 논의하기 전에 부모에게서 독립하여 사는 독신생활의 문제들에 대해 생각해 보기로 하자.

2-2 독신생활

결혼은 해도 후회하고 안 해도 후회한다고 한다. 결혼생활에 행복만 있는 것이 아니라 많은 적응과제와 어려움이 있는 것처럼, 독신생활에도 자유만 있는 것이 아니다. 자유도 좋고 독립도 좋지만, 모든 일을 혼자 알아서 처리해야 한다는 것이 고달픔보다는 즐거움이 되려면 여러 가지 대비가 필요하다. 독신기간이 서른까지 갈지 마흔까지 갈지 아니면 죽을 때까지 갈지 모른다는 것을 생각하면, 행복한 독신생활("swinging single")은 존재의 방식(스타일)을 선택하는 문제가 된다. 독신생활을 즐겁게 보낸 사람들이 결혼생활에도 만족한다는 연구결과도 있고 보면 결혼을 위한 준비로서도 독신시대는 중요하다.

(1) 사회의 압력

우리 사회는 늦도록 결혼 안 한 사람은 무엇인가 부족하거나 비정상적이라고 보는 경향이 있다. 가정과 직장에서 주위 사람들이 계속 물어보고 사람을 소개해주는 것이 고마울 수도 있지만 아주 성가실 수도 있다. '적령기'의 압력은 여자에게 더 높아서 '값이 떨어지기 전에' 가야 된다고 난리이다. 이러한 압력에 신경쓰지 않고 의연하기가 쉬운 일은 아니지만, '남이 뭐라든 내 인생을 내가 산다'는 태도를 가질 필요가 있다.

결혼하라는 압력만큼 눈에 드러나지는 않지만, 다른 압력들도 있다. "너는 '우리'와 다르다"는 악의 없는 놀려댐도 여러 번 되풀이되면 유쾌하지가 않고, 남들과 똑같이 반응을 해도 결혼을 안 해서 정서 불안정인 것으로 받아들여지면 스트레스가 많다. 혼자 사는 여자들은 혼자 사는 남자들보다 더 심한 차별과 편견들에 시달린다. 이를테면, 술먹고 늦게 다녀도 남자보다 여자가 더 눈총을 받고, 혼자 음식점이나 극장에 가도 여자가 더 이상하고 불쌍하다고 여겨진다.

이러한 편견과 압력 때문에 '더러워서' 결혼해 버릴 수는 없는 일이다. 오히려 혼자 사는 연습을 통해 강해질 수 있고, 혼자도 잘살 수 있어야 결혼해서도 남녀가 평등한 '현대적 결혼'을 해 나갈 수 있다.

(2) 인간관계

독신의 스트레스 때문에도 독신자들에게는 마음이 통하는, 평소의 가면을 벗고 속 얘기를 할 수 있는 가족과 친구들이 필요하다. 이 장을 시작하면서 "절대적인 '우리 편', 인생의 동반자"의 필요성을 언급했지만, 이러한 우정이 꼭 배우자와의 관계에서만 가능한 것은 아니다. 일단 성인이 되었으면 상대의 나이가 많거나 적거나, 남이거나 혈육이거나, 남자거나 여자거나, 직장동료나 학교동창이거나 누구라도 이런 동반자가 될 수가 있으며, 그런 친밀한 인간관계들은 우리의 인생살이에 꼭 필요하다.

친밀하게 지내는 동반자와 이웃이 혼자 사는 독신자에게 특히 필요한 것은 일차적으로 외로움 때문이다. 휴일이나 연휴 때마다 남들은 가족과 어울리는데 기나긴 시간을 늘 혼자 보낸다고 생각해 보라. 그러나 외로울 때보다 더 절실하게 '이웃'이 필요한 때가 있다. 어느 날 아침에 눈을 떴는데 열나고 온몸이 아파서 출근은 고사하고 일어날 수도 없다. 살다 보면 이런저런 급한 일, 큰일을 당하게 되며, 그때 도움을 청할 사람, 편들어 줄 사람이 없으면 참으로 막막하다. 객지생활을 해본 독자들은 이를 잘 알 것이다. 평소부터 이웃과 인사하고 왕래

하며 좋은 관계를 유지했다면 이럴 때 옆집에라도 SOS를 칠 수 있다. 꼭 위급상황이 아니라 안전을 위해서도 이웃과 좋은 관계를 맺어두는 것이 좋다.

물론 친구와 이웃은 그냥 생기는 것이 아니다. 아파트 통로나 단지에서 마주치는 이웃과 인사를 나누고, 남들이 우리를 기억해주거나 호감을 표현하기를 기다리지 말고 스스로 연락하고 접근하고 초대하는 등의 적극적인 태도가 필요하다. 형제자매, 친척이나 친구의 문제들에 늘 관심을 갖는 것도 중요하다. 독신자들이 일에만 몰두하다 보면 어느새 고립되기가 쉬운데, 이에 경계하고 대비하여야 하는 것이다.

(3) 생활의 규율

구속 없이 자유롭게 산다는 것은 매력 있는 삶의 방식이지만, 아무에게도 신경 쓸 필요가 없다는 바로 그 이유 때문에 방종하거나 무절제한 생활습관이 몸에 익어 버리기가 쉽다. 혼자 살면서 자고 싶을 때 자고, 먹고 싶을 때 먹는 습관을 들이면, 수면이 부족해진다든지, 아주 허기질 때까지 안 먹다가 한꺼번에 과식하여 건강을 버릴 수가 있다.

식생활이 불규칙해지고 영양 불균형이 되는 일은 특히 주의해야 한다. 사람에 따라 다르지만 혼자 밥 먹기가 즐거운 일이 아니므로, 군것질로 허기를 때우거나, 통조림, 인스턴트식품으로 살거나, 밖에서 사 먹고 다니기가 쉽다. '혼자 먹자고 무얼 하게 되지가 않는다', '설거지가 귀찮다'고만 할 것이 아니라, 만드는 과정과 먹는 일 둘 다를 즐기려고 의식적으로 노력할 필요가 있다. 요리는 아주 훌륭한 취미생활이 될 수가 있다. 실력이 늘면 가족이나 친구들을 불러다 먹이고 함께 시간을 보낼 수도 있다. 늘 얻어먹기만 하다가 자기도 베풀어 본다는 것은 별다른 즐거움이다. 환경을 쾌적하게 유지하는 것도 중요하다. 혼자 사는 삶은 쉽게 황량해질 수 있기 때문이다. 집이 돼지우리 같아도 자고 나오는 데는 지장이 없으나, 사는 곳이 깨끗하고 '사람 사는 곳 같다'면 혼자 있는 것이 더 편안하고 즐겁다.

생활에 규율을 주는 방법 중의 하나는 스스로 다채로운 프로그램을 집어넣는 것이다. 이를테면 어떤 클럽이나 시민모임에 가입하여 적극적으로 활동한다든지, 교양강좌나 외국어학원에 등록하여 다닌다든지, 직업수행이나 개인적 관심과 관련된 전문서적을 읽는다든지 하는 일들은 기혼자보다는 독신자들이 훨씬 더 쉽게 할 수가 있다. 이렇게 하면 자기발전만 될 뿐 아니라 남들과도 어울리게 되고, 경우에 따라서는 이 사회에 공헌도 하게 되므로 삶이 풍요로워진다.

(4) 건강관리

친구보다도 재산보다도 더 소중한 것은 물론 건강이다. 가족이 없는 독신에게는 더욱 그렇고, 나이가 들수록 더욱 그렇다. 건강관리에 중요한 것은 균형 있는 영양섭취, 규칙적인 운동, 그리고 휴식이다.

끼니 건너뛰기와 과식은 위에 부담을 주고, 외식을 많이 하여 신선한 채소와 과일 등을 충분히 못 먹는 것도 장기적으로 보면 건강에 매우 해롭다. 집을 떠나 있어서 밥을 주로 사 먹는 독자들은 외식이 얼마나 고역인지 잘 알 것이다. 요리의 즐거움은 앞에서 언급했거니와, 잦은 외식도 즐거움으로 만들 수 있다. 저자의 친구 중에는 주변에 어느 식당이든 새로 문을 열면 들어가 먹어 보고 좋은 집은 여러 사람에게 추천해주는 사람이 있다. 결국 생활의 지혜란 어쩔 수 없는 일을 즐거운 일로 바꾸어 버리는 데 있을지 모른다.

운동도 중요하다. 수영, 테니스, 헬스클럽 등이 시간과 경비가 들어서 엄두가 안 난다면, 일상생활에서도 얼마든지 운동이 가능하다. 맨손체조, 청소 등의 집안일, 걸어서 혹은 한두 정거장 앞에 내려서 출퇴근하기, 엘리베이터 타는 대신 걸어서 층계 오르내리기 등은 상당한 운동량이 될 수가 있다. 권태, 직장생활 스트레스, 고독 등 때문에 일시적인 도피수단으로 술에 의지하게 되기 쉬운데, 편안한 마음으로 즐기는 적은 양의 술은 기분전환과 피로회복을 돕는다. 그러나 특히 스트레스가 쌓여 있을 때 술을 많이 그리고 습관적으로 마시게 되면 건강을 해치고 중독까지 갈 수가 있다. 스트레스와 피로를 푸는 효과적인 방법들을 몸에 익힐 필요가 있다.

행복한 독신생활을 위한 조언들은 이 밖에도 여러 가지가 있겠으나, 이 조언들이 어떤 목적을 위한 수단에 지나지 않는 것은 아니다. 부부가 서로 지지고 볶고 사는 것이 결혼생활의 '맛'인 것처럼, 혼자 사는 자유와 고독도 독신생활의 '멋'이다. 병나면 큰일이니까 정신 차려서 이것저것 꾸역꾸역 챙겨 먹는 사람과

정성스럽게 음식을 만들어 예쁜 그릇에 담아 즐기며 먹는 사람은 얼마나 다른가? 또 많은 자유시간을 고독과 권태로 느끼느냐 아니면 독서와 취미생활로 채우느냐 하는 것은 본인의 태도에 달려 있다. 혼자 살아도 얼마든지 행복하고 즐거울 수 있다는 것을 안다면, 남이 다 한다는 이유만으로 결혼해 버리는 실수는 저지르지 않을 것이다.

통계적 경향으로 보아서 대부분의 젊은이들은 결혼을 혹은 배우자를 선택하기 전까지만 독신생활을 하게 될 것이다. 그래서 배우자를 잘 선택하면 행복한 결혼생활이 보장되는가? 많은 사람들이 그러한 환상을 가지고 결혼식을 올린다. 춘향전도 그렇고 많은 동화들에서도 우여곡절 끝에 남녀가 — 공주님과 왕자님이 — 맺어지는 것이 이야기의 대단원이며 해피엔딩이다. 그러나 현실에서는 남녀의 결합이 우여곡절의 끝이라기보다는 시작이며, 왕자님과 공주님의 삶이 끝나고 보통사람의 삶이 시작되는 출발점이다. 사람이 환경에 따라 나이에 따라 변한다는 것까지도 생각하면, 부부가 서로 이해하고 적응한다는 것은 결혼 초에 졸업할 과제도 아니고 평생을 이어지는 과제가 된다.

3. 부부 적응

우리나라에서 전통적으로 결혼이란 여자가 남편의 집으로 들어가는 것이었다. '시집가는' 여자를 위해 쓰인 '내훈', '여훈' 부류의 글들은 하나같이 남편과 시부모를 하늘같이 받들어 모실 것을 가르치고 있다. 이에 준하는 남성용 교육서가 없다는 것은 결혼생활 적응이 일차적으로 여성의 과제라는 것을 말해준다. 오늘날까지도, 여자가 남자에게 적응하고 사랑받으려고 노력하는 것이고 남자는 여자(조강지처)를 버리지 않고 데리고 살아 주는 것이라고 생각하는 사람들이 많다. 결혼해서 '아줌마'로 보이지 않으려고 애쓰는 여성들은 젊고 예쁜 '아가씨'들에게 남편을 빼앗기고 싶지 않은 것이다.

앞에서 남녀 역할개념의 조화의 중요성을 역설하였거니와, 적응이 일방적이냐 아니면 쌍방적, 상호적이냐 하는 문제에서 의견차가 있다면 결혼생활이 처음부터 어려움에 부딪치게 된다. 적응의 어려움은 그것이 둘 사이의 일만이 아니라는 데 있다. 우리나라에서는 '집안'의 세력이 막강해서 배우자 선택에서부터 부모의 입김이 세다. 젊은이들은 꼭 부모를 존경해서가 아니라 부모에게 여러 가지로 의지해 살아야 하기 때문에 부모 뜻을 거스르기 어렵다. 적응의 다른 어려움은 현실 자체에 있다. 일과 사랑의 능력이 정신건강의 지표라고 하지만, 적성과 흥미와 가치에 맞지 않는 일을 하는데다 근무조건과 환경도 열악하다면 사랑의 세계에도 어두운 그림자를 던진다. 입시교육을 초등학교 때부터 시작해야 하는 현실도 큰 압력이다. 부부 적응을 어렵게 하는 우리 현실의 단면을 보도록 하자.

3-1 현실의 압력

'여자-가정, 남자-직장/사회'라는 영역분리를 하지만, 가정생활에서도 남편/아버지가 지배자('가장')이다. *경제력*이 남자에게 있다는 것이 일차적 이유이다. 기혼여성의 경제활동 참가율이 계속 늘고 있지만(2008년 현재 49.8%, *한겨레21*, 2009. 10. 12. "아내는 아내가 있었으면 좋겠다") 아직까지는 맞벌이가구보다 남편 혼자 버는 가구가 많다(2005년 현재 363만 3천 대 477만 6천, *한겨레21*, 2009. 10. 19.). 맞벌이 남편보다는 혼자 버는 남편들이 전문·관리직에 더 많이 종사하는 등 소득이 더 높다. 대다수 기혼여성들이 일차적으로 돈을 벌어야 하기 때문에 일을 하지만 3명 중 2명은 비정규직으로서 일자리도 불안정하고 임금도 낮은 형편이다. 여자가 남자에게 경제적으로 의존하면 부부 적응은 여자의 과제, 남편의 만족을 위해 여자가 희생하는 과제가 되어버린다.

여자를 공주처럼 모시겠다는 약속을 지키고 싶다 해도 우리나라 고용시장과 직장문화에서 남자는 부부 적응을 위해 노력하기 힘든 처지에 있다. 정규직 종사자들은 언제 잘릴지 모르면서 대다수가 과로에 시달리며 '하루하루가 전쟁'인 직장에 다니고 있고, 비정규직 노동자들은 역시 언제 잘릴지 모르면서 낮은 임금을 받으며 과로에 시달린다. 갑작스러운 회식이나 습관적인 야근이 많은 *직장문화*도 남성이 '좋은 남편/아버지'가 되기 힘들게 만든다. 직장이라는 것이 구조적으로 가정과 개인의 자율공간을 남겨주지 않고 조직에 충성하는 일꾼만 남는 형태로 가기 때문에 "결국 일터에서 살아남을 사람은 '아내' 있는 남성이

나 싱글 여성밖에 없을 것이다"(조한혜정, 2007, pp. 40-41). 8장에서 고위공무원 중에 여성이 극히 적다는 현실을 보았는데, 고시를 통과하는 여자가 많아도 결국 남자들만 남게 되는 것이다(글상자 10-1 참조). 여성들이 밀려나기도 하지만 어렵게 얻은 직장을 미련 없이 그만두기도 한다(p. 41).

> 좀 비약해서 표현하면 일터는 '자발적 노예노동'을 하는 스물네 시간 노동의 대기소이고, 동료간의 관계는 묘한 끈끈함으로 이어지는 비합리적 관계가 되거나 경쟁력 높은 회사처럼 '이기지 않으면 죽는다'는 경쟁관계여서 하루하루가 버티기 힘들다는 것이다.

하루하루 버티기 힘들어도 남자는 전쟁터 같은 직장을 그만두기가 훨씬 어렵다. 돈도 필요하지만, 직장이 있다는 것은 남성의 정체성에 훨씬 중요하기 때문이다. 그러나 부부 적응, 관계 형성이 안 되면, 부부가 남이고 자식과도 남이 되어버리면, 일터에서 살아남아도 돌아갈 '따뜻한 보금자리'가 없다. 그럴수록 직장생활에 더 '헌신'하게 되고 악순환이 이어진다. 우석훈(2009)이 제안하는 대로 일은 불규칙하더라도 장기고용 체계로 움직이고, 임금 자체는 높지 않아도 어지간한 사회적 비용들은 뒷받침해주는 사회보장 체제를 갖추지 않는다면 '가정생활'은 점점 불가능해질 것이다. 이미 혼인연령이 자꾸 늦춰지고 출산율은 세계 최저에 가깝다.

'여성-가정, 남성-직장'의 이분법은 좀처럼 무너지지 않아서 맞벌이가구에서도 남자는 가사노동을 거의 하지 않는다. "자녀수와 결혼 등 가정조건과 관계없이 여성이 취업하는 것이 바람직하다"는 응답이 남녀 모두 절반에 가깝지만(여자 50.8%, 남자 43.3%, *한겨레21*, 2009. 10. 12., "아내도 아내가 있었으면 좋겠다") 통계청의 <생활시간조사>를 보면, 맞벌이 가구에서 아내의 가사노동시간은 하루 3시간 29분인 데 비해, 남편은 하루 32분이었다. 남자 혼자 버는 가구에서 남편이 집안일 하는 시간이 30분(여자는 6시간 25분)이라는 결과를 보면 아내가 일하든 말든 남자는 별로 달라지지 않는다. 노동시장에서 경력단절 기간을 줄이기 위해 기혼여성들은 첫아이를 늦게 가지거나 첫 자녀와 둘째의 터울을 짧게 하기도 하지만,

> 사실 동료남성과 여성, 또는 여성끼리 경쟁하는 직장은 '집안일을 하지 않는 사람들에게 유리한 게임'이다. 가정일의 일부에서 해방되지 못한 여성일수록 노동시장에서 쉽게, 또는 끝내 탈락하게 된다(위의 기사, p. 84).

맞벌이부부에게 집안일은 아내의 이중부담, 다른 여성(가사도우미)의 저임금, 확대가족(주로 할머니)의 무임금으로 대체된다. 젊은 사람들일수록 부부를 상하관계보다는 평등관계로 생각하는 것 같으나, 8장에서 공부한 것처럼 성별 고정관념은 그 뿌리가 워낙 깊기 때문에 한두 번의 토론이나 강의를 통해서 바뀌지 않는다. 남성들이 가사와 육아의 분담을 거절하고, 여자들이 남자에게 역할분담을 요구하기보다는 부분적인 '도움'과 '선심'으로 감사하고 가사와 직장일 둘 다를 해내려고 애쓰는 것을 볼 때, 남녀 모두 고정관념을 극복하려면 아직도 멀었다는 것을 알 수 있다.

결혼의 형태가 현대적이 될수록 백년해로, 대 잇기가 아니라 개인의 행복이 결혼의 일차적인 목적이므로, 부부가 서로 적응해야 하는 이유도 분명하다. 즉, 헤어지지 않고 혹은 큰 소리 내지 않고 살기 위해 적응하는 것이 아니라, 부부가 서로 존중하고 사랑하므로 서로 — 즉, 일방적으로가 아니라 쌍방적으로 — 적응하는 것이다. 전통적 결혼을 하고 대가족에서 살 때는 부부사이의 관계, 자녀교육, 가정생활이 '어른'들의 경험과 권위에 의지하여 이루어졌다. 이제 핵가족에서는 서로 동등하게 교육받은 '현대적' 남녀가 서로 이해하고 협동하지 않으면 가정생활이 제대로 될 수가 없다. 이러한 관점에서, 즉 부부가 각자 행복하기 위해 서로 노력한다는 관점에서 적응의 의미를 생각해보자.

3-2 서로 적응하기

부부 적응(marital adjustment)이란 그 자체가 목적이 아니라, "관계 속에서 최대만족을 이루기 위해 개인의 그리고 부부의 행동 및 상호작용 패턴들을 수정·적응·변화시키는 과정"(Rice, 1979, p. 288)이다. 적응한다고 꼭 결혼생활이 만족스럽고 행복한 것은 아니다. 예를 들어, 성욕이 강한 사람이 성에 관심이 없는 배우자에게 '적응'했을 때, 혹은 배우자의 불같은 성미에 적응하여 '알아서

길' 때, 적응은 해도 별로 행복하지는 않을 것이다.

적응하되 만족이 없으면 욕구좌절이 점점 커지므로 어느 시점에선가는 그 관계를 계속하는 것이 과연 무슨 의미가 있느냐를 자문하게 된다(7 장의 사회교환이론 참고). "이 관계는 이런 대가를 치를 만큼 나에게 가치가 없다"고 결론이 나면 관계를 끝내 버리고 싶게 된다. 그러므로 처음부터 부부관계란 '주고받기'(give and take)라는 것을 인식할 필요가 있다. 즉 "무엇을 받고 만족하며, 적응을 함으로써 무엇을 포기해야 하는가"(Rice, 1979, p. 228)를 생각하는 것이다. 받기만 하려 든다면 적응이란 상대방(배우자)의 일이지 나하고는 상관없는 일이다.

(1) 적응의 과제들

부부 적응은 결혼 전의 젊은 남녀가 막연하게 생각하는 것 —"서로 사랑하고, 서로 이해하려고 노력하면 다 잘 될 거야"— 보다 엄청나게 복잡한 문제이다. Rice(1979)는 부부가 서로 적응해야 하는 과제들을 다음 아홉 가지 항목으로 나누어 표에 제시하였다(p. 298).

(ㄱ) **친밀관계**(intimacy) 생활 습관들(청결, 매너, 식사 및 수면습관, 술·담배), 기질차이에 적응; 상대방의 욕구들을 충족시키기; 애정표현; 적절한 피임법 채택

(ㄴ) **물질·경제적 문제들** 살 집 선택; 살림살이; 남편-아내 역할 확립; 가사분담에 대한 합의

(ㄷ) **권력과 결정내리기** 지위, 권력의 바람직한 균형; 결정을 내리고 집행하기; 협동과 타협의 학습; 행동에 책임지기

(ㄹ) **시가, 처가 및 친지관계들**

(ㅁ) **자 녀** 임신과 출산 등에 대한 적응; 부부에서 부모로 역할 및 책임들을 다시 정의

(ㅂ) **동반자 관계**(companionship) '나'보다 '우리'로 생각하고 같이 사는 데 익숙해지기; 생각, 걱정, 관심, 욕구들을 서로 이야기하기

(ㅅ) **사회생활** 공동의 활동들을 계획하고 집행하기; 부부로서 방문하고 손님 치르기; 개인으로서 그리고 부부로서의 사회적 활동들의 유형과 빈도

(ㅇ) **갈 등** 갈등의 원인, 사태를 이해; 갈등에 건설적으로 대처; 필요한 경우 언제, 누구에게 또는 어디서, 어떻게 도움을 얻는지를 학습

(ㅈ) **규범, 가치, 이념** 서로의 윤리, 가치, 철학, 인생목표, 종교 등을 이해하고 받아들이기

이 중 몇 가지에 대한 적응은 결혼하기 전에 이미 시작되나, 경제적 문제 같은 것들은 같이 살기 전에는 관심이 없는 주제들이다. 일단 결혼을 하고 나면 엄청난 수의 적응과제들이 생겨난다. 우선 신혼여행중의 일차적 적응과제는 '한 마음, 한 몸 되기'이다. 결혼 전에 같이 자봤다 해도, 24시간 같이 있고 매일 같이 잔다는 것은 아주 다른 경험이다. 신혼여행중에 혹은 얼마 뒤에 이혼하는 부부가 많아지는데, 성관계, '첫날밤' 등이 대중소설이나 영화, 잡지에서 묘사하는 것처럼 황홀하거나 낭만적이 아니라는 데서 오는 실망 내지 배신감도 크게 작용할 것이다.

'깨가 쏟아진다'느니 '신혼의 단꿈'이니 하지만 신혼시절은 사실상 달콤하기보다는 서로 신경이 곤두서 있고 때로는 쓰고 쓰라린 기간이 되기도 한다. 밖에서 만날 때는 깔끔하고 매너 좋던 사람이 같이 살아 보면 게으르고 지저분하기 이를 데 없다. 데이트할 때는 돈 잘 쓰는 것이 멋있어 보이더니, 결혼생활에서는 그 똑같은 버릇이 매일 잔소리꺼리가 된다. 처음에는 서로 관심을 집중하게 되므로 온갖 작고 시시한 일들이 눈에 띄고 거슬린다. 대부분의 부부들은 점차 서로에게 익숙해지지만 바로 이런 사소한 습관들, 기질차이 등 때문에 신혼에 관계가 아주 악화되기도 한다. "살아보고 결혼해야 한다"는 말이 나오는 배경이 여기 있다. 아이 낳기까지 혼인신고를 미루는 일도 점점 흔해진다.

(2) 남편역할, 아내역할

부부의 적응에서 중요한 부분은 각자 역할에 대한 합의이다. 돈벌이는 남편의 일이고 가사는 아내의 일이라고 전통적인 역할규정을 따른다 할 때도, 남자가 가장 역할에 적응하고 여자가 매일매일 밥하고 청소하는 주부 역할에 익숙해지기까지는 상당한 내적 저항과 혼란이 따를 수가 있다. 맞벌이부부들은 집안일 분담을 합의해야 하는데, 아주 좋아하고 잘하는 일부터 죽어도 하기 싫은 일까지 각자 늘어놓고 일을 나누면 좋을 것이다. 어떤 여자가 요리는 좋아하고

잘하는데 설거지는 싫어한다. 남편은 요리는 전혀 못하고 설거지를 맡는데 그가 불평을 하자 아내가 묻는다. "맛있는 요리를 먹고 설거지를 할래, 아니면 간단하게 먹고 설거지를 안 할래?"(3 장에 나온 접근-회피 갈등!)

어떤 인간관계든 역할규정과 수행이 들어가지만, 근본적으로 부부관계는 역할관계 이상의 것이라는 인식이 필요하다. 7 장에서 사회적 역할들에 대한 '적당한 거리'의 중요성을 역설하였거니와, 남편/아내 역할에만 충실하게 되면 인간 대 인간의 (역할을 벗어난, 즉 '탈'을 벗은) 만남이 불가능해진다. 부부가 친밀한 관계가 아니라면, 그 결혼생활은 아무리 평화로워도 결국 빈 껍질뿐이고 성생활도 역할관계가 되어버린다. '부부생활'이라 하면 '성생활'을 의미할 정도로 성은 부부의 친밀과 사랑의 가장 직접적인 표현이고, 많은 연구들에서 성생활 만족도는 결혼생활 만족도와 상관이 높다. 실제로 많은 남자들은 성이 만족스러우면 결혼생활도 만족스럽다고 생각한다. 여자는 좀 다르다. 남편에게 인간으로 존중받고 여자로 사랑받을 때 결혼생활도, 성도 만족스러운 것이 된다.

요즈음에는 부모의 과잉보호가 자녀가 성인기에 이르기까지 이어져서 결혼 뒤에도 경제적·정서적으로 독립을 못하는 일이 많다. 힘든 일이 있으면 부부가 상대방에게서 정신적 지지나 정서적 충족을 찾기보다는 '엄마' '아빠'에게 전화하거나 달려간다. 이렇게 되면 부부가 서로 적응하며 같이 성장하기보다는 상대방이 엄마, 아빠처럼 자기를 위해주기만 바라게 된다. 공주님과 왕자님으로서 계속 살고 싶다면 상대방이 나를 잘 모셔야 하는 것이므로 나는 적응하려는 노력을 할 필요가 없다. 둘 다 그런 태도를 가진다면 관계가 깨지는 것은 시간문제이다.

결혼생활의 적응이란 끝도 없이 이야기할 수 있는 주제이다. 둘이만 살다가 첫아이가 태어나면 새로운 적응이 필요하고, 자녀가 결혼해서 집을 떠나 다시 부부만 남게 되며 둘 중 하나 혹은 둘 다 직장을 은퇴하고 한 사람이 먼저 죽게 되는 등의 일들은 그때마다 새로운 적응과제들을 가져온다. 이 문제들은 이어지는 장들에서 언급하기로 한다. 젊은 독자들에게 결혼생활에 대한 현실적 기대와 태도를 가지게 하려는 것이 이 장의 목적이므로, 다음 두 가지의 근본적인 사항들을 지적하고 부부 적응에 대한 이야기를 마치려고 한다.

우선 이미 여러 번 강조한 것처럼, 20여 년을 남남으로 살아온 사람들이

'우리'로서 같이 생활한다는 것은 반나절 하고 말 소꿉장난이 아니며 상당한 정도의 협동과 양보가 필요한 일이다. 받기만 하거나 주기만 하는 것은 적응이 아니라 지배나 복종이며 현대적 결혼에서 이러한 상하관계로서의 부부관계는 오래 지속되지 못한다.

다음으로, 부부는 '우리'로 살면서 동시에 '나'로서도 존재할 수 있어야 한다. 7 장에서도 정서적으로 독립한 사람만이 진정한 의미의 친밀관계를 맺을 수 있다고 쓴 바 있다. 같이 살아도 각자가 '나만의 공간'이 필요하며 간격이나 거리를 용인하거나 요구할 수 있어야 한다. 이는 결혼하고도 친구들과의 우정을 가꾸거나 좋아하는 활동을 계속한다는 것을 뜻한다. 8 장에서도 언급했듯이 남자는 여자보다 좀더 큰 거리를 두는 것에 익숙하기 때문에 결혼하고도 '사회생활'을 이어가는 데 비해, 여자는 특히 결혼 초년에는 친구나 취미활동을 스스로 포기하는 일이 많다. 사랑받기 위해서는 자기에게 소중한 것들을 포기하겠다는 자세를 가지면 성별 권력관계가 공고해지게 된다.

Rice(1979, p. 292)는 추운 밤에 같이 자려는 두 마리의 고슴도치에 비교하는 이야기를 인용한다. 같이 잘 때 너무 가까워지면 서로 가시 같은 털이 찔러서 아프고, 너무 떨어지면 서로 체온의 덕을 볼 수가 없어서 춥다. 둘은 떨어졌다 붙었다 하면서 최소한 찌르면서 최대한 따스함을 얻을 수 있는 위치에 도달한다. 이 과정은 하룻저녁에 끝나는 것이 아니다. 때로는 수십 년이 걸리기도 한다. 나는 상처받아도 따뜻한 것이 좋은데, 내 짝은 얼어 죽을지언정 상처받기는 싫다면 어쩌겠는가? 이러한 적응과정에서 갈등은 처음부터 불가피한 것이다. 부부가 서로 적응한다는 것은 곧 갈등들에 현명하게 대처한다는 것을 의미한다.

4. 부부 갈등

3 장에서는 스트레스의 종류를 압력, 좌절, 갈등으로 나누었지만, 부부 갈등(marital conflict)이라고 할 때는 남편과 아내가 부딪친다는 뜻이다. 이 충돌은 다툼이나 싸움일 수도 있고, 소리 없이도, 시끄럽게도 진행되며, 말로 하는가 하면 물건이 부서지고 폭력이 오가기도 한다. 그 내용을 들여다보면 **좌절**이 제일 많

다고 할 수 있다. 공주님같이 대접하겠다는 약속을 어기는 것처럼, 상대방이 (역할)기대에 맞지 않는 행동을 하는 것이다. 가령 외도는 배우자 아닌 사람을 사랑하지 않는다는 기대/약속을 저버리는 행위이다. 좌절에 대한 전형적인 감정 반응은 **분노**이며, 분노는 통상 공격행동을 유발한다. '부부싸움'이 일어나는 것이다.

'부부싸움은 칼로 물 베기'라 하지만, 그것은 싸움을 통해 서로 더 잘 이해하게 되는 경우에 하는 말이다. 파괴적 갈등에서는 한편이 다른 편에게 혹은 양편이 서로 상처를 준다. 관계가 악화될수록 부부가 서로 충돌할 가능성은 높아지며 그 갈등은 건설적이기보다는 파괴적인 양상을 띠게 된다. 그런 경우 거듭되는 부부싸움은 칼로 물 베기가 아니라 칼로 살 베기가 된다. 싸움을 겁낼 필요는 없다. 건설적 갈등은 서로 더 잘 이해하는, 그래서 결합이 더 굳건해지는 계기가 되기 때문이다. 그러려면 우선 갈등은 어디서 오는가를 알아야 하고, 갈등에 대처하는 법을 알아야 한다.

4-1 갈등의 근원들

부부 갈등의 근원은 여러 가지로 개념화될 수 있겠으나 Rice(1979)는 심리적(intrapsychic), 신체적(intrasomatic), 상호관계적(interpsychic), 상황·환경적 근원으로 분류한다.

(ㄱ) **심리적 근원**이란 마음속의 불안이나 문제가 갈등의 씨앗이 되는 경우를 말한다. 예컨대, 남성다움에 자신이 없는 남자가 자기가 여자들에게 얼마나 인기 있는지를 아내에게 자꾸 떠벌린다 하자. 또는, 어릴 때 아버지가 외도로 어머니를 괴롭혔기 때문에 남편이 바람피울까봐 늘 두려워하며 남편을 의심하는 여자를 생각해보자. 이런 부부들의 결혼생활이 조용할 날이 없음은 쉽게 상상할 수 있다. 이렇게 하나 혹은 둘 다의 마음속에 상처나 불안이 있으면 부부간에 끊임없이 갈등이 생긴다.

(ㄴ) **신체적 근원**이란 일시적이거나 지속적인 몸상태가 싸움의 원인이 되는 경우를 말한다. 피로하거나 아플 때는 조그만 일에도 짜증을 내고 분통을 터뜨리게 된다. 직장이나 집안에서의 과중한 일로 남편, 아내가 늘 지쳐 있을 때, 피

로는 갈등의 지속적인 근원이 된다. 또 적지 않은 여자들이 생리 전, 생리 중에 정서적으로 불안정해지거나 공격적이 된다.

㈐ 부부 사이의 **관계 또는 성격차이**에서 갈등이 생기기도 한다. 한편이 가진 욕구가 다른 편에 의해 좌절된다는 것은 아마도 부부 갈등의 가장 중요한 원인일 것이다. 남자는 여기저기 다니는 것을 좋아하나 여자는 집에만 있고 싶어하는 경우를 생각해보자. 또는 여자는 대화를 나누고 싶은데 남편은 '응', '아니'로 대꾸하며 신문 아니면 TV만 보고 있다고 하자. 욕구좌절이 거듭되면 분노가 쌓이고, 언젠가는 참을 수 없는 지점에 도달하게 된다.

㈑ **상황·환경적 근원**이란 경제사정, 예기치 못한 사건 등이 갈등의 근원이 되는 경우이다. 가난한 부부는 돈 걱정 없는 부부보다 갈등의 근원 하나를 더 가지는 것이 된다. 직장에서의 갈등, 실업 등이 가정생활에도 위기를 가져오는 일이 많다. 또 첫아이가 태어나서 갑자기 환경이 변할 때 부부 모두 큰 스트레스를 받기도 한다.

이혼율이 높아진 가운데 가장 큰 이혼사유는 '성격차이'이다. 이는 부부 갈등에서 심리적, 상호관계적 요인이 중요하다는 것을 말해준다. 만족스럽고 행복한 결혼생활을 이루려면 부부가 여러 가지 갈등에 현명하게 대처할 줄 알아야 한다. 부부의 신뢰와 애정이라는 것은 한번 금가기 시작하면 복구하기가 힘들므로, 결혼 전에 현명한 갈등대처 방식들을 배우고 — 장래 배우자가 아니라면 가까운 친구들하고라도 — 연습해 보는 것이 필요하다.

4-2 갈등의 대처방법들

좌절의 근원이 그렇게 여러 가지이고 보면 부부가 갈등과 마찰 없이 살기를 기대하는 것이 비현실적이다. 그러므로 문제는 좌절에 어떻게 *대처*하는가 하는 것이 된다.

4장에서 우리는 스트레스 대처란 스트레스 문제를 또는 관련된 감정들을 관리하는 것이라고 정의하고, 문제해결과 감정조절 전략들을 따로 나누어 논의하고 신체적·심리적·사회적 자원의 중요성도 강조하였다. 앞에서 나온 '적응의 과제들'은 모두 잠재적 '스트레스 문제'들이다. 대처를 잘 못할수록 더욱 그렇고, 그럴수록 스트레스 감정들(특히 분노)이 커진다. 가까운 관계에서 분노는 표현하기가 무척 어렵다. 분노를 표현하면 '나쁜 아이'로 거부당한다는 어린시절 경험 때문에 어른이 되어서도 화를 내면 관계가 깨질 것 같아 두려운 것이다.

문제(과제)를 해결한다는 것은 문제가 무엇인지, 그 문제상황에서 구체적으로 무엇을 원하는지(목표, 욕구)를 정의하고, 해결책을 찾아 행동에 옮기는 것이다. 이 과정에서 감정과 의사의 성숙한 표현이 중요한데, 그 방법으로 비폭력대화를 4 장과 7 장에서 비교적 상세히 소개하였다. 부부관계에 문제가 생길 때 가장 큰 목표는 친밀감의 복구 내지 유지이다. 문제가 해결된다고 해도 서로 좋아하고 존중하는 감정이 손상된다면 이미 부부가 아니다. 서로 좋아한다는 의미에서 행복한 관계를 이루려면 각자의 욕구가 충족되어야 하고, 이는 욕구를 인식하고 표현할 것을 전제한다.

앞에서도 이야기한 것처럼 부부 갈등의 내용은 주로 좌절인데, 기대(욕구)가 없는 곳에는 좌절도 없다. 남편이 정말 공주처럼 대접할 것이라 기대했다면 밥하고 청소할 것을 요구받을 때 '배신감'을 느낄 것이다. 그런데 많은 경우 우리는 자기에게 그리고 상대방에게 어떤 욕구나 기대가 있는지를 잘 모른다. 타인의 평가('착한 아들/딸', '멋진 친구', '좋은 아내/남편' 등)가 더 중요하기 때문이다. 36년 동안 남편에게 화가 났는데 자기가 원하는 것이 무엇인지를 단 한 번도 분명하게 말한 적이 없었다는 것을 깨달은 아내의 이야기를 7 장에서 하였다. 그 부인은 자기에게 어떤 욕구가 있었는지를 몰랐을 수 있고, 알았더라도 거절당할까봐 표현을 못했을 수 있다.

부부는 매일 얼굴을 보고 살기 때문에 감정이 나빠지기 시작하면 금방 악순환에 들어갈 수 있다. 4 장에서도 문제해결과 감정조절이 뗄 수 없는 과정들이라고 강조했는데, 특히 부부 갈등에서는 감정을 우선 조절해야 자기와 상대방의 욕구에 대한 성찰도 할 수 있다.

(1) 회 피

갈등을 자극하는 사람, 상황, 쟁점들을 회피하면 일단은 충돌을 안 하게 된다. '피차 좋은 얘기 할 게 없으면 가만히 있는 게 더 낫다', '술 많이 마신다고 잔소리하면 싸움만 되니까 아예 아무 말도 안 한다' 하는 책략들이다. 이른바

'큰 소리 안 내고' 사는 것이다. 싸운 뒤 집을 나가 들어오지 않는 것도 관계의 본질적인 문제들을 직면하지 않으려는 일종의 회피라고 할 수 있다.

회피는 긍정적인 측면도 있다. 너무 화가 났거나 배우자가 '꼴도 보기 싫을' 때는 감정이 진정된 후에 이성적으로 얘기하는 것이 더 좋을 때가 많다. 어떤 주제들은 아예 언급을 피하는 것이 싸움을 피하는 최상책이다. 이를테면 남편이 자기가 너무 작고 말랐다고 생각할 때 아내가 그의 체격에 관한 언급을 하지 않음으로써 불필요한 상처와 갈등을 피하는 것이다. 집을 나와서, 다른 일에 몰두하거나 친구와 얘기하면서, 감정을 가라앉히고 4 장에서 말한 '다시 생각하기'를 한다면 자기와 배우자의 욕구와 관계에 대해 성찰하게 될 수도 있다.

이렇게 싸울 때와 장소 — 이를테면 자녀들 보는 데서 심하게 싸우는 것은 피하는 것이 좋다 — 를 선택한다는 측면에서, 혹은 사소한 주제를 피한다는 의미에서의 회피는 나쁜 습관이 아니다. 다만 이것이 평화를 유지하는 주된 방법이 되면 곤란하다. 배우자의 음주, 처가/시가와의 관계 등 결혼생활에 중요한 문제들인데도 큰소리 나는 것이 두려워서 서로 논의하기를 피한다면, 대화 자체가 점점 없어지고 부부가 점차 서로에게서 멀어질 수가 있다.

(2) 건설적 대 파괴적 대처

문제들을 직면한다고 해서 꼭 싸움이 되고 서로 상처를 입는 것은 아니다. 다음은 어느 부부사이의 가상적인 대화이다. 밤늦은 시간 TV 앞에 앉아 있는 남편에게 아내가 말을 꺼낸다.

아내 : "당신 벌써 닷새째 저녁 때 들어오면 신문이나 TV에만 붙어 있어".

남편 : (놀란 얼굴로 아내를 바라보며) "그런가? …당신은 당신 하는 일이 있잖아".

아내 : "입장을 바꿔 놓고 생각해 봐. 내가 저녁 때 들어와서 저녁 내내 말 한마디 없이 내 일만 하고 있으면 당신 기분이 어떻겠어 — 그것도 매일매일? 내가 이 사람의 뭔가 하는 생각이 안 들겠어?"

남편 : "…내가 요즘 계속 피곤해서 …회사에 일이 있거든 …만사가 귀찮아 …당신한테는 미안해".

아내 : "무슨 일? 얘기해 봐".

남편 : (일어나 TV를 끄고) "우리 바람 쐬러 나갈까?"

똑같은 상황의 다른 부부에서 아내가 똑같은 말로 시작하는데 남편이 대꾸한다.

남편 : (여전히 TV를 보면서) "또 대화타령 시작이야? 뭐 수준이 맞아야 대화를 하든 말든 할 게 아니야?"

아내 : "생전 책 한 페이지 안 읽고 밤낮 TV에만 붙어 사는 주제에 수준 좋아하시네. 옆집 박 선생네는 음악회도 잘 가고 연극구경도 잘 다니더라. 다 가정교육 문제야. 자라면서 본 게 있어야지."

남편 : "아이구 당신네는 교육자 집안이라 가정교육을 잘해서 여자들이 그 모양이고?"

똑같은 문제가 앞의 부부에서는 건설적인 갈등으로, 뒤의 부부에서는 파괴적으로 전개되었다. 앞 사례에서 남편은 자기의 행동이 아내에게 어떤 좌절을 주었는가를 알게 되고, 아내는 남편이 직장에서 어려움을 겪고 있음을 알게 된다. 문제중심의 싸움이라 할 수 있는 건설적 대처는 더 완전한 이해, 의견 일치, 타협, 문제해결 등을 가져온다. 신뢰하는 분위기에서 감정과 의견차이들을 정직하게 이야기하는 깨끗한 혹은 공정한(fair) 싸움은 부부관계를 다져 주는 작용을 한다. 반면 구체적인 문제보다는 상대방의 자아를 공격하는 싸움은 더럽고(dirty), 관계를 파괴시킨다. 두 번째 부부의 예에서 우리는 둘의 언성이 점점 높아졌으리라고 쉽게 상상할 수 있다. 이러한 싸움에서 부부는 서로 증오·복수·경멸하는 마음으로 아픈 데를 찌르고 원래의 문제와 상관없는 문제들을 들먹이게 된다.

부부는 언제나 같이 지내는 사이라는 점에서 우리가 맺는 다른 친밀한 관계들과 다르다. 친구에게는 심한 말, 못할 말을 해도 '냉각기'를 가진 뒤 해명하고 사과하면 서로 더 친밀해지기까지 할 수 있다. 부부는 심하게 싸우고 나서도 한 방에서 혹은 최소한 한 집에서 자고 이튿날 얼굴을 보아야 한다. 싫은 사람은 자주 볼수록 싫은 법이라서 일단 금이 가기 시작하면 원상복구가 어려워진다. 아마도 그래서 부부를 '가깝고도 먼 사이'라고 할 것이다. 부부사이에도 예절이 있어야 한다고 하거니와, 갈등의 건설적 해결, 즉 깨끗하고 공정한 싸움이 그래서 중요한 것이다.

(3) 잘 싸우기

건설적 갈등대처의 핵심은 어떤 구체적 문제, 불만에 대해 이야기하되, 절대로 인신공격을 삼가는 것이다. *인신공격*이란 상대에게 어떤 사람(이기주의자, 마마보이 등)이라고 꼬리표를 붙이는 것이다. 4 장과 7 장에서 배운 '비폭력대화'에서는 꼬리표 달기를 하는 대신 자신과 상대방의 욕구를 인식하라고 조언한다. 부부싸움에서 구체적으로 주의할 점을 몇 가지 지적한다.

(ㄱ) 부부싸움에서 인신공격은 많은 경우 상대방을 다른 사람(친구, 형제나 그 배우자 등)과 *비교*하는 형태로 하게 된다. 연애시절에 상대방을 몸매나 외모, '수준' 따위에서 다른 친구나 연예인과 비교했다면, 결혼해서 같이 살 때는 비교할 분야가 엄청 많아진다. 바로 앞에서 두 번째 부부처럼 비교는 비교를 낳는다. 누구는 당신보다 돈을 잘 번다고 말하면, 곧 누구는 당신보다 몸매가 예쁘거나 음식솜씨가 좋다는 말이 돌아오는 식이다.

(ㄴ) 불만을 쌓아 두거나 오래 참지 않는 것이 좋다. 위의 예에서 남편의 행동이 못마땅하면서도 아내가 한 달이고 두 달이고 '어떻게 하나 두고 본다'면, 좌절과 분노가 점점 커진다. 오래 참다가 터지면('뚜껑이 열리'면) 이성적으로 이야기할 수가 없다. 마찬가지로, 이런저런 일들을 쌓아 두었다가 "사람이 어쩌면 그럴 수가 있어?" 하고 터뜨리면 감정이 격해지는 나머지 인신공격이 나오게 된다. 깨끗하게 잘 싸우려면 감정이 격해질 때까지 가지 말고 화가 조금 났을 때, 그래서 평온하게 이야기할 수 있을 때 말을 해야 한다.

(ㄷ) 싸울 때마다 지난 일을 모조리 다 들추는 것도 현명하지 않다. 상대방이 아무리 잘못한 일이라도 일단 끝을 낸 이야기는 특히 긴장상황에서는 다시 언급하지 않는 것이 공정하다. 즉, 각자가 싸움의 발단이 된 문제에서 벗어나지 않으려고 노력해야 한다.

(ㄹ) 비폭력대화법(Rosenberg, 2003/4)을 쓴다면, 자신이 느끼는 분노가 상대

방의 *행동* 때문이 아니라 자기의 어떤 *욕구* 때문이라는 것을 인정하고, 상대방에게 어떤 행동을 해달라고 부탁하는 게 효과적이다. "맨날 술 먹고 다닐 거면 도대체 결혼은 왜 했냐"라고 말한다면 "내가 언제 맨날 술을 먹었어"라는 반발이 나온다.[1) [남편을 다른 모범적인 남편과 비교한다면 확실히 인신공격을 한 것이고, 남편도 즉시 반격한다.] "일주일에 서너 번은"이라고 말하면 행동을 있는 그대로 진술하는 것이다. 또 자기의 어떤 욕구가 좌절된 것인지를 돌이켜보면 "~을 원해서 화난다/슬프다"는 식으로 말할 수 있다. 가령 "나는 당신과 저녁때 한 시간이라도 그 날 있었던 이야기를 나누고 싶은데 그럴 기회가 없어서 슬퍼"라고 하는 것이다. *부탁*도 4 장에서 배운 것처럼 구체적으로, 긍정적으로 하는 것이 효과적이다. 물론 이렇게 '비폭력'으로 나가려면 쌓인 분노가 크지 않고 '상태'(신체적, 심리적 자원, 4 장 참조)가 좋아야 한다.

(ㅁ) 일반적으로 자신의 감정과 뜻을 분명하게 표현하고 상대방의 말을 *경청*하는 자세가 필요하다. 건성으로 듣지 않고 진지하게 경청하려면 물론 때와 장소가 적절해야 한다. 자녀가 옆에 있거나, 상대방이 곧 어디 나가야 하거나 아니면 몹시 피로해 있을 때는 '진지한' 얘기를 하기에 적당하지가 않다. 앞서 말한 '현실의 압박'으로 신체적·심리적 자원이 고갈되면 욕구를 인식·표현하고 잘 듣기보다는 늘 하던 대로 즉각 반응하기가 쉽다.

할 말을 분명하게 하며 서로 말을 귀 기울여 듣고, 인정할 것은 인정하며 잘못한 부분은 사과한다는 것은 부부의 상호존중과 신뢰를 키우기도 하지만 그러한 존중과 신뢰를 이미 전제하기도 한다. 잘 싸우는 것, 즉 fair play는 기술의 문제이기도 하지만 근본적으로 양편의 태도의 문제이기 때문이다. 불행하게도, 우리가 주변에서 보는 부부싸움들은 서로 존중하는 성숙한 사람들 사이의 이성적인 대화라기보다는 상대방의 자아와 자존심을 상처 내는 파괴적인 싸움인 경우가 더 많다. 그러한 싸움의 가장 극단적인 형태는 신체적 폭력의 사용이다.

글상자 10-2에 폭력남편에게 시달리다 서울 여성의 전화 쉼터에 머물던

1) '항상', '절대로' 같은 말은 쌓인 게 많을 때 나온다. 남편이 "화요일, 금요일엔 안 마셨잖아"라고 하면 불에 기름을 붓는 것이다. 그 말들에서 아내가 화가 많이 났음을 읽고 그 감정과 연결된 욕구를 생각해보는 것이 싸움을 빨리 끝내는 길이다.

글상자 10-2 나의 남자는 이런 사람이다

- 그는 나의 생활과 사고, 행동에 대해 일일이 자기가 통제해야 한다고 고집했다.
- 그는 나를 가혹하게 비난하고 항상 나의 잘못을 찾으려는 사람이었다.
- 그는 신체적인 폭력으로 나를 복종하도록 만들었다.
- 그는 잘해주다가도 갑자기 돌변하여 화를 내고 나를 당황하게 하며 벽을 느끼게 한다.
- 그는 일반적인 여성에 대해, 특별히 나에 대해서 가치를 훼손하는 발언을 자주 했다.
- 그는 자신의 식구를 나나 또는 다른 사람에게 밀어버렸다.
- 그는 나의 의견이나 감정, 자존심을 우습게 여기고 천박하다 했다.
- 그는 지나치게 질투하거나 소유욕이 강했다.
- 그는 나 자신에게 가치 있고 중요한 일들이라도 그 자신을 만족시키기 위해서 포기하도록 강요했다.
- 그는 나의 친정식구들을 항상 비난했다.
- 그는 혼외정사를 하고 있다.
- 다른 사람들 앞에서 때때로 창피를 준다.
- 많은 사람들과 있을 때는 잘해주다가도 집에 돌아오면 변한다.
- 그는 나의 작은 재능을 인정해주지 않고 언제나 깔아버린다.

[정춘숙 등, 2008, pp. 58-59]

여성이 쓴 글을 실었다. 폭력 남편들은 폭력가정에서 자라나 남성 우월주의와 가부장적 태도에 젖어 있다는 공통점이 있고, 맞는 아내들의 공통점은 결혼동기에 있었다. 폭력성을 자기에 대한 관심으로 착각했거나 강압적 성관계를 당한 후 결혼한 여성이 많았고, 일방적 구애("열 번 찍어 안 넘어가는 나무 없다")에 넘어가 결혼한 경우도 많았다(p. 65). 연인이 있는 젊은 여성독자들은 글상자에 나온 특성들을 잘 살펴보기 바란다. 연애시절 이런 남성은 잘해주고 질투도 많아 정말 나를 사랑한다고 느껴질 수 있다. 여성을 비하하고, 잘해주다가도 갑자기 돌변하는 모습을 '남자답다'고 느껴서 결혼하면 꼭 맞고 살지 않는다 해도 결과가 비참할 수 있다.

4-3 가정폭력

남편이 아내를 때리고 학대하는 가정에서는 자녀도 부모, 조부모에게 구타당하고 형제자매끼리도 서로 때리는 일이 흔하다. 이러한 가정폭력은 밖에 잘 노출되지 않으므로 실태파악이 힘들지만 일반인의 생각보다 널리 퍼져 있다. '내 마누라 내 자식 내 마음대로'라는 가부장적 의식에 문제를 제기하는 '가정폭력방지법'은 국가와 언론의 반대와 저항을 극복하고 1997년에 제정되었다. 법 제정으로 아내구타가 개인적·사적 문제가 아니라 범죄행위가 되었지만, 법 시행 10년이 지난 후에도 상황은 여전히 비관적이다(정춘숙 등, 2008; 김홍미리, 2009).

(1) 폭력의 실태

법 시행과 더불어 실태조사가 정기적으로 실시되고 있는데, 가정폭력은 정확한 실태 파악이 힘든 문제이다(김홍미리, 2009; 황정임, 2009). 일단 '가정폭력'이라 하면 남편의 아내구타뿐 아니라 아내의 남편구타도 포함되고, 이는 '성별권력관계'를 가려버린다. ['아내폭력'이라고 쓰면 혼인관계가 아닌 여자에 대한 폭력은 제외된다.] '폭력' 자체도 신체적 폭력뿐 아니라 정서적·경제적 폭력, 방임 등 다양한 범주들을 포괄한다. 배우자로부터 폭력을 당했다는 부부가 40.3%라는 2007년 조사결과를 보면 정서적 폭력이 약 1/3로서 가장 많았다.

남편이 때릴 때 여자도 같이 때리는 '상호폭력'(12.3%)을 제외하면 아내구타(15.6%)가 남편구타(3.5%)의 약 5배에 이른다(황정임, 2009, p. 64의 개관 참조). 다양한 조사결과는 조사대상 기혼남녀의 40% 내외가 '배우자폭력'을 경험했음을 보여주는데(p. 65의 표 4 참조), 실태조사에서 가정폭력은 실제보다 낮게 추정될 수 있다(p. 70). 낯선 사람이 한두 대 때리거나 밀치면 명백히 '폭력'인 것이 남편이 그럴 때는 폭력으로 인지 또는 기억되지 않을 수 있다. 심한 폭력은 창피해서 보고하지 않을 가능성이 있으며, 폭력은 남성다움이기 때문에 맞는 남성이나 때리는 여성이 실제보다 적게 보고할 수 있다.

분명한 사실은 남편의 폭력이 생각보다 엄청나게 많다는 것이다. 더욱이 결혼 첫해에 첫 구타를 경험했다는 비율이 7, 80%에 이른다.[2] 폭력이 일상화되면 가해자와 피해자를 나누기가 어려워지고('상호폭력') 폭력의 근본적 원인이 성별 권력관계라는 것이 가려지기 쉽다. 남편에게 맞고 사는 아내들은 가해행위들을 나열하기보다는 남편에게 무시당해온 '생애사적 피해'를 이야기한다(김홍미리, 2009, pp. 29-30).

> 새벽에는 우유배달하고 낮에는 건축사무실에 나가고 집에 와서는 주부가 해야 하는 일, 밥하고 빨래하고 아이들 숙제 봐주고 그랬어요. 사무실에서 컴퓨터를 하니까 허리가 많이 아픈데, 새벽에는 특히 더 아파요. 새벽에 너무 아파서 남편에게 아프다고 말해도 아무 관심이 없어요. 병원 가자는 말도 안 하고요. 몸조리 못한 게 30대가 되니까 나타나더라고요. 개인적으로 억울한 생각이 들어요. 남편은 자기 부모밖에 모르고 나는 어떻게 되든지 관심도 없잖아요. 자기 엄마에게는 정기검진이다 뭐다 챙기면서 나는 병원에 데려갈 생각도 안 해요. 그래서 아무리 아파도 나 혼자 병원 가고 그러죠, 뭐. 목 디스크 걸렸을 때도 혼자 가서 MRA 찍고 그랬어요. 남편은 매형이 술병이 났을 때도 휴가 내고서 병원에 모시고 가는 사람이에요. 자기 사촌 누가 아프면 휴가 내서 달려가고 그래요. 그런데 아이가 아프거나 아내가 아프면 거들떠도 안 보는 거예요. 그게 10년이 쌓인 거죠. (승리)

아내나 아이가 아파도 신경을 안 쓴다고 '폭력남편'은 아니다. 그러나 이 여성에게는 남편이 때리고 의자로 내리치고 칼로 죽이겠다고 위협한 폭력행위들은 피해의 일부분일 뿐이다. 본질적 문제는 남편에게 사람 취급을 못 받고 산다는 것이다. 김홍미리(2009, p. 41)는 "아내폭력이 '개별 사건'이 아니라 '성별권력관계'의 문제임을 분명히 한다". 그러면 아내폭력을 "수직적 권력관계를 강화하여 아내의 잠재력을 훼손하는 남편의 부정적 영향력"(p. 42)으로 정의하게 된다. 꼭 때려야 폭력남편이 아니라는 것이다.

---

2) 김홍미리(2009, pp. 32-33, 각주 9)는 이 보고가 대부분 회상에 의존하므로 결혼초기에 폭력이 많이 발생한다고 해도 당시 그것을 폭력이라고 정의했는지, 정말 '처음' 일어난 폭력인지 알 수 없다고 썼다.

가정폭력은 학력, 직업, 정신병과 상관이 없다. 가해자, 피해자를 막론하고 고졸 이상 학력자가 많으며, 가해자 직업도 고급 공무원, 성직자, 교수, 경찰로부터 노동자, 무직자까지 다양하고, 피해자도 주부뿐 아니라 교사, 회사원 등 직업이 다양하다. 다만 공통점은 피해자, 가해자 모두 어머니가 아버지에게 맞고 살았거나 자신이 맞고 자란 폭력가정 출신이 매우 많다는 것이다.

때리는 남자는 아내가 '맞을 짓'을 하기 때문에 때린다고 한다. 여자는 학대·고통당하는 일을 좋아한다고 강변하기도 하며 '술이 죄'라고 일시적인 취기나 감정상태로 책임을 돌리기도 한다. 이러한 이유들은 모두 구타를 하기 위한 트집이나 구실에 불과하다(차준구, 1987; 김광일, 1987). 구타 후의 행동도 구타 이유만큼이나 다양하다. 사과하고 더 잘해주는가 하면, 강간하거나 폭언을 하고 아내를 협박, 감금하기도 하나, 한 가지는 분명하다. 때리는 사람은 계속 때리며, "아내의 버릇을 고쳐야 하고 자신의 가정을 위해 최선을 다하고 있다고 생각"(차준구, 1987, p. 17)한다.

아내를 때리는 남자는 의도적으로 약점 있는 여자를 고르거나 약점을 일부러 만들고 나서 결혼하고, 사사건건 의심하고 트집 잡고 증거인멸을 위해 세심하게 노력하고, 의심과 감시로 아내를 꼼짝 못하게 하며 아내에게 경제권을 주지 않는다. 이러한 행동의 밑에는 의존성과 열등감이 깔려 있는 경우가 많다. 맞고 사는 여자들도 남자에게 반항하면 안 된다고 생각하는 무기력하고 비굴한 사람이 많은데, 이는 반복되는 구타의 결과인 경우가 많다. 폭력남편들이 아내에게 일체 돈을 주지 않는다는 사실에서 나타나듯이 가정폭력은 결국 남자가 지배하고 여자는 복종한다는 불평등관계에서 비롯되는 사회문제이다. 남자가 열등감과 의존성이 강할수록, 특히 폭력가정에서 자라 폭력에 익숙할 때는, 폭력으로 여자를 지배하려고 들게 된다. 그런 남자들이 이혼을 절대 안 하려고 드는 것은 그들이 사실 얼마나 아내에게 의존적인지를 잘 말해준다.

부부사이의 폭력은 자녀 구타로 이어지고, 자녀들은 스스로 형제지간에 그리고 친구들에게 폭력을 쓰고, 커서는 다시 배우자와 자녀를 때리는 일이 많다(김광일·고복자, 1987). 폭력가정에서 탈출하려고 결혼하는 사람이 많다는 것을 생각하면 자신들이 다시 가해자나 피해자가 되는 것이 비극이 아닐 수 없다. 특히 매맞는 여자의 결혼과정이나 형태는 정상적이 아닌 경우가 많았다. 혼전임신으로, 남편에게 강간당한 후, 학비조달이나 생활비 원조 등 은혜에 대한 보답으로서 결혼했거나, 혼전 동거생활이 많은 것이다.

(2) 폭력에 대한 대처

폭력에 잘 대처하려면 '처음 당할 때 단호하게 대응하라'고 보통 조언한다. 그러나 맞고 사는 아내들은 "수직적 권력관계" 속에서 주눅이 들어 있기 때문에 폭력을 폭력으로 인식하지 못하는 일이 많다. 그 정도는 누구나 겪는다고 생각하고, '폭력'이라고 이름 붙이면 이혼을 생각해야 하므로 직면을 회피하는 것이다. 가령 그냥 물건을 던졌는데 내가 맞은 것일 수 있다. '폭력'으로 받아들이지 않으면 공포와 무력감보다 죄책감과 동정심이 앞설 수 있다.

> (얼굴에 침 한 번 뱉었고요?) 네. (목 조르고요?) 네. (발로 찼고요?) 네. (천안에서 전화하다 맞았고요?) 네, 하하. (횟수만 해도 여섯 번인데, 그때마다 하지 말라고 강하게 말씀 안 하셨어요?) 내가 만약 그 사람을 정말로 사랑했다면 그렇게 얘기를 했을지 모르겠는데 내가 그 사람을 사랑하지 않았으니까 별말 안 했던 것 같아요. (정은) (김홍미리, 2009, p. 31)

> '어쩌면 저렇게 못날 수가 있을까. 내가 아니면 저 사람은 안 돼.' 나는 이 생각이 많이 들어요. 아이 아빠한테 동정심이 너무 많아요. 아이 아빠가 처음에 팔뚝을 자해했을 때 '사람이 얼마나 못났으면 저럴까. 진짜 불쌍한 사람이다. 너무 안쓰럽다'는 생각이 들었어요. (지현) (p. 35)

정은은 연구자가 물으니까 대답할 뿐 굳이 얼마만큼 또는 얼마나 자주 맞았는지 말하려고 하지 않았다. 정은이 견딜 수 없었던 것은 결혼생활 내내 남편에게 무시당한 것이었고 폭력행위 자체는 그 일부였을 뿐이다. 남편은 남편대로 아내가 자기를 사랑하지 않는 것, 동정하는 것 등을 '정신적 폭력'으로 느낄 수 있다. 아내는 점점 위축되고 폭력은 점점 심해지며, 아내도 어느 시점에선가 같이 때릴 수 있다. 이러다 몸과 마음이 다 망가지고 관계가 파탄 난 뒤에야 관계를 끝내기 위한 행동을 시작하는 일이 많다.

아내폭력을 관계의 맥락에서 정의한 김홍미리(2009)는 맞는 아내를 무력한 피해자가 아니라 폭력문제를 해결하려는 *위기관리자*(crisis manager)로 보자고 한다. 남편의 폭력행위를 중지시킨 아내들을 대상으로 한 미국의 한 연구에서 "남편의 구타를 멈추게 할 수 있는 것"으로 가장 많이 나온 대답(28%)은 "폭력을 끝내야만 한다는 충분하고도 확고한 의지"였다(p. 44). 여성단체의 지원(13%) 같은 것이 효과적인 것도 이 의지에 영향을 미치기 때문인 것으로 보인다. 아내가 경제력이 있거나, 이혼을 지울 수 없는 상처라고 믿지 않는다면 이 의지가 더 확고해질 것이다. 아내가 적극적으로 저항하면, 남편은 아내를 자기가 마음대로 할 수 있는 대상(물건)이 아니라 인격적 주체라고 인식하기 시작하고, 아내는 통제나 보호의 대상이 아니라 대화와 협상의 상대가 된다(p. 47).

매맞는 여성은 자존감이 낮기 때문에 소유욕 강하고 폭력적인, 미성숙한 남자에게 '걸려든' 것이었지만, 오랜 세월에 걸친 폭력경험으로 자존감이 더 떨어져 있다. 경제적·심리적·사회적으로 자립하려면 확고한 의지와 힘(power)이 필요하다('역량강화', empowerment, 정춘숙 등, 2008). 한 여성은 다음과 같이 말하였다(p. 98).

> "…나는 가정폭력 피해자지만 피해자를 떠나서 한 인간이다. 피해자로 살았던 것도 내 인생이고 내가 선택했었다. 내가 선택한 것에 대해 언제까지 후회하면서 부끄러워하겠느냐. 나는 그게 내 인생의 전부는 아니었고 그건 잘못된 선택, 순간적인 것으로 다 끝났다".

피해자로 사는 삶이 어떤 중요한 욕구를 충족하는 길이었기 때문에 *선택*했었다는 인식은 자기 삶에 스스로 책임지려는 당당함이다. 자기를 다시 존중하게 되고, '하면 된다'는 믿음을 복구하고, 다른 여성들과 경험을 공유하며 정당한 분노를 느끼고 문제의 본질이 남성 우월주의임을 깨닫게 되면서 느리지만 치유가 올 수 있다. 이러한 역량강화를 이 책에서는 '기초체력' 강화라고 말해왔다.

부부 적응에 관한 '현실의 압박'을 논의하였듯이, 문제의 본질이 남성 우월주의, 남녀 권력관계라면 그 문화를 고쳐야 남자도 지배해야 한다는 압박에서 벗어날 수 있고 남녀 모두 인간에 대한 예의를 되찾을 수 있다. 그 출발점은 **교육**일 것이다. 2006년 개정된 '가정폭력방지 및 피해자보호 등에 관한 법률'은 초·중·고교에서 매년 가정폭력 예방교육을 실시하도록 의무화한다. 오늘날 학교 현장에 각종 법률에 의해 의무화되거나 권고되는 예방교육은 40여 가지나 된다(김은경, 2009). 그러나 가정통신문이나 전단지 배포로 끝내거나 일회적 특강이 전부인 경우가 많다. 김은경(2009)은 학생 대상 폭력예방교육의 목표가 다음 세 가지여야 한다고 본다(p. 256).

- 폭력을 인식하고 폭력을 멈추도록 돕는다.
- 남녀의 입장 나누기를 통해 건강한 남성과 여성으로 성장하도록 돕는다.
- 존중·배려·참여의 가치를 통하여 평화로운 질서 만들기를 돕는다.

결국 '건전한 이성관계'를 맺을 수 있어야 하는 것인데, 이 목표들에 도달하려면 학생들은 갈등해소(conflict resolution), 분노관리(anger management), 자신과 타인들에 대한 존중, 효과적인 의사소통 훈련 등을 배워야 한다(같은 곳). 모두 이 책에서 지금까지 강조해온 항목들이다.

행복하려고 결혼해서 폭력을 당하지 않으려면, 배우자를 신중하게 선택해야 한다. 여자를 무시하거나 모든 결정을 자기 마음대로 하려는지, 행동과 생활을 지배하려는지, 여성 일반에 대해 부정적으로 말하는지, 소유욕과 질투심이 강한지, 신체적·언어적으로 공격적인지 하는 등은 연애시절에 알아볼 수 있다. 데이트상대로서 성폭력을 하는 남자가 결혼 후 아내를 구타·강간할 가능성이 큼은 물론이다. 자기존중이 낮거나 의존성이 강한 여자들은 남자의 지배·폭력 성향을 성격장애(일상용어로 '성격파탄')보다는 남성적 매력으로, 소유욕과 질투심을 사랑의 증거로 보기 쉽다. 그 때문에 '역량강화', 기초체력이 중요한 것이다.

앞서 비슷한 사람끼리, 특히 정신건강에서 성격이 비슷한 사람끼리 만난다고 쓴 바 있거니와(2-1), 반복되는 가정폭력은 자기존중이 낮은 사람끼리 만난 부부들에서 많이 일어난다. 자기 자신을 존중한다면 인간으로서 못 받을 대접을 받았을 때 관계를 끝내게 되고, 역으로 인간대접을 못 받으면서 참고 살면 자기

존중은 더욱 더 떨어진다. 따라서 폭력을 처음 경험할 때 폭력으로 인지하고 가까운 가족이나 친구에게 알려야 한다. 폭력이 되풀이될 때는 그 관계에 머무는 한 폭력은 피할 수 없다고 보고 대처해야 한다.

때리는 일이나 맞는 일은 — 어릴 때부터 익숙한 일이기 때문에도 — 금방 습관이 되고 양편을 폭력의 노예로 만든다. 가정폭력은 잘 노출되지도 않지만, 노출된다 해도 남편이 자신의 행동을 고치려는 뜻이 없고, 뜻이 있다 해도 치료나 교정이 무척 어렵다. 이 상황을 끝내는 길은 이혼밖에 없는 것 같은데, 남편도 이혼을 안 해주려 하거니와 피해자인 여자도 이혼할 용기가 없는 것이 보통이다. 여자가 용기를 내서 이혼소송을 제기할 때도 판사, 변호사 등의 이해부족으로 신속한 판결이 안 나고, 시간을 끄는 동안 남편의 협박이나 종용으로 피해자가 소송을 취하하거나 피해자에게 불리한 판결이 나오는 일 등이 허다하다(김광일, 1987).

결국 가장 중요한 것은 사전예방이다. 남녀차별을 없애고, 폭력을 용납하거나 미화시키는 일을 금지하고, 어린이의 체벌을 정당화하지 말고, 아내구타의 범죄성과 영향 및 결과에 대한 무지를 깨우치는 일이 필요하다(김광일, 1987). 폭력을 용납하지 않는 사회가 되어야 가정폭력 문제도 예방이 가능하다는 것은 뒤집어 말하면 가정에서 폭력이 없어지면 사회의 폭력도 없어진다는 뜻이 된다.

4-4 이 혼

이혼은 부부에게, 그리고 자녀가 있다면 자녀에게 매우 고통스러운 일이다. 이 장에서 우리는 결혼을 신중하게 결정하고, 부부가 서로 적응하여 조화를 이루도록 노력하며 갈등에 현명하게 대처해야 한다고 말해 왔다. 그래도 결혼생활이 비참하고 불행하다면, 이혼이 정당한 대안이다. 아무리 불행해도 이혼을 꺼린다면 보통 '자녀에게 미치는 영향' 때문이다. [그러나 남녀 모두 이혼할 때 자녀를 포기하는 사람이 많아진다.] 부모의 이혼은 자녀에게 커다란 고통을 주고 부정적 영향을 미치지만, 이혼을 생각할 만큼 부부관계가 악화된 경우 당사자들이 비교할 대안들은 행복하고 온전한 가정과 '결손가정'이 아니다. 이혼할 지경까지 왔을 때는 부부사이 갈등도 크고 싸움도 할 만큼 해왔을 것이므로, 불행하게 같이 사는 것이 이혼하는 것보다 자녀에게 더 좋으냐 하는 것을 생각해야 한다.

폭력이 오가게 되었을 때는 가능한 모든 도움을 받아 이혼하는 것이 자녀에게 좋다. 아내를 학대하는 남자는 자녀도 학대하며, 맞는 아내 또한 자녀를 때리는 일이 많다. 폭력과 욕설이 오가는 부모의 싸움을 지켜보아야 하고 부모 양편에게 그리고 형제들에게 수시로 맞고 사는 아동들은 몸과 마음이 병들고 살기 싫어하고 공부도 못 하며 친구들도 못 사귄다(김광일·고복자, 1987). 이들이 나중에 결혼해서도 가정폭력의 가해자, 피해자가 되고 대대로 수많은 사람들이 불행해질 수 있다는 것을 생각해 보라.

폭력이 오가지 않는다 하더라도, 부부의 심한 반목과 갈등은 자녀에게 아주 나쁜 영향을 미친다. 서로 존중하고 사랑하는 부모의 모습은 자녀에게 인간과 세상에 대한 신뢰를 갖게 하는 상징적 의미까지도 가진다. 그 조화의 상징이 무너질 때 아이는 부모 둘 다를 잃고 싶지 않지만 어느 한쪽을 편들어야 한다는 직접·간접의 압력을 받게 된다. 이미 불행해진 가정에서 아이들에게 고통과 상처를 주는 것은 이혼 자체가 아니라 이혼의 과정이다. 갈등과 증오가 깊어질 대로 깊어지면 물론 '신사적'으로 나가기가 힘들다. 따라서 '갈 데까지 가기' 전에 결말을 짓는 것이 서로에게 그리고 자녀에게 이롭다.

많은 여자들이 이혼 후 삶에 대한 대책이 없기 때문에 용기를 못 내면서 '아이 때문'이라는 이유를 내세우는데, 이는 이미 불행한 아이에게 죄책감을 더 얹어 주기만 할 뿐이다. 현대여성이라면 자신을 수동적 피해자로만 생각하고 체념할 것이 아니라, 자신의 권리가 무엇인지를 인식하고 또한 당당하게 주장해야 한다. 1991년부터 시행되는 가족법에는 남녀 불평등요소들이 많이 삭제되어 있다. 이제는 자녀양육에 관한 일들을 부부가 합의해서 정하고, 당사자들 간의 합의가 이루어지지 않으면 가정법원이 개입하도록 되어 있다. 또, 과거에는 자녀를 양육하지 않는 부모가 자녀를 만나려 할 때 기르는 부모가 허락하지 않으면 몰래 만나야 했으나 현행법에는 자녀 면접교섭권이 설치되어 있다.

우리나라 여자들은 직장을 가지고 돈을 버는 경우에도 재산을 남편명의로 하는 것을 당연히 여기는 경향이 있고 이혼할 때 그러한 재산은 남편에게 귀속되었었다. 개정법에서는 여자가 주부로서만 생활했을 때에도 이혼할 때 재산분할을 신청할 수 있다. 부부가 혼인한 후 각자가 재산형성에 기여한 정도에 따라 재산을 나눌 수 있고, 서로 합의가 안 될 때는 가정법원이 이를 정해 주게 되어 있다. 결혼생활 중에 모은 재산은 부부가 협력한 결과이므로 이혼할 때 나누는 것이 당연하다는 것이다. 아내는 생활이 어려워서 도움이나 부양을 받는다거나 남편에게 보복하는 것이 아니다. 같이 살아온 배우자로서 자신의 권리를 주장하는 것이다.

5. 행복한 가정을 위하여

지금까지 이 책에서는 스트레스 대처, 대인관계, 남자와 여자, 일의 세계 등의 주제들을 다루면서 자기 인생의 주인으로서 당당한 자세, 욕구표현과 공감, 사람 보는 눈, 인간에 대한 예의, 개성과 매력, 성적 자기결정 등을 강조하였다. 1장에서는 몸과 마음의 건강, 개인과 사회의 건강이 같이 간다는 것을 배웠다. 개인과 사회가 건강하고 성숙하지 않으면 사랑을 지키고 관계 속에서 같이 성장하기가 힘들다는 것을 우리는 이 장에서 배웠다. 우리는 행복해지기 위해 사랑하고 결혼한다. 일자리 얻기가 전쟁이고 일터가 전쟁터일수록 연애와 사랑에서 행복을 찾으려고 하는데, 개인과 사회의 건강이 나쁘기 때문에 결혼 첫해에 이미 폭력이 많이 발생한다. 관계 맺는 능력이 부족하기 때문이다.

8장에서 우리는 채워지지 않은 욕구들을 상대방에게서 채우려 하는 **결핍사랑**과 (무엇이 '필요해서'가 아니라) '사랑하니까 사랑하는' **존재사랑**을 구별하였다. 결핍사랑의 뜨거움과 격렬함이 식고 각자에게 좌절만 남느냐, 같이 성장하면서 존재사랑으로 발전하느냐에 결혼의 성공과 실패가 달려 있을 것이다. 성숙한 존재사랑을 할 수 있으려면 '관계의 결핍'부터 치유해야 하고, 그러기 위해서는 각자 갇혀 있는 방/집에서 나와 친구들을 만나기 시작하고, 거기서 다시 사회 또는 동료들 속으로 돌아와 "우정과 환대의 공간"을 만들어야 한다고 8장에 쓴 바 있다. 건강한 관계 맺기의 이 기본은 부부의 관계 맺기에도 똑같이 할 수 있는 말이다.

'관계 결핍', '애정 결핍증'은 가정생활에서, 부모와의 관계부전(김찬호, 2008)에서 온다. 한국의 가정에는 대화와 소통이 없다. 중학생들이 부모와 대화 나누는 시간이 하루 1분이라고 한다(p. 74). 한 집에 살면서도 저마다 자기 방에 갇혀 지내며 대화도 없고 아예 관심조차 없는 '호텔 가족'이 점점 늘어난다(p. 95). 가정부터 '우정과 환대의 공간'이 아닌 것이다. 어른들은 아이들의 삶에 관심이 없고, 아이들은 어른들의 삶에 관심이 없는 채, 양편 모두 입시준비만 전쟁처럼 치른다. 김찬호(2008)는 젊은이들이 미래에 대한 두려움을 갖고 인간관계의 어려움을 겪는 이유가 부모와 관계 맺기를 못하는 데서 온다고 본다(p. 128).

무한경쟁의 혹독한 시대에 사랑하는 사람의, 가족의 온기가 없다면 '88만원 세대'가 어떻게 살 수 있겠는가. 그러나 경쟁이 몸에 밴 우리는 자신과 타인들을 대상화(상품화)하는 데 익숙해 있고, 연인, 부부, 부모-자녀관계에서 다양한 형태의 폭력을 경험한다. 폭력을 *연민*으로 바꾸지(Rosenberg, 2003/4) 못하면 세상도 가정도 따뜻한 보금자리가 아니라 감옥, 전쟁터가 된다. 다음 장에서 가정과 자녀에 대해 공부하면서 행복한 가정과 세상을 이루어가는 문제에 대해 더 고민해보기로 한다.

요약 및 결론

대가족제도의 **전통적 결혼**에서는 결혼과 백년해로 자체가, 또 가문의 유지와 발전이 목적이었으나 **현대적 결혼**에서는 개인의 행복이 결혼의 목적이 된다. 전통적 결혼은 남성중심적인 반면, 현대적 결혼은 남녀가 평등한 결혼형태라고 할 수 있다. 우리 현실에서는 아직 전자가 우세하고, '여자의 결혼'은 '남자의 결혼'보다 더 많은 희생을 요구한다. 행복하고 만족스러운 결혼생활이라는 것은 부부 각자의 욕구가 충족된다는 것이므로, 결혼을 생각하는 젊은이들은 자신이 인생에서 원하는 것이 무엇인가 하는 욕구와 가치들을 분명하게 인식할 필요가 있다.

애정이든, 재정적 안정이든, 정서적 안정이든, 무엇인가를 원하기 때문에 결혼한다면 *결혼에 대한 긍정적 동기*가 있는 것이다. 반면, 상대방을, 또는 결혼을 원해서가 아니라 *부정적 반응으로서 결혼*하는 경우들도 있다. 결혼을 생각할 때는 내가 이 사람을 원하는가 아니면 무엇을 피하기 위해서, 혹은 누군가에 대한 복수나 보답으로 결혼하고자 하는가를 진지하게 자문해야 한다. “나는 지금 이 사람과 결혼하기를 스스로 원하는가?”를 묻고, 시기, 상대, 본인의지 모두에 대해 ‘그렇다’는 확신이 설 때 결혼하는 것이 현명하다. 대부분의 남녀는 결혼하지만, 결혼하기 전까지는 짧건 길건 **독신생활**을 하는 것인데, 주위의 압력에 의연하게 대처하고 인간관계와 규율 있는 생활, 건강관리에 유의해야 결혼해도 행복하게 살 수 있다.

같이 잘 사는 부부들은 서로 유사한 사람들인 경우가 많다. 욕구, 태도, 가치들이, 정신건강 수준이, 사회·경제적 배경, 교육수준 등이 비슷한 사람들끼리 서로 끌리기도 하거니와 더 행복하게 사는 경향이 있다. 우리는 가정폭력을 다루면서 이 유사성 원칙의 끔찍한 실례를 보았다. 폭력의 가해자나 피해자 모두 폭력가정에서 성장한 사람들이 많다. 불행한 사람끼리 만나서 서로 불행해지는 것으로 끝나지 않고 자녀들까지도 불행하게 만든다는 것이 이 **유사성원칙** 사례의 비극적인 뒷면이다. 정신건강과 관련된 자존심, 낙천성, 정서적 안정 등의 특성들에서 비슷한 사람끼리 만난다는 것은 좋은 배우자를 만나려면 결국 자기 자신이 좋은(건강하고 성숙한) 사람이 되어야 한다.

결혼생활에 적응하고 여러 가지 갈등들에 현명하게 대처하기 위해서도 상당한 정도의 성숙과 정서적 안정, 자존심이 필요하다. **부부 적응**의 과제는 친밀관계 문제부터 살림살이, 시가/처가 관계, 사회생활에 이르기까지 매우 다양하며, **갈등**도 심리적, 신체적, 관계적, 상황적인 여러 근원들에서 발생한다. 이러한 적응과제들을 같이 해결하고 **건설적 대처**를 하려면 부부가 서로 신뢰하고 존중하며 욕구들을 인식·표현하고 공감할 수 있어야 한다. 좌절과 분노를 오래 쌓아두지 않아야 구체적 문제, 불만에 대해 이야기하되 인신공격을 삼갈 수 있을 뿐더러 자신의 욕구를 표현하고 상대방의 말에 귀 기울이며 그의 욕구를 인식할 수 있다.

결혼 자체가 목적이 아니듯이 적응도 그 자체가 목적이 아니다. 결혼하고 결혼생활에 적응하는 것은 행복하게 살기 위해서이다. 부부는 자신이 선택한 관계에 대해 그리고 — 자녀들이 있다면 — 자녀들에 대해 책임을 지려고 노력해야 한다. 그러나 가정의 평화, 가정을 지킨다는 것은 역시 그 자체가 목적은 아니다. 부부 중 어느 한 편이라도 좌절이 지속되어 관계가 나빠질 때, 파괴된 관계를 지속하는 것은 관련된 모든 이들에게 상처와 고통을 줄 뿐이다. 행복해지기 위해 결혼을 선택했다면, 행복해지기 위해 혹은 더 이상 비참하고 불행하지 않기 위해 이혼을 선택할 수도 있다.

이혼은 관련된 모든 사람들에게 불행한 선택이다. 그러나 이미 파괴된 관계에 매달리는 것은 더 나쁜 선택이다. 바로 이러한 불행을 피하기 위하여, 젊은 남녀들은 결혼의 목적을 분명히 하고 배우자 선택을 신중하게 하며, 결혼생활에 대해 분홍빛 꿈만 꿀 게 아니라 거기서 부딪치는 적응문제들과 갈등에 대해 현실적인 기대를 가져야 하는 것이다. 건강한 가정, 행복한 가정생활이 개개인의 건강과 행복, 그리고 사회의 건강의 토대라는 것을 생각하면, 행복한 가정을 이루는 것은 젊은 사람들의 의무라고까지 할 수 있다.

제11장

가정과 자녀

누구나 '행복한 가정'을 바라지만, 행복하다고 말할 수 있는 가정이 그리 많지 않은 것이 현실이다. 핵가족 제도에서 행복한 가정이란 서로 사랑하고 존중하는 부부가 함께 사랑으로 자녀를 키우는 터전이다. 이것이 현실보다는 이상에 가깝다면, 가족끼리 서로 사랑하고 존중하는 일이 어렵다는 것이다. 사회가 병들어서 그렇지만, 반대로 가정의 붕괴가 사회의 붕괴를 촉진하기도 한다.

젊은 독자들의 가정생활은 어떠했는가? 대부분의 경우 아버지는 밖에 나가 돈 벌어 오고 어머니가 살림과 자녀교육을 담당해 왔으며, 부모는 주로 공부와 시험을 챙겼을 것이다. 그런 가정이 충분히 포근하고 행복했는가? 독자들이 가정을 이루게 되면 바깥생활에만 몰두하는 아버지, 공부타령, 성적타령만 하는 어머니가 되겠는가? 그것이 싫었다면 어떤 식으로 부모노릇을 하겠는가? 이 장에서는 전형적 핵가족 형태를 중심으로 논의하지만, 가족 형태의 다양성을 부인하지는 않는다. 결혼을 안 한 부부가, 또는 이혼·사별로 혼자 남은 부모(주로 엄마)가, 또는 '미혼모'가 아이들을 기르는 가정도 있고,[1] 물론 입양가정도 있다.

1) '결손가정'이라는 말은 쓰지 말자. 통계적 의미에서 '정상적'인 핵가족만 '건강가정'으로 인정하고 가족형태의 다양성을 인정하지 않는다는 것은 뒤에 이야기할 '건강가정 기본법'에 대한 비판의 하나이다. '편모/부 가정'이라는 말도 요즘은 '한부모 가정'이라는 이름으로 부르고, '미혼모' 대신에 '싱글맘'이라는 말도 쓴다.

가족형태만 다양한 것이 아니다. 공동육아도, 살림과 육아에 참여·헌신하는 아버지도 늘어나고 있다.

아이는 대부분 가족의 기다림 속에 태어난다. 부모가 이미 '따뜻한 보금자리'를 이루고 있으면 아이는 엄마의 따뜻하고 안전한 자궁에서 바로 차갑고 살벌한 세계로 내던져지지 않는다. 부모가 된다는 것, 가정을 이룬다는 것은 근본적으로 관계 맺기이다. 부모가 서로 사랑하고 존중하며 아이를 환영한다면 아이는 따뜻한 보금자리에서 세상살이를 시작하는 것이다. 그러나 부모가 '관계 결핍'을 아직 치유하지 못했다면 태어난 아이를 환영하기도, 아이와 관계 맺는 일도 어려워진다. 결혼 전에라도 일단 스스로 물어보자. 아이를 가질 것인가.

1. 아이를 가질 것인가

결혼하는 사람에게 왜 결혼하는가를 묻지 않는 것처럼, 우리 사회에서는 왜 아이를 갖느냐고 묻지 않는다. 나이가 차면 결혼하는 것이 당연하고, 결혼하면 아이 낳는 것이 당연하기 때문이다. 결혼을 안 하는 게 아니라 못 하거나 아직 안 했을(미혼) 뿐인 것처럼, 자녀가 없는 부부도 아이가 아직 없거나 아니면 못 낳는 것이다. 그러나 우리는 이제 결혼을 할지 말지를, 아이를 낳을지 말지를, 낳으면 언제 그리고 몇 명을 낳을지를 스스로 — 배우자와 더불어 — 결정내리는 시대에 살고 있다.

1-1 가족과 가정

각박하고 살벌한 무한경쟁 시대에 '따뜻한 보금자리'는 더 절박하게 필요해지는데, 날이 갈수록 이혼율이 높아지고 출산율은 낮아진다. 높은 이혼율은 빈곤의 여성화로 이어지고, 경제 불평등이 심해지면서 생계를 비관한 가족동반자살도 많아진다. "이제 한국사회에서 가족은 더 이상 자본주의 무한경쟁의 사적 피난처가 아닌 사회적 문제의 온상이 되어가고 있다"(윤홍식, 2004, p. 22). 정부는 이러한 사회문제를 예방하고 건강한 가정을 유지·강화하기 위해 2003년 '건강가정 기본법'을 제정하였다. 가족은 "혼인, 혈연, 입양으로 이루어진 사회적 기본단위"를 말하고, 가정은 "가족 구성원이 생계 또는 주거를 함께하는 생활공동체로서, 구성원의 일상적 부양·양육·보호·교육이 이루어지는 생활단위"로 되어 있다(같은 글, p. 23). 가족이 가정에 선행되는 개념인 것이며, '건강가정'은 부부와 자녀로 구성된 '전형적 핵가족 가구'를 의미한다.

'남자-직장/사회, 여자-가정'의 틀이 워낙 공고하기 때문에 새 법에서도 자녀양육은 개별가정에서 아내/어머니가 책임지는 일로 되어 있다. 아이 개인의 관점에서 보면 아이는 자기 인생의 주인으로 세상을 행복하게 살기 위해서 태어난다. 대부분의 경우 그는 "인간의 성장과 생활에서 정서적 자원을 생성하는 일차적 관계"(김찬호, 2008, p. 127)인 가족에게 사랑과 보살핌을 받으며 자란다.

(1) 자식은 부모의 분신인가

'무자식 상팔자'라는 말도 있듯이 자식을 키운다는 것이 즐거움만은 아닌데, 왜 우리는 가정에는 으레 아이가 있어야 한다고 생각하는가? 갤럽연구소에서 1981년에 약 1,000명의 전국남녀를 대상으로 '한국인의 가정생활과 자녀교육'에 대해 조사한 결과(한·일·미·영·불·독 6개국 비교)를 보자(한국갤럽연구소, 1983). 조사결과를 종합하면, 우리나라에서는 자식을 낳고 기르는 일이 그 자체 보람 있고 즐거운 일이라기보다는 가문을, 나의 노후를, 나의 꿈의 실현을 위한 일인 것으로 보인다. 이렇게 보면 세계적으로 유명한 우리나라 부모들의 교육열은 바로 가문을, 노후를 위한 투자이다. 자식은 부모의 분신이다.

우리나라 부모들에게 가족이란 '사랑으로 맺어진 사람들의 모임'(22.3%)이라기보다 '같은 피로 맺어진 사람들의 모임'(48.4%)이다. '남자는 남자답게, 여자는 여자답게', '한국인이라는 자부심을 갖도록' 키워야 하고, 아버지는 자녀에게 '엄격하고 분명'해야 한다고 믿으나, '자녀교육은 부모의 힘만으로 되는 것이 아니다'라는 체념도 강하다. 자녀에 대한 걱정 중 으뜸이 되는 것은 '공부를 열심히 하지 않는다'(25.4%)와 '친구관계'(14.8%)였다. 이것은 부모가 자녀에게 바라는 것이 무엇인가를 드러내 준다. 공부 잘해서 좋은 대학에 가고, 인간관계 잘하고, '사'자(字) 붙은 직업을 가지거나 좋은 회사 들어가서 출세하는 것, 그래서 남에게 자랑할 수 있는 자식이 되는 것이 효도인 것이다. 거의 30년이나 된 조사결과이지만, 이러한 태도는 거의 변하지 않았다. 우리나라의 가족주의는 이렇게 뿌리가 깊다.

자식을 독립된 인격체가 아니라 자신의 분신으로 본다면, 이는 곧 자식을 부모의 소유물로 보고 *대상화*한다는 뜻이다. 대학생들이 가장 선호하는 직종은 공무원, 교사, 변호사, 기자와 프로듀서, 의사이지만, 김찬호(2008, p. 117)가 쓰듯이 그들이 "시민생활, 가르침, 소통, 치료"에 관심이 많기 때문이 아니다. 부모들이 선호하는 직종들이기 때문이다. 이 직종들은 외국인과 경쟁하지 않는다는 공통점이 있다. 즉 '무한경쟁'에서 제외되는 '안정적'이고 소득 높은 직종들인 것이다. 자식을 대상화하는 부모는 자식에게 대학 가고 싶냐, 무얼 하며 살고 싶냐 물어보지 않고 자식의 진로목표를 정한다. 그리고 그 목표를 이루기 위해 엄청난 비용을 투자한다. "평생 성적 초등 4학년에 결정된다"는 이야기에 자녀를 초등학교 때부터 밤늦게까지 학원으로 '돌린다'.

> 이런 상황에서 부모들이 교육열을 불태우지만 '교육력'은 점점 쇠퇴한다. 엄청난 교육비를 투자하고 그 비용을 마련하기 위해 온갖 희생을 감수하지만 아이의 삶과 생각에 부모가 직접 끼칠 수 있는 영향력은 줄어드는 것이다. 부모의 경험과 지식으로 아이에게 가르칠 수 있는 것이 없다. 아니 정확하게 말하자면 부모 스스로가 가르칠 수 없다고 생각한다. 언제부터인가 우리 가정에서 가정교육은 사라져 버렸다. 좀더 정확하게 말하자면 한국사회에 교육이 사라져간다. 입시준비만이 전쟁처럼 치러진다. 그래서 그 기술을 잘 연마시켜주는 외부의 전문가가 필요하다(김찬호, 2008, pp. 76-77).

자녀를 이런 무의미한 경쟁에 몰아넣고 싶지 않은 부모들 가운데 경제적 여유가 있으면 조기유학을 선택한다. 한국의 기러기아빠 현상은 "세계사적으로 유례가 없는 일"(p. 77)이지만, 어차피 함께 살아도 돈버는 기계 외에 다른 역할도 없는 아버지들은 아이를 외국에 보내지 않았어도 수많은 가정에서 기러기아빠로 살아간다. 오늘 여기서 누릴 수 있는 행복을 저당 잡히고 먼 훗날 자녀의 행복을 위해 희생하는 부모는 자녀에게도 내일의 행복을 위해 오늘을 희생하라고 가르치는 것이다. 입시에 청춘을 저당 잡힌 후 또 '한 방'을 노리고 각종 고시와 스펙 쌓기를 위해 몇 년씩 고생하는 젊은이들을 보라. 자신의 삶에서 기쁨과 보람을 느끼지 못하고 세상이 괴롭고 험하다고 생각하는 사람들이 출산의 용기를 내기는 어렵다.

'가족의 위기'는 낮은 출산율과 높은 이혼율 때문에 '건강가족'(전형적 핵가족)이 없어진다는 위기가 아니다. 행복하다는 의미에서 건강한 가정(따뜻한 보금자리)이 없어진다는 위기이다. 아이는 국가의 관점에서는 '국민'이고 기업의 관점에서는 장래 '노동력'이며, 가정에서 아이를 키워 법을 지키는 국민, 민주시민, 노동자로 만든다. 정부와 언론은 '국민', '노동자' 숫자가 줄어들면 경제성장도 대한민국도 없어진다고 떠들면서도 행복하고 건강한 가정에서만 성숙한 민주시민, 창의적인 일꾼이 키워진다는 사실은 무시하고 있다.

(2) 출산은 애국인가

'가정'은 여자의 영역이라지만, 여자가 주인은 아니다. 게다가 주부/아내/어머니 역할은 그 특성상 잘하는 것은 당연하고 못하면 비난받는다. 부부와 자녀로 구성된 핵가족이 '건강가정'인 현실에서 '가족위기'는 여자 책임이라 생각된다. 이혼율이 높아진 것은 여자가 (자식을 위해) 참고 살지 않기 때문이고, 저출산은 여자가 애 낳기를 거부하기 때문이라는 것이다. 그러나 '출산파업'은 대부분 여자 혼자 내리는 결정이 아니고, 이혼도 물론 여자 혼자 하지 않는다. '가족위기'에 대해 여자 책임을 물을 때는 결국 여자가 전통적 여성역할에만 머물지 않으려고 하는 자체를 비난하게 된다. 남성과 똑같이 고등교육을 받는 여자가 취업을 원하는 것을 당연하게 보지 않기 때문에 정부와 기업이 직장-가정 양립을 위한 노력을 충분히 하지 않는 것이다.

출산율이 1.22명(세계 평균 2.54)으로 세계에서 끝에서 2등이라는 '2009 세계 인구현황 보고서' 결과를 신문들이 보도한(*한겨레*, 2009. 11. 19., "한국 출산율 1.22명— 여전히 세계최저") 같은 날에 OECD(경제협력개발기구) 30개국 중에서 우리나라가 복지·분배에서 꼴찌라는 연구결과가 실렸다(*한겨레*, 2009. 11. 23., '이정우의 경제이야기', "성장 지상주의의 저주, 저출산"). 이정우는 복지·분배가 꼴찌라서 출산율도 꼴찌가 된 것이라 본다. 역시 같은 날 발표된 연구를 보면 한국의 가족정책 예산이 국민소득 대비 0.3%로 OECD 평균의 1/7밖에 안 된다고 한다(같은 칼럼). 가족수당, 육아휴직급여, 보육서비스, 자녀교육지원 등 예산이 다른 나라에 비해 턱없이 부족하다는 것이다.

출산율이 계속 떨어지면 노동력이 부족해져서 경제성장이 떨어진다. 저출산 현상은 역시 세계 최고속도로 진행중인 고령화의 주요원인이기도 하다. "성장을 계속하기 위해서도 출산율을 대폭 높여야 하며, 이를 위해서는 젊은 부부들이 출산파업을 끝낼 수 있도록 보육, 교육, 복지에 대폭 투자해야 한다"(같은 칼럼). '고용 없는 성장'시대에 취업전쟁에 들어와 있거나 비정규직에 종사하는 20대 독자들이 노동력 부족을 걱정하는 소리를 들으면 기분이 어떤가. 현재의 '노동력'을 인간 취급하지 않으면서, 현재의 저출산 추세가 계속되면 40년 뒤에는 400만 명이 줄어들고, 300년 뒤에는 한반도에 사람이 한 명도 남아 있지 않을 거라는 시나리오가 '공포스럽다'는 말을 들으면 기분이 어떤가.

돈 없고 집 없고 결혼 못하는 '3무 세대'에게 노동권, 주거권, 보건권, 교육권을 보장하는(우석훈, 2009) 것이 해결책이라고 생각하지 않는가(12장 글상자 12-1 참조). 남녀 모두 아이 키우면서 일할 수 있어야 하는데, '건강가정 기본법'에서도 가정은 여전히 가족의, 특히 여자의 책임이다. 국가는 혼인과 출산의 중요성을 홍보·계도하면 된다. 8장에서 보았듯이 취업여성의 2/3가 비정규직에 종사하며, 비정규직 안에서도 남성보다 낮은 임금을 받는데, 현행 법률에서 불가능한 유급 출산휴가를 '건강가정 기본법'이라고 보장해주지 않는다.[2)]

1970년에는 출산율이 4.53명이었다(이주일 등, 2008). 인구폭발을 걱정하며 '둘만 낳아 잘 키우자', '딸 아들 구별 말고 하나만 낳아 잘 키우자'고 '가족계획' 운동을 하던 시대였다. 예비군 훈련까지 빼주며 무료로 할 수 있었던 정관수술이 이제 무려 25만원이 들고, 정관복원수술에 적극적인 지원을 아끼지 않는다(*한겨레*, 2009. 11. 12., "오늘, 공장 문 닫았습니다").

---

2) 제정 전부터 논란이 많았던 이 법의 전면개정안이 '가족정책 기본법'이라는 제목으로 제출되었지만 국회 법사위에서 표류 중이다. 독자들이 짐작할 수 있듯이 보수세력의 저항 때문이다. 2007년 4월 23일 '건강가정 기본법 개정을 촉구하는 국회의원, 복지 여성 노인 시민사회단체 공동기자회견'이 열린 바 있다(한국여성민우회 홈페이지, 2007. 4. 30.). 참여한 국회의원 5명은 전부 여성이었다.

> 맞벌이부부 배려하고 다양한 측면에서 모성복지에 힘쓰면 풀릴 문제를, 정부는 치사하게 정관수술로 장난(?)치고 있는 것 같아 분노도 치밀었다. 애 낳으면 돈 몇 푼 쥐어주겠다는 정책결정자들에게 고한다. '남녀 모두 출산휴가 2년씩만 보장해 봐. 저출산 단박에 해결할걸? 청년실업 문제에 교육문제까지 해결되면 세계 1위 출산 국가는 문제도 없을 거다'(같은 기사).

출산장려금이 별 효과가 없으니까 낙태한 여성을 엄중히 색출해 처벌하려 하고 있다(최보문, 2009, "'출산강제법'이 몰고 올 '디스트릭트 11'"). 국가가 여성의 몸과 성을 도구화하는 것이다. 가정에서 애를 낳아 부모가 허리 휘게 고생하여 키워서 사회에 내보내면 기업에서 노동력으로 부려먹으면 된다. 한 여성노동자의 이야기를 들어보라.

> "저출산의 원인은 육아문제 때문이지, 출산의 고통 여부의 문제가 아닙니다. 육아=여성입니까? 어째서 직장에서 불이익 당하는 건 여성의 몫이고, 아이를 낳으면 왜 해고 0순위인 건가요? 저도 일하는 여성인데 나중에 아이 낳을 일이 걱정입니다. 여자들도 남자들처럼 사회에 나가 일을 하면서 돈도 벌고 자아실현도 하고 싶은데 현실이 그렇게 하도록 놔두지 않습니다. 여자들에게는 아이를 낳는 것이 엄청난 모험입니다. 여자들이 아이를 낳지 않는 것은 이기적이어서가 아니라 사회가 아이를 낳기 어렵게끔 만들기 때문입니다"(최진협, 2004/6).

정부와 기업이 개별 가정에 양육부담을 넘겨버리면 남성노동자도 아버지 노릇을 하기 쉽지 않다.

> 가족의 생계를 온전히 혼자 짊어진다고 생각하는 남성노동자는 반복되는 야근과 회식 등, 양육에 접근하기 힘든 직장문화를 등지지 못한다. 결국 여성노동자는 출산의 포기 또는 직장의 포기라는 양극단의 선택을 하게 되고, 남성노동자는 양육을 회피하는 직장문화에 매몰돼 양육책임을 아내에게 전가하거나 혹은 양육의 권리를 박탈당하는 가부장적인 아버지가 되기 쉽다(같은 칼럼).

남녀 출산휴가, 정시퇴근 생활화를 이루기가 그렇게 어려운 문제란 말인가.

필요한 인력은 더 채용하면 되지 않는가. 남녀 모두 가정과 직장을 양립할 수 있어야, 아내/남편, 부/모로서 행복하고 또 재충전을 해야 일도 잘할 것 아닌가. 책상에 앉아 있다고 공부나 일이 잘되는 게 아니라는 것을 모르는 사람이 없는데, 한국의 부모들은 자녀를, 회사들은 직원들을 책상 앞에 붙들어둔다. 그러면서 부모-자녀 관계는 황폐해지고, 젊은이들은 관계 결핍이 되고, 기업의 효율성은 떨어지며, 모두 불행하고 국가경쟁력은 약해진다. 아이 낳는 일이 '엄청난 모험'인 한 출산율은 계속 떨어지고, 삶의 질도 국가경쟁력도 점점 떨어질 것이다.

세계 인구현황 보고서에 의하면 한국 인구는 4,830만 명이라고 한다(*한겨레*, 2009. 11. 19.). 독자들은 우리 한반도 적정인구가 얼마라고 생각하는가. 몇 명 정도가 살면 서로 사람취급하면서 인간답게 살 수 있을까. 애국하기 위해 애를 낳을 수는 없지만, 4천만 인구도 많다고 생각하지만, 노인만 남아 있고 어린애가 더 이상 태어나지 않는 세상은 상상도 하기 싫다. 다행스럽게도 아이를 낳는 '엄청난 모험'을 감행하는 부부들이 여전히 많다.

1-2 임신과 출산

미국과 유럽에서 나온 연구들에 의하면, 결혼생활에 대한 만족은 결혼 당시에는 매우 높다가 어린 자녀를 키울 때 가장 낮으며, 자녀가 십대를 벗어나면서 다시 높아진다고 한다(Michel, 1985/1990; Rice, 1979). 부부가, 특히 아내들이, 자녀가 독립하여 집을 떠나면 불행해한다는 일반적인 생각은 맞지 않다. 자녀가 부부관계를 악화시킬 수 있다는 가능성을 염두에 둔다면 결혼생활의 파경을 막기 위하여 아이를 가지려고 들지는 않을 것이다. 자녀가 위기에 처한 부부관계를 회복시켜 주지도 않거니와, 자기 자신을 원치 않는 환경에 태어난다는 것은 자녀 자신에게도 불행이다. 모든 생명은 부모의 희망찬 기다림 가운데 태어날 권리가 있다. 이는 모든 임신이 계획·준비되어야 한다는 것을 말한다.

첫아이의 임신과 출산은 부부생활에 커다란 변화를 가져온다. 부부는 이전까지의 역할과 책임들을 새로 정의해야 하는가 하면 시간 및 기타 자원을 다른 식으로 배분해야 한다. 특히 첫아이 때는 임신과 출산이 부부 모두에게 큰 스트레스가 될 수 있다. 미리 계획한 임신이 아닐 때는 더 그렇다.

여자는 우선 임신중부터 신체적·심리적 불편과 어려움을 당할 수 있다. 좋은 직장에 다니는 여자는 출산과 육아 때문에 일에 지장을 받고 남들에게 눈총을 받거나 뒤떨어질까봐 두려울 수가 있다. 임신중의 우울증이나 기타 어려움들에는 호르몬 불균형 같은 신체적인 이유들도 있으나, 이제 '아줌마'가 된다거나 퇴직압력을 받는다고 생각하면 출산을 축복으로만 여길 수가 없다. 출산에 대해 그리고 아이에 대해 부정적 감정을 가진다고 해서 스스로 죄책감을 가지거나 옆에서 비난하면 아무 도움이 안 된다. 부정적 감정을 억누르기보다는 (자기 자신에게라도) 정직하게 인정하여야 임신과 출산의 스트레스를 더 잘 이겨낸다.

아이가 태어났을 때 젊은 어머니의 가장 큰 문제는 수면부족과 피로이다. 물론 남편들도 아버지가 되었다는 감격과 자랑스러움이 채 가시기도 전에 한동안 수면부족과 피로에 시달릴 수 있다. 앞장에서 보았듯이 부부의 만성적 피로는 갈등의 큰 근원이 된다. 다른 갈등들도 있을 수 있다. 성생활도 방해받으며 부부대화가 줄어들고 이제는 정말 발이 묶였으며 자유로운 시절은 끝났다는 느낌이 들 수 있다. 아내가 아이에게 온 시간과 신경을 쓰는 것이 남편을 무시하고 거절하는 것이라고 느껴지기도 한다.

물론 아이가 태어난 후 부부의 결속이 강해지며 여자는 어머니로서 진정한 충만감을 느끼고 남자도 가정에 충실한 남편이자 아버지가 될 수 있다. 그러나 우리가 더 이상 가족중심이 아니라 개인중심 그리고 부부중심으로 살도록 교육받고 있는 현실에서 —'전통적 결혼'에서 '현대적 결혼'으로 변해 가는 추세도 이 현실을 반영한다— 부모가 된다는 것은 여러 가지 갈등을 불러일으킨다. 스트레스와 갈등을 줄이려면 부부가 서로 잘 적응한 뒤에 자녀를 가질지를 고려하는 것이 바람직하다. 아이 낳기 전에 결혼생활이 조화로울수록 아이가 생긴 후 부부가 더 가까워지고 자녀양육도 더 잘할 수가 있다.

1-3 애 없는 가정

우리는 주위에서 애 없는 부부들이 어떻게 해서든 애를 낳으려고 정말 눈물겨운 노력을 기울이는 경우를 종종 본다. 앞에서 보았듯이, 자녀를 키우는 동안 자신의 성장, 키우는 즐거움보다는 가문의 대 잇기, 노후생활 보장이 훨씬 중요하기 때문에, 고아입양이 아직 매우 드물다. 입양을 하더라도, 입양이 아니라 친자식이라고 보이기 위해 온갖 노력을 기울이는 일이 많다.

결혼했으면 아이는 꼭 있어야 하나? 아이 없는 가정은 가정이 아닌가? 결혼한 쌍이 잘 안 맞으면 일차적으로 부부만 불행해지면 되지만, 부모로서의 책임이나 자격 같은 것은 생각하지 않고 자녀를 갖게 되면 불화의 결과는 엄청나다. 더구나 부모노릇이 저절로(본능으로) 된다고 믿으면 어떻게 하는 것이 올바른 부모노릇이냐를 생각하지 않게 된다. 결혼은 행복해지기 위해서 하는 것이며 따라서 결혼을 안 할 수도 있고 결혼생활이 비참하면 이혼하는 것이라고 이야기했었다. 마찬가지로, 저울의 한편에는 자녀를 기르는 즐거움 같은 '이익'을, 다른 한편에는 부모로서의 책임과 의무를 올려놓고 숙고한 후 결정하는 것이 현명하다. 자녀를 가질지 말지를 결정하는 것은 자녀를 키우고 책임질 사람들이지 그들의 어느 쪽 부모나 친척도, 이 사회도 아니다.

따라서 결혼 전에나 직후에 남녀가 전반적인 인생목표를 이야기하는 가운데 자녀를 갖는 의미, 기르는 방식, 부모역할 등에 대해 토론하는 것이 좋다. 아직까지 자녀는 어머니의 책임이라는 생각이 지배적이기 때문에, 특히 자기 일에 대한 애착과 야심이 큰 여자들은 '(낳기만 하면) 어떻게 되겠지' 할 것이 아니라 자신이 할 수 있는, 하고 싶은 '엄마노릇'의 한계, 남편과 주위 가족들에게 현실적으로 기대할 수 있는 도움 등을 숙고하여야 한다. 과거에는 친정어머니나 시어머니가 살림과 아이를 맡아 주는 일이 흔했지만, '신세대' 할머니들은 직장 가진 딸이나 며느리의 애를 봐 주는 일을 점점 더 많이 거부하고 있다.

자녀를 못 낳기 때문에 포기했건 아니면 아예 (당분간 혹은 아주) 안 가지기로 합의하여 결정했건 자녀 없이 사는 부부들이 늘어난다. 결혼을 '못'한 실패자가 아니라 '신나는 독신자'(swinging singles)로 살 수 있는 것처럼, 자녀 없이도 부부가 얼마든지 풍요롭고 행복하게 살 수 있다. 부부가 모두 직업에 전력투구하며 여가를 즐기는 것도 떳떳한 삶의 방식이다. 2세를 돌보고 싶어진다면, 부모 없는 아이들, 소년·소녀 가장들을 돌보거나 재정적으로 후원할 수 있고, 입양을 할 수도 있다. 좋은 사회를 만들어가기 위한 시민운동에 참여하는 것도 뜻깊다.

지난 장에서 전통적 결혼보다는 현대적 결혼의 형태에서 부부의 적응을 논

글상자 11-1 쉬운 말로 바꾼 어린이·청소년 권리 조약

조항 12. 어른이 우리에게 어떤 방식으로든 영향을 주는 결정을 내릴 때 우리에겐 우리의 의견을 말할 수 있는 권리가 있어요. 그리고 어른은 우리의 의견을 진지하게 받아들여야 해요.

조항 19. 아무도, 어떤 식으로든 우리를 해쳐서는 안 돼요. 어른들은 우리가 매 맞거나 무관심 속에 내버려지게끔 놔두지 말고 우리를 보호해줘야 해요. 우리의 부모님에게도 우리들을 해칠 권리가 없어요.

조항 29. 우리가 교육을 받는 것은 우리가 가진 사람됨, 재능, 정신적·신체적 능력을 맘껏 개발하기 위해서예요. 또한 교육을 통해 우리는 자유로운 사회에서 다른 사람들의 권리를 이해하고 깨끗한 환경을 생각하며 책임질 줄 알고 평화롭게 살아가는 법을 배워야 해요.

조항 31. 우리에겐 쉬고 놀 수 있는 권리가 있어요.

조항 42. 모든 어른들과 모든 어린이들은 이 조약에 관해 알아야 해요. 우리는 우리의 권리에 대해 배울 권리가 있고 어른들도 역시 이 권리들에 대해 배워야 해요.

[출처: 어린이·청소년의 권리 연대회의(1997, pp. 268-271)]

의한 것처럼, 이 장에서는 가정을 혈육공동체라기보다는 독립된 개체들의 공동체로 보면서 자녀교육의 문제들을 논의하게 된다. 자녀는 부모의 못 다 이룬 꿈을 이루기 위해서가 아니라, 자기 자신의 삶을 살기 위해 태어난다. 아이들의 성장을 돕고 지켜보면서 우리 자신이 성장하기도 한다. 이 장에서는 어떤 부모가 좋은 부모인가를 생각해 볼 것이지만, 좋은 부모가 된다는 것이 인생의 전부일 수는 없다는 것을 미리 말해 두고 싶다.

모성본능 — 부성본능이라는 말은 안 한다 — 이니, '여자는 약하나 어머니는 강하다'느니 하는 신념이 있기 때문에 '나쁜 엄마'는 '나쁜 아빠'보다 훨씬 큰 비난의 대상이다. 그러나 아이란 사랑스럽기만 한 것은 아니다. 아이는 부모를 즐겁게 하려고, '말 잘 들으려'고 태어나지 않으며, 인정사정없이 감정과 욕구를 표현한다. 어떤 어머니는 때로 아이가 자기를 뜯어 먹는 괴물 같다고 고백한다.

아파서 죽겠는데 아이는 놀아 달라 칭얼거리고 이것저것 요구할지 모른다. 참을성의 한계에 달했을 때, 그리하여 자식이 정말 '원수'로 보일 때, 그 분노를 억압해 버리면 아이에게도 좋을 것이 없다. 자녀는 엄마가 '어쩐지 이상하다'는 것을 느끼기 마련이고 그것은 혼란만을 줄 뿐이다. 차라리 "나는 지금 꼼짝도 하기 싫다"고 소리 한번 지르는(그리고 나중에 사과하는) 것이 낫다.

부모가 자녀만을 위해 존재하지 않는다는 것이 아이 자신에게 좌절일 수도 있지만 결국은 아이가 인정하고 배워야 할 사실이다. 아이가 성장할수록(초등학교에만 들어가도) 부모가 자신의 삶이라고는 없이 자기에게 모든 것을 걸며 집착하는 것을 구속과 부담으로 느낀다.

2. 부모의 기본적 태도

대학생들에게 '어떤 부모가 될 것인가'를 물어보면, 권위만 내세우지 않고 같이 놀아 주고 대화가 통하는 '친구 같은 아빠', 자녀가 하고 싶은 대로 하게 하고 자녀에게 모든 것을 걸지 않으며 '대화가 통하는 엄마'가 되고 싶다고 말한다. '대화'란 평등한 사람들 사이에만 있을 수 있다. 불평등한 관계에서는 명령과 지시 그리고 순종이 있을 뿐이다. '사람'에 방점을 찍으면 '대상화'하지 않을 때만, 즉 '관계'가 존재할 때만 대화가 있다고 말할 수 있다. 우리는 보통 가게 점원이나 식당 종업원과 '대화'하지는 않는다. 물론 예의바르게 대하지만, 정해진 기능, '역할'을 하는 대상들과는 '관계'가 없기 때문이다. 아이에게 일방적으로 강요·지시하고("하라면 하지 무슨 말이 많아", "엇다 대고 말대답이야?") 인신공격할 때("한심한 것")도 우리는 대화를 하는 것이 아니다. 가정교육이 사라진 가정에서는 부모가 자녀에게 주로 이런 말들을 던진다. 자녀를 '대상화'하기 때문이다.

2-1 아이들의 인권

민법에도 "미성년인 자는 부모의 친권에 복종한다"(제909조 제 1 항)고 규정되어 있듯이, 우리 사회에서 아동과 청소년은 부모에게 복종하는 객체(대상)이지 권리의 주체가 아니다(어린이·청소년 권리 연대회의, 1997, p. 14). 권리는 부모, 특히 아버지에게 있다('친권'). 친권이 오용·남용되어도(예, 폭력과 성폭행) 가해자인 부모(아버지)가 법적으로는 여전히 보호자이며 친권자이다. 마찬가지로 학교에서도 학생은 권리라고는 없고 교사에게 복종만 하는 존재이다. 끝으로, 아이들의 생존과 행복이 가정의 책임으로 돌려지므로, 그들의 인권에 대한 사회의 보장도 매우 미흡하다(위의 책, p. 18f.).

여자는 남자의 억압에 맞서 싸울 수 있고 노동자도 단결하여 정부나 기업주에게 자기 권리를 주장할 수 있지만, 아이들은 어른들에 맞서 싸울 권력도 없고 대신 싸워 줄 세력('로비')도 없다. 이에 유엔은 삶과 교육의 주체로서 아이들의 권리를 보장하기 위해 1989년 말에 '어린이·청소년 권리 조약'을 만들었고, 우리 정부는 2 년 후에 이 조약을 비준하였다. 글상자 11-1에 우리나라의 '어린이·청소년의 권리 연대회의'에서 아이들을 위해 쉬운 말로 바꾼 조약내용의 일부를 소개하였다. 내용을 읽어보면 우리나라 부모들은 대다수가 자녀들의 인권을 짓밟고 있다. 아이들을 '해칠 권리'가 없다(조항 19)는 것은 잘 알지만, 우리 아이들은 의견을 말할 권리가 없고(조항 12), "사람됨, 재능, 정신적·신체적 능력을 맘껏 개발하기 위해서" 교육받지 않으며(조항 29), "쉬고 놀 수 있는 권리"가 없다(조항 31). 물론 어른·아이 모두 이 권리들에 대해 모른다(조항 42).

부모·교사가 아이들의 인권을 존중한다면 교육은 저절로 되어 어린이들은 책임 있는 성인, 민주시민으로 성장할 것이다. 우리의 현실을 돌아보면 교육자, 보호자인 어른들이 아이들을 인격체로 취급하지 않는 일이 너무 많다. 글상자 11-2에 아이들(중고생)이 좋아하거나 싫어하는 부모의 일상적인 말과 행동을 소개하였다. 내용을 보면 이들이 동등한 인격체로서 존중받을 때 (사랑받는다고 느끼므로) 힘을 얻고, 그렇지 못할 때 상처를 받는다는 것을 알 수 있다. 또한 아이들이 원하는 것은 화목한 가정, 서로 사랑하는 부모이다.

부모가 아이를 사랑하지 않아서 상처주고 '쉬고 놀' 당연한 권리를 무시하는 것이 아니다. 부모 자신의 분신, 소유물로 보기 때문에, 입시교육에 올인하기 때문에 그러는 것이다. 아이 인권을 존중한다는 것은 무엇보다 아이를 자신의 의견과 감정이 있는 *독립된 인격체*로 본다는 것이다. 스스로 인권을 무시당한, 자기 자신과 연인/배우자를 대상화(상품화)하는 데 익숙한 사람들에게 이는 저절로 되는 일이 아니다. 학교에서 배운 지식은 점수 따기 위한 지식이었기 때문에, 젊은 독자들은 스트레스 대처, 대인관계부터 연애와 결혼, 부모노릇까지 삶에서 중요한 모든 것을 따로 공부해야 한다. [적어도 이것은 '진짜공부'다.] 우선 부모의 기본 태도로서 이 책에서는 다음 세 가지 측면을 강조하려고 한다.

- 자녀에게는 부모의 사랑과 권위 둘 다가 필요하다.
- 자녀양육은 부모가 같이 노력하고 책임지는 일이다.
- 개인 경험이나 전문가 의견을 무조건 따르기보다는 자녀의 특성과 욕구들을 제대로 파악하고 자녀를 대해야 한다.

2-2 사랑과 권위

아기는 예쁘고 사랑스럽다. 눈에 넣어도 아프지 않을 자식에게 세상 모든 것을 주고 싶은 것이 부모마음이다. 결과적으로 부모가 잘못을 저지른다 해도, 대부분의 경우 그 잘못은 사랑이라는 이름으로 포장된다. 가령 자녀를 심하게 때려도 사랑의 매인 것이며 초등학교 1, 2 학년 아이를 매일 몇 시간씩 책상에 붙들어 매 두어도 "다 너 잘 되라고 그러는" 것이다. 혹시 자녀가 반발하거나 반항하면 부모 마음을 몰라주는 것이 섭섭하다.

그런데 사랑이란 무엇인가? 누가 나를 사랑한다고 외치고 부르짖어도 그 곁에서 내가 두렵고 긴장 된다면 나는 사랑받고 있는가 하는 것을 의심할 수밖에 없다. Erich Fromm(1956)은 '사랑의 기술'에서 **사랑**이란 상대방을 존중하고(respect), 보살피고(care), 알고(knowledge), 책임지는(responsibility) 것이라고 정의하였다. 이 정의를 따르면, 내 삶에 관심 없고 내 감정과 욕구를 존중하지 않는 사람은 아무리 나를 위해 희생해도 나를 사랑하지 않는 것이다. 사실 그 희생은 나를 위한 것도 아니다. 대학생들에게 '부모님전상서'를 쓰라고 하면 "사랑합니다/감사합니다/죄송합니다"로 내용이 요약된다. 부모의 희생에 감사하고, 부모의

글상자 11-2 힘을 주는 부모, 상처 주는 부모

[다음은 남녀 중·고생 100명을 대상으로 조사한 결과의 일부이다.]

힘을 주는 말과 행동

- "노력하면 너도 할 수 있어. 다음에는 더 잘할거야."
- "오늘은 일찍 자라. 건강이 중요하지, 공부가 중요한가?"
- "네 할 일은 네가 알아서 해라. 너를 믿는다."
- "나도 학창시절 때 공부 잘하지 못했다. 실망하지 말고 하는 데까지는 열심히 하자"(정말 존경스럽다).
- "누구나 실수는 있는 거야. 넌 아직 아이잖니?"
- 가끔씩 외식도 하고, 수영도 같이 가고, 엄마 아빠가 싸우지 않고 화목한 모습은 정말 보기가 좋다.
- 우리의 음악과 춤을 이해해 주세요. 무조건 야단치지 않는 너그러움을 보여 주세요.

상처 주는 말과 행동

- "옆집 연정이는 반에서 5 등 안에 든다더라. 너는 뭐했니?"
- "네가 잘못되면 엄마만 욕먹어. 너는 내 희망이야."
- "너 솔직히 말해봐. 공부에서 손 뗐지? 글러 먹었구나."
- "내가 너를 믿은 것이 잘못이지. 아무짝에도 쓸모없는 놈 같으니라구."
- "여자가 공부 잘하면 뭐하냐. 네 남동생이랑 바뀌었어야 하는데."
- 밖에서 짜증나는 일이 있었다고 집에 와서 화풀이하는 것.
- 나 보는 앞에서 두 분이 내 문제를 갖고 다투시는 것.
- 조금 실수한 것을 가지고 두고두고 야단치시는 것.
- 너는 세상을 몰라도 한참 모른다면서 무릎 꿇려 놓고 1 시간을 넘게 설교하시는 아버지는 내 인생의 강적이다.
- 네가 뭘 알아? 그러면서 말머리를 자르고 윽박지르는 것.

[출처: 김대유(1995, pp. 322-326)]

기대를 채워주지 못해 죄송한 것이다. '사랑'은 그러한 관계에 붙이는 제목인 것으로 보인다. [사랑이 아니라면 그런 희생을 하랴.]

부모·자식간에만 그런 것은 아니지만, 사랑은 너무나 자주 지배·소유와 섞여 버린다. 부모의 **과잉보호**에서 이러한 '변질된 사랑'의 예를 보면 부모가 자식의 노예인가, 자식이 부모의 노예인가를 구분하기가 어렵다. 과잉보호로 인해 독립된 개체로 성장하지 못한 사람은 자기만 알고 남 생각을 못 하므로, 자식도 자기의 분신으로 취급하여 대상화하게 된다. 많은 주부가 한편으로는 집 밖에서 다른 일을 찾으며 다른 한편으로는 자녀'관리'에 매달리는데, 자신이 중요한 일을 하고 있다는 것을 자기 자신과 주위 사람들에게 '증명'하려고 하는 것인지 모르겠다. 아이는 아이대로 끊임없이 엄마('매니저')가 시키는 대로 하고 엄마가 원하는 존재가 되어야 하므로 자신이 그 자체로 가치 있고 부모에게 기쁨을 주는 존재라고 느끼지 못한다.

남학생들은 '친구 같은 아빠'가 되겠다면서도 자녀가 버릇이 없으면 안 되며 마땅히 부모를 존경해야 한다고 말한다. 즉, 사랑과 친밀을 강조하면서도 권위를 포기하지 못하는 것이다. 성장과 독립을 돕는다는 것은 이중적인 과제로서, 부모는 자녀를 사랑하고 보살필 뿐만 아니라 가르치고 이끌어야 한다. 사회화와 훈육의 문제는 다음 절에서 다루게 되므로, 여기서는 사랑과 과잉보호를 구별했듯이 권위와 권위주의를 구별하는 것으로 그치려 한다.

부모의 **권위**는 훌륭한 판단력, 경험, 자기통제 능력 등에서 나온다. 권위를 부리고 다른 사람을 지배하고 그 위에 군림하려는 **권위주의**는 정당한 권위가 없을 때 나타난다. 부모, 교사 등의 권위는 — 그들이 "요즘 애들은…" 하고 개탄하는 것처럼 — 자녀나 학생들이 무너뜨리는 것이 아니다. 정직성과 책임감을 설교하는 부모가 거짓말하고 약속을 어길 때 — 고함치고 매를 들어도, 또는 그럴수록 더욱 — 자녀에게 부모의 권위는 없다. 정치에서나 교육에서나 권위주의냐 민주주의냐를 논한다면 물론 민주주의가 옳다. 그러나 정당한 권위라는 것은 권위주의와 다르고 또 민주주의에서도 필수불가결한 것이다.

2-3 부·모의 공동노력

우리 사회에서 자녀교육은 통상 여자 책임이다. 특히 아이가 '잘못 되거나' '빗나갈' 때는, 당장 곁에서 남편이 "당신은 집에서 대체 뭐 했어?" 하고 소리지르는가 하면 주위 사람들이 음으로 양으로 비난하며, 무엇보다도 어머니 본인이 죄책감에 시달린다. 우리나라의 전형적인 아버지는 자녀에게는 멀기만 한 사람이지만, 자녀가 여자 책임인 것이 남자에게 이롭기만 한 것은 아니다. 아이들이란 특히 어릴 때는 매일매일 자라고 변하며 또 자기에게 정을 쏟는 사람에게 절대적인 애정과 신뢰로 보답한다. 그 기쁨 때문에 '애 보기'가 힘들면서도 고생이 아니라 행복인 것이다. 부재하는 사람은 사랑이나 신뢰를 받지 못한다. 자녀양육에 적극적으로 참여하면 아버지 자신에게 풍요로운 성장경험이 될 뿐만 아니라 가족과 정서적 유대도 깊어지게 된다. 부부의 그리고 부모-자식의 유대가 가정생활의 토대가 된다면 자녀양육은 따로 떼어서 생각할 필요가 없다.

입시전쟁이 점점 더 일찍 점점 더 가혹하게 진행되면서 초등학교 때부터(흔히 그 전부터) 사교육을 시작하고, 자녀교육을 위한 부모의 공동노력은 사교육비를 대고 정보를 얻는 일에 집중된다. 아버지의 경제력으로 부족해서 할아버지의 경제력이 필수라고 하며, 입학사정관제가 도입되면서 초등학교 때부터 '포트폴리오'작성을 시작한다. 아버지는 아이를 외국에 보내지 않고서도 기러기아빠가 되고, 엄마는 아이 어릴 때부터 성적관리하고 좋은 학원 골라 보내는 것은 물론 이런저런 봉사며 경시대회까지 챙기는 '매니저'가 된다. '경제력'과 '정보력'은 통상 같이 간다. 형편이 안 좋아서 엄마가 생활비와 사교육비를 벌기 위해 비정규직 저임금에 장시간 노동을 해야 한다면 정보력이 뒤처질 수밖에 없다. '엄친아', '엄친딸'만 살아남는 승자독식 게임인 셈이다.

> 입시제도나 교육정책을 아무리 바꿔도, 학교의 구조를 개혁해도 부모들의 생각이 바뀌지 않으면 아이들은 인질 신세에서 벗어나지 못할 것이다. 대학 진학 한 방으로 인생의 등급이 정해지는, 또는 정해진다고 믿는 게임의 룰에서 가혹한 중압감에 시달릴 수밖에 없다(김찬호, 2008, p. 128).

승자가 되어 '인생의 등급'이 1등급('명품'!)으로 정해지면 장밋빛 미래가 펼쳐지는가. 미국의 명문대 재학생들 가운데 한국 학생들의 자살과 중도탈락 비율이 가장 높다고 한다(p. 15). 가족구성원 모두 불행해지고 가정이 황폐해지는 이 게임을 그만두려면 정말 부모의 공동노력이 필요하다. 대가족제와 지역사회가 해체되어 조부모나 이웃사람들은 아이들 문제에 발언권이 없어지고, 부모에게서 '정서적 자원'을 못 얻어도 아이들은 갈 곳이 없다. 과거에 형제가 많았을 때는 부모가 싸우면 서로 의지하고 맏이가 부모 노릇을 하기도 했지만 지금은 혼자 아니면 둘이다.

부모가 힘과 지혜를 합쳐야 하지만 그러기 위해서도 부부가 서로 정서적 자원이 되어야 하는데, 앞에서도 보았듯이 남성들이 남편·아버지 노릇을 할 여건이 마련되어 있지 않다. 직장문화를 고쳐서 남녀 모두 직장과 가정을 양립할 수 있게 되는 것이 최우선 과제이다. 부모가 공동으로 진정한 의미의 '가정교육'을 시작하지 않으면 미국 명문대뿐만 아니라 사법연수원, 병원 등에서도 자살과 중도탈락 비율이 높아질 것이다. 엄마, 아빠, 자녀가 같이 주인으로서 집안일을 나누어 하고, 각자의 삶에 서로 관심 갖고 대화를 시작하며, 나아가 핵가족 울타리를 넘어서 지역사회공동체를 만들어나갈 필요가 있다.

2-4 자녀특성의 이해

사랑하면 눈이 먼다고 하지만, 눈멀게 하는 것은 사랑이 아니라 욕심이다. 자식을 사랑하는 부모는 세상 누구보다도 자식의 능력과 본성 그리고 욕구들을 정확하게 이해한다. 그러나 수없는 전문서적이며 잡지, TV 등에서 '자녀를 천재로 키우는 방법', '자녀성적을 올리는 법' 등을 떠들어 댈 때, 많은 부모들은 자신의 직관을 불신하기가 쉽다.

자녀의 기본적 특성을 이해한다는 것은 기질, 적성, 능력 등을 정확하게 파악한다는 것을 의미한다. 사람의 기질은 태어날 때부터 나타난다고 한다. 많이 자고 잘 먹고 잘 노는 순한 아기가 있는가 하면, 계속 울고 보채는 예민한 아기가 있다. 한 부모에게서 태어난 형제들도 다른 때가 많아서, 첫째를 키우던 방식이 둘째에게는 전혀 다른 효과를 내기도 한다. 엄하게 다스려야 하는 아이가 있는가 하면 조금만 나무래도 무너지는 아이가 있는데, 아이는 엄하게 키우는 것이 좋다는 소신에 따라 후자에 속하는 아이도 계속 다그치기만 할 것인가?

부모들의 눈을 멀게 하는 것은 일류대, 일류학과에 보내야 한다는 강박이다. 아이들은 적성과 흥미와 상관없이 모든 과목을 다 잘해야 하고, 음악, 미술, 무용, 태권도 등등도 (학원 다니며) 배워야 한다. 입학사정관제 아래서 고3 지원자에게 '자기소개서'를 요구하기 때문에 초등학생 아이에게 일기 쓰기를 시키는 유능한 매니저 엄마는 아이가 뭘 좋아하는지, 뭘 잘하는지에 관심이 없다. 입시에 도움이 안 되면 다 '쓸데없는 짓'이다. 친구 이야기, 선생님 이야기를 해도 부모가 건성으로 듣거나 입시 잣대에 따라서만 반응하면 어느 순간부턴가 아이는 부모에게 말을 안 하게 된다.

2-5 대화가 있는 가정

지금까지 말한 자녀양육의 기본태도를 요약한다면, 자녀를 독립된 인격체로서 존중하는 부모가 힘을 합해서 사랑과 권위를 가지고, 즉 따뜻하면서도 엄격하게, 그리고 자녀의 기질, 능력, 성격 등을 이해하며 자녀를 대한다는 것이다. 한 가정에서 이러한 기본태도가 실천되느냐 되지 않느냐 하는 것은 부모-자녀 간에 **대화**가 있느냐 없느냐 하는 것으로 알 수 있다. 앞에 쓴 것처럼, 진정한 대화는 평등한 사람들 사이에 오고간다. 우리 사회에서 세대 간에 대화가 없는 이유는 어른과 아이의 관계가 지배-종속의 상하관계라서 어른들이 명령·지시·훈계만 할 뿐 아이들 말에 귀를 기울이지 않기 때문이다. 또 그렇기 때문에 젊은이들도 자기 의견을 말하고 남의 의견을 경청할 줄 모른다.

청소년범죄, 학교폭력 등의 사회문제들에 대한 처방으로 '자녀와 대화하라'는 조언이 나올 때 부모들은 어느 날 자녀를 앞에 앉혀 놓고 "무엇이든 다 이야기하라"고 격려, 요구해 본다. 그러나 좋은 의도로 시작한 이 시도는 너무 자주 자녀의 침묵 그리고/또는 부모의 훈계나 설교로 끝나고 만다(글상자 11-3을 보라). 대화가 있느냐 없느냐, 얼마나 깊으냐 하는 것은 곧 그 관계의 깊이의 문제이며, 인간관계란 싹부터 가꾸고 키워 나가는 것이지 돈(선물)으로 또는 하루 저녁의 분위기조성으로 사거나 만들어 낼 수 있는 것이 아니다.

글상자 11-3 어느 중학생 아버지의 대화시도

한국의 중학생들이 부모와 대화를 나누는 시간은 하루에 1분이라는 통계(세계에서 가장 낮은 수치)를 본 어느 아버지가 자신도 예외가 아니라는 생각이 들었다(김찬호, 2008). 그래서 어느 날 중학생 아들을 불러 앉혀 놓고 대화를 시작했다(pp. 74-75).

아버지가 먼저 물었다. "한국의 부모 자녀 사이에 대화가 너무 없다는 기사를 봤어. 생각해보니 우리 집도 그런 것 같구나. 그렇지 않니?" 이에 아들이 짤막하게 대답했다. "예". 잠시 침묵이 흐른 뒤 아버지는 또다시 질문을 던졌다. "그러니까 우리도 대화를 좀 더 해야 하지 않겠니?" 또다시 잠시 침묵이 흐른 뒤 아이는 똑같이 "예"라고 대답했다. 아버지는 모처럼 대화를 제안했고 아이도 동의했지만 구체적으로 어떤 이야기를 나누어야 할지 막막했다. 여러 가지로 고심을 했지만 도대체 화제가 떠오르지 않았다. 그래서 궁색하나마 아이에게 또다시 질문을 했다. "아빠에게 뭐 할 말 없니?" 이에 또다시 잠시 어색한 침묵이 흐른 뒤에 아이는 똑같이 짧게 대답했다. "예".

TV드라마가 그렇게 많은 것을 보아도 사람들은 이야기를 좋아하고, 아이들은 특히 그렇다. 친구들과 쉴 새 없이 떠드는 아이들이 부모를 말상대로 여기지 않는 이유는 간단하다. 재미있게 들어주지 않기 때문이다. 부모에게는 공부, 시험과 관계없는 일은 '딴짓거리'일 뿐이다. 글상자 11-3의 아버지는 아이의 삶에 대해 아는 것이 없기 때문에 '할 말'이 없었다. 자신의 자녀들과 대화를 많이 한다는 김찬호(2008)의 비결을 몇 가지 보자.

- *자녀의 관심과 재미를 인정한다.* 가령 딸이 심심하거나 공부가 지겨워지면 옷 그림을 그린다. 문화인류학과 교육학을 가르치는 사회과학자인 아버지는 20세기 여성패션의 혁명을 일으킨 디자이너 코코 샤넬에 대해 조사해 이야기해 주었고, 국사교과서에 의복에 관련된 부분을 다시 훑어보도록 했다(p. 80). 연예인이든 스포츠스타든 자녀의 관심과 흥미를 인정한다는 것은 자녀를 동등한 인격체로 인정한다는 것이다. 모르는 세계에 대해 알게 되면 흥미롭지 않은가. 아

이의 관심과 재미를 인정하며 부모가 자기 관점에서 흥미 있는 것을 물어보면 대화가 흘러간다. 가령 동방신기 공연장에 다녀온 딸들에게 김찬호는 암표장사, 팬클럽조직, 기획사 등등 궁금하던 것들을 이것저것 물어보았다.

• *성의 있게 그리고 구체적으로 질문한다.* 질문이 상투적이고 애매하면 대화가 진부해진다. 글상자 11-3의 아들은 아버지의 상투적인 질문들에 모두 '예'라고만 대답했고, 이야기는 끊어졌다. 어른들끼리도 "어떻게 지내세요?"보다는 "얼마 전 시작한 테니스 잘 되세요?", "최근에 좋은 영화 본 것 있나요?"라고 시작할 때 대화가 더 잘 진행된다(p. 86). 물론 그러려면 상대방이 최근에 테니스를 시작했거나 영화를 좋아한다는 것을 알고 있어야 한다. 상대방에게 관심이 있어야 하는 것이다. 아이에게도 "요즘 학교생활 어때?", "공부 잘되니?", (캠프 다녀온 아이에게) "재미있었어?"라고 뻔한 질문들을 던지면 "좋아요"나 "예"라는 대답만 돌아온다. "오늘 수업에서 들었던 이야기 가운데 뭐가 가장 재미있었어?", "작년 캠프 때는 시설이 엉망이어서 고생이었는데, 이번엔 어땠어?" 정도만 되어도 말길이 이어진다.

• *아이 자신의 감정상태에 대해 이야기하게 한다.* 친구와 갈등으로 고민하는 아이에게 "웬만하면 화해하라"든지 "적당히 정리하고 공부에나 신경 써라"고 한다면 말을 막는 것이다(4 장 글상자 4-5 '잘못된 위로와 격려' 참조). '비폭력대화'(Rosenberg, 2003/4)에서 보았듯이 자신의 감정을 말로 표현하고 자신의 욕구와 연결지을 수 있다는 것은 모든 관계 맺기에서 기본이 된다.

• *부모의 경험을 이야기한다.* 가령 김찬호는 지하철에 가방을 놓고 내렸다가 찾게 된 경험을 아이들에게 이야기해주었다. 그는 개인적인 고민을 아이에게 거의 다 털어놓는다고 한다. 뒷산 산보 길에서 아버지와 아들을 보고 감동한 적이 있다. 대여섯 살 난 아들 손을 붙잡고 걸어가면서 아버지는 직장에서 자리를 옮겼는데 무슨 일을 하게 되었는지 진지하게 이야기해주고 아이는 진지한 얼굴로 경청했다. 아이들의 세계가 어른들에게 낯설지만 흥미로울 수 있듯이, 어른들의 세계와 경험도 아이들에게 흥미진진할 수 있다.

이런 것들은 결국 7 장에서 말한 **자기개방**이라고 할 수 있다. 부모와 자녀가 각자 자기 자신에 대해 점점 더 많은 것을 점점 더 깊게 이야기하며 친해지는 것이다. 그 출발은 *부부사이의 대화*이다. 아이들은 화목한 가정, 서로 사랑하는 부모를 원한다(앞의 글상자 11-2 참조). 부부가 서로 존중하고 사랑하면 감정과 욕구를 표현하며 '깨끗하게' 싸울 수 있고 자녀의 감정표현이나 의사표현도 권위주의적으로 억압하지 않는다. 어릴 때부터 부모가 서로 존중하며 대화로 문제를 풀어 나가고 또 부모가 자녀의 말에 귀 기울이는 가정에서 자란 아이들은 존중받는 데 익숙하므로 자기를 존중하지 않는 사람을 멀리한다. 반면, 언어적·신체적 폭력을 보고 자란 아이들은 누가 자기 말을 귀 기울여 들어준다는 기대를 하지 못하고 문제대처 방식으로서 폭력에 익숙해진다(글상자 11-4).

글상자 11-4 엄마, 아빠, 그리고 나

한 여성 커뮤니티 사이트에서 부부 사이에 서로 상처가 되는 말들을 공모하였다. 아내에게 상처를 주는 남편의 말은 다음과 같았다(김찬호, 2009, p. 184).

"이젠 살 좀 관리하시지".
"옷이 그게 뭐야. 그 옷밖에 없어?"
"당신이 집에서 하는 일이 뭐야?"
"아줌마가 뭘 알아?"
"자기가 좋아서 직장 다니면서 생색내지 마".

남편에게 상처가 되는 아내의 말은 이랬다(p. 185).

"돈을 잘 벌어 와, 집안일을 해, 애들한테 잘하기를 해".
"내가 못났으니까 이렇게 살지".
"당신 어머니는 대체 왜 그런대?"
"그런 건 남자가 알아서 해야지".
(가사를 도와준 남편에게) "난 그런 일 매일 하거든".

아이들이 듣기 싫어하는 엄마 말은 뭐냐고(p. 229)?

"내 말 안 들려?"
"그런 식으로밖에 못하겠니?"

"도대체 정신을 어디다 두고 다니는 거야?"
"넌 누굴 닮았니?"
"넌 손이 없니, 발이 없니?"
"엄마는 화내고 싶어서 화내는 줄 아니?"

아빠는 듣기 싫어하는 말을 안 하느냐고? 농담하나? 아빠는 엄마에게 다 맡기지 않았나.

3. 부모의 역할

부모가 기본적 태도를 잘 갖추면 대화가 있는 가정이 되고 부모와 자식은 세상에서 서로 제일 잘 아는 좋은 친구가 된다. 그러나 부모가 자식의 놀이친구는 아니다. 부모역할이라는 게 있기 때문이다. 부모는 인생 및 사회경험이 풍부한 어른으로서 아이의 건강과 성장을 책임지고, 아이의 다양한 욕구를 채워주며 세상을 살아갈 다양한 자원을 갖추어준다.

자녀에게 필요한 것들은 의식주만은 아니다. 아이들은 사랑과 존중을 받고 싶고 세상을 살아가는 가치와 도덕들도 배우고자 한다. 이러한 욕구들은 언제나 똑같은 것이 아니라 아이가 자라면서 질적으로 양적으로 달라진다. 부드러운 죽을 떠 먹여주다가 어느 단계에 이르면 혼자 먹게 해야 하듯이, 자신이 늙고 약해지면 자식이 음식을 먹여주기도 하듯이, 품안에 보호해주어야 할 때가 있는가 하면 홀로 서기를 허용하고 격려해야 할 때가 있고 또 자식에게 자신을 의탁해야 할 때도 있다. 줄 때 아낌없이 주고, 놓아줄 때 믿으며 놓아주고, 받을 때 고맙게 받는다는 것이 말처럼 쉬운 일은 아니다.

이 책에서는 Rice(1979)를 따라 자녀의 욕구들을 신체적, 정서적, 지적(知的), 사회적, 도덕적 욕구의 다섯 가지로 나누어 그에 따른 부모의 역할을 서술하기로 한다. 이 중 자녀의 사회적 욕구를 충족시킨다는 것은 자녀를 사회화하고 훈육하는 일을 의미하는데, 이는 워낙 방대한 주제이므로 따로 떼어 다음 절에서 논의한다.

3-1 신체적 욕구들의 충족

부모의 가장 중요한 임무는 아이를 건강하게 키우는 것인데, 우리나라 아이들은 건강이 좋지 않다(글상자 11-5). "전쟁이나 기근 같은 재앙"은 물론 *입시전쟁*이다. 아이들이 너무 일찍부터 공부에 시달리며 충분히 뛰어놀지 못하는 것이다. 부모 자녀가 입시전쟁터에 뛰어들면 아이 건강만 나빠지는 게 아니라 부부관계, 부모-자녀 관계가 나빠지고 모두 불행해진다. 어쨌든 공부 잘하는 아이를 만들고 싶다면, 공부는 아이 자신이 하는 것이므로 부모 역할은 '여건 조성'이다. 가장 중요한 여건은 물론 **건강**이다.

먹고 마시고 배설하는 등의 신체적 욕구들이 제대로 충족되는 것은 신체건강뿐 아니라 정신건강과 지능, 성격발달에도 커다란 영향을 미친다. 많은 어머니들이 음식의 필요는 인정하면서 운동의 필요는 인식하지 못하는데, (특히 3, 4세경부터는) 운동과 놀이도 아이들의 기본적 욕구 중의 하나이다. 가족 건강은 보통 주부 책임이고, 그 초점은 건강한 식생활에 있다. 가족을 '식구'(먹는 입)라고 하고, 엄마는 '(집에서) 밥하는 사람'이었는데, 이제 식생활에서도 주부역할은 일차적으로 *소비자*이다. 무엇이 어떻게 좋은 것인지, 무엇이 어디에 나쁜 것이라서 피해야 하는지를 잘 알고 현명한 소비를 해야 하는 것이다.

똑똑한 소비가 전부가 아니다. 패스트푸드 체인들, 각종 인스턴트식품들이 광고와 마케팅을 통해 어린이·청소년 소비자들을 공략하고 있다. 따라서 건강한 식생활을 위해서는 아이들이 좋아하는 것들을 못(또는 덜) 먹게도 해야 한다. 아이가 부모의 진심(사랑)과 판단력(권위)을 믿지 않으면, 즉 부모-자녀 관계가 성립되어 있지 않으면, 아이는 부모의 강제와 개입을 거부하고 안 좋다는 것만 찾을 수 있다. 또 건강한 아이(사람)들은 자기 몸에 좋은 것을 좋아하고 나쁜 것을 싫어하는데, 좋다는 것만 먹도록 강요받으면 나중에는 자기가 정말 좋아하는 (동시에 자기에게 이로운) 것이 무엇인지 모르게 된다.

부모가 자식을 마음대로 휘두르려는 것이 아니라 아이 자신의 건강과 행복을 원하는 것임을 확신시키는 방법은 **놀고 쉴 권리**를 인정하는 것이다. 몸을 움직여야 두뇌활동도 촉진되고, 몸이 건강해야 집중력도 생긴다. 즉 '공부 잘하는 아이'를 만들기 위해서도 잠 충분히 자고 마음껏 뛰어놀게 해야 하는데도, 이렇

글상자 11-5 아이들 건강이 위험하다

교사와 의사 등 현장전문가들이 모여 만든 아이건강연대가 2007년 내놓은 자료를 보면(김찬호, 2009, p. 18에서 재인용) 신생아의 20%에게 아토피가 있으며, 아이들의 15%가 컴퓨터 게임에 중독되어 있고, 30% 이상의 아이들이 성장기 비만이다. 2009년 한 병원에서 비만어린이(6-13세) 80명에게 간검사를 실시해보았더니 모두 지방간이 발견되었다. 근시도 점점 늘어나 2000년대에는 초등학생의 46%가 근시가 되었다. "아이들의 건강이 이렇게 단기간에 악화되는 경우는 전쟁이나 기근 같은 재앙이 아니면 세계적으로 찾아보기 어려울 정도"라고 한다(위의 책, pp. 18-19에서 재인용).

아이들이 점점 이른 나이에 입시전쟁에 동원되느라 밖에서 뛰어노는 일이 없어진 것이 재앙의 큰 원인이다. 학교운동장과 동네/아파트 놀이터는 비어 있을 때가 많고, 아이들은 아파트 안에서 책상에 앉아 공부하거나, 놀아도 텔레비전과 컴퓨터 앞에 앉아서 논다. 당연히 운동이 부족하며 영양은 과잉이니 고혈압, 요통, 당뇨병 등 소위 '성인병'들이 점점 이른 나이에 시작되는 것이다. 김찬호(2009, p. 19) 말대로 '우량아 선발대회'를 부활시켜 대상을 청소년까지 확대하면 될까.

게 '내버려두기'가 쉽지 않다. 놀이터에 아이들도 없고 집에 형제도 없는 경우가 많다. 입시제도나 교육정책이 바뀌어도 경쟁은 점점 심해지고 '인질 신세'를 면치 못하는 아이들 건강은 악화될 수밖에 없다.

부모역할은 어린 자녀들의 건강을 챙기는 것으로 그치지 않는다. 자녀들이 독립해서 스스로 건강관리를 잘하도록 생활습관을 들이는 것도 가정에서 배워야 한다. 대학진학에서 의과대학을 가장 선호하는데도 가정과 학교에서 자기 건강을 지키기 위한 기초지식이나 응급처치조차 안 가르치는 것은 놀라운 일이다. 아니 놀랍지 않다. 공부, 공부 하면서도 삶에 필요한 공부는 시키지 않으니까. 대부분의 인문계 고등학교는 2학년 정도가 되면 체육시간이 줄어들다가 3학년에는 아주 없어진다. 학부모들이 원해서다.

강요나 강제 없는 편안한 분위기에서 먹고 마시고 배설하며 신나게 뛰어놀면 자기 몸과 신체적 욕구들을 긍정하게 된다. 자기 몸이 추하다고 느끼고 '육체적'인 것을 혐오하는 사람이 높은 자신감이나 자존감을 갖기는 힘든 일이다. 과식과 비만, 음식 거부(anorexia nervosa), 약물중독, 섹스중독 같은 현상들도 자신의 몸과 신체적 욕구들에 대해 올바른 관계를 맺지 못한 데서 비롯된다. 커서도 그렇지만 어릴 때는 심리적 문제가 신체적 이상(편식, 설사, 변비, 피부병 등)으로 나타나는 일이 많고 반대로 신체적 욕구충족과 관계된 나쁜 버릇들이 심리적 내지 성격문제로 발전하기도 한다. 그럴 때 전문가에 맡겨 해결하려 들 것이 아니라, 내 아이가 만족하고 행복한 아이인가 하는 질문을 하는 계기로 삼을 일이다.

3-2 정서적 욕구들의 충족

아이는 누군가가 자기를 사랑하고 받아준다고 느껴야 자신과 타인들을 신뢰하고 세상을 안전한 곳이라고 느낀다. 그러면 당연히 다른 사람들과 쉽게 가까워지게 되고, 다른 한편 '혼자서도 잘 논다.' 정서적으로 성숙하여 친밀과 독립을 다 편안해 할 수 있는 것이다. 이 책에서 지금까지 여러 번 언급한 '관계결핍'은 심리학적으로 말하면 '애착장애'(attachment disorder) 또는 '불안전 애착'(insecure attachment)이 된다. Bowlby가 1950년대 내놓은 원래 이론에서 **애착형성**이란 아기가 엄마에게 '정서적 결합'(emotional bond)을 맺는 것을 말한다. 일상에서 쓰는 말로 애착형성, 정서적 결합은 모두 '사랑'이라고 할 수 있다.

갓난아기는 누군가 보살펴주어야 생명을 유지할 수 있기 때문에 웃음과 울음, 옹알이와 사랑스러움으로 엄마를 자기에게 묶어두는 '애착행동체계'를 타고난다. 아기를 꼭 생모가 돌보는 것이 아니기 때문에 최근 애착문헌에서는 '어머니'라는 말 대신 '돌보는 이'(care-giver, '양육자'라고 번역하기도 한다)라는 용어를 쓴다. 대부분의 가정에서 엄마가 '일차적 돌보는 이'(primary care-giver)이다. 아기는 생후 6~8개월이 되면 엄마에게 특별한 애착을 형성하면서 엄마가 없으면 울고 다른 사람들에게는 '낯가림'을 한다. 그러므로 생후 1년은 일차적 애착인물이 안 변하면 제일 좋고, 아이를 남에게 혹은 공공시설에 맡기는 경우에 돌보는 사람이 자꾸 바뀌지 않는 것이 좋다.

아기는 돌보는 이에게 여러 가지 신호를 보낸다. 놀아달라고 칭얼대는가

하면, 방긋방긋 웃고, 놓아달라고(혼자 있게 해달라고) 품에서 벗어나려 한다. 돌보는 이가 아이의 신호들에 적절하게 반응해주면 아이는 **안전애착**(securely attached)이 된다. 애착은 상호적이다. 부모도 아이를 사랑해야 아이의 욕구들을 감지하고 충족시키는 데서 행복을 느낄 수가 있다. 행복한 아이는 행복한 부모가 키우는 것이다. 아이가 커가면서 애착형성의 범위는 엄마에서 아빠, 다른 가족들로, 가족 밖으로 점차 넓어진다. 애착은, 그리고 (신체적·심리적) '스킨십'은 아기 때에만 중요한 것이 아니다. 우리는 늙어 죽을 때까지 친구, 연인, 배우자, 자식과 '정서적 결합'을 맺고, 그런 결합이 없으면 불행하다. 어린이·청소년들에게 친구가 점점 중요해져도 부모는 여전히 가장 중요한 애착인물로 남는다.

안전애착이 된 아이는 호기심을 가지고 주위환경을 탐색하고 다른 사람들에게 관심을 가진다. 부모와의 정서적 결합이 튼튼한 아이만이 부모 곁을 — 처음에는 잠깐씩, 나중에는 점점 길게 — 떠날 수 있다. 새롭고 낯선 자극들이 너무 많아서 불안해지면 언제라도 부모가 곁에 와주거나 아니면 스스로 부모 곁으로 달려갈 수 있기 때문이다. 물론 부모가 아이를 항상 곁에 붙들어 두고 모든 것을 대신해 준다면 아이가 호기심과 탐색행동을 보이지 않는다. 반면 부모에게 무시·거부당하는 아이는 아무도 신뢰하지 못하고 세상에 대한 호기심과 타인에 대한 관심도 갖지 못한다. 따라서 애착형성은 부모-자녀 관계뿐 아니라 자녀의 사회적·지적 발달에도 영향을 미친다.

아기 때 일차적 애착형성을 잘 했어도 부모-자녀 사이에 대화가 없으면 김찬호(2008, p. 75f.)가 말하는 '반응성 애착장애' 같은 증상들이 나타날 수 있다. [애착장애는 언제나 '반응성'이다.] 정도의 차이는 있지만 이러한 '장애'는 대다수 가정에서 관찰된다.

> 사교육비를 충당하기 위해 부모들은 허리가 휜다. 아버지의 수입이 모자라 어머니들도 부업 전선에 나선다. 그렇게 해서 벌어온 돈으로 아이들을 학원에 보낸다. 아이들은 새벽부터 밤늦게까지 학교와 학원을 전전하느라 집에 없고, 부모는 그 뒷바라지를 하느라 밤늦게 귀가한다. 가족들이 오순도순 저녁식사 함께 한 번 하기가 어렵다. 그 결과 병적인 수준은 아니지만 경미한 반응성 애착장애는 한국의 가족들 사이에서 흔히 나타난다(p. 76).

부모와 자녀가 집에 함께 있어도 남남인 듯 상호작용이 없고, 저마다 휴대폰이나 인터넷, 텔레비전 등 자기만의 세계에 빠져 있다. 소통과 대화가 없는 "호텔가족"(p. 95)인 것이다. 일차적 애착인물(들)에게 정서적으로 의지하거나 포근함을 못 느끼는 '반응성 애착장애'는 다양한 증상들로 나타날 수 있다. 관계 맺기를 못해서 자폐증같이 보이기도 하지만, 반대로 혼자 있지 못하고 늘 누구에게 의지·집착하기도 한다. 학교식당에서 보면 마주 앉아 밥 먹는 두 사람이 각자 핸드폰 통화나 문자읽기/보내기를 하고 있는 것이 눈에 많이 띈다. 같이 있는 사람이 아니라 '지금 여기' 없는 사람과 소통하는 것이다. 핸드폰과 인터넷 등 가상현실과 늘 '접속'을 유지해야 하는 것은 실제 현실에서의 관계 결핍과 가상현실에서의 관계 중독이 섞여 있는 애착장애 형태라 하겠다. 친구나 연인사이에도 같이 있으면 시들하거나 싸우고 떨어져 있으면 친밀한 경우가 꽤 있다.

부모 자신이 안전애착이 되어 있지 않으면 아기가 보내는 신호들을 제대로 해석하지 못하고, 아이에게 숨막힐 정도로 집착하거나 반대로 차갑고 '곁을 안 준다'. 부모들의 애착패턴이 다음 세대로 전이되는 것이다. 그러나 꼭 그런 것은 아니다. '우리 아이가 달라졌어요'라는 TV프로그램을 보면 부모가 아이와 애착형성을 잘 못해서 아이가 매우 과격하게 '신호'를 보내고, 부모는 그 신호를 제대로 해석하지 못하므로 부적절하게 반응하고, 관계는 악화되고 아이는 '괴물'이 되어버린 가정들이 나온다. 아이는 괴물이 아니라 끝없이 불행한 것뿐이다. [이것을 깨닫는 부모들은 대부분 아이에게 미안하다며 운다.] '솔루션' 단계에서 부모가 달라지면 아이는 금방 달라진다. 애착의 상호성 때문에 양쪽에서 한 발씩 다가가면 특히 아이가 어릴 때는 금방 변화가 올 수 있다.

아이들의 정서적 욕구들은 성장과 더불어 변하게 마련이다. 천사 같던 아이도 '미운 세살'이면 '싫어', '내가 할래' 하면서 자기의 의지를 주장하고 독립과 자율에 대한 욕구를 나타낸다. 그러다가 조금 더 지나면 이것저것 호기심이 강해지면서 끊임없이 '왜'라는 질문으로 어른들을 귀찮게 한다. 아이가 학교에 들어가면 보통 부모보다 친구들을 더 좋아하고 나중에는 이성에 몰두하면서 독립과 자율 욕구는 점점 더 강하고 분명해지게 된다. 부모가 스스로 성숙하고 독립하지 못한 사람일 때는 자녀에게 거부당한다고 느끼고 과잉보호가 더 심해지기 쉽다. 부모와 자녀가 서로 대상화하지 않고 각자를 독립적 인격체로 존중해야 서로 친밀하면서도 독립과 자율을 인정할 수 있다. 이러한 관계의 토대 위에서 가족간에 대화와 소통이 있어야 아이들이 가정에서 지적, 도덕적으로 성장하고 제대로 사회화될 수 있다.

3-3 지적 성장

'머리 좋은 아이'를 원하지 않는 부모는 없다. 아이의 '머리'는 생후 4, 5년 사이에 급성장하고, 사춘기 무렵에 다시 비약적으로 성장한다. 지적 성장이란 이해력과 판단력, 논리적 사고력, 창의성이 자란다는 것을 의미하며, 자아가 타인 및 세상과 상호작용하는 가운데 이루어진다. 부모·형제가 생각을 모으고 키우는 대화 및 토론공동체가 되면 이런 배움과 성장은 저절로 이루어진다. 6장에서 '이해'가 무엇인지를 설명하려고 하면서 이해와 재미에는 적극적인 노력이 들어가며, 인생이나 세상에 대해 평소에 관찰, 생각하고 '이론'이 있어야 이해도 되고 재미도 생긴다고 썼다. 새로 듣거나 본 것이 맞아 들어가는 틀을 가지고 있지 않으면 이해가 안 되고 재미도 없으며 지적 성장도 없다.

'머리 좋은 아이'는 데이터를 많이 암기해서 단순 조작·검색하는 컴퓨터가 아니라, 정보의 바다에서 "필요한 정보를 선별하고 해독하여 자기의 지식으로 편집하고 재구성하는 능력"(김찬호, 2008, p. 27)이 있는 사람이다. 문제풀이를 잘하는 게 아니라, 스스로 문제를 제기하고, 정보를 해석하고 의미를 읽어내며 지식을 생산하고 수정하는 유연성이 있는 것이 '머리'인 것이다('사회적 지능', 졸저, 2005 참조). 새로운 리더는 미리 세워진 계획을 뚝심 있게 밀어 붙이는 불도저가 아니라 추진과정에서 새로운 상황과 정보에 적절히 대응하면서 구성원들의 의견을 모아가는 조정자이다.

우리 현실을 돌아보면 '시험에 나오는 것'(교사나 학원강사가 요약해준다)만 중요하고 공부는 점수 따기를 위한 것이기 때문에 공부를 할수록 공부가 싫어지게 된다. 2004년 12월 발표된 OECD 국제학업성취도평가(PISA) 결과 우리나라 학생들은 수학, 과학, 독해 등은 세계 최고 수준이었지만, 학업흥미, 자아효능감, 동기 등에서는 점수가 매우 낮았다(김찬호, 2008, p. 16). 가령 다른 나라 학생들보다 수학을 훨씬 잘하면서 자신은 수학에 소질이 없다고 생각하고 수학을 싫어하는 것이다. 새로운 과제에 도전하려 하지 않고, 실패에 대한 두려움 때문에 자율적이고 능동적으로 배움에 임하지 못한다. 공부를 하면 할수록 학습 의욕이 떨어지는 것이다.

2008년 한국교육과정평가원이 한국, 영국, 프랑스, 일본의 초등학교 4학년 학생들을 대상으로 조사한 결과에서도 한국 아동들이 수업에 대한 흥미와 요구, 성취목표 등에서 모두 부정적 반응을 보였다(p. 17). '공부하는 것이 좋다', '수업시간에 배우는 내용을 잘 이해한다', '수업시간에 공부에 집중한다', '교실에서 다른 사람을 이해하고 존중하는 것을 배우고 실천한다' 등의 설문문항에 '그렇다'고 대답한 학생들의 비율이 가장 낮았다. 공부에 재미를 느끼지 못하는 까닭은 학습량이 너무 많기 때문이다. 학생들의 이해정도에 따라 학습량을 조절해주는 영국이나 프랑스와 달리 우리는 모든 아이들에게 똑같은 수준과 양을 요구한다. 게다가 학교에서 가르치고 시험 보는 지식은 대부분 사회의 요구나 학생의 욕구에서 출발하지 않는다.

> 학교에서 암기하는 지식들이 학생들의 호기심을 불러일으키지 못하고 실생활 속에서 의미 있는 적용과 연계의 고리를 갖지 못할 때 공부는 고역이 될 수밖에 없다. 그나마 궁극적인 목표인 졸업장 또는 학력마저 효력이 점점 퇴색하는 지금, 그나마 '보상'에 대한 동기도 빈약해지고 있다. 재미도 없고, 쓸모도 없어 보이며, 미래의 보장도 분명하지 않은 지식을 오로지 인내와 끈기로 습득해야 하는 과정에서는 교육 내지 학습에 대한 염증이 생기게 마련이다(p. 22).

공부가 재미 없는 이유는 또 있다. 각자 혼자 하기 때문이다. PISA보고서에서 한국은 평가에 참여한 OECD 소속 21개국 중 협동학습 지수가 가장 낮았다(p. 25). 이 지수는 '나는 그룹 내 다른 학생들이 잘할 수 있도록 돕는 것을 좋아한다', '나는 그룹 내 다른 학생들과 함께 공부할 때 가장 많이 배운다' 같은 질문들에 동의하는 정도를 종합한 수치다. "한국 학생들은 관계 속에서 배움의 효율과 즐거움을 체험하는 기회가 너무 부족한 것이다"(같은 곳).

6 장을 시작할 때 우리는 대학신입생들이 대학에서는 주입식, 암기식 공부가 아닌, 강제가 아닌 '진짜공부', '즐거운 공부', 토론과 현장체험을 하고 싶다

고 말한다는 것을 보았다. 슬프게도 그들은 신입생 시절부터 또 점수 따기 위한 공부('스펙 쌓기')에 돌입한다. 어쩌면 좋은가. 이 우울한 현실을 바꾸려면 '관계 결핍'을 치유하고 대화와 소통을 시작하는 것이 급선무이다. 부모-자녀의 대화, 친구들과 채팅이나 사소한 잡담을 넘어서는, '나'와 '너', 이 현실에 대한 생각과 느낌들을 공유하는 소통을 시도해야 현재에 지적 성장이 있고 현실을 제대로 파악하며, 부모가 되어서도 자녀와 같이 배움을 계속할 수 있는 것이다. 지적 성장에서도 결국 중요한 것은 '관계', 대화와 소통인 것이다.

3-4 도덕교육

아이들에게 부모는 세상에서 제일 훌륭한 사람들이다. 아버지는 힘세고 강하며 전지전능하고, 어머니는 자식의 마음을 훤히 들여다 보고 있다. 이러한 이상화, 우상화는 부모에게서 이 세상을 살아나가는 길을 안내받고 싶은 마음을 드러내 준다. 부모가 '옳지 않은' 일을 했다는 것을 알게 될 때 아이들이 — 어른이 당황할 정도로 — 깊이 실망하고 분노하며 슬퍼하는 것은 부모에게서 삶의 가치와 도덕을 배우고자 하는 욕구를 반영한다. 사춘기 전후에 지적 판단력이 갑자기 높아지면서 많은 아이들은 한편으로 부모를 도덕적으로 비판, 비난하며 다른 한편으로는 스스로 무규범(anomie)상태에 빠져 '문제 청소년'들과 어울린다. 자녀가 근본적으로 부모를 신뢰하고 존경하지 않는다면, 이때 부모는 자녀를 통제할 길이 없게 된다.

다른 어떤 교육보다도 도덕교육은 **본보이기**에 의한 교육이다. 말로는 정직, 사랑, 애국을 설교하면서 행동은 거짓말하고 이기주의적이라면, 자녀는 부모의 말보다는 행동을 배울 뿐만 아니라 부모를 인간적·도덕적으로 경멸하게 된다. 부모에 대한 경멸은 곧 부모세대에 대한, 이 사회의 법과 질서에 대한 경멸이며, 그것이 얼마나 큰 사회악을 낳는지 우리는 매일매일 신문방송에서 접하고 있다.

4. 사회화와 훈육

버릇들이기, 즉 훈육(discipline)이란 결국 '옳은' 혹은 '착한' 행동을 하고 '나쁜' 혹은 '못된' 짓을 안 하게 하는 것이다. 우리는 눈에 거슬리게 행동하는 아이들을 볼 때 '대체 집안에서 무엇을 보고 배웠나?' 하는데, 좁은 의미의 가정교육은 바로 이러한 사회화와 훈육을 말한다. 여기서는 무엇을 가르치느냐 하는 내용보다는 어떻게 가르치느냐 하는 방법을 다루겠으나, 자녀를 키우는 사람은 우리 사회에 통용되는 가치, 규범, 행동들을 맹목적으로 수용만 할 것이 아니라 '이것이 내 아이에게 좋은가'를 질문하고 비판하는 태도를 가져야 한다. 가령 경쟁에서 남을 누르고 이겨야 한다든지 '돈이면 다'라는 가치들을 따를 때 내 아이가 행복해지는가, 우리 사회가 살기 좋은 곳이 되는가를 스스로 물어보는 것이다.

가정에서나 학교에서나 흔히 사용하는 훈육방법들은 말로 타이르기, 상이나 벌주기이다. 그러나 훈육기법들을 논의하기에 앞서, 어린 사람들을 가르치고 이끌 때 염두에 두어야 할 사항들이 있다. 훈육의 몇 가지 원칙들을 우선 생각해 보고 나서, 보상과 처벌, 체벌과 폭력의 문제를 논의하도록 하자.

4-1 훈육의 몇 가지 원칙

훈육의 목적은 물론 올바른 버릇 들이기이다. 그러나 이렇게 단순한 정의는 훈육의 본질적인 목적을 잊어버리게 만들 수가 있다. 우선, 부모나 교사가 원하는 것은 아이가 그들 앞에서만 착하게 구는 것이 아니라, 그들이 없을 때도 — 현재 그리고 미래에 — 올바르게 행동하는 것이다. 부모는 자녀가 칭찬받을 때만 혹은 벌을 피하기 위해서만 착해지는 것이 아니라, '착한 사람'이 되기를 바라는 것이다. 다음으로, 부모나 교사가 잊기 쉬운 것은 효과적인 훈육을 위해서라도 아이와의 *관계*가 손상되어서는 안 된다는 것이다. 즉 아이는 그들을 계속 믿고 존경할 수 있어야 한다. 자식이 부모를 무서워 피하면 부모는 '교육력'이 없어진다.

훈육의 목적을 이런 식으로 생각해 보면, 부모가 실제에서 어떤 기법을 쓰든지간에 어떤 기본적인 자세를 갖추어야 한다는 것을 알 수가 있다.

(ㄱ) 우선, 행동에 일관성이 있어야 한다. 부모가 기분 좋을 때는 괜찮던 행동이 부모가 기분 나쁠 때는 맞을 짓이 된다면 부모행동에 일관성이 없고 자녀가 부모의 행동을 예측할 수가 없다. 부모 사이의 일치도 필요하다. 아버지가 야단치는 행동을 어머니는 허용한다면 — 부부 갈등이 이런 식으로 표현되는 일이 많다 — 역시 일관성이 없는 것이다.

(ㄴ) 앞에 도덕교육에서도 강조했듯이 아이들은 부모의 말보다는 행동을 보고 배운다. 청결이나 식사습관, 독서나 TV시청, 욕설 등등은 어른들이 모범을 보이는 대로 아이들이 따라한다. 아이들은 어른들의 언행이 일치하는지를 상당히 예리하게 관찰한다.

(ㄷ) 자녀의 안전감이나 자존심을 손상하는 일을 피해야 한다. 갖다 버린다거나 경찰아저씨에게 잡아가라고 한다든가, '꼴도 보기 싫으니 나가라'든가, 다른 형제나 아이들과 비교하는 언사는 마음에 상처를 주고 부모에 대한 신뢰감을 파괴시킨다.

이러한 원칙들을 지키려면 앞 절의 '기본적 태도'가 필요하다. 사랑과 권위가 있고, 부모 양편이 아이 삶에 관심을 가지고, 대화가 있는 가정에서는 위의 원칙들이 저절로 지켜진다. 부모의 권위는 사랑에서 나온다. 우리가 가장 어려운 사람은 우리가 그리고 우리를 사랑하는 사람이다. 그는 저절로 우리에게 '본'이 된다. 자기가 무슨 짓을 하든 부모는 자기를 사랑하지만, 어떤 일을 하면 부모가 마음 아프고 그게 싫기 때문에 아이가 자기를 돌아볼 때 진정한 '사람 만들기'가 되는 것이다.

이렇게 보면, 의식적인 훈육노력이 없을 때 가장 훌륭하고 효과적인 훈육이 된다. 학교와 사회에서도 마찬가지이다. 우리 기성세대가 아이들을 아끼고 사랑한다면 학교와 교실을 아름답고 튼튼하게 지어주고, 주변 환경에 술집, 여관들이 마구 들어서도록 허용하지 않을 것이다. 아이들이 차를 피해 다니기보다 차가 아이들을 피해 다닐 것이다. 무엇보다 '입시지옥'을 없애줄 것이다. 어른이 아이를 아끼고 사랑하지 않으면, 사회화와 훈육의 실질적 주체는 가정과 학교로부터 또래집단으로 옮겨간다.

앞서 언급한 유엔 어린이·청소년 권리 조약을 비준한 나라는 2 년 안에 그 조약의 이행에 관한 최초 보고서를 내도록 되어 있다. 글상자 11-6에 우리 정부의 최초 보고서와 민간단체(어린이·청소년의 권리 연대회의) 보고서의 내용 중 일부를 실었다. 대한민국 정부는 '가족의 위기'에 '건강가정 기본법' 제정으로 대응하는 것처럼, 아동·청소년 권리에 관해서도 '법'과 '헌장'으로 "새 시대의 주역인 청소년이 인류의 자유와 행복을 이룩할 수 있도록 성장하는 데 필요한 청소년의 권리"를 선언한다. '말이면 다'이고, 멋진 말일수록 감동적이다. 민간단체 보고서 내용을 보면 10여 년이 지나면서 현실이 더 악화되었음을 깨닫는다. 이제는 중고생뿐만 아니라 초등학생들도 입시공부 때문에 학교와 학원에서 밤늦게까지 머물며, 건강도 나빠졌다(글상자 11-5).

가정에서나 학교와 사회에서나 '사람 만들기'를 할 때는 기본적 기법(테크닉)으로 보상과 처벌을 널리 사용한다. 여기서는 가정교육에 초점을 두겠으나 보상과 처벌의 문제점들은 가정에서나 학교와 사회에서나 마찬가지이다.

4-2 상 주기

훈육기법으로서 보상은 '긍정적' 행동을 강화시키는, 즉 '좋은' 버릇을 들이는 것이다(5 장의 학습의 원리 참고). '착한' 일을 했을 때 상을 주는 것은 그 일을 앞으로도 계속할 것을 바라기 때문이다. 부모의 미소, 칭찬 같은 관심·애정 표시로부터 돈과 선물 같은 물질적인 보상에 이르기까지 다양한 것들이 보상으로 작용한다. 보상은 행동을 강화시키는 아주 강력한 수단이다. "칭찬은 고래도 춤추게 한다".

훈육기법으로서 보상의 문제점은 좋은 행동이 보상이 있을 때만 나타날 수 있다는 것이다. 즉, 부모가 볼 때만 또는 칭찬할 때만 착한 행동을 하는 것이다. 동생을 데리고 노는 일이건, 방 치우기와 책상 정리건 아이들이 배워야 할 행동들에는 그 자체의 즐거움과 보람이 있다. 그러한 일들을 어떤 보상을 얻기 위한 수단으로만 한다면 일 자체는 재미 없고 지루한 것이 된다. 특히 보상이 너무 크거나 — 과장된 칭찬, 너무 큰 액수의 돈이나 선물 — 빈번하게 되면, 긍정적 행동 자체보다는 외적 보상이 일차적 주의를 끌게 된다. 이제 보상이 나오지 않

글상자 11-6 어린이·청소년 권리의 실태— 선언과 현실

대한민국 정부 보고서(일부)

14. 대한민국은 아동권리에 관한 협약을 비준하기 전부터 이미 아동의 권리를 실현하기 위하여 많은 노력을 기울여 왔다. 1981년에 개정된 아동복지법에서는 '아동이 건전하게 출생하여 행복하고 건강하게 육성되도록 그 복지를 보장'하는 것을 법의 목적으로 명시하여, 전체 어린이가 아동복지의 대상이 된다는 것을 법의 목적으로 밝히고 있다. 1957년에 선포하고 1988년에 개정된 '대한민국 어린이헌장'에서는 '모든 어린이가 차별 없이 인간으로서의 존엄성을 지니고, 나라의 앞날을 이어나갈 새 사람으로 존중되며, 바르고 아름답고 씩씩하게 자라나'기 위한 어린이의 권리를 선언하고 있으며, 1990년에 선포한 '청소년헌장'에서는 새 시대의 주역인 청소년이 인류의 자유와 행복을 이룩할 수 있도록 성장하는 데 필요한 청소년의 권리를 선언하고 있다.

민간단체 보고서(일부)

40. 입시 위주의 교육제도 때문에 아동들의 여가, 오락활동과 문화활동이 심각하게 제한되고 있다. 대부분의 아동들은 학원이나 과외수업으로 방과 후 시간을 보내고 있다. 서울지역 초등학생 600명을 대상으로 조사한 1995년 '한겨레신문' 여론조사에 따르면 과외나 학원수강을 하는 아동들이 79.6%였다. "부모님이 허락한다면 무엇을 하고 싶은가"라는 질문에는 "놀고 싶다"라는 응답이 41.7%로 나타났다. 또 "지금 가장 큰 고민이 무엇이냐"는 질문에는 "시험성적"이라는 대답이 53.4%로 가장 높게 나타나고 있다. 이 조사는 하기 싫은 공부와 성적에 대한 억압 때문에 고통받고 있는 아동들의 모습을 잘 드러내고 있다. 중·고생은 하루 평균 10-13시간 이상을 입시공부 때문에 학교에서 머물고 있으며, 이러한 억압은 중·고등학생에게는 정서불안과 스트레스의 원인이 된다. 중·고생 44%가 육체적 통증을 수반한 시험불안증과 정신혼란 증상을 경험했다고 한다.

[출처: 어린이·청소년의 권리 연대회의(1997, p. 142와 p. 219)]

으면 부모가 애정도 관심도 없는 것이라고 생각하고 '착하기만 하던' 아이가 어느 날 '비행소년(소녀)'이 되어버리기도 한다.

아이와 시간을 많이 같이 보내지 못하는 바쁜 부모들은 흔히 죄책감을 무마하기 위해 선물공세를 하는 일이 많다. 그러한 보상은 잘 봐달라는 뇌물이며 훈육포기이다. 이를 잘 아는 아이들은 부모의 '약점'을 이용하기를 배운다. 부모와 자녀가 서로 대상화하는 것이다. '부유층' 자녀라면 엄청난 돈을 유흥비로 쓰고 다니며, 부유층까지는 안 된다면 주기적 가출로 부모의 항복을 받아내고, 때로는 비행과 범죄로 빠지기도 한다. 부모가 자신을 진정으로 사랑하지 않는다고 느낄 때 아이들은 세상이 자기를 버렸다고 느끼므로 못할 짓이 없다.

'춤추는 고래'에 대해 생각해보자. 아마도 조련사는 고래가 멋진 동작을 할 때마다 '칭찬'으로서 비스킷 같은 것을 던져줄 것이다. 고래는 춤추며 행복할까? 조련사가 그걸 물어본 적이 있나? 고래는 그를 사랑하며 그가 자기를 사랑한다고 믿을까? 조련사는 아마 이런 질문들을 던지지 않을 것이다. 고래는 마음대로 할 수 있는 '대상'이기 때문이다. 부모가 아이를 춤추게 할 때는 위와 같은 질문들을 던져야 한다. 부모는 조련사가 아니고, 아이는 고래가 아니라 감정과 욕구가 있는 *사람*이기 때문이다.

4-3 벌 주 기

보상이 버릇들이기 기법이라면 처벌은 버릇 고치기 기법이다. 보상은 일차적으로 사람의 기분을 좋게 하지만, 처벌은 아프게 하는 것이기 때문에 더 큰 절제와 주의가 필요하다. 가정에서 흔히 사용되는 벌은 야단치기와 때리기이다. 벌은 즉시 효과가 있기 때문에 '자식교육'의 주된 방법이 되었다.

(1) 처벌의 작용과 부작용

어떤 행동을 처벌한다는 것은 그것이 앞으로 되풀이될 가능성을 없애거나 줄인다는 것이다. 이렇게 '나쁜' 행동을 없앤다는 의미에서 처벌이 효과적이려면 때와 장소, 강도와 빈도가 적절해야 한다. 원칙적으로, 미루었다 한꺼번에 벌주기보다는 즉시즉시 적당한 강도로 벌하는 것이 좋다. 벌할 것을 쌓아 두면 부모도 감정적으로 흥분하게 되어 불필요하게 강한 처벌을 주기가 쉬우며, 자녀도 뭘 잘못했는지 모르면서 감정적 분풀이를 당한다고("괜히 야단이야") 느끼게 된다. 무엇을 잘못했는지를 그리고 왜 바로 그 벌이 합당한지를 분명히 일러 주어야 한다. 바로 이것을 하기 위해서도 화나기까지 기다리지 말거나 아니면 화났을 때는 벌주기를 삼가야 한다.

4장에서 '비폭력대화'를 공부할 때 본 펠릭스 엄마는 아이 행동을 보고 화가 났지만, 화내고 벌하지는 않았다. 엄마 자신의 욕구, 아이에 대한 기대가 그 분노의 원인이라는 것을 깨닫고 어떤 '부탁'을 한 것뿐이다. 아이에게든 누구에게든 화가 나는 것은 그가 '나쁜/못된 사람'(한심한 아이, 이기주의자, 마마보이 등)이라는 꼬리표를 달기 때문이다. 처벌의 이유, 강도(가혹함), 때와 장소 등이 적절하지 않으면 효과가 그때뿐이고 처벌상황이 지나가면 그 행동이 다시 나타난다(물론 그러면 부모는 더 화가 나고 더 심하게 벌 줄 것이다). 효과가 일시적이라는 것 말고도 처벌에는 부작용이 있을 수 있다.

㈀ 관계가 나빠진다. 자신이 나쁜 짓을 해서가 아니라 부모가 자신을 미워하기 때문에 욕을 하거나 때린다고 느끼면 '버린 자식'이라는 자포자기를 하게 된다. 반면, 부모가 다른 사람에게(가령 엄마가 아빠에게) 화났는데 약자인 자기에게 분풀이한다고 느껴서 아이가 부모를 경멸하거나 싫어할 수 있다. 특히 **체벌**이 이런 부작용을 가져오기 쉽다. 가정에서나 학교에서나 체벌은 '사랑의 매'보다는 아동학대가 되기 쉽고, 맞는 아이는 정당한 인격체가 아니라 소유물, 즉 물건이나 짐승으로 취급받는다고 느낀다(글상자 11-7). 욕설이나 침묵이 더 상처를 줄 수 있지만, 그것이 체벌과 폭력을 찬성하는 이유는 되지 못한다. 아이가 부모에 대한 공포나 적개심을 억압하든 반항·가출하든, 부모-자녀 관계가 악화되면 양편 다 불행해진다.

㈁ 하지 말라는 짓을 안 한다는 의미에서가 아니라, 부모가 하는 행동을 본받는다는 의미에서 전혀 의도하지 않은 훈육효과가 생길 수 있다. 글상자 11-7에서도 "아빠도 맞고 자랐나보다", "나도 커서 내 자식을 때리게 될까봐 겁이 난다"는 이야기가 나온다. 폭력은 폭력을 낳는다(앞장의 4-3 참조). 맞는 아이는 형제나 친구들을 때리며, 커서는 배우자를 그리고 자녀를 때리기 쉽다. 아이 기질에 따라, 폭력에 익숙하면 '맞는 사람'으로 인생을 살기도 한다. 화가 나

글상자 11-7 아빠 엄마의 폭력 정말 싫어요

- 아빠는 매를 사용하지 않고 손과 발로 때린다. 가장 많이 때리는 곳이 엉덩이와 등과 머리이다. 항상 때리기 전에는 큰소리를 치며 화를 내신다. 너무나 아프다. 아빠도 맞고 자랐나보다.
- 되도록 말로 했으면 좋겠다. 같이 말하다가 언성이 높아지면 손이 날아올까봐 가슴이 저리고 공포스럽다.
- 엄마는 꼭 밥상머리에서 혼내시다가 숟가락을 던진다. 그런 날은 7층에서 떨어져 죽고 싶은 심정이다.
- 아빠들의 폭력은 대부분 자기와 뜻이 맞지 않는 자녀의 행동에 대한 일종의 충동적인 결과라고 본다. 우리 아빠도 예외는 아닌 것 같다.
- 자식을 못 때리게 하는 약이 있었으면 좋겠다. 우리 아빠가 드시면 좋을 거다. 나도 커서 내 자식을 때리게 될까봐 겁이 난다.
- 기분 내키는 대로 행동하시는 것은 폭력보다 더 무섭다. 남자들은 아빠나 선생님이나 모두 지배의식이 강한 것 같다.

[출처: 김대유(1995, p. 327)]

면 자녀를 쳐다보지도 않고 말도 안 하는 — 참기 힘든 처벌이다 — 부모가 있는가 하면 잔소리와 욕설을 퍼부어 대는 부모도 있는데, 어떤 경우든 자녀는 부모의 행동을 배워 현재 그리고 미래에 주위 사람들에게 한다. 바로 본보이기 학습이다.

그러면 아이의 버릇을 어떻게 고치란 말이냐 하고 물을 수 있다. 고칠 버릇을 아예 만들어 주지 않으면 된다. 많은 부모들이 자녀의 나쁜 버릇들이 부모 스스로 키워 준 것이라는 사실을 잊어버리고 아이 탓을 한다. 이를테면, 자녀가 밥을 안 먹는다고 부모가 야단할 때, 그 버릇을 키워 준 사람은 부모이다. 단 것을 달라는 대로 주는 부모의 버릇은 훌륭하고 끼니 때 밥을 안 먹는 자녀의 버릇은 나쁜가? 집에 군것질거리가 널려 있고 아이 주머니에 돈이 넘치는 것이 부모 탓이 아닌가? 아이를 부당하게 취급하지 않기 위해서라도 부모 자신이 잘못한 부분을 인정해야 한다.

아이들이 나이가 들수록 체벌이 효과가 없는데도 부모나 교사가 폭력을 쓰는 것은 청소년들과 대화하는 기술이 없기 때문이다. 근본적으로 아이들을 동등한 인격체가 아니라 길들여야 할 대상으로 보는 태도가 문제이다. 아이들을 동등한 인격체로 본다면, 어른들도 실수나 약점을 인정하거나 사과할 수 있고 아이들의 '말대답'도 반항이 아니라 의사표현, 감정표현인 것이다. [젊은 독자들에게 물어보자. 부모나 선생이 잘못을 인정하고 사과할 때 '우습게 보이'는가 아니면 존경스러운가?]

(2) 처벌의 대안

나쁜 행동을 고치는 가장 단순한 방법은 그 행동을(그 사람이 아니라) 무시하는, 즉 '못 본 척'하는 것이다. 열 가지를 잘하다가 실수를 하나 한다고 치자. 잘한 일들은 당연하므로 주목을 안 하고 잘못 하나를 가지고 아이를 닦달한다면, '못된 아이'가 되고 싶지 않을까? 반대로, 열 가지를 못 하다가 한 가지 '잘한' 일을 했을 때, 잘못들은 못 본 척하고 잘한 일을 내세워 기뻐한다고 하자. 스스로 '착한 아이'가 되고 싶지 않을까? 더 간단한 비유로, 어린 아이가 공책에 글씨를 쓰는데, 19자는 엉망이고 한 자만 잘 썼다 하자. 못 쓴 19자를 가지고 야단치겠는가 아니면 잘 쓴 한 자를 찾아내어 그렇게 쓰면 된다고 말해주겠는가?

자신과 주위 사람들에게 피해를 주는 좋지 않은 버릇이 있다면 이를 고쳐주어야 하지만, 처벌 외에 여러 다른 (행동수정)기법들이 있다는 것을 알아 둘 필요가 있다. 어떤 행동에 대해 통상 주던 보상을 안 주면 그 행동의 빈도나 강도가 줄어드는데(소거), 이는 어렵게 들리지만 실제는 간단하다. 위에서 한 것처럼 바람직하지 않은 행동을 단순히 무시해 버리는 것이다.

앞에서 물질적인 보상만이 보상은 아니라고 했지만 정말로 여러 가지 반응들이 보상으로 작용할 수가 있다. 이를테면, 어떤 아이가 툭하면 소리 지르고 난리부리고, 심한 경우에 자해까지 한다고 하자. 주위 사람들이 모두 달려와 아이를 진정시키려고 별 짓을 다하고 의사까지 부를지 모른다. 이러한 굉장한 주목과 주의가 아이에게 그런 행동을 계속하게 만드는 강력한 보상이었을 수 있다. 일단 아이의 행동과 주위의 반응 사이에 그런 관계가 있다는 것을 깨달을 때, 그 행동이 되풀이될 때 그 반응을 하지 않으면 그 행동이 없어진다. 벌주지 않고 행동을 수정하는 방법들은 이외에도 여러 가지가 있으며(예, 타임아웃) 여기에 다 소개할 수는 없다. 대안들이 존재한다는 것을 알고 필요한 경우 전문서적이나 전문가의 도움을 받으면 될 것이다.

가정에서나 학교에서나 가장 효과적인 훈육방법은 말로 아동의 어떤 행동이 왜 나쁜지를 납득시키고 — 물론 그 전에 그 행동을 한 이유를 잘 듣고 — 어떻게 행동하는 것이 옳은지를 가르쳐 주는 것이다. "맞을 짓을 하는데 어떻게 안 때리느냐", "잔소리를 안 하면 엉망인데 어떻게 하느냐" 하지만, 매나 잔소리에 익숙한 사람은 '맞을 짓', '야단맞을 짓'을 하게 되어 있다. 자녀를 이렇게 길들여 놓았다면 부모 편에서 참을성을 가지고 관계를 회복하는 수밖에 없다. 우리는 앞장에서 문제중심적 싸움은 부부의 신뢰를 강화시키나 서로의 자아를 공격하는 싸움은 관계를 파괴한다고 했었다. 이는 부모·자녀 관계에서도 마찬가지이다.

4-4 보상과 처벌을 다시 생각하기

보상과 처벌은 효과적 훈육기법으로서, 현명하게 사용하면 자녀와 좋은 관계를 유지하면서 자녀를 착하고 예절바른 사람으로 키울 수 있다. 그러나 잘 사용한다 해도 보상과 처벌은 여전히 '당근과 채찍'이다. 당근과 채찍을 잘 쓰면 유능한 경주마도, 춤추는 고래도 키워낼 수 있지만, 그것은 어디까지나 주인이 동물을 길들이는 '조련'이다. '나는 아이가 무엇을 하기를 원하는가'만 질문하지 않고 '아이의 행동동기가 무엇이기를 바라는가' 또는 '아이가 어떤 사람이 되기를 원하는가'를 질문한다면 보상과 처벌을 다시 생각하게 된다. 가령 나는 아이가 일등 하기를 원하는가 아니면 아이가 공부를 좋아하기를 원하는가. 아이에게 순종을 가르치는 데 성공해도, 아이가 내게만 또는 집에서만 순종하고, '예', '아니' 정도로만 내 말에 대답하고, 밖에서는 주눅 든 '왕따'가 되거나 아니면 폭력서클에 들어가면 나와 아이가 행복할까.

아이는 근본적으로 부모의 사랑을 잃고 싶지 않기 때문에 부모가 좋아하는 것을 하고 부모가 싫어하는 것을 하지 않으려고 한다. 조용히 앉아 있기보다는 망아지같이 뛰어다니고 움직여야 하는 아이를 생각해 보자. 그의 부모는 차분히 앉아서 공부하는 자녀를 원하므로, 아이가 5분만 책을 들고 앉아 있으면 칭찬하고, 나가 놀려고 하면 또는 놀다 들어오면 아무 말도 하지 않거나(무시) '한마디 한다'. 부모 취향에 맞는 다른 형제는 늘 칭찬만 받고, 이 망아지 같은 아이는 늘 야단만 맞는다. 부모가 보상과 처벌을 아무리 현명하고 교양 있게 해도 이것은 결국 부모가 옳다고 믿는 쪽으로 아이를 길들여가는 억압이다.

아이는 부모 장단에 춤을 출지는 모르지만, 춤을 좋아하지 않을 것이고, 행복하지 않을 것이며, 자기를 싫어하고, 아무도 (부모처럼) 자기를 좋아하지 않는다고 마음 깊이 믿을 것이다. 우리는 다시 기본적 태도로 돌아온다. 아이가 자기 삶을 살 권리가 있다고 인정한다면, 아이가 좋아하고 잘하는 것을 할 수 있도록 돕는 것이 부모역할이다. 기대와 욕심이 앞서면, 아이에게 무엇이 좋은지를 누구보다 잘 안다고 믿고 아이를 끌고 가게 된다. 세계적으로 이름 높은 우리나라 부모들의 교육열은 대개 여기서 나온다. 살고 싶은 대로 살 권리를 인정하지 않기 때문에 아이들을 당근과 채찍으로 길들이는 것이다.

부모로서 우리 역할은 스스로 좋은 시민이 되고 자기 자신과 배우자와 자녀를 존중하는 것이며, 아이들이 힘들 때 달려올 수 있는 '홈 베이스'(그들은 힘을 얻으면 다시 '필드'로 나갈 것이다)가 되어 주는 것이다. 가족 각자가 자신의 삶을 살되, 서로에게 관심과 애정과 격려를 잃지 않는 것이 현대의 행복한 가정이다.

5. 가정과 사회

이 장에서 다룬 내용은 자녀양육과 관련된 일들의 작은 일부에 지나지 않지만, 결혼하면 으레 아이를 낳기에는 부모 노릇이 너무나 큰 책임을 의미한다는 것을 젊은 독자들이 알게 되었을 것이다. 동시에 결혼할 짝을 선택할 때에도 이 사람이 내(우리) 아이의 아버지/어머니 노릇을 하기에 충분히 성숙하고 따뜻한 사람인가 하는 물음을 스스로 던지게 될 것이다. 또 아이를 가질지 결정내릴 때 우리 두 사람이 서로 사랑하고 존중하며 우리 가정이 아이에게 따뜻한 보금자리인가 하는 것을 묻게 될 것이다.

5-1 '건강가정'의 실현

아기를 낳고 엄마가 최소한 6 개월(물론 1 년이면 더 좋다)은 아기에게 모유를 먹이며 아기 곁에 머물고 아기와 엄마가 서로 속속들이 알고 사귀게 되려면, 아빠가 집안일을 많이 떠맡으며 아기를 같이 돌볼 자세와 여건이 되어 있어야 하고, 일하는 엄마의 경우 직장 복귀가 보장되어 있어야 한다. 아기가 엄마와 아빠에게 안전애착을 형성하면 부모와 반나절 이상 (가령 놀이방에) 떨어져 있어도 다른 어른이나 아이들과 잘 지낸다. 이 장에서 여러 가지 문제를 다루었지만, 부모-자녀 관계가 "인간의 성장과 생활에서 정서적 자원을 생성하는 일차적 관계"(김찬호, 2008, p. 127)가 되면 이 '즐거운 나의 집'에서 자녀교육을 저절로 된다는 것을 알게 되었다.

문제는 이 '건강가정'이 우리 현실에서 실현되기 어렵다는 것이다. 여러 가지 장애물 중에서 *고용불안정*만 생각해보자. 내년에도 가정에 수입이 있을지 모르는데, 즉 부모의 안전이 흔들리는데, 부모가 아기의 감정과 욕구에 민감하게 반응하여 '안전기지'가 되어줄 수 있을까. '건강가정'을 위협하는 가장 큰 요인은 *입시전쟁*이다. 너나없이 아이를 학원에 보내는데 혼자 소신으로 버티기는 쉽지 않다. 아빠가 기러기아빠가 되고 엄마가 저임금 장시간 노동에 지쳐 아이 쳐다볼 시간도 없으며 훈육은커녕 먹이고 입히는 일도 버겁다.

한겨레(2009. 11. 30.)는 '가족친화경영'이라는 특집에서 탄력근무, 보육비지원 등을 실천하는 기업들을 소개하였다. 보건복지가족부는 2008년부터 일과 가정생활을 다 잘할 수 있도록 여건을 조성하는 기업에 '가족친화기업' 인증을 해주고 있다 한다. 인증의 혜택은 중소기업에 국한되지만, 중소기업연구원 관계자의 말로는 "신경 쓰는 기업이 없다"고 한다. 꼭 가산점을 받기 위해서가 아니라도, 가족친화경영을 하면 직원만족도와 생산성이 높아지고 여성들의 출산후 복귀율이 높아지기 때문에 여러 대기업, 공기업들이 이를 도입하고 있다. 2005년부터 '가정의 날'을 정해서 한 달에 한 번 6시 30분 칼퇴근을 '강제'하는 대기업 건설회사의 직원을 보자(위의 기사).

> 사실 이 대리는 평소 일주일에 3-4일을 밤 10시에 퇴근한다. 공사입찰 등의 일이 걸려 있을 때는 일주일 내내 야근이다. 1살과 3살 된 아들 둘이 있지만 아침 일찍 출근해 늦게 퇴근하다보니, 평일에는 아이들 자는 모습밖에 볼 수 없다. 이 대리는 '일찍 들어가는 날은 아내와 함께 아이들 목욕도 시키고 집안일을 도와준다'며 '주 5일 근무이긴 하지만 야근이 잦다보면 금방 지치는데, 가정의 날 덕에 약간은 여유도 생기는 것 같다'고 말했다.

은행들에서는 '가정의 날'이 매주 한 번이라지만, 어쨌든 '가정의 날'은 규칙이라기보다는 예외이다. 독자들은 한 주일이나 한 달에 한 번 하는 아버지노릇으로 한 살, 세 살짜리 아이와 관계형성이 된다고 보는가. 평소에는 아이들 자는 모습만 보고, 주말이면 쌓인 피로에 자고만 싶을 텐데 그게 될까. [아빠가 모처럼 안아주자 낯가림을 하며 우는 아이도 있다.] '가정의 날'을 예외로 내버려두는 사회가 진정 저출산을 걱정하는 사회인가. 일과 삶의 균형을 찾으려고 하는 젊은이들이 많아지므로, 우수한 인재를 확보하거나 보유하기 위해서도 가정친화경영이 점차 중요해지겠지만, '남자-직장, 여자-가정'의 틀이 깨지려면 갈 길이 멀다.

행복한 가정생활은 부모의 노력으로만 되지 않는다. 또 가정이 행복하면 그 가족만 행복한 것이 아니라 사회가 건강해진다. 가정이 불안하고 불행한데 직장에선들 잘해 나갈 수는 없고, 부모에게 인격적 대접을 받는 아이들은 아무리 '불우'해도 비행, 범죄에 물들지 않는다. 부모들은 이 사회를 합리적 사회로 바꾸는 일에 이중으로 책임을 느껴야 한다. 부모의 임무는 자녀를 길러서 세상에 내보내는 일인데, 세상이 잘못되어 있으면 자녀를 소신대로 잘 기를 수도 없거니와 그 잘못된 세상에서 자녀가 우리처럼 힘들게 살아야 하기 때문이다. 내 아이가 건강하고 행복한 아이로 자라서 합리적인 세상을 살아갈 수 있도록 학교와 교육을 개혁하고 살기 좋은 환경과 사회를 가꾸어 나가야 하는 것인데, 여기에는 큰 장애물이 있다. 바로 내 가족만 잘살면 된다는 가족이기주의이다.

5-2 가족이기주의의 극복

가족이기주의는 여성의 문제인 것으로 생각된다. 가정은 여자 책임이기 때문에, 남자가 아버지노릇을 할 수 있게 한다는 '가정의 날'은 규칙이 아니라 예외이다. 남성들은 가정을 (아내가 일하든 말든) 아내에게 맡기고 남성 중심적 조직문화에 순응하며, 여성들은 자녀를 공부 잘하고 경쟁에 이기는 아이로 만드는 책임을 진다. 가족이기주의는 여기서 나온다. 그러나 내 남편, 내 자식만 잘되면 그만이라는 생각도, 출세하고 돈 잘 벌면 남편/아버지 노릇은 따로 할 필요가 없다는 오해도, 모두 *상상력 부족*을 나타낸다.

부부 사이에, 부모-자녀 사이에 대화와 소통이 없이 자녀의 대학진학을 위해 자녀가 어릴 때부터 온 가족이 전쟁에 나서면 '즐거운 나의 집'은 없다. 아내 및 자녀와 남남이 되어 있고 심지어 이혼까지 당하는 기러기아빠들은 자신의 상상력 부족을 먼저 탓할 일이다. 또, 늘 일등을 놓치지 않던 자녀가 미국 명문대에 가서도 일등만 할 줄 알았는가. 공부 잘하는 자녀가 공부를 좋아서 하는 건지 물어보았는가. 상상력을 조금만 발휘하면 무한경쟁 속에서는 승자가 있을 수 없다는 것을 알게 되고, 사회, 학교, 직장이 변하지 않고는 가족의 안녕과 행복도 없다는 것을 깨달을 수 있다. 다른 한편, 우리 현실에서 가정을 책임지는 사람은 여전히 여자이므로 여자의 처지가 달라져야 한다.

저자의 입장은 자녀들의 욕구를 인지하고 충족시킨다는 책임을 받아들이지 않겠다면 아이를 낳아서는 안 된다는 것이며 그 책임을 일차적으로 부모가 공동으로 맡아야 한다는 것이다. 그러나 부모의 공동 책임은 잘못하면 아무도 책임 안지는 것이 되어 버릴 수 있다. 취업주부도 점차 늘어나는 추세지만 아직까지는 전업주부가 더 많고, 이들도 자원봉사부터 시작하여 다양한 '취미생활'에 이르기까지 집 밖에서 사회생활을 찾는 일이 많아지고 있다. 여자가 집에만 머물러 있지 않으려 할 때 문제는 어머니까지, 즉 부모 둘 다 가정을 지키지 않는다는 것이다.

밖에서 인정받고 성공할 길이 막혀 있으므로 많은 여자가 자녀의 매니저로 성공하려고 안간힘을 쓰지만, 자기 자신의 삶에 불만인 사람은 남의 욕구를 제대로 인지할 수 없다. 잘해야 자신의 좌절된 소원들을 자녀에게서 대리 충족시키려고 애쓸 뿐이다. 어떤 경우든 스스로 불행하고 불만인 사람은 좋은 부모노릇을 하기가 힘들다. 가정을 살리기 위해서는 여성들에게 '여자의 길'을 설교·강요하기보다는, 성별에 관계없이 능력과 적성을 인정하는 사회를 만들어야 한다. 주부/아내/엄마의 길을 택한다면 그것이 여성 자신의 선택이어야지 사회진출이 막혀 있기 때문이어서는 안 된다. 또한 돈 버는 일만 일이 아니라 살림과 애 키우기도 중요하고 가치 있는(따라서 능력과 적성에 따라 남자도 할 수 있는) 일이라는 인식이 최소한 가족(부부와 자녀)에게는 확고해야 한다.

자신이 하는 일이 하찮은 일이라고 느끼면 그 일에 최선을 다할 수가 없다. 주부/아내/엄마라는 이유로 이등인생 취급을 받을 때는 음성적인 방식으로 일등인생(남편/자녀)들을 지배하며 휘두르게 된다. 남녀평등이 이루어지기 전까지는 여자들은 자신의 삶에 만족할 수 없으며, 그들이 책임지는 가정도, 따라서 남자와 아이들도 행복할 수 없다. 여자들이 의식적으로 복수한다는 것이 아니다. 그 반대이다. 그들은 주부/아내/엄마로서 인정받으려고 기를 쓰는 가족이기주의의 화신이 되어 결과적으로 자신도 그리고 다른 가족들도 불행하게 만든다.

5-3 사회의 책임

다음 세대의 교육을 가정에만 맡길 수는 없다는 것은 청소년 문제들의 심각성에서도 분명해진다. 여기서는 아이들을 맡길 시설과 제도의 마련과 합리적 사회의 건설이라는 두 가지 측면에서 사회의 역할과 책임을 생각해보자.

(1) 양육 및 보호시설

가정이 여자책임으로 되어 있기 때문에, 기업과 사회는 아내들이 밥해 먹이고 재충전시킨 남자들을 부려먹고, 엄마들이 키워서 대학까지 들여보낸 젊은이들을(남자만) 데려다 쓰면 되는 것으로 생각한다. 여자가 밖에서 일한다 해도 이 자연법칙이 바뀌지 않아서, 어린 자녀를 누구에게 또는 어디 맡겨야 하는가는 여자가 알아서 할 일인데, 공공보육시설도 얼마 없고 전일제 학교도 거의 없다.

이러한 시설과 제도는 여성이 취업한 경우에만 필요한 것이 아니다. 미혼의 독자들은 젊은 어머니의 상황을 상상해 보라. 특히 아이가 어릴 때는 종일 아이에게 매달려 있으면서 틈틈이 집안일이나 자기 일을 해야 한다. 더욱이 1년에 단 하루도 휴가가 없다면, 심신이 지치지 않는 것이 이상하다. 자녀에게는 피곤하고 짜증내는 어머니와 종일 같이 보내는 것보다 만족하고 명랑한 어머니와 세 시간을 보내는 것이 더 이롭다.

이러한 시설은 누가 만들어 주는가? 그것은 돈이 드는 일이므로, 시민들이 연대하여 관계기관이나 기업체에 압력을 넣지 않는다면 당국에서 알아서 해주지는 않을 것이다. 즉, 그것은 부모인, 그리고 부모가 될 우리가 연대하여 노력할 과제이다. 우리가 개인적으로 지불하는 교육비와 정성을 모으려는 의지만 있다면 일은 의외로 쉬울 수도 있다.

(2) 합리적 사회의 건설

자녀양육의 시설·제도적 지원과 아울러 근원적인 사회개혁도 생각해 볼 때가 되었다. 언제까지나 직장생활이 너무 많은 시간과 정력을 빼앗기 때문에 가정생활을 위한 시간과 여유가 나지 않는다고 변명·불평만 할 것인가? 언제까지나 입시지옥을 원망하며 어린 아이들을 뛰어놀지 못하게 하고 공부·시험기계로 만들 것인가? 가정생활에 대한 권리와 의무를 당당하게 주장할 수 있도록, 그리고 아이들이 건강하게 자라날 수 있도록 직장과 사회의 합리화를 위해 힘쓰는 것도 우리의 과제이다.

자녀를 낳아 기른다는 것은 미래에 대한 희망을 가진다는 것이다. 다음 세대를 키우는 부모들은 그 자녀들이 살아갈 사회를 지금까지보다 살기 좋은 곳으로 만들려고 노력할 의무가 있다. 우리의 자녀는 우리보다 더 자유롭고 공정한 사회에서 공해 없이 깨끗하고 아름다운 자연을 누리며, 성적만 따지지 않고 전인교육을 하는 학교에 다니고, 납치나 범죄를 겁내지 않으며 사람답게 살아야 하지 않겠는가? 그러한 세상을 만들어 가는 것은 소수의 정치가, 기업가만의 과제가 아니다. 우리 모두가, 부모들이 자녀를 지키기 위해 연대하여 노력할 과제들이다.

요약 및 결론

우리 인생의 궁극적 과제가 성장과 성숙인 것처럼, 자녀의 인생과제도 그러하며 부모노릇은 자녀의 성장과 독립을 돕는 일이다. 자녀양육의 세 주체인 부모, 국가, 기업은 아이들을 자기의 분신으로, 국민, 노동자로 대상화하면서 그들이 감정과 욕구가 있는 인간으로서 자기 인생의 주인으로 행복하게 살 권리가 있다는 사실을 잘 잊어버린다.

부부로서 살다가 부모가 된다는 것은 어려운 역할이행이다. 개인중심, 부부중심으로 살도록 교육받는 젊은이들이 부모 됨에 대하여 갈등을 느낀다는 것은 자연스러운 일이다. 어머니가 되는 것은 여자의 최대의 행복이며 일생의 사명이라고 가르치는 사회에서 여성이 자녀에 대한 양면적 감정을 인정하기가 훨씬 더 힘들지만, 이러한 양면성을 인정하지 않고 좋은 어머니 되기에 인생의 승부를 걸면 자신에게는 물론 자녀의 인생에도 역효과만 날 뿐이다.

우리 부모들은 자식의 뜻과 상관없이 '일류대 입학'을 목표로 정해놓고 입시전쟁에 뛰어들어 아이들에게 어릴 때부터 주입식 공부와 경쟁을 강요하며 놀고 쉴 권리도 인정해주지 않는다. 자녀양육의 대원칙은 물론 사랑이다. 부모의 기본태도로서 사랑과 권위, 부모의 공동노력과 책임, 자녀 특성의 이해는 '올바른 사랑'의 방식들일 뿐이다. 자녀의 인권을 존중하는 부모가 힘을 합해서 **사랑과 권위**를 가지고, 즉 따뜻하면서도 엄격하게, 그리고 자녀의 특성을 이해하며 자녀를 대한다면, 그 가정에는 대화가 있고 가정교육은 저절로 된다.

부모역할은 일차적으로 자녀를 건강하게 키우는 것이지만, 부모·자녀가 입시전쟁에 동원되기 때문에 부모-자녀 관계도 나빠지고 아이들 건강도 점점 나빠지고 있다. 아이는 일차적 애착대상(주로 엄마)에게 **안전애착**을 형성해야 주위 환경을 탐색하고 다른 사람들과 가까운 관계를 맺을 수 있다. 부모와 자녀가 서로 친밀하면서도 독립과 자율을 허용해야 대화와 소통을 하고, **지적 성장**도 그런 배경에서 이루어진다. 강제로 하는 주입식 공부에 익숙한 우리 아이들은 학력은 우수하면서도 공부 자체를 싫어하고 동료들과 같이 배우는 즐거움을 체험하지 못한다.

좁은 의미의 가정교육은 사회화와 훈육이다. **훈육**에 가장 근본이 되는 것은 본보이기인데, 부모들이 통상 의지하는 훈육수단은 보상(칭찬, 선물 등)과 (언어적, 신체적) 처벌이다. 훈육 자체를 앞세우다 보면 행동이 아니라 사람을 만들며 관계를 손상해서는 안 된다는 목적을 잊어버릴 수가 있다. 이 두 가지 목적을 실현하려면, 부모의 언행에 일관성이 있어야 하고 부모가 자녀의 자존심이나 안전감을 손상시키면 안 된다.

처벌은, 특히 때리는 벌(체벌)은 일시적으로만 행동을 고치고 무엇보다 관계를 손상시킨다. 아이의 행동이나 성과에 초점을 두지 않고 동기나 사람에 초점을 두면, '당근과 채찍'으로 길들이는 문제를 다시 생각하게 된다. 아이가 자기 삶을 살 권리가 있다는 것을 인정하고, 아이가 좋아하고 잘하는 것을 할 수 있도록 돕는 것이 부모역할이다. 그 기본은 부모-자녀 애착관계, **대화와 소통**이다.

부모노릇의 다양한 측면을 생각해보면 자녀를 가질 것인가를 결정내릴 때 부부가 서로 사랑하고 존중하며 아이에게 따뜻한 보금자리를 제공할 수 있는가를 묻게 된다. 아기와 부모가 안전애착을 형성해야 부모와 떨어져서 다른 어른이나 아이들과 잘 어울릴 수 있고 바깥세계에 호기심과 관심을 나타내며 혼자서도 잘 논다. 그러기 위해서는 생후 1년은 부모가 아이와 많은 시간을 같이 보낼 수 있어야 한다. 이 '건강가정'이 실현되기 어렵기 때문에 출산율도 계속 떨어지는 것으로 보인다. 핵가족제도가 정착되었는데도 '남자-직장, 여자-가정'의 틀은 여전히 공고하다. 정부와 기업이 나서서 이 틀을 깨야 한다.

입시제도가 바뀌어도 경쟁은 심해지기만 하고 직장문화도 좀처럼 안 바뀌는 배경에는 내 아이, 내 가족만 잘살면 된다는 **가족이기주의**가 있다. 그러나 상상력을 조금만 발휘하면 가정을 둘러싸는 사회, 아이들이 다니는 학교, 부/모가 다니는 직장이 변하지 않고는 가족이 모두 불행하고 사회가 더욱 병든다는 것을 깨닫게 된다. 미래사회를 이끌어 갈 세대를 길러내는 부모는 한편으로는 올바른 가정교육에 힘쓰면서 다른 한편으로는 사회의 개선과 개혁을 위해 연대하여 노력할 의무가 있다.

제12장

중년과 노년

결혼과 가정생활의 문제들을 다룬 후 3 부 '삶의 행로'의 마지막이자 이 책의 맨 끝장에서는 늙고 죽는, 삶의 마지막 장의 이야기를 한다. 끝이 좋아야 다 좋은 것이다. 젊어서는 '날렸'으나 늙어가면서 아집, 자기도취, 권위주의에 빠져 추해지는('노추') 사람들을 보면 '늙으면 나도 저렇게 될까' 하는 걱정이 든다. 따라서 늙음과 죽음이 두려운 것은 사는 게 두렵다는 것이다. 반면, 아름답게 늙어 가는 지혜롭고 만족한 노인은 젊은 사람들에게 삶의 희망을 준다.

지금 곁에 있는 사람들 — 부모, 형제, 친구들 — 과 나 자신의 삶이 언제라도 끝날 수 있으며 주어진 시간은 한정되어 있다는 것을 의식한다면 삶의 문제들에 대해 다른 태도를 갖게 된다. 우리 자신에게 정말 소중한 것은 무엇인가? 돈벌고 출세하는 것이 정말 성공이자 행복일까? 끝을 의식한다면 필연적으로 인생의 의미에 관한 이런 물음들을 던지게 된다. 젊은이들을 위한 정신건강 교양서를 중년과 노년과 죽음의 이야기로 마치는 이유가 여기에 있다.

이 장의 목적은 일차적으로 젊은이들이 자신의 중년 이후의 삶에 지금부터 대비하고, 현재의 크고 작은 문제들을 조급한 단거리 경주자가 아니라 느긋한 장거리 경주자로서 바라보고 대처하도록 돕는다는 데 있다. 삶의 행로를 멀리 내다보면 현재의 삶에 더 진지하고 충실하게 된다. 결국 미래는 과거와 현재의 결산이기 때문이다. 젊었을 때 건강관리, 가정 및 사회생활을, 무엇보다 관계 맺기를 어떻게 했느냐에 따라 노후가 행복할 수도 있고, 병과 외로움에 시달리다 비참한 끝을 볼 수도 있다.

이 장의 또 다른 목적은 젊은이들이 지금 중년이나 노년에 처해 있는 부모나 친지들을 이해하도록 돕는 것이다. 젊은 독자들의 부모, (대학생 독자라면) 교수, (직장인이라면) 상사 대다수는 중년에 들어와 있을 것이다. 이 사회는 4, 50대 남성들이 이끌어가며, 취업을 앞둔 독자들은 중년 남성들 앞에서 자기제시를 하게 된다. 따라서 중년 남녀의 심리와 행동을 이해하는 것은 젊은 독자들의 적응과 정신건강에 중요한 일이다. 중년과 노년의 인생단계들을 생각해보기 전에 2, 30대의 과제들부터 생각해보자.

1. 젊은 시절

자연에 계절의 변화와 나날의 날씨변화가 있는 것처럼 인생에도 크고 작은 변화가 늘 있다. 학교입학과 진학, 취직과 결혼, 정년퇴직 등의 중요한 사건들에 따라 삶의 모습도 달라진다. 고등학교까지는 의무교육이나 마찬가지이고 고교 졸업자의 80% 이상이 대학 진학을 하므로, 20대 초반까지는 삶의 길이 비슷하다. 21세기 들어오기 전까지는 대학 졸업 후 취직·결혼하면서 독립하고 아이 키우며 직장생활을 하다가 아이들 결혼시키고 정년을 맞는 것이 표준적인 남자 인생이었다. 대학생 때까지는 남녀 모두 '학생'으로 살다가 '사회'에 나오면서 '남자-직장, 여자-가정'으로 삶의 길이 갈라지는 경향은 21세기에 들어와서도 별로 달라지지 않았다. 고용안정이 무너진 지금은 대학 졸업 후 부모에게서 독립하고 자기 가정을 이루느냐 하는 것은 정규직 일자리를 얻느냐 아니면 오래 '백수'로 남거나 비정규직 일자리를 전전하느냐에 상당 부분 달려 있다.

자연의 계절에 비유한다면, 유아기와 아동기는 성장기, 즉 인생의 봄이고, 젊은 시절은 녹음이 우거지고 꽃을 피우는 여름, 중년은 열매를 맺고 거두는 가을, 노년은 잎사귀들을 떨어뜨리고 퇴장을 준비하는 겨울이라고 할 수 있다. 하루의 시각에 비유한다면, 어린 시절은 아침, 젊은 시절은 낮, 중년은 오후, 그리고 노년은 밤이 될 것이다. 20대 독자들은 앞을 내다보면 막막할 것이다. 지구 온난화 때문인지 그렇지 않아도 짧은 봄과 가을은 더 짧아지고 여름이 길어졌다. 긴 여름 그늘도 없이 뙤약볕에만 나가 있다가 가을이 와도 열매 맺고 거두지 못하면 기나긴 겨울은 또 어떻게 보내야 할까.

1-1 이십대의 과제

만 6세부터 시작하여 16년 동안 학교만 다니다가 대학문을 나설 때 현실세계는 학교와 냉·온탕처럼 다르다. 화려한 스펙을 자랑하며 치열한 경쟁을 뚫고 취업에 성공한 젊은이들도 기업인들에게는 실무능력이 부족한 사람들로 보인다. 전문지식이나 기능만의 문제가 아니라 "사회적 관계를 맺고 생활을 경영하는 기본기를 제대로 갖추지 못하고 있다"는 지적이 많이 나온다(김찬호, 2009, p. 63). 시험공부만 할 줄 알았지 스스로 겪고 부대끼는 세상경험이라고는 없이 직장인이 되기 때문이다. 이 책에서는 대학생활, 연애와 결혼, 부모 되기 등의 주제들에서 계속 '관계 결핍'의 문제를 심각하게 논의해왔다. '삶의 마당'에 나가 현실세계를 구체적으로 경험하고 (대상화하지 않는) 관계를 맺고 소통하면서 자신의 존재를 빚어가지 않으면 성인으로서 부딪치는 어떤 인생과제에도 준비가 안 된 것이다.

사실은 대학입학과 더불어 부모에게서 완전히 젖이 떨어졌어야 하고, 대학을 졸업하고 20대 중간이면 경제적으로도 독립해야 한다. 그러나 20대 젊은이들은 "당장 눈앞의 취직에 전력투구하느라 인생을 어떻게 꾸려갈지에 대해 긴 안목으로 구상하지 못한다"(김찬호, 2009, p. 76).

> 지금 한국의 젊은이들은 변화를 주도하고 미래를 개척하기는커녕, '청년백수', '신용불량자' 등의 이름으로 오히려 사회의 짐이 되어버렸다. 이제 '청춘'은 예찬이 아니라 동정의 대상에 가깝고, '젊음'은 특권이 아니라 저주처럼 여겨지기도 한다.

부모에게서 독립해야 하는 인생단계에 오히려 부모의 경제력이 막강한 영향력을 발휘한다. 부모들이 생활비나 병 치료를 위해 빚을 지게 되면 자녀가 백수에 신용불량까지 겹치기 쉽고, 부모가 부자면 자녀가 수입이 없어도 생활(소비)수준은 '고품격'을 유지한다. 물론 두 집단 모두 결혼과 출산을 계속 미룬다. 돈도 없고, 집도 없고, 결혼도 못하는 '3 무 세대'는 우석훈(2009)이 제안하는 '20대 권리선언'을 진지하게 고려할 필요가 있다(글상자 12-1). 혁명 없이 그런 권리들을 쟁취하겠느냐고? 혁명하면 되지 않는가.

> 내가 한국 20대들과 만들고 싶은 세계는 소설책도, 영화도 많이 볼 수 있고, 마음껏 꿈꾸며, 그것을 실현해 먹고살 수 있는 곳, 누구도 누구 위에 올라서거나 누구를 불행하게 하지 않으면서 자연과 어우러져 소박하게 살 수 있는 곳이다. 최소한 20대들이 창문이라도 달린 방에서 살고, 지하나 반지하방에서 지상으로 올라와 살게 해주고 싶다. 그리고 전 세대들처럼 인상 구기면서 살지 않고, 명랑하게 웃으면서 늘 재밌는 일들만 하면서 살아가게 해주고 싶다. 배고프지 않고, 외롭지 않

글상자 12-1 20대 권리선언

영국헌법의 토대는 명예혁명 때 나온 권리장전(Bill of Rights)이며, 프랑스도 혁명 때 인권선언이 헌법보다 먼저 국민의 포괄적 권리를 규정하였다. 건국에 필요해서 1948년에 헌법을 만든 한국은 국가와 국민 사이의 합의 같은 것들이 없었다. 우석훈(2009)은 9차 개정헌법 제10조가 규정하는 '행복추구권'(9장 각주 1 참고)의 토대 위에서 20대 권리선언을 하자고 제안하며, 우선 노동권, 주거권, 보건권, 교육권을 4대 권리로 구상해본다.

우선 노동권에서는 일은 불규칙하더라도, 임금 자체는 높을 필요 없이, 장기고용체계와 사회보장체계를 실현할 필요가 있다. 둘째, 결혼 전의 2, 30대 비정규직자들이 혼자 살거나 몇 명씩 같이 살 수 있는 사회적 주거도 필요하다. 셋째, 최소한 20대, 그 중에서 비정규직이나 아르바이트로 먹고사는 이들이 부모의 의료보험에 편입되고 부모에게 치료비를 요청할 것이 아니라 무상치료를 받으면 안 되는가. 마지막으로, 대학등록금, 외국어, 취직을 위한 각종 공부 때문에 지출이 버거운 20대들에게 교육권을 설정하고 실무교육이나 직능교육, 문화교육비용 같은 것들을 사회적으로 어떻게 해결할지 접근할 필요가 있다.

> 고, 잔인하지 않고, 그러면서도 사람들과 충분히 마음을 나누며 사는 삶, 이 정도의 소박한 꿈도 혁명 없이 가능하지 않단 말인가? 그렇다(우석훈, 2009, p. 176).[1)]

'공부가 가장 쉬웠어요'. 고등학생으로 이 말을 들었을 때는 짜증이 났겠지만, 사회에서, 직장과 가정에서 다양한 인생과제들을 맞닥뜨리면 그 말이 맞다 싶을 때가 많을 것이다. 공부가 쉽다면, 혼자서만 잘하면 되기 때문인데, 살아가면서 혼자서만 잘하면 되는 일은 별로 없다. 또, 어려운 것은 공부가 아니라 시험이 아니던가. 이제는 현장에서 그리고 책을 통해 진짜 공부, "세상의 발견이고 삶의 연습"인 공부가 필요하다(김찬호, 2009, p. 73). 지금의 어려운 처지를 자신의 무능 탓으로 돌리면서 자학하지 말고 공부하면서 20대 당사자 운동에 들어갈 필요가 있다. 무엇이 필요한가?

> 범지구적으로 확장되는 세계의 지평을 냉철하게 인식하면서 생활세계를 탄탄하게 구성해가는 힘, 환경에 유연하게 적응하면서 미래를 기획하고 변화를 주도하는 두뇌, 화폐 기준으로 당장 측정되지 않지만 장차 엄청난 가치로 발현될 문화의 씨앗을 발견하는 눈, 기존의 사회적 범주로 환원되지 않는 자기 삶의 고유한 뜻, 그리고 타자의 시선에 매이지 않고 행복한 경험을 다양하게 창조할 수 있는 마음 같은 것이다. 성찰과 수행을 통해 그러한 자질을 습득해가는 과정이 곧 어른이 되는 과정이다(pp. 93-94).

3무 세대의 절망은 경제적 궁핍 때문만이 아니다. "아무런 보호막이나 버팀목 없이 허허벌판에 내동댕이쳐져 있다고 느낄 때" 절망하고 무너지는 것이다(p. 96). 이 세상은 그래도 살 만한 곳이고 타인들을 기본적으로 믿고 의지할 수 있다고 느낄 때 난관을 뚫고 나아갈 수 있다. 각자 방을 나와 "애정결핍증, 마조히스트, 광장공포증"(우석훈, 2009, p. 54)을 극복하고 같이 열심히 세상 공부를 하는 것이 오늘 20대의 인생과제라 할 것이다.

'3무 세대'에게 이 사회가 보호막과 버팀목을 만들어주어야 하지만, '혁명'을 위해서도 이 사회를 이끌어가는 주인인 부모세대, 즉 중년남녀의 지원이 필

1) 이에 이어지는 문장은 이 책의 마지막 문장이기도 하지만 여기 쓰지 않겠다. 독자들이 직접 찾아보기 바란다.

요하다. 적선 받는 것도, 주권포기도 아니고, 독립된 인격체로서 인간에 대한 예의를 요구하는 것이다. 그러면 부모세대와 관계 설정을 다시 하여, '나는 나'로서 경계를 분명히 그으면서도 적대관계가 아닌 우호관계가 되어야 한다. 대학졸업 후에도 부모에게 '얹혀' 사는 젊은이들이 많으므로, 경제적 의존상태에서 독립과 자율을 주장하는 것이 쉽지는 않다. 부모를 놓아주고 더 늦기 전에 다시 부부로 살기 시작하도록 돕는다고 생각하면 일이 좀 쉬워진다. 온 가족이 입시전쟁에 동원되어 학생 자녀만 고생한 게 아니라 아버지는 기러기아빠, 어머니는 입시 관리·기획자로 십여 년을 희생했고, 대부분의 경우 대학등록금도 부모가 댄다. 서로 독립할 때가 되었다.

독립선언은 이를수록 좋다. 대학시절 엄마가 수강신청을 대신해주려 한다면 '내 일 내가 알아서 한다'고 거절하라. 취업 후에도 결혼 후에도 부모(엄마)의 도움과 보살핌 내지 간섭이 계속되기 쉬우므로, 결혼할 때부터 배우자선택, 결혼식 등에서 — 아니면 동거하기로 결정하고 — 독립과 자율의 태도를 확실하게 보이면 새로운 관계 설정에 도움이 된다. 부모가 부부로 돌아가야 자녀도 성인 취급하고, 성인 대 성인의 관계로 가야 부모-자녀 관계도 개선이 된다. 컴퓨터의 RESET 키를 누른다고 생각하면 된다. 이게 안 되면 자녀의 3, 40대도, 부모의 중년과 노년도 엉망이 된다.

1-2 삼십대의 과제

이십대까지는 살아가는 모습들이 거의 비슷하다. 20대 젊은이들은 거의 다 학생 신분으로 전반기를 보내고 남자들은 군복무를 한다. 졸업 후 직장인이 되거나, 곧 취직하겠지 하는 기대를 가지고 주변에서 봐주므로 아직 자포자기까지는 가지 않는다. 다니는 대학 '레벨'에 따라, 부모경제력에 따라 삶의 격차가 있지만, 20대 젊은이들은 기본적으로 '예비어른'으로 산다(이하 김찬호, 2009).

삼십대에 접어들면 결혼하고 직장을 얻은 사람이 그렇지 않은 사람보다 많아지지만, 삶의 방식이나 존재의 조건이 매우 다양하다. 누구는 고액 연봉을 받는 대기업사원이고, 누구는 창업을 한 '사장님'인데, 나는 아직도 빈털터리다. 누구는 신혼의 단꿈에 젖어 있고, 누구는 벌써 이혼에 재혼까지 했는데, 나는 연애조차 해본 적이 없다. 누구는 애 엄마인데, 나는 엄마 잔소리에 시달리는 백수 노처녀이다. 그런데다 세상은 이제 '어른' 축에 들어가는 30대에게 더 이상 관대하지 않다. 이제는 선택을 강요받고, 자신의 서식처를 확보해가야 한다.

성인 삶의 두 영역인 일과 사랑에서 이미 중요한 선택을 했다면 삼십대는 모든 조직에서 중추적인 실무를 담당한다. 20대는 아직 일을 배우는 단계이므로 책임이 많이 주어지지 않고, 40대는 현장과 실무를 떠나 기획·감독·결재하는 쪽으로 옮겨간다. 30대가 되면 자기 밑으로 직원들이 생기기 시작한다. 좋은 상사에게 제대로 배우고 재량을 인정받고 성장할 수 있었다면 후배동료도 명령과 조종의 대상이 아니라 배려하고 키워줄 후배로 대하게 된다. 다양한 세대, 다양한 부류의 사람들을 만나며 그야말로 '사회인'으로서 자리를 마련하는 것이다. 가정을 이루고 부모노릇을 하게 되기도 한다.

20대에는 '예비어른'으로서 관계 결핍을 치유하고 관계 맺기 훈련을 하는 단계이므로 실수를 해도 주위에서 너그러운 편이다. 30대는 이제 '어른'으로서 (결혼했다면) 배우자와, (자식이 있다면) 자녀와, 직장에서는 동료, 상사, 및 후배 직원들과, (고객을 상대한다면) 다양한 계층의 고객들과 관계를 맺을 줄 알아야 하고, 실수는 치명적일 수 있다. 20대에 '기본기'를 제대로 갖추지 못했다면 다양한 세대 및 부류의 사람들과 관계 맺는 일이 즐겁거나 기능적, 생산적이라기보다 그냥 괴로운 스트레스가 된다. 가장 어려운 것은 다양한 관계들 사이에서 조화와 균형을 찾는 일이다. 대표적인 갈등은 *직장과 가정의 양립*이다. 이것이 어렵기 때문에 결혼하고도 출산을 미루거나 아예 '출산파업'을 하는 것이다. 남자가 가족부양의 짐을 지고 여자가 (일을 계속하더라도) 살림과 자녀양육의 짐을 지는 쪽으로 타협하는 경우가 많지만, 그 해법은 많은 문제들을 끌고 온다.

야근, 회식, 출장이 잦은 30대 아빠가 어린 자녀와 같이 시간을 보내지 못하면 평생 자녀와 남남으로 남고, 이 관계 결핍은 세월이 가면서 더욱 더 고통스럽다. 일하다 집에 '들어앉는' 여자는 무인도에 아이와 남겨지고, 일을 계속한다면 아이 맡기는 문제로 고초를 겪는다. 친정어머니나 시어머니의 도움을 받는다면 다른 문제들에서 간섭과 개입을 받을 때 당당할 수 없다. 아이가 아프거나 행동문제라도 생기면 엄마 책임이고, 아이가 말할 줄 알게 되면 벌써 입시전쟁 대비에 머리가 아프다. 직장에서 시달리는 남자도, 집안에서 아이와 씨름하고,

직장에 다닌다면 늘 동료·상사 눈치를 보아야 하는 여자도 배우자의 정서적 지원이 필요한데, 대화와 소통을 위한 시간과 마음의 여유가 없다.

'가화만사성'(家和萬事成)은 예나 지금이나 진리이다. 부부관계는 모든 '관계 스트레스'를 잘 넘기게 해주는 심리적·사회적 자원이며, 중년 이후 아이들이 떠나고 결국 부부만 남게 되어 있다. 그런데 주위를 돌아보면 부부사이가 좋지 않은 가정이 더 많고, 중년 이후 더 '드세어'진 여자들이 모여 남편 흉을 보다가 만들어낸 '유머'들에는 섬뜩한 이야기가 많다. 최근 저자가 들은 이야기는 "서울역 앞 노숙자들이 왜 집에서 쫓겨났느냐 하면"으로 시작하여 30대부터 70대까지 남편의 '죽을 죄'를 나열하는 것이다. 여자들끼리는 깔깔 웃지만 남자들은 우습지 않을 것이다.

관계가 잘 형성되어 있으면 '상대방도(상대방은 더) 힘들다'는 것을 알고 상대방의 이야기에 귀 기울이고 공감할 자세가 된다. 그러면 앞장 글상자 11-4 ('엄마, 아빠, 그리고 나')에서 본 것 같은 대화 — 사실 대화가 아니다 — 가 오가지 않는다. 부부가 서로 잘 이해하고 배려, 존중하면 가정은 아이에게도 따뜻한 보금자리가 된다. 삶의 첫 해에 아이와 부모의 일차적 애착관계가 잘 형성되면 아이는 부모에게 떨어져서 다른 어른 및 아이들과 잘 어울릴뿐더러 지적·사회적 발달도 상당부분 저절로 된다.

서로 사랑해서 오래오래 행복하게 같이 살려고 결혼한 부부들이 가정의 행복을 유지하기 어려운 배경에는 '현실의 압박'이 있다. 부부가 대화·소통하고 친구, 이웃, 직장동료들이 함께 삶의 이야기를 나누며 해결책을 찾아가는 수밖에 없다. 기업과 정부에 요구할 것들을 힘을 모아서 다방면으로 하지 않으면 건강가정은 하나도 남지 않을 것이다. [출산율이 얼마나 더 떨어져야 정부와 기업이 대책다운 대책을 내놓을지 모르겠다.]

매일 '가정의 날'이어서 정시퇴근이 예외가 아니라 규칙이 되고, 남녀가 모두 출산휴가를 최소한 1년씩 받고, 그러면 더 많은 인력이 필요해지니까 청년실업문제도 조금이라도 개선이 될 것이다. 정부와 기업들은 '비용', '부담'을 호소하지만, 큰 목표와 방향을 세워놓고 해결책을 찾으면 찾아진다. '선진국'의 사례들도 충분하다. 가정과 사회가 무너지고 모두 '반응성 애착장애', '관계 결핍'이 되는 '비용'이 무섭지 않단 말인가. 젊을수록 직장을 위해 개인생활과 가정을 희생하지 않으려는 경향이 강하지만, 다른 한편 고용불안 시대에 직장을 잃지 않기 위해 모든 것을 희생시키려 들기도 한다.

다양한 관계들 사이에서 조화와 균형을 찾는 일은 직장-가정 양립으로 끝나지 않는다. 결혼 안하고 직장에만 헌신하는 사람들도 동료들과는 잘 지내는데 상사들 앞에서는 말 한 마디도 못한다든지, 후배들을 배려하거나 '키워줄' 줄 모르고 경쟁상대로만 여긴다든지, 상사에게 인정받는 것에만 온 힘을 쏟고 다른 관계들은 소홀히 할 수 있다. 직장일 때문에 친구들과 몇 달씩 연락을 못하고 지내기도 한다. 10대의 삶을 입시에 저당 잡히고, 뒤늦은 사춘기를 20대에 보내고, 30대에 정신 차리고 진짜 '내 인생'을 살기 시작하면서 '기본기', '기초체력'(특히 정신건강) 수준이 여지없이 드러나는 것이다.

'현실'에 발을 들여 놓고 가장으로, 주부로, 부모로, 직장인으로 정신없이 살다 보면 세상이 20대에 꿈꾸었던 것보다 훨씬 더 복잡하고 모순투성이라는 것을 깨닫게 된다. 사람 공부를 하면서 자기 자신의, 가까운 사람들의 이중성, '바닥'을 보고 충격을 받기도 한다. 30대 중반을 넘어서면 이제는 시간이 없으며 직업을 바꾸기에도 늦었다는 생각이 들기도 한다. 이러한 환멸과 재평가의 분위기 속에서 결혼과 가정에 대해서도 회의가 들고 이혼까지 생각하는 사람이 많다. 바로 몇 년 전에 희망을 가지고 시작했던 결혼 및 직장생활에 대한 이른바 '권태기'인 것이다.

'나는 누구인가'라는 물음은 이제 더 묻어둘 수가 없다. 나는 나의 직업이나 직장, 지위 같은 외형적 요소들로, 누구의 남편/아내/아빠/엄마라는 것으로 다 정의되는가. 최선을 다해 능력발휘를 하며 인정받으려고 애써야 하지만, 그 결과가 자기의 모든 것은 아니다. 동창이나 동년배들이 자기보다 지위가 높거나 연봉이 많다고 열등감에 시달리고 (과잉)보상에 나설 것이 아니라 마음이 통하고 말이 통하는 친구와 동지들과 평생 이어갈 우정을 쌓을 때다. 가정을 이룬 사람들은 30대에 배우자 및 자녀와 애착관계를 튼튼하게 맺어놓아야 부부가 중년에 들어가고 자녀가 청소년이 되며 부모는 노년에 들어갈 때, 즉 가정이 거친 바다 한가운데로 나갈 때 배가 뒤집히지 않는다.

글상자 12-2의 시처럼 "씨뿌리는 이십대도, 가꾸는 삼십대도 아주 빠르게 흘러" 남녀 모두 40대에는 "거두는 이랑에 들어선다". 인생의 가을은 단풍철의 화려함일 수도 있고, 거두는 이랑은 풍요일 수도 있지만, 사십대 들녘은 쓸쓸하다. 30대에 배우자와 자녀든, 뜻 맞는 친구와 동지든 '가족'과 '둥지'를 가꾸어놓지 않으면 더욱 춥고 쓸쓸하다.

글상자 12-2 사 십 대

사십대 문턱에 들어서면
바라볼 시간이 많지 않다는 것을 안다
기다릴 인연이 많지 않다는 것도 안다
아니, 와 있는 인연들을 조심스레 접어두고
보속의 거울을 닦아야 한다

씨뿌리는 이십대도
가꾸는 삼십대도 아주 빠르게 흘러
거두는 사십대 이랑에 들어서면
가야 할 길이 멀지 않다는 것을 안다
선택할 끈이 길지 않다는 것도 안다
방황하던 시절이나
지루하던 고비도 눈물겹게 그러안고
인생의 지도를 마감해야 한다

쭉정이든 알곡이든
제 몸에서 스스로 추수하는 사십대,
사십대 들녘에 들어서면
땅바닥에 침을 퉤, 뱉아도
그것이 외로움이라는 것을 안다
다시는 매달리지 않는 날이 와도
그것이 슬픔이라는 것을 안다

[출처: 고정희, 유고시집(1992)]

2. 중년의 변화

나이 사십이 넘으면 자기 얼굴에 책임을 지라는 말이 있고, 사십이면 '불혹'(不惑)이라는 공자말씀이 있다. 중년은 확고하고 당당하게 세상을 향해 설 수 있는 시기인가? 그럴 수도 있고 그렇지 않을 수도 있으나, 한 가지 분명한 것은 불혹과 자신감이 저절로 생기지는 않는다는 것이다. 대부분의 사람들은 중년에 들어서면서 상당한 생리·심리적 변화를 겪는다. 어느 직업에 종사하느냐, 결혼했느냐 안 했느냐, 자녀가 이미 독립했느냐 등등에 따라 삶의 모습들이 아주 다양하므로 '중년의 변화'라 일괄해서 말할 수는 없는 일이나, 일반적인 경향을 서술해 보기로 한다.

2-1 신체적 변화

더 이상 젊지 않다는 것은 신체적 변화에서부터 나타난다. 배가 나오고 허리가 굵어지며, 피부는 윤기와 탄력을 잃고, 머리가 빠지고 세기 시작한다. 체력과 기운도 점점 떨어져서 쉽사리 피로해지는가 하면 피로가 잘 회복되지도 않는다. '머리가 빨리 돌아가지' 않고 기억력도 떨어진다. '갱년기'가 오는 것이다. '청년'에서 '중년'으로 바꾸어('갱') 여름의 푸르름에서 "쭉정이든 알곡이든 제 몸에서 스스로 추수하는 사십대"에 접어든다.

외모와 체격의 변화가 자신이 더 이상 '남자'나 '여자'가 아니라는 것을 암시한다면, 생리적, 性的인 변화로 그것이 더 분명해진다. 여자는 50세를 전후하여 **폐경**이 되므로 그 전환이 더 분명하게 나타난다. 폐경은 출산능력의 상실을 의미할 뿐이지만, 그 전후에 여러 가지 신체적·심리적 증상들이 따라오기도 한다. 여성 호르몬의 감소 때문에 나타나는 것으로 보이는 두 가지 보편적인 현상은 순간열(또는 안면홍조)과 질의 분비물 감소이다. 순간열이란 얼굴과 상체가 갑자기 붉어지고 열이 나면서 땀이 솟는 현상이다. 동시에 심장박동이 불규칙하게 빨라지기도 하므로, 무슨 병이 있나 하는 두려움이 들기도 한다. 그 외에 폐경기 여성들은 두통, 불안감, 우울, 신경질 등을 호소하기도 한다. 폐경기라는 겉에 보이는 전환점이 없기 때문에 남성의 갱년기는 여성의 갱년기만큼 많은 주목을 받지 못했다. 그러나 남자들도 배가 나오고 대머리가 되는 등 외적인 변화와 더불어 성욕 및 정력감퇴를 겪는다. 이런 변화에 따르는 심리적 반응들은 여성의 갱년기 반응과 유사하다.

중년기가 더 쓸쓸해지는 것은 가까운 사람들의 죽음 때문이다. 부모가 은퇴하고 병들어 돌아가시는가 하면, 주위의 형제나 친구들도 죽기 시작한다. 우리나라 40대 남자 사망률이 세계 최고라는 보도는 많은 중년남녀에게 불안을 주며, 고혈압, 심장병, 암 등 성인병이 주위에서 듣고 보는 그리고 자신에게 일어나는 일들이 된다. 이제 '건강'은 가장 큰 관심사가 되어 '몸에 좋다'는 것이면 다 찾게 되고, 운동을 안 하던 사람도 운동을 시작한다.

이러한 여러 가지 변화들은 물론 하루아침에 일어나지 않으며 누구에게나 똑같은 때에 똑같은 정도로 일어나지도 않는다. 폐경기만 해도 생리가 불규칙해지고 양이 줄다가 마침내 멎기까지 1년 이상의 세월이 걸린다. 갱년기의 변화는 10년 이상의 세월에 걸쳐 일어나지만, 외모, 체력, 정신적 능력, 性능력 등 몸과 마음이 그리고 주위환경이 한꺼번에 변하기 때문에 위기로 체험되는 일이 많다. 갱년기의 여러 가지 변화는 불안, 우울 같은 심리적 증상들을 수반하는데, 신체·심리적 증상들이 신체적 노화 때문에 생기는지에 대해서는 의문의 여지가 있다. 왜냐하면 갱년기에는 몸만 변하는 게 아니라 주위환경도 변하기 때문이다. 당사자들의 생활태도에 따라 우울증이나 부정적인 심리적 증상들은 물론 다양한 성인병들도 아주 안 나타나거나 아니면 훨씬 약하게 나타난다.

2-2 심리·사회적 변화

두 가지 가장 중요한 변화영역은 가정과 직장이다. 중년이 되면 자녀들이 모두 성장하여 결혼해서 집을 떠나버린 '빈 둥지'(empty nest)가 된다고 하지만, 그 시기는 점점 늦춰진다. 대학졸업 후에도 몇 년씩 '취업재수'를 하고, 취업을 했다 해도 웬만큼 수입이 안 되면 집을 얻어 나갈 수가 없어서 결혼할 때까지 부모 집을 떠나지 못하는 일이 많다. 결혼연령이 점점 늦어지기 때문에 성인이 된 자녀와 중년부모의 공생은 점점 길어진다. 이는 부모 자녀 양편의 정신건강에 별로 도움이 되지 않는다. '빈 둥지'가 여성들에게 커다란 위기가 된다고 하는 얘기가 많으나, 어머니 역할('고 3 엄마'!)을 안 하게 되는 것은 일차적으로 해방이다.

우리나라는 전통적으로 '여권'이 약한 만큼이나 '모권'은 강했지만, 아들 낳은 여성만 '모권'을 주장할 수 있었다(남편 없는 과부보다 아들 없는 어미가 더 가련했다고 한다) (김찬호, 2009, p. 226). 입시전쟁의 장기화와 과열화는 어머니의 책임과 더불어 모권을 엄청나게 키워놓았다. 가정이 입시전쟁 지휘본부(엄마는 지휘관, 아빠는 보급책, 자녀는 전투원)이기 때문이다. 부부는 부모로서만 존재하며, 앞장에서 본 것처럼 가정에 대화와 소통이 없다.

(1) 아줌마들의 삶

여성들은 20대에 권력을 누렸다가 30대에 접어들면서 더 젊고 예쁜 여성들에게 밀려난다. 20대라고 누구나 권력을 누리는 것은 아니고 어느 정도 '스펙'이 되어야 하지만(김현진, 2009a), 젊고 예쁜 때 연애게임에서 공주님 대접을 받다가 다행히 '착하고 괜찮은 남자'의 청혼을 받고("행복하게 해줄게") 결혼에 '골인'한 여자는 행운이다. 그러나 앞에서도 쓴 것처럼 부부들이 행복을 지키도록 우리 사회가 도와주지 않는다. 남자가 남편/아버지 노릇을 하기 힘든 현실에서 여자는 자녀의 '일류대 입학'이라는 목표를 이루기 위한 관리·기획을 맡는다. 입학사정관제가 실시되면서 정보력을 위한 전쟁은 아이가 초등학교 때부터 시작되고 사교육비도 늘어난다.

여자들은 처음 '아줌마'라고 불린 날을 오래도록 잊지 못한다. 자녀관리에 몰두하면서도 외모 가꾸기 등 자기관리를 소홀히 하지 않는다면 꼭 남편에게 매력 있는 여성으로 보이기 위한 것은 아니다. '아줌마'가 되고 싶지 않기 때문이다. 아줌마는 사회적으로 천대받는, 여자도 남자도 아닌 '중성'이자 가족이기주의의 화신, 생존본능만 남은 '괴물'이다. 김찬호(2009)는 2007년 지하철에서 아기 젖을 먹이다가 봉변당한 아줌마("더럽다, 화장실 가서 먹여라", "짐승 같다") 이야기를 해준다. 노동시장에서도 아줌마는 천대받는다. 육아 때문에 집안에 들어앉았다가 사교육비라도 벌기 위해 일자리를 찾으면 보험영업, 식당서빙 등만 얻어걸린다.

남편이 아내에게 매일 "I love you"라고 한다는 서구식의 현대적 결혼이 이상적 결혼생활로 그려지지만, 애정이 식는다고 이혼하는 부부는 별로 없다. 남자/여자로 인정받고 사랑받고 싶은 욕구는 많은 경우 외도('불륜')에 의해 채워진다. 부부가 남남이 되었다는 사실은 거의 20년에 걸친 입시전쟁이 끝난 다음에야 분명해지지만, 실종된 부부관계가 복구되기는 힘들다. 관계 맺기 훈련이 안 되어 있기 때문이다. 대학생 자녀의 수강신청부터 학점 이의신청까지 엄마들이 나서고, 자녀가 취직한 다음에도 부서배치나 연봉협상에 엄마들이 대신 나서는 등 자녀관리 업무를 내려놓지 않는 것은 아내의 자리로 돌아가지 않겠다는 의지표명이기도 하다.[2] 외도까지 하지 않아도 아줌마들끼리 어울려 시끄럽게 수다 떠는 장면은 매우 흔한 정경이다.

'아가씨'와 '아줌마'의 차이에 대한 유머는 안 들어본 사람이 없을 것이다. 버스에 빈자리가 있을 때 주위를 살피고 앉으면 아가씨, 앉고 나서 주위를 살피면 아줌마, 운전할 때 선글라스 끼면 아가씨, 흰 장갑에 챙 모자 쓰면 아줌마라는 식이다(김찬호, 2009, p. 261). 지하철에서 문이 열리자마자 밀고 들어와 자리를 찾으려 우왕좌왕하는 모습도 아줌마의 뻔뻔하고 막무가내인 모습이다. 물론 우아한 아줌마도 있지만, 남편 출근 시키고 아이 학교 보내고 나서 브런치 콘서트를 즐기거나 뮤지컬 등 공연장을 찾아다니는 '고품격' 아줌마들이 많지는 않다. '보통아줌마'들은 살림과 자녀교육에 고단하고 정신이 없다. [정신없는 것은 아줌마들 수다에 단골메뉴인 '아줌마특성'이다.]

'아가씨'로 사는 것은 멋지고(젊은이들 말로 '간지'나고) '아줌마'로 사는 것은 비참한가. TV오락프로에 나와 '키 작은 남자는 루저'라고 말한 여대생은 인터넷에서 린치를 당하고 '루저녀'라는 이름을 얻었다. ['○○녀'라는 이름이 많기도 하다.] 정말로 남자들이 화난 이유는 "감히 여자인 주제에 '너는 루저'라는 지적질을 했다", 즉 "원래 아버지·남성이 하는" "이름 짓기·금 긋기"에 도전했다는 데 있을지 모른다(*한겨레21*, 2009. 12. 7., "이런 우라질레이션! 21차 남녀전쟁"). 아가씨들의 권력은 바로 남성의 시선집중이다. "하이힐 신고도 뛸 수 있으면 아가씨, 운동화 신고도 못 뛰면 아줌마"라는데, 건강을 망가뜨리는 하이힐

2) 일본에서는 결혼을 졸업한다는 의미에서 '졸혼'이라는 풍속이 등장하여, 법적으로 부부관계를 유지하면서 각자 독립된 삶을 살아가는 부부들이 있다고 한다(김찬호, 2009, p. 190).

('킬힐')을 신고 다니는 이유는 섹시해보이기 때문이다. [하이힐 신고 뛰면 곧 운동화 신고도 못 뛴다.]

아줌마들은 뻔뻔스럽게도 '아버지·남성'의 권력을 빼앗아다 그들을 대상화하고 이름을 붙이기 시작한다. 자신들이 '중성', '괴물'로 대상화되어도 별로 개의치 않는다. 김찬호(2009, p. 268)는 "'그래, 나 아줌마다, 어쩔래?'라는 식의 자기비하와 몰염치"에 빠지는 여성을 딱하게 여기지만, '나 아줌마다'는 세상을 향한 당당함이기도 하다. 아줌마의 힘은 숱한 좌절경험에서 나온다. 공주님처럼 살게 해준다던 남편은 결혼 후 돌변하여 밖으로만 돌고 시집식구들로부터 지켜주지도 않으며, 천재인 줄 알았던 아이는 평범한 아이였고, 아이들은 엄마 고생을 알아주지도 고마워하지도 않는다. '일류대 일류학과'라는 엄마 꿈을 이루어준 자녀가 몇이나 되는가.

과거에는 '불쌍한 어머니'와 '무서운 아버지'가 전형적 부모상이었다면, 지금은 '막강 엄마' 또는 '드센 아줌마'와 '불쌍한 아버지'가 그렇다(글상자 12-3). "세상에서 가장 강한 사람"이었던 아버지 — "집안 어느 곳에서도 지금 그가 앉아 쉴 자리는 없다".

(2) 아버지들의 상황

한국의 중년남성들은 불행하다. 김찬호(2009, pp. 246-247)가 인용하는 '행복경제학' 연구자에 따르면 그렇다. 다른 나라들에서도 남성들의 행복곡선은 40대 초중반에 바닥을 친다. 목표로 세웠던 경제력이나 지위에 도달하지 못했고 앞으로도 도달하지 못한다는 것이 이때쯤 분명해지기 때문이다. 이른바 선진국 남성들은 성공과 출세에 대한 집착을 접으면서 가족, 취미, 종교 같은 새로운 출구를 찾는데, 한국 남성들의 행복곡선은 생애 막판까지 바닥에 머문다고 한다. '남자-직장, 여자-가정', '도구적, 성취지향적 남성 대 표현적, 관계지향적 여성'(8 장)의 틀에 갇히기 때문일 것이다.

현재 중년남녀의 아버지 세대에 이미 아버지의 권위가 무너지기 시작했지만, 소비자본주의 시대에 아버지노릇은 더 힘들어졌다. '부자 아빠'가 아니라면 큰 집도 못 사고, 자식 유학도 못 보내며, 해외어학연수도 잘 못 보내주는 별 볼일 없는 아빠이다. 사교육비와 대학등록금은 치솟고, 자녀 결혼비용도 마련해야

글상자 12-3 아버지와 나

아주 오래 전 내가 올려다본
그의 어깨는 까마득한 산처럼 높았다
그는 젊고 정열이 있었고
야심에 불타고 있었다
나에게 그는 세상에서 가장 강한 사람이었다
…
집안 어느 곳에서도 지금
그가 앉아 쉴 자리는 없다.
이제 더 이상 그를 두려워하지 않는 아내와
다 커버린 자식들 앞에서
무너져가는 모습을 보이지 않기 위한
남은 방법이란 침묵뿐이다
…
스폰지에 잉크가 스며들 듯
그의 모습을 닮아가는 나를 보며
이미 내가 어른들의 나이가 되었음을 느낀다
그러나 처음 둥지를 떠나는 어린 새처럼
나는 아직도 모든 것이 두렵다
언젠가 내가 가장이 된다는 것
내 아이들의 아버지가 된다는 것이 무섭다
이제야 그 의미를 알기 시작했기 때문이다
그리고 그 누구에게도 그 두려움을
말해선 안 된다는 것이 가장 무섭다
이제 당신이 자유롭지 못했던
이유가 바로 나였음을 알 것 같다
이제 나는 당신을 이해할 수 있다고
더 이상 생각하지 않는다
그것은 오랜 후에 당신이 간 뒤에
내 아들을 바라보게 될 즈음에야 이루어질까
…

[신해철 노랫말에서]

하고, 늙으신 부모의 병원비도 만만치 않아 중년에 경제적 부담은 커지는데, 회사에서는 언제 정리해고 당할지 모른다. 인원감축으로 업무량이 늘어나도 항의 한 마디 할 수 없고, 하루하루가 전쟁인 직장에서 동료들은 경쟁이나 조종의 대상이고 대화와 소통이 가능한 친구가 아니다.

직장에 헌신하느라고 아내와도, 자녀와도 관계를 형성하지 못하고 '표현과 관계지향' 능력은 더 퇴화하였다. 아버지도 침묵하고 식구들도 그 앞에서 침묵한다. 집밖으로 내몰리는 남자들을 환영하는 '업소'들은 많지만, 술과 여자로 허무와 고독을 잠시만 잊을 수 있을 뿐이다. 중년남성들이 그래도 버티고 살 힘을 얻는 것은 '아버지'라는 사실 때문이다. 오직 한국에만 있다는 기러기아빠가 그 극단을 보여주지만, 자녀가 잘 되기 위해서라면 혼자 남아 돈버는 기계로만 사는 남성들이 기러기아빠만은 아니다. 많은 아버지들이 가족을 위해 자신들을 도구화시킨다. 글상자 12-3의 아들은 "이제 당신이 자유롭지 못했던 이유가 바로 나였음을 알 것 같다"고 노래하면서도 "이제 나는 당신을 이해할 수 있다고 더 이상 생각하지 않는다".

어른이 된 아들은 "그 누구에게도 그 두려움을 말해선 안 된다는 게 가장 무섭다"고 말한다. 아버지들이 인간답게 살 길은 — 또 아들에게 가르쳐야 할 것은 — 침묵을 깨고 표현과 관계지향을, 대화와 소통을 시도하는 것이다. 자신의 내면을 감춘 채 간섭·훈계만 할 것이 아니라 자기 삶을 이야기하면서 젊은 이들(자식과 부하동료)에게 다가가고,[3] 자녀들의 삶에 관심 가지는 것이다. 앞장에서 자녀와 대화하는 법을 소개했지만, 그 핵심은 간단하다. 자녀의 삶에 관심 갖고 부모 자신의 삶에 대해 이야기하는 것이다. [모든 대화의 핵심이 이것이다.] 중학생 아들과 대화를 시도했던 아버지(앞장 글상자 11-3)는 아들의 삶에 대해 아는 바가 없었기 때문에 상투적인 질문 세 가지에 대해 '예'라는 짤막한 대답만 얻었다. 그 전에도 계속되었던 침묵은 그 후에도 계속될 것이다.

---

3) 바로 이 부분을 쓰고 나서 본 TV 오락프로에서 자식들에게 18년간 자기 직업을 숨겼다는 환경미화원 아버지가 나왔다. 친구들에게 따돌림 당할까봐 그랬다고 한다. 자기가 일하는 모습을 '들킨' 후 그는 내가 이렇게 힘들게 일하고 있으며 그래서 술도 마시는 거라고 이야기해주었다 한다. 다른 아버지들과 비교당하는 게 두려웠던 이 아버지는 이 프로에서 '최고의 아버지상'으로 '아빠냉장고'를 받는 행운을 누렸다. 씁쓸한 인생인가 아니면 달콤한 인생인가. 경쟁·비교는 우리 삶의 내용이다.

'중년'은 나이로 볼 때만 인생의 중심이 아니라, 자녀와 부모, 일과 사랑 가운데 들어 있는 중심이기도 하므로, 중년이 무너지면 가정과 사회가 무너진다. 중년 남성들은 집안에서 자리가 없는 만큼이나 직장과 사회에서 (크건 작건) 권력을 휘두르는(그리고 놓지 않으려 애쓰는) 것인지 모른다. 젊었을 때 아이 낳을 때마다 출산휴가를 1년만 받았다면, 그래서 자녀와 애착형성도 하고 아내와도 가까워졌다면, 그들은 지금 침묵하는 힘없는 독재자가 되어 있지 않을 것이다.

물론 중년의 내적·외적 변화들에 대하여 누구나 똑같이 반응하지는 않는다. 어떤 사람들은 한없이 위축되고 우울증까지 걸리지만, 어떤 사람들은 이러한 변화를 부인하고('나는 늙지 않았어', '나 아직 안 죽었어') 과잉보상한다. 갑자기 운동을 시작하고 멋을 내는가 하면, 호르몬주사를 맞고 성형수술까지 받는다. 젊은 여자/남자와 바람을 피우는 것도 늙음을 인정하고 싶지 않은 과잉보상인 경우가 많다. 바로 **중년의 위기**(midlife-crisis) 증후군인 것이다. 젊음의 아름다움과 가치를 강조하는 현대문화에서 늙음은 패배이며 추하게 느껴지기조차 하므로, 늙어감을 인정한다는 것은 말처럼 쉬운 일은 아니다. 그러나 중년의 변화가 꼭 위기가 될 필요는 없다.

2-3 중년의 위기와 성장

Erikson은 인생 8단계 이론에서 2, 30대, 중년, 노년의 인생과제를 각각 **친밀**(대 고립), **생성**(대 정체), **자아통합**(대 절망)이라 이름 붙였다(이하 졸저, 2009). 과제들을 성공적으로 해결한 사람들은 각각 *사랑*, *배려*(care), *지혜*의 덕성(virtue)을 얻게 되고, 과제를 해결하지 못했을 때는 괄호 안에 나온 고립, 정체, 절망에 떨어진다. 씨 뿌리고 가꾸지 않았는데 거둘 수 없는 것처럼, 각 단계의 성공적 해결은 상당 부분 그 앞 단계의 성공적 해결에 달려 있다. 가령 "성격, 경험, 역할이 서로 다른 사람들 사이에서 피할 수 없는 적대 또는 대립을 극복하는 '상호적 헌신'"(홍숙기, 2009, p. 121)인 '사랑'을 할 수 있으려면 전 단계에서 *자아정체*를 성취했어야 한다. 자신의 정체를 잃지 않으면서 관계에 헌신할 수 있어야 타인과 친밀해지고, 정체감이 확실하지 않으면 '나'가 없어질까봐 타인과 가까워지지 못하고 피상적 관계들만 맺는 '고립'에 빠진다.

문제는 바로 대다수가 '나는 어떤 존재로 살아갈 것인가'라는 질문을 하지 않고 살아간다는 것이다. 꿈을 묻는 질문에 한 중학생은 "고등학교 일단 잘 가면 그때 뭔가 꿈이 생기겠지"라고 이야기한다(*한겨레*, 2009. 11. 12., '권태선 칼럼', "내 삶의 주권 찾기"). '일단', '그냥' 공부해서 대학에 오니 꿈이 생기던가. 꿈이라야 돈 많이 벌고 유명해지거나 출세한다는 정도이다. '나는 누구인가'를 고민해본 적이 없기 때문에 남이(부모와 사회가) 좋다는 것을 그냥 추구하는 것이다. 그래서 가족과 친구를 사랑도 배려도 못하며 결국 절망 속에 인생을 마치는 사람이 많은 것이다. "오늘의 행복을 포기하고 희생하면서 정신없이 달려온 많은 사람들을 기다리고 있는 것은 가족과 친구로부터 소외된 외로운 삶이기 십상"이다(같은 칼럼).

삶의 주권을 회복하는 첫걸음은 "자신에 대해 성찰할 용기를 되찾는 일"이다. 앞서 인용한 *한겨레21* 기사(2009. 12. 7.)는 "과거의 것은 사라졌으나 새로운 것이 나타나지 않았을 때, 그때가 위기"라는 그람시의 말을 인용한다. 과거 전통사회에서는 '나는 누구인가', '이 세상에서 나의 자리는 어디인가'를 고민할 필요가 없었다. 성별, 나이, 계층 등에 의해 자리가 정해졌기 때문이다. 전통사회에서 유리한 위치는 남성(아들, 아버지), 노인, 양반이었다. 아버지는 아버지라는 것으로 위엄이 있고 존경받을 수 있었다. 좋은 시절은 다 가고, 가정에서 남편, 아버지의 자리는 없어졌다. 정부, 언론 등에 자리 잡은 중년남성들은 남편을 존중하지 않는 '아줌마'를 비하하고, 어머니(의 희생)를 미화하며, 아버지를 존경하지 않는 패륜을 비난하지만, 이런 캠페인으로 상황이 바뀌지는 않았다.

각자 자기성찰을 하는 수밖에 없다. 자아정체를 확립하고, 사랑의 능력을 복구하며, 중년의 과제인 **생성**(generativity)과 **배려**를 진지하게 받아들여야 한다. 성숙한 어른이라면 다음 세대의 어린 사람들을 보살피고 가르치고 싶은 욕구를 다 갖고 있다. 이 욕구는 가정을 이루어 자녀를 키우는 형태로만 표현되지 않고, 일(작품), 사상 등을 생산·창조하는 데서도 표현된다(홍숙기, 2009, p. 122).

> 생성을 체험하지 못하면 자신의 존재가 쓸모없고 인간관계가 무의미하고 메마르다는 느낌이 생겨난다. 고인 물(정체)은 생명을 키우지 못하고 썩는다. 남들을 보살피고 가르치고 싶은 욕구에서 배려(care)의 덕성이 생긴다. 남들을 가르치면서

> 우리가 남들에게 중요한 존재라고 느끼고 동시에 우리 자신에게만 관심 갖는 자기도취(나르시시즘)도 피한다. 보살핌의 대상은 가족의 범위를 벗어나 이 시대 청소년, 노인 등 다른 사람들, 나아가 이미 생성된 작품, 사상이나 이론(가령 Freud 이론, 연암 박지원의 사상 등), 제도(민주주의, 우리 학교 등), 자신이 하는 일 등도 포함할 수 있다.

'아줌마'의 부정적 이미지는 '복부인'(부동산투기), 지나친 교육열 등과 밀접한 관계가 있다. 자기성찰이 없고 자아정체를 확립하지 않으면 가족이 곧 '나'가 되고, 생성 에너지가 자기 가족이 '잘 먹고 잘사는' 쪽으로만 흘러간다. 아줌마들의 특기인 '*수다*'는 자기성찰에 큰 도움이 될 수 있다. 아줌마들은 아무 준비 없이 각자 삶의 이야기를 풀어내며 공감하고 웃고 운다. 남자들의 본질을 (희화화하여) 꿰뚫는 능력은 아줌마들의 '집단지성'에서 나온다. 젊은 아가씨들은 절대로, 절대로 아줌마가 되고 싶지 않겠지만, 남성우월주의 사회에서 여성들의 수다는 자매애(sisterhood)를 키울 수 있는 '집단행동'이다. 김찬호(2009, p. 268)는 지금 아가씨들이 나중에 지금 아줌마보다 어쩌면 더 불행해질 수도 있다고 본다.

> 지금 아줌마들이 보냈던 젊은 시절에 비해 훨씬 섹시함이 강조되는 세상에서 외모에 안주해 아무 준비 없이 있다가는 초라한 아줌마가 되기 쉽다. 대중매체가 유포하는 상품미학의 허상으로 자아를 치장하다가 자기 나름의 삶의 탄탄한 시나리오를 구성하지 못한 채 나이가 들어버리는 것이다.

사랑의 능력을 복구한 가운데 생성에너지를 발휘하면 아들 딸 세대가 자신보다 더 불행해지지 않도록 세상을 고칠 수 있다. '나'와 '너'의 경계가 분명해지면 자녀를 독립된 주체로 받아들이고 자녀 인생(무엇보다 결혼)에 개입하지 않으면서 성인 대 성인의 우정을 키울 수 있다. 나아가 "도구적 모성이 아닌 체험적 모성"(p. 233)이 바탕이 되어 아픔과 약함을 어루만지고 생명과 성장을 돌보는 돌봄사회로 나아갈 수 있다. 앞서 언급한 '노숙자 유머'에는 40대 남자가 아내에게 "(나가지 말고) 같이 놀자"고 했다가 쫓겨났다는 부분이 들어 있다. 아무래도 '성취와 도구지향' 남성들의 아픔과 약함도 '표현과 관계지향' 전문가인 아줌마들이 어루만지고 '아저씨'들을 일으켜 세워 같이 놀고 같이 가야 할 것 같다.

상투적으로 들리지만 '위기는 기회다'. 중년에 큰 병에 걸리는 일이 많은데, 병 때문에 직장과 가정에서 잠시 또는 오래 (강제)휴가를 얻고 보살핌을 주고받는 것도 자기와 가족의 삶을 돌아보고 자기성찰을 하는 소중한 기회일 수 있다. 기억력이 감퇴하고 순발력도 없어지는 것도 부분과 단편에 집착하지 않고 전체를 보라는 뜻인지 모른다. 체력과 정력의 감퇴, 남자/여자로서의 매력 상실은 — 그에 대한 충격과 저항의 시기가 지나면 — 관심과 에너지를 바깥세계에만 집중시키지 않고 안의 세계, 자기 자신에게로 돌리는 귀중한 기회가 된다. 자기성찰과 방향전환을 하지 못하면 시간이 얼마 남지 않았음에 초조해져서 출세에 더 '광분'하거나 이런저런 일을 벌이기도 한다. 무대를 떠날 때는 밀려나지 말고 당당하게 제 발로 떠나야 아름답다. 중년은 '중단 없는 전진'을 멈추고 '후견인'으로서 젊은 세대를 위해 보다 나은 세상을 만드는 데 헌신할 때이다.

중년에는 성격 변화가 오기도 한다. 집안일이나 자녀에게 관심 없던 사람이 갑자기 가정적이 되는가 하면, 가정만 알던 사람이 사회생활에 적극적 관심을 갖기도 한다. 외향적이던 사람이 내향적이 되고, 내향적이던 사람이 외향적이 되며, 아주 남성적이던 사람이 여성적이 되고, 여자 중의 여자가 남성적인 적극성을 발휘하게 되는 등 변화는 정도는 다르지만 거의 누구에게나 나타난다. 이러한 여러 가지 격동과 변화들에 불안과 당혹감을 느끼느냐 아니면 스스로 달라진 모습에 만족하고 안 하던 일들을 하면서 즐기느냐 하는 것은 사람에 따라 다르다. 후자의 태도가 더 큰 충만감을 가져온다는 것은 말할 필요가 없다.

중년에 생활과 성격이 크게 달라지면, 주위 사람들도 당혹과 혼란을 느낀다. '안하던 짓을 하면' 서로 낯설어져서 부부사이가 나빠지기도 한다. 일만 알던 아버지가 갑자기 자식에게 관심을 표현하거나 가정만 알던 어머니가 집을 자꾸 비울 때 젊은이들은 짜증이 나겠지만 일반적으로 중년기가 참으로 힘든 시기임을 생각할 필요가 있다. 이제 자녀가 부모를 격려하고 보살펴 드리기 시작할 때가 왔다 — '자식의 도리'가 아니라 인간에 대한 예의에서. 중년부모는 외롭다. 침묵하는 아버지는 더 외롭다. 자식은 부모가 '생성'하고 보살핀('배려') 최고의 보물이다. 중년의 쓸쓸한 들녘에 자식처럼 위로가 되는 존재가 있을까. 각자 자기 삶이 버거워서 상대방의 삶에 관심을 갖지 못하고 대화와 소통이 끊어졌다면, 상대방의 삶에, 감정과 욕구에 관심을 가지는 것으로 관계의 복구를 시작해야 한다.

Erikson 이론의 아름다운 점은 여러 세대의 인생단계가 맞물리는 것이다. 삶의 안내(guide)를 원하는 어린 세대 바로 곁에는 그들을 이끌어주고 싶은 욕구가 있는 어른들이 있다. 또, 지혜로운 노인처럼 젊은이들의 실존적 불안을 달래고 희망을 주는 존재가 있을까. 노년의 삶의 상황과 인생과제를 돌아보기로 하자.

3. 노년의 삶

젊은 사람들은 나이든 사람들을 볼 때 "저 사람도 젊을 때가 있었나?" 하며 그들의 젊은 모습을 도저히 상상할 수 없을 때가 많다. 부주의하게도 그런 말이 입 밖으로 나오면 그 '노인'이 "너는 생전 안 늙을 줄 아느냐? 눈 깜짝할 사이다" 같은 대답을 한다. 눈 깜짝할 사이에 늙는 것은 물론 아니고, 다행인지 불행인지 오랜 세월에 걸쳐서 천천히 늙어간다. 갑작스러운 것은 늙음의 인정이다. 많은 경우 낯선 사람에게 처음으로 '할머니'나 '할아버지'로 불렸을 때 충격과 함께 '내가 노인이구나' 하는 인식이 온다.

세상이라는 무대에 나가기 전에 긴장해서 준비하고, 무대의 중심에서 활동하고, 주변 내지 배경으로 물러나고, 그러다 아주 퇴장하는 것이 인생이다. 사람에 따라 다르겠으나, 가장 당황스러운 것은 마지막 퇴장단계일 것이다. 내가 없는데도 세상이라는 무대가 활기 있게 돌아가며 나를 기억해 주는 사람은 없다고 상상해보라. 인생의 마지막 부분인 늙음과 죽음의 문제들에 대해 생각해보자.

3-1 노년의 신체적 변화

생활수준의 향상과 의학의 발전으로 평균수명이 점점 높아지고 있다. 2006년 현재 한국인 평균수명은 남자 75.7세, 여자 82.4세이다. 2018년이면 '고령사회'(65세 이상 14%)에, 2026년이면 '초고령사회'(65세 이상 20%)에 들어간다(이주일 등, 2008). 현재 스무 살인 젊은이가 마흔도 되기 전에 대한민국 국민의 다섯 명 중 한 명이 65세 이상 노인이라는 것이다. 출산율이 계속 떨어지면 고령사회는 더 빨리 다가올 것이다.

생리적인 차원에서 늙음이란 신체적 쇠퇴, 허약, 무력, 생리적 기능의 쇠퇴를 가리킨다. 사고나 질병과는 달리 노화는 매우 서서히 진행되는 퇴화과정이다. 스트레스, 질병, 부상 등에 의해 촉진되기도 하지만 노화는 본래 "내재적이고, 세포의 재생과 관련되며, 역행할 수 없는, 유전적으로 계획되어진 변화"이다(윤진, 1985, p. 62). 이러한 퇴화로 인해 질병이 있건 없건 누구나 — 사고를 당하지 않는다면 — 늙어서 죽게 되는 것이다.

이러한 생리적 쇠퇴는 늙음의 한 부분일 뿐이고, 늙음은 정상적인 환경 속에서 시간의 흐름에 따라 일어나게 되는 여러 가지 변화를 포괄한다. 그러나 늙음은 역시 몸의 변화로 출발한다. 근육도 뼈도 약해지며, 소화·호흡 기능이 감소하며, 심장박동이 느리고 불규칙해진다. 수면의 질도 달라져서 젊을 때처럼 깊은 잠을 못 자게 된다. 허리가 아프다, 기력이 없다, 눈이 침침하다, 귀가 잘 안 들린다, 숨이 차다, 기억력이 나빠진다, 의욕이 없어진다 하는 등등 노인들의 호소하는 내용의 상당부분은 신체와 정신의 자연스러운 노화의 결과이다. 늙는게 서럽다면 일차적으로 이렇게 아픈 데가 많아지고 약해지기 때문이다.

4, 50대에 이미 시작한 신체 노화과정은 6, 70대에 이르면 질병과 구분하기 힘들어지고, 80대 이상의 고령에서는 노화에 의한 장기기능 등이 성숙기의 절반 정도가 된다고 한다. 그러므로 많은 성인병 혹은 노인병들은 노화와 더불어 자연히 생긴다고도 할 수 있다. 2001년 조사에서 65세 이상 본인이 인지하는 유병률(인구 1,000명당)을 보면, 남자의 경우 고혈압(226명), 관절염(199명), 요통 좌골통(113명)이, 여자는 관절염(471명), 고혈압(282명), 요통 좌골통(247명)이 많았다(이주일 등, 2008). 여성노인에게 병이 훨씬 더 많은 것을 알 수 있다. 여성노인의 건강이 실제로 더 나쁠 수도 있고, 여자가 남자보다 병원에 더 잘 가므로 자기 질병을 더 잘 알고 있을 수도 있다. 전반적인 영양상태가 좋아지고 규칙적 운동을 하는 노인이 많아진데다, 머리 염색약, 보청기 등 덕분에 70대 노인도 검은 머리에 튼튼한 이, 온전한 시력, 청력 등을 유지하며 '노인' 소리를

듣기 싫어한다. 노인들의 학력과 경제력도 점점 높아지고 있다.

우리가 '노인'과 연결시키는 다른 모습은 소위 '노망', 좀더 전문적인 용어로 노인성 치매(senile dementia)이다. 이것은 정상적인 노화과정이라기보다는 질병이라는 것을 알 필요가 있다. 노인성 치매는 여러 원인으로 인한 만성적·기질적인 뇌 증후군이라 할 수 있는데, 지적 능력이 전반적으로 상실되고, 정서적 균형도 깨지며, 좀 더 심해지면 신체운동 통제력이 손상되고, 종국에는 음식섭취, 배설 등도 제대로 못 하게 된다. 비슷한 증상들이 4, 50대에 나타날 수도 있는데 이때는 전노인성(presenile) 치매라 부른다.

생리적 노화·쇠퇴 과정에 대해서 그리고 이와 연관된 여러 가지 만성·퇴행성의 질환들에 대해서 듣게 되면, 노인들의 심리·행동적 특징들이 바로 이러한 몸의 변화에서 비롯되거나 적어도 밀접한 관련이 있다는 것을 알 수 있다. 마음은 젊으나 몸이 옛날 같지 않을 때 그리고 이 쇠퇴과정이 돌이킬 수 없이 진행되어 결국 죽음에 이르게 된다는 것을 느낄 때, 일단은 절망이 생긴다. 더구나, 옛날에는 노인이 지혜의 상징으로 존경받았다면 현대의 노인들은 심지어는 가족에게조차 쓸모없는 폐물로 취급되기 일쑤이다. 노인 학대도 노인 자살도 점점 많아진다.

3-2 행동과 성격의 변화

신체적 노화가 이미 중년에 시작한 것처럼, 노년의 행동과 성격의 변화도 중년기 변화의 연장이다. 노인들에게서 두드러진 것은 우울증 경향, 경직성, 조심성과 의존성 증가, 친근한 사물에 대한 애착 등이다(윤진, 1985). 신체기능이 약하거나 나빠지고 감각 및 지각 능력이 떨어지므로 전반적으로 자신감이 없어져서 옛날의 생각과 방식들을 고집하고, 조심성이 늘고, 오랫동안 써온 물건들에 대한 애착이 강해지는 것이다. 우울증이 심하면 불면증이 생기고 체중이 줄며 감정적으로도 무감각해진다. 배우자나 친지의 죽음, 경제사정의 악화, 사회적 고립 등은 노년의 우울증을 악화시키며 자신이나 가족, 타인들에 대한 증오와 적개심이 커지게도 한다. 의존성도 신체적·정신적 및 경제적 능력의 쇠퇴와 밀접한 관계가 있다.

여성의 폐경기에서 중년의 획을 긋는 사건을 보았다면, 노년의 위기를 특징짓는 사건은 **은퇴** 내지 정년퇴직이다. 대부분의 일반 직장들에서는 50대에, 즉 노인이 되기 전에 직장을 그만두게 한다. 여자가 심리적으로 제일 힘든 때가 자녀가 어릴 때라면 남자가 제일 힘든 때는 은퇴 이후이다. 직장에 다니는 사람, 돈 버는 사람으로서 정체를 정의하다가 일터를 떠나 지위와 정체를 잃기 때문이다. 경제적 기반이 약해지면 자녀에게 의지할 수밖에 없는데, 자녀가 모실 의지나 능력이 없을 때 노인의 처지는 아주 비참해진다. 무력감, 권태와 고독이 심하면 노화와 쇠퇴가 빨라지고 똑같은 어려움도 견뎌내기가 더 어렵게 된다.

Reichard, Livson, 및 Peterson(1962)의 연구에 따르면, 은퇴에 대한 남자들의 적응 유형에는 다음 다섯 가지가 있다(윤진, 1985, pp. 193-194에서 인용).

(ㄱ) **성숙형**(the matured) 늙어가는 자기 자신을 현실 그대로 받아들이고 일상적인 활동이나 대인관계에 대해 만족을 느낀다. 지나간 인생에서 나쁜 일보다는 좋은 일에 더 비중을 두고 감사하는 자세를 가진다. 과거에 대한 후회나 미래에 대한 두려움이 없고 일상생활과 사회생활에서 매우 활동적이다.

(ㄴ) **은둔형**(the rocking-chair man) 무거운 책임을 벗어 던지고 복잡한 대인관계와 사회활동에서 해방되어 조용히 지내게 된 것을 다행스럽게 여긴다.

(ㄷ) **무장형**(the armored) 늙어가는 데 대한 불안을 막기 위해서 사회활동 및 기능을 계속 유지한다.

(ㄹ) **분노형**(the angry man) 젊은 시절의 인생목표를 달성하지 못하고 늙어버린 데 대해 매우 비통해하면서 불행한 시대, 경제사정, 부모, 형제, 자녀 등을 탓하고 원망한다.

(ㅁ) **자학형**(the self-haters) 인생을 실패로 보고 애통해하지만, 분노형과는 달리 남들을 탓하지 않고 자신을 비난한다. 나이가 들수록 우울증이 깊어지고, 심한 경우 자살을 기도하기도 한다.

다섯 가지 적응유형 가운데 성숙, 은둔, 무장형은 비교적 잘 적응한 경우이고, 분노 및 자학형은 부적응의 경우라 할 수 있다. 물론 이러한 적응유형은 늙어서 갑자기 나타난 것이 아니라 그전까지의 성격 및 적응유형의 연장이자 결과이다. 남자만큼 교육도 못받고 살림과 육아에만 전념하던 여성노인들은 '은퇴'라는 것을 모른다. '가장'의 보호와 지배(경우에 따라 무시와 학대)를 받으며 살아온 이들은 달라진 세상에서 남자와 똑같이 교육과 취업의 기회를 가지는 현대여성들을 보며 분노와 자학에 빠지기 쉽다.

성숙하고 지혜로운 노인이 되려면 우선 몸과 환경의 변화, 즉 늙음을 인정해야 한다. 그런 의미에서 늙음을 인정하지 않는 '무장형' 노인들은 덜 성숙하다. 지나간 인생을 회고하며 삶의 의미를 찾을 때 자신의 삶이 실패였고 의미가 없었다는 결론이 나오면 불행하며(분노형과 자학형), 만족하고 감사하면 행복하다(성숙형). 스스로 불만·불행한 노인들은 가족 및 주위 사람들을 원망하므로 너그럽고 다정할 수 없다. 따라서 친구도 없고 젊은이들의 사랑과 존경을 받지 못하며, 그 때문에 불만과 불행, 분노와 자학은 더 심해진다. 스스로 만족하고 행복하면 남들에게도 편안하고 늙음을 더 잘 수용한다.

이렇게 노인 자신의 삶의 태도가 주위로부터 받는 대우에도 — 그리고 건강에도 — 영향을 미치기 때문에, 남을 탓하기 전에 스스로 자신의 삶의 자세를 돌이켜볼 필요가 있다. 지금까지 끊임없이 자신을 남들과 비교해 왔는데, 인생의 마지막까지 그래야 하는가? 이를테면, 돈 있고 출세해야 '성공'한 것이며, 가족을 위해 희생, 헌신한 인생은 '실패'인가? (이미 돌아가신) 부모가 나를 대학에 보내 주지 않았다고 다 늙어서까지 원망할 것인가? 돌아보면 나는 — 그리고 내 부모, 내 자녀들은 — 최선을 다해 살지 않았는가? 최선을 다하지 못했다면 거기에는 어쩔 수 없는 사정들이 있지 않았던가? 자신을 그리고 가까운 사람들을 지금 용서하고 포용하지 않으면 정말 시간이 없다.

어떻게 하면 지혜롭고 만족한 모습의 노인이 될 수 있을까? 젊은 사람들이 노인들을 위해 할 수 있는 것이 무엇일까? 지금부터 노후대비를 한다면 어떤 준비가 필요할까?

3-3 노인복지와 노후대책

얼마 전까지만 해도 많은 도시사람들에게 할머니·할아버지는 '시골'에 사는 분들이었다. 명절이면 내려가는 부모의 고향은 '시골'이었고, 부모의 부모는 당연히 거기 사셨다. 도시화가 급진전하면서 오늘날 노인들은 상당수 도시에 살고 있고, '자식이 부모를 모신다'는 것은 젊은 세대도 노인세대도 원치 않고 있다. 젊은 독자들 자신은 물론 부모세대도 아마 대부분 도시에서 노년을 보낼 것이다. 따라서 노인복지는 노인부부만의 핵가족이나 홀로 사는 노인이 급증할 고령사회에 대비하는 정책이어야 한다.

윤진(1985)은 '성공적인 노후'를 위해 고려해야 할 것들을 이렇게 정리하였다(p. 197f.).

㈀ 은퇴한 노인은 가정·사회 및 국가에 기여할 수 없는 무능하고 쓸모없는 사람이 아니라 기나긴 일생 중에서 생산에 종사하지 않는 단계에 살고 있을 뿐이다. 가정과 사회에서 적절한 역할을 수행함으로써 인생의 마지막단계를 당당하고 떳떳하게 마칠 수 있도록 배려해야 한다.

㈁ 노인들이 모두 같은 형태로 적응해 가는 것이 아니므로, 활동을 원하는 사람은 활동하게 도와주고, 은둔과 휴식을 원하는 사람은 그에 필요한 뒷받침을 해주고, 노화에 적응하지 못하는 노인들에게는 그때그때에 맞는 특별보호, 심리치료, 여러 가지 의료복지 혜택 등을 베풀어야 한다.

㈂ 노인들 자신이 새로운 역할을 찾으려고 노력해야 한다. 사람들과 접촉하는 종교활동이나 자원봉사 같은 것을 적극적으로 하고, 대인관계를 싫어한다면 혼자 할 수 있는 취미활동을 찾아보고 열심히 하면 좋을 것이다. 자연보호운동 같은 것은 노인 자신의 역할과 생활을 만족시킬 뿐만이 아니라 사회에도 크게 이바지하는 일이다.

이 중 앞의 두 가지 사항은 젊은 세대가 또는 사회가 배려할 것들이고, 세 번째 사항은 노인들 스스로가 노력할 일이다. 고령사회를 코앞에 둔 오늘 노인복지는 중요한 사회문제이며 지금 젊은 세대부터 그 문제에 관심 가질 필요가 있다. 노인복지는 우리를 키워 준 세대에 대한 책임, 인간에 대한 예의일 뿐 아니라, '눈 깜짝할 새에' 우리 자신에게 닥치는 문제들을 위한 대책이기 때문이다.

늙어서 고독, 소외감, 허무감 등 때문에 비참해지지 않으려면 우선 '노인'이라고 해서 쓸모없다거나 남의 도움에 의지해야 한다는 생각을 하지 않아야 할 것이다. 죽는 순간까지 삶은 이어지고, 살아 있는 한 내가 내 삶의 주인이다. 그렇게 생각한다면 남은 시간이 많지 않을수록 그것을 더욱 값지게 쓸 수 있다. 은퇴 후 외국어, 인터넷 등을 배워서, 가보고 싶던 나라에 여행하거나 늘 관심 있던 분야의 공부를 시작함으로써 새로운 세계를 접해볼 수도 있다. 새로운 역할을 찾고 자원봉사, 시민운동 등에 참여하려면 물론 몸과 마음이 건강해야 하지만, 그러한 적극성이 건강(과 행복)이라는 선물을 가져다주기도 한다.

젊어서나 늙어서나 사람의 행복과 불행은 사람들 때문이다. 무엇보다 중요한 것은 *배우자와의 관계*이다. '여자-가정, 남자-직장', '여자-표현/관계, 남자-도구/성취'의, 입시전쟁에서는 '남자-경제력, 여자-정보력'의 분업 틀 속에서 젊은 시절과 중년을 보내고 난 뒤에 남자는 은퇴 후 가정으로 돌아온다. 그러나 집안에 남편/아버지의 자리는 없어진 지 오래이다. 배우자와 사이가 나쁠 때 은퇴 후에 관계를 복구하기는 쉽지가 않다. '쌓인 것'이 너무 많기 때문이다. 중년부터 시작된 부부의 권력관계 역전이 노년에 들어와 더 굳어져서 여자는 당당해지고 남자는 초라해진다. 중년의 문턱에 있는 자녀는 자기 살기에 바쁘다. 배우자, 자식들과 동료애, 서로 대등한 우정을 쌓아 놓지 않았다면 친구라도 있어야 하는데, 여자와 달리 남자는 친구도 별로 없다. 마음이 통하고 말이 통하는 친구도 하루아침에 생기는 것이 아니기 때문이다.

대학생들에게 노후를 어떻게 대비하겠느냐고 물어 보면 돈을 많이 벌어 놓겠다, 젊어서부터 건강을 잘 지키겠다고 한다. 이제 노년에 대비하여 준비할 것은 무엇보다도 관계 맺기라는 것을 알았을 것이다. 몸과 마음의 건강도, 친밀한 인간관계들도 모두 하루아침에 얻어지는 것도 돈 주고 살 수 있는 것도 아니며, 오랜 세월 가꾸고 노력해야 보장되는 것들이다.

심리학, 사회학, 사회복지학, 의학 분야의 학자들 8명이 심층인터뷰를 통하여 수행한 '성공적 노화' 연구는 성공과 실패 사례들의 삶을 비교함으로써 어떻게 살아야 잘 늙을지를 알려준다(이주일 등, 2008). 자신의 삶에 주관적으로 만족하고 "자신의 삶 및 노화과정을 긍정적으로 평가하고 현재 자신의 삶에 대해 평온하고 안전하다는 느낌을 갖고 주위 사람들과의 관계에서도 편안하고 안전하게 느끼고 있는 상태"(p. 13)라면 행복한 노인, 성공적 노화라고 할 수 있을 것이다.

3-4 성공적 노화

노화 성공과 실패 사례는 서울과 춘천에 거주하는 65세 이상 노인 1405명 중에서 선발되었다. 의학, 심리학, 사회학의 기준들을 적용하여 성공 여부가 판정되었다. 병이 없고 '일상생활 능력'이 있으며, 정서적으로 평온하고 노화와 인생에 만족하고, 2개 이상 영역(종교모임, 동창회/종친회, 자원봉사, 시민단체, 노인정/노인회관 등)에서 사회활동을 하면 '성공적 노화'라 생각되었다(84명). 매우 엄격한 기준을 통과한, 상위 6%에 속하는 노인들인 셈이다. '비 성공 노화'(69명)는 치명적 질환(고혈압, 뇌졸중, 당뇨 등)이 하나라도 있거나 거동이 불편하며, 정서적으로 혼란스럽고 불만이 많고, 아무런 사회활동도 하지 않는 사례들이었다. 2006년 여름 가정방문 심층면접이 실시되었다.

(1) 잘 늙기

두 집단의 구성을 비교해보면, 건강하고 편안하며, 사회생활을 하고 있는 성공적 노화 집단에 (아마도 의학적 기준 때문에) 65-69세의 젊은 노인이 많고(50%), 남자가 압도적으로 많았다(80%). 사회경제적 지위도 높고, 대다수(80%)가 배우자와 같이 살고 있었다. 반면 실패집단은 고령자(75세 이상)가 많고 여자가 많으며(약 70%), 무학 비율이 높고 용돈이 적으며, 약 2/3가 배우자가 없었다. 이 결과만 가지고도 경제적 형편과 배우자 생존이 중요하다는 것을 알 수 있다. 건강하고 젊은 할아버지들이 상대적으로 행복하고, 병 많은 늙은 할머니들이 불행하다고 해서, 남자가 노화에 '성공'할 가능성이 크며, 늙을수록 삶이 비참하다고 일반화하기는 어렵다.[4] 1930년대 전후에 태어난 이 세대는 전쟁도 겪고 가난에도 시달렸으며, 여자는 교육을 못 받고 집에서 살림과 육아만 맡은 경우가 많았다. 전쟁을 어릴 때 겪었느냐 가정을 책임지는 성인으로서 겪었느냐 하는 것도 중요할 것이다.

노인들이 스스로 잘 늙는 데 중요하다고 보는 것은 **신체건강**("몸 안 아픈

---

4) 면접이 실시된 2006년 시점에서 65세를 넘은 노인들은, 특히 남성들은 경제성장과 완전고용(및 평생직장) 시대를 지내온 사람들이다. 또 40대 여성 전문면접자들에게 남성노인과 여성노인들이 '자기제시'(9장 참조)를 다르게 했으리라고 짐작할 수 있다.

거"), **정신건강**("맘 편한 거", "근심 안 하고 낙천적"), **경제능력**이었다. 노인들이 바라는 것은 젊을 때처럼 건강하고 기운찬 상태라기보다는 아프지 않고 마음 편한 것, 부유함이라기보다는 남에게 신세 안지고 사는 삶이다. 정신 및 신체건강은 성공집단 노인들이 더 중요하다고 보는데, 건강에 가치를 두기 때문에 더 건강하게 살려고 노력한 결과 실제로 건강이 더 좋은 것인지 모른다. 체념("그냥저냥 사는 거", "지겨워죽겠어", "죽고 싶어")은 실패집단 노인들에게서만 들을 수 있었다.

두 집단의 차이는 일상에서 이미 드러난다. 성공집단 노인들은 아침에 일어나서 잠자리에 들기까지 비교적 규칙생활을 하며 "매일 무슨 일을 해야 하는지, 어떻게 해야 하는지, 왜 하는지"(p. 129)를 잘 알고 있다. 실패집단 노인들은 아침에 일어나는 시간부터 일정하지가 않고 더 늦게 일어나며, 특별히 하는 일 없이 텔레비전이나 보면서 시간을 보낸다("주로 놀아. 아무 일도 안 해", "그냥 있지 뭐"). 노인들 스스로 하는 이야기를 들으면, 성공집단은 삶의 굴곡이 적고 비교적 평탄한 삶을 산 데 비해, 실패집단은 배우자 가출/배신, 자녀사망, 자녀행패 등 가정에서 험한 일을 많이 겪고 사기/부도, 사업실패 등 심각한 사건들도 더 많이 겪었다. 장기간 그리고 인생 전반에 걸쳐 광범위하게 영향을 준 '전면적 위기'를 더 많이 겪은 것이다. 그러나 어린시절 집안형편이 아주 나빴다는 사람은 성공집단에 더 많았다.

성공노인은 기쁨을 많이 경험하고, 분노와 불안은 상대적으로 덜 경험했다. 그러나 심리학적으로 두 집단의 가장 큰 차이는 **역경에 대처**하는 방식에서 찾을 수 있다. 성공노인들은 사업실패, 전쟁경험, 가난 등을 새로운 전환점으로("더 열심히 일하게 되었다", "결국 이겨냈다") 삼는 경우가 많은 데 비해, 실패노인들은 역경에 치여 (현재까지) 허우적대는 경우가 더 많았다. 화날 때 참는다는 사람은 성공집단에 더 많았지만, 이들은 상대방의 입장을 배려하거나 상황이 악화될까봐, 실패집단은 "어떻게 한들 해결될 일이 아니므로" 참는다. 주의전환도 성공집단은 구체적 활동(운동, 등산, 낚시 등)을 언급하는 데 비해 실패집단은 무작정 회피(나돌아 다니거나 자고, 음주·흡연, TV시청)를 더 많이 한다.

〈표 12-1〉 **삶의 보람과 후회**(이주일 등, 2008, pp. 262-272)

성공 노화	비성공 노화
1) 부모 책임을 다한 보람	자녀를 키우는 재미
2) 가족에게 최선을 다하지 못함	순탄치 않은 가정생활
3) 직업을 통한 자기 성장	일하고 돈버는 재미
4) 성공의 기회를 놓침	힘겹고 결핍된 삶
5) 이웃과 함께 나누는 삶	나(가족) 중심의 삶
6) 인생 전반에 대한 수용	현재 삶에 대한 절망

(2) 보람과 후회

살아오면서 가장 보람되고 행복했던 또는 가장 후회스런 일이 무엇이냐는 질문에 대한 응답들은 노인들이 자신의 삶을 어떻게 뒤돌아보는지를 보여준다(표 12-1). 행복한 노인들은 자녀결혼, 손주탄생, 자녀가 가정을 가지고 잘 살아가는 것 등을 이야기하면서 인생의 중요한 목적을 성취한 보람을 주로 언급하였다. 불행한 노인들은 그저 자녀 키우던 즐거움과 재미를 언급하였는데, 순탄치 않은 가정생활이 지금까지 이어지는 경우가 많았고 그때 배우자("잘못 만나서 고생")나 자녀 탓을 많이 했다. 이와 달리 행복한 노인들은 사망한 부모나 배우자에게 생전에 좀더 잘하지 못한 것, 자식을 더 잘 뒷바라지하지 못한 것을 후회하는 경우가 많았다.

행복한 노인들은 인생을 통제 가능한 것으로 보고, 기회가 주어졌을 때 놓쳤음을 후회하는 데 비해, 그렇지 못한 노인들은 평생 살림만 하거나 여유 없이 힘겹게 살아온 인생을 되돌아보며 타인, 상황, 사회 탓을 많이 하였다. 학교를 보내주지 않은 부모를 원망하는 할머니들이 많았다. 직업을 통한 성장('성공'노인)이나 일하고 돈버는 재미('실패'노인)를 보람으로 회상하는 노인들은 전부 남자일 것이다.

성공노인들은 이웃을 도울 때 보람과 행복을 느꼈다거나 남을 잘 돕지 못했음을 후회한다.

> 이웃들 볼 때가 젤 좋죠. 힘들어도 가서 뭐 고쳐주고 만들어주고 할 때가 젤 보람 있죠. … (p. 269)

… 남이 꼭 물을 마시고 싶어서 물을 달라고 할 때 물을 한 컵 못 준 게 가장 후회스러워요. 필요한 사람한테 주지 못한 게 …(p. 270).

반면 실패노인들은 대다수가 '나'와 가족 중심의 재미와 행복을 이야기하는가 하면, 후회에서도 타인에 대한 책임이나 도리보다는 자신의 잘못된 생활양식(특히 음주)을 언급하였다. 성공노인들은 가정과 직장에서 큰 탈 없이 평범하게 살아온 삶에 보람과 행복을 느끼며 삶이 나름대로 의미 있다고 회고하지만, 실패노인들은 아픈 몸과 사회적 고립으로 인해 삶을 비관하며 절망한다.

지금 사는 게 후회지 뭐. 그럼, 인제는 아무것도 못하고 그냥 집에만 들어앉았으니까. 사는 게 괴로워. 아픈 덴 많고(p. 272).

몸 아프고, 곁에 사람이 없고, 돈까지 없으면 나이와 상관없이 또 어느 나라에서나 행복할 수 없다. 우리나라 그리고 아마도 지금 시대 노인들에게 특별한 것이 있다면, *자녀*들이 행복하게 잘 사는 것이 매우 중요하다는 것이다. 자식 '덕'을 본다는 측면도 있겠지만, 부모역할을 그만큼 중시하기 때문이다. 따라서 자식이 '잘되지' 못했다거나 행패까지 부리면 엄청난 고통이 된다. 지금까지 이 책에서 공부한 것을 되새겨보면, 건강한 생활습관이 몸에 배고 스트레스 관리를 잘해야 몸과 마음의 건강을 지킬 수 있고, 대화와 소통이 있어야 가족, 친구, 동료, 이웃과 좋은 관계를 맺을 수 있다. '가정파탄'은 어느 날 덮치는 쓰나미가 아니라 오랜 기간에 걸친 관계 맺기의 결과이다. 배우자 가출이나 배신, 자녀의 패륜, 나아가 사업실패 등 인생의 많은 고난들은 관계 능력이나 판단력 부족으로 우리 스스로 자초하는 경우가 많다.

사고가 아니라면 죽음도 어느 날 갑자기 닥치지 않는다. '잘 늙는' 사람은 '잘 죽을' 것이다. 수없이 많은 사람들이 임종의 자리에서 진정 좋아하는 일을 하지 못한 것을 후회한다. "난 한 번도 내 꿈을 추구해본 적이 없어", "난 내가 하고 싶은 것을 해본 적이 없어", "난 돈의 노예였어"(Kübler-Ross & Kessler, 2004/6, p. 110)라고 하는 것이다. 일을 좀더 많이 못한 것을 후회하는 사람은 없다. 또 죽어가는 사람은 사랑하는 사람과 즐겁게 지낸 놀이의 순간을 돌이킨다.

"시골길에서 자전거를 타던 거 기억하니?", "바닷가에 간 일 기억나?"(p. 182)라고 묻거나 '아이들과 공원에 놀러간 일요일'을 회상하는 것이다. Kübler-Ross (1969/79)는 소중하고 뜻 깊은 인간관계가 많았을 때 더 평온하고 품위 있게 죽음을 받아들인다는 것을 관찰하였다.

4. 죽음과 삶

우리는 죽음에 대해 생각하기를 싫어한다. 死와 발음이 같다 하여 숫자 4를 기피하는 경향을 보라. 죽음이 두려운 것은 근본적으로 그것이 무엇인지 알 수가 없기 때문일 것이다. 의학적으로 죽었다가 다시 살아난 사람들은 한결같이 더 이상 죽음이 두렵지 않다고 말한다고 한다(Kübler-Ross & Kessler, 2004/6, p. 91). 죽음이란 "필요 없어진 옷을 벗는 것처럼 육체를 떠나는 것에 불과하다"는 것을 알게 되었기 때문이다. 그들은 죽음 속에서 온전한 자신을 느꼈고, 자신이 모든 사물, 모든 존재와 연결되어 있음을 느꼈으며, 외롭지 않고 누군가가 함께 있음을 느꼈다고 말한다.

대가족제도에서는 3 대 이상이 같이 살았으므로 집에 노인이 계셨고 따라서 늙음과 죽음은 자연스러운 일이었다. 밖에서 죽는 일(객사 혹은 횡사)은 불행하고 이례적인 일이었고, 병원에 입원해 있다가도 임종이 가까워지면 집으로 가는 것이 상례였다. 이제는 조부모가 같이 살지도 않거니와, 같이 산다 해도 죽을 때는 병원 가서 죽는 것이 점점 더 자연스러운 일로 받아들여진다. 출산도 2, 30년 전만 해도 집에서 했다. 현대에는 대다수가 병원에서 태어나 병원에서 죽으므로, 생명의 시작과 끝이 마치 병(病)인 것처럼 여겨진다. 죽음은 이제 삶의 자연스러운 귀결이 아니라 무엇인가 끔찍한, 졸지에 닥치는, 고독하고 비인간적인 일로 이해된다. '죽고 싶다'는 노인의 말은 거짓말이라고 하지만 노인자살이 급증하는데, 삶이 불행하고 비참해도 죽음(death), 특히 죽는 것(dying)이 두려워 삶에 매달리는 일도 많을 것이다.

글상자 12-4 살아 있는 마지막 몇 시간

환자는 응급실에 와 있다. 부산한 간호원, 심부름하는 사람, 인턴, 레지던트, 수혈병을 든 사무원, 심전도를 재려고 전기심전계를 가동시키는 기술자가 주위를 빙 둘러싼다. 엑스레이실로 실려 가기도 한다. 자기의 병세에 대한 이야기들이며 의료진이나 가족의 토론이며 가족과 의료진 사이에 오가는 말들이 귓전을 빙빙 돈다. 점차적으로, 그러나 확실하게 그는 물건취급을 받기 시작한다. 더 이상 인간대접을 못 받는다. 본인에게는 묻지도 않고 이러저러한 결정들을 내린다. 뭐라고 한 마디 할라치면 진정제를 놓아 잠자고 있게 만든다. 여러 시간 체크를 하고 기력이 돌아왔는지 확인한 뒤에는 수술실이나 중환자실로 실려 간다. 거기서 그는 막대한 비용을 물어주는 고객이자 굉장한 호기심을 끄는 의술대상이 된다.

휴식과 평안과 인간다운 품위를 내세우는 환자도 있지만, 다 묵살하거나 적당히 얼르면서 포도당주사, 수혈, 인공심장기, 또 필요하면 기관절개가 시술된다. 환자는 단 일분만이라도 그것을 멈추고 꼭 한가지만 묻고 싶어한다. 그러나 그를 둘러싼 여남은 명의 '선생님'들은 그의 맥박, 심박도(心搏度), 심전도, 폐동맥의 기능, 분비물과 배설물에 정신이 팔려 있지 인간으로서의 환자 사정에는 미처 관심이 없다. 환자는 모두 때려 부수고 싶지만 그의 발버둥질은 무위로 끝난다. 의사 선생님들의 그 모든 활동은 그의 생명을 살려내려는 투쟁이기 때문이다. 인격이니 무엇이니 하는 것은 살리고 나서 볼 일이다. 그의 인격을 따지다가는 생명을 구할 귀중한 시간을 허비한다.

[Kübler-Ross, 1969/79]

4-1 죽음에 임하는 태도

Kübler-Ross(1969/1979)는 인간이 무의식적으로 자기 자신은 죽지 않을 것이라고 확신하기 때문에 죽음이 두렵고, 심지어는 의사·간호사들까지 '가망 없는' 환자 가까이 가지 않으려 드는 것이라고 설명한다. 과학이 발전하면서 죽음은 더 고독하고 비인간적인 일이 되었고 병원에서 기계에 연결되어 있다가 죽는 일이 흔해졌다. 삶의 마지막에 가서 자신의 생명에 대한 결정권을 박탈당하

는 것이 존엄한 죽음이라고 할 수는 없다. 환자가 중태에 빠지면 가장 휴식이 필요한 상태인데 들것에 실려 구급차에 태워져 사이렌 소리, 속력을 내는 엔진 소리에 시달리며 응급실에 실려 간다. 수십 년 동안 죽어가는 사람들과 이야기를 나눈 Kübler-Ross(1969/1979)는 이러한 과정에 대한 경험담을 요약하면서(글상자 12-4) 죽음에 대한 불안과 방어 때문에 우리가 환자를 이렇게 취급한다고 믿는다.

가족이나 의사가 진실을 알려주든 말든, 죽는 순간까지 자기가 죽는다는 사실을 모르는 사람은 없었다고 한다. 죽는다는 것을 알게 되면 어떻게 반응할까? Kübler-Ross(1969/1979)와 동료들은 죽어가는 환자들이 다음 다섯 단계를 거친다는 것을 관찰하였다.

(ㄱ) **부정**(denial) '그럴 리가 없다'는 반응이다.

(ㄴ) **분노**(anger) '내가 왜 죽어야 해?'라는 분노가 뒤따른다. 병을 일찍 발견하지 못한 의사가 원망스러울 수도 있고, 가족이 자기를 '죽게 만들었다'고 생각할 수도 있다. 건강하게 살아 있는 사람이면 누구나 미울 수도 있다. 이런 공격을 가족과 친구가 개인적으로 받아들이면 대단히 힘들어진다. 같이 화를 내면 환자는 더 적대적이 된다. 그는 자신이 아직 살아 있다고 외치고 잊혀지지 않았음을 확인하고 싶을 뿐이다. 그것을 존중하고 이해하며 공감하면 분노가 가라앉는다.

(ㄷ) **타협**(bargaining) 어차피 피할 수 없는 일이라 해도 최소한의, 가장 중요한 계획이라도 실현하기 위해 시간을 좀 얻을 수는 있지 않을까? 의사가 또는 가족이 하라는 대로 하면 조금 더 살 수 있지 않을까? 1 년 또는 한달이라도? 神, 의사, 혹은 가족과 협상을 하려는 마음이 드는 것이 이 단계이다.

(ㄹ) **우울**(depression) 점점 쇠진해지면서 분노와 저항이 체념과 슬픔으로 바뀐다. 이때 옆에서는 힘내라고 격려하려 들기보다는 그 슬픔을 말없이 함께 나누는 수밖에 없다. 자신의 심경을 이야기하면 들어주고, 곁에 있어주는 것이다.

(ㅁ) **수용**(acceptance) 위의 단계들을 거치고 나면 고통이 지나가고 몸부림이 끝나며 죽는다는 사실을 인정하는 편안한 — 물론 행복한 것은 아니다 — 마음이 될 수 있다. 환자는 혼자 있고 싶으며 문병객이 와도 달가워하지 않고 말도 안 하려 한다. 이 침묵을 두려워하지 않고 말없이 곁에 있어주며 그가 혼자

가 아니라고 안심시켜주면 된다. 어떤 이유로든 그를 '보낼 수 없다'면 그가 가족을 포함해서 세상으로부터 정을 떼는 마지막 단계는 가족에게 가장 괴로운 때이다.

모든 사람이 다섯 단계를 순서대로 모두 거치는 것은 아니며, 어떤 사람은 뒤의 단계에서 시작했다가 앞의 단계로 이동하기도 한다. 한 단계에만 머무는 것같이 보이는 사람도 있다. 그리하여, 처음부터 죽음을 수용하고 끝까지 침착하고 편안한 사람이 있는가 하면, 어떤 사람은 '내가 왜?' 하는 분노가 거의 최후까지 격렬하다. 앞서 논의한 은퇴에 대한 적응유형 중에서 '무장형'은 분노가 강한 반면, '성숙형'은 수용이 더 쉽게 될 것이다. 그러므로 단계들의 순서가 중요한 것이 아니라, 각 단계마다 환자가 갖는 욕구가 다르다는 사실이 중요하다.

Kübler-Ross가 본 모든 환자는 병의 과정이나 적응단계와 상관없이 최후까지 어떤 형태로든 희망을 품고 있었다. 담담하게 죽음을 수용하고 기다리는 사람도 한가닥 희망을 남겨두는 것이다. 신약이나 새 치료법이 나올 수도 있고 기적이 일어날 수도 있지 않은가. 그 희망이 없어지면("전 이미 늦었어요", "때가 왔나봐요") 환자가 24시간 이내에 숨진다는 것을 Kübler-Ross는 관찰하였다.

가까운 사람을 잃은 사람에게 위로의 말로 '산 사람은 살아야지'라고 한다. 부모나 배우자, 자식을 떠나보낸 사람들의 슬픔은 매우 깊고 매우 오래갈 수 있다. 독자는 사랑하는 사람을 잃어본 적이 있는가? 꼭 사별은 아니라 해도 이별은 해본 적이 있을 것이다. 그때 위의 단계들을 약한 정도로나마 거치지는 않았는지 회상해보라. 아직도 아픔이 남아 있음을 발견하고 놀라지 않는가? 죽음에 의한 이별이건 아니건, 남겨지는 사람은 떠나는 사람과 다른 상심과 고통을 당하게 된다.

4-2 가족의 죽음

죽을병이라는 사실을 안 환자가 겪는 적응단계를 가족도 비슷하게 겪는다(Kübler-Ross, 1969/79). 그 병이 죽을병이라는 사실을 믿지 못하고 이 병원 저 병원에 가보다가(부정), 현실을 받아들이면서 처음에 오진을 했던 또는 슬픈 소식을 전한 의사에게, 환자에게 함부로 하는 의료진에게 화를 내고(분노), 환자가 겪는 '예비적 슬픔'의 단계에 들어갈 수 있다. 가족이 이런 감정들을 표현하고 이야기 나눌 수 있다면 영원한 이별을 인정하고 받아들이기(수용)가 더 쉬워진다. 환자가 혼자 있으려고 하며 가까운 친구들에게만, 자녀들에게만 문병을 허락하고, 결국은 배우자만 들어오게 할 때, 무슨 원한이 있는 것인가 하여 괴로울 수도 있다.

환자가 통증도 멎고, 먹기를 거부하고, 의식이 혼미해지는 등 정말 '최후'가 닥치면, 가족은 의사에게 매달리기도, 죽어가는 사람에게 죽지 말라고 매달리기도 한다. 빨리 끝나기를 바랄 수도 있고 실제로 견디기 힘들어 임종을 못할 수도 있다. 그러나 "죽어가는 사람 곁에 앉아 있을 용기와 사랑"이 있는 사람은 알게 될 것이다(Kübler-Ross, 1969/79, p. 395).

> 이 순간이 전율의 순간도, 단말마의 순간도 아니요 육체의 기능이 평온히 정지해 가는 순간임을! 한 인생의 평화로운 죽음을 지켜보노라면 하나의 유성이 머리에 떠오른다. 수백만 개 중의 하나로 광활한 하늘에 잠깐 섬광을 빛내고서 끝없는 밤으로 영원히 사라지는 유성 말이다.

수십 년을 같이 산 배우자와 영원히 이별하는 것은 말할 수 없이 큰 상실이다. 사별 후 심리적으로 어떤 상태에 빠지느냐 하는 것은 물론 그 배우자와 관계가 어땠는지, 그가 오래 앓다 죽었는지 아니면 갑자기 죽었는지 등에 따라서 다르다. 커다란 충격과 혼란, 그리고 처리해야 할 많은 일들이 지나가면, 죄책감(갖가지의 '내가 …하기만 했더라도'), 분노('나를 두고 가다니'), 안도감('이제 고통을 벗어나 영원히 쉬겠구나') 등 여러 가지 감정이 슬픔과 교차된다. 상실을 진정으로 이해하기까지는 여러 해가 걸린다.

> 결국 당신은 치유될 것이며, 온전한 자신을 되찾게 될 것입니다. 잃어버린 것을 되찾지는 못하겠지만, 그 상처를 치유할 수는 있습니다. 그리고 여행의 어느 지점에 도달하면, 당신이 잃어버렸다고 슬퍼한 사람이나 사물이 결코 당신에게 소유된 적이 없었음을 깨닫게 될 것입니다. 또한 한편으론 그것들을 다른 방식으로 영원히 소유하게 되리라는 것도 알게 될 것입니다(Kübler-Ross & Kessler, 2004/6, p. 88).

사실 삶은 상실의 연속이다. 사랑하는 사람들을(죽음을 통해서든 '배신'으로든) 잃고, 젊음·건강·꿈·명예·재산같이 소중한 것들을 잃는 등 삶이 곧 상실이고 상실이 곧 삶이다. 사랑했던 사람이나 소중했던 것들은 우리 것이었던 적이 없지만, 다른 관점에서 보면 그 사람, 그것들은 영원히 우리 자신의 일부이다. "상실 없이 삶은 변할 수 없고, 우리도 성장할 수 없습니다"(p. 85).

평생 집안일을 아내에게만 맡기고 살아온 남자는 사별 후 적응에 상당한 어려움을 겪는다. 더구나 바깥일에만 전념해 왔다면 자식들과도 친밀하지 않고 친구도 없는 수가 많아서 외로움이 정말 심각한 문제가 된다. 그러나 남자는 늙어서도 재혼가능성이 여자보다 훨씬 높고 또 재혼조건이 유리하다. 여자가 남자보다 평균수명이 길고, 여자나이가 남편나이보다 아래인 것이 상례라서 홀로 된 노인들에는 원래 남자보다 여자가 훨씬 더 많은데, 여자는 재혼이 힘들므로 홀로 남는 경우가 훨씬 많다.

홀로 된 노인에게는 자식보다 동년배의 사람들이 훨씬 더 위로가 된다. 자식은 아무래도 노년의 소외감과 외로움을 이해하기가 힘들기 때문이다. 젊은 사람들로서는 홀로 된 부모나 다른 노인들을 자주 찾아뵈어야 하겠지만, 가급적 친구들과 어울리시게 하는 것이 좋고, 자녀들의 불편함, 유산상속 등을 생각하여 재혼을 무조건 반대하고 나서는 것도 지나친 이기주의이다.

4-3 삶과 죽음

죽음을 두려워한다는 것은 결국 삶을 두려워한다는 것이다. 죽음을 생각하고 준비하며 가까운 사람들에게 죽음에 대한 감정과 생각을 이야기하는 것이 금기(taboo)가 될 필요는 없다. 오히려 존엄한 죽음에 대한 사회적 논의가 필요하다. 요즘같이 교통사고도 흔하고 범죄도 많은 험한 세상에서는 — 인정하고 싶지 않지만 — 누구나 언제 죽을지 모르는 일이다. 우리나라에서는 아직 보편화되지 않았으나, 남는 가족을 위해 사후처리, 재산관계 등을 밝히는 유언장을 써 놓는 것도 나쁘지 않으리라 본다.

죽음의 문턱에 가까이 가보았거나 큰 상실을 겪어본 사람들은 *사랑*이 가장 중요한 것임을 깨닫고 밖에서 행복을 찾지 않는다(Kübler-Ross & Kessler,

2004/6 p. 20). 그들은 더 이상 월급인상이나 휴가를 기다리며 내일을 살지 않고, '오늘'의 풍요로움을 발견하고 내면에 귀 기울이는 법을 배운다. 산다는 것은 소중한 사람, 소중한 것들을 연달아 잃으며 다른 사람들이, 다른 것들이 새롭게 소중해지는 연속이라 할 수 있다. 나의 생명을, 지금 내 곁에 있는 사람들, 지금 소중한 것들을 언제라도 잃을 수 있다고 생각하면, 나 자신을, 그 사람들, 그것들을 더욱 소중히 여길 수 있다. 우리가 잃은 것들, 잃은 사람들은 우리 것이었던 적이 없지만, 우리의 일부를 이루고 있으므로 아주 없어진 것도 아니다.

'내일 죽을지도 모른다'고 생각한다면 나날의 삶이 더 충만해진다. 나와 친구의 삶이 언제 끝날지 모르는데 작은 일들에 화내고 갈등을 겪겠는가? 솔직한 감정을 털어놓고 서로 편안해지는 것이 좋지 않을까? 직장의 상사가 나를 집요하게 괴롭힌다면, 언제까지나 피하거나 참기만 할 것인가? 하루를 살아도 당당하고 편안한 마음으로 살아야 하지 않을까? 또, 부모님이 언젠가 돌아가신다는 사실을 생각해보자. 지난 세월 내게 아낌없이 베풀었던 부모·형제·친구가 나의 작은 배려, 양보 등으로 행복을 느낄 수 있다면 나의 자존심(체면), 남의 눈 따위는 사소한 것들이다.

독자들은 잘 늙어 지혜로운 노인이 되고 자기 생명의 주인으로서 존엄하게 죽으려면 무엇보다 행복하게 살아야 한다는 것을 배웠을 것이다. 성공적 노화에 대한 연구결과는 친밀한 관계형성의 중요성뿐 아니라, '나'(가족) 중심을 벗어나 남을 돕고 배려하는 것도 중요함을 보여주었다. 죽음 앞에서 중요한 것은 돈, 성공과 출세가 아니라 좋아하는 일, 하고 싶은 것을 하고 살았으며, 사랑하며 살았는가, 이 세상에 도움이 되는 존재로 살았는가 하는 것이다. 이 책에서 여러 번 썼듯이, 즐겁지 않은 일을 하지 말고, 즐겁지(행복하지) 않은 관계는 떠나라. '오늘'을 행복하게 사는 것이 잘 늙고 잘 죽는 비결이다.

요약 및 결론

이 책의 마지막 장에서 우리는 20대와 30대의 삶의 상황과 과제들을 바라보고, 중년과 노년의 여러 가지 변화와 성장의 문제들을 생각해보았다. 젊은 독자들은 이제 '산 넘어 산', '갈수록 태산'이 인생임을, 밋밋하게 흘러가지 않고 몇 차례 굴곡과 위기를 거치며 나아가는 것이 인생임을 알게 되었다.

젊은이들이 쉽게 범하는 오류는 현재만 있다는 착각, 현재 부딪친 문제가 가장 큰 문제라는 착각이다. 여태까지의 인생이 그래 왔다. 대학에만 들어가면 성공한 인생인 것처럼 야단을 떨지 않았던가? 지금은 취직만 되면, 돈만 벌면, 결혼만 잘하면 행복은 맡아 놓은 것인가? 그러나 인생은 그렇게 쉽게 결판나는 단거리 경주가 아니다. 한때 우리가 소홀히 한 것이 나중에는 꼭 우리를 불행으로 끌어들인다. '개미와 베짱이'의 우화를 생각해 보자. 건강과 기운을 소모하고 탕진해 버리면 다시 회복하기 힘든 시기가 — 중년 어느 때에 — 오고, 가족과 인간관계를 소홀히 했을 때 세월이 흐른 후 쓰라린 고독과 고립 속에 노후를 보내야 하게 된다.

중년에 들어오면 신체적 노화의 증상들이 외모와 체격, 체력과 정신기능에 나타나기 시작한다. 자녀가 어릴 때부터 온 가족이 입시전쟁에 동원되는 현실에서 부부는 부모로서만 살고, '남자–직장, 여자–가정', '표현적·관계지향적 여성 대 도구적·성취지향적 남성'의 이분법의 틀에 갇혀버린다. 중년여성('아줌마')들은 삶의 이야기를 풀어내고 공감하는 수다에서 자매애를 확인하고, 가정에서 자리가 없어져버린 남편/아버지들도 같이 품으면서 더 나은 세상을 만들어가는 일에 나설 필요가 있다. 중년의 인생과제인 '**생성**'은 일차적으로 자녀를 보살피고 이끄는 것이지만, 다른 사람들(청소년, 노인 등), 문화와 환경을 가꾸고 보살피는 행위도 포함한다.

평균수명이 80세를 넘어섰고, 십여 년 뒤면 65세 이상 노인인구가 20%가 넘는 초고령사회에 들어간다는 전망이다. **늙음**의 신체적·정신적 쇠퇴는 성격과 행동의 변화를 가져오는가 하면, 고혈압·관절염·노인성치매 같은 성인병 내지 노인병으로, 우울증(과 자살)으로 이어지는 일이 많다. 노인이 지혜의 상징이 아니라 쓸모없는 폐물로 취급되는 사회에서 **은퇴**는 남성들에게 큰 위기가 될 수 있다. 은퇴를 받아들일 때(성숙형, 은둔형)보다는 받아들이지 못할 때(무장형, 분노형, 자학형) 본인이나 주위사람들이 더 힘들 것이다. 살림과 육아에 전념하던 여성노인들은 은퇴라는 것을 모르는 대신 여자도 남자와 똑같이 교육과 취업의 기회를 가지는 세상에서 분노와 자학에 빠지기 쉽다.

인간은 자기 자신은 죽지 않는다고 믿는 것 같고 그래서 **죽음**을 더 두려워하는 것 같다. 점점 더 많은 사람들이 친숙한 환경(집)이 아니라 병원에서 죽는다. 과학이 발전하면서 죽음은 더 고독하고 비인간적인 일이 되었다. 죽는다는 사실을 알게 될 때 대부분의 사람들은 **부정**, **분노**, **타협**, **우울**의 단계를 (꼭 순서대로는 아니지만) 거쳐 결국 (꼭 그런 것은 아니지만) 죽음을 **수용**하며 숨을 거둔다. 사랑하는 사람이나 소중한 것(건강, 젊음 등)을 잃었을 때도 비슷한 단계들을 겪는다. 삶은 상실의 연속이며 상실 없이는 성장도 없다는 것을 깨달으면 죽음을 삶의 일부로 받아들이게 된다.

우리가 그리고 사랑하는 사람들이 언제고 죽을 생명이라는 사실을 생각하면, 정말 소중한 것은 무엇인가를 생각하게 된다. 지금 곁에 있는 사람들, 지금 소중한 것들은 우리 것이었던 적이 없으며 동시에 (잃는다 해도) 우리의 일부를 이룬다. 젊음은 젊음대로, 늙음은 늙음대로 소중하고 아름다우며 허비할 수 없다. 젊은 시절 하고 싶은 일을 하며 자신과 가족, 친구를 소중히 여기며 일과 사랑을 통해 자신의 인생을 충만하게 살아야 아름답게 늙을 수도 잘 죽을 수도 있다.

늙음이 자신과 관계없는 일이 아니라는 사실을 인식한다면 젊은이들도 중년과 노년의 주위 사람들을 좀더 다른 태도로 대할 수가 있다. 삶이 태어남에서 성숙함으로, 늙음에서 죽음으로 팽팽한 긴장을 갖고 그러나 서로 맞물려 돌아가며 조화롭고 순탄하게 흘러감을 볼 때 우리의 다음 세대도 신뢰와 희망을 가지고 그들 자신의 인생을 살 수 있을 것이다.

참 고 문 헌

가지 않은 길 편집부(1997). **그 많던 여학생들은 어디로 갔는가.** 가지 않은 길.

고정희(1992). **모든 사라지는 것들은 뒤에 여백을 남긴다.** 창작과 비평사.

교육부(1999). **학교의 성차별 개선을 위한 연수자료. 양성평등 학교문화 선생님이 만듭니다.** 교육부.

권정혜 · 이정윤 · 조선미(1998). **수줍음도 지나치면 병.** 학지사.

김광일(1987). 아내구타의 대책. **정신건강연구,** 한양대학교 정신건강연구소, 제 6 집, 23-36.

김광일 · 고복자(1987). 아동구타의 발생율 조사. **정신건강연구,** 한양대학교 정신건강연구소, 제 6 집, 66-81.

김대유(1995). **이 아이들을 어찌할 것인가. 학부모와 교사들을 위한 길잡이.** 내일을 여는 책.

김어준(2008). **건투를 빈다.** 푸른숲.

김은경(2009). 효과적인 가정폭력 예방교육의 원칙과 전략. 한국여성의 전화연합(기획, pp. 234-272). **가정폭력.** 한울.

김태련 · 방희정 · 이선자 · 조성원 · 조숙자 · 조혜자(1996). **여성심리.** 이화여자대학교 출판부.

김찬호(2008). **교육의 상상력. 교사와 부모가 함께 그리는 행복한 교육.** 지식의 날개.

김찬호(2009). **생애의 발견.** 인물과 사상사.

김현진(2009a). **누구의 연인도 되지 마라.** 레드박스.

김현진(2009b). 유령 같은 나, 숨도 작게 쉬어야 할까. **시사IN,** 2009. 11. 7., p. 77

김홍미리(2009). 여성주의 관점에서 '아내폭력' 이해하기. 한국여성의 전화연합(기획, pp. 9-50). **가정폭력.** 한울.

남지현(2008). **성공취업 전략특강.** 한걸음 더.

류병주(1991). **대학 문에 서서.** 거름.

박경애(1997). **인지·정서·행동치료.** 학지사.

베델의 집 사람들(2002, 송태욱 역, 2008). **베델의 집 사람들.** 궁리.

어린이·청소년의 권리 연대회의(1997). **아이들의 인권, 세계의 약속.** 내일을 여는 책.

우석훈(2008). **조직의 재발견.** 개마고원.

우석훈(2009). **혁명은 이렇게 조용히.** 레디앙.

우석훈·박권일(2007). **88만원 세대.** 레디앙.

우석훈·지승호(2008). **우석훈, 이제 무엇으로 희망을 말할 것인가.** 시대의 창.

윤진(1985). **성인·노인 심리학.** 중앙적성 출판사.

윤홍식(2004). 건강가정기본법을 넘어서. **함께가는여성,** 2004. 9. 10., 22-25.

이미혜(2009). 가정폭력 추방운동과 여성주의 상담. 한국여성의 전화연합(기획, pp. 102-132). **가정폭력.** 한울.

이주일·박군석·유경·김영범·장숙랑·윤현숙·유희정·김동현(2008). 성공적인 한국 노인의 삶. **다학제간 심층 인터뷰 사례.** 박학사.

IF(2001). **특집 이제 낙태를 말한다.**

이현수(1997). **건강과학개론.** 중앙대학교 출판부.

정춘숙(2009). '가정폭력방지법' 제 개정과 여성운동. 한국여성의 전화연합(기획, pp. 75-101). **가정폭력.** 한울.

정춘숙·이문자·이미혜·배인숙·박영안·황경숙(2008). **여성주의적 가정폭력쉼터 운영의 실제.** 한울.

조숙자(1996). 학업성취도 평가에 나타난 수리능력에서의 성차에 관한 논의. **한국여성심리연구회지,** 창간호, 76-88.

조혜정(1996). **학교를 거부하는 아이, 아이를 거부하는 사회.** 또하나의 문화.

조한혜정(2007). **다시, 마을이다. 위험사회에서 살아남기.** 또 하나의 문화.

차준구(1987). 아내구타의 현황. **정신건강연구,** 한양대학교 정신건강연구소, 제 6 집, 11-23.

최보문(2009). '출산강제법'이 몰고 올 '디스트릭트 11'. **시사IN,** 2009. 11. 28., p. 80.

최진협(2004/6). 기업에 양육책임 있다! 2004. 10. 28. 한국여성민우회 홈페이지, 2006. 8. 8.

한국갤럽조사연구소(1983). **한국인의 가정생활과 자녀교육.** 서울: 한국갤럽조사연구소.

한서설아(2000). **다이어트의 성정치.** 책세상문고.

홍숙기(1994). **일과 사랑의 심리학.** 나남.

홍숙기(2005). **성격심리 (하).** 개정판. 박영사.

홍숙기(2009). **성격심리 (상).** 수정 2판. 박영사.

황정임(2009). 실태조사를 통해 본 가정폭력. 한국여성의 전화연합(기획, pp. 51-71). **가정폭력.** 한울.

Atwater, E.(1979). *Psychology of adjustment. Personal growth in changing world.* Englewood Cliff, New Jersey: Prentice-Hall.

Benson, H.(1975). *The relaxaion response.* New York: Morrow.

Bernard, J.(1968). "The Eudaemonists". In Klausner, S. Z.(Ed.). *Why man takes chance: Studies in stress seeking.* Garden City: Doubled & Company.

Buss, D. M.(1985). Human mate selection. *American Scientist,* 73, 47-51.

Cannon, W. B.(1932). *Wisdom of the body.* New York: W. W. Norton.

Coren, S.(1996; 안인희 역, 1997). **잠 도둑들.** 황금가지.

Dusay, J. M., & Dusay, K. M.(1984). Transactional analysis. In R. J. Corsini & Contributors(Eds.). *Current psychotherapies* (pp. 392-446). Itaca, Ill.: F. E. Peacock.

Ellis, A.(1995, 홍경자 김선남 편역). **화날 때 읽는 책.** 학지사.

Eysenck, H. J.(1967). *The biological basis of personality.* Springfield, Ill.: Charles C. Thomas.

Eysenck, H. J.(1991). *Smokiny, persnality, and stress: Psychosocial factors in the prevention of cancer and coronary heart disease,* New York: Springer.

Friedman, M., & Rosenman, R. H.(1974). *Type A behavior and your heart.* New York: Knopf.

Fromm, E.(1956). *The art of loving.* New York: Harper & Row.

Girdano, D. A. & Everly, Jr., G. S.(1979; 이민규·김순화·금명자 공역, 1985). **스트레스: 그 원인과 대책.** 중앙적성 출판사.

Hall, D.(2007, 김윤택 서주현 역). **인간의 몸.** 에코.

Holland, J. L.(1973). *Making vocational choices: A theory of careers.* Englewood Cliffs, N. J.: Prentice-Hall.

Holmes, T. H., & Rahe, R. H.(1967). The social readjustment rating scale. *Journal of Psychosomatic Research,* 11, 213-218.

Jacklin, C. N.(1989). Female and male: Issues of gender. *American Psychologist,* 44(2), 127-133.

Jourard, S.(1975). Growing experience and the experience of growth. In A. Arkoff(Ed.). *Psychology and personal growth*(pp. 307-315). Boston: Allyn and Bacon.

Kleitman, N.(1963). *Sleep and wakefulness*(rev. and enlarged ed.). Chicago: University of Chicago Press.

Kobasa, S. C.(1979). Stressful life event, personality and health: An inquiry into hardiness. *Journal of Personality and Social Psychology,* 37, 1-11.

Kobasa, S. C.(1982). Hardiness and health: A prospective study. *Journal of Personality and Social Psychology,* 42, 168-177.

Kübler-Ross, E.(1969; 성염 역, 1979). **인간의 죽음 — 죽음과 임종에 관하여.** 왜관: 분도출판사.

Kübler-Ross, E. & Kessler, D.(2004, 류시화 역, 2006). **인생수업.** 이레.

Lazarus, R. S.(1976). *Patterns of adjustment*(3rd Ed.). Tokyo: McGraw-Hill. Kogakusha.

Lazarus, R. S. & Lazarus, B. N.(1994; 정영목 역, 1997). **감정과 이성.** 문예출판사.

Liebert, R. M. & Libert, L. L.(1998). *Liebert & Spiecigler's Personality*(8th Ed.). Pacific Grove: Brooks/cole.

Maccoby, E. E.(1990). Gender and relationships. A developmental account. *American Psychologist,* 45(4), 513-520.

Maccoby, E. E. & Jacklin, C. N.(1974). *The psychology of sex differences.* Stanford, CA.: Stanford University Press.

Maslow, A.(1970). *Motivation and personality.* New York: Harper & Row.

Maslow, A.(1971). *The farther reaches of human nature.* New York: Viking.

McKay, M. & Fanning, P.(홍경자·유정수 역, 1996). **'나'를 사랑하기.** 교육과학사.

Michel, A.(1986: 변화순·김현주 역. 1990). **가족과 결혼의 사회학.** 한울.

Rice, F. P.(1979). *Marriage and parenthood.* Boston: Allyn & Bacon.

Rosenberg, M. B.(2003, 캐서린 한 역, 2004). **비폭력대화.** 바오.

Selye, H.(1974). *Stress without distress.* Philadelphia: J. B. Lippincott Company.

Tavris, C.(1992; 히스테리아 역, 1999). **남성과 여성이 다르지도 똑같지도 않은 이유.** 또 하나의 문화.

인 명 색 인

내 용 색 인

저자약력

서울대학교 문리과대학 심리학과 졸업(학사)
同대학교 대학원 심리학과 졸업(석사)
독일 Göttingen대학교 심리학과 박사학위 취득
현재 강원대학교 심리학과 교수(성격심리학)

저 서

일과 사랑의 심리학(나남, 1994)
성격심리(상)(박영사, 수정 2판 2009)
성격심리(하)(박영사, 개정판 2005)

역 서

성격심리학(박영사, 1987)

전면개정판
젊은이의 정신건강

1992년 1월 30일 초판발행
1998년 2월 20일 개정판발행
2001년 8월 30일 개정 2 판발행
2010년 2월 20일 전면개정판발행
2014년 2월 10일 중판발행

저 자 홍 숙 기
발행인 안 종 만
발행처 (주) 박영사
서울특별시 종로구 평동 13-31번지
전화 (733)6771 FAX (736)4818
등록 1959. 3. 11. 제300-1959-1호(倫)

www.pybook.co.kr e-mail: pys@pybook.co.kr

정 가 25,000원 ISBN 978-89-6454-035-0